Eckart Otto

Das Deuteronomium

1749 250 1999
Walter de Gruyter · Berlin · New York

Beihefte zur Zeitschrift für die alttestamentliche Wissenschaft

Herausgegeben von
Otto Kaiser

Band 284

Walter de Gruyter · Berlin · New York
1999

Eckart Otto

Das Deuteronomium

Politische Theologie und Rechtsreform in Juda und Assyrien

W DE G

Walter de Gruyter · Berlin · New York

1999

∞ Gedruckt auf säurefreiem Papier,
das die US-ANSI-Norm über Haltbarkeit erfüllt.

Die Deutsche Bibliothek – CIP-Einheitsaufnahme

[Zeitschrift für die alttestamentliche Wissenschaft / Beihefte]
Beihefte zur Zeitschrift für die alttestamentliche Wissenschaft. – Berlin ; New York : de Gruyter
Früher Schriftenreihe
Reihe Beihefte zu: Zeitschrift für die alttestamentliche Wissenschaft
Bd. 284. Otto, Eckart: Das Deuteronomium. – 1999
Otto, Eckart:
Das Deuteronomium : politische Theologie und Rechtsreform in Juda und Assyrien / Eckart Otto. – Berlin ; New York : de Gruyter, 1999
(Beihefte zur Zeitschrift für die alttestamentliche Wissenschaft ; Bd. 284)
ISBN 3-11-016621-6

Printed in Germany
Druck: Werner Hildebrand, Berlin
Buchbinderische Verarbeitung: Lüderitz & Bauer-GmbH, Berlin

Das Deuteronomium indessen war ein
Programm für eine Reformation,
nicht für eine Restauration

J. Wellhausen

Vorwort

Das Deuteronomium als Mitte der Hebräischen Bibel hat eine Schlüsselrolle für die Literaturgeschichte des Pentateuch. So ist die Deuteronomiumsanalyse Ausgangspunkt jeder Pentateuchhypothese. Darüber hinaus gehört das Deuteronomium aber auch in das Zentrum jeder Religionsgeschichte Israels und Judas. Die hier vorgelegte Monographie will den Nachweis führen, daß die neuassyrische Krise im 7. Jahrhundert v. Chr. als erste für uns greifbare und entscheidende Formierungsphase judäischer Literatur- und Religionsgeschichte in keiner Weise der spätbabylonischen Krise des Exils und der persischen Restauration an Bedeutung nachsteht, ja, es kein „Israel" über das Exil hinaus ohne die Auseinandersetzung mit der neuassyrischen Hegemonialmacht durch subversive Rezeption und ohne ein hermeneutisch reflektiertes Bewußtsein der Identität judäischer Tradition, die der assyrischen überlegen sein sollte, gegeben hätte.

In den letzten zwanzig Jahren der intensiven Beschäftigung mit dem Deuteronomium ist mir die enge Verflechtung des Deuteronomiums mit dem Keilschriftrecht immer deutlicher geworden. Literarkritische Arbeiten am Gesetz des Deuteronomiums, die gegenwärtig jeweils keine Chance auf Konsens haben, können ein neues methodisches Fundament durch die Einsicht in diese Verflechtung gewinnen: Sie wird auch einen redaktionskritischen Wildwuchs in der Deuteronomiumsanalyse in die Schranken weisen.

Die hier vorgelegte Monographie ist Vorarbeit für den in der Reihe „Alttestamentlicher Kommentar" (ATK) beim Verlag Walter de Gruyter erscheinenden Deuteronomiumskommentar. Seit 1995 fördert die „Deutsche Forschungsgemeinschaft" (DFG) das Projekt „Der Einfluß des internationalen Vertragsrechts auf das Alte Testament". Die im Rahmen dieses Projektes zusammen mit Herrn PrivDoz Dr. Frank Starke, dem an dieser Stelle herzlich gedankt sei, erarbeiteten Einsichten in die junghethitischen LÚ.MEŠSAG-Texte haben Eingang in diese Monographie gefunden. Sie eröffnen einen neuen Horizont für das Verständnis der neuassyrischen Loyalitätseide. Auch habe ich meinen Mainzer und Münchner Mitarbeitern, Herrn Dr. J.C. Gertz und Herrn Dr. R. Achenbach, für anregende Diskussionen zu Deuteronomium und Pentateuch zu danken, vor allem aber meinem Assistenten, Herrn Dr. des. Martin Arneth, für eine zuverlässige Begleitung und viele Anregungen in den letzten Jahren. Er hat es trotz der Belastung durch den Abschluß seiner Dissertation auf sich genommen, die Druckvorlage des Manuskripts anzufertigen. Nicht weniger zu danken habe ich meiner Sekretärin, Frau Daniela Fischer, die die

Textfassung erstellt hat. Wenige Tage nachdem ich 1996 den Münchner Ruf angenommen hatte, kamen die ersten Bänder über die Mittelassyrische Rechtssammlung auf ihren Schreibtisch. Seitdem hat uns neben vielen anderen der Text dieses Buches begleitet. Ihr sei von Herzen gedankt.

Schließlich danke ich meinem Kollegen und Freund Otto Kaiser für Ermutigung und Aufnahme der Arbeit in die „Beihefte zur Zeitschrift für die alttestamentliche Wissenschaft".

München, im März 1999 *Eckart Otto*

Inhaltsverzeichnis

I. Einleitung. Assyrische Rechtstexte, das Deuteronomium und die Pentateuchkritik

Diese Monographie führt den Nachweis, daß es im altorientalischen und biblischen Recht jeweils Programme der Rechtsreform gegeben hat und diese einander beeinflußten. Die Mittelassyrische Rechtssammlung (MAG) der Tafel A ist nicht „ein Frauenspiegel"[1] oder ein „Rechtsbuch für Frauen und speziell für Ehefrauen"[2], sondern ein Reformprogramm zur Einschränkung der Dispositionsverfügung und Privatstrafe im Familienrecht sowie der Noxalhaftung bei Eigentumsdelikten. Wenn Rechte und Rechtsverletzungen von Ehefrauen besonders im Vordergrund stehen, so ist das darin begründet, daß der Redaktor der Rechtssammlung die Privatstrafe auf spezifische Delikte, die den Ehemann einer Ehefrau tangieren, beschränkt, weite Bereiche des Strafrechts und des zivilen Eherechts dagegen abgrenzend der öffentlichen Gerichtsbarkeit integriert. Die Monographie bezieht Position in der gegenwärtig strittigen Frage, ob das Keilschriftrecht unter Einschluß des alttestamentlichen Rechts als ein einheitlich-statisches „common law" zu rekonstruieren sei[3]. Mit dem Deuteronomium ist der Glücksfall gegeben, daß wir im Bundesbuch die Vorlage zahlreicher Rechtssätze des Deuteronomiums erhalten haben und sich auch hier eine stringente Konzeption der Rechtsreform unter dem Gesichtspunkt der Kultzentralisierung in der Rezeption der Rechtssätze des Bundesbuches aufweisen läßt. Programme der Rechtsreform sind keine Neuerung der biblischen Rechtsgeschichte in der ausgehenden ersten Hälfte des 1. Jt., sondern haben eine bereits in das zweite wie in das erste Jt. zu datierende Geschichte. Daß sich darüber hinaus enge Beziehungen zwischen der Tafel A der MAG, die aus einer mittelassyrischen Bibliothek wohl der Schreiberfamilie des Ninurta

1 Cf. M. San Nicolò, Rechtsgeschichte (*Oslo 1931*), 90.

2 Cf. P. Koschaker, Altassyrische Gesetze (*MVÄG 26/3*), 83; cf. ferner P. Cruveilhier, Droit de la femme (*RB 36*), 350-376. Daß es sich auch nicht um ein „privates Rechtsbuch", so u.a. P. Koschaker (a.a.O., 79ff.) und P. Cruveilhier (Lois assyriennes [*Le Muséon 40*], 24ff.), oder ein offizielles Gesetzbuch, so u.a. G.R. Driver/J.C. Miles (Assyrian Laws [*Oxford 1935*], 12ff.) und G. Cardascia (Lois assyriennes [*Paris 1969*], 34ff.), handelt, wird noch deutlich werden; s.u. III. 4.

3 So u.a. R. Westbrook, Law Codes (*RB 92*), 247-264; ders., Studien (*CRB 26*), 2ff.; ders., Covenant Code (*JSOT.S 181*), 15-36. Zur Diskussion dieser These cf. S. Greengus, Issues (*JSOT.S 181*), 60-87; B.M. Levinson, Case (*JSOT.S 181*), 37-59; Verf., Bedeutung (*ZThK 88*), 139-168; ders., Aspects (*JSOT.S 181*), 160-196, sowie die Rezension von N. Lohfink zu dem von B.M. Levinson herausgegebenen Sammelband (Theory [*JSOT.S 181*]) in ZAR 2 (*1996*), 201-207.

Uballitsu in Aššur stammt,[4] aber in der neuassyrischen Toranlage zwischen dem Alten Palast und dem Anu-Adad-Tempel gefunden wurde[5], und dem Deuteronomium zeigen, die weit über das Maß der Parallelen zwischen keilschriftlichen Rechtskorpora und dem Bundesbuch hinausgehen[6], gibt dem Charakter beider Rechtskorpora als Programme einer Rechtsreform noch besondere Bedeutung.

Eine große Dichte terminologischer Parallelen besteht zwischen dem Eherecht des Deuteronomium und der MAG[7]. Dtn 22,26 „es gibt in bezug auf die Frau keine Strafe" (אֵין לַנַּעֲרָ חֵטְא מָוֶת) zitiert MAG.A § 12 II 24 „was die Frau betrifft, gibt es keine Strafe" (*ša sinnilti ḫi-i-ṭu*[8] *la-áš-šu)*, was nach dem Kontext die Todesstrafe meint[9]. Dtn 22,26 „die Frau bleibt straffrei" (וְלַנַּעֲרָ לֹא־תַעֲשֶׂה דָבָר) zitiert die entsprechende Rechtsfolgebestimmung in MAG.A § 23 III 24.25 (*mi-im-ma la-a e-pušu*), Dtn 22,25 „und der Mann sie mit Gewalt ergreift und mit ihr schläft" (וְהֶחֱזִיק־בָּהּ הָאִישׁ וְשָׁכַב עִמָּהּ) knüpft an die entsprechende Tatbestandsfeststellung in MAG.A § 12 II 18.19 ([LÚ]*iṣ-ṣa-ba-as-si it-ti-ak-ši*) an und Dtn 22,14 „und behauptet er Schändliches über sie" (וְשָׂם לָהּ עֲלִילֹת דְּבָרִים) nimmt den entsprechenden Tatbestand in MAG. A § 19 II 83 „über seinen Genossen behauptet er" (*i-na* UGU *tap-pa-i-šu a-ba-ta iš-kun*) auf, wobei es sich jeweils um eine Verleumdung handelt. Die Strukturierung der eherechtlichen Rechtssätze in MAG.A §§ 12-16 durch die Untergliederung von Grundsatzregelungen in MAG.A §§ 12;13 und Falldifferenzierungen in MAG.A §§ 14-16, die konzentrisch gestaltet und durch MAG.

---

4 Cf. O. Pedersén, Archives I (*Uppsala 1985*), 31ff. Zu den mittelassyrischen Archiven in Aššur cf. ders., Archives (*Bethesda 1998*), 81-88. Die Datierungsformel der Tafel A nennt einen Beamten mit dem Namen Saggiʾu, der unter Tiglatpileser I. (ca. 1114-1076 v. Chr.) oder, wie von H. Freydank (Chronologie [*SGKAO 21*], 68) vertreten, Ninurta-apil-ekur (ca. 1191-1179 v. Chr.) diente. Die Redaktion der Rechtssätze der Tafel A ist also in das 12. Jh. v. Chr. zu datieren. Die Kopie auf der Tafel KAV 1 aber ist jünger, während einzelne Rechtssätze bis auf das 14. Jh. v. Chr. zurückgehen.

5 Cf. J. Jordan, Grabungsberichte (*MDOG 48*), 28; W. Bachmann, Berichte (*MDOG 54*), 58; s. dazu E. Unger, Art. Aššur (*RLA I*), 177 (Šamaš-Tor); kritisch dagegen P.A. Miglus, Stadttore (*ZA 72)*, 270 Anm. 31; B. Pongratz-Leisten, *INA ŠULMI ĪRUB* (*BaghForsch 16*), 26.

6 Die Abhängigkeit des Bundesbuches von keilschriftlichen Rechtssammlungen beschränkt sich vornehmlich auf die Redaktionsstruktur, die bis auf die Schreibergelehrsamkeit des 2. Jt. zurückgeführt werden kann. Eine direkte Rezeption von Rechtssätzen altbabylonischer Rechtssammlungen ist dagegen nicht nachweisbar; cf. Verf., Rechtsgeschichte (*OBO 85*), 135ff.177ff.; ders., Körperverletzungen (*AOAT 226*), 11ff.118ff. 147ff., sowie zum Problemkreis M. Malul, Method (*AOAT 227*), 87ff.113ff.

7 Cf. zum folgenden Verf., Eherecht (*AOAT 232)*, 259-281 (= ders., Kontinuum [*OBC 8*], 172-191); ders., Deuteronomium XII-XXVI (*VT.S 61*), 239-273. Auf die Nähe von MAG §§ 12;52 zu Dtn 22,22.28f. wies bereits A.F. Puukko (Uudet [*TAik 5*], 25f.) hin.

8 Cf. dazu R. Yaron, Laws (*Bib 51*), 552.

9 Cf. u. III. 2.2.

A §§ 12;16B gerahmt sind, entspricht der in Dtn 22,22-29 mit der Grundsatzregelung in Dtn 22,22a und den konzentrisch gestalteten Falldifferenzierungen in Dtn 22,23-29, wobei 22,22a.28 einen Rahmen bilden[10]. Hinzu kommen die exklusiven Parallelen zwischen Dtn 25,11f. und MAG.A § 8[11] im Körperverletzungsrecht. Wie ein Fragment der Tafel A der MAG aus Ninive[12] zeigt, war diese Rechtssammlung weit verbreitet und noch neuassyrisch tradiert[13]. Eine Kenntnis assyrischen Rechts, wie es sich in den MAG (A) niedergeschlagen hat, ist im Deuteronomium wahrscheinlich.

Das gilt nun auch für ein weiteres assyrisches Textkorpus, den Nachfolgeeid Asarhaddons (VTE), der ebenfalls im Deuteronomium rezipiert wurde. Dtn 13,2a.3aβbα.4a.6aα.7abα.9abβ.10aα ist als Grundüberlieferung in Dtn 13,2-19 Übertragung von VTE § 10 in subversiv-antiassyrischer Wendung, in die Elemente aus VTE §§ 12; 18; (29); 57 eingearbeitet wurden[14]. Der Hochverrat an JHWH durch die Verehrung anderer Götter (Dtn 13,3b.7b) wurde in Analogie zum politischen Hochverrat am assyrischen Großkönig und seinem Kronprinzen als Kapitaldelikt eingestuft. Die Aufstachelung zum Hochverrat durch Ekstatiker und Inkubanten sowie durch engste Familienangehörige in Dtn 13,2-10aα* hat eine direkte Parallele in VTE § 10:(108-111).115-119*[15]:

„(108) Wenn ihr ein übles, schlechtes, (109) unpassendes Wort, das für Assurbanipal, den Kronprinzen des Nachfolgehauses, (110) des Sohnes Asarhaddons, des Königs von Assyrien, euren Herrn, nicht angemessen, (111) nicht gut ist ... (115) *sei es aus dem Munde eurer Brü-*

---

10 Cf. Verf., Eherecht (*AOAT 232*), 259-281 (= ders., Kontinuum [*OBC 8*], 172-191), sowie u. IV. 2.

11 Cf. A.F. Puukko, Uudet (*TAik 5*), 24f.; C.H. Gordon, Parallel (*JPOS 15*), 29-34 (mit Hinweis auch auf die Gerichtsurkunde HSS V 43 aus Nuzi), sowie S.M. Paul, Analogues (*Winona Lake 1990*), 335-339. Weitere Parallelen bestehen im Erbrecht zwischen Dtn 21,17 und MAG.B § 1 und MAG.O § 3; cf. E.F. Weidner, Erbteilung (*AfO 20*), 121-124; C. Saporetti, Questioni (*BeO 13*), 65-68; E.W. Davies, Meaning (*VT 36*), 341-347. Gegen R. Westbrooks (Property [*JSOT.S 113*], 19f.) Deutung von Dtn 21,17 cf. Verf., Deuteronomium XII-XXVI (*VT.S 61*), 242 Anm. 22, sowie u. IV. 2. Anm. 15.

12 Cf. J.N. Postgate, Texts (*Iraq 35*), 21.

13 Zu mittelassyrischen Texten in neuassyrischen Archiven cf. O. Pedersén, Archives II (*Uppsala 1986*), 13-19.44 u.ö. Daß aus dem in der neuassyrischen Urkunde ND 2307: 50 (*e-zib-tú idan*^{an}) verfügten Scheidungsgeld (s. dazu V.A. Jakobson, Studies [*AoF1*], 118f.; anders J.N. Postgate, Documents [*Warminster1976*], 105) nicht auf eine Weiterentwicklung des assyrischen Eherechts in MAG.A § 37 geschlossen werden kann, wurde an anderer Stelle bereits dargelegt; cf. Verf., Deuteronomium XII-XXVI (*VT.S 61*), 243 Anm. 26.

14 Cf. Verf., Treueid (*ZAR 2*), 1-52; ders., Ursprünge (*ZAR 4*), 1-84, sowie u. II.

15 Übersetzungen akkadischer Texte sind in dieser Monographie stets die des Verf. Zum Text cf. K. Watanabe, *adê*-Vereidigung (*BaghM Beih. 3*), 148.

der, (116) *eurer Söhne, eurer Töchter, oder aus dem Munde eines Propheten,* (117) *eines Ekstatikers, eines Befragers des Gotteswortes*[16], *hört und verheimlicht ...*"

Die Reihenfolge der Anstifter zum religiösen Hochverrat ist in Dtn 13 umgekehrt worden, da mit der subversiven Übertragung des Motivs auf JHWH das VTE § 10 leitende Anordnungsprinzip, die engsten Familienangehörigen ins Zentrum zu rücken, zugunsten der Anordnung nach der Gefährdung geändert wurde. Die im engsten Familienkreis ihren Ausgangspunkt nehmende wie die durch einen Propheten angestiftete Rebellion gegen JHWH soll durch rücksichtslose Lynchjustiz im Keim erstickt werden. Die Forderung der Lynchjustiz (Dtn 13,6aα.10aα[17]) hat im gesamten Rechtssystem des Alten Testaments keinen weiteren Anhalt[18], wohl aber an den VTE (*la tadukkāsūni*; VTE § 22:246[19] u.ö.). Das hebr. Lexem הרג, das im Deuteronomium nur hier belegt ist, ist genaue Entsprechung zu akk. *duāku*. Der Ausdruck „einem Hochverrat das Wort reden" (דבר סרה) *dabābu sarrātim/surrātim* ist in den neuassyrischen Königsinschriften[20] entsprechend[21] in der Formel „aufrührerisches, unwahres Gerede" (*dabāb surrāti* [*u*] *lā kīnāti*) in VTE § 57:502[22] belegt. Die Abfolge von wörtlich zitierter Rede des Hochverräters mit anschließender Aufforderung, nicht auf ihn zu hören, wird aus VTE § 18[23] entnommen. Die Aufforderung, die Anstiftung zum Hochverrat nicht zu verheimlichen, stammt wieder aus VTE § 10:119-121 (akk. *pazāru* D/hebr. כסה על). Und noch dort, wo genuin judäische Terminologie in Dtn 13* gebraucht wird, ist sie von Motiven der VTE gelenkt. Die Verführung zum Hochverrat durch „übles, schlechtes, unpassendes Wort, das für Assurbanipal, den Kronprinzen des Nachfolgehauses ... nicht gut ist" (VTE § 10:108f.111)[24], die „Aufwiegler, Verbreiter von Flüstergerüchten" (VTE § 57:500)[25], sind Vorgaben des neuassyrischen Loyalitätseides für Dtn 13. Die Terminologie des Verführens (נדח) dagegen ist hebräischen Ursprungs. Sie wurde nicht dem Jeremiabuch entnommen, das נדח (Hi.) nur in der Bedeutung „verstoßen/zerstreuen" kennt, sondern dem weisheitlich belegten erotischen Vokabular („sie hat ihn mit schmeichlerischen Lippen verführt [נדח Hi.]", Prov 7,21). Das Motiv der

16 Der Ekstatiker (*maḫḫû*) entspricht dem Nabi, der Traumdeuter (*šā'il*[*t*]*u* = Befrager) dem Inkubanten; cf. u. II. 2.3 sowie M. Nissinen, Prophecy (*SAA.S 7*), 9f.

17 Cf. dazu u. II. 2.3.

18 Cf. dazu B.M. Levinson, Evidence (*HBS 4*), 58f., sowie u. II. 2.3.

19 Cf. K. Watanabe, *adê*-Vereidigung (*BaghM Beih. 3*), 154.

20 Cf. R. Borger, Inschriften (*AfO Beih. 9*), 12:24; 103:20; (41:27): cf. auch S. Parpola, Letters (*AOAT 5/1*), Nr. 321: rs. 9.

21 Cf. E. Jenni, Dtn 19,16 (*AOAT 212*), 201-211 (= ders., Studien [*Stuttgart 1997*], 106-116).

22 Cf. K. Watanabe, *adê*-Vereidigung (*BaghM Beih. 3*), 166.

23 Cf. K. Watanabe, a.a.O., 152.

24 Cf. K. Watanabe, a.a.O., 148f.

25 Cf. K. Watanabe, a.a.O., 166.

Liebe (heth. *aššiya*/akk. *rāmu*) dient im altorientalischen Vertragsrecht zur Bezeichnung politischer Loyalität[26] und wird so auch in den Nachfolgeeiden Asarhaddons verwendet: „einer, der seinen Herrn (Asarhaddon) liebt (*ira*ʾʾ*amūni*)“ (VTE § 18:207[27]), „wenn ihr Assurbanipal ... nicht wie euch selbst (wörtlich: euer Leben) liebt (*kī napšātēkunu lā tara*ʾʾ*amāni*)“ (VTE § 24:268)[28]. In Dtn 13 wird dieser Motivkomplex des neuassyrischen Vertragsrechts aufgenommen und durch entsprechende hebräische Terminologie der Ehe- und Treuebeziehung ausgedrückt, dem als ein weiterer für Dtn 13* zentraler Ausdruck „hinter (anderen Göttern) hergehen (הלך אחרי)“ (Dtn 13,3) zuzurechnen ist. „Hinter (jemandem) hergehen“ bezeichnet die weibliche Beziehungstreue: „wo du hingehst, will auch ich hingehen“ (Rut 1,16; cf. Rut 3,10; Hos 2,7.15 u.ö.)[29]. Dtn 13* bedient sich der Liebes- und Eheterminologie, um wie die VTE den Hochverrat als Treuebruch zu charakterisieren. Wird in VTE §§ 17:196f.; 25:301[30] verboten, einen anderen Herrn zu suchen und einzusetzen, so entspricht das dem Verbot in Dtn 13, hinter anderen Göttern herzugehen.

Nicht nur Dtn 13,2-10*, sondern auch Dtn 28,20-44* ist wie jüngst H.U. Steymans überzeugend aufweisen konnte, direkt aus VTE § 56 übertragen[31]:

VTE § 56	*Thema*	*Dtn 28*
472-475	allgemeine Verfluchung	20a
476-479	Todessphäre + Ortslosigkeit	20b.21
479-481	(Hungersnot) + Krankheit	22.(23f.)
481-483	Themavorgabe: Krieg → Niederlage	25a
483-484	Leichen als Tierfutter	26.(27)
485-486	Dunkelheit + Ratlosigkeit	28.29a
487	Elend	29b
488	Auswirkung des Feindeinfalls	30-32
	Zusammenfassung: 1. Strophe futility curses	33a
489	Elend	33b
490	Krankheit	34.35
490	Nahrung	38

26 Cf. W.L. Moran, Background (*CBQ 25*), 77-87; M. Weinfeld, Heritage (*Saggi di Storia Antica 2*), 181f.; S.M. Olyan, Honor (*JBL 115*), 201-218.

27 Cf. K. Watanabe, *adê*-Vereidigung (*BaghM Beih. 3*), 152.

28 Cf. K. Watanabe, a.a.O., 156; cf. dazu auch M. Krebernik, Deuteronomiumskommentar (*HBS 4*), 31, mit Hinweis auf Lev 19,18.

29 Cf. U. Rüterswörden, Das Böse (*SESJ 62*), 227f.

30 Cf. K. Watanabe, *adê*-Vereidigung (*BaghM Beih. 3*), 152.156; cf. dazu u. II. 2.3.

31 Cf. H.U. Steymans, Vorlage (*HBS 4*), 119-141; ders., Deuteronomium 28 (*OBO 145*), 41ff. (cf. dazu die Rezension des Verf. in ZAR 2 [*1996*], 214-221). Zur älteren Forschung cf. u. II. 2.3.

491	Getränke	39
491	Salbe	40
(492	Kleidung/Kinder)	
	Zusammenfassung: 2. Strophe futility curses	42
493	Fremde im Lebensraum	43f.

Wo die Thematik von VTE § 56 es zuließ, wurden in Dtn 28 Flüche aus VTE §§ 38A-42; 63-64 eingearbeitet. VTE § 56:479-481 schreitet vom Verlust der Nahrung und des Wassers über die Hungersnot zur Krankheit voran. Dtn 28,22-24 kehrt diese Abfolge um, um VTE §§ 63-64 anschließen zu können. VTE § 56:481-483 hat in Dtn 28 keine Entsprechung. Die grausame Schilderung des tödlichen Endes einer Kriegsgefangenschaft war aber Anlaß, den Ninurta-Fluch in VTE § 41 einzubauen. In Dtn 28,25-35 entsteht ein mehrschichtiges Geflecht von Beziehungen zwischen VTE §§ 56; 38A-42 und Dtn 28* sowie weiteren Paragraphen der Nachfolgeeide wie VTE §§ 63-65. Dtn 28,38-44 und VTE § 56:490-493 stimmen in der Reihenfolge der Motive von Nahrung, Trank, Salbe und Heimat überein. Für diese Abfolge gibt es keine altorientalischen und biblischen Parallelen. VTE § 56 bot sich als Fluch bei den „großen Göttern des Himmels und der Erde“ und also nicht auf eine bestimmte Gottheit im polytheistischen System festgelegt für eine Übertragung auf JHWH an und wurde so zur literarischen Grundlage für die Gestaltung des Fluchabschnitts in Dtn 28,20-44*, für den aus den VTE darüber hinaus nur noch solche Passagen aus den Flüchen zur Übertragung ausgewählt wurden, die sich auf die Götter allgemein oder die des Himmels und seiner Gestirne, insbesondere den Sonnengott Šamaš, beziehen[32].

Die vorliegende Monographie hat die Aufgabe, diese Beziehungen zwischen dem Deuteronomium, den MAG und den VTE in Art und Umfang genauer zu bestimmen und nach den Konsequenzen für die literaturhistorische Analyse des Deuteronomiums zu fragen. Für eine Grundlegung der Literaturgeschichte des Deuterononomiums kommt angesichts der heute mehr denn je auseinandergehenden exegetischen Ergebnisse dem Nachweis der Rezeption sicher datierter außeralttestamentlicher Texte eine besondere Bedeutung zu. Der in den Zwanziger Jahren dieses Jahrhunderts ausgerufene „Kampf um das Deuteronomium“[33] ist nicht beendet, sondern allenfalls nur unübersichtlicher geworden, wobei dieser „Kampf“ stets ein Kampf um die de Wette'sche Hypo-

32 Cf. u. II. 2.3.

33 Diese Überschrift wählte W. Baumgartner für seinen Literaturbericht zur Deuteronomiumsforschung in ThR (N.F.) 1 (*1929*), 1-25. Für eine erschöpfende Forschungsgeschichte cf. C. Begg, Contributions (*Diss. theol. Leuven 1978*). Zum Stand der Deuteronomiumsforschung cf. Verf., Art. Deuteronomium (*RGG⁴ II*).

these[34] der Korrelierung eines Urdeuteronomium mit der sog. „Josia-Reform“ nach 2Kön 22-23 war. Es war schon damals, als W. Baumgartner seinen Literaturbericht schrieb, zu erkennen, daß es zu Zirkelschlüssen führen mußte, rekonstruiert man das Urdeuteronomium nach einem vordtr Grundbestand von 2Kön 22-23 und weist alles, was daran keinen Anhalt hat, späteren Bearbeitungsschichten zu. Zu diesem von A. Puukko[35] wohl am konsequentesten durchgeführten Programm hat G. Hölscher[36] das methodisch Notwendige schon 1922 gesagt: „Es ist überhaupt methodisch verfehlt, bei dieser ganzen Untersuchung beständig nach II Reg 22f. hinüberzuschielen; denn es ist eine *petitio principii*, die mit einer rein literarischen Untersuchung nichts zu tun haben darf; erst wenn der Urbestand des Deuteronomiums, ganz ohne Rücksicht auf II Reg 22f., auf rein literarischem Wege festgestellt worden ist, kann das Verhältnis des Urdeuteronomiums zu II Reg 22f. erwogen werden“. Angesichts der Methodenproblematik der de Wette'schen Hypothese in ihrer ursprünglichen Argumentationsfigur von 1805, aus 2Kön 22-23 auf die Abfassung eines (Ur-) Deuteronomiums im Horizont der „Josia-Reform“ zu schließen[37], die notwendigerweise zu Zirkelschlüssen führt, da die Analyse von 2Kön 22-23 die des Deuteronomiums lenkt, führte dazu, daß es schon in den Zwanziger Jahren Versuche gab, durch Früh- oder Spätdatierung den Zirkel zu durchbrechen. So wenig es Josia um eine Kulteinheit, sondern Kultreinheit gegangen sei, so wenig sei in Dtn 12 eine Kultzentralisation vorgesehen und die Zentralisationsformel kollektiv zu verstehen – so Th. Oestreicher[38]. Rechnet er dem chronistischen Reformbericht in 2Chron 34,3-7 historische Verläßlichkeit zu, so kann er das Deuteronomium als ein altes „Grundgesetz“ interpretieren, das nicht Anlaß der antiassyrischen Kultreform Josias war, sondern

---

34 Cf. W.M.L. de Wette, Dissertatio critico exegetica (1805) (*Berlin 1830*), 149-168; cf. dazu R. Smend, Wilhelm Martin Leberecht de Wette (*Basel 1958*), 32ff.; zum Kontext cf. auch J.W. Rogerson, W.M.L. de Wette (*JSOT.S 126*).

35 Cf. Deuteronomium (*BWAT 5*).

36 Cf. Komposition (*ZAW 40*), 189f.

37 In späteren Auflagen des Lehrbuches hat de Wette sich bereits einer umfassenderen redaktionsgeschichtlichen Argumentation bedient; cf. W.M.L. de Wette, Lehrbuch (*Berlin ^{8}1869*), 322f.; cf. dazu Verf., Deuteronomium (*BEThL 133*), 337f. Anm. 76.

38 Cf. Grundgesetz (*BFchTh 27/4*); ders., Reichstempel (*BFchTh 33/3*). M. Löhr (Deuteronomium [*SKG.G 1*]) hat aufgrund altbabylonischer und mittelassyrischer Parallelen das Urdeuteronomium als priesterliches „Buch der Lehre“ in die Mosezeit rückdatiert; A. Welch (Code [*London 1924*]) hat die Forderung der Kultzentralisation in Dtn 12,1-7 als späten Zusatz zu einem in die Richter- und frühe Königszeit zu datierenden Deuteronomium interpretiert, dem die Vielzahl der Altäre nicht als illegitim galt; cf. ders., Worship (*ZAW 43*), 250-255; cf. dazu J.A. Bewer, Deuteronomy (*JBL 47*), 305-321. Später hat A. Welch (Deuteronomy [*London 1932*]) diese These für die weitere Forschung folgenreich dahingehend modifiziert, daß das Heiligkeitsgesetz aus dem Südreich und das Deuteronomium aus dem Nordreich stammend jeweils auf ein älteres, bis in die Frühzeit Israels in Kadesch zurückgehendes Gesetz zurückzuführen seien.

erst während der Reform gefunden wurde. Hat auch W. Staerk[39] sich Th. Oestreicher angeschlossen, so war doch die Ablehnungsfront, angeführt von H. Greßmann[40], E. König[41] und K. Budde[42], recht geschlossen. Das gilt auch für den entgegengesetzten Versuch der Spätdatierung des Deuteronomiums als utopisches Reformprogramm der Priesterschaft in nachexilischer Zeit durch G. Hölscher[43]. Die „Josia-Reform" zielt auch für ihn nicht auf die Kulteinheit, sondern Kultreinheit, während weitergehende Motive wie 2Kön 23,8a.9 späte Zusätze seien, so daß das spät datierte Deuteronomium davon zu lösen sei. Während F. Horst[44] aufgrund einer kritischen, am Jeremiabuch orientierten Analyse von 2Kön 22-23 sich G. Hölscher anschloß, waren es wieder H. Greßmann[45] und K. Budde[46], die sich vehement gegen diese These aussprachen. Warum kam es zu diesen so heftigen Reaktionen gegen Früh- wie Spätdatierungen des Deuteronomiums? Nicht nur um das Deuteronomium und seine Literaturgeschichte geht es in diesem Disput – das Deuteronomium allein hätte kaum die Heftigkeit erklären können –, sondern um die Funktion des Deuteronomiums als Schlüssel zur Kritik der Pentateuchkomposition durch die Neuere Urkundenhypothese und damit zur Kritik der Geschichte und Religionsgeschichte Israels. Das im Horizont der de Wette'schen Hypothese interpretierte und datierte Deuteronomium wurde in der Neueren Urkundenhypothese zum archimedischen Punkt der Differenzierung jehovistischer und priesterschriftlicher Schichten und ihrer Datierung in eine Zeit vor und nach der Kultzentralisation. So konnte und mußte J. Wellhausen in den Prolegomena erklären, daß mit Leuten, die die de Wette'sche Hypothese nicht anerkennen, wissenschaftlich nicht zu diskutieren sei. Dabei hätte schon vor fünfzig Jahren deutlich werden können – und der „Kampf um das Deuteronomium" zeigt, daß man schon recht nahe der Einsicht war –, daß die de Wette'sche Hypothese nicht den archimedischen Punkt für die Kritik der Pentateuchkomposition zu liefern vermag. Schon de Wette mußte es offen lassen, in welcher Fassung das Deuteronomium nach der Auffindung verlesen wurde. Damit war die Suche nach dem Urdeuteronomium eröffnet und die Axt an die Wurzel der de Wette'schen Hypothese gelegt, da die Rekonstruktion der historisch auswert-

---

39 Cf. Problem (*BFchTh 29/2*).

40 Cf. Josia (*ZAW 42*), 313-337.

41 Cf. Ex 20,24 (*ZAW 42*), 337-346; ders., Hauptfragen (*ZAW 48*), 43-66.

42 Cf. Deuteronomium (*ZAW 44*), 177-224; cf. auch G. Dahl, Deuteronomy (*JBL 47*), 358-379.

43 Cf. Komposition (*ZAW 40*), 161-255. Unabhängig von G. Hölscher kommen R.H. Kennett (Deuteronomy [*Cambridge 1920*]; ders., Essays [*Cambridge 1928*]) und G.R. Berry (Code [*JBL 39*], 44-51; cf. ders., Date [*JBL 59*], 133-139) aufgrund der Annahme, das Deuteronomium sei von Jeremia abhängig, zu einer Spätdatierung; cf. dazu L.B. Paton, Deuteronomy (*JBL 47*), 322-337.

44 Cf. Kultreform (*ZDMG 77*), 220-238.

45 Cf. o. Anm. 40.

46 Cf. o. Anm. 42.

baren Kernüberlieferung in 2Kön 22-23 und die Suche nach dem Urdeuteronomium sich auf das engste verzahnten. J. Wellhausen[47] konnte, an S. Vater[48] anknüpfend, die Lösung noch recht unkomplex skizzieren mit der Annahme, das Urdeuteronomium habe Dtn 12-26 umfaßt, das dann sekundär in zwei Ausgaben durch Dtn 1-4; 27 und Dtn 5-11; 28 gerahmt und schließlich durch Dtn 31 mit dem übrigen Hexateuch verbunden wurde. Konnte dieses literaturhistorisch recht schematische Modell mit der eindeutigen Beschreibung des Umfanges eines josianischen Deuteronomiums der de Wette'schen Hypothese den Anschein der Stabilität verleihen, so räumte bereits einige Jahre später C. Steuernagel[49], dem der Numeruswechsel als entscheidendes literarkritisches Kriterium diente, ein, daß das josianische Urdeuteronomium allenfalls nur indirekt zu erheben sei, da das vorliegende Deuteronomium aus sekundären Parallelüberlieferungen kompiliert und das einzig vollständig erhaltene Gesetz (D^2c), das singularisch abgefaßt sei, das Urdeuteronomium stark erweitert habe. Damit war genau genommen auch im Lager derjenigen, die nachdrücklich an einem Zusammenhang von Urdeuteronomium und „Josia-Reform" festhielten, der de Wette'schen Hypothese der Boden entzogen, weil nicht mehr anzugeben war, für welche Gestalt des Deuteronomiums dieser Zusammenhang eigentlich gelten sollte.

Daß der „Kampf um das Deuteronomium" im ersten Viertel dieses Jahrhunderts dennoch ohne Konsequenzen für die Pentateuchkritik blieb, hat nicht zuletzt darin seine Ursache, daß sich das Interesse der Deuteronomiumsforschung auf die vorjosianische Überlieferungsgeschichte der Stoffe dieses Buches verlagerte. Wenige Jahre nach der Arbeit von A. Puukko, der durch konsequente Literarkritik die de Wette'sche Hypothese zu sichern suchte, indem er das Urdeuteronomium literarkritisch nach einem ebenfalls literarkritisch konstruierten Bericht der „Josia-Reform" in 2Kön 22-23 rekonstruierte[50], konzentrierte sich J. Hempel[51] auf die Frage nach den Quellen des von Hilkia gefundenen und zur Zeit Manasses verfaßten Gesetzbuches, dessen älteste, eine Jerusalemer Tempelregel (Q1), auf die salomonische oder sogar vorstaatliche Zeit zurückgehen sollte. Damit war der Weg für eine bis in jüngste Zeit geführte Diskussion um die bis in die Anfänge Israels zurückgeführten Ursprünge des Deuteronomiums eröffnet, die die de Wette'sche Hypothese als unhinterfragten Ausgangspunkt zur Voraussetzung nahm. Diese Diskussion

---

47 Cf. Composition (*Berlin* ^{4}*1963*), 186-208.

48 Cf. Commentar III (*Halle 1805*), 461f.

49 Cf. Rahmen (*Halle 1894*); ders., Enstehung (*Berlin* ^{2}*1901*); ders., Lehrbuch (*Tübingen 1912*); ders., HK I.3.1 (*Göttingen* ^{2}*1923*).

50 Es ist nicht verwunderlich, daß A. Bertholet (KHC 5 [*Freiburg/Br. 1899*], XIX) genau umgekehrt verfuhr und dem Urdeuteronomium nicht, wie A.F. Puukko, nur das zurechnete, was eine Entsprechung in 2Kön 22-23 hatte, sondern ihm alles zuschrieb, was nicht ausdrücklich von der Datierung in die Josia-Zeit ausgeschlossen war.

51 Cf. Schichten (*Leipzig 1914*).

wurde primär form- und traditionsgeschichtlich geführt, wofür die Arbeiten G. v. Rads paradigmatisch sind[52]. Eine These von A. Klostermann[53] aufnehmend, sah er die Ursprünge des Deuteronomiums in einer Predigtpraxis der Leviten und erklärte den Aufbau des Deuteronomiums aus dem Schema eines Bundeserneuerungsfestes[54]. Andere suchten durch literarkritische Analysen den Kern des Deuteronomiums in einer literarisch auszugrenzenden Grundschicht aus der Frühzeit Israels[55] oder in zahlreichen Einzelsammlungen, die zur Zeit Hiskias zu einem Gesetzeskorpus vereinigt wurden[56], oder schließlich in einer dtn Redaktion zur Zeit Hiskias, die sich älteren Materials bediente[57]. So konnte ein halbes Jahrhundert die Deuteronomiumsforschung unter Absehung der Problematisierung der de Wette'schen Hypothese in den Zwanziger Jahren betrieben werden. Erst als in der Pentateuchforschung die Ursprungsorientierung und die daraus resultierende Tendenz zur Frühdatierung überwunden wurde, gewannen die früheren Infragestellungen der de Wette'schen Hypothese wieder an Bedeutung. Die prinzipielle Ablösung des Deuteronomiums von der Josia-Zeit zugunsten einer Frühdatierung wird in der Nachfolge von Th. Oestreicher jüngst wieder von J.G. McConville[58] vertreten.

Gewichtiger sind die Fragestellungen, die sich aus der Einsicht in den hohen Anteil dtr Redaktion und – wie zunehmend deutlich wird – auch postdtr Überarbeitungen durch die Pentateuch- und Hexateuchredaktionen nicht nur in den Rahmenteilen des Deuteronomiums, sondern auch im Gesetzeskorpus in Dtn 12-26, ergeben[59]. Schon wird in der Nachfolge G. Hölschers wieder die Entstehung des Deuteronomiums als utopischer Programmtext der exilischen oder gar nachexilischen Zeit favorisiert[60]. Aber auch dort, wo weiterhin mit vorexilischen Anteilen am Gesetzeskorpus des Deuteronomiums gerechnet wird, hat sich die Erkenntnis eines hohen exilisch/nachexilischen Anteils dtr

52 Cf. G. v. Rad, Deuteronomium-Studien (*FRLANT 58*); ders., ATD 8 (*Göttingen* *²1968*); ders., Herkunft (*ThLZ 72*), 151-158.

53 Cf. Pentateuch (*Leipzig 1907*), 348ff. Zum forschungsgeschichtlichen Hintergrund cf. D. Ackermann, Klostermann (*Neukirchen-Vluyn 1997*), 127ff.

54 Cf. G. v. Rad, Problem (*BWANT 78*).

55 Cf. G. Nebeling, Schichten (*Diss. theol. Münster 1970*).

56 Cf. R.P. Merendino, Gesetz (*BBB 31*).

57 Cf. G. Seitz, Studien (*BWANT 93*).

58 Cf. Law (*JSOT.S 33*); ders., Grace (*Carlisle 1993*); ders./J.G. Millar, Time (*JSOT.S 179*) (s. dazu die Rezensionen von R. Achenbach in ZAR 1 [*1995*], 149-155, N. Lohfink in ThLZ 121 [*1996*], 541f., und B.M. Levinson in JQR 80 [*1990*], 396-404); bereits P.C. Craigie (Deuteronomy [*NICOT*], 24-32) hat im Anschluß an M.G. Kline (Treaty [*Grand Rapids 1963*]) das Deuteronomium geschlossen in das 2. Jt. v. Chr. datiert.

59 Cf. Verf., Deuteronomium 4 (*SESJ 62*), 196-222, sowie den in Vorbereitung befindlichen Deuteronomiumskommentar in der Reihe ATK.

60 Cf. O. Kaiser, Grundriß (*Gütersloh 1992*), 90-99, sowie bereits E. Würthwein, Reform (*ZThK 73*), 395-423.

Bearbeitung durchgesetzt, wobei es unerheblich ist, ob man mit einer blockweisen Ergänzung eines vorexilischen Privilegrechts in Dtn 12,1-16,17* durch die Ämtergesetze (Dtn 16,18-18,22) in exilischer und durch einen Gesetzesblock (Dtn 19,1-25,16) in nachexilischer Zeit rechnet[61] oder mit einer mehrschichtigen dtr Überarbeitung einer vorexilischen Gesetzesüberlieferung in Dtn 12-16[62]. Die Abgrenzung des vorexilischen Kernbestandes – nur auf diesen bezieht sich die de Wette'sche Hypothese – ist aber eine bislang ungelöste Frage, ja es besteht nicht einmal Konsens über die Kriterien zur Abgrenzung. „Bei wenigen Büchern der Bibel ist schon die Meinungsverschiedenheit über die *Kriterien*, die bei Literar- und Redaktionskritik gelten, so groß wie beim Deuteronomium"[63]. Bei der Aufgabe, vorexilische von exilisch/nachexilischen Schichten zu differenzieren, ist die Deuteronomiumsanalyse auf das engste mit den Problemen der Literarkritik von 2Kön 22-23[64] als Teil der Vorderen Propheten verzahnt[65]. Mit der Einsicht in dtr Redaktionen der Exils- und Nachexilszeit in den Königsbüchern mußten die redaktionsgeschichtlichen Konsequenzen für die Frage der historischen Auswertbarkeit von 2Kön 22-23 für Art und Umfang einer „josianischen Reform" deutlich werden. Hatte schon J. Wellhausen[66] die Historizität einer Hiskia-Reform zu Recht in Frage gestellt, so setzt sich auch in bezug auf die „Josia-Reform" in 2Kön 22-23 in jüngster

---

61 Cf. u.a. N. Lohfink, Sicherung (*SBAB 8*), 305-323; G. Braulik, Gesetze (*SBS 145*); ders., Redaktion (*HBS 4*), 1-25; ders., Beobachtungen (*SESJ 62*), 23-55. Jüngst hat G. Braulik (Deuteronomium [*StTh 1/1*], 133) auch die Sozialgesetzgebung im Block des Privilegrechts spät datiert.

62 Cf. Verf., Ethik (*ThW 3/2*), 175-219; ders., Programmschrift (*HBS 4*), 93-104; ders., Treueid (*ZAR 2*), 1-52. Zu den Kommentaren von M. Rose (*ZBK 5*) und E. Nielsen (*HAT I.6*) cf. R. Achenbach, Kommentare (*ZAR 2*), 86-113. Für die ältere Forschung cf. H.D. Preuß, Deuteronomium (*EdF 164*); S. Loersch, Deuteronomium (*SBS 22*).

63 Cf. N. Lohfink, Deuteronomium (*SBAB 20*), 19. G. Braulik (Deuteronomium [*StTh 1/1*], 129f.) hat die ungelösten Methodenprobleme in der Deuteronomiumsanalyse deutlich benannt.

64 Zur Forschungsgeschichte cf. N. Lohfink, Diskussion (*SBAB 12*), 179-207; J. Schreiner, Jeremia (*BBB 98*), 11-31; C. Conroy, Reflections (*BEThL 94*). 255-268.

65 Cf. den Forschungsüberblick zum Zusammenhang von Deuteronomiumsforschung und der des „Deuteronomistischen Geschichtswerks" von T. Römer, Deuteronomy (*JSOT.S 182*), 178-212. Sehr viel deutlicher wird man die nachpriesterschriftlichen Bearbeitungen des Deuteronomiums im Zuge einer Pentateuch- und Hexateuchredaktion sowie spätere bis in die Königsbücher zurückreichende Ergänzungen in Anschlag bringen, die These eines „Deuteronomistischen Geschichtswerks" aber kritisch hinterfragen. Zur jüngsten Forschungsgeschichte des sog. „Deuteronomistischen Geschichtswerks" cf. H.D. Preuß, Geschichtswerk (*ThR 58*), 229-264.341-395; K. Bieberstein, Josua (*OBO 143*), 47-54 (cf. dazu die Rezension des Verf. in BSOAS 60/2 [*1997*], 346-347).

66 Cf. Prolegomena (*Berlin ^{6}1905*), 25.47; ders., Geschichte (*Berlin ^{6}1907)*, 123f., sowie die jüngsten Nachweise von H. Spieckermann, Juda (*FRLANT 129*), 170-175.420; L. Camp, Hiskija (*MThA 9*), 274-287; N. Na'aman, Historicity (*ZAW 107)*, 179-195; Verf., Art. Hiskia (*RGG^{4} III*).

Zeit eine kritische Haltung durch. Während H. Niehr[67] nur in 2Kön 23,8a „und er (sc. Josia) ließ die Priester aus den Städten Judas kommen und verunreinigte die Höhen, auf denen sie geräuchert hatten, von Geba bis Beeršeba" eine historisch auswertbare Notiz tempelfiskalischer Natur erkennen will, die exilisch und nachexilisch zur Fiktion einer spätvorexilischen Kultreform ausgebaut worden sei[68], sieht C. Uehlinger[69] angemessener in den Maßnahmen Josias eine „konjunkturell bedingte Neuorientierung des am Jerusalemer Residenzheiligtum praktizierten Kultes", konkret die Abschaffung der Pferde und Wagen des Sonnengottes (2Kön 23,11), der Priesterklasse der *k^emarîm*, deren Tätigkeit sich auf Astralgottheiten richtete (2Kön 23,5*), und der Dachaltäre des Tempels (2Kön 23,12*). Für eine Korrelierung mit einem Urdeuteronomium geben diese Maßnahmen wenig her. Damit gerät nicht nur von Seiten der Deuteronomiumsanalyse, sondern auch durch die mehr denn je offene Frage nach Intention und Umfang josianischer Reformmaßnahmen[70] die de Wette'sche Hypothese in Erklärungsnot.

Das aber muß auf die Pentateuchkritik insgesamt Rückwirkungen haben, steht doch damit der archimedische Punkt der Pentateuchkritik in Frage. Pentateuch- und Deuteronomiumsforschung sollten kaum noch wie bisher unvermittelt nebeneinander betrieben werden[71], sondern bedürfen der Verzahnung[72].

---

67 Cf. Reform (*BBB 98*), 33-55. In der literaturhistorischen Analyse knüpft H. Niehr an die reduktionistische Exegese von C. Levin (Joschia [*ZAW 96*], 351-371) an, der gerade noch in 2Kön 23,8a den auf DtrH zurückzuführenden literarischen Kernbestand des Reformberichts in 2Kön 23 erkennen will. Diese Skepsis gegenüber 2Kön 22-23 hat nicht nur Vorläufer in G. Hölscher und Th. Oestreicher, die Josias Maßnahmen als antiassyrische Aktionen interpretieren (cf. u.a. Th. Oestreicher, Grundgesetz [*BFchTh 27/4*], 30ff.), sondern im 19. Jh. bereits in einigen französischen Forschern wie G. d'Eichthal, M. Vernes und L. Horst aus der Schule von E. Reuss; cf. dazu G. Hölscher, Komposition (*ZAW 40*), 231 Anm. 3; L.B. Paton, Deuteronomy (*JBL 47*), 322f.

68 Cf. auch E. Würthwein, Reform (*ZThK 73*), 395-423.

69 Cf. Kultreform (*BBB 98*), 57-89. Zur Diskussion cf. auch A. Laato, Josiah (*CB.OT 33*), 37-80; E. Eynikel, Josiah (*OTS 33*), 7ff.; Verf., Art. Josia (*RGG^4 IV*). Zu den Problemen der These vorexilischer Deuteronomisten cf. u. II. 2.

70 Die Spannungen zwischen dem Deuteronomium und dem Reformbericht in 2Kön 23 sind unübersehbar und oft notiert worden. Die Verweigerung des Altardienstes für die Höhenpriester in Jerusalem (2Kön 23,8f.) ist nur schwer mit Dtn 18,6-8 zu harmonisieren (cf. dazu U. Dahmen, Leviten [*BBB 110*], 297-302). Die in 2Kön 23,24 genannten Reformmaßnahmen haben z. T. gerade keinen Anteil am Deuteronomium.

71 Es ist auffällig, daß in Entwürfen zur Pentateuchkritik, die sich von der Neueren Urkundenhypothese lösen, das Deuteronomium weithin ausgeklammert wird, so in denen von E. Blum (Studien [*BZAW 189*]), C. Levin (Jahwist [*FRLANT 157*]), J. Van Seters (Prologue [*Louisville/Zürich 1992*]; ders., Life [*Kampen/Louisville 1994*]), und D. Carr (Fractures [*Louisville 1996*]); zu den Entwürfen von E. Blum und C. Levin cf. Verf., Pentateuchkomposition (*ThR 60*), 163-191; zu dem Entwurf von D. Carr cf. die Rezension des Verf. in BiOr 55 (*1998*), 856-860 sowie ders., Brückenschläge (*ThR 64*), 84-99. Jüngst erst hat J. Van Seters (Cultic Laws [*BEThL 126*], 319-345; ders., Law [*ZAW 108*], 534-546) die Gesetzeskorpora in seine Überlegungen einbezogen, muß nun

Wir stehen nicht nur vor der noch immer nicht befriedigend gelösten Aufgabe, zwischen dtn-vorexilischen und dtr-exilisch/nachexilischen Schichten im Deuteronomium zu scheiden, sondern auch im Tetrateuch vor der komplizierteren Aufgabe, nicht nur zwischen Überlieferungen, die das Deuteronomium voraussetzen, und solchen, die es nicht tun, zu differenzieren, wie es die Vertreter der Neueren Urkundenhypothese sich zur Aufgabe machten, sondern in Tetrateuch und Deuteronomium darüber hinaus von dtr Schichten, die die Priesterschaft nicht voraussetzen, solche Schichten abzuheben, die Deuteronomium und Priesterschrift voraussetzen und vermitteln. Dazu bedarf es eines sicheren Fundamentes in der Literaturgeschichte des Deuteronomiums. Dieses Fundament kann nicht mehr die Korrelierung eines „Urdeuteronomiums" mit dem Fund- und Reformbericht in 2Kön 22-23 sein, da man angesichts der dtr

---

aber, da er seine These eines DtrG voraussetzenden Jahwisten nur anhand der erzählenden Texte des Pentateuchs konzipiert hat, zu der These greifen, das Bundesbuch sei vom Jahwisten verfaßt und setze das Deuteronomium wie das Heiligkeitsgesetz voraus. Doch sollte das Verhältnis zwischen den Rechtskorpora von Bundesbuch, Deuteronomium und Heiligkeitsgesetz unabhängig von einer literaturhistorischen Hypothese zu den erzählenden Blöcken des Pentateuch geklärt werden, um so ein Gerüst für die Literaturgeschichte des Pentateuchs zu erstellen; s.u. IV. 3.

72 C. Houtman (Pentateuch [*CBET 9*], 316-343) hat aus den Spannungen zwischen Deuteronomium und 2Kön 23 (cf. Anm. 70) den Schluß gezogen, daß das Deuteronomium nichts mit einer Josia-Reform zu tun habe. Dafür spreche auch, daß das von Hilkia verlesene Gesetz Unheilsprophetien gegen Jerusalem, seine Fürsten und das Volk enthalten haben muß, was für Dtn 28 nicht gelten könne. Daraus folgert C. Houtman, daß weder 2Kön 22-23 als Basis für eine Datierung des Deuteronomiums dienen noch das Deuteronomium Argumente für eine Datierung der Tetrateuchquelle liefern könne. Anders als von J. Wellhausen vertreten seien auch die Angaben zum Verhältnis von Priester und Leviten nicht in eine Abfolge von Deuteronomium, Ezechiel und Priesterschrift zu bringen, da das Deuteronomium keine umfassenden Aussagen über die Organisationsstruktur der Priesterschaft mache und aus Ez 44,10ff. nicht herauszulesen sei, daß die Leviten ehemalige Höhenpriester waren, sondern es sich um Jerusalemer Tempelpersonal handeln könne. Setze Ezechiel eine differenzierte Klassifizierung der Priester voraus, sei auch J. Wellhausens Schlußfolgerung, die Priesterschrift setze Ezechiel voraus, der Boden entzogen, da offen bleiben müsse, ob das differenzierte System vor- oder nachpriesterschriftlich zu datieren sei. Dem ist nur zuzustimmen; cf. dazu jetzt auch U. Dahmen, Leviten (*BBB 110*), 297ff. Auch die im Gefolge J. Wellhausens wiederholt vertretene These, die Propheten des 8. Jh. setzten das Deuteronomium nicht voraus, wohl aber Jeremia, sei nicht tragfähig angesichts der Differenzen im Kultverständnis, im Prophetenbild und im Verständnis der Gesetzesoffenbarung. Dem ist nur zuzustimmen; cf. Verf., Propheten (*fzb 88*), 277-309. Aus diesen Beobachtungen zieht C. Houtman den allerdings sehr schematischen Schluß, das Deuteronomium sei zusammen mit dem übrigen Pentateuch Teil eines dtr-exilisch verfaßten Werkes, das die Vorderen Propheten eingeschlossen habe, es habe also kein eigenständiges Deuteronomium gegeben. Dem widersprechen die deutlich vom Tetrateuch und den Vorderen Propheten abgehobenen Züge des Deuteronomiums; cf. Verf., Einleitungen (*ThR 61*), 332-341; ders., Rezension von C. Houtman, Bundesbuch, in Bib 79 (*1998*), 414-417.

Schichtungen im Deuteronomium und in 2Kön 22-23 nicht einem Zirkelschluß entgeht.

Die Pentateuchkritik kann nur mittels der Deuteronomiumsexegese durch die Korrelierung mit sicher datierten außerbiblischen Texten, deren Rezeption sicher zu datieren ist, ein Fundament gewinnen. Im Deuteronomium sind in antiassyrischer Wendung in Dtn 13,2-10 VTE § 10, ergänzt durch VTE §§ 12; 18; (29); 57, und in Dtn 28,20-44* VTE § 56, ergänzt durch VTE §§ 38A-42; 63-65, subversiv rezipiert worden, wobei sich die Übertragung auf den Zeitraum zwischen 672 v. Chr. als terminus a quo und 612 v. Chr. als terminus ad quem eingrenzen läßt. Darüber hinaus ist im Familienrecht des Deuteronomiums ein Einfluß der familienrechtlichen Rechtssätze der in neuassyrischem Kontext gefundenen Tafel A der MAG nachweisbar. Löst man sich von den Voraussetzungen der de Wette'schen Hypothese, so wird sie eindrücklich bestätigt. Die nachfolgenden Untersuchungen zur literarischen Ursprungsgeschichte des Deuteronomiums haben insofern über die unmittelbare Deuteronomiumsforschung hinaus Bedeutung für die Literaturgeschichte des Pentateuchs insgesamt*[73].

---

73 Jüngste Entwürfe zur Literaturgeschichte des Pentateuchs wollen in der persischen „Reichsautorisation" judäischen Lokalrechts (cf. P. Frei, Zentralgewalt [*OBO 55*], 8-131; ders, Reichsautorisation [*ZAR 1*], 1-35) einen Angelpunkt gwinnen; cf. u.a. E. Blum, Studien (*BZAW 189*), 333ff.; J. Blenkinsopp, Pentateuch (*ABRL*), 239ff. (vgl. dazu Verf., Einleitungen [*ThR 61*], 332-341). Doch ist weder eine derartige Praxis der achämenidischen Autorisation von Lokalrecht als Reichsrecht plausibel zu machen (cf. J. Wiesehöfer, Reichsgesetz [*ZAR 1*], 36-46) noch die Verbindung einer derartigen Autorisation mit dem Pentateuch; cf. U. Rüterswörden, Reichsautorisation (*ZAR 1*), 47-61; Verf., Pentateuchredaktion (*BEThL 126*), 66-70. Der Angelpunkt der Literaturgeschichte des Pentateuchs bleibt die Korrelierung des Deuteronomiums mit der josianischen Epoche; s. auch E. Zenger u.a., Einleitung (*StTh 1/1*), 115. Zum Zusammenhang cf. jetzt auch K. Schmid, Erzväter (*WMANT 81*), 241ff.; s. dazu E. Zenger, a.a.O., 118.

II. Die Nachfolgeeide Asarhaddons und die Ursprünge des Deuteronomiums

1. Der „Sitz im Leben" der neuassyrischen Nachfolgeeide und ihre Vorgeschichte in den junghethitischen $^{LÚ.MEŠ}$SAG-*Texten*

In der sechsten Kampagne der „British School of Archaeology in Iraq" auf dem Tell von Nimrud wurden unter der Leitung von Sir M.E.L. Mallowan im Jahr 1955 mehr als 350 Fragmente von mindestens neun Tafeln, auf denen der Text eines Loyalitätseides des neuassyrischen Königs Asarhaddon niedergeschrieben war, gefunden[1]. Fundort war in einem Gebäude nördlich des Nabu-Tempels ein großer langgestreckter Raum mit einem Podium, der als Thronraum gedeutet werden kann. Die Tafelfragmente lagen zusammen mit zerbrochenen Einlegearbeiten aus Elfenbein neben dem Thronpodium[2]. Die Elfenbeinarbeiten zeigen die Tribute medisch-iranischer Fürsten, und auch die Tafeln der Loyalitätseide nennen bis auf eine medische Fürsten als Eidleistende[3]. Bei der Eroberung von Kalḫu (Nimrud) durch die Meder im Jahr 612 v. Chr. wurden gerade diese Elfenbeinarbeiten und Loyalitätseidstafeln vor dem Thron als Zeichen der endgültigen Befreiung vom Joch der Assyrer zerschlagen. Woher die Tafeln für diese Befreiungszeremonie geholt wurden, ist nicht mit letzter Sicherheit zu sagen, doch dürfte die Annahme wahrscheinlich sein, daß die Tafeln aus einem Scriptorium im Nabu-Tempel stammten[4]. Gerade die Tafeln, die die medischen Eroberer direkt betrafen, wurden für die Zerschlagung ausgewählt, was für die Frage nach der Funktion dieser Texte nicht ohne Bedeutung ist[5].

Am 18. Ajar des Jahres 672 v. Chr.[6], nach dem vorzeitigen Tod des ältesten Sohnes Sîn-nādin-apli, dem Tode der Ehefrau sowie nach dem mißglückten Angriff auf Ägypten und aufgrund einer sich in diesem Jahre verschlim-

---

1 Cf. dazu M.E.L. Mallowan, Excavations (*Iraq 18*), 11-15; ders., Nimrud I (*Aberdeen 1966*), 241-249.

2 Cf. D.J. Wiseman, Vassal-Treaties (*London 1958*), 1-3.

3 Cf. die Auflistung in S. Parpola/K. Watanabe, Treaties (*SAA 2*), XXX.

4 Cf. D.J. Wiseman, Vassal-Treaties (*London 1958*), 1.

5 Cf. a.a.O.

6 Die Datierung auf den 18. Ajar in Prisma F I 11 (cf. R. Borger, Beiträge [*Wiesbaden 1996*], 15) stimmt mit R. Borger, Inschriften (*AfO Beih. 9*), § 43:40, P. Hulin, Esarhaddon Cylinder (*Iraq 24*), 116:64 sowie mit VTE Kolophon: 664 (s. R. Borger, Beiträge [*Wiesbaden 1996*], 15, gegen K. Watanabe, *adê*-Vereidigung [*BaghM Beih. 3*], 3) überein. Die Vorverlegung um sechs Tage in Prisma A I 12 bleibt rätselhaft.

mernden Erkrankung[7], ließ Asarhaddon die Notabeln des assyrischen Reiches und der vertraglich an Assyrien gebundenen Völkerschaften zusammentreten, um sie auf Assurbanipal und seinen Bruder Šamaš-šum-ukīn als Kronprinzen des assyrischen und babylonischen Reiches einzuschwören. Assurbanipal beschreibt das Ereignis als Erfüllung eines Aššur-Orakels:

„Asarhaddon, der König von Assyrien, der Vater, mein Erzeuger, hatte Ehrfurcht vor dem Wort Aššurs und dem der Bēlit-ilī, seiner Helfer, mit welchem sie ihm die Ausübung der Königsherrschaft durch mich geboten. Im (Monat) Ajar, dem Monat des Ea, des Herrn des Menschen, am 12. Tage (F:18), an einem günstigen Tage, dem SÈ.GAR-Fest der (Göttin) Gula, in Vollstreckung des ehrwürdigen Befehls, welchen Aššur, Bēlit-ilī, Sin, Šamaš, Adad, Bel, Nabu, Ištar von Ninive, die Königin von Kidnuri, Ištar von Arbela, Nigib, Nergal, Nuska erlassen hatten, versammelte er die Leute von Assyrien, groß und klein, vom Oberen und Unteren Meere, um mein Kronprinzentum zu beschützen und um später das Königtum Assyriens auszuüben, ließ er sie die *adê*, den Eid bei den (großen) Göttern (*nīš ilāni*) schwören und machte die Bündnisse (*riksāte*) fest. In Freude und mit Jubel betrat ich das Nachfolgehaus (*bēt ridutti*)“[8].

In dieser Inschrift wird der Loyalitätseid *adê* einerseits mit dem „Eid bei den (großen) Göttern“ *nīš ilāni (rabûti)* parallelisiert, andererseits mit der Funktion der Befestigung (*da'ānu*) von Verträgen (*riksate*). Die Interpretationen der VTE sind seit ihrer Veröffentlichung im Jahr 1958 auf diesen beiden Bahnen verlaufen und haben bis heute nicht zu einem überzeugenden Konsens gefunden. D.J. Wiseman[9] hat in der *editio princeps* die VTE als „vassal treaties“ interpretiert und *adê* mit „vassal-treaty stipulations“ übersetzt. Er begründet diese Deutung mit der Beobachtung, daß die ausgefertigten Exemplare die Repräsentanten (*bēl ālāni*) von Medien, Ellipi und Zamua binden, es sich bei diesen also nicht um Repräsentanten assyrischer Provinzen, sondern um Vasallen des assyrischen Königs handle. Tatsächlich haben Ramataia von Urakazabarna, Uppis von Partukka und Zanasana von Partukka Asarhaddon um militärischen Beistand gegen andere medische Städte gebeten[10]. Vasallen waren

7 Zum Tod von Asarhaddons Ehefrau cf. A.K. Grayson, Chronicles (*TCS 5*), 85:22; 127:23. Zum gescheiterten Ägyptenfeldzug s. a.a.O., 84:16; cf. dazu H.-U. Onasch, Eroberungen I (*ÄAT 27/1*), 16ff. Zu Asarhaddons Erkrankung cf. S. Parpola, Letters (*AOAT 5/1*), 173.231ff.; ders., Letters (*AOAT 5/2*), 230ff.; O. Kaiser, Arzt (*MedGG 14*), 9-36; H. Tadmor, Apology (*Jerusalem 1983*), 41-43.

8 Zum Text des Prisma A („Rassam-Zylinder“) I 8-23 cf. A. Streck, Assurbanipal (*Leipzig 1916*), 2.4, sowie jüngst zur Partiturumschrift von Prisma A und F cf. R. Borger, Beiträge (*Wiesbaden 1996*), 15f. (mit der Konkordanz von D.O. Edzard in ZA 87 [*1998*],151f.).

9 Cf. Vassal-Treaties (*London 1958*), 3-14.

10 Cf. R. Borger, Inschriften (*AfO Beih. 9*), § 27 IV:32-45; cf. dazu W. Mayer, Politik (*Münster 1995*), 388.

auch die Führer von Karzitali[11], Ellipi (Elpaja)[12], Sikrisi[13] und Zamua[14]. Das lasse nur die Deutung der VTE als Vasallenverträge zu. Sie kann sich neben der lexematischen Verbindung zwischen *adê* und *riksātu*, einem klassischen Begriff des privaten[15] und internationalen Vertragsrechts[16] seit dem zweiten Jt., auch darauf berufen, daß in der Assurbanipal-Inschrift der Prismen A und F festgehalten wird, daß sich zu der Eideszeremonie „die Leute vom Oberen und Unteren Meere" versammelten, die von den „Leuten Assyriens" unterschieden werden. Diese mit der *editio princeps* auf den Weg gebrachte Deutung der VTE als „Vasallen-Verträge", die gerade unter Alttestamentlern Gefolgschaft gefunden hat[17], ist jüngst von S. Parpola erneuert worden[18]. An D.J. Wiseman anknüpfend ist auch für S. Parpola entscheidend, daß keiner der den Eid leistenden *bēl ālāni* unter kontinuierlicher assyrischer Kontrolle gestanden habe[19]. Deshalb sei es wahrscheinlich, daß diese Texte tatsächlich

---

11 Cf. D.J. Wiseman, Vassal-Treaties (*London 1958*), 12. Cf. dazu auch die Orakelanfrage Asarhaddons an den Gott Šamaš in E.G. Klauber, Texte (*Leipzig 1913*), Nr. 21.

12 Cf. D.J. Wiseman, Vassal-Treaties (*London 1958*), 13.82.

13 Cf. D.J. Wiseman, a.a.O., 12. Das Gebiet von Sikrisi war unter Sargon II. kurze Zeit dem assyrischen Provinzsystem eingegliedert (cf. E. Forrer, Provinzeinteilung [*Leipzig 1920*], 92), hat dann aber wieder den Status eines tributpflichtigen Vasallen zurückgewonnen; cf. E.G. Klauber, Texte (*Leipzig 1913*), Nr. 22: rs.9f. İzaia und Naḫšimarta, deren Führer Ḫatarna und Ḫumbareš aus den VTE bekannt sind, sind sonst nicht belegt (cf. S. Parpola, Toponyms [*AOAT 6*], 181.256), doch vemutet D.J. Wiseman (a.a.O., 12), daß auch diese beiden Gebiete während eines Feldzuges im Herbst 674 v. Chr. und Frühjahr 673 v. Chr. unterworfen wurden.

14 Cf. D.J. Wiseman, Vassal-Treaties (*London 1958*), 11. Der Befund ist hier noch komplexer, da es neben einer assyrischen Provinz Zamua (cf. E. Forrer, Provinzeinteilung [*Leipzig 1920*], 6ff.88ff.) auch Gebiete tributpflichtiger Vasallität gab, die unter diesem Landschaftsnamen zusammengefaßt wurden.

15 Cf. B. Landsberger, Jungfräulichkeit (*FS M. David*), 89ff.

16 Cf. H. Tadmor, Treaty (*Chico 1982*), 132; ders., Alleanza (*Saggi di Storia Antica 2*), 18ff.; J.A. Brinkman, Covenants (*Saggi di Storia Antica 2*), 91ff.; M. Weinfeld, Heritage (*Saggi di Storia Antica 2*), 176ff.

17 Cf. u.a. M. Weinfeld, Deuteronomy (*Oxford 1972*), 60-157; D.J. McCarthy, Treaty (*AnBib 21A*), 114-119; H. Spieckermann, Juda (*FRLANT 129*), 333-338.

18 Cf. S. Parpola /K. Watanabe, Treaties (*SAA 2*), XXXf.

19 Wenn M. Cogan (Imperialism [*Missoula/Mont. 1974*], 46f.) seine These, assyrische Imperialpolitik habe nicht eine Unterwerfung auf dem Gebiet der Religion nach sich gezogen, damit stützen will, daß drei der Eidleistenden Repräsentanten assyrischer Provinzen waren, so ist diese Argumentation ebenso verfehlt wie die Gegenargumentation von H. Spieckermann (Juda [*FRLANT 129*], 335ff. Anm. 66), der aus der Tatsache, daß Vasallen bei den assyrischen Göttern zu schwören haben, die gegenteilige Schlußfolgerung zieht. Da es sich um einen Eidestext handelt, der gleichermaßen den Assyrern wie den mit Assyrien verbundenen Vasallen galt, und es sich also nicht um einen „Vasallenvertrag" handelt, wie H. Spieckermann meint, stellt sich die Frage nach einem Religionszwang in diesem Text überhaupt nicht. Jüngst hat M. Cogan (Judah [*JBL 112*], 408f. Anm. 23) seine Position revidiert.

die Funktion hatten, die den Eid leistenden Herrscher in einem dauerhaften Vasallenverhältnis an Assyrien zu binden. Hinzu komme, daß die VTE Ähnlichkeiten mit den Verträgen des Aššur-Nirari V. mit Mati'ilu, dem König von Arpad[20], und den drei aramäischen Verträgen des Mati'ilu mit einem Bar-gaja von KTK der Stelen von Sfire[21] haben. Schließlich seien in VTE § 34:393f. die neuen Vasallen verpflichtet worden, die Oberhoheit Assyriens und seines Staatsgottes Aššur anzuerkennen. „This is a stipulation suiting a treaty with a newly acquired vassal, not a loyalty oath imposed on the whole empire, and its significance increases when it is considered together with the background of the ‚city rulers' with whom the treaties were concluded"[22]. Doch diese Interpretation gibt der Text nicht her. VTE § 34:393-396 steht innerhalb eines Kontextes, dem es um die Sicherung des Eides und den Schutz der Tafeln geht:

„Bis in nachfolgende Zeit, bis in die Zukunft ist Aššur euer Gott und ist Assurbanipal, der Großprinz des Nachfolgehauses, euer Herr. Eure Söhne und eure Enkel sollen ihn (Assurbanipal) verehren (*an[a šá-][a]-šú lipluḫū*)"[23].

Um Vasallenverpflichtung handelt es sich nicht, da nur Assurbanipal, nicht aber Asarhaddon genannt wird[24]. Die Unverbrüchlichkeit der Treue zu Assurbanipal wird mit der zum Gott Aššur gleichgesetzt, die Aššurverehrung also gerade als Vergleichsgröße vorausgesetzt. Daß Vasallen hier durch einen Vertrag die Verehrung des Gottes Aššur auferlegt werde, ist aus diesen Zeilen also nicht herauszulesen: Die Anerkennung Assurbanipals als Kronprinz soll vielmehr unverbrüchlich sein – es gibt keinen Dispens von Eid und Eidestafeln[25].

---

20 Cf. S. Parpola/K. Watanabe, Treaties (*SAA 2*), 8-13.

21 Cf. A. Lemaire/J.-M. Durand, Inscriptions (*HEO 20*). Zum historischen Kontext cf. auch R. Lamprichs, Westexpansion (*AOAT 239*), 107; P.E. Dion, Les Araméens (*EtB* [*N.S.*] *34*), 112-136; Verf., Strafvernichtung (*Veröffentl. der Joachim-Jungius-Gesellsch. 86*), 9-44; ders., Friedensordnung (*Stuttgart 1999*).

22 Cf. S. Parpola/K. Watanabe, Treaties (*SAA 2*), XXX.

23 Cf. S. Parpola/K. Watanabe, Treaties (*SAA 2*), 44.

24 Das gilt auch, wenn man mit K. Watanabe (*adê*-Vereidigung [*BaghM Beih. 3*], 190; cf. auch a.a.O., 25) aufgrund der Kollation von Text 37 *a-<de-e>-šú* liest und das Suffix auf Asarhaddon bezieht, da es nur um die Verehrung seiner *adê*, nicht aber seiner selbst ginge. Doch hat K. Watanabe selbst darauf hingewiesen, daß *adê-šu* sonst in den VTE nicht und überhaupt erst spätbabylonisch in Personennamen belegt ist. S. Parpola hat die Lesart nach (erneuter) Kollation ausgeschlossen; cf. S. Parpola/K. Watanabe, Treaties (*SAA 2*), 44, zu Z.396.

25 Cf. auch M. Cogan (Judah [*JBL 112*], 409), der zu Recht darauf hinweist, daß der Eid, der bei Aššur als Gott geleistet wurde, keineswegs die kultische Unterwerfung unter den Gott Aššur bedeutete. Hintergrund sind die *adê* des Gottes Aššur in prophetischem Orakel (K. 2401), die bei der Thronbesteigung Asarhaddons ausgerufen wurden; cf. dazu S. Parpola, Prophecies (*SAA 9*), 22-27; s. dazu u. II. 2.3.

Nach den Assurbanipal-Inschriften der Prismen A I 18 und F I 12[26] läßt Asarhaddon „die Leute von Assyrien, groß und klein", also nicht nur Vasallen, sondern auch die Notabeln des Reiches selbst, sich zur Eidesleistung versammeln und den Text sprechen, der kein anderer als der der VTE ist. Dies wird durch den Fund eines Paralleltextes aus Aššur[27] bestätigt, der VTE § 36:219-236 enthält. Daß in dem Thronsaal von Kalḫu Exemplare der VTE mit medischen Stadtfürsten als Eidleistende gefunden wurden, ist kein Zufall. Zusammen mit den Elfenbeinarbeiten, die medische Gesandte bei der Tributübergabe zeigen, wurden gerade diese Tafeln von den medischen Eroberern zerschlagen, um die Befreiung vom assyrischen Joch im Thronsaal von Kalḫu zu zelebrieren. In den Inschriften der Prismen A I 21 und F I 16[28] werden die von Assyrern und Vasallen beschworenen *adê* als „Eid bei den (großen) Göttern" (*nīš ilāni* [*rabûti*])[29] definiert[30]. So hat bereits I.J. Gelb[31]die These vertreten, daß *adû/adê* nicht einen „(Vasallen-)Vertrag", sondern einen „Loyalitätseid" bezeichnet. *riksu/rikiltu* wie *adê* bezeichnen beschworene Verpflichtungen, doch spiele bei *riksu/rikiltu* der Eid eine nur untergeordnete Rolle, während er bei den *adê* im Mittelpunkt stehe. „This is what we might call a ‚loyality oath' in modern parlance"[32]. Auf dieser Linie hat M. Cogan die *adê* als Loyalitätseid interpretiert, die „Vasallenverträge" seien in dem Sinne, daß sie ein Loyalitätsverhältnis begründen, „for the inferior status of the bound party was neither stressed nor indicated in the texts"[33]. Schließlich hat K. Watanabe die Nähe des Begriffs *adê* zu *māmītu* und *nīš ilāni* aufgezeigt[34]. Sie schließt daraus, daß eine *adê*-Vereidigung in erster Linie eine Angelegenheit zwischen den Schutzgöttern und den Eidleistenden sei. So bezeichne der Begriff *adê* nicht den Vasallen- oder Staatsvertrag, sondern sei ein religiöser Terminus einer Vereidigung, die, begleitet von kultischen Handlungen, vor den Göttern geleistet wurde. „Sie betrifft aber nicht einen Privatmann, sondern eine Menschengruppe, die politische oder öffentliche Interessen verfolgt. Einer kann den anderen eine *adê*-Vereidigung auferlegen, oder aber mehrere Menschen können

26 Cf. R. Borger, Beiträge (*Wiesbaden 1996*), 15.

27 Cf. VAT 11534; cf. A.K. Grayson, Treaties (*JCS 39*), 133f.; ferner E.F. Weidner, Assurbânipal (*AfO 13*), 215. Tf. XIV; D.J. Wiseman, Vassal-Treaties (*London 1958*), 4 Anm. 30; R. Borger, Asarhaddon-Verträge (*ZA 54*), 181f.; ders., Handbuch I (*Wiesbaden 1967*), 612.

28 Cf. R. Borger, Beiträge (*Wiesbaden 1996*), 15.

29 Cf. H. Tadmor, Alleanza (*Saggi di Storia Antica 2*), 19ff.

30 Zu weiteren Belegen der Verbindung von *adê* mit *nīš ilāni* (*rabûti*) cf. K. Watanabe, *adê*-Vereidigung (*BaghM Beih. 3*), 24.

31 Cf. Rezension (*BiOr 19*), 159-162.

32 Cf. I.J. Gelb, a.a.O., 161. Dagegen hat R. Frankena (Vassal-Treaties [*OTS 14*], 134f.) an der Bedeutung „Vasallen-Vertrag" für *adê* festgehalten: „The *adê* has the form of a suzerainty treaty, wellknown from Hittite texts".

33 Cf. M. Cogan, Imperialism (*Missoula/Mont. 1974*), 43.

34 Cf. K. Watanabe, *adê*-Vereidigung (*BagM Beih. 3*), 10-25.

freiwillig eine *adê*-Vereidigung zusammen vornehmen mit welchem Ziel auch immer. Das Entscheidende ist dabei – wie bei allen Eiden – die Autorität der Götter, welche die Vereidigung entgegennehmen"[35].

Weder eine nur auf den Begriff *adê* als aramäisches Lehnwort zugespitzte semantische Diskussion noch eine nur form- und traditionsgeschichtlich geführte Diskussion vermögen in dieser Kontroverse eine Lösung herbeizuführen. Vielmehr sind alle diese Gesichtspunkte zusammenzuführen, so daß dann aber doch eine Differenzierung unter den mit *adê* bezeichneten neuassyrischen Texten möglich wird.

Das *plurale tantum* „*adê*" ist ein aramäisches Lehnwort[36], das neuassyrisch seit dem Vertrag Assur-Nirari V. (754-745 v. Chr.) mit Mati-ʾilu von Arpad[37] belegt ist[38]. Strittig ist, ob die Adaption dieses Wortes in die neuassyrische Kanzleisprache[39] mit der Übernahme einer westsemitischen Konzeption der Herrschaftslegitimation verbunden ist – so H. Tadmor[40]. Die Assyrer entlehnten seiner Meinung nach aus dem Westen das hethitisch gut belegte Konzept der Vasallenverträge, gingen aber noch einen Schritt darüber hinaus. Zur Sicherung der Königsnachfolge hatte die assyrische Bevölkerung den Loyalitätseid zu schwören. „Then the concept of vassalage, on which the relations between Assyrian kings and their vassals were based, was extended into Assyria proper, and formed the very basis of the relationship between the king and his people, becoming a determining factor in the political structure of the seventh-century Sargonid empire"[41]. Niemals aber steht in internationalen Staatsverträgen oder in Suzeränitätsverträgen die Frage im Vordergrund, wer die Herrschernachfolge in einem der vertragschließenden Staaten oder gar der

---

35 Cf. K. Watanabe, a.a.O., 24. Die Autorin bietet allerdings nicht eine „terminologische Untersuchung" zu *adê*, wie die entsprechende Kapitelüberschrift ankündigt, sondern nur eine Materialsammlung, während Kontextinterpretationen und kontrastierende Vergleiche mit akkadischen Begriffen ebenso wie mit außerakkadischen Parallelausdrücken wie heth. *lingai-* (cf. CHD L-N/1, 64ff.) oder hebr. עֵדוּת (cf. ThWAT V, 1107ff.) und בְּרִית (cf. u.) fehlen. Zu *adê* im Sinne von „Bund", der Verheißung und Verpflichtung beinhaltet, in dem neuassyrischen Text K. 2401 (SAA 9/3) cf. M. de J. Ellis, Oracles (*JCS 41*), 144. Während in dem Orakel K. 2401 II:10-32 mit *adê* der Verheißungsbund bezeichnet wird (cf. auch H.U. Steymans, Bund [*ZAR 4*], 126-164), ist in dem Orakel K. 2401 II:33-III:15 die wechselseitige Verpflichtung im Blick; s.i.f. sowie Verf., Bundestheologie (*ZAR 4*), 56-60.

36 Cf. H. Tadmor, Aramaization (*BBVO 1*), 455-458.

37 Cf. A. Lemaire/J.-M. Durand, Inscription (*HEO 20*), 91-106. Zu zweifelhaften mittelassyrischen und mittelbabylonischen Belegen cf. K. Watanabe, *adê*-Vereidigung (*BaghM Beih. 3*), 9; zu den in AHw 14 mittelassyrisch datierten Belegen s. CAD A/1, 134.

38 Cf. S. Parpola/K. Watanabe, Treaties (*SAA 2*), 8-13.

39 Zu den Belegen cf. K. Watanabe, *adê*-Vereidigung (*BaghM Beih. 3*), 10-23.

40 Cf. Aramaization (*BBVO 1*), 455-458; ders., Treaty (*Chico/Calif. 1982*), 142-151; ders., Alleanza (*Saggi di Storia Antica 2*), 28-36.

41 Cf. H. Tadmor, Assyria (*Baltimore 1975*), 43.

Hegemonialmacht übernehmen soll. H. Tadmor hat durchaus zutreffend die Konzeption des Loyalitätseides auf westliche Vorbilder zurückgeführt, die bis zu den Hethitern zurückzuverfolgen seien. Doch sind nicht Rechtskategorien des internationalen Vertragsrechts für innenpolitische Mechanismen der Herrschaftssicherung genutzt und umgeprägt worden, sondern die Loyalitätseide der neuassyrischen Zeit knüpfen an eine bereits junghethitisch im 13. Jh. belegte Gattung der Treueide bei irregulärer Thronfolge an[42]. Die anläßlich des Regierungsantritts Tutḫalija IV. verfaßten Treueide I (KUB XXVI 1 + XXIII 112) und II (KUB XXI 42 + XXVI 12) sind dafür einschlägig. Diese Texte wurden 1957 von E. v. Schuler als „Instruktionen für ‚Obere'" und „Instruktionen für ‚Herren' und ‚Obere'" ediert[43]. Schon die Präambel des Treueids I § 1:1-5[44] + KUB XXIII 112[45] läßt erkennen, daß es sich aber nicht um eine Instruktion, sondern um einen Loyalitätseid handelt:

1. [*U*]*M-MA* ^{m}*TU̯-UT-ḪA-LI-I̯A* LUGAL.GAL LUGAL-*ez-zi-i̯a-aḫ-ḫa-at-u̯a*
2. [*nu-*] *u̯a šu-um-me-eš*$_{15}$ $^{\text{LÚ.MEŠ}}$SAG *A-NA* SAG.DU ^{D}UTU$^{\check{S}I}$
3. *[še-] er kiš-an li-in-ik* <*-tén*> ^{D}UTU$^{\check{S}I}$*-u̯a AŠ-ŠUM* EN$^{UT\text{-}TI}$
4. *[p]a-aḫ-šu-u-e-ni kat-ta-ma-u̯a* DUMU^{MEŠ} ^{D}UTU$^{\check{S}I}$
5. *ḫa-aš-ša ḫa-an-za-aš-ša AŠ-ŠUM* EN$^{UT\text{-}TI}$ *pa-aḫ-šu-u-e-ni*

1. So (spricht) Tutḫalija, der Großkönig: „Ich habe die (Groß-)Königswürde erlangt! –
2. So schwört, ihr $^{\text{LÚ.MEŠ}}$SAG, auf die Person der Majestät
3. folgendermaßen: Wir wollen die Majestät zugunsten der Oberherrschaft
4. schützen! Entsprechend wollen wir die Söhne der Majestät,
5. die Enkel (und) die Urenkel zugunsten der Oberherrschaft schützen".

Die 1986 gefundene Bronzetafel aus Boğazköy[46], auf der ein Staatsvertrag Tutḫalija IV. mit seinem Cousin Kurunta von Tarḫuntassa aus der zweiten Hälfte des 13. Jh. v. Chr. niedergeschrieben ist, läßt den historischen Kontext dieses Loyalitätseides erkennen[47]. Tutḫalija IV. war in irregulärer Thronfolge an die Macht gekommen, da sein Vater Ḫattušili III. ihn als den jüngeren Sohn dem Erstgeborenen in der Thronfolge vorgezogen hatte. Der Vater selbst war

---

42 Cf. F. Starke, Charakterisierung (*ZAR 1*), 70-82; ders., Regierung (*ZAR 2*), 163-182.

43 Cf. E. von Schuler, Dienstanweisungen (*AfO Beih. 10*), 8-34; cf. auch die in Vorbereitung befindliche Neuedition der Texte durch F. Starke (Treueide). Sie wird neben den von E. von Schuler edierten Texten solche nachtragen, die nicht von ihm berücksichtigt wurden. Die hier abgedruckten Transliterationen und Übersetzungen gehen auf die in Vorbereitung befindliche Monographie zurück.

44 Cf. E. von Schuler, a.a.O., 8.

45 Cf. F. Starke, Charakterisierung (*ZAR 1*), 76.

46 Cf. H. Otten, Bronzetafel (*StBoT Beih. 1*), 10ff.

47 Cf. H. Otten, Bronzetafel (*Innsbrucker Beiträge zur Sprachwissenschaft 42*); H. Klengel, Tutḫalija IV. (*AoF 18*), 224-238; Th.P.J. van den Hout, Thronbesteigungsorakel (*ZA 81*), 274-300.

durch Usurpation des Thrones an die Macht gekommen, indem er Mursili III., den Sohn seines älteren Bruders Muwattali II., stürzte und auch den zweiten Sohn Muwattalis II., Kurunta von Tarḫuntassa, zugunsten von Tutḫalija IV. vom Thron fernhielt[48]. Der Loyalitätseid für Tutḫalija IV. diente also der Herrschaftssicherung des Königs in der Situation irregulärer Thronfolge, die die Legitimität seiner Herrschaft in Frage stellt. Neben den „Herrn" und „Prinzen" sind die $^{\text{LÚ.MEŠ}}$SAG („Oberen"), die Angehörige der königlichen Sippe sind, Adressaten der Eidesforderung. Im ersten Teil des zweiten Treueides (I 1'- III 35)[49] wird „Herren" und „Prinzen" verboten, Herrschaftsansprüche königlicher Verwandter anzuerkennen (II § 3), gegen den König zu rebellieren (II § 7), mit Flüchtlingen zu konspirieren (II § 11) wie mit Untertanen, die zum Abfall vom König geneigt sind (II § 17), und anderweitige Dienstpflichten zu übernehmen. Vor allem aber werden sie verpflichtet, jede Anstiftung zur Rebellion gegen den König (II §§ 5;9) und jede Rebellion auch königlicher Verwandter anzuzeigen (II § 16). Allgemein sollen „Herren" und „Prinzen" in kritischen Situationen des Königs (II § 2) Hilfe leisten. Unter die $^{\text{LÚ.MEŠ}}$SAG sind in der Gruppe der „Herren" und „Prinzen" diejenigen Angehörigen der königlichen Sippe zu rechnen, die die höchsten Hofämter innehaben[50] und direkt in der Regierung des Reiches mit dem König zusammenarbeiten[51]. Für die Sicherung der Herrschaft sind sie von besonderer Bedeutung, so daß auch die Eidesverpflichtung in direktem Zusammenhang mit ihren Amtspflichten steht. Neben der Verpflichtung, den König Tutḫalija und seine Nachkommen zu schützen, dem Verbot der Rebellion, wird die Pflicht zur Information des Königs nachdrücklich herausgehoben (I §§ 21; 25), die auch den geplanten und begangenen Vergehen gegen den König durch Freunde des Eidleistenden (I § 29) und Mitglieder der königlichen Sippe (II § 25) gilt[52].

Der historische Kontext irregulärer Thronfolge als „Sitz im Leben" der Loyalitätseide verbindet die junghethitischen Treueide mit den neuassyrischen *adê*. Auch Asarhaddon ist als jüngster Sohn Sanheribs in irregulärer Thronfolge an die Macht gekommen:

„Obwohl ich jünger war als meine älteren Brüder, hat mein Vater, der mich erzeugte, auf Befehl von Aššur, Sin, Šamaš, Bêl und Nabû, Ištar von Ninive und Ištar von Arbela, inmitten meiner Brüder gerade mein Haupt treulich emporgehoben, mit den Worten: Dieser sei mein Erbprinz. Als er darauf Šamaš und Adad durch Opferschau befragte, antworteten sie ihm ein

48 Cf. F. Starke, Charakterisierung (*ZAR 1*), 77.

49 Cf. E. von Schuler, Dienstanweisungen (*AfO Beih. 10*), 22-27.

50 Cf. F. Starke, Regierung (*ZAR 2*), 140ff.

51 Cf. I § 2 I 6-8: „Ihr, die ihr $^{\text{LÚ.MEŠ}}$SAG seid, seid einander gleichgestellte Leute. Die Majestät habt ihr in nächster Nähe. So schützt die Majestät. Entsprechend schützt die Nachkommenschaft der Majestät!"; cf. dazu F. Starke, Regierung (*ZAR 2*), 168.

52 Zu weiteren hethitischen Loyalitätseiden der Könige Hattušili III. und Šuppiluliuma II., des Sohnes Tutḫalija IV. cf. F. Starke, Charakterisierung (*ZAR 1*), 80f. Diesen Treueiden ist gemeinsam, daß sie der Sicherung der Dynastie Hattušili III. dienen.

festes Ja, mit den Worten: Er ist dein Nachfolger. Er beachtete ihren gewichtigen Ausspruch, versammelte die Assyrer klein und groß, sowie meine Brüder, den Samen meines Vaterhauses, zusammen und ließ sie bei Aššur, Sin, Šamaš, Nabû und Marduk, den Göttern von Assyrien, die Himmel und Erde bewohnen, einen feierlichen Eid schwören, mein Erbprinzentum zu beschützen. In einem Monat, an einem geeigneten Tage, betrat ich auf ihren erhabenen Anspruch freudig den *bît ridûti*, den ehrfurchtgebietenden Ort"[53].

Das Fragment des Loyalitätseides VAT 11449[54] könnte mit diesen Ereignissen in Verbindung gebracht werden[55]. Asarhaddon wiederum hat mit Assurbanipal nicht den Erstgeborenen zur Thronfolge bestimmt, sondern einen der nachgeborenen Söhne. In VTE §§ 4:56; 5:69 werden Assurbanipals „ältere Brüder und seine jüngeren Brüder" erwähnt. Wie im hethitischen Großreich werden auch im neuassyrischen Reich die Loyalitätseide in Folge eingesetzt, um die Herrschaft bei irregulärer Thronfolge abzusichern. Die enge Parallelität zwischen junghethitischen und neuassyrischen Loyalitätseiden in Inhalt und Aufbau liegt auf der Hand[56]. Eine Übersicht über die jeweils den Loyalitätseid einleitenden Paragraphen kann das verdeutlichen:

$^{\text{LÚ.MEŠ}}$SAG-Text	VTE
§ 1 Präambel: So schwört, ihr $^{\text{LÚ.MEŠ}}$SAG, um der Person der Majestät willen wie folgt	§ 1 Präambel: *adê*, die Asarhaddon mit PNN um Assurbanipals willen vorgenommen hat.
	§ 2 Schwurgötterliste
Eid: Wir wollen die Majestät schützen	§ 3 Eid: Schwört jeweils bei GNN
§ 2 Anerkennung Tutḫalijas und seiner Nachkommenschaft	§ 4 Anerkennung Assurbanipals als Kronprinzen
§ 3 Unbedingte Treuepflicht gegenüber Tutḫalija und seinen Nachkommen	§ 5 Unbedingte Treuepflicht gegenüber Assurbanipal

53 Cf. R. Borger, Inschriften (*AfO Beih. 9*), § 27:8-21; cf. auch a.a.O. § 27:50f.80f. Zur Rekonstruktion des Verlaufs des Bürgerkrieges von 681 v. Chr. und des Aufstiegs Asarhaddons zur Macht anhand der Königsinschriften Asarhaddons cf. S. Parpola, Prophecies (*SAA 9*), LXXII-LXXIII; W. Mayer, Politik (*Münster 1995*), 374-384; M. Nissinen, Prophecy (*SAA.S 7*), 14-30.

54 Cf. S. Parpola/K. Watanabe, Treaties (*SAA 2*), 18; ferner S. Parpola, Treaties (*JCS 39*), 178-180.

55 Cf. K. Watanabe, *adê*-Vereidigung (*BaghM Beih. 3*), 2; S. Parpola, Treaties (*JCS 39*), 163f.; ders./K. Watanabe, Treaties (*SAA 2*), XXVIII. Die prophetischen Orakel SAA 9/1-6 spiegeln die innenpolitischen Wirren, die der Thronbesteigung Asarhaddons im Jahre 681 v. Chr. vorausgingen, wider; cf. S. Parpola, Prophecies (*SAA 9*), LXVIII-LXXI; S. Nissinen, Prophecy (*SAA.S 7*), 30-34.

56 Cf. F. Starke, Charakterisierung (*ZAR 1*), 78-82. Zur Primogenitur der Thronfolge als Regelfolge cf. bereits H. Lewy, Nitokris (*JNES 11*), 246-286. Die divinatorische Begleitung der Thronbesteigung ist kein Gegenargument.

§ 4 Verbot des Abfalls
§ 5 Gebot des Abbruchs von Kontakten zu bestimmten Personen
§ 6 Informationspflicht bei Widerständen gegen die Thronfolgeregelung
§ 7 Verhalten gegenüber königlichen Verwandten
§ 8 Loyales Verhalten gegenüber dem Kronprinzen und seinen Brüdern von derselben Mutter

Dem § 1 des hethitischen Treueids I entsprechen die §§ 1; 3 der VTE bis in die Einzelformulierungen hinein. So wird die Finalbestimmung „um der Person der Majestät willen" (*A-NA* SAG.DU ^{D}UTU^{ŠI}) mit der Formulierung „um Assurbanipals willen/seinetwillen" (*ma muḫḫi Aššur-bāni-apli/ina muḫḫišu*) in VTE § 1:11f. aufgenommen. Dem § 2:13-16 des hethitischen Treueids (*„erkennt zugunsten der Oberherrschaft* [*AŠ-ŠUM* EN^{UT-TI}] *keinen anderen Menschen an! Zugunsten der Oberherrschaft schützt entsprechend Enkel [und] Urenkel, die Nachkommenschaft allein des Tutḫalija*!") ist der § 4:47-49 (*„Ihr sollt Assurbanipal, den Großprinzen des Nachfolgehauses, den Thron des Königtums besteigen lassen. Er soll das Königtum [und] die Herrschaft [Assyriens] über euch ausüben"*) gegenüberzustellen. Es folgen jeweils Gebote der unbedingten Treuepflicht in Treueid I § 3 und VTE § 5:

„Und wenn einmal Gefahr für die Majestät entsteht – die Majestät nämlich hat viele Brüder! –, und ihr vielleicht das tut: ihr tretet irgendeinem anderen bei und sagt folgendes: ‚Wen auch immer (von den Brüdern) wir uns erwählen, ist der für uns etwa nicht ein Sohn unseres Herrn?!', so soll jenes Verhalten nicht sein! Zugunsten der Oberherrschaft schützt entsprechend die Nachkommenschaft allein der Majestät! Irgendeinem anderen tretet nicht bei! Zugunsten der Oberherrschaft schützt die Majestät und die Nachkommenschaft der Majestät! Und in allem (...) Irgendeinem anderen Menschen tretet nicht bei" (Treueid I § 3).

Dem entspricht VTE § 5:

„Ihr sollt Assurbanipal, den Groß-Prinzen des Nachfolgehauses ..., beschützen, nicht gegen ihn sündigen, eure Hände nicht zu bösem Tun gegen ihn erheben ..., ihn nicht vom Königtum Assyriens absetzen (und) einen seiner älteren oder jüngeren Brüder statt seiner nicht sich des Throns Assyriens bemächtigen lassen, einen anderen König, einen anderen Herrn nicht über euch einsetzen, einem anderen König, einem anderen Herrn nicht einen Eid schwören".

Insbesondere die Pflicht zur Denunzierung von geplantem und ins Werk gesetztem Hochverrat, die auch enge Verwandte des Königs oder Freunde einschließt, verbindet die neuassyrischen Loyalitätseide mit den junghethitischen Treueiden:

„Wenn ihr bei jemandem eine schlechte Meinung über die Majestät oder Negatives hört, so sagt es der Majestät. Soweit ihr aber etwas gehört habt und es der Majestät nicht sagt, soll das unter Eid gelegt werden" (I § 24)[57].

„Oder (wenn) ein Freund bei einem Freunde irgendeine schlechte Meinung über die Majestät hört und ihn nicht anzeigt, (das) soll unter Eid gelegt werden" (I § 29)[58].

---

57 Cf. E. von Schuler, Dienstanweisungen (*AfO Beih. 10*), 14; F. Starke, Treueide.
58 Cf. E. von Schuler, a.a.O., 15; F. Starke, Treueide.

„Sowohl die Brüder der Majestät, die leibliche Brüder (wörtl. Mitgeborene) von der tatsächlichen Königin her sind, als auch die, die Söhne einer Nebenfrau des Vaters der Majestät sind, erkennt nicht (als Thronprätendenten) an! Schützt allein die Majestät in der Herrenwürde; entsprechend ihre Söhne und (ihre) Enkel! Wessen (Eid) aber euch auf die Brüder der Majestät vereidigt, jenen Eid setzt außer Kraft und schützt allein die Majestät und die Söhne der Majestät als Oberherrn! Oder (wenn) von den erstrangig Geborenen unter den Brüdern der Majestät oder von den Söhnen einer Nebenfrau jemand eine nachteilige Situation geschaffen (hat), politische Unsicherheit oder Rebellion, oder (wenn) er in abträglicher Weise Mitwisser irgendeines Vorgangs ist, oder (wenn) irgendein Prinz eine abträgliche Sache einem Vorrangigen anvertraut oder sie auch schon in deiner Gegenwart ausgeführt hat, ihr es indes dem König nicht berichtet, oder (wenn) ein Prinz, irgendein Bruder des Königs, irgendeinen Vorrangigen zum Parteigänger macht und ihm irgendeine für den König gefährliche Sache, etwas Abträgliches, offenbart, er es indes dem König nicht berichtet, ist es unter Eid" (II § 32' [von Schuler: § 25])[59].

„Oder: Niemand (von euch), die ihr Herren oder Prinzen seid, soll irgendeinem zum Schwurgenossen werden! Wer indes irgendeinem zum Schwurgenossen wird, (dem) soll das unter Eid gestellt sein!

Oder (wenn) jemand dies tut, und zwar entweder ein Herr oder ein Prinz, oder (wenn) inmitten der Familie oder inmitten des Versammlungsortes jemand die Zunge rebellieren läßt: Sie (die Majestät) ist unfähig geworden. Auf, laßt uns zu einem anderen übertreten!, der indes, dem er das erzählt, ihm nicht entgegentritt, soll unter Eid gestellt sein" (II §§ 19';20' [v. Schuler: §§ 15;16])[60].

Damit ist VTE §§ 10; 12 zu vergleichen:

§ 10 „Wenn ihr ein übles, schlechtes, unpassendes Wort, das für Assurbanipal, den Kronprinzen des Nachfolgehauses, des Sohnes Asarhaddons, Königs von Assyrien, eures Herrn, nicht angemessen, nicht gut ist, sei es aus dem Mund seines Feindes oder aus dem Mund seines Freundes oder aus dem Mund seiner Brüder, seiner Onkel, seiner Vettern, oder seiner Familie, der Nachkommenschaft seines Vaterhauses, oder aus dem Mund eurer Brüder, eurer Söhne, eurer Töchter oder aus dem Mund eines Propheten, eines Ekstatikers, eines Befragers des Gotteswortes, oder aus dem Munde aller Menschen, soviel ihrer existieren, hört und es verheimlicht, nicht zu Assurbanipal, dem Kronprinzen des Nachfolgehauses, dem Sohn Asarhaddons, Königs von Assyrien, kommt und es anzeigt ...".

§ 12 „Wenn jemand euch berichtet von Aufstand, Rebellion, um Assurbanipal, den Kronprinzen des Nachfolgehauses, den Sohn Asarhaddons, Königs von Assyrien, eures Herrn, der für ihn die *adê*-Vereidigung mit euch vorgenommen hat, zu töten, umzubringen, zu vernichten, und wenn ihr (es) aus dem Mund eines Menschen hört und ihr die Anstifter von Aufständen nicht packt und zu Assurbanipal, dem Kronprinzen des Nachfolgehauses, bringt, wenn ihr, solltet ihr imstande sein, sie zu packen, sie zu töten, sie nicht packt, sie nicht tötet, ihren Namen und ihre Nachkommenschaft im Land nicht ausrottet, solltet ihr nicht imstande sein, sie zu packen, sie zu töten, es Assurbanipal, dem Kronprinzen des Nachfolgehauses, nicht anzeigt, ihn nicht unterstützt, die Anstifter von Aufständen zu packen, zu töten ...".

Sind es in den genannten Paragraphen der hethitischen Treueide die Freunde und Kollegen, die zu denunzieren sind, so sind es in den VTE die Familienangehörigen der Eidleistenden. In den hethitischen und assyrischen Loyalitätsei-

59 Cf. F. Starke, Treueide; ferner E. von Schuler, Dienstanweisungen (*AfO Beih. 10*), 28.
60 Cf. F. Starke, Treueide; ferner E. von Schuler, Dienstanweisungen (*AfO Beih. 10*), 26.

den sind auch die Verwandten des Königs (cf. auch Treueid I § 16) anzuzeigen wegen eines jeden üblen, unpassenden, gegen die Majestät gerichteten Wortes (cf. auch Treueid I § 24). In Treueid II § 7' sollen wie in VTE § 20 die Thronansprüche nächster Verwandter des Königs bzw. des Kronprinzen zurückgewiesen werden:

„Oder (wenn) euch ein Bruder der Majestät, ein (erstrangig) Geborener oder irgendein Sohn einer Nebenfrau, das sagt: ‚Bin nicht auch ich als Sohn (des Königs) ein Oberherr? Schützt also mich!‘, und der, welcher es hört, verheimlicht es und meldet es nicht im Palast, so soll ihm das unter Eid gelegt sein“ (Treueid II § 7' [v. Schuler: § 4])[61].

In VTE § 20 heißt es entsprechend:

„Einen von seinen Brüdern, seinen Onkeln, seinen Vettern, seiner Familie, der Nachkommenschaft seines Vaterhauses ... sollt ihr den Thron (Assyriens) nicht besteigen lassen, dem das Königtum (und) die Herrschaft Assyriens nicht geben ...“ (VTE § 20)[62].

Der „Sitz im Leben“ der junghethitischen und der neuassyrischen Treueide in der Situation irregulärer Thronfolge ist identisch. Aufbau und Sprache sind verwandt, so daß ein überlieferungsgeschichtlicher Zusammenhang wahrscheinlich ist. Die im Kolophon als „Tafel des Eides“ (DUB [I]^{KAM} ŠA MA-ME-TI), nicht aber als „Vertrag“ (*išḫiul*) oder Instruktion bezeichneten Treueide sind von den hethitischen Suzeränitätsverträgen[63] abzuheben. Den Treueiden fehlt ebenso wie den neuassyrischen Loyalitätseiden die für die Verträge charakteristische „Vorgeschichte“ sowie die Anrufung der Götter mit Götterliste[64] und die Fluch-und Segensformeln.

Angesichts der Nähe der junghethitischen Treueide zur hethitischen Vertragstradition ist es durchaus erwägenswert, daß die Treueide sich aus ihr entwickelt haben[65]. Ein Instrumentarium zur Sicherung der Staatsmacht gegenüber gleichrangigen oder im Vasallenverhältnis stehenden Staatswesen[66] wird gegen Ende der Großreichszeit innenpolitisch bei irregulärer Thronfolge zur Sicherung der Dynastie auf die engste Führungsspitze der Notabeln und Amtsträger der königlichen Sippe[67] übertragen. *Auf der einen Seite ist neuassyrisch der Geltungsbereich der Gattung des Treueides bei identischem „Sitz*

---

61 Cf. F. Starke, Treueide; ferner E. von Schuler, Dienstanweisungen (*AfO Beih. 10*), 23.

62 Cf. K. Watanabe, *adê*-Vereidigung (*BaghM Beih.3*), 154.

63 Cf. V. Korošec, Staatsverträge (*LRWS 60*), 11ff. G. Kestemont, Diplomatique (*PIOL 9*), 90ff.342ff.

64 F. Starke (Charakterisierung [*ZAR 1*], 79) erwägt, daß eine Liste der als Zeugen angerufenen Götter auf einer weiteren Tafel gefolgt sei. Darauf weist, daß mehrfach „diese Götter“ (cf. II §§ 10; 11) genannt werden.

65 Dagegen ist es verfehlt, die Treueide als Verträge zu interpretieren, da der Begriff *išḫiul* auf die Treueide gerade nicht angewandt wird; anders E. von Schuler, Dienstanweisungen (*AfO Beih. 10*), 3.

66 Cf. C. Zaccagnini, Forms (*Saggi di Storia Antica 2*), 37-79.

67 Zur Funktion der $^{LÚ.MEŠ}$SAG cf. F. Starke, Regierung (*ZAR 2*), 140ff.

im Leben" in der irregulären Thronfolge gegenüber den junghethitischen Texten erweitert worden. Nicht mehr nur die Führungsspitze des Staates, sondern, wie die Königsinschrift Assurbanipals auf dem „Rassam-Zylinder" zeigt, die „Leute von Assyrien, klein und groß"[68], wurden dem Eid unterworfen. Ja, die Funktion der Gattung wird noch über diesen Kreis der Repräsentanten des assyrischen Volkes hinaus auch auf die Vasallenvölker „vom Oberen und vom Unteren Meer"[69] ausgedehnt. Dennoch aber werden die Treueide nun keineswegs zu „Vasallenverträgen", da weder die Befugnisse und Pflichten der Vasallen in Kriegs- und Friedenszeiten, noch ihr Verhalten gegenüber Drittländern in irgendeiner Form geregelt werden. Damit unterscheiden sich die Treueide nun deutlich von Verträgen wie dem Vertrag Asarhaddons mit Baʿal von Tyros[70], in dem die Rechte eines assyrischen Gesandten des Großkönigs in Tyros ebenso festgeschrieben werden wie Schiffahrts- und Handelsrechte[71]. Das Korpus der Treueide grenzt sich dagegen durch Konzentration auf das eine Thema, die Sicherung der Dynastie, ab und läßt sich genauer festlegen. Ihm sind die Loyalitätseide Sanheribs (*SAA 2/3*), Asarhaddons (*SAA 2/4; 6; 7*) und der Zakutu (*SAA 2/8*) zuzuschreiben. Mit der Loyalität gegenüber den Kronprinzen tritt ein zentrales Motiv in den Vordergrund, so daß man bei diesen Loyalitätseiden von Nachfolgeeiden sprechen kann[72]. *Auf der anderen Seite also sind die neuassyrischen gegenüber den hethitischen Loyalitätseiden thematisch verengt.* Die junghethitischen Loyalitätseide verbinden jeweils die Stipulation als Protasis mit einer Apodosis, während der neuassyrische Loyalitätseid die Protasen reiht und mit den ebenfalls zu einer Reihe zusammengefaßten Flüchen als Apodosen verbindet[73]. Die unmittelbare Verbindung von Protasis und Apodosis in den hethitischen Loyalitätseiden ermöglicht eine

---

68 Cf. R. Borger, Beiträge (*Wiesbaden 1996*), 15.

69 Cf. R. Borger, a.a.O.; cf. auch SAA 2, 14:8.

70 Cf. S. Parpola/K. Watanabe, Treaties (*SAA 2*), 24-27.

71 Den internationalen Verträgen sind die Verträge Šamši-Adad V. mit Marduk-zakir-šumi von Babylon (*SAA 2/1*), Assur-nirari V. mit Matiʾilu von Arpad (*SAA 2/2*), Asarhaddons mit Baʿal von Tyrus (*SAA 2/5*), Assurbanipals mit den babylonischen Verbündeten (*SAA 2/9*) und dem Qedar-Stamm (*SAA 2/10*), des Sin-šarru-iškun mit den babylonischen Verbündeten (*SAA 2/11*) und der möglicherweise mit einem arabischen Stamm geschlossene Vertrag *SAA 2/13* (cf. dazu S. Parpola/K. Watanabe, Treaties [*SAA 2*], XXXIV) zuzurechnen.

72 Eine entsprechende Aufforderung, die Nachkommen des Königs zu schützen, enthält auch die Präambel des junghethitischen Treueids I § 1:4; cf. auch §§ 2:8; 3:24f.; Treueid II §§ 3:15; 25:22 u.ö. Wenn M. Nissinen (Prophecy [*SAA.S 7*], 157) mit dem Hinweis auf den Tod Sanheribs die Funktion der Loyalitätseide darin sieht, dem Kronprinzen eine Legitimation zu verschaffen, im Falle eines unerwarteten Todes des Königs die Regierungsgeschäfte zu übernehmen, so verwechselt er Ursache und Wirkung.

73 Die Stipulation der *šumma*-Sätze in VTE §§ 5-36 sind als gereihte Protasen auf die Flüche in VTE §§ 37-56 bezogen, die in dieser Verbindung in VTE § 57 beeidet werden. Zum Wechsel von Indikativ und Subjunktiv (Affirmativ) s.u. Anm. 301.

größere Differenzierung von Forderungen und Rechtsfolgen als die neuassyrische Reihenbildung. Entsprechend konzentriert der neuassyrische Loyalitätseid die Stipulation auf ein Thema, die Forderung der Loyalität gegenüber dem König und dem designierten Nachfolger, dem Kronprinzen. Diese Konzentration hat ihre Entsprechung in der im Vergleich zur hethitischen Führung einlinigen Konzentration des neuassyrischen Staates auf den König, der prinzipiell alle Befehlsgewalt als oberster Priester und Heerführer hat[74].

Es besteht ein gattungs- und traditionsgeschichtlicher Zusammenhang zwischen den junghethitischen und neuassyrischen Treueiden. Die Zwischenglieder sind nicht auf den ersten Blick aufzuweisen, doch lassen die Fluchabschnitte der *adê* in Umrissen eine Vermittlung über die hethitischen Kleinstaaten des 1. Jt. v. Chr. erkennen. Bereits N. Oettinger[75] hat auf die Verwandtschaft von Vereidigung und Fluchformeln in hethitischen Verträgen, Instruktionen und militärischen Eiden mit neuassyrischen Texten, so dem Vertrag Assur-niraris mit Mati'ilu von Bit Agusi, hingewiesen. Darüber hinaus lassen sich zahlreiche Parallelen zwischen den Flüchen mittelhethitischer Verträge, die zwischen egalitär bzw. oligarchisch geführten Ländern[76] abgeschlossen wurden, und den neuassyrischen VTE aufzeigen.

„Wenn ihr kommt, um in das Land Ḫattusa einzufallen, soll euch Zababa eure Waffen umwenden, und eure Herzen soll er durchbohren" (KBo VIII 35 [Kaskäer-Vertrag] II 19ff.).

„Mögen alle Götter ... euren Bogen zerbrechen ..., den Bogen in euren Händen umwenden, eure Streitwagen nach rückwärts fahren lassen" (VTE § 77:573f.).

Neben den Verträgen weisen die hethitischen „Militärischen Eide" Parallelen zu den VTE auf:

„Nun legt er (der Leiter des Vereidigungsrituals) ihnen (den zu Vereidigenden) Malz und Bierwürze in die Hände, sie berühren es mit der Zunge, und er spricht zu ihnen folgendermaßen:

---

74 Cf. F. Starke, Regierung (*ZAR 2*), 140-182; W. Röllig, Politisches Handeln (*München 1993*), 105-113; S. Maul, König (*München 1998*), 65-77; Verf., Strafvernichtung (*Veröffentl. der Joachim-Jungius-Gesellsch. 86*), 9-44. W. Mayer (Politik [*Münster 1995*], 388) konstatiert, daß die VTE mit den medischen Vasallenfürsten im Gegensatz zu sonstigen assyrischen oder hethitischen Staatsverträgen die innere Angelegenheit der Herrschernachfolge in Assyrien als Hegemonialmacht und damit eine innenpolitische Angelegenheit zum Vertragsinhalt machen, und schließt daraus auf den beginnenden Zerfall Assyriens. Zu dieser Deutung muß man kommen, wenn man nicht die Gattungsdifferenz zwischen Loyalitätseid und Staatsvertrag und damit die unterschiedlichen Funktionen der Texte, ihren jeweiligen „Sitz im Leben", berücksichtigt.

75 Vgl. Eide (*StBoT 22*), 71ff. Auch H.U. Steymans (Deuteronomium 28 [*OBO 145*], 156) hat auf die Beziehungen zwischen den Ritual- und Vergleichsflüchen hethitischer und neuassyrischer Verträge wie dem Mati'ilu-Vertrag Assur-niraris oder den VTE aufmerksam gemacht. Zur Typologie der Flüche in den VTE cf. jetzt M.P. Streck, Flüche (*ZAR 4*), 165-191.

76 Dazu gehören auch die vier Kaskäer-Verträge (cf. E. von Schuler, Kaskäer [*Berlin 1965*], 109ff.), und der Ismeriga-Vertrag (A. Kempinski/S. Košak, Ismeriga-Vertrag [*WO 5*], 191-215).

Wie man diese Bierwürze mit dem Mahlstein zermahlt und sie mit Wasser mischt, kocht und zerquetscht, sollen den, der diese Eide übertritt und dem König, der Königin, den Prinzen und dem Land Ḫattusa Böses zufügt, diese Eide ergreifen und seine Knochen ebenso zermahlen und ihn ebenso schmoren und ebenso zerquetschen, und es soll auf ein schlimmes Ende hinauslaufen. Jene aber sprechen: Das soll so sein! (Der Leiter des Rituals sagt): Wie aber dieses Malz keine Fortpflanzung hat und man es nicht auf das Feld schafft und keinen Samen daraus gewinnt, aber auch kein Brot daraus macht und es nicht in das Vorratshaus legt, so sollen auch den, der diese Eide übertritt und dem König, der Königin und den Prinzen Böses zufügt, die Eide seine Zukunft ebenso vernichten! Von seinen Frauen soll keine Sohn und Tochter gebären, auf Flur, Ackerfeld (und) Wiesen aber soll ihm ein Gewächs nicht wachsen, seine Rinder und Schafe sollen Kalb und Lamm nicht werfen" (KBo VI 34 + II 19ff.).

Damit sind die VTE zu vergleichen:

„Wie der Keimling des Malzes, wenn sich die Biermaische in ihm befindet, ... nicht mehr sprießt, ... sich nicht mehr wendet, so möge eure Nachkommenschaft, die Nachkommenschaft eurer Söhne und eurer Töchter von der Oberfläche des Erdbodens verschwinden" (VTE § 67:540-544).

Die Fluchformeln der hieroglyphen-luvischen Inschriften des 10.-8. Jh. v. Chr. stehen in Inhalt und Diktion den mittelhethitischen und neuassyrischen Flüchen nahe und sind ein Verbindungsglied:

„Der Wettergott des Himmels und der ḫarranäische Mondgott sollen ihn verfluchen, damit ihm vom Himmel kein (Regen?) herabkommt, aus der Erde aber kein Gewächs hervorkommen soll" (Aleppo 2 [Anfang 9. Jh. v. Chr.])[77].

Damit sind die VTE zu vergleichen:

„Dito, mögen alle Götter, (deren Namen) auf dieser Tafel (genannt sind), euch den Boden eng wie einen Ziegel machen, euren Boden wie (aus) Eisen machen! Nichts soll daraus aufgehen!

Wie es vom Himmel Bronze nicht regnet, so mögen Regen und Tau auf eure Felder und eure Fluren nicht kommen. Statt Regen soll es Kohlen auf euer Land regnen" (VTE §§ 63; 64).

Die Verbindung des Bodens mit Eisen und des Himmels mit Bronze kommt sonst nicht mehr in der mesopotamischen Literatur vor. Das gilt auch für das Regnen von Holzkohle[78]. Die Einführung dieser kleinasiatisch geprägten Motive geht auf den Schreiber der VTE zurück, der einen dem Fluch in Aleppo 2 entsprechenden Text nutzt. Aus der Fülle weiterer Parallelen ist für die Siche-

77 Cf. J.D. Hawkins, Autobiography (*AnSt 30*), 152; cf. F. Starke, Untersuchung (*StBoT 31*), 482. Zur Traditionsgeschichte der Adad-Flüche cf. auch S. Grätz, Wettergott (*BBB 114*), 9ff.

78 Cf. H.U. Steymans, Deuteronomium 28 (*OBO 145*), 134f. Das Motiv des „Himmels aus Bronze" ist aber, was H.U. Steymans übersieht, aus kleinasiatischer Tradition übernommen und ist in einem hethitischen Ritual des 15. Jh. v. Chr. bereits in einem mit Dtn 28,23f. vergleichbaren Kontext belegt; dem soll an anderer Stelle nachgegangen werden.

rung der Stipulationen der Inschriften und nicht nur der Inschriften selbst die Inschrift Bulgarmaden 5 (Ende des 8. Jh. v. Chr.)[79] anzuführen:

„Wer diese Vereinbarung antastet, jene Person sollen der Wettergott und die Götter vernichten, der Mondgott aber soll ihn antasten, Nikaruḫa aber ihn auffressen, Kubaba [ihn ...]".

Diesem Fluch ist der in VTE § 59:519f.[80] an die Seite zu stellen:

„Palîl/Igištu, der allerbeste Herr, möge euer Fleisch Adler und Geier fressen lassen"[81].

Schließlich folgt das Vertragsschema der Sfire-Verträge in der Verbindung von Segen und Fluch, bezogen nicht nur auf den Erhalt der Stele, sondern auf die Vertragstreue (Sfire I C:15f.[82]; II C:12f.[83])[84], dem hethitischen Vertragsschema[85]. Die kurzen Segenspartien der Sfire-Verträge nehmen dabei eine Zwischenstellung zwischen den hethitischen Verträgen, die Segen und Fluch paritätisch kontrastieren[86], und den neuassyrischen Verträgen, die keinen Segensabschnitt kennen[87], ein. Schließlich hat der Hinweis auf den Eidbruch „sonst seid ihr eidbrüchig gegenüber allen Vertragsgöttern" (Sfire III:4)[88], der auch in Sfire I B:23.27f.33; II B:9[89] u.ö. belegt ist, einen Vorläufer in entsprechender Formulierung hethitischer Verträge[90], so den Verträgen zwischen Šuppiluliuma und Tette[91] sowie Šuppiluliuma und Asiru[92], die zu vertragswidrigem Verhalten konstatieren: „so hat er den Eid gebrochen".

Die hethitische Vertragstradition hat die aramäischen Sfire-Verträge, vermittelt über die späthethitischen Kleinstaaten dieses Raumes, beeinflußt. Damit ist

79 Cf. F. Starke, Untersuchung (*StBoT 31*), 446.

80 Cf. K. Watanabe, *adê*-Vereidigung (*BaghM Beih. 3*), 168f.

81 Zum Palil-Fluch cf. H.U. Steymans, Deuteronomium 28 (*OBO 145*), 93.

82 Sfire I C:15f. enthält einen Segen, dessen Einleitung weggebrochen ist. Der folgende Fluchabschnitt legt es nahe, daß der Segen mit der Erfüllung der Vertragsstipulationen verbunden war; cf. E. Puech, Traités (*CEv Suppl. 81*), 97; H.U. Steymans, Deuteronomium 28 (*OBO 145*), 174.

83 Cf. E. Puech, Traités (*CEv Suppl. 81*), 100; vorsichtiger A. Lemaire/J.-M. Durand, Inscriptions (*HEO 20*), 113. In Sfire IB:24f. liegt eine menschliche Wohlwollensäußerung vor, die dem Segensteil entspricht; cf. O. Rössler, Staatsverträge (*TUAT I/2*), 183; H.U. Steymans, Deuteronomium 28 (*OBO 145*), 174.

84 Zu Sfire III:29 cf. E. Puech (Traités [*CEv Suppl. 81*], 106), der auch hier einen Segensabschnitt rekonstruiert. Anders A. Lemaire/J.-M. Durand, a.a.O., 147.

85 Cf. V. Korošec, Staatsverträge (*LRWS 60*), 14.96.

86 Cf. D.J. McCarthy, Treaty (*AnBib 21a*), 148f.

87 In diesem Sinne kann man von einem westlichen Vertragsschema sprechen; cf. Verf., Programmschrift (*HBS 4*), 93 Anm. 5.

88 Cf. A. Lemaire/J.-M. Durand, Inscriptions (*HEO 20*), 118.

89 Cf. A. Lemaire/J.-M. Durand, a.a.O., 115.117.

90 Cf. H.U. Steymans, Deuteronomium 28 (*OBO 145*), 175f.

91 Cf. CTH 53 vs. II:32.47; rs. III:40.51.

92 Cf. CTH 49 vs. 36.75.

das Zwischenglied auch für die Vermittlung der junghethitischen Gattung der Treueide in den neuassyrischen Kontext gefunden.

H. Tadmor[93] hat die neuassyrischen *adê* mit westlichem Einfluß erklärt, und mit dem Begriff auch die Rechtsinstitution. Dem gegenüber hat S. Parpola[94] Begriff und Sache getrennt und nur den Begriff *adê*, der den älteren Begriff *riksu/rikiltu* verdrängt, auf westlichen Einfluß zurückgeführt, die Vertragstradition als genuin mesopotamisch aber davon abgehoben[95]. Die Übernahme des Begriffs *adê* sei mit der Tatsache, daß die neuassyrische Westexpansion zahlreiche Verträge mit aramäischen Staaten notwendig machte und diese aramäisch abgefaßt wurden, ausreichend erklärt. „It is not hard to imagine that as a result of this repetitive process *adê* as a colloquial term for ‚treaty' gradually gained foothold in Assyrian administrative parlance and then rapidly in Neo-Assyrian at large"[96]. Nein – so hat sich nun gezeigt –, mit dem Begriff *adê* wurde eine neue Form der Herrschaftssicherung übernommen: der Loyalitätseid, der seine gattungsgeschichtlichen Wurzeln im 13. Jh. v. Chr. im hethitischen Großreich hat. Wird der Begriff *adê* auf die Vasallenverträge übertragen und ersetzt er die klassischen Begriffe *riksu/rikiltu*, so wird damit verdeutlicht, daß auch diese Verträge als Loyalitätsbekundungen der Vasallen verstanden wurden. So konnten dann auch bei den Nachfolgeeiden die Repräsentanten des assyrischen Volkes und der Vasallenvölker vereidigt werden. Es wird also aus dem Westen nicht das Konzept der Vasallenverträge übernommen, wie H. Tadmor[97] meint – dafür gäbe es eine eigene mesopotamische Tradition, auf die S. Parpola[98] zurecht verwiesen hat –, sondern die Treueidgattung[99].

---

93 Cf. Aramaization (*BBVO 1*), 455-458; ders., Treaty (*Chico/Calif. 1982*), 142-151; ders., Alleanza (*Saggi di Storia Antica 2*), 28-36.

94 Cf. Treaties (*JCS 39*), 180-183.

95 A.K. Grayson (Treaties [*JCS 39*], 129) hat dieser Sicht zugestimmt.

96 Cf. S. Parpola, Treaties (*JCS 39*), 183. Die Verwendung des Terminus *adê* in (nicht erhaltenen) aramäisch abgefaßten Verträgen der Assyrer erklärt keineswegs, warum die Terminologie der Vasallen in einer so zentralen politischen Angelegenheit der imperialen Herren, die in der Sache ihr Strukturmodell durchgesetzt haben, im Akkadischen verdrängt haben soll. Plausibler ist es, daß mit dem Begriff auch eine Sache übernommen wurde, nur nicht der Vasallenvertrag, sondern der Loyalitätseid.

97 Cf. Assyria (*Baltimore 1975*), 42f.

98 Cf. Treaties (*JCS 39*), 189f. mit Verweis auf AKA 69 V 14ff. aus der Zeit Tiglat-Pileser I.; cf. A.K. Grayson, Inscriptions II (*Wiesbaden 1976*), 13. Für weitere Belege in den assyrischen Königsinschriften cf. M. Liverani, Terminologia (*Saggi di Storia Antica 2*), 113-147; für die babylonische Tradition cf. J.A. Brinkman, Covenants (*Saggi di Storia Antica 2*), 81-111; J.-G. Heintz, Traités (*Leiden 1995*), 69-94.

99 Dagegen wird nicht an die mittelassyrische Tradition der Hof- und Haremserlasse angeknüpft; cf. dazu E. Weidner, Erlasse (*AfO 17*), 257-293, M.T. Roth, Law Collections (*WAW.SBL 6*), 195-209 (Lit.).

Für die Deuteronomiumsforschung ist es von Bedeutung, daß die neuassyrischen Treueide nur im Kontext der irregulären Thronfolge Asarhaddons und Assurbanipals in den Jahren zwischen 683/2 v. Chr. und 669/8 v. Chr. belegt sind. Sie haben eine gattungsgeschichtliche Vorgeschichte, die bis in das 13. Jh. zurückzuverfolgen ist, als die Gattung im Kontext irregulärer Thronfolge im hethitischen Reich entstand – sie haben aber keine Nachgeschichte. Die Gattungsgeschichte endet mit dem Untergang des neuassyrischen Reiches. Als die Meder im Thronsaal von Kalḫu die Exemplare der VTE, die die medischen Stadtfürsten eidlich banden, zusammen mit den Elfenbeindarstellungen ihrer Tributübergabe zerschlugen, machten sie auch der Gattung des Treueides und damit dieser Form der Herrschaftssicherung ein Ende. Weder aus neubabylonischer noch aus persischer Zeit sind Treueide überliefert.

2. Das „Urdeuteronomium" – ein Treueid für JHWH

2.1 Problemstellung

Die Deuteronomiumsforschung tut sich schwer, den literarischen Ursprung des Deuteronomiums zu erfassen, nachdem deutlich wurde, daß der von A.F. Puukko[100] eingeschlagene Weg, aufgrund des kritisch restituierten Kernbestandes von 2Kön 22-23 den des Deuteronomiums zu rekonstruieren, zirkulär ist[101]. Soll das „Urdeuteronomium" einem Blockmodell als Hypothese für die Entstehung des Deuteronomiums folgend nur in Dtn 12,2-16,17 als „privilegrechtlicher Kern" gesucht werden[102], oder sind umgekehrt gerade die profanrechtlichen Rechtssätze mit Nähe zum Bundesbuch in Dtn 19-25 als „Urdeuteronomium" zu reklamieren? Ist das Deuteronomium schließlich möglicherweise niemals eigenständig tradiert worden, sondern schon als „Urdeuteronomium", um die Zentralisationsgesetze herum gruppiert, Fortschreibung eines vordtn Tetrateuchs?[103] Schließlich ist es offener denn je, welche Kriterien für eine Literarkritik im deuteronomischen Gesetz in Anschlag zu bringen sind,

---

100 Cf. Deuteronomium (*BWAT 5*). Zum Stand der Deuteronomiumsforschung cf. Verf., Art. Deuteronomium (*RGG⁴ II*), sowie oben I.

101 Cf. o. I.

102 Cf. zuletzt G. Braulik, Deuteronomium (*StTh 1/1*), 129-135 (Lit.).

103 Zu dieser These hat sich E. Reuter (Kultzentralisation [*BBB 87*], 189ff.227ff.) entschlossen. Damit verbunden ist sie der Meinung, daß das „Bundesbuch" in Ex 20-23* Gesetzbuch des josianischen Bundes gewesen sei (a.a.O., 255ff.) – eine Annahme, der widerspricht, daß das Altargesetz des Bundesbuches gerade eine Mehrzahl von legitimen Kultorten voraussetzt (cf. Ex 20,24b), die Mazzotfestbestimmung in Ex 23,15 im Gegensatz zu Dtn 16,1-8 nicht mit dem Passa verbunden wird und damit auch 2Kön 23,21-23 widerspricht; cf. auch N. Lohfink, Deuteronomium (*ZAR 1*), 117-148.

um innerhalb der dtn Schichten und zwischen vordtn, dtn, dtr und postdtr Schichten zu differenzieren[104]. Es war nach dem Erscheinen der *editio princeps* der VTE bald deutlich geworden, daß ein Zusammenhang zwischen den Flüchen in Dtn 28,23.27-35.(36f.) und denen in VTE §§ 39-42; 52; 63; 64[105] besteht. Jüngst hat H.U. Steymans[106] die literarische Vorlage für Dtn 28,20-44 in den VTE nachgewiesen[107]. Weiter wurden Parallelen zwischen Dtn 13 und den VTE erkannt[108]. M. Weinfeld[109] sieht zu Recht im Deuteronomium Züge, die charakteristisch für die neuassyrischen Loyalitätseide sind, und solche, vor allem des Korpus der Kult-, Zivil- und Strafgesetze in Dtn 12-26, die für die keilschriftlichen Rechtskorpora, insbesondere die Gesetze Hammurapis, kennzeichnend sind. Der Autor des Deuteronomiums habe damit eine sehr alte Verbindung des Gesetzes-Bundes des Mose am Sinai („covenant of law"), der in der Tradition der altbabylonischen *mīšarum*-Proklamationen stehe[110], und des Vasallitäts-Bundes Josuas in Sichem aufgenommen. Der Vasallitäts-Bund sei seit der Frühzeit Israels durch eine sich auch in den hethitischen Vasallenverträgen niederschlagende Vertragstradition des 2. Jt. geprägt, die der dtn Autor im 7. Jh. v. Chr. durch Motive der neuassyrischen Loyalitätseide angereichert habe[111]. Es wird zu fragen sein, ob es solch hypothetischer Annahmen einer Strukturierung des Deuteronomiums durch verschiedene Bundesschlüsse am Sinai und in Sichem in Israels Frühzeit bedarf, um den Aufbau des Deuteronomiums zu verstehen. Festzuhalten aber ist mit M. Weinfeld, daß im Deuteronomium Treueidmotivik mit der Gattung der Gesetzessammlung verbunden wurde. Wie ist diese Verbindung zu erklären? Wenn die innerpentateuchische Literaturanalyse ohne festen Grund in der Deuteronomiumsanalyse auf Flugsand gebaut ist, die de Wette'sche Hypothese der Korrelierung von Deuteronomium und Josia-Reform in 2Kön 22-23 angesichts der Zirkelschlüsse in der literarischen Analyse beider Texte nicht mehr trägt[112], bedarf es eines Neuansatzes, der seinen Referenzrahmen außerhalb des Alten Testaments in sicher datierbaren Texten, in diesem Sinne also in „external evidence", sucht. Er ist zu finden.

---

104 Cf. dazu zuletzt G. Braulik, Deuteronomium (*StTh 1/1*), 130.

105 Cf. R. Frankena, Vassal-Treaties (*OTS 14*), 122-154; P.E. Dion, Aspects (*ScEs 30*), 49ff.; M. Weinfeld, Deuteronomy (*Oxford 1972*), 119ff.

106 Cf. Deuteronomium 28 (*OBO 145*), 221ff.; s. dazu auch die Rezension des Verf. in ZAR 2 (*1996*), 214-221.

107 Cf. o. I. sowie u. II. 2.3.

108 Cf. M. Weinfeld, Deuteronomy (*Oxford 1972*), 91-100; P.E. Dion, Deuteronomy 13 (*JSOT.S 124*), 199-203.

109 Cf. Deuteronomy (*Oxford 1972*), 146-157; ders., Deuteronomy (*AB 5*), 6-9.

110 Cf. dazu jetzt auch M. Weinfeld, Justice (*Jerusalem 1995*), 25ff.; s. dazu auch die Rezension des Verf. in ZAR 2 (*1996*), 222-226, sowie B.S. Jackson, Justice (*ZAR 4*), 218-262.

111 Cf. M. Weinfeld, Deuteronomy (*Oxford 1972*), 91ff.; ders., Deuteronomy (*AB 5*), 6ff.

112 Cf. Verf., Deuteronomium (*BEThL 133*), 321-339.

2.2 Die literaturhistorischen Schichtungen in Dtn 13,2-19

Die literarische Mehrschichtigkeit des Kapitels Dtn 13 ist in der kritisch arbeitenden Deuteronomiumsforschung weithin anerkannt[113]. Sie vorausgesetzt, werden gegenwärtig drei unterschiedliche Lösungswege für die literaturhistorischen Probleme, die das Kapitel aufgibt, vertreten.

Lösung I
Das Kapitel wurde überwiegend dtn-vorexilisch verfaßt und dtr-exilisch überarbeitet. Diese Lösung wird von den jüngsten deutschsprachigen Kommentaren von *E. Nielsen* und *M. Rose* vertreten. E. Nielsen[114] hält Dtn 13,2-19 bis auf dtr Ergänzungen (Dtn 13,4b.5.6aβ.8) für literarisch geschlossen und dtn-vorexilisch. Dagegen differenziert M. Rose[115] dem Gesamtduktus seines Kommentars entsprechend zwischen einer dtn-josianischen Grundschicht sowie zwei dtr, exilischen bzw. spätexilischen/nachexilischen Überarbeitungen. Kern der dtn-vorexilischen Grundschicht sei das aus der Zeit Hiskias stammende Fremdgötterverbot in Dtn 17,2-5.7b*, das der josianische Deuteronomiker unter der Perspektive von drei Extremsituationen ausgestaltete und zusammen mit dem Zentralisationskapitel Dtn 12* an den Anfang des Gesetzeskorpus stellte. Dieser Grundschicht werden Dtn 13,2.3*.6aαγb.7*.10.11*. 12.14-16* zugewiesen[116], die in einer ersten dtr-exilischen Überarbeitung, auf die insbesondere Dtn 13,4f.*8*.16-19* zurückzuführen ist, und einer weiteren spätexilisch-nachexilischen dtr Überarbeitung, die punktuell in den Text eingegriffen hat, ergänzt wurde. Die Überlieferungsgeschichte wird in Umrissen so rekonstruiert, daß Dtn 17,2-5.7b* ein alter Rechtssatz zur Sicherung der JHWH-Gemeinschaft in V. 3f. („wenn gefunden wird ein Mann, der hingeht und anderen Göttern dient, dann soll er zu den Stadttoren hinausgeführt und zu

---

113 Cf. nur H.D. Preuß, Deuteronomium (*EdF 164*), 134.

114 Cf. Deuteronomium (*HAT I.6*), 144ff.

115 Cf. 5. Mose I (*ZBK 5.1*), 296ff. Zu den Kommentaren von E. Nielsen und M. Rose cf. die kritische Besprechung von R. Achenbach, Kommentare (*ZAR 2*), 86-113.

116 Die Kommentierung durch M. Rose ist widersprüchlich. Entgegen der Feststellung, „daß dieses Kapitel von den Theologen der Schicht II (Josia-Zeit) gestaltet worden ist" (a.a.O., 297), wird im folgenden eher dafür plädiert, daß Dtn 13,2a.3b* (ohne Relativsatz).6aαb.7abα*.9b*.10aα.11a.(14-16*) auf die aus der Hiskia-Zeit stammende Schicht I zurückzuführen sei. So konstatiert M. Rose, daß V. 2b.3a Einfügung durch den Verfasser der Schicht II sei (a.a.O., 297f.), so daß ihm also ein fest formulierter Text vorgegeben sein mußte. In diesem Sinne hat M. Rose sich in seiner Dissertation (cf. Ausschließlichkeitsanspruch [*BWANT 106*], 19ff.) geäußert. Zu älteren Versuchen, eine vordtn Kernüberlieferung in Dtn 13,2-19 zu rekonstruieren, cf. u.a. A.F. Puukko, Deuteronomium (*BWAT 5*), 253f.; M. Löhr, Deuteronomium. (*SKG.G 1*), 174ff.; J. L'Hour, Législation (*Bib 44*), 5ff.; W. Richter, Bearbeitung (*BBB 21*), 81ff.; R.P. Merendino, Gesetz (*BBB 31*), 62ff.; G. Nebeling, Schichten (*Diss. theol. Münster 1970*), 52ff.; G. Seitz, Studien (*BWANT 93*), 144ff.; H.D. Preuß, Deuteronomium (*EdF 164*), 52f.134.

Tode gesteinigt werden") zugrunde liegt, der hiskianisch-protodtn in Dtn 17,2-5.7b* umgeformt und dtn-josianisch zur Grundlage für Dtn 13,2-19* wurde, die dtr mehrschichtig ergänzt wurde.

Lösung II

Sprachstatistische Erhebungen lassen *P.E. Dion*[117] zu dem Ergebnis kommen, daß sich in Dtn 13,2-19 keine vordtr Kernüberlieferung abheben läßt, sondern das Kapitel durchgängig – aber mehrschichtig – dtr ist. Die dtr Grundschicht wurde durch Dtn 13,1.2b.3a*.4b-5.6a*-7bβ.8. 19 erweitert. Gleichzeitig aber konstatiert P.E. Dion einen Einfluß der VTE auf Dtn 13. Dieses auf den ersten Blick widersprüchliche Ergebnis löst er mit der These einer bereits vorexilischen dtr Schultradition. P.E. Dion reiht sich damit in eine exegetische Tradition der Deuteronomiumsforschung ein, die ihren Ausgangspunkt bei der Revision von M. Noths These eines exilischen Deuteronomistischen Geschichtswerks durch F.M. Cross[118] hat[119]. Eine dtr-vorexilische Bearbeitung des Deuteronomiums zur Josia-Zeit sei von exilisch-dtr Überarbeitungen abzuheben. Das Gesetz in Dtn 13,13-18 könne nur in der Zeit eines JHWH verehrenden Königs ausgeführt werden. Dtn 13,2-18* sei ein Programmtext aus dem Umkreis des Königs Josia, der die Reform dieses Königs sichern wolle. So kann P.E. Dion eine dtr Abfassung und neuassyrischen Einfluß auf diesen Text miteinander verbinden: „Nonetheless, the closer to 622 BC. one places the composition of Deuteronomy 13, the easier to understand are its precise contacts with the vassal treaties of Esarhaddon"[120]. Der vorexilische Deuteronomist plaziere Dtn 13* hinter Dtn 12,29-31, der exilische Redaktor schaffe einen Dtn 12,28-13,19 umfassenden Zusammenhang. Dtn 17,2-7 schließlich sei Dtn 13 nicht vorgegeben, sondern sei exilisch-dtr Weiterentwicklung von Dtn 13*, die möglicherweise auf den dtr Bearbeiter in Dtn 13 zurückzuführen sei.

---

117 Cf. Deuteronomy 13 (*JSOT.S 124*), 167ff.

118 Cf. Myth (*Cambridge 1973*), 274-289.

119 Cf. u.a. R.E. Friedman, Exile (*HSM 22*), 7ff.; A.D.H. Mayes, Story (*London 1983*), 22ff.; B. Peckham, Composition (*HSM 35*); M.A. O'Brien, History (*OBO 92*). Über das zweistufige Blockmodell josianischer Erstschrift und exilischer Fortschreibung führt noch die von H. Weippert (Beurteilungen [*Bib 53*], 301-339; dies., Ätiologie [*ZAW 95*], 344-375) und E. Eynikel (Reform [*OTS 33*]) vertretene Annahme eines dem josianischen Deuteronomisten vorausliegenden Redaktors der Hiskia-Zeit hinaus, der die Geschichte von Josaphat bis Ahas darstellte; cf. auch A. Lemaire, L'histoire (*ZAW 98*), 221-236; B. Halpern/D.S. Vanderhooft, Editions (*HUCA 62*), 179-244. Eigene Wege mit der Annahme eines josianischen Kerns des DtrG in Dtn 1-Jos 22 (DtrL), der noch in der Josia-Zeit weiter ausgebaut worden sei, geht N. Lohfink, Kerygmata (*SBAB 12*), 125-142; ferner G. Braulik, Deuteronomium (*NEB 15*), 10-12, sowie in Verbindung mit H. Weipperts Blockmodell A. Moenikes, Redaktionsgeschichte (*ZAW 104*), 333-348; ders., Ablehnung (*BBB 99*).

120 Cf. P.E. Dion, Deuteronomy 13 (*JSOT.S 124*), 204f.

Lösung III

Setzt sich P.E. Dion mit der Interpretation von Dtn 13 als josianischem Programmtext von G. Hölscher[121] ab, der das Kapitel zur nachexilischen „Utopie“ rein theoretischer Art erklärte, so knüpft *T. Veijola*[122] gerade an diese These an. Hatte H. Greßmann[123] gegen G. Hölscher eingewandt, daß Dtn 13 im Jeremiabuch, u.a. in Jer 23,25-32, vorausgesetzt werde, will T. Veijola umgekehrt die Abhängigkeit von Dtn 13 von dtr Überlieferungen des Jeremiabuches und damit die späte Abfassung von Dtn 13 als Teil einer spätdtr-nachexilischen „Bundesredaktion“ im Deuteronomium[124] erweisen. Entsprechend ist T. Veijola entgegen seiner sonst eher minutiös zergliedernden Literarkritik[125] an einer literarischen Einheitlichkeit gerade von Dtn 13,2-6 unter Einschluß der überwiegend dtr Überarbeitung zugewiesenen Ergänzungen interessiert. Dennoch kommt aber auch er nicht ganz ohne die Annahme von Ergänzungen des spätdtr Textes in Dtn 13,3fin.8.10aβb.11a.15.16b.17aα$^{1.3}$βb. 18 aus. Die Ergänzungen sollen den zweiten Kasus mit Dtn 17,2-7 ausgleichen und im dritten Kasus Motive der dtr Kriegstheologie in Dtn 7,25f. und dem Buch Josua nachtragen. Da alle Indizien dafür fehlen, daß die Vorschriften je als positives Recht aufgefaßt und praktiziert worden seien, müsse man Dtn 13,2-19* als „theoretisches Gebilde“ ansehen, das allein paränetischen Zielen diente[126]. Für die Spätdatierung der Grundschicht innerhalb des Deuteronomiums werden zunächst kompositionskritische Argumente angeführt. Dtn 13,2-19* unterbreche den Zusammenhang der Zentralisationsgesetzgebung in Dtn 12* und Dtn 14,3ff. Da aber Dtn 14,3ff. an die im Kontext von Dtn 12 literarisch sekundären Spezialbestimmungen zur Freigabe der Schlachtung in Dtn 12,15f. anknüpfe, stelle Dtn 13,2-19* eine „tertiäre Stufe“ in der Redaktionsgeschichte des Deuteronomiums dar[127]. Durch ein Stichwortsystem sei Dtn 13,5.19 mit Dtn 12,28 als Einleitung für Dtn 12,29ff., einem Abschnitt, der zu den jüngsten in Dtn 12 gehöre, verbunden, so daß Dtn 13* nicht älter sein könne. Die Parallelen mit neuassyrischen Vertragsmotiven seien als Argument für eine vorexilische Datierung nicht in Anschlag zu bringen, da die Tradition der Vertragskonzeptionen bekanntlich zählebig sei, wie ihr Weiterleben im diplomatischen Sprachgebrauch der griechisch-römischen Antike „augenfällig beweist“[128]. Vielmehr sei für die Datierung signifikant, daß die dtr Pseudprophetenpolemik des Jeremiabuches vorausgesetzt werde. So sei die Grund-

---

121 Cf. Komposition (*ZAW 40*), 192f.

122 Cf. Wahrheit (*ZThK 92*), 287-314.

123 Cf. Josia (*ZAW 42*), 333.

124 Cf. T. Veijola, Redaktion (*SESJ 62*), 242-276.

125 Cf. nur T. Veijola, Brot (*HBS 4*), 143-158.

126 Cf. T. Veijola, Wahrheit (*ZThK 92*), 297.

127 Cf. T. Veijola, a.a.O., 308.

128 Cf. T. Veijola, a.a.O., 310; s. auch i.f. Zur Kritik cf. auch Verf., Bundestheologie (*ZAR 4*), 31-37.

schicht von Dtn 13 einer bundestheologischen Redaktion (DtrB) zuzuweisen[129], „die das Deuteronomium nicht nur in den Kapiteln 12 und 13, sondern auch an vielen anderen Stellen im Sinne des Hauptgebots tiefgreifend bearbeitet hat, im Lichte des Vokabulars und der Schichtenfolge eine relativ späte Stufe innerhalb des Deuteronomiums darstellt, die geistig dem nomistischen Schulhaus nahesteht (DtrN) und zeitlich nach 538 anzusetzen ist“[130]. Dtn 28,20-44* ist aber nicht von einer „Tradition der Vertragskonvention“ abhängig, sondern hat VTE § 56 in Verbindung mit VTE §§ 38A-42; 63; 64; (65) zur *literarischen* Vorlage[131]. Dann sind die neuassyrischen *adê*-Motive in Dtn 13 neu zu bewerten. Altorientalische Vertragsmotive in griechisch-römischen Staatsverträgen[132] sagen über ein Nachleben der neuassyrischen *adê*-Motive wenig aus, da die westliche Vertragstradition vornehmlich über den kleinasiatisch-mykenischen Raum an die östliche Vertragstradition angeschlossen ist[133], allein aussagekräftige neubabylonische oder persische Loyalitätseide aber fehlen. Schließlich handelt es sich in Dtn 13 nicht allgemein um Motive von „Staatsverträgen“, sondern um solche der Gattung der Treueide, die junghethitisch und neuassyrisch an die spezifische Situation der irregulären Thronfolge gebunden sind. Eine Datierung der Grundschicht von Dtn 13, die allein auf inneralttestamentlich-literarkritische Operationen gestützt ist, geht am Schlüsselproblem der Literaturgeschichte von Dtn 13*, der Rezeption eines neuassyrischen Textes, vorbei. Weiterhin bedarf es einer Erklärung dafür, daß sich in Dtn 13 auch Motive finden, die Parallelen in den hethitischen $^{LÚ.MEŠ}$SAG-Texten haben, die sich durch das Rezeptionsverhältnis zu den neuassyrischen Loyalitätseiden erklären. Die literarische Analyse von Dtn 13 sollte dem Rechnung tragen. So scheint der Lösungsweg II auf den ersten Blick einen Ausweg aus dem Dilemma dieses Kapitels zu eröffnen, vermag er doch die Rezeption neuassyrischer Motivik mit der dtr Prägung des Kapitels durch die These eines vorexilisch-josianischen Deuteronomismus zu vermitteln. Doch werden damit recht zweifelhafte Datierungsargumente, insbesondere die positive Wertung Josias im „Deuteronomistischen Geschichtswerk“ in dtr Sprachgewand für die Deuteronomiumsanalyse fruchtbar gemacht[134], ohne daß bislang Umfang und Gestalt eines vorexilisch-dtr Deuteronomiums deut-

---

129 Cf. T. Veijola, Redaktion (*SESJ 62*), 242-276.

130 So T. Veijola, Wahrheit (*ZThK 92*), 310.

131 Cf. o. I. sowie i.f.

132 Cf. H. Schmitt, Staatsverträge (*München 1969*).

133 Cf. P. Karavites, Promise (*MnS 119*); F. Starke, Troia (*Studia Troica 7*), 447-487. In diesem Sinne ist es durchaus konsequent, wenn M. Weinfeld (Oath [*UF 8*], 383ff.) unmittelbar hethitische und hellenistisch-römische Vertragsmotive zusammenstellt. Ein den gesamten antiken Mittelmeerraum umspannender Motivkomplex von Loyalitätseiden ist so nicht zu erweisen.

134 Cf. dagegen L. Camp, Hiskija (*MThA 9*), 12-23, sowie die Forschungsüberblicke von T. Römer, Book (*JSOT.S 182*), 184ff., und K. Bieberstein, Josua (*OBO 143*), 47-54.

lich würden. Dtr Literatur ist dadurch definiert, daß sie auf dem Deuteronomium fußt. Die allein sprachstatistische Differenzierung von dtn und dtr Schichtung innerhalb des Deuteronomiums steht in der Gefahr eines Zirkelschlusses. Das gilt insbesondere, wenn früh- von spätdtr Schichten sprachstatistisch abgehoben werden sollen[135]. Die folgende Untersuchung wird verdeutlichen, wie prekär das sprachstatistische Argument ist, wenn es nicht überlieferungsgeschichtlich abgesichert wird. Und da inneralttestamentlich selbst dann, wenn eine überlieferungsgeschichtliche Verbindung aufgewiesen wird, die Rezeptionsrichtung meist so strittig ist wie die zugrundeliegende Texteinordnung und -datierung[136], kommt dem „external evidence" sicher datierbarer außerbiblischer Texte eine Schlüsselstellung zu, da sie allein Zirkelschlüsse vermeiden lassen.

Im folgenden sind die literarkritischen Argumente im einzelnen zu sichten:

Dtn 13,2-6[137]

„(V. 2) Wenn in deiner Mitte ein Ekstatiker oder ein Inkubant aufsteht, *und er gibt dir ein Zeichen oder einen Wunderbeweis,* (V. 3) *und das Zeichen oder der Wunderbeweis treten ein,* der zu dir spricht: Laßt uns hinter anderen Göttern hergehen, *die du nicht kennst,* und laßt uns ihnen dienen, (V. 4) so sollst du nicht hören auf die Worte *dieses Ekstatikers oder Inkubanten; denn JHWH, euer Gott, stellt euch auf die Probe, um zu erfahren, ob ihr JHWH, euren Gott, mit eurem ganzen Herzen und mit eurer ganzen Seele liebt.* (V. 5) *Hinter JHWH, eurem Gott, sollt ihr hergehen und ihr sollt ihn fürchten, seine Gebote sollt ihr beachten, auf seine Stimme sollt ihr hören, ihm sollt ihr dienen, und ihm sollt ihr anhangen.* (V. 6) Und dieser Ekstatiker oder Inkubant soll getötet werden, denn er hat einem Hochverrat das Wort geredet gegen JHWH, *euren Gott, der euch herausgeführt hat aus dem Land Ägypten und dich freigekauft hat aus dem Sklavenhaus, um dich abzubringen von dem Weg, den JHWH, dein Gott, dir zu gehen befohlen hat.* „DU SOLLST DAS BÖSE AUS DEINER MITTE ENTFERNEN".

Dtn 13,2b.3aα unterbricht den Zusammenhang von V. 2a mit dem auf das Subjekt in V. 2a bezogenen Relativsatz in V. 3aβ[138] und in V. 3bβ unterbricht der Relativsatz „die du nicht kennst" als kommentierende Bemerkung die wörtliche Rede des Propheten, die nicht zur Loyalität gegenüber unbekannten Göttern aufrufen soll[139]. Aber die Aufforderung „laßt uns ihnen dienen" steht innerhalb des Zitats[140]. Dtn 13,4b.5 ist auf V. 2b.3aβb bezogen, wird doch

135 Cf. die Problemanzeigen von R. Coggins, Deuteronomistic (*FS J.F.A. Sawyer*), 135-148; M. Vervenne, Question (*FS C.J. Labuschagne*), 243-268; ders., Récit (*VT.S 66*), 365-380; H. Ausloo, Deuteronomic (*BEThL 126*), 481-500.

136 Ein Paradebeispiel dafür ist die neuerdings wieder strittige Frage, ob im Hoseabuch das Deuteronomium überwiegend vorausgesetzt wird (cf. M. Nissinen, Prophetie [*AOAT 231*]) oder umgekehrt im Deuteronomium das Hoseabuch (cf. K. Zobel, Prophetie [*BZAW 199*]); cf. dazu Verf., Propheten (*fzb 88*), 277-309.

137 Die dtn Ergänzungen sind in Kapitälchen, die dtr Ergänzungen kursiv gesetzt.

138 Cf. zuletzt P.E. Dion, Deuteronomy 13 (*JSOT.S 124*), 167f.

139 Cf. zuletzt M. Rose, 5. Mose I (*ZBK 5.1*), 299.

140 Anders zuletzt T. Veijola, Wahrheit (*ZThK 92*), 292. Die Distanz der Motive von Nachfolge und Dienst fremder Götter in Dtn 13,3 im Gegensatz zu Dtn 13,7b.14b er-

erklärt, „warum es auch ein antijahwistisches Mantikertum geben kann, das zeichenmächtig ist. Die Verwendung des Begriffs der Erprobung durch Jahwe ermöglicht es, in den Willensbereich Jahwes auch eine Erscheinung einzubeziehen, die nicht der Anschauung entsprach, die der Verfasser und seine Zeitgenossen von inspirierten Personen hatten. Für ihn muß die Regel gewesen sein, daß die Zeichen abgöttischer Mantiker nicht in Erfüllung gehen“[141]. Dtn 13,4b.5 hebt sich vom Kontext durch den Wechsel von der Anrede in der 2. Pers. Sing. zur 2. Pers. Plur. ab. T. Veijola[142] hat unter der Voraussetzung, daß Dtn 13 insgesamt ein spätdtr-nachexilischer Text sei, die literarkritische Trennung in Frage gestellt, da

1. in spätdtr Schichten des Deuteronomiums der Numeruswechsel kein sicheres literarkritisches Kriterium sei,
2. bei der Aussonderung von V. 4b.5 im Grundtext „eine unnötige, ja unerträgliche Tautologie erzeugt (werde): ,so sollst du nicht auf die Worte *jenes Propheten oder Traumsehers* hören. *Jener Prophet oder Traumseher* soll getötet werden“. Bei der Entfernung von V. 2b.3a* rücke dieses Wortpaar in V. 2a allzu sehr in die Nähe von V. 4a.6aα,
3. auch in den Protasen der beiden anderen Fälle in Dtn 13,7.13f. der jeweilige Tatbestand ausführlich beschrieben sei.

Die sprachstatistische Argumentation greift tatsächlich nicht, wenn das Kapitel Dtn 13 insgesamt spät datiert wird. Das gilt aber für den Numeruswechsel nicht in gleichem Maße. In späten Stücken wie Dtn 4, in denen der Numeruswechsel von einem Autor als Stilmittel genutzt wird, wird er kontextmotiviert eingesetzt[143]. In Dtn 13,1, einem sicher spätdtr Vers, wird die allgemeine Paränese im Gegensatz zur konkreten Anweisung der Kanonsformel pluralisch formuliert . Entsprechend wäre für die Paränese in Dtn 13,4a im Gegensatz zu der konkreten Rechtsfolgebestimmung in Dtn 13,6aα und nicht erst für ihre Begründung und Fortsetzung mit den positiven Forderungen in V. 4b.5 der Plural zu erwarten. Den Befund erklärt die Annahme, daß Dtn 13,4a bereits vorlag und durch V. 4b.5 ergänzt wurde. Die Aufforderung in V. 4a, nicht auf die Anstiftung zum religiösen Hochverrat zu hören, ist ebenfalls singularisch formuliert und ist auch ohne eine V. 4b.5 entsprechende Erweiterung in Dtn 13,9 belegt. Sie stammt nicht aus dtr Paränese, sondern war bereits Bestandteil der VTE als Vorlage von Dtn 13 (s.u. II. 2.3).

---

klärt sich aus der Fortschreibung durch „die du nicht kennst“, die für den Relativsatz keine andere Position zuließ.

141 Cf. F. Horst, Privilegrecht (*ThB 12*), 43.

142 Cf. Wahrheit (*ZThK 92*), 292f.

143 Cf. Verf., Deuteronomium 4 (*SESJ 62*), 206ff., sowie N. Lohfink, Fortschreibung (*SESJ 62*), 134ff.

Die Doppelung des Motivs der Ekstatiker und Inkubanten in V. 4a.6aα ist nach allen Regeln der Literarkritik Hinweis auf eine Wiederaufnahme[144] und spricht nicht gegen, sondern für eine Einfügung von V. 4b.5. Aber auch dann, wenn man V. 4a nicht nach V. 9 formuliert[145], zeigt das Nebeneinander des Motivs von Ekstatiker und Inkubanten in V. 2.4, daß pleonastisch formuliert wird – was nicht zuletzt für den eindringlich in die Pflicht nehmenden Stil der VTE charakteristisch ist. Schließlich wird in V. 4b.5 nicht der Fall ausführlich beschrieben, sondern in paränetischer Absicht gerade von der Definition des Kasus abgelenkt. Läßt sich nicht der ganze Abschnitt Dtn 13,2-6* mittels der Integration von V. 4b.5 spät datieren, so kann die Sprachstatistik helfen, die V. 4b.5 als durchgängig dtr geprägt von ihrem Kontext abhebt[146]. Dtn 6,13; 10,12.20; 30,20 sind dtr Parallelen zu Dtn 13,5. Die folgende Gesetzesbegründung (Dtn 13,6a*) ist ab „euer Gott" dtr Ergänzung[147], die sich durchgängig eines entsprechenden Formelmaterials bedient[148]. Die Eröffnung der Begründung „denn er hat Hochverrat gegen JHWH das Wort geredet" und die anschließende *biʿartā*-Formel fallen aus dem dtr Formelmaterial heraus. „Hochverrat das Wort Reden" (דִּבֶּר סָרָה) ist weder in dtr Schichtung des Deuteronomiums noch im „Deuteronomistischen Geschichtswerk" belegt[149], sondern stammt aus den VTE § 57: 502 (s.u. II. 2.3). Die *biʿartā*-Formel steht im Deuteronomium nur in dtn-vordtr Kontext[150]. Sie ist ein erster Hinweis auf eine dtn Bearbeitung in Dtn 13.

---

144 Cf. C. Kuhl, Wiederaufnahme (*ZAW 64*), 1-11; zur Diskussion cf. ferner B.O. Long, Repetitions (*JBL 106*), 385-399; M. Anbar, Reprise (*VT 38*), 385-398.

145 So P.E. Dion, Deuteronomy 13 (*JSOT.S 124*), 172.

146 Cf. P.E. Dion, a.a.O., 177-192, bes. die Tabelle 187f.

147 Cf. zuletzt M. Rose (5. Mose I [*ZBK 5.1*], 299f.), der hier aber zwischen zwei Ergänzungsschichten differenziert.

148 Cf. P.E. Dion, Deuteronomy 13 (*JSOT.S 124*), 177-192. Daß die Exodusformeln in Dtn 13,6.11 literarisch sekundäre Ergänzungen sind, hat jüngst S. Kreuzer (Exodustradition [*SESJ 62*], 87-92) aufgewiesen.

149 Zu סרה im dtn Prozeßrecht in Dtn 19,16 cf. E. Jenni, Dtn 19,16 (*AOAT 212*), 201-211; Verf., Talion (*FS K. Koch*), 122 Anm. 69 (= ders., Kontinuum [*OBC 8*], 239 Anm. 69). Zu Jer 28,16; 29,32 s.i.f.

150 Cf. Verf., Verantwortung (*FS S. Herrmann*), 296f. (= ders., Kontinuum [*OBC 8*], 136f.), zu Dtn 19,19; 21,21; 22,21.22.24; 24,7. Zu Dtn 17,7.12 cf. Verf., Gerichtsordnung (*FS O. Kaiser*), 149f. Es geht bei der *biʿartā*-Formel nicht um eine dekalogische Akzentuierung des dtn Gesetzes, wie T. Veijola (Wahrheit [*ZThK 92*], 297 Anm. 55) meint. Nicht nur für Dtn 17,12 paßt das nicht, wie T. Veijola einräumt, sondern es bleibt vor allem ungeklärt, warum zahlreiche Gesetze dekalogischer Thematik nicht mit einer *biʿartā*-Formel verbunden wurden, so z. B. Dtn 19,1-13*; 21,1-9*, während sie in anderen wie Dtn 22,13-28 gehäuft steht, aber auch hier ungeklärt bliebe, warum in Dtn 22,22.24 die *biʿartā*-Formel steht, in Dtn 22,25-27 dagegen nicht. Erst in Verbindung mit einer Reihe weiterer Formeln wie „du sollst das Blut des Unschuldigen aus Israel wegschaffen" (Dtn 19,13; 21,9), „du sollst das Land nicht unrein werden lassen" (Dtn 21,23), „jeder, der das tut, ist/diese Dinge sind JHWH ein Greuel" (Dtn 22,5; 23,19)

Dtn 13,7-12

„(V. 7) Wenn dich dein Bruder, der Sohn deines Vaters, oder der Sohn deiner Mutter, oder dein Sohn, oder deine Tochter, oder die Frau deines Herzens, oder dein Freund, den du liebst wie dich selbst, heimlich verführt: Laßt uns gehen und anderen Göttern dienen, *die du nicht kennst und deine Väter,* (V. 8) *unter den Göttern der Völker, die um euch herum wohnen, seien sie nahe bei dir oder fern von dir, von einem Ende der Erde bis zum anderen,* (V. 9) so sollst du ihm nicht folgen und nicht auf ihn hören. DEINE AUGEN SOLLEN NICHT VOLLER MITLEID AUF IHN SCHAUEN, du sollst dich nicht seiner erbarmen und es nicht verheimlichen, (V. 10) vielmehr sollst du ihn töten. DEINE HAND SEI DIE ERSTE GEGEN IHN, UM IHN ZU TÖTEN UND DANACH DIE DES GANZEN VOLKES. (V. 11) UND DU SOLLST IHN STEINIGEN BIS ER STIRBT, *denn er hat versucht, dich von JHWH, deinem Gott, der dich aus dem Land Ägypten, aus dem Sklavenhaus herausgeführt hat, abzubringen.* (V. 12) UND GANZ ISRAEL SOLL ES HÖREN UND SIE SOLLEN SICH FÜRCHTEN UND SIE WERDEN NICHT MEHR DERARTIGE BÖSE TATEN IN DEINER MITTE TUN".

Es besteht weithin Einigkeit in der Aussonderung von Dtn 13,8 als dtr Zusatz[151], der Dtn 6,14; 28,64 zitiert und entsprechend den Numerus wechselt[152]. Wird ursprünglich der einzelne Judäer angeredet, handelt es sich also um die Verhinderung des Abfalls zu fremden Göttern in Israel, so wird nun das ganze Volk angeredet und damit die Perspektive mit der an Dtn 20,15-17; Jos 9 anknüpfenden Differenzierung von Göttern naher und ferner Völker universalisiert. Mit V. 8 ist auch der ebenfalls an Dtn 28,64 anknüpfende Relativsatz in V. 7bβ wie in V. 3* sekundärer dtr Zusatz[153]. Bei Dtn 13,10-11a gehen die Meinungen noch in der jüngsten Literatur erheblich auseinander. Die literarkritische Beurteilung verzahnt sich hier mit der ebenfalls kontroversen textkritischen Diskussion, ob in Dtn 13,10aα mit dem masoretischen Text הָרֹג תַּהַרְגֶנּוּ „du sollst ihn unbedingt töten" oder mit der LXX ἀναγγέλλων

---

etc. kann die Funktion in der dtn Komposition, Gesetze auf den Aspekt der Reinheit von Land und Volk zu interpretieren, deutlich werden; cf. dazu u. IV. 3.3.2. Der einzige dtr Anklang an die *biʿartā*-Formel könnte in Ri 20,13 vorliegen. Die mangelnde dtr Belegung entzieht einer dtr Zuordnung in Dtn 13 den Boden. Auch P.E. Dion (Deuteronomy 13 [*JSOT.S 124*], 181), der Dtn 13 für durchgängig dtr hält, ordnet doch aufgrund der Sprachstatistik die *biʿartā*-Formel dtn-vordtr ein; cf. auch ders., Mal (*RB 87*), 321-349.

151 Cf. zuletzt P.E. Dion, Deuteronomy 13 (*JSOT.S 124*), 173f.; T. Veijola, Wahrheit (*ZThK 92*), 301; E. Nielsen, Deuteronomium (*HAT I.6*), 145; M. Rose, 5. Mose I (*ZBK 5.1*), 302.

152 Cf. dazu C. Begg, Criticism (*EThL 56*), 10-55; ferner ders., Significance (*EThL 55*), 116-124.

153 Cf. R.P. Merendino, Gesetz (*BBB 31*), 67, sowie zuletzt P.E. Dion, Deuteronomy 13 (*JSOT.S 124*), 174; T. Römer, Väter (*OBO 99*), 90f.; anders T. Veijola (Wahrheit [*ZThK 92*], 301), der den Relativsatz trotz des Querbezugs zu Dtn 28,64 im Gegensatz zu V. 8 für ursprünglich hält.

ἀναγγελεῖς περὶ αὐτοῦ = הַגֵּד תַּגִּידֶנּוּ „du sollst ihn unbedingt anzeigen" zu lesen sei. P.E. Dion[154], E. Nielsen[155] und M. Rose[156] folgen wie bereits u.a. C. Steuernagel[157] der LXX-Lesart und halten Dtn 13,10.11a für eine literarische Einheit. Andere folgen zwar auch der LXX-Lesart, trennen aber wie F. Horst[158] V. 11a als Zusatz zu V. 10aβb ab. Eine dritte Lösung schließlich wird von R.P. Merendino[159] und jüngst wieder von T. Veijola[160] favorisiert. Dem masoretischen Text in Dtn 13,10aα folgend soll V. 10aβb Zusatz sein, um das Gesetz Dtn 13,7-12* an Dtn 17,2-7 anzupassen. Die Entscheidung fällt mit der Textkritik, da im masoretischen Text drei Rechtsfolgebestimmungen zur Todessanktion nebeneinander stehen, in der LXX aber nur eine Dublette. K. Budde[161] hat gewichtige Argumente für die Ursprünglichkeit der LXX-Lesart beigebracht[162], die die nachfolgende Forschung weithin rezipiert hat[163]:

1. Dem Verbot der Verheimlichung entspricht eingeführt durch ein adversatives כִּי die Forderung der Aufdeckung[164].

2. Eine Lynchjustiz im Familienkreis steht jedem Mißbrauch unkontrolliert offen und widerspricht durchgängig dem dtn Gesetzeskorpus und verbietet sich angesichts von Gesetzen wie Dtn 21,18-21.

3. הרג „töten" ist singulär im Deuteronomium und ein Wechsel von הגד zu הרג leicht vollzogen.

M. Weinfeld[165] konnte die These noch weiter dadurch stützen, daß die in den VTE gebräuchliche Formel *šumma tašammâni tupazzarāni ... lā taqabbâni* („wenn ihr hört und verheimlicht ... es nicht sagt ..."), die gerade in dem viele Parallelen mit Dtn 13* aufweisenden Abschnitt VTE §§ 10-12 belegt ist, der LXX-Lesart entspricht. Dies letztere Argument trägt allerdings nicht, da sich in den VTE ebenfalls die Aufforderung zur Lynchjustiz bei Kenntnis-

---

154 Cf. Deuteronomy 13 (*JSOT.S 124*), 154.173f.

155 Cf. Deuteronomium (*HAT I.6*), 144f.

156 Cf. 5. Mose I (*ZBK 5.1*), 302f.

157 Cf. Deuteronomium (*HAT I.3.1*), 103. Dagegen hat C. Steuernagel noch in der 1. Auflage seines Kommentars der masoretischen Lesart den Vorzug gegeben und Dtn 13,10aβb.11a als sekundär abgetrennt.

158 Cf. Privilegrecht (*ThB 12*), 53f.

159 Cf. Gesetz (*BBB 31*), 67.

160 Cf. Wahrheit (*ZThK 92*), 302.

161 Cf. Dtn 13,10 (*ZAW 36*), 187-197; ders., Deuteronomium (*ZAW 44*), 215.

162 Vor K. Budde wurde die Ursprünglichkeit der LXX-Lesart schon von A. Klostermann (Pentateuch [*Leipzig 1907*], 277) vertreten, den K. Budde aber nicht erwähnt.

163 Cf. nur die Zusammenfassung der Argumente durch F. Horst, Privilegrecht (*ThB 12*), 54.

164 P.E. Dion (Deuteronomy 13 [*JSOT.S 124*], 154) hat dieses Argument noch durch die Konstruktion einer Doppelreihe von aufeinander bezogenen Aussagen in V. 9f. gestützt.

165 Cf. Deuteronomy (*Oxford 1972*), 97. M. Weinfeld weist darüber hinaus auf die Parallele in Sfire III: 1-2 „du sollst sie ausliefern" hin.

nahme von Hochverrat findet[166], was die masoretische Lesart stützen kann. Gravierender ist es, daß die LXX-Lesart singulär ist und durch keinen weiteren Textzeugen, insbesondere nicht durch den Samaritanus, gestützt wird[167], und die LXX-Lesart sich als Anpassung von Dtn 13,10f. an Dtn 17,2-7* erklärt. Wie in Dtn 17,2-7* wird der Fall der Apostasie durch Anzeige (Dtn 17,4: וְהֻגַּד־לְךָ) in die Zuständigkeit des Ortsgerichts verwiesen und nicht durch Lynchjustiz der unmittelbaren Rechtsreaktion sanktioniert. Die Anpassung von Dtn 13,10aα an Dtn 17,4 aber vollzieht nicht erst die LXX oder die ihr zugrundeliegende hebräische Handschrift, die vielmehr nur eine Entwicklung, die schon im masoretischen Text erkennbar ist, fortsetzten: V. 10aβb.11a bindet wie Dtn 17,2-7 den Fall der Apostasie an die Ortsgerichtsbarkeit und übernimmt die dort verankerte Gesetzesregelung, daß der Zeuge die Rechtsfolge der Vollstreckung als erster auszuführen hat[168]. Dtn 13,10aβb.11a kombiniert Dtn 17,7a „die Hand der Zeugen sei gegen ihn die erste, um ihn zu töten und die Hände des ganzen Volkes sollen danach folgen" mit Dtn 17,5fin „du sollst sie steinigen, bis sie sterben". Die Abfolge der Strafprozeßbestimmungen wird in Dtn 13,10aβb.11a umgekehrt, da V. 10aβ sich auf die in V. 10aα angeredete Person beziehen läßt, V. 11a aber V. 10b entsprechend sich an das Kollektiv der Rechtsgemeinde wendet. Bereits M. Weinfeld[169] hat aufzeigen können, und B.M. Levinson[170] hat es noch untermauert, daß Dtn 17,2-13 die Konsequenzen aus der Kultzentralisation für das Gerichtswesen in der Form zieht, daß alle durch Zeugen aufklärbaren Fälle einschließlich der, wie der „Modellprozeß mit Zweizeugenregelung" in Dtn 17,2-7* zeigt, religiösen Delikte, vor dem Ortsgericht verhandelt werden. Die nicht durch Zeugen auf-

---

166 Cf. aber auch Z. Ben Barak, Trials (*RIDA 38*), 11-37.

167 Cf. die Übersicht von B.M. Levinson, Evidence (*HBS 4*), 40-54.

168 Cf. bereits M. Löhr (Deuteronomium [*SKG.G 1*], 174): „Hinter V. 10 Anfang ist später eine Verbesserung dieser Thora, welche die Lynchjustiz guthieß, vorgenommen im Sinne einer ordnungsgemäßen Exekution durch Steinigung. Der Text dieser Verbesserung besteht aus V. 11a u. V. 10 von ‚deine Hand' an bis Schluß. Diese Verbesserung hängt eng zusammen mit dem Passus 17,2-5, der eine weitere juristische Bearbeitung dieses Rechtsfalles darstellt". Jüngst hat sich gegen B.M. Levinson wieder A. Aejmelaeus (Septuaginta [*SESJ 62*], 19f. mit Anm. 62) dafür ausgesprochen, daß die LXX mit ἀναγγέλλειν in der von M abweichenden Vorlage נגד (Hi.) gelesen hat. Man wird es mit der Verf. für möglich halten, daß die LXX ihre Vorlage getreu übersetzt hat. Damit aber ist die Frage nach der Ursprünglichkeit der Lesart in der LXX-Vorlage nicht erledigt. Sie allerdings erweist sich als Angleichung an Dtn 17,2-7 als sekundär, da der anstößige Widerspruch, daß auf die Anstiftung zur Apostasie härter reagiert werden soll als auf die vollendete Tat, die dem Täter das Recht auf ein Gerichtsverfahren mit Zweizeugenregelung eröffnet, beseitigt werden mußte. Nicht nur die äußere, sondern auch die innere Textkritik bestätigt die M-Lesart als *lectio difficilior*. Zu נגד (Hi.) in der Bedeutung „bei Gericht anzeigen" cf. I.L. Seeligmann, Terminologie (*VT.S 16*), 261f.

169 Cf. Deuteronomy (*Oxford 1972*), 233-236.

170 Cf. Hermeneutics (*Ph.D. Diss. Brandeis University 1991*), 325ff; ders., Deuteronomy (*New York /Oxford 1997*), 98-143; s. dazu Verf., Fortschreibungsgeschichte (*BiOr 56*).

klärbaren Fälle, die vor der Kultzentralisation an den Ortsheiligtümern kultisch entschieden wurden[171], werden an einem Zentralgericht unter Beteiligung von Priestern verhandelt. Die Neuordnung des Gerichtswesens gehört in den Kontext der dtn-vordtr Zentralisationsgesetze[172] in Dtn 17,2-13*[173]. Diese Prozeßordnung spiegelt das Programm einer Reform des judäischen Gerichtswesens im ausgehenden 7. Jh. v. Chr. wider, die eine Professionalisierung der Ortsgerichte und eine Zentralisierung der kultischen Gerichtsbarkeit beinhaltete[174]. Nicht eingetragen wird in Dtn 13,10aβb.11a die Zweizeugenregelung aus Dtn 17,6, da es um die Anstiftung zur Apostasie im engsten Familienkreis geht. Zwei Zeugen sind in diesem Falle nicht zu erwarten und auch nicht erforderlich, da der Justizmord im engsten Familienkreis nicht zu erwarten ist. Die Prozeßordnung für die Lokalgerichte in Dtn 17,2-7* wird durch die dtn-vordtr *biʿartā*-Formel („du sollst das Böse aus deiner Mitte entfernen")[175] in Dtn 17,7fin abgeschlossen. Eben diese Formel erwies sich in Dtn 13,6fin als dtn-vordtr Klammer, die Dtn 13* mit dem dtn-vordtr Gesetzeskorpus in Dtn 12-26 verbindet. Dieser Verklammerung dient auch die Einfügung von Dtn 13,10aβb.11a, wobei wir es in Dtn 13,6fin.10aβb.11a mit einer dtn-vordtr Redaktionsschicht zu tun haben. Wie die *biʿartā*-Formel gehört auch die Formel „dein Auge soll nicht schonen" in den Horizont der dtn-vordtr Bearbeitung und dient in Dtn 19,13a.21a wie in Dtn 13,9bα der Rahmung von Strafrechtsbestimmungen[176]. Das gilt schließlich auch für Dtn 13,12 „und ganz Israel soll es hören und sie sollen sich fürchten und sie werden nicht mehr derartige böse Taten in deiner Mitte tun". Dieser paränetische Gesetzesabschluß ist Teil der

---

171 Cf. T. Frymer-Kensky, Ordeal (*Ph.D. Diss. Yale University 1977*), 474ff. Zu Ex 22,6-10 cf. Verf., Wandel (*StB 3*), 14ff.

172 Cf. dazu E. Reuter, Kultzentralisation (*BBB 87*), 174-180; s. dazu auch N. Lohfink, Kultzentralisation (*ZAR 1*), 132f.

173 Cf. u. IV. 3.3.1. Dtr wurde die Gerichtsordnung in Dtn 16,18f.*; 17,2-13*; 18,1-5* zu einer Ämterordnung des Neuen Israel ausgearbeitet; cf. Verf., Gerichtsordnung (*FS O. Kaiser*), 142-155; ders., Ethik (*ThW 3/2*), 193ff.; N. Lohfink, Sicherung (*SBAB 8*), 305-323. Zur jüngsten Forschungsgeschichte der „Ämtergesetze" des Deuteronomiums cf. U. Rüterswörden, Verfassungsentwurf (*FS H. Graf Reventlow*), 313-328. Zu Rüterswördens eigenem Entwurf (Gemeinschaft [*BBB 65*]) cf. N. Lohfinks Rezension in ThLZ 113 (*1988*), 425-430, sowie L. Perlitt, Staatsgedanke (*FS J. Barr*), 182-198.

174 Cf. J.C. Gertz, Gerichtsorganisation (*FRLANT 165*), 226ff.; s. dazu die Rezension des Verf. in ThLZ 121 (*1996*), 1130-1133, sowie u. IV. 3.3.1. Zur Professionalisierung der Gerichtsbarkeit cf. insbesondere M. Weber, Agrarverhältnisse (*Tübingen ²1988*), 89f. und an ihn anknüpfend M. Sekine, Beobachtungen (*VT 22*), 361-368.

175 Cf. o. Anm. 150 zur Diskussion der These (cf. T. Veijola, Wahrheit [*ZThK 92*], 297 Anm. 55) der dekalogischen Akzentuierung des dtn Gesetzes durch die *biʿartā*-Formel.

176 Cf. R.P. Merendino, Gesetz (*BBB 31*), 68. In Dtn 25,12 schließt die Formel das einzige Gesetz des Deuteronomiums zur Körperverletzung mit enger Parallele im assyrischen Recht ab und gehört auch dort in den dtn-vordtr Kontext. Daß es mit Dtn 7,16 nur einen einzigen dtr Beleg gibt, spricht nicht gerade für die These einer dtr Zuordnung.

dtn Redaktion[177]. Dtn 19,2.10.12f.; 21,1.9 verklammert dtn-vordtr Dtn 19,2-13* mit Dtn 21,1-9* als Fall und Gegenfall aufgeklärter und unaufgeklärter Tötung. Zwischen Dtn 19,2-13* und Dtn 21,1-9* werden dtn-vordtr mit Dtn 19,15.16-20 prozeßrechtliche Rechtssätze ordnungsgemäßer und falscher Zeugenaussagen geschoben[178], die durch die *biʿartā*-Formel sowie die Formel „die Übrigen sollen es hören und sich fürchten und sie werden nicht fortfahren, in deiner Mitte so böse Dinge zu tun wie diese" mit anschließender Talionsformel abgeschlossen werden[179]. Auch den Rechtssatz vom „widerspenstigen Sohn" in Dtn 21,18-21, der Teil einer vordtn Familienrechtssammlung[180] ist, wird in Dtn 21,21b dtn durch die *biʿartā*-Formel und durch die Formel „und ganz Israel soll es hören und sich fürchten" abgeschlossen. Die redaktionell-dtn Verknüpfungsfunktion von Dtn 13,12 wird endgültig deutlich, wenn man sieht, daß auch die dtn Gerichtsordnung des Zentralgerichts in Dtn 17,8-13* durch die Hörens-Formel abgeschlossen wird. Im Gegensatz zum ursprünglichen Gesetz in Dtn 13,7abα.9b.10aα, das den einzelnen Judäer anspricht, wird in Dtn 13,11a.12 das Kollektiv der Rechtsgemeinde angesprochen. In die dtn-vordtr Verse Dtn 13,11a.12 ist eine dtr Begründung eingeschoben, die mit durchgängig dtr Terminologie[181] an den Begründungssatz in Dtn 13,6a* anknüpft[182].

Dtn 13,13-19

„(V. 13) *Wenn du hörst, daß in einer deiner Städte, die JHWH, dein Gott, dir gegeben hat, um darin zu wohnen,* (V. 14) *Schädlinge aus deiner Mitte hervortreten und die Einwohner ihrer Städte mit den Worten verführen: Laßt uns gehen und anderen Göttern dienen, die ihr nicht kennt,* (V. 15) *so sollst du Untersuchungen, Nachforschungen und Verhöre anstellen, ob es den Tatsachen entspricht. Wenn es sich als wahr herausstellt, daß ein derartiger Greuel in deiner Mitte begangen wurde,* (V. 16) *dann sollst du die Einwohner dieser Stadt mit der Schärfe des Schwertes schlagen. Du sollst sie (sc. die Stadt) und alles, was in ihr ist, bannen, auch ihr Vieh, mit der Schärfe des Schwertes.* (V. 17) *Und all ihr Beutegut sollst du inmitten ihres Marktplatzes aufstapeln. Dann sollst du die Stadt in Flammen aufgehen lassen. Ihr gesamtes Beutegut soll ein Ganzopfer für JHWH, deinen Gott, sein und sie soll Ruinenstätte bis in ferne Zeit bleiben und nicht wieder aufgebaut werden.* (V. 18) *Und nichts von der Beute soll in deiner Hand bleiben, damit JHWH sich von der Glut seines Zornes abwendet und dir Erbarmen gewährt und dich zahlreich macht, wie er es deinen Vätern zugeschworen hat,* (V. 19) *wenn du auf die Stimme JHWHs, deines Gottes, hörst, um alle seine Gesetze zu beachten, die ich dir heute auferlege, um das zu tun, was in den Augen JHWHs, deines Gottes, richtig ist*".

---

177 Cf. dazu G. Seitz (Studien [*BWANT 93*], 134), der für eine bereits vordtn Herkunft der Formel plädiert.

178 Cf. Verf., Verantwortung (*FS S. Herrmann*), 294f.

179 Cf. Verf., Talion (*FS K. Koch*), 122ff.

180 Cf. u. IV. 3.3.2.

181 Cf. P.E. Dion, Deuteronomy 13 (*JSOT.S 124*), 184-188.

182 Cf. R.P. Merendino, Gesetz (*BBB 31*), 67f.; M. Rose, 5. Mose I (*ZBK 5.1*), 303f.

„Am meisten hebt sich in seiner Eigenart der jetzt an letzter Stelle beigebrachte Fall von den übrigen ab“, so konstatiert F. Horst[183] zurecht. Geht es in den beiden Fällen in Dtn 13,2-6*.7-12* jeweils um die Anstiftung zum religiösen Hochverrat, so behandelt das dritte Gesetz in Dtn 13,13-19* die vollendete Apostasie. Ist in Dtn 13,2-6*.7-12* jeweils ein Individuum des Verbrechens schuldig und der Todessanktion unterworfen, so ist es im dritten Gesetz das Kollektiv einer Stadt, das der Vernichtungsstrafe anheimfällt. Im Gegensatz zu den beiden ersten Gesetzen in Dtn 13 wird in Dtn 13,15 eine sorgfältige Untersuchung eines Anfangsverdachts gefordert, ehe die Vernichtungsstrafe verhängt wird. Nun stellt F. Horst[184] auch fest, daß der theoretische Charakter des Gesetzes in Dtn 13,13-18* kein Urteil über die Entstehungszeit zulasse, dennoch schlägt er eine Datierung von Dtn 13,13-18* als Kernüberlieferung in Dtn 13,2-18* in vorexilische Zeit vor, während die beiden voranstehenden Gesetze der exilisch-nachexilischen Zeit zuzurechnen seien, da sie den Kollektivismus sowie die Sorge um die nationale Integrität nicht teilen und keine Staatsautorität voraussetzen, die das Gesetz durchsetzen könnte[185]. Schließlich werde in dem Gesetz Dtn 13,13-18* das Böse beseitigt, in Dtn 13,2-6* aber bestraft. „Bestätigt wird diese Unterschiedlichkeit in beiden Fällen durch das Verhältnis von V. 6a zu V. 6b. Beide Versteile stellen zwei rein äußerlich addierte Größen dar: die Vorschrift auf Ausrottung des Bösen in V. 6b will das in Fall III zugrundeliegende Motiv auch für den Fall I erhalten wissen. Man kann deshalb sagen: Fall III hat – bei allem Säkularisierungsstreben – seine Wurzeln in der Welt des Kultisch-Rituellen, Fall I bewegt sich auf dem Boden des Ethisch-Religiösen“[186]. Die hier angelegten entwicklungslogischen Parameter wie Kollektivismus und Individualismus[187], Kultus und Ethos[188] sind forschungsgeschichtlich dem Jahre 1930 angemessen, als Leitkategorien literarkritischer Differenzierung heute aber nicht mehr tragfähig. Durchschlagender ist der literarkritische Befund selbst, konterkariert er doch das von F. Horst zugrundegelegte Entwicklungsschema. Auch F. Horst sieht in der *biʿartā*-Formel in Dtn 13,6b eine Ergänzung zur Strafbestimmung in Dtn 13,6a*, die eine ethische Weiterentwicklung der in Dtn 13,16a.17aβb sei. „Wenn es der Zweck dieser Beifügung war, Fall I dem Fall III zuzuordnen, so wird damit

183 Cf. Privilegrecht (*ThB 12*), 35.

184 Cf. a.a.O., 41.

185 Dieses ist für P.E. Dion (Deuteronomy 13 [*JSOT.S 124*], 195f.) ein wesentliches Argument, um alle drei Gesetze in Dtn 13,2-18* in die Zeit des Königs Josia zu datieren.

186 Cf. F. Horst, Privilegrecht (*ThB 12*), 48. U. Rüterswörden (Das Böse [*SESJ 62*], 223-241) sieht Dtn 13 durchgängig von einem Kontaminierungsmodell des Bösen geprägt, verzichtet aber auf eine literarische Differenzierung in Dtn 13. F. Horst (Privilegrecht [*ThB 12*], 48) hat dagegen schon in Dtn 13,6 zwischen zwei unterschiedlichen Vorstellungen der Reaktion auf Gesetzesübertretungen unterschieden.

187 Cf. dagegen J.S. Kaminsky, Responsibility (*JSOT.S 196*), 30ff.

188 Cf. dagegen Verf., Forschungsgeschichte (*VF 36*), 3-37.

nur bestätigt, was hinsichtlich der behandelten Materien, Apostasie und Anstiftung dazu, sowieso anzunehmen ist, nämlich daß Fall I sachlich nicht vor Fall III gestellt werden kann"[189]: Eine unnötig komplizierte Annahme. Wäre Dtn 13,13-18* die literaturhistorische Kernüberlieferung in Dtn 13,2-19 und die rechtshistorisch notwendige Voraussetzung für die beiden voranstehenden Gesetze – was hätte näher gelegen, als diesen beiden Gesetzen Dtn 13,13-18* folgen zu lassen, anstatt sie durch Einträge literarisch und rechtslogisch an das dritte Gesetz zu binden. Und tatsächlich muß man fragen, ob das Gesetz Dtn 13,13-18* je für sich existiert haben kann. Die mangelnde Konkretheit dieses Falles will F. Horst damit erklären, daß Dtn 13,13-18* aus einem generellen Rechtssatz über religiösen Hochverrat erwachsen sei, der aber nicht mehr rekonstruiert und also auch nicht dem dekalogischen Privilegrecht als literarische Kernüberlieferung von Dtn 12,1-18,22 zugeordnet werden kann. Doch ist diese Hypothese so wenig durch Argumente zu untermauern, wie es rechtshistorischer Logik einsichtig ist, daß der Rechtsfall Dtn 13,13-18* unabhängig von den beiden vorausgehenden Gesetzen formuliert wurde. Andernfalls würde zwar die erfolgreiche Anstiftung zur Apostasie für die Opfer der Indoktrination strafbar sein, die Anstiftung selbst aber keine Straffolge nach sich ziehen. Nein – der Fall der Anstiftung zum Hochverrat wird bereits in den beiden vorangehenden Gesetzen am Beispiel zweier Extremfälle unter Strafe gestellt. Das Gesetz Dtn 13,13-18* setzt eine bereits in der dtn Ergänzung (Dtn 13,6b.11a) erkennbare Tendenz der Vermeidung einer Kontaminierung durch das Böse fort und treibt sie auf die Spitze. Diese Vermutung wird durch den exegetischen Befund bestätigt: Es läßt sich in Dtn 13,13-19 keine vordtr Kernüberlieferung herausschälen. G. Braulik[190] hat treffend beobachtet, daß Dtn 12,31 (dtr[191]) mit den Ausdrücken „ein Greuel (begehen)" (עָשָׂה תּוֹעֵבָה), „Söhne" (בָּנִים) und „im Feuer verbrennen" (שָׂרַף בָּאֵשׁ) die Stichworte für Dtn 13,13-19 liefert:

V. 14 „niederträchtige Menschen" (בְּנֵי־בְלִיַּעַל)
V. 17 „du sollst die Stadt im Feuer verbrennen" (שָׂרַף בָּאֵשׁ)

Die Grundstruktur dieses Gesetzes ist also aus der dtr Rahmung in Dtn 12 entwickelt. Dieser Befund wird durch die Einzelanalyse bestätigt. Dtn 13,13 knüpft an Dtn 17,2-4 unter Einschluß der dtr Erweiterungen in Dtn 17,2[192] an

189 Cf. F. Horst, Privilegrecht (*ThB 12*), 48f.

190 Cf. Gesetze (*SBS 145*), 31. Zu G. Brauliks These der durch den Dekalog gelenkten Stellung von Dtn 13,2-19 in der Schlußredaktion des Deuteronomiums cf. Verf., Programmschrift (*HBS 4*), 94-96.100-104; ders., Rezension von G. Braulik, Gesetz, in ThLZ 119 (*1994*), 15-17, sowie u. IV. 3.2.

191 Cf. E. Reuter, Kultzentralisation (*BBB 87*), 95f.111; cf. dazu N. Lohfink, Kultzentralisation (*ZAR 1*), 122.

192 Cf. Verf., Gerichtsordnung (*FS O. Kaiser*), 149. S. dazu auch Dtn 4,25; 9,18; 31,29. Terminologisch knüpft der Vers mit der Konstruktion שמע + לאמר an die Vorderen

und kann also selbst nicht vordtr sein. Der Vers ist an den Anfang gestellt, „damit das folgende Gesetz nicht etwa für die Städte des Babylonischen Exils gilt, sondern nur für ‚deine Städte, die Jahwe gegeben hat'"[193]. Das aber ist – gegen R.P. Merendino[194] und M. Rose[195] – kein ausreichender Grund, um Dtn 13,13 als literarisch sekundär auszusondern. Vielmehr gilt, wie T. Veijola[196] zurecht feststellt, daß „es eine Amputation (wäre), wollte man V. 13 als Zusatz vom Text entfernen". Mit V. 13 ist V. 15 eng verknüpft. Der aufgrund eines Gerüchtes bestehende Anfangsverdacht (V. 13) bedarf der Prüfung in einem Verfahren (V. 15)[197], was gegen T. Veijola[198] nicht ausgesondert werden darf. Dtn 13,14 setzt die Prozeßrechtsregelungen in Dtn 17,4; 19,18 voraus, so daß auch dieser Vers frühestens dtn sein könnte. Der dazwischen stehende Vers Dtn 13,14 setzt sich aus Motiven der beiden vorhergehenden Gesetze zusammen, knüpft aber mit dem Motiv der „Schädlinge" (F. Horst) an die Erzählung von der Schandtat in Gibea[199] und Nabots Weinberg[200] an.

Auch die Exegeten, die in Dtn 13,13-19 einen vordtr Kern rekonstruieren, konstatieren übereinstimmend, daß „der Text ab der zweiten Hälfte von V. 16 eine tiefgreifende Überarbeitung erlebt hat"[201]. Nur V. 16a wird überwiegend dieser Kernüberlieferung zugewiesen, während im folgenden die Meinungen weit auseinander gehen[202]. Die Terminologie von Dtn 13,16a aber ist dtr. „Mit

---

Propheten an; cf. Jos 22,11; 1Sam 13,4; 1Kön 16,16; s. dazu T. Veijola, Wahrheit (*ZThK 92*), 306 Anm. 104.

193 Cf. M. Rose, 5. Mose I (*ZBK 5.1*), 305.

194 Cf. Gesetz (*BBB 31*), 69.

195 Cf. 5. Mose I (*ZBK 5.1*), 305. Die vermeintlich ungeschickte Formulierung des Verses begründet nicht die These, daß er literarisch sekundär ist; cf. dazu die grundsätzlichen methodischen Bemerkungen von H. Utzschneider (Heiligtum [*OBO 77*], 15f.30) zum Verhältnis von Textbearbeitung und „Kohäsion" eines Textes.

196 Cf. Wahrheit (*ZThK 92*), 306 Anm. 104.

197 Cf. F. Horst, Privilegrecht (*ThB 12*), 37; P.E. Dion, Deuteronomy 13 (*JSOT.S 124*), 164.

198 Cf. Wahrheit (*ZThK 92*), 304f.

199 Cf. Ri 19,22; 20,13. Zu V. 16 „mit der Schärfe des Schwertes schlagen" cf. Ri 20,37.48; 21,10.

200 Cf. 1Kön 21,10.13; ferner 1Sam 10,27 (dtr). Dagegen ist ein Bezug zur Bileam-Perikope allenfalls inhaltlicher Natur und dürfte kaum, wie C. Carmichael (Laws [*Ithaca 1974*], 75ff.) vorgeschlagen hat, die Stellung des Kapitels in seinem Kontext erklären; cf. auch ders., Law (*Ithaca 1985*), 55ff. mit Bezügen u.a. zu Ex 32; Jos 6; 1Kön 12,25-33. Zu C. Carmichaels methodischem Vorgehen cf. B.M. Levinson, Approach (*HThR 83*), 227-257; Verf., Rezension von C. Carmichael, Origins (*Ithaca 1992*), in ThLZ 118 (*1993*), 1024-1026; ders., Rezension von C. Carmichael, Law (*Ithaca 1997*) in ZAR 4 (*1998*), 284-287.

201 Cf. M. Rose, 5. Mose I (*ZBK 5.1*), 305.

202 F. Horst (Privilegrecht [*ThB 12*], 38f.) rechnet V. 16a.17aβb, R.P. Merendino (Gesetz [*BBB 31*], 69-71) V. 16, M. Rose (5. Mose I [*ZBK 5.1*], 305) V. 16a, T. Veijola (Wahrheit [*ZThK 92*], 304-306) V. 16a.17aα^2.18b zur Kernüberlieferung, während E.

der Schärfe des Schwertes schlagen" ist im Deuteronomium im Rahmen der dtr Kriegsansprache Dtn 20,1-20[203] in Dtn 20,13 und auch bei den Vorderen Propheten in der dtr Kriegstheologie gut belegt[204]. Dtn 13,16a hat die nächste Parallele in Jer 21,6a (dtr)[205] „ich schlage die Einwohner dieser Stadt, Mensch und Vieh". Die Verbindung von „schlagen" und „bannen" geht auf Dtn 7,2 „wenn JHWH, dein Gott, sie (die Völker) dir ausliefert und du sie schlägst, dann wirst du sie bannen"[206] zurück. Dtn 13,16b.17.18a wird aus Dtn 7,25f.; 12,31 herausgearbeitet[207], zitiert Jos 6,17a.21.24a.26[208] und knüpft an Jos 7,1.11-13.15.21; 8,28[209] sowie Dtn 13,18b an Jos 7,26[210]; Jer 42,12a (dtr)[211] an. Dtn 13,19 schließlich nimmt Dtn 13,5 auf und bildet mit Dtn 12,28; 13,1 einen Rahmen um den derart dtr gestalteten Block Dtn 12,29-13,18[212]. Die Anbindung von Dtn 13,13-19 an Dtn 7,25f.; 12,28-31 läßt keinen Zweifel, daß der dtr Hauptredaktor (DtrD), dessen Profil dem dtr „Nomisten" (DtrN) ähnelt[213], für die Abfassung dieses Gesetzes verantwortlich ist. Auf ihn gehen, wie die Verzahnungen insbesondere mit Dtn 13,5.8 zeigen, auch die dtr Ergänzungen der beiden voranstehenden Gesetze zurück. Der dtr Dekalogredaktor betont die Gefahr, daß das Neue Israel nach dem Exil an der Tora scheitern könnte. Die scharfe Abgrenzung von den Landesbewohnern ist seine Antwort darauf. In das Hauptgesetz der Kultzentralisation führt er die Aufforderung ein, die Kulteinrichtungen der Landesbewohner zu zerschlagen und sich von ihren Kultpraktiken fernzuhalten (Dtn 12,2-4.29-31). In dem durch Dtn 12,28 mit Dtn 13,1-19 verzahnten Abschnitt Dtn 12,29-31 wird das Neue Israel gemahnt, nicht den fremden Göttern nachzulaufen. In diesem

---

Nielsen (Deuteronomium [*HAT I.6*], 145.148) den Abschnitt geschlossen für dtn, P.E. Dion (Deuteronomy 13 [*JSOT.S 124*], 174f.) für geschlossen dtr halten.

203 Cf. dazu Verf., Ethik (*ThW 3/2*), 199ff.; ders., Krieg (*Veröffentl. der Joachim-Jungius-Gesellsch. 86)*, 44ff.; ders., Friedensordnung (*Stuttgart 1999*). Zum dtr Bannkonzept in Dtn 13,16-18* cf. auch C. Schäfer-Lichtenberger, Bedeutung (*BZ* [*N.F.*] *38*), 275.

204 Cf. die Zusammenstellung der Belege durch P.E. Dion, Deuteronomy 13 (*JSOT.S 124*), 179f.

205 Cf. W. Thiel, Redaktion (*WMANT 41*), 234.

206 Zu Dtn 7,1f. im Rahmen der dtr Redaktion cf. Verf., Ethik (*ThW 3/2*), 202.

207 Cf. T. Veijola, Wahrheit (*ZThK 92*), 305.

208 Man wird also nicht, wie von T. Veijola (Wahrheit [*ZThK 92*], 305f.) vorgeschlagen, V. 17aα* „und du sollst die Stadt in Flammen aufgehen lassen" aus diesem Zusammenhang als zu einer Kernüberlieferung gehörig aussondern können, da es wörtliche Aufnahme aus Jos 6,24 ist. Die Dtn 13,16-18a umfassende Anknüpfung an Jos 6,17-26 spricht auch dagegen, mit R.P. Merendino (Gesetz [*BBB 31*], 70) in V. 17b.18a einen literarisch sekundären Einschub zu sehen.

209 Zur literarischen Einordnung cf. zuletzt V. Fritz, Josua (*HAT I.7*), 78f.91f.

210 Zur literarischen Einordnung cf. zuletzt V. Fritz, a.a.O., 78f.

211 Zur literarischen Einordnung cf. W. Thiel, Redaktion (*WMANT 52*), 54f.

212 Cf. P.E. Dion, Deuteronomy 13 (*JSOT.S 124*), 156-159; T. Veijola, Wahrheit (*ZThK 92*), 307 und insbesondere G. Braulik, Gesetze (*SBS 145*), 31.

213 Cf. Verf., Ethik (*ThW 3/2*), 193-203; ders., Programmschrift (*HBS 4*), 93-104.

Sinne wird die Kriegsansprache Dtn 20,1-20 in Dtn 20,18 zugespitzt und zur Warnung das im Horizont der dtr Kriegstheologie formulierte Gesetz Dtn 13,13-19 an die beiden vorgegebenen Gesetze angefügt: Verfällt eine Stadt der Apostasie, so wird sie wie die Feinde Israels (Dtn 20,18) vernichtet werden[214].

Die literarkritische Analyse zeigt, daß in Dtn 13,2a.3aβbα.4a.6aα.7abα. 9abβ.10aα eine Grundüberlieferung vorliegt. Sie hat folgenden Wortlaut:

„(V. 2a) Wenn in deiner Mitte ein Ekstatiker oder ein Inkubant aufsteht, (V. 3aβbα) der zu dir spricht: Laßt uns hinter anderen Göttern hergehen und ihnen dienen, (V. 4a) so sollst du nicht hören auf (ihn/die Worte dieses Ekstatikers oder Inkubanten). (V. 6aα) Und dieser Ekstatiker oder Inkubant soll getötet werden, denn er hat einem Hochverrat gegen JHWH das Wort geredet. (V. 7abα) Wenn dich dein Bruder, der Sohn deines Vaters, oder der Sohn deiner Mutter, oder dein Sohn, oder deine Tochter, oder die Frau deines Herzens, oder dein Freund, den du liebst wie dich selbst, heimlich verführt: Laßt uns gehen und anderen Göttern dienen, (V. 9abβ) so sollst du ihm nicht folgen und nicht auf ihn hören. Du sollst dich nicht seiner erbarmen und es nicht verheimlichen. (V. 10aα) Vielmehr sollst du ihn töten".

Diese Kernüberlieferung ist in Dtn 13,6b.9bα.10aβb.11a.12 dtn überarbeitet und dadurch in die dtn-vordtr Redaktion der Gesetzesüberlieferung in Dtn 12-26* eingebunden worden. Die dtn-vordtr Überlieferung Dtn 13,2a.3aβbα.4a. 6aαb.7abα.9-11a.12 wurde schließlich durch Dtn 13,1.2b.3aαbβb.4b.5.6aβγ. 7bβ.8.11b.13-19 dtr ergänzt. Die Kernüberlieferung ist also der dtn-vordtr Redaktion in Dtn 12-26* vorgegeben.

T. Veijola[215] hat eine Spätdatierung von Dtn 13,2-19 damit begründet, daß, wie schon G. Hölscher[216] meinte, Dtn 13 ein recht „theoretisches Gebilde" sei, und daß vor allem die dtr Pseudprophetenpolemik des Jeremiabuches vorausgesetzt sei. Das Nebeneinander von „Prophet" und „Traumseher" habe eine Entsprechung im Jeremiabuch, in dem eine auf Träumen beruhende Botschaft als „Lüge" abgewertet werde (Jer 14,14; 23,25f. u.ö.). Wie im Jeremiabuch (Jer 27,9.17; 29,8f. u.ö.) werde auch in Dtn 13,4 gefordert, nicht auf diese Propheten zu hören. Dieser recht allgemeine Zusammenhang wird terminologisch untermauert mit der These, „daß der Autor von Dtn 13* das Verb *ndḥ* Hi. im Jeremiabuch vorgefunden und es, mit einer neuen, religiösen Bedeutung versehen, in sein eigenes Vokabular übernommen hat"[217]. Schließlich enthalte die Pseudprophetenpolemik des Jeremiabuches weitere Motive, die auch in Dtn 13,2-6 vorkommen. Zwar kenne das Jeremiabuch nicht die Feststellung, daß die Falschprophetie ohne göttliche Legitimation entsteht (Dtn 13,2), doch werde wiederholt festgestellt, daß die Falschpropheten nicht von Gott gesandt seien (Jer 14,14f.; 23,21.32; 27,15 u.ö.), Gott nicht zu ihnen

214 Cf. Verf., Ethik (*ThW 3/2*), 203.

215 Cf. T. Veijola, Wahrheit (*ZThK 92*), 297ff.

216 Cf. Komposition (*ZAW 40*), 192f.; cf. dagegen schlagend M. Löhr, Deuteronomium (*SKG.G 1*), 175f., sowie jüngst P.E. Dion, Deuteronomy 13 (*JSOT.S 124*), 205f.

217 Cf. T. Veijola, Wahrheit (*ZThK 92*), 299.

geredet habe (Jer 14,14 u.ö.) u.ä. Der Falschprophet solle wie in Dtn 13,6 auch in Jer 23,30-32 getötet werden (cf. Jer 28,16f.). „Eine so große Anzahl terminologischer und thematischer Berührungen kann nicht reiner Zufall sein" (ebd.). Ist der Zusammenhang erst einmal hergestellt, bleibt es noch aufgegeben, die Richtung der Rezeption zu bestimmen. Während im Jeremiabuch eine Reihe von Kriterien zum Erkennen falscher Propheten benannt werde, wende Dtn 13,2-6 nur ein einziges Kriterium an: das Erste Gebot des Dekalogs.

Keines dieser Argumente hält einer Nachprüfung stand. Der die Pseudprophetenpolemik des Jeremiabuches als *cantus firmus* durchziehende Begriff „Lüge" (שֶׁקֶר; s. Jer 14,14; 23,25f.; 27,10.14-16; 29,9.21.23) wird in Dtn 13,2-6* nicht benutzt, wohl aber der Begriff „Hochverrat" (סָרָה). Der Ausdruck „Hochverrat das Wort reden" (דִּבֶּר סָרָה) hat aber nichts mit der Pseudprophetenpolemik des Jeremiabuches zu tun, sondern nimmt *dabābu sarrātim/surrātim*[218] der neuassyrischen Königsinschriften[219] auf und ist als *dabāb surrāti (u) lā kīnāti* „aufrührerisches, unwahres Gerede" auch in VTE § 57: 502[220] belegt. In Dtn 13,2-6* liegt nicht „ein zentraler Topos der Pseudprophetenpolemik des Jeremiabuches ... in einer der Vertragsterminologie entliehenen Gestalt"[221] vor – wie sollte auch in persischer Zeit ein neuassyrisches Motiv zur Verkleidung einer aus neubabylonischer Zeit stammenden dtr Pseudprophetenpolemik dienen können –, sondern ein direkt aus neuassyrischem Kontext stammendes Motiv. Das gilt auch für „verführen" (נדח Hi.), ein Verb, das gerade nicht in dieser Bedeutung im Jeremiabuch belegt ist. Statt der Annahme, das Verb sei in Dtn 13,6.11.14 „mit einer neuen, religiösen Bedeutung versehen" worden[222], wird man auf einen anderen Weg gewiesen. Die Verführung zum Hochverrat durch „böses, schlechtes, unschönes Wort, das für Assurbanipal, den Konprinzen des Nachfolgehauses ..., nicht gut ist" (VTE § 10: 108f. 111)[223], die „Aufwiegler, Verbreiter von Flüstergerüchten" (*mušamḫiṣūtu mušadbibūtu liḫšu*; VTE § 57: 500)[224] sind Vorgaben der VTE für die Autoren des Loyalitätseides in Dtn 13*. Die Terminologie des

218 Cf. E. Jenni, Dtn 19,16 (*AOAT 212*), 201-211.

219 Cf. R. Borger, Inschriften (*AfO Beih. 9*), 12:24; 103:20; ferner 41:27; ferner S. Parpola, Letters I (*AOAT 5/1*), Nr. 321: 9 (rs.).

220 Cf. K. Watanabe, *adê*-Vereidigung (*BaghM Beih. 3*), 166. Zu *šībūt šarrātim* („Lügenzeuge"; CH §§ 3; 4) cf. M. Schorr, Redensarten (*MGWJ 53*), 432; E. Jenni, Dtn 19,16 (*AOAT 212*), 209-211.

221 Cf. T. Veijola, Wahrheit (*ZThK 92*), 298.

222 Cf. T. Veijola, a.a.O., 299.

223 Cf. K. Watanabe, *adê*-Vereidigung (*BaghM Beih. 3*), 148f.

224 Cf. K. Watanabe, a.a.O., 166.

Verführens dagegen ist genuin judäischen Ursprungs. Sie wurde nicht dem Jeremiabuch entliehen, das נדח (Hi.) nur in der Bedeutung „verstoßen/zerstreuen" kennt[225], sondern der Liebessprache[226], die in Prov 7,21 belegt ist:

„Sie hat ihn (den törichten Jüngling) mit viel Überredung willig gemacht, ihn mit schmeichelnden Lippen verführt (נדח Hi.)"[227].

Ein weiterer, für die Kernüberlieferung Dtn 13 zentraler Ausdruck gehört in den Kontext der Eheterminologie: „hinter anderen Göttern hergehen (הָלַךְ אַחֲרֵי)"[228]. Der Ausdruck „hinter jemandem hergehen" bezeichnet bezogen auf den Ehemann die weibliche Treue, bzw. bezogen auf einen Liebhaber die Untreue[229]. Rut sagt „wo du hingehst, will auch ich hingehen" (Rut 1,16), und Boaz lobt:

„Gesegnet bist du von JHWH, meine Tochter. So zeigst du deine Zuneigung noch schöner als zuvor; denn du bist nicht hinter den jüngeren Männern, ob arm oder reich, hergegangen (הָלַךְ אַחֲרֵי)" (Rut 3,10).

Im Hoseabuch wird dieser Ausdruck im Rahmen der Ehemetaphorik verwendet:

---

225 Cf. T. Kronholm, Art. *ndḥ* etc. (*ThWAT V*), 258.

226 Cf. T. Kronholm, a.a.O., 258f.

227 Cf. A. Meinhold, Sprüche I (*ZBK 16.1*), 123.130; Verf., Ethik (*ThW 3/2*), 165f.

228 In diesen Zusammenhang gehört auch die Verbindung von הלך mit עבד (Dtn 13,7.[14]).

229 Cf. weiterhin auch Gen 24,5.8.39.61; 1Sam 25,42; cf. P. Koschaker, Interpretation (*JCS 5*), 108; U. Rüterswörden, Das Böse (*SESJ 62*), 227f. Neben der eherechtlichen Konnotation hat der Ausdruck „hinter (jemandem) hergehen" (הָלַךְ אַחֲרֵי/akk. *alāku*[*m*] [*w*]*arki*) auch eine personenrechtliche Konnotation zur Bezeichnung des Verhältnisses von Kindern zu Eltern (cf. CH § 135; zur Diskussion von CE § 59: 32 *warki ša* [ ] *ittalak* cf. R. Yaron, Laws [*Jerusalem/Leiden ²1988*], 218-222; Verf., Rechtsgeschichte [*OBO 85*], 168-172) sowie von Herr und Knecht (Jes 45,14) und eine Konnotation der politischen Gefolgschaft (cf. 2Sam 2,10 u.ö.), die auch in das vordtn Prozeßrecht des Bundesbuches (Ex 23,2; cf. Verf., Ethik [*ThW 3/2*], 67f.) Eingang fand; cf. dazu N. Lohfink, Hauptgebot (*AnBib 20*), 77; F.J. Helfmeyer, Nachfolge (*BBB 29*), 6-75; für akk. Belege cf. AHw I 32. In den weiteren Horizont der politischen Konnotation dürfte auch heth. *-kan anda(n) pāi-* in Verbindung mit einem Dativ „zu jemandem hineingehen/jemandem beitreten" (cf. J. Friedrich, Wörterbuch. [*Heidelberg 1952*], 154f.) zu rechnen sein; cf. den Treueid I § 3 (KUB XXVI 1+ I: 17-24): „Und wenn einmal Gefahr für die Majestät entsteht – die Majestät hat nämlich viele Brüder – und ihr vielleicht dies tut: ihr tretet irgend jemand anderem bei und sagt folgendes: Wen immer (von den Brüdern) wir uns erwählen, ist der für uns nicht etwa Sohn unseres Herrn? – so soll jenes Verhalten nicht sein ..."; cf. F. Starke, Treueide; ferner E. v. Schuler, Dienstanweisungen (*AfO Beih. 10*), 9. Weiter sind die hethitischen Ausdrücke *-kan appanda tii̯emi* + Dativ „sich hinter jemanden stellen", *āppan tii̯e-mi* + Dativ „hinter jemanden treten = jemanden politisch unterstützen" (s. KUB XVI 12 + II: 5ff.) heranzuziehen; cf. J. Friedrich, Wörterbuch (*Heidelberg 1952*), 223f.

„Sie (sc. die Mutter) sagte: Ich will hinter meinen Liebhabern hergehen (הָלַךְ אַחֲרֵי); sie geben mir Brot und Wasser, Wolle und Leinen, Öl und Getränke“ (Hos 2,7).

„Sie hat ihre Ringe und ihren Schmuck angelegt und ist hinter ihren Liebhabern hergegangen (הָלַךְ אַחֲרֵי), mich hat sie vergessen“ (Hos 2,15)[230].

Dtn 13* bedient sich der hebräischen Liebes- und Eheterminologie, um religiösen Hochverrat und die Anstiftung dazu als Treuebruch zu interpretieren. Wollte man hier prophetischen Einfluß in Anschlag bringen, so wäre man auf die vorexilischen Überlieferungen von Hos 2 und Jer 2 gewiesen[231]. Mit der dtr Pseudprophetenpolemik des Jeremiabuches aus exilischer Zeit aber hat das nichts zu tun. Näher liegt ein anderer Zusammenhang für die Interpretation der Liebes- und Ehemotivik in Dtn 13*. Das Motiv der Liebe[232] (heth. *aššiya*/ akk. *rāmu*) dient im altorientalischen Vertragsrecht zur Bezeichnung politischer Loyalität und wird auch in den VTE so verwendet:

issēn ina libbīkunu ša bēlšu iraʾʾamūni ina muḫḫi bēt bēlēšu marṣaššūni

„Einer, der seinen Herrn (Asarhaddon) liebt, wegen des Hauses seines Herrn besorgt ist“ (VTE § 18: 207-208*)[233].

šumma attunu ana Aššur-bāni-apli marʾi šarri rabiʾi ša bēt ridūti marʾi Aššur-aḫu-iddina šar māt Aššur bēlīkunu ki napšātēkunu la taraʾʾamāni

„Wenn ihr Assurbanipal, den Kronprinzen des Nachfolgehauses, den Sohn Asarhaddons, Königs von Assyrien, eures Herrn, nicht wie euch selbst liebt ...“ (VTE § 24: 266-268*)[234].

In Dtn 13 wird dieses Motiv des neuassyrischen Vertragsrechts aufgenommen und durch hebräische privatvertragsrechtliche Terminologie der Ehe und durch Liebesbegrifflichkeit ausgedrückt. Der Sprachgebrauch von Dtn 13 ist dtr nur in 2Kön 17,21 an Dtn 13 anknüpfend rezipiert worden:

„Jerobeam machte Israel von JHWH abtrünnig und verführte (נדח Hi.) es zu schwerer Sünde“.

Im Chronistischen Geschichtswerk wurde das Motiv auf den König Joram übertragen:

230 Cf. auch Hos 5,11; 11,10; Jer 2,5 u.ö. Zum rechtshistorischen Hintergrund cf. Verf., Verbot (*UF 24*), 301-310.

231 Cf. K. Zobel, Prophetie (*BZAW 199*), 8-87. Dies ist aber eine keineswegs notwendige Annahme (s.i.f.). Zur Hosearezeption in Jer 2-3 cf. J. Jeremias, Hosea (*FS. M. Saebø*), 112-134 (= ders. [*FAT 13*], 122-141).

232 Cf. W.L. Moran, Background (*CBQ 25*), 77-87; N. Lohfink, Hauptgebot (*AnBib 20*), 78; M. Weinfeld, Heritage (*Saggi di Storia Antica 2*), 181f.; S.M. Olyan, Honor (*JBL 115*), 201-218; zu *gammurti* (*gummurti*) *libbi* cf. M. Stol, Idiom (*FS W.W. Hallo*), 247-249.

233 Cf. K. Watanabe, *adê*-Vereidigung (*BaghM Beih. 3*), 152.

234 Cf. K. Watanabe, a.a.O., 156; s. auch den Vertrag Assurbanipals mit den babylonischen Verbündeten SAA 2/9: 32; cf. S. Parpola/K. Watanabe, Treaties (*SAA 2*), 66.

„Er (Joram) errichtete Kulthöhen auf den Bergen Judas und verführte (נדח Hi.) die Einwohner Jerusalems zur Untreue und Juda zum Abfall" (2Chr 21,11)[235].

Die Zusammenstellung von „Prophet/Ekstatiker" (נָבִיא) und „Traumseher/Inkubant" (חֹלֵם חֲלוֹם) ist nicht aus der Pseudprophetenpolemik des Jeremiabuches abzuleiten. Prophet und Inkubant werden in Jer 23,25-29[236] „so in eins gesehen, daß man nicht mehr wie bisher nach den beiden Inspirierungsweisen scheidet, sondern nunmehr in dem einen Inspirationsvorgang zwischen Traum und Empfang des göttlichen Wortes zu sondern empfiehlt. Der Traum wird dadurch zu einer Erscheinung minderen Wertes gemacht, dem im Prinzip keinerlei Offenbarungscharakter mehr zugeschrieben wird: ‚Spreu' gegenüber dem ‚Korn'!", so F. Horst[237]. Seiner Schlußfolgerung ist nichts hinzuzufügen: „Sowohl Jer. 23,25-29 wie besonders Dtn. 18,14ff. können erst nach 13,2-6 verfaßt sein". Nicht aus der Pseudprophetenpolemik des Jeremiabuches, sondern den VTE leitet sich die Zusammenstellung ab:

„Wenn ihr ein übles, schlechtes, unpassendes Wort ... aus dem Munde eines Propheten (*pî rāgimi*), eines Ekstatikers (*maḫḫê*), eines Sohns eines Befragers des Gotteswortes (*mār šāʾili amāt ili*) hört und verheimlicht ..." (VTE § 10: 108f.*116f.* 119*)[238].

Erst die VTE als Vorlage für Dtn 13,2-6* erklären Funktion und Bedeutung des Motivs der Verführung zum religiösen Hochverrat gerade durch einen Propheten. K. Budde hatte das richtige Gespür, als er in Dtn 13,2-18* „lauter gesteigerte Fälle" erkannte. „Vor jedem darf man ein ‚Selbst wenn' ergänzen"[239]. Voraussetzung dieser Deutung war die Transponierung des „Modellprozesses mit Zweizeugenregelung" in Dtn 17,2-7 vor Dtn 13,2-6. Dem hat bereits F. Horst[240] zu Recht widersprochen. Die Umstellung ist endgültig ausgeschlossen, nachdem der unauflösbare Zusammenhang von Dtn 17,2-7* mit Dtn 17,8-13* in einer Gerichtsordnung erkannt worden ist[241]. F. Horst konnte noch nicht den Zusammenhang mit dem Prophetenmotiv in den VTE kennen, der K. Buddes Interpretation bestätigt. In VTE § 10: 113-117 werden Dtn 13,7-12* entsprechend engste Familienangehörige und Dtn 13,2-6* entsprechend Propheten als Anstifter zum Hochverrat genannt. Sie sind Extrembeispiele der in VTE § 10: 118 genannten Grundsatzregel, daß Anstiftung „aus dem Mund aller Menschen, soviele sie sind" (*ina* [*pî*] *napḫar ṣalmāt qaqqadi mala bašû*)[242], anzuzeigen ist. Das Motiv von Ekstatiker und Inku-

235 Zur Datierung in hellenistische Zeit cf. jüngst G. Steins, Chronik (*BBB 93*).

236 Cf. auch Jer 28,9.

237 Cf. Privilegrecht (*ThB 12*), 50.

238 Cf. K. Watanabe, *adê*-Vereidigung (*BaghM Beih. 3*), 148f.

239 Cf. K. Budde, Dtn 13,10 (*ZAW 36*), 194.

240 Cf. Privilegrecht (*ThB 12*), 49. Die Umstellung von Dtn 17,2-7 wurde jüngst wieder von H. Seebaß (Vorschlag [*BN 58*], 92) vertreten.

241 Cf. u. IV. 3.3.1.

242 Cf. K. Watanabe, *adê*-Vereidigung (*BaghM Beih. 3*), 148.

bant in Dtn 13,2-6* impliziert also gerade nicht eine Abwertung der Traumoffenbarung und der Inkubanten – sowenig wie der engsten Familienmitglieder –, sondern eine Hochschätzung von Ekstatiker und Inkubant, die aber, stiften sie zum Hochverrat an, gefährlich werden können[243]. Noch die dtr Ergänzung in Dtn 13,2b.3aα „und er gibt dir ein Zeichen oder einen Wunderbeweis, und das Zeichen oder der Wunderbeweis treten ein" hat in diesem Sinne das Gesetz Dtn 13,2-6* interpretiert und setzt sowenig wie die vordtr Überlieferung die Prophetenpolemik des Jeremiabuches voraus. Wenn man einen Zusammenhang zwischen Dtn 13,2-6 und dieser Polemik annehmen will, dann beginnt in Dtn 13,2-6 in vorexilischer Zeit eine Entwicklung der Differenzierung im Prophetenverständnis, die im Jeremiabuch einen Endpunkt erreicht, und tatsächlich gibt es handfeste Hinweise auf die Rezeption von Dtn 13 im Jeremiabuch. Im masoretischen Text werden die Auseinandersetzungen Jeremias mit den

243 Das entspricht genau der Situation der Prophetie in neuassyrischem Kontext im 7. Jh. v. Chr. Sie wurde einerseits so aufgewertet, daß sie in Gestalt des Ekstatikers (*maḫḫû*) Eingang in die Königsinschriften fand. Sie erwies sich den klassischen Praktiken der Ektispizin und der Himmelsbeobachtung (cf. J.N. Lawson, Concept [*OBC 7*], 23ff. 79ff.; I. Starr, Queries [*SAA 4*], XXXVIff.) überlegen, da sie in direkter Kommunikation mit der Gottheit flexibler auf die politischen Ereignisse reagieren konnte. Doch wurde damit auch ihre Ambivalenz deutlich, konnte sie doch in der Hand von Gegnern als Mittel zur Destabilisierung der Herrschaft eingesetzt werden; cf. Verf., Strafvernichtung (*Veröffentl. der Joachim-Jungius-Gesellsch. 86*), 25f. Genau diese Ambivalenz kommt auch in Dtn 13,2-6* zum Ausdruck. Zur neuassyrischen Prophetie cf. auch M. Weippert, Prophetien (*OAC 17*), 71-104; M. d. J. Ellis, Observations (*JCS 41*), 140ff; S. Parpola, Prophecies (*SAA 9*), XLVff.; M. Nissinen, Prophecy (*SAA.S 7*), passim. Ein eindringliches Beispiel für die Gefährdung der Herrschaft Asarhaddons durch einen Prophetenspruch in der Hand von Verschwörern liefert die Korrespondenz des *Nabû-reḫtu-uṣur* (ABL 1217+), der der Pflicht zur Anzeige gemäß VTE § 19 nachkommt; cf. M. Nissinen, Prophetie (*SESJ 62*), 183-193; ders., Prophecy (*SAA.S 7*), 107-153. Bedient sich der König der charismatischen Herrschaftslegitimation, so hat er auch die Gefährdung seiner Herrschaft durch die Brüchigkeit dieses Legitimationstypus in Kauf zu nehmen: „Wenn er von einem Gotte ‚verlassen' oder seiner Heldenkraft oder des Glaubens der Massen an seine Führungsqualität beraubt ist, fällt seine Herrschaft dahin"; M. Weber, Typen (*Tübingen ^{5}1982*), 482. Genau dies ist zur Zeit Asarhaddons geschehen. Während seiner zwölfjährigen Amtszeit wurde sieben- oder achtmal das Ritual des Ersatzkönigs vollzogen (cf. dazu S. Parpola, Letters II [*AOAT 5/2*], XXVI-XXXII), bei dem der König bei ungünstiger astrologischer Konstellation die Herrschaft abgab, um so das erwartete Unheil auf den Ersatzkönig zu lenken. Die äußere Bestätigung des prophetischen Charismas durch Wunder und Zeichen wird in Dtn 13 durchkreuzt und die Legitimität prophetischen Charismas an den Inhalt gebunden: Nur die prophetische Botschaft ist legitim, die zur Loyalität dem regierenden Herrscher bzw. JHWH gegenüber aufruft. Auch darin gehen die VTE mit Dtn 13* zusammen, daß sie die charismatische Argumentationsfigur zu domestizieren trachten. Angesichts der neuassyrischen Analogie muß G. Hölschers Feststellung (Komposition [*ZAW 40*], 193), „die Geschichte kennt keine Propheten und Träumer, die zum Abfall von Jahwe aufforderten, am wenigsten in Josias Zeit" als überholt gelten.

Propheten Hananja und Schemaja in Jer 28,16; 29,32 mit den Worten abgeschlossen:

„denn du hast Hochverrat (סָרָה) gegen JHWH das Wort geredet".

Diese Begründung fehlt noch in der LXX, die eine ältere Textfassung bewahrt hat, die noch nicht nach Dtn 13,6 ergänzt worden ist.

Die spätdtr Datierung des Grundtextes von Dtn 13 bewährt sich also nicht. Vielmehr ist der Grundtext der dtn Redaktion von Dtn 12-26* vorgegeben. Die dtn-vordtr Redaktion, die diesen Text in den dtn Gesetzeszusammenhang in Dtn 12-26* integriert, läßt sich als Ergänzung von einem Grundtext abheben. Können Grundtext und dtn-vorexilische Redaktion unterschieden werden, so erklären sich einige undtn Züge des Grundtextes, die auch nicht seiner dtr Nachgeschichte zuzuschreiben sind. Die Wurzel הרג („töten") ist im gesamten Deuteronomium nur in Dtn 13,10aα belegt. Das Deuteronomium verwendet in Dtn 17,6f.; 21,22; 24,16 konsequent die Wurzel מות (Hi./Ho.). Auch gebraucht das Deuteronomium nur in diesem Zusammenhang den Infinitiv abs. Der Infinitiv abs. hat eine Verankerung in den vordtn Sätzen des Todesrechts, die aus einem Partizip + מוֹת יוּמָת („der soll getötet werden") gebildet werden[244]. Die dtn Redaktion paßt die Todesrechtssätze konsequent dem kasuistischen Rechtssatzstil an und verzichtet auf den Infinitiv abs.[245]. In Dtn 13,10aα ist noch ein Stück vordtn Sprachgebrauchs stehen geblieben. Der mit einem Infinitiv abs. verbundene Injunktiv „du sollst ihn unbedingt töten" ist nicht von der Vorlage in den VTE (*lā tadukkāšūni*; VTE § 22: 246 u.ö.)[246] zu lösen. Hebr. הרג ist die genaue Entsprechnung zu akk. *duāku*. Mit der Verbindung des Injunktivs mit einem Infinitiv abs. wird er in den Horizont des judäischen Todesrechts gerückt[247]. Der Grundtext hat der dtn Redaktion in Dtn 12-26 be-

---

244 Cf. Ex 21,12.15.16.17; 22,18; cf. dazu G. Liedke, Gestalt (*WMANT 39*), 101ff.; Verf., Körperverletzungen (*AOAT 226*), 138ff.; ders., Art. Todesstrafe (*LThK³ X*).

245 Cf. Verf., Eherecht (*AOAT 232*), 277; cf. ferner G. Seitz, Studien (*BWANT 93*), 120; H.D. Preuß, Deuteronomium (*EdF 164*), 125f.

246 Cf. K. Watanabe, *adê*-Vereidigung (*BaghM Beih. 3*), 154. H. Seebaß (Dtn 13,10 [*ZAR 5*]) will dagegen Dtn 13,10 als eine Ausführungsbestimmung zu V. 11a verstehen, die von Dtn 17,7a abhängig sei, um eine juristisch einheitliche dtn Position zu konstruieren und den Anstoß der Lynchjustiz zu eskamotieren. Eine derartige Einklammerung von Dtn 13,10aα wird weder der Analyse von Dtn 13 noch der Tatsache der Übertragung aus den VTE gerecht.

247 Cf. dazu H. Schulz, Todesrecht (*BZAW 114*), 1ff. Wenn R. Yaron (Conceits [*FS J. Milgrom*], 449-460) jegliche über umgangssprachliche Beliebigkeit hinausgehende Bedeutung des Infinitiv abs. in den Rechtssätzen negiert, so dürfte der Befund erheblich komplexer sein. Die Sätze des *môt-jûmat*-Rechts sind vordtn grundsätzlich mit dem Infinitiv abs. verbunden, der ein unverzichtbares Formelement darstellt und die Bedeutung der Unabdingbarkeit der Todessanktion hat. Das Deuteronomium löst das *môt-jûmat*-Recht zugunsten der kasuistischen Rechtsgattung auf. Dahinter stehen rechtshistorisch bedeutsame Verlagerungen des Todesrechts an die Ortsgerichtsinstitution, die schon im Bundesbuch zu beobachten sind; cf. Verf., Interdependenzen (*Rechtshistori-*

reits vorgelegen. Wo hat der Text seinen Ursprung? Es hat sich schon mehrfach in der bisherigen Untersuchung die enge Anlehung an die VTE gezeigt. Dem ist im folgenden weiter nachzugehen.

2.3 Dtn 13 und die Thronfolge-*adê* Asarhaddons

Gegenstand der weiteren Untersuchung ist der Grundtext von Dtn 13*:

(V. 2a) כִּי־יָקוּם בְּקִרְבְּךָ נָבִיא אוֹ חֹלֵם חֲלוֹם

(V. 3aβ bα) אֲשֶׁר־דִּבֶּר אֵלֶיךָ לֵאמֹר נֵלְכָה אַחֲרֵי אֱלֹהִים אֲחֵרִים

(V. 4a) לֹא תִשְׁמַע אֶל־דִּבְרֵי הַנָּבִיא הַהוּא אוֹ אֶל־חוֹלֵם הַחֲלוֹם הַהוּא

(V. 6aα) וְהַנָּבִיא הַהוּא אוֹ חֹלֵם הַחֲלוֹם הַהוּא יוּמָת כִּי דִבֶּר־סָרָה עַל־יְהוָה

(V. 7abα) כִּי יְסִיתְךָ אָחִיךָ בֶן־אִמֶּךָ אוֹ־בִנְךָ אוֹ־בִתְּךָ אוֹ ׀ אֵשֶׁת חֵיקֶךָ אוֹ רֵעֲךָ
אֲשֶׁר כְּנַפְשְׁךָ בַּסֵּתֶר לֵאמֹר נֵלְכָה וְנַעַבְדָה אֱלֹהִים אֲחֵרִים

(V. 9abβ) לֹא־תֹאבֶה לוֹ וְלֹא תִשְׁמַע אֵלָיו וְלֹא־תַחְמֹל וְלֹא־תְכַסֶּה עָלָיו

(V. 10aα) כִּי הָרֹג תַּהַרְגֶנּוּ

„(V. 2a) Wenn in deiner Mitte ein Ekstatiker oder ein Inkubant aufsteht, (V. 3*) der zu dir spricht: Laßt uns hinter anderen Göttern hergehen, (V. 4a) so sollst du nicht auf (ihn/die Worte dieses Ekstatikers oder Inkubanten) hören. (V. 6aα) Dieser Ekstatiker oder Inkubant soll getötet werden, denn er hat einem Hochverrat gegen JHWH das Wort geredet. (V. 7abα) Wenn dich dein Bruder, der Sohn deines Vaters, oder der Sohn deiner Mutter, oder dein Sohn, oder deine Tochter, oder die Frau deines Herzens, oder dein Freund, den du liebst wie dich selbst, heimlich verführt: Laßt uns gehen und anderen Göttern dienen, (V. 9abβ) so sollst du ihm nicht folgen und nicht auf ihn hören. Du sollst dich nicht seiner erbarmen und es nicht verheimlichen. (V. 10aα) Vielmehr sollst du ihn töten".

Der Baustruktur der beiden Gesetze in Dtn 13,2-6*.7-10aα* in der Abfolge von Prophet und engstem Familienmitglied als Anstifter zum religiösen Hochverrat liegt VTE § 10 zugrunde[248]:

---

sches Journal 7), 347-368 (= ders., Kontinuum [*OBC 8*], 75-93); ders., Wandel (*StB 3*), 31-34. 61-68; ders., Gewaltvermeidung (*IThS 38*), 97-111 (= ders., Kontinuum [*OBC 8*], 246-264). Davon ist der stilistische Gebrauch des Infinitiv abs. in kasuistischen Rechtssätzen abzuheben, der der kunstvollen Redaktion von Rechtssatzsammlungen dient, wie er in der Sammlung der *jᵉšallem*-Gesetze in Ex 21,33-22,14 zu beobachten ist. Hier hat der Infinitiv abs. strukturierende Funktion; cf. Verf., Wandel (*StB 3*), 12-14. In diesem Sinne hat der Infinitiv abs. in Dtn 13,10aα die Funktion der Steigerung des Falles gegenüber Dtn 13,6; s.i.f. Gegen die These, der Infinitiv abs. sei bedeutungslos, gilt die Feststellung von H. Sauren (Handel [*ZSRG.R 100*], 53): „Daneben gilt, daß alle syntaktischen Elemente auch auf juristischer Ebene nicht nur durch die Aussage, sondern durch ihre Anzahl und Verhältnisse zueinander bedeutungsvoll sind".

248 Cf. K. Watanabe, *adê*-Vereidigung (*BaghM Beih. 3*), 148.

(108) *šumma abutu lā ṭābtu lā de'iqtu*
(109) *lā banītu ša ina muḫḫi Aššur-bāni-apli mar'i šarri rabi'i ša bēt ridūti*
(110) *mar'i Aššur-aḫu-iddina šar māt Aššur bēlīkunu lā tarṣatūni*
(111) *lā ṭābatūni ...*
(115) *lū ina pî aḫḫēkunu*
(116) *mar'ēkunu mar'ātēkunu lū ina pî rāgimi*
(117) *maḫḫê mār šā'ili amāt ili ...*
(119) *tašammâni tupazzarāni*

„(108) Wenn ihr ein übles, schlechtes, (109) unpassendes Wort, das für Assurbanipal, den Kronprinzen des Nachfolgehauses, (110) den Sohn Asarhaddons, des Königs von Assyrien, euren Herrn, nicht angemessen, nicht gut ist, (115) *sei es aus dem Mund eurer Brüder,* (116) *eurer Söhne, eurer Töchter, oder aus dem Mund eines Propheten,* (117) *eines Ekstatikers, eines Befragers des Gotteswortes* ... (119) *hört und verheimlicht* ...".

In Dtn 13,2-6*.7-10aα* ist die Reihenfolge der Anstifter zum religiösen Hochverrat umgekehrt worden, was bei Übertragungen ein nicht ungewöhnliches Verfahren ist[249]. Der Grund dafür liegt auf der Hand: VTE § 10 ordnet die Anstifter zum Hochverrat nach einem an Nähe und Distanz zu Assurbanipal orientierten Schema an. Zunächst werden allgemein Freund und Feind Assurbanipals genannt (VTE § 10: 111f.). Darauf folgen seine engsten Familienangehörigen (VTE § 10: 113-115a). Dann ändert sich die Blickrichtung, wenn im folgenden die engsten Verwandten des angeredeten Eidleistenden des Loyalitätseides genannt werden (VTE § 10: 115b. 116a), um dann über die Propheten (VTE § 10: 116b.117)[250] zu allen Menschen (VTE § 10: 118) voranzuschreiten. Der zweigliedrige Aufbau ist konzentrisch strukturiert, wobei die Familienangehörigen Assurbanipals und des Eidleistenden das Zentrum und die allgemeinen Personenangaben Feind/Freund – Propheten/Menschheit den Rahmen bilden:

249 Cf. nur die Umstellung der Segens- und Fluchabschnitte in dem zweisprachigen Vertrag zwischen Hattušili III. und Ramses II.; s. E. Edel, Vertrag (*WVDOG 95*), 78f.101f.

250 Der *maḫḫû* („Ekstatiker") entspricht dem Nabi, während der *šā'il(t)u* („Traumdeuter") mit dem Inkubanten gleichzusetzen ist; cf. L. Oppenheim, Interpretation (*Philadelphia 1956*), 221; F.H. Cryer, Divination (*JSOT.S 142*), 158. Der *raggim(t)u* ist allgemein als Übermittler des göttlichen Wortes zu verstehen; cf. M. Nissinen, Prophetie (*SESJ 62*) 177f. Anm. 14; ders., Prophecy (*SAA.S 7*), 9f. Die Vermutung, daß der Traum sein Offenbarungsmedium sei (so H. Spieckermann, Juda [*FRLANT 129*], 296), ist ohne Anhalt an neuassyrischen Textbelegen.

Feinde
Freunde (VTE § 10:111f.)

Familienangehörige Assurbanipals
(VTE § 10:113-115a)
Familienangehörige des Eidleistenden
(VTE § 10:115b.116a)

Propheten (VTE § 10:116b.117)
Menschheit (VTE § 10:118)

Dieses Schema konnte so bei einer Übertragung auf JHWH in Dtn 13,2-10* nicht übernommen werden. Vielmehr wurde eine Anordnung nach der Schwere der Gefährdung gewählt und die Gefährdung durch engste Familienangehörige hinter die durch Propheten gestellt. Insofern aber der Prophet eine besondere Beziehung zu JHWH hat, klingt die Reihenfolge von VTE § 10: 111-118 auch in Dtn 13,2-6.7-10* an. Die Steigerung der Gefährdung wird in den Apodosen der Rechtsfolgebestimmungen dadurch herausgestellt, daß das kurze „du sollst nicht auf ihn (die Worte dieses Ekstatikers oder Inkubanten) hören" (Dtn 13,4a) in Dtn 13,9abβ erweitert wird zu „du sollst ihm nicht folgen und nicht auf ihn hören. Du sollst dich nicht seiner erbarmen und es nicht verheimlichen". Die Sanktionsbestimmung wird in Dtn 13,10aα durch den Infinitiv abs. gegenüber der in Dtn 13,6 unterstrichen[251]. Durch die Gesetze für die Extremfälle ist auch der Normalfall geregelt, was ein in der altorientalischen Redaktion von Rechtssätzen häufig zu beobachtendes Phänomen ist[252]: Wenn selbst ein Prophet, der in enger Beziehung zu JHWH stehen soll, und Familienangehörige, die in enger Beziehung zum Angeredeten stehen, hingerichtet werden sollen, dann gilt das für alle anderen nicht in einem derartigen Exklusivitätsverhältnis stehenden Menschen auch.

Die Abfolge von wörtlich zitierter Rede des Hochverräters mit anschließender Aufforderung, nicht auf ihn zu hören, wird aus VTE § 18, dem Paragraphen gegen Palastrevolten, entnommen:

(201) *(šumma) lū ina kala ūmi lū ina kala mūši*
(202) *ina lā siminīšu marʾa šipri issu libbi ekalli*
(203) *ana muḫḫi marʾi šarri ittalka mā abūka*
(204) *rēška ittiši mā bēlī lillika*

251 Diese Funktion hat der Infinitiv abs. u.a. auch in Ex 21,33-22,14; cf. Verf., Wandel (*StB 3*), 12-14.

252 Cf. Verf., Eherecht (*AOAT 232*), 276. Zu entsprechender Redaktionsstruktur im Keilschriftrecht cf. B. Eichler, Structure (*AOS 67*), 171-184 (cf. dazu Verf., Rechtsgeschichte [*OBO 85*], 13f.); Verf., Kodifizierung (*Paris 1999*).

(205) *attunu lā tašamme'ašu*[253].

„(201) (wenn) bei Tag oder bei Nacht (202) zu ungewöhnlicher Zeit ein Bote aus dem Palast (203) zu einem Prinzen kommt: Dein Vater (204) hat dich einbestellt. Mein Herr soll kommen, (205) so sollt ihr nicht auf ihn hören ...".

In der Apodosis in Dtn 13,9fin übernimmt VTE § 10:119-121 zunächst wieder die Führung mit der Forderung, die Anstiftung zum religiösen Hochverrat nicht zu verheimlichen (akk. *pazāru* D/hebr. כסה על)[254]. Sie wird mit dem Gebot der Lynchjustiz (Dtn 13,6aα*.10aα) durch die Sanktion ergänzt, die die VTE für das Ins-Werk-Setzen eines Umsturzes vorsehen[255]. Sie wird durch die Formel *lā taṣabbatāšanūni la tadukkāšanūni*[256] ausgedrückt und auch in VTE § 12, der in einem Verhältnis der Steigerung zu VTE § 10 steht, gefordert. Die Lynchjustiz hat sonst keinen Anhalt am Deuteronomium und ist durch die Gerichtsordnung in Dtn 17,2-13 ausgeschlossen[257]. Auch am vordeuteronomischen Todesrecht des Bundesbuches, das bereits die Einbindung in die lokale Gerichtsinstitution widerspiegelt (Ex 21,12-14)[258], hat die Aufforderung der Lynchjustiz keinen Anhalt. Auch entfällt die Blutrache als Institution unmittelbarer Rechtsreaktion als mögliche Vorgabe, da sie das vollendete Tötungsdelikt in gentiler Rechtsordnung zur Voraussetzung hat[259]. Die Rechtsreaktion der Tötung ohne Verfahren hat keinen Anhalt an der in vor- und nachdtn Überlieferung belegten judäischen Rechtsgeschichte – sie stammt aus den VTE als dort beeidete Rechtsfolge der unmittelbaren Rechtsreaktion auf den politischen Hochverrat[260]. Schließlich zitiert die Begründung der Todessanktion ohne Gerichtsverfahren (Dtn 13,6fin) „denn er hat einem Hochverrat gegen JHWH das Wort geredet" (כִּי דִבֶּר־סָרָה עַל־יְהוָה) *dabāb surrāti (u) lā kīnāti* („aufrührerisches, unwahres Gerede") in VTE § 57: 502. Damit wird direkt an die Eidesformel (VTE § 57) als Zentrum des neuassyrischen Loyalitätseides

253 Cf. K. Watanabe, *adê*-Vereidigung (*BaghM Beih. 3*), 152. Es ist auffällig, daß auch die weitere Parallele zur Strukturierung in Dtn 13,2-10* in VTE § 29 von Auseinandersetzungen innerhalb des Palastes handelt.

254 Zu כסה in der Bedeutung „verbergen/verheimlichen" s. Gen 18,17; Ps 40,11; Prov 10,12.18; 11,13; 12,16; 17,9; cf. H. Ringgren, Art. *kāsāh* etc. (*ThWAT IV*), 276.

255 Cf. B.M. Levinson, Evidence (*HBS 4*), 57ff.

256 Cf. VTE §§ 11: 126f.; 12: 138-140; 16: 160; 22: 246; 23: 254f.; 26: 305-307.

257 Cf. Verf., Gerichtsordnung (*FS O. Kaiser*), 142-155. Unter „Lynchjustiz" wird hier die Tötung ohne Gerichtsverfahren verstanden.

258 Cf. die o. Anm. 247 angegebenen Literaturhinweise.

259 Cf. E. Merz, Blutrache (*BWAT 20*), sowie zuletzt K.H. Singer, Art. Blutrache (*NBL I*), 311; ders., Blutrachepraxis (*EHS XXIII/509*), 47ff. (cf. dazu die Rezension des Verf. in ZAR 5 [*1999*]).

260 Die dtr Ergänzung in Dtn 13,13-19 konnte die Forderung der Lynchjustiz angesichts der bereits dtn-vordtr als verbindlich vorgegebenen Gerichtsordnung in Dtn 17,2-13* nicht fortschreiben und mußte selbst für die Bannung der abtrünnigen Stadt ein Gerichtsverfahren vorsehen.

angeknüpft, die die Stipulationen mit den Sanktionen der Flüche verknüpft. In Dtn 13,6fin wird dieses Motiv zum Gelenk zwischen den beiden Gesetzen gegen den religiösen Hochverrat, der damit nachdrücklich als Verletzung einer Loyalitätsverpflichtung gegenüber JHWH gekennzeichnet wird[261]. In die Übertragung von VTE § 10* sind also Textelemente aus VTE §§ 12; 18; (29); 57 eingebaut worden.

Die Übersetzung des neuassyrischen Textes ist in Dtn 13* mit Motiven der judäischen Rechtsüberlieferung verbunden worden. Die Eröffnung des Rechtssatzes Dtn 13,2-6* in V. 2a mit „wenn in deiner Mitte ein Ekstatiker oder ein Inkubant aufsteht ... (...כִּי־יָקוּם בְּקִרְבְּךָ)“ verbindet ihn mit dem der dtn Redaktion vorgegebenen Rechtssatz des Prozeßrechts in Dtn 19,16.19a:

„Wenn ein falscher Zeuge gegen einen Mann aufsteht, um gegen ihn falsche Anklage zu erheben ...“ (כִּי־יָקוּם עֵד־חָמָס בְּאִישׁ לַעֲנוֹת בּוֹ סָרָה)[262].

Der zum religiösen Hochverrat anstiftende Prophet wird im Horizont des judäischen Prozeßrechts zum Lügenzeugen, seine Aufforderung des Hochverrats zum Falschzeugnis (סָרָה)[263], das nach dem talionischen Grundsatz des Zeugenrechts auf ihn zurückfällt. Stiftet er zum religiösen Hochverrat an, auf den schon im Bundesbuch (Ex 22,19a) die Todesstrafe steht[264], so ist er auch nach dem judäischen Prozeßrecht mit dem Tode zu bestrafen.

Die wörtliche Rede der Anstiftung zum Hochverrat in Dtn 13,3bα „laßt uns hinter anderen Göttern hergehen“ (הָלַךְ אַחֲרֵי) nimmt eine Begrifflichkeit des judäischen Eherechts auf[265]. Sie knüpft an die entsprechende Metaphorik der neuassyrischen Vertragsrechtsterminologie an (cf. VTE §§ 18: 207-208 [„einer, der seinen Herrn liebt“]; 24: 266-268 [„euren Herrn lieben wie euch selbst“]) und interpretiert den religiösen Hochverrat im Horizont des judäischen Eherechts als Ehebruch, auf den wiederum die Todesstrafe steht[266]. Mit „anderen Göttern“ nimmt der Autor einen bereits in Ex 22,19a[267] und Hos 3,1 als *terminus technicus* der Religionspolemik vordtn belegten Begriff auf[268] und verbindet ihn mit der Ehethematik[269]. Wie J.P. Floss[270] in sorgfältiger

261 VTE § 57: 502 ist Teil der in der 1. Pers. Pl. formulierten, vom Eidleistenden nachzusprechenden Zusammenfassung der Stipulationen in VTE § 57: 494-510, auf die die Selbstverfluchung in VTE § 57: 511f. folgt; zum Aufbau der VTE s.i.f.

262 Cf. u. IV. 3.3.2.

263 Cf. dazu E. Jenni, Dtn 19,16 (*AOAT 212*), 209-211.

264 Cf. Verf., Wandel (*StB 3*), 32; C. Schäfer-Lichtenberger, Bedeutung (*BZ* [*N.F.*] *38*), 273f.

265 Cf. o. III. 2.2.

266 Cf. Verf., Stellung (*ZEE 26*), 289-291 (= ders., Kontinuum [*OBC 8*], 30-48).

267 Cf. BHS.

268 Cf. J.P. Floss, Jahwe (*BBB 45*), 129f.

269 Wenn F.J. Helfmeyer (Nachfolge [*BBB 29*], 134f.210f.) die Formel aus der Institution des Heiligen Krieges, die in den Kriegspredigten dtn rezipiert worden sei, herleiten will,

Analyse herausgearbeitet hat, hat die Wendung „hinter anderen Göttern hergehen" ihren Ursprung in Dtn 13,3[271]. Sie ist vor dem Hintergrund neuassyrischer *adê*-Terminologie aus der Verbindung judäischer Eherechtsterminologie mit der der Religionspolemik geformt worden. Das gilt entsprechend auch für die Formel „anderen Göttern dienen" die ihren Ursprung in Dtn 13,7bα hat. Auch hier bedient sich der Autor mit dem Begriff „dienen" (עבד) eines Rechtsbegriffs der politischen Sphäre, der das Rechtsverhältnis zwischen einem Souverän und der unter seiner Herrschaft stehenden Volksgruppe, sowie im Personenrecht das Dienstverhältnis eines Sklaven zu seinem Herrn bezeichnet[272]. Dieser Rechtsterminus wird mit dem Begriff der „anderen Götter" aus der Religionspolemik verbunden und bezeichnet so den Bruch eines religiösen Loyalitätsverhältnisses. Durch das vorangestellte „laßt uns gehen" werden die beiden Aufforderungen zum religiösen Hochverrat miteinander verzahnt[273]. Eine Spätdatierung von Dtn 13* mit dem Argument, das Erste Gebot des Dekalogs sei vorauszusetzen, ist nicht schlüssig, da bereits im Bundesbuch (Ex 22,19a) vordtn die Fremdgötterverehrung untersagt wird. Haben die beiden Ausdrücke „hinter anderen Göttern hergehen" und „anderen Göttern dienen" ihren Ursprung in Dtn 13*, so stehen wir mit Dtn 13* nicht nur am literaturhistorischen Ursprung des Deuteronomiums, sondern auch einiger dtn und dtr Spracheigentümlichkeiten[274]. Das gilt auch für „verführen" (סות Hi.), ein Begriff, dessen Laufbahn mit Dtn 13* beginnt[275].

Durch „heimlich" (בַּסֵּתֶר) wird unterstrichen, daß die Anstiftung zum religiösen Hochverrat in der Familie im Verborgenen geschieht – eher eine triviale Bemerkung, wenn nicht erkannt wird, daß damit eine Brücke zum Fluchrecht geschlagen wird, für das die Ahndung „heimlich" (בַּסֵּתֶר; Dtn 27,15.24)[276] begangener, nicht durch ein Gerichtsverfahren aufgeklärter Verletzungen von Normen des Todesrechts charakteristisch ist. Der Autor läßt damit nicht nur noch einmal die todesrechtliche Dimension des Verbrechens des religiösen Hochverrats schon in der Protasis des Rechtssatzes anklingen und spielt auf

---

so hat das gegen sich, daß die Kriegsgesetze im Deuteronomium nicht dtn, sondern dtr sind; cf. Verf., Ethik (*ThW 3/2*), 199ff.; ders., Friedensordnung (*Stuttgart 1999*).

270 Cf. Jahwe (*BBB 45*), 284-287.

271 Cf. a.a.O.

272 Cf. a.a.O., 526f.; H. Ringgren u.a., Art. *ʿābad* etc. (*ThWAT V*), 989-991.

273 In den personenrechtlichen und politischen Konnotationen treffen sich die Formeln.

274 Zu den Problemen der Differenzierung zwischen dtn, dtr und postdtr Sprache s. o. I.

275 Cf. 1Kön 21,25 (DtrN im Horizont von Dtn 12,28-13,19); 2Kön 18,32 (cf. E. Würthwein, Könige II [*ATD 11/2*], 419f.); Jer 38,22 (cf. W. Thiel, Jeremia [*WMANT 52*], 54; für weitere Belege cf. G. Wallis, Art. *swt* [*ThWAT V*], 810-814). Dagegen will P.E. Dion (Deuteronomy 13 [*JSOT.S 124*], 178) vordtn Belege in Jos 15,18 (cf. aber V. Fritz, Josua [*HAT I.7*], 155.161) und 2Sam 24,1 (cf. aber W. Dietrich, David [*BWANT 122*], 31) sehen.

276 Cf. W. Schottroff, Fluchspruch (*WMANT 30*), 222; S. Wagner, Art. *sātar* etc. (*ThWAT V*), 975.

das in den VTE mehrfach wiederholte Motiv des Verheimlichens (*pazāru* D)[277] an, sondern schlägt auch literarisch einen Bogen zu den auf Dtn 13* folgenden Flüche in Dtn 28,20-44*[278]. Der Sonnengott setzt gerechte Ordnung auch dort durch, wo sie durch heimliches Tun im Finstern und im Verborgenen gestört wird[279]: So heißt es im Šamaš-Hymnus aus der Bibliothek Assurbanipals[280]:

„Deine Strahlen ergreifen die Geheimnisse unaufhörlich" (Z. 9).

Dieses Motiv hat das Alte Testament ebenfalls bewahrt:

„Am Ende des Himmels geht sie (die Sonne) auf und läuft bis ans andere Ende.
Nichts kann sich vor ihrer Glut verbergen (סתר Ni.)" (Ps 19,7).

Die Sonne wird also auch die heimliche Verschwörung aufdecken. Andererseits fordert der Šamaš-Fluch in VTE § 40[281] im Prekativ den Sonnengott auf, keine gerechte Rechtshandlung dem zu gewähren (*dīn kitti [mīšari] aji idīnkunu*), der den Eid bricht[282]. Der aber wird im Imperativ aufgefordert, im Dunkeln zu wandeln (*ina ekleti ittalakā*)[283]. In Dtn 28,27-29a ist dieses Motiv in die Übertragung von VTE § 56: 485f. eingefügt worden [284]:

„Du wirst am Mittag umhertasten, wie ein Blinder umhertasten im Dunkeln, und du wirst auf deinem Weg keinen Erfolg haben".

In Dtn 13,9* hat der Autor eine psychologisch subtil gearbeitete Kette der verbotenen Reaktionen entworfen. Die Eckpunkte sind durch die VTE vorgegeben. „Du sollst nicht auf ihn hören" knüpft an die entsprechende Forderung im Gesetz I in Dtn 13,4a an und geht auf die entsprechende Forderung in VTE 18: 205 *attunu lā tašammeʾašu* zurück. Der andere Eckpunkt der Kette, das Verbot, die Anstiftung zum religiösen Hochverrat zu verheimlichen, nimmt dieses Verbot in VTE § 10: 119 (*tašammâni tupazzarāni*)[285] als Übertragungsgrundlage für Dtn 13,2-10* auf. Der Autor von Dtn 13,2-10* setzt „so sollst du ihm nicht folgen" (לֹא־תֹאבֶה) vor das Verbot zu hören. Wie B. Johnson[286]

277 Cf. VTE §§ 6: 80; 10: 119; 57: 505.

278 Cf. dazu i.f.

279 Cf. B. Janowski, Rettungsgewißheit (*WMANT 59*), 84-98.

280 Cf. den Text in W.G. Lambert, Wisdom Literature (*Oxford 1960*), 126; cf. zum Gerichtshandeln des Sonnengottes Šamaš im eisenzeitlichen Palästina auch DAT 1: XXI-XXIV; s. dazu M. Weippert, Balaam Text (*Leiden 1991*), 151-184; zur Solarisierung in der JHWH-Religion cf. M. Arneth, Gerechtigkeit (*Diss. theol. München*).

281 Cf. K. Watanabe, *adê*-Vereidigung (*BaghM Beih. 3*), 162.

282 Cf. auch den Šamaš-Fluch VTE § 101, der Šamaš aufruft, den Eidbrüchigen in einer Vogelfalle zu fangen.

283 Zur Analyse cf. H.U. Steymans, Deuteronomium 28 (*OBO 145*), 83-92.

284 Cf. H.U. Steymans, a.a.O., 305.

285 Für die übrigen Belege cf. o. Anm. 277.

286 Cf. Art. *ʾābāh* (*ThWAT I*), 26.

herausgearbeitet hat, bezeichnet אבה in diesem Zusammenhang die ersten Anfänge einer positiven Reaktion, während שמע („hören") den vollständigen Gehorsam bedeutet. Die Botschaft, die vermittelt werden soll, lautet: Wehret den Anfängen! Daraus folgt, nicht auf die Anstiftung zu hören. Daraus ergibt sich schließlich als Schlußfolgerung die Gegenreaktion in einer Kette, die bis zur Forderung der sofortigen Hinrichtung des Aufrührers führt: Er soll nicht verschont (לֹא־תָחוֹס; לֹא־תַחְמֹל)[287], sondern denunziert (וְלֹא־תְכַסֶּה עָלָיו) und getötet (כִּי הָרֹג תַּהַרְגֶנּוּ) werden.

Dem Basistext von Dtn 13,2-10* in Dtn 13,2a.3aβbα.4a.6aα.7abα.9abβ. 10aα liegt die Übesetzung von VTE § 10 zugrunde, in die Elemente aus VTE §§ 12; 18; (29); 57 eingebaut wurden. In die Übertragung sind Motive der judäischen Rechtstradition des Personenrechts und Prozeßrechts eingearbeitet worden. Damit stellt sich die Frage nach dem literarischen Kontext dieses Basistextes. Die Verknüpfungen in Dtn 13,1.5.19 mit Dtn 12,28.29-31 sind dtr[288]. In dtn-vordtr Kontext dagegen unterbricht Dtn 13* den Zusammenhang der durch die Zentralisationsformel gekennzeichneten Gesetze in Dtn 12,13-27*; 14,22ff.[289] Die Zentralisationsformel[290] und der für die dtn-vordtr Redaktion in Dtn 12-26* charakteristische Gegensatz von erwähltem Ort und den Orten im Lande[291] fehlen in Dtn 13*, dessen Grundtext ein Fremdkörper im dtn Gesetzeszusammenhang zwischen dem Hauptgesetz (Dtn 12,13-27*) und den Gesetzen des sozialen Privilegrechts (Dtn 14,22-15,23*) ist[292].

Der Grundtext in Dtn 13,2-10 ist der spätvorexilischen dtn Redaktion vorgegeben und wurde von ihr überarbeitet an die jetzige Stelle gesetzt, wurde also nicht vom dtn-vordtr Redaktor verfaßt.*

Das gilt auch für die Flüche in Dtn 28,20-44*. Sie sind aus VTE § 56 als Grundlage übersetzt worden, in die Elemente aus VTE §§ 38A-42; 63-64; (65) eingefügt wurden[293]. Auch dieser Text steht, löst man ihn aus seinem dtr gestalteten Kontext ab, isoliert: „Sind aber die Redeeinleitungen in Dtn 27,1.9f. erst einer deuteronomistischen, das Buch in verschiedene Mosereden struktu-

---

287 Cf. M. Tsevat, Art. *ḥāmal* etc. (*ThWAT II*), 1043f. Die dtn Redaktion hat diesen Aspekt durch die Einfügung des synonymen חוס unterstrichen; cf. o. II. 2.2. B.M. Levinson (Meaning [*JBL 115*], 601-620) will כסה על in Dtn 13,9 mit „jemandem verzeihen" übersetzen. Die enge Beziehung zwischen VTE § 10:119 und Dtn 13,9 kommt dieser Interpretation nicht entgegen.

288 Cf. o. II. 2.2. sowie P.E. Dion, Deuteronomy 13 (*JSOT.S 124*), 156-159; T. Veijola, Wahrheit (*ZThK 92*), 308.

289 S. dazu u. IV. 3.3.3; zu Dtn 14,1f.3-21 als dtr Einfügung cf. Verf., Rechtsbruch (*JBTh 9*), 41.

290 Cf. dazu N. Lohfink, Zentralisationsformel (*Bib 65*), 297-329(= ders., Studien [*SBAB 12*], 147-177).

291 S. dazu u. IV. 3.3.5.

292 Cf. dazu u. IV. 3.3.3.

293 Cf. H.U. Steymans, Deuteronomium 28 (*OBO 145*), 239-312; ders., Vorlage (*HBS 4*), 119-141.

rierenden Schicht zuzuschreiben und ist der Rest von Kapitel 27 noch jünger, so fehlt für den Grundbestand des Kapitels 28 in der Urkunde des Joschija die Verbindung zum Gesetzesteil, den Dtn 26,16-19; 27 heute bilden"[294]. Der wie Dtn 28,20-44* aus den VTE übertragene Grundtext in Dtn 13,2-10* wurde ursprünglich durch die Flüche in Dtn 28,20*.21*.22-25a.26-35.38-44 fortgesetzt und besteht also aus den beiden formgeschichtlichen Hauptmerkmalen des Loyalitätseides von Stipulation und Flüchen. Der Aufbau der VTE ist darüber hinaus noch komplexer:

I. Präambel (VTE §§ 1-4)[295]
II. Loyalitätsverpflichtungen (VTE §§ 5-36)
III. Flüche (VTE §§ 37-56)
IV. Eideszeremonie (VTE § 57)
V. Flüche bei Eidesbruch (VTE §§ 58-106)

Die syntaktische Einbindung der Stipulationen ist strittig. Nach wie vor entzieht sich die mit der formgeschichtlichen Interpretation der VTE eng verknüpfte Frage nach der Logik des Wechsels von Indikativ und Subjunktiv in den *šumma*-Sätzen der Lösung. S. Parpola[296] hat die *šumma*-Sätze im Subjunktiv als Schwursätze verstehen wollen, die auf die Schwurformel der Präambel in VTE § 3:25 bezogen sind. Zwar sind *šumma(lā)*-Sätze mit Subjunktiv regelhaft Schwursätze[297], doch übersieht S. Parpola, daß auch bei Schwurformeln in der 2. oder 3. Person Singular/Plural als grammatisches Subjekt der Sprecher der Schwurformel immer in der 1. Person Singular/ Plural vorauszusetzen ist. So ergibt sich bei Annahme einer zu unterstellenden Schwurformel[298] in den *šumma*-Sätzen eine nicht zu rechtfertigende Differenz zwischen Sprecher und grammatischem Subjekt. Überzeugender hat K. Watanabe[299] die *šumma*-Sätze im Subjunktiv als Protasen der Flüche in VTE §§ 37-56 interpretiert, die *šumma*-Sätze im Indikativ dagegen als Konditionalsätze, auf die der Eid zu leisten sei[300]. Die Verbindung mit den *šumma*-Sätzen

294 Cf. H.U. Steymans, Deuteronomium 28 (*OBO 145*), 378.

295 M. Krebernik (Deuteronomiumskommentar [*HBS 4*], 28f.) differenziert noch zwischen einer ersten und zweiten Präambel (VTE §§ 1; 2 und VTE § 4) mit eingeschobener Aufforderung, bei den Göttern zu schwören und zwischen der Verpflichtung zur Vertragstreue und solchen Verpflichtungen, die das Dokument und den Eid betreffen; cf. dazu H.U. Steymans, Deuteronomium 28 (*OBO 145*), 36f.

296 Cf. ders./K. Watanabe, Treaties (*SAA 2*), IX.XXXVIII-XL.L.

297 Cf. W. von Soden, GAG § 185h.

298 Cf. S. Parpola/K. Watanabe, Treaties (*SAA 2*), XXXIXf.

299 Cf. *adê*-Vereidigung (*BaghM Beih. 3*), 27-29.

300 Dem hat sich jüngst M.P. Streck (Flüche [*ZAR 4*], 187-190) wieder angeschlossen und zwischen Konditionalsätzen im Indikativ mit Verben im Perf. einerseits und durch *šumma* eingeleitete Stipulationen im Subjunktiv, den M.P. Streck im Anschluß an D.O. Edzard (Modi [*Or N.S. 42*], 121-141) als Affirmativ bezeichnet, andererseits, die als Schwursätze zu verstehen sind, differenziert. Doch wird weder der Wechsel zwischen Indikativ und Subjunktiv (Affirmativ) in den *šumma*-Sätzen erklärt noch das oben ge-

in VTE §§ 5-36 gibt dem Fluchabschnitt in VTE §§ 37-56 erst einen Anschluß im Aufbau des Loyalitätseides. Doch bezieht sich die Eidesleistung in VTE § 57 nicht nur auf die *šumma*-Sätze im Indikativ. Vielmehr wird der Gesamtzusammenhang von Vertragsstipulationen und Flüchen beeidet und der Eid wiederum durch Flüche gesichert[301]. In Dtn 13,2-10* ist die Vertragsstipulation der judäischen Gattung des kasuistischen Rechts angepaßt worden. Die Rechtssätze werden in der Protasis jeweils als Konditionalsätze mit „wenn" (כִּי) eröffnet und durch eine Tatfolgebestimmung als Apodosis abgeschlossen. Mit VTE §§ 10; 12; 18; (29) werden solche Paragraphen der VTE rezipiert, die der Form kasuistischer Rechtssätze nahekommen. Aus ihnen leitet sich auch die Verwendung der Anrede in der 2. Pers. Sing. in Dtn 13* ab, die dem judäischen kasuistischen Recht ursprünglich fremd ist[302]. Die Flüche in Dtn 28,20-44* sind also nicht als Apodosis der Rechtssätze in Dtn 13,2-10* zu verstehen, sondern wollen die Einhaltung der Stipulation gewährleisten. Der gesamte Text in Dtn 13* mit Stipulation und Flüchen wird beschworen. Mit VTE § 10, ergänzt durch VTE §§ 12; 18; (29) und VTE § 56 ergänzt durch VTE §§ 38A-42 bewegt sich auch die Übertragung der VTE in Dtn 13,2-10*;

---

nannte Problem des Auseinanderfallens von grammatischem und logischem Subjekt gelöst, das M.P. Streck noch dadurch verschärft, daß er mit *šumma* die Stipulation eingeleitet sieht und dann eine Differenz zwischen Bezeichnetem und Gemeintem sieht: „Zwar besteht auf der Ebene des Gemeinten ein konditionales Verhältnis, ... bezeichnet ist dieses Verhältnis jedoch nicht" (a.a.O., 190). Die Frage des Wechsels von Indikativ und Subjunktiv in den VTE bedarf weiterhin der Klärung. Die Annahme von R. Jas (Rezension von K. Watanabe, Vereidigung, in BiOr 48 [*1991*], 577), in der neuassyrischen Urkunde K. 397 (cf. T. Kwasman, Documents [*StP.SM 14*], Nr. 216) liege ein Indikativ-Subjunktiv-Wechsel vor, der für die Interpretation der VTE bedeutsam sei, ist von ihm jüngst korrigiert worden; cf. R. Jas, Procedures (*SAA.S 5*), 47 (cf. dazu Verf., Prozeßrecht [*ZAR 4*], 263-283).

301 Die Frage nach der Logik des Wechsels von Indikativ und Subjunktiv, von der M. Krebernik (Deuteronomiumskommentar [*HBS 4*], 31) feststellt, „daß beide Konstruktionen in EST (sc. = VTE) nicht immer scharf unterschieden" werden, bleibt der Forschung aufgegeben. F. Starke hat versuchsweise den Gebrauch der Subjunktiv-Partikel =*u*(*ni*) in Analogie zur griechischen Partikel ἄν zu interpretieren empfohlen, im vorliegenden Fall im Zusammenhang mit Konditionalsätzen also analog zur Differenzierung zwischen indefinitem εἰ+ Indikativ ohne ἄν, dem sog. „Realis", und prospektivem ἐάν+ Konjunktiv, dem sog. „Eventualis". Die *šumma*-Sätze im Indikativ sind durchweg denen im Subjunktiv logisch untergeordnet und in der Übersetzung also die ersteren in die letzteren zu schachteln („wenn ihr, falls Asarhaddon stirbt ..."). Damit ist ein Lösungsweg angedeutet, der zum Ziel führen könnte.

302 H.W. Gilmer (If-You-Form [*SBL.DS 15*], 104f.) hat zurecht die Nähe dieser Form zu königlicher Autorität betont. Die judäische Rezeption des Loyalitätseides nähert sich in der Form dem junghethitischen Loyalitätseid an, setzt aber mit der Reduktion auf die eine Forderung der Niederschlagung von Rebellion die neuassyrische Zwischenstufe voraus. Sollten die Konditionalsätze in den VTE als Einleitung zur Stipulation zu begreifen sein, dann entsprechen die VTE auch formgeschichtlich der judäischen Rezeption.

28,20-44* im Rahmen dieses der Eidesformel vorausgehenden Kernbereichs der VTE und greift nur mit VTE §§ 63; 64; (65) aus Gründen der theologischen Einpassung darüber hinaus.

M. Mørstad[303] hat in Dtn 28,3-6.19-36 dtn verwendete alte Segens- und Fluchformulare sehen wollen, die in Dtn 28,1f.15 vordtn eingeleitet werden. G. Seitz[304] hat den vordtn Bestand der Einleitungsformeln auf Dtn 28,1.2a.15 eingeschränkt[305], der aber noch erheblich enger zu fassen ist und sich auf Dtn 28,15aα* „und es wird geschehen, wenn du nicht auf das von JHWH, deinem Gott, Gesagte hörst, indem du alle seine Gesetze befolgst" beschränkt. Diese Einleitungsformel knüpft an VTE § 17: 194-196 an[306]:

(šumma) ammar iqabbûni la tašammâni kī pîšu la teppašāni

„Wenn ihr alles, was er (der König) befiehlt, nicht hört, nicht gemäß seiner Worte handelt ...".

Damit wird aus den VTE ein für die keilschriftliche Rechtstradition klassischer Satz zur Einleitung von Fluchsequenzen aufgenommen[307] und mit „auf das Gesagte hören" (שמע בְּקוֹל) in die zeitgenössische judäische Sprache übertragen[308]. Der Rückgriff auf VTE § 17: 194-196 lag nahe, da der entsprechende Einleitungssatz der Flüche in VTE § 36, der sich auf die Tafeln bezieht, wie der in VTE § 58, der das Königshaus in den Mittelpunkt stellt, in der Gelenkfunktion für Dtn 13*; 28*[309] ausfallen mußte. Der Grundtext des judäischen Loyalitätseides in Dtn 13*; 28* hatte also folgenden Wortlaut:

„Wenn in deiner Mitte ein Ekstatiker oder ein Inkubant aufsteht, der zu dir spricht: Laßt uns hinter anderen Göttern hergehen und ihnen dienen, so sollst du nicht auf ihn (die Worte des Ekstatikers oder Inkubanten) hören. Und dieser Ekstatiker oder Inkubant soll getötet werden, denn er hat einem Hochverrat gegen JHWH das Wort geredet.

Wenn dich dein Bruder, der Sohn deines Vaters, oder der Sohn deiner Mutter, oder dein Sohn, oder deine Tochter, oder die Frau deines Herzens, oder dein Freund, den du liebst wie

303 Cf. Stimme (*Oslo 1960*), 5ff.

304 Cf. Studien (*BWANT 93*), 266f.

305 Die Verse Dtn 28,1.2a können hier außer Betracht bleiben, da der Segensabschnitt in Dtn 28 gegenüber den Flüchen sekundär und erst dtr vorangestellt worden ist.

306 Cf. H. Cazelles, *šmʿ* (*GLECS 10*), 148-150.

307 Cf. nur CH rs. XXV: 12-14.78f.; XXVI: 2-10.18-32; Sfire I B: 21-23; II B: 2-4 (cf. A. Lemaire/J.-M. Durand, Inscriptions [*HEO 20*], 115.117); cf. auch A.K. Fenz, Stimme (*WBTh 6*), 75f. (zu den CH-Belegen); cf. ferner G.M. Tucker, Contracts (*Ph.D. Diss. University of Michigan*), 64-66.

308 Cf. Dtn 21,18.20; s. dazu M. Weigl, Zefanja (*ÖSB 13*), 146; Jer 3,25; cf. dazu R. Albertz, Jer 2-6 (*ZAW 94*), 32. Zu den weiteren vordtr Belegen cf. W. Thiel, Jeremia (*WMANT 52*), 86; cf. auch U. Rüterswörden, Art. *šāmaʿ* (*ThWAT VIII*), 268; zu *šmʿ ʾel* im Bundeskontext cf. auch P. Kalluveettil, Declaration (*AnBib 88*), 135-138.

309 Zur Literarkritik von Dtn 28,20-44 mit der Aussonderung von V. 20bβγδ.21bγδ.25b. 36.37bβ cf. H.U. Steymans, Deuteronomium 28 (*OBO 145*), 256ff. Für eine Aussonderung von V. 37abα liegen keine ausreichenden Gründe vor.

dich selbst, heimlich verführt: Laßt uns gehen und andern Göttern dienen, so sollst du ihm nicht folgen und nicht auf ihn hören. Du sollst dich nicht seiner erbarmen und es nicht verheimlichen. Vielmehr sollst du ihn töten.

Und es wird geschehen, wenn du nicht auf das von JHWH Gesagte hörst, indem du alle seine Gesetze befolgst:

JHWH schickt gegen dich den Fluch, Verwirrung und Verwünschung, gegen alles, was deine Hände geschaffen und was du tust, bis du vernichtet bist und schnell ausgetilgt.

JHWH heftet dir Pest an, bis du zugrunde gehst in dem Land.

JHWH schlägt dich mit Schwindsucht und Fieber, Brand, Entzündung und Hitze, Getreidebrand und Getreiderost. Sie sollen dich verfolgen, bis du zugrunde gehst.

Und dein Himmel, der über deinem Kopf ist, wird zu Bronze, und die Erde, die unter dir ist, wird zu Eisen.

JHWH verwandelt den Regen für deinen Boden zu Staub und Asche. Er kommt vom Himmel auf dich herab, bis du vernichtet bist.

JHWH schlägt dich vor deinen Feinden nieder. Auf einem Weg ziehst du gegen sie aus und auf sieben Wegen fliehst du vor ihnen.

Dein Leichnam wird für alle Vögel des Himmels und für alle Tiere der Erde zur Nahrung und es wird niemand da sein, der sie verscheucht.

JHWH schlägt dich mit dem Geschwür Ägyptens und mit Beulen, mit Hautkrankheit und mit Krätze, von denen du nicht geheilt werden kannst.

JHWH schlägt dich mit Raserei, mit Blindheit und mit Verwirrung des Herzens.

Am Mittag wirst du umhertasten, wie ein Blinder im Dunkeln umhertasten.

Du wirst auf deinen Wegen keinen Erfolg haben. Dein Leben lang wirst du ausgebeutet und ausgeraubt und niemand hilft dir.

Du heiratest eine Frau, aber ein anderer Mann wird mit ihr schlafen. Du baust ein Haus, aber du wirst nicht darin wohnen. Du pflanzt einen Weinberg, aber du wirst ihn nicht einweihen. Dein Ochse wird vor deinen Augen geschlachtet, aber du wirst nicht davon essen.

Dein Esel wird dir geraubt, und er wird nicht zu dir zurückkehren. Dein Kleinvieh wird deinen Feinden übergeben, und es wird niemand da sein, der dich rettet.

Deine Kinder werden einem fremden Volk gegeben, und deine Augen schauen und sehnen sich nach ihnen den ganzen Tag. Du aber kannst es nicht ändern. Die Früchte deines Ackerbodens und all deinen Gewinn ißt ein Volk, das du nicht kennst.

Du wirst unterdrückt und mißhandelt alle Tage und du wirst verrückt bei dem, was deine Augen sehen.

JHWH wird dich mit bösem Geschwür an den Knien und an den Schenkeln schlagen, von dem du nicht geheilt werden kannst, von der Fußsohle bis zu deinem Scheitel.

Und du wirst zum Entsetzen, zum Sprichwort und zum Spottlied unter allen Völkern.

Viel Saatgut bringst du aufs Feld, aber wenig wirst du ernten, denn die Heuschrecken werden alles abfressen. Weinberge pflanzt du und pflegst sie, aber du wirst keinen Wein trinken und keinen Vorrat anlegen, denn der Wurm wird alles fressen. Ölbäume wachsen für dich in deinem ganzen Land, aber du wirst kein Öl haben, um dich zu salben, denn deine Ölbäume werfen die Oliven ab. Söhne und Töchter hast du gezeugt, aber sie sind nicht bei dir, denn sie ziehen als Gefangene weg.

Alle deine Bäume und die Frucht deines Landes nimmt die Grille in Besitz. Der Fremde, der in deiner Mitte lebt, erhebt sich über dich, hoch und höher, du aber steigst ab, tiefer und tiefer. Er leiht dir aus, aber du leihst ihm nicht. Er wird zum Haupt, und du wirst zum Schwanz."

Die Texte Dtn 13,2-10*; 28,15*.20-44* sind Übersetzungen aus den VTE, die zusammengefügt eine literarische Einheit der Gattung des Loyalitätseides ergeben[310]. Der Zeitraum der Abfassung dieses Loyalitätseides kann auf die Jahre zwischen 672 v. Chr., dem Jahr der Abfassung der VTE als *terminus a quo*, und 612 v. Chr., dem Jahr des Untergangs des neuassyrischen Reiches als *terminus ad quem,* eingegrenzt werden. Diese Datierung wird durch die bislang nicht ausreichend berücksichtigte Tatsache gestützt, daß die neuassyrische Gattung der Loyalitätseide ihre Funktion in der Sukzessionssicherung bei irregulärer Thronfolge hat[311] und derartige Loyalitätseide in spätbabylonischer und persischer Zeit unbekannt sind. Durch die Übersetzung des neuassyrischen Textes und die Übertragung der Loyalitätsforderung auf JHWH wird subversiv dem neuassyrischen Großkönig die Loyalität entzogen. Das setzt voraus, daß der Loyalitätseid Asarhaddons noch als Autorität heischender Text galt, was nur in der neuassyrischen Zeit Sinn machte. Eine derartige subversive Loyalitätsübertragung ist historisch am ehesten zur Zeit Josias möglich gewesen. Die Nachfolgestreitigkeiten nach dem Tode Assurbanipals (631 v. Chr.), aus denen Aššur-etil-ilani als neuer Herrscher hervorging, der Aufstand des Sîn-šum-līšer (627 v. Chr.) und ein weiterer Versuch der Usurpation der Macht im Westen des Reiches im Jahr 613 v. Chr. mußten das neuassyrische Paradigma der Sicherung der Machtabfolge als gescheitert erscheinen lassen – reif, es zu beerben und den Loyalitätseid umzufunktionieren[312] –, und diese Loyalitätsübertragung hat eine mit der politischen unlösbar verbundene religionspolitische Intention. Der Herrschaft des assyrischen Königs als „König der Könige“ (*šar šarrāni)* über die Könige der Völker und das assyrische Volk entspricht in der himmlischen Welt die Königsherrschaft des Gottes Aššur über die Götter. Dem assyrischen König ist mit der Thronbesteigung die universale Herrschaft durch den Gott Aššur übertragen, der die Schicksale auch

310 Wie bei den hethitischen Loyalitätseiden wird die Eidesformel erst nach Verlesen des Textes gesprochen, ist also nicht Teil der Gattung selbst.

311 Cf. o. II. 1. Die Abhängigkeit der judäischen Könige seit Manasse vom assyrischen Großkönig ist rechtlich nach dem *adê*-Typus gestaltet: Ägypten werden die *adê* auferlegt (cf. A. Spalinger, Assurbanipal [*JAOS 94*], 316-328), was auch für die Ägypten vorgelagerte Landbrücke Juda gilt. Zur Diskussion cf. auch H. Tadmor (Treaty [*Chico/ Calif. 1982*], 150f.), der aber meint, nur den von Asarhaddon neu eroberten Gebieten seien die *adê* auferlegt worden – eine politisch und strategisch wenig plausible These.

312 Daß eine Rezeption dieses neuassyrischen Textes kaum in späterer, gar persischer Zeit erfolgt sein kann, wird dadurch unterstrichen, daß neuassyrisches Idiom und neuassyrische Schrift nach 612 v. Chr. nur noch sporadisch belegt (cf. H. Kühne/J.N. Postgate/W. Röllig/J.A. Brinkman/F.M. Fales, Tall Šeḫ Ḥamad [*SAA.B 7*], 75-150) und im 6. Jh. v. Chr. abgestorben sind; cf. auch S.D. Dalley, Niniveh (*AoF 20*), 134-147. Auf der anderen Seite ist die Verbindung eines wie auch immer gearteten „Urdeuteronomiums“ mit einer „Reform“ des Königs Hiskia ausgeschlossen. Eine Opferzentralisierung des Königs Hiskia (2Kön 18,4.22) ist dtr Fiktion, die auch archäologisch ohne jeden Anhalt ist; cf. N. Na'aman, Historicity (*ZAW 107*), 179-195; H. Spieckermann, Juda (*FRLANT 129*), 170-175.420; Verf. Art. Hiskia (*RGG*^{4} *III*).

der Götter bestimmt, wie es in dem Thronbesteigungshymnus Sanheribs der Kuyunjik-Sammlung K. 6177+8869[313] deutlich wird:

[*aššur* (AN ŠÁR) *ab*]*i* (*ad*?) *šamê*^{E} *šàr ilī*^{MEŠ} *mu-šim š*[*īmā*]*ti*^{MEŠ} [*e*]-*diš ṭu*[*ppi*] *šīmāti*^{MEŠ} *šá ilī*^{MEŠ} *ina q*[*āt*]*ī*^{MIN} -*ka tam-ḫa-ta palê*^{E} ^{D}*sîn- aḫḫe*$^{\text{ME[Š]}}$ -*erība šàr māt aš-šur ina qātī*^{MIN} -*ka ṣa-bat-ma šīmāti*^{ME}[^{Š} *d*]*amqāti*^{MEŠ} *šīmāt*^{MEŠ} *ba?-lá?-tu? šarru-ti ši?-i?-ma šim-ti ina nap-ḫ*[*ar*] *a-šib pa-rak-ki re-š*[*i*]-*ia ul-li-ma isid* ^{GI}[^{Š} *k*]*uššî-iá kīma šadî*^{I} *li-kun a-na* u_4-*mir r*[*e-qu-ti*] *a-na ia-a-ši za-ni-in-ka ul-tu ṣi-it* ^{D}[*šamši*^{ŠI}] [*adi*] *e -reb* ^{D}*šamši*^{ŠI} *a-na ni-ri-ia šuk-n*[*i-šam*/-*iš kul-lat? mātāti*^{ME}]^{Š} [*ni*]*šū*^{MEŠ} *ṣal-mat qaqqadi liš-te-mì-q*[*a-ka mārē*^{MEŠ}-*e-a m*]*ār mārē*^{MEŠ} - *e-a palê*^{MEŠ}-*e-*[*a perʾē*^{MEŠ}-*e-a*?] *it-ti ṣal-mat qaqqadi li-k*[*u-nu a-na* u_4-*me*] *ṣa-a-t*[*i*]

„Aššur, Vater des Himmels, Herrscher der Götter, Bestimmer der Schicksale, du allein hältst die Tafel der Schicksale der Götter in deinen Händen, halte die Regierung[314] Sanheribs, des Herrn von Aššur, in deinen Händen: Das ist ein gutes Schicksal, ein Schicksal der Lebensförderung, ein Schicksal des Herrschaftserhalts. Erhöhe mein Haupt über alle, die auf einem Thron sitzen und laß den Sokkel meines Thrones fest sein wie ein Berg für lange Zeit. Unterwirf mir, mein für mich Sorgender, von Ost bis West alle Länder meinem Joch. Laß das Menschengeschlecht inbrünstig dich anflehen, daß meine Söhne, meine Enkel, meine Nachkommen beständig sein mögen in ihrer Herrschaft bis in ferne Tage" (K. 6177+8869:15-26).

Als Herrscher über die Völker ist der assyrische König Stellvertreter (*iššaku*) des Königsgottes Aššur und als solcher „Priester des Aššur"[315]. Der Kampf des assyrischen Königs gegen die Feinde ist als Wiederholung des mythischen Chaoskampfes verstanden, so daß nicht Krieg und Frieden, sondern Krieg und Chaos Gegensätze sind und der Krieg also als *creatio continua* verstanden wurde. So wie aus dem Kampf der Götter Marduk und Ninurta gegen das in den Göttern Tiāmat und Kingu repräsentierte Chaos die Ordnung des Pantheons und die Schöpfung von Welt und Mensch folgt, so zwingt der König im Krieg das im Feind und auf der Jagd im Wildtier repräsentierte Chaos in die Ordnung[316]. Das Wirken der neuassyrischen Militärmaschinerie[317] wird auf

---

313 Cf. dazu A.R. George, Sennacherib (*Iraq 48*), 133-146; J.N. Lawson, Fate (*OBC 7*), 23ff.; Verf., Strafvernichtung (*Veröffentl. der Joachim-Jungius-Gesellsch. 86*), 28f.

314 Zu *palû* im Sinne von Regierungsjahr in den Königsinschriften cf. H. Tadmor, History (*OAC 17*), 19. A.R. George (Sennacherib [*Iraq 48*], 137) rechnet hier mit der vorassyrischen Bedeutung „Dynastie".

315 Cf. M.J. Seux, Épithètes (*Paris 1967*), 288. Zur Darstellung des Königs als „Priesterfürsten" des Gottes Aššur auf Felsreliefs und Stelen cf. J. Börker-Klähn, Bildstelen (*Mainz 1982*), 54ff.69ff.177ff.; M. Roaf, Atlas (*Oxford 1990*), 164.179.

316 Cf. dazu B. Oded, War (*Wiesbaden 1992*), 101ff; S. Maul, König (*München 1998*), 65-77; Verf., Friedensordnung (*Stuttgart 1999*). Zum König als Jäger cf. U. Magen, Königsdarstellungen (*Bagh.Forsch. 9*), 3.29-36; Tf. 1-4; S. Maul, König (*München 1998*), 397ff.; E. Weissert, Royal Hunt (*Helsinki 1997*), 339-358. Zur Verherrlichung

diesem Hintergrund in Königsinschriften als Niederwalzen des Feindes „wie eine Flut" (*abūb[ān]iš sapānu*) beschrieben[318]. Die Flut ist die Waffe Ninurtas im Lugale-Mythos, und auch Marduk besiegt die Tiāmat mit Hilfe der „Flut". Sanherib läßt sich auf den Bronzetüren eines *akītu*-Hauses mit den Worten verherrlichen:

„Bild des Aššur auf dem Weg zum Kampf mit Tiāmat ... Bild des Sanherib, Königs von Assyrien, der siegreiche König steht auf Aššurs Kriegswagen"[319].

So wie der assyrische König als Stellvertreter des Gottes Aššur im Krieg die Feinde des Gottes Aššur niederwirft, so wird beim Loyalitätseid nur vordergründig dem assyrischen König als Stellvertreter des Gottes Loyalität geschworen, vielmehr dem Gott Aššur. Wird in den hethitischen Loyalitätseiden der gesamten Staatsführung[320] Treue geschworen, wobei die Götter nur die Rolle von Zeugen haben, so wird neuassyrisch allein dem König und dem Kronprinzen Loyalität geschworen, und dies geschieht als Schwur „bei den Göttern". Die neuassyrische Konzentration der Loyalitätspflicht auf den König hat ihren Grund in der Funktion des Königs als Stellvertreter des Königsgottes. Hochverrat am König und Kronzprinzen ist „Sünde"[321] gegen den Gott Aššur:

„Wenn ihr (gegen) diesen Loyalitätseid (*adê*), den Asarhaddon, König von Assyrien, euer Herr, zugunsten Assurbanipals, des Kronprinzen ... euch schwören läßt, sündigt (*taḫaṭṭâni*), möge Aššur, der Vater der Götter, mit seinen Zorneswaffen euch niederstrecken" (VTE § 58:513f.517f.).

Alle Götter, die in den Flüchen beschworen werden, werden zu Strafwerkzeugen im Dienste des Gottes Aššur. Und so wird der Loyalitätseid Asarhaddons aus dem Jahr 672 v. Chr. nicht mit dem Königssiegel, sondern je einem alt-,

---

des Königs auf den Palastreliefs als Jäger cf. ferner J.M. Russel, Palace (*Chicago 1991*), 152ff.241ff.; R.D. Barnett, Sculptures (*London 1976*), 12b-14a,19,37a,49b-54; Tf. V-XIII.XLVI-LIX.

317 Cf. dazu R. Lamprichs, Westexpansion (*AOAT 239*), 65ff.; Verf., Strafvernichtung (*Veröffentl. der Joachim-Jungius-Gesellsch. 86)*, 11-26.

318 Cf. R. Borger, Inschriften (*AfO Beih. 9*), 65 (Nin. E. II: 6-13); cf. dazu Verf., Friedensordnung (*Stuttgart 1999*).

319 Cf. D.D. Luckenbill, Annals (*OIP 2*), 141-142: 10-15+1-2; s. auch H. Frankfort, Kingship (*Chicago ²1972*), 327. Es ist in diesem Zusammenhang bedeutsam, daß der assyrische König bei kultischen Handlungen im Rahmen des Aššur-Festkreises die Krone des mit Marduk identifizierten Gottes Aššur trug; cf. B. Menzel, Tempel I (*StP.SM 10/1*), 159ff. mit Textbelegen; cf. dies., Tempel II (*StP.SM 10/2*), T 30 vs 13. rs 16; T 33 vs II 22'-23'; T 43 vs 35; T 44 rs 5. Zur differenzierten Rolle des Königs im assyrischen *akītu*-Fest in Aššur und Städten der assyrischen Peripherie cf. B. Pongratz-Leisten, *INA ŠULMI ĪRUB* (*Bagh.Forsch. 16)*, 108ff.; dies., Interplay (*Helsinki 1997*), 245f.

320 Cf. dazu F. Starke, Regierung (*ZAR 2*), 140-182.

321 Cf. die Belege s.v. *ḫatû* in S. Parpola/K. Watanabe, Treaties (*SAA 2*), 89f.

mittel- und neuassyrischen Siegel des Gottes Aššur gesiegelt: Er ist „ewig", seine Stellvertreter aber sind sterblich – er also ist der eigentliche Adressat der Loyalität[322]. Assurbanipal bringt dies zum Ausdruck, wenn er in der Inschrift des Rassam-Zylinders den Loyalitätseid als Erfüllung eines Aššurorakels darstellt[323].

Wird in dem Loyalitätseid Dtn 13*; 28* der Loyalitätseid Asarhaddons aus dem Jahr 672 v. Chr. rezipiert, so wird mit der Übertragung der Loyalitätsforderung auf JHWH nicht nur dem neuassyrischen Großkönig die Loyalität entzogen und die Legitimität seiner Herrschaft bestritten, sondern dem Gott Aššur. Nur auf den ersten Blick mag es verwunderlich erscheinen, daß die Loyalitätsforderung nicht auf den judäischen König, sondern JHWH übertragen wurde. Stand in Juda keine vergleichbare, den judäischen König als universalen Herrscher der Welt in der Funktion eines göttlichen Stellvertreters prädizierende Königsideologie zur Verfügung, so mußte eine Übertragung auf den König angesichts des neuassyrischen Gegenmodells zu kurz greifen. Und das hatte auch Anhalt an der politischen Realität. Unabhängig von der strittigen Frage, ob Josia eine Restitution des „davidischen Reiches" unter Einbeziehung des Nordens betrieben hat, konnte er sich nicht einmal im Ansatz angesichts des Erstarkens des ägyptischen und spätbabylonischen Reiches einen Weltherrschaftsanspruch an die Fahnen heften – nur ein solcher aber hätte der Übertragung der Loyalitätsforderung vom assyrischen auf den judäischen König Wirkung verleihen können. Die Konsequenz war die Übertragung der Loyalitätsforderung auf JHWH selbst, der inzwischen nicht zuletzt aufgrund prophetischen Wirkens als weit mehr als nur ein „Nationalgott" galt, sondern als der Schöpfergott mit universalem Herrschaftsanspruch auch über die Völkerwelt[324]. Mit der subversiv-kritischen Übernahme des assyrischen Loyalitätseides im josianischen Juda war ein grundlegender Wechsel in der politischen Theologie verbunden. In der neuassyrischen Konzeption politischer Theologie war der Staat religiös überhöht. Dahinter steht die Annahme, daß der Staat eine vom Gott Aššur eingerichtete Institution sei, der allein einheitsstiftend Leben im positiven Sinne ermögliche. Damit ist ein pessimistisches Menschenbild verbunden, das den Menschen außerhalb der staatlichen Orientierung als chaotisches Wesen, ja Teil eines das Leben vernichtenden Chaos sieht. Die assyrische Rezeption des babylonischen Schöpfungsmythos *enuma eliš* zeigt das sehr deutlich. Wird in dem judäischen Loyalitätseid die Loyali-

322 Cf. dazu K. Watanabe, Siegelung (*BaghM 16*), 377-392; cf. ferner auch D. Beyer, Sceaux (*Paris 1995*), 35ff., sowie S. Maul, Königtum (*FS Boehmer*), 395-405; ders., König (*München 1998*), 76.

323 Zum Text cf. o. II. 1.

324 Auch die Ausbildung der „Zionstradition" ist Reaktion auf die assyrische Krise; cf. Verf., Art. *ṣijjôn* (*ThWAT VI*), 994-1028. Zur Reaktion des Deuteronomiums auf die neuassyrische Krise cf. auch N. Lohfink, Pluralismus (*Freiburg/Br. 1977*), 24-43; ders., Deuteronomium (*SBAB 12*), 22ff.; P.E. Dion, Aspects (*ScEs 30*), 49ff.

tätsforderung auf JHWH, den Gott Judas, übertragen und die ungeteilte Loyalität, die nicht vor den engsten Familienmitgliedern und Propheten dieses Gottes Halt macht, wird jede staatliche Macht eingeschränkt. Die Loyalität dem Staat gegenüber findet eine Grenze in der Loyalität gegenüber Gott[325].

Aber noch in der Übertragung des *adê*-Motivs auf das Verhältnis zur Gottheit wurde an neuassyrische Motivik angeknüpft. Ein Bund zwischen Mensch und Gottheit ist im Alten Orient an zwei Stellen zeitgleich aufkommend belegt: in neuassyrischen Texten, insbesondere der neuassyrischen Prophetie, und im Alten Testament[326]. In der „Prophezeiung für Asarhaddon" K. 2401 (SAA 9/3)[327] lädt die Göttin Ištar von Arbela die Götter ein, einem Bund mit Asarhaddon beizutreten. Aus Arslan-Taş ist auf einer phönizisch-sprachigen Beschwörung (KAI Nr. 27) ein „ewiger Bund" (*ʾlt ʿlm*) des Gottes Aššur mit Bürgern der Stadt Ḫaddatu genannt. In dem politischen Traktat K. 4730 werden die Umstände des Todes Sargons II. mit dessen Bruch eines Bundes (*adê*) mit dem Gott Aššur erklärt[328]. Im Deuteronomium wird die *adê*, diese neuassyrische Motivik nutzend, mit der Gattung des Loyalitätseides vom Gott Aššur auf JHWH übertragen[329].

Das Verfahren, das hier in Anwendung kommt, ist für das Deuteronomium charakteristisch. Gleichermaßen wird wie der neuassyrische Loyalitätseid in Dtn 13*; 28* in wörtlichem Zitat das Altargesetz des Bundesbuches (Ex 20,24-26) im Zentralisationsgesetz (Dtn 12,13-27*[330]) und unter Aufnahme

325 Cf. dazu Verf., Menschenrechte (*Baden-Baden 1999*); ders., Human Rights (*JNSL 25*).

326 S. dazu Verf., Bundestheologie (*ZAR 4*), 1-84; s. dazu auch i.f.

327 Cf. S. Parpola, Prophecies (*SAA 9*), 22-27; s. dazu i.f.

328 Cf. Z. Zevit, Inscription (*IEJ 27*), 110-118, zu KAI Nr. 27; zu K. 4730 cf. H. Tadmor/B. Landsberger/S. Parpola, Sin (*SAA.B 3*), 3-51.

329 Man wird überlegen dürfen, wem der Loyalitätseid galt – dem Königshaus, einer judäischen Führungselite oder dem ganzen Volk? Die Verwendung der Gattung des Loyalitätseides spricht dafür, daß bereits das gesamte Volk im Blick ist, so wie in Assyrien der Eid die gesamte Bevölkerung einschließlich der Vasallenvölker bindet. Es ist allerdings auffällig, daß mit VTE §§ 10; 18; 29 gerade solche Paragraphen des Loyalitätseides rezipiert werden, die die Loyalität von Palastangehörigen thematisieren. Sollte es sich also um die Loyalitätspflicht des Königshauses, auf das sich „in deiner Mitte" (Dtn 13,2a) beziehen müßte, handeln? Das angeredete „Du" wäre dann der König, der religiöser Rebellion und damit verbundener Fraktionierung des Königshauses im Prozeß der Loslösung von der assyrischen Hegemonialmacht entgegentreten soll. Wie sehr diese Gefahr vor Augen gestanden haben muß, zeigt die Palastrevolte gegen Josias Vater Amon (2Kön 21,23f.). Josia wurde damals von der aššurfreundlichen Partei auf den Thron gebracht, so daß er eine komplizierte Wendung vollziehen mußte; cf. Verf., Art. Josia (*RGG^4 IV*). Wäre diese Deutung richtig, dann wäre das Loyalitätsthema erst sekundär auf das Volk ausgedehnt worden. Doch das bleibt Spekulation. Die Gattung des Loyalitätseides spricht eher dafür, daß von Anfang an die Gesamtheit des judäischen Volkes im Blick war.

330 Cf. dazu B.M. Levinson, Deuteronomy (*New York /Oxford 1997*), 23ff.

der akkadischen Phrase *šuma(m) šakānu(m)* (sum. mu.ni.ba.gá.gá)[331] in der dtn Zentralisationsformel[332] rezipiert, um exakt das Gegenteil dessen, was Aussage des Altargesetzes ist[333], zum Ausdruck zu bringen. Durch wörtliches Zitat in einem gegenläufigen Kontext wird die Autorität des zitierten Textes für die eigene Aussageintention fruchtbar gemacht. Daß in der Übertragung der Asarhaddon-*adê* nach den klassischen Gesetzen alttestamentlicher Zitation verfahren wurde („Seidel's law")[334], ist dann nicht mehr verwunderlich, sondern zu erwarten.

Das Deuteronomium als Mitte von Theologie und Literaturgeschichte des Alten Testaments entsteht mit assyrischer Geburtshilfe, um sich mit dem ersten Atemzug gegen diesen Geburtshelfer zu wenden.

Man entzieht dem assyrischen König die religiöse Legitimation seiner Herrschaft, indem man den Loyalitätseid, der ihm geschworen wurde, direkt zitierend auf JHWH überträgt: Mit neuassyrischer Motivik der *adê* einschließlich der Gottes-*adê* wird gegen den neuassyrischen Herrschaftsanspruch und damit auch gegen den Gott Aššur argumentiert:

Dies ist die Geburtsstunde der Bundestheologie im Deuteronomium.

Gesetz und Bund im Deuteronomium liegen literaturhistorisch nicht auf einer Linie, doch ist der Bund nicht dem Gesetz literaturhistorisch nach-[335], sondern vorgeordnet. Die Loyalitätsverpflichtung gegenüber JHWH hat ihr Pendant in den kultischen Reformmaßnahmen des Königs Josia, die historisch in der Beseitigung der Kulteinrichtungen bestanden, die als Anpassung an den assyrischen Astralkult gedeutet werden konnten[336]. Nach 2Kön 23,11 wurden Pferde und Wagen des Sonnengottes aus dem Tempelbezirk entfernt, die typische Requisiten der Šamaš-Divination in der Sargonidenzeit waren. Mit ihnen fiel die Priesterkaste der *k^emarîm*, die einem Astralgottheitsaspekt JHWHs dienten (2Kön 23,5). Schließlich wurden die Dachaltäre des Jerusalemer Tempels beseitigt (2Kön 23,12). Auch die Kultzentralisation hatte eine antiassyrische Spitze. Der Gott Aššur hatte außerhalb der Stadt Aššur keine offizielle Kultstätte. Der Versuch Tukulti-Ninurta I., in Kār Tukulti-Ninurta eine neue

---

331 Für Belege s. CAD Š/I, 143f.; cf. F.R. Kraus, Lebensgefühl (*JNES 19*), 128-131. Das Motiv ist ein kulturhistorischer Archaismus des 3. Jt., der in neuassyrischer Zeit wieder an Bedeutung gewann; cf. *šumīma liškun/wsmjm lsm bh* der Bilingue von Tell Feḫerīje Z.19; s. dazu J.C. Greenfield/A. Shaffer, Notes (*Iraq 45*), 114.

332 Cf. N. Lohfink, Zentralisationsformel (*SBAB 12*), 147-177. Zu einem historischen Interpretationsversuch der Zentralisationsformel cf. Y. Suzuki, Place (*FS R. Knierim*), 338-352.

333 Cf. dazu Verf., Wandel (*StB 3*), 54ff. (Lit.).

334 Cf. M. Seidel, Parallels (*Sinai 38*), 149ff.; 272ff.; 335ff.; P. Beentjes, Quotations (*Bib 63*), 506-523; B.M. Levinson, Deuteronomy (*New York/Oxford 1997*), 18ff.

335 So T. Veijola, Redaktion (*SESJ 62*), 242-276.

336 Cf. I. Starr, Queries (*SAA 4*), XXXff.; ferner H. Spieckermann, Juda (*FRLANT 129*), 245-256. Zur antiassyrischen Spitze der josianischen Reformmaßnahmen cf. bereits Th. Oestreicher, Grundgesetz (*BFchTh 27/4*), 30ff.

Hauptstadt mit einem Aššur-Tempel zu gründen, scheiterte schon nach kurzer Zeit. Wollte Josia die JHWH-Konzeption der des Gottes Aššur als adäquat gegenüberstellen, ja sie als überlegen ausweisen, so mußte sie zumindest gleichermaßen rational sein, auch JHWH nur an einem Ort, in seiner Stadt Jerusalem, kultisch verehrt werden[337]. Die dtn-vordtr Konzeption der Opferzentralisation aber läßt die assyrische an programmatischer Konsequenz weit hinter sich[338]. Das Land – die „Tore" – steht in dtn Programmatik unter der vom Zentralheiligtum ausgehenden rechtlich und ethisch strukturierenden Gottesherrschaft[339], so daß sich eine progressive Ethikkonzeption mit der Zentralisationskonzeption verbindet[340]. Daneben zeigt der epigraphische Befund des ausgehenden 7. Jh. v. Chr. das Aufkommen einer JHWH-orthodoxen Reformbewegung[341]. Auf den über 300 judäischen Bullen dieser Zeit werden kaum Götterbilder und Astralsymbole verwendet. Auch damit wird auf die neuassyrische Kulturmacht reagiert. Der Gott Aššur, der keine genuinen Familienbande kannte, wurde weithin ohne anthropomorphes Kultbild verehrt[342]. In der judäischen Gegenreaktion wird dieser Zug übersteigert, woraus sich dtr der antiiconische Zug der JHWH-Religion entwickelt[343].

Will man einen Text suchen, der, wie es der Fundbericht in 2Kön 22f. aus späterer Sicht darstellt, öffentlich verlesen und zur Grundlage der Reform des Königs Josia wurde, sucht man also in diesem Sinne nach einem „Urdeuteronomium", dann ist es kein anderer Text als diese beeidete Loyalitätsverpflichtung gegenüber JHWH. Eine Entstehung des Deuteronomiums in Gestalt eines „Urdeuteronomiums" zur Zeit des Königs Hiskia ist damit ebenso ausgeschlossen wie die Entstehung in exilischer oder gar erst nachexilischer Zeit.

Nicht nur im Deuteronomium, sondern auch in der Sinaiperikope formiert sich die judäische Bundestheologie[344] in antiassyrischer Wendung als Ausdruck politischer Theologie Judas im 7. Jh. v. Chr. Die erste literarische Konstituierung einer von der Schöpfung (Gen 1) bis zur Kultgründung am Sinai (Ex 29) reichenden Überlieferung geht auf die Grundschrift der Priesterschrift

---

337 Cf. dazu IV. 3.3.5.

338 Cf. dazu u. IV. 3.3.5.

339 Cf. dazu Verf. Art. *šaʿar* (*ThWAT VIII*), 376-380.

340 Cf. dazu IV. 4.

341 Cf. O. Keel/C. Uehlinger, Göttinnen (*QD 134*), 410ff.; C. Uehlinger, Aniconism (*Bib 77*), 549; ferner C.D. Evans, Images (*JSOT.S 190*), 192-212.

342 Cf. W. Mayer, Politik (*Münster 1995*), 62 mit Anm. 3; ders., Assur (*AOAT 248*), 65-77.

343 Cf. dazu u. IV. 4.

344 Für eine ausführliche Forschungsgeschichte zur alttestamentlichen und altorientalischen Bundestheologie cf. Verf., Bundestheologie (*ZAR 4*), 1-84; cf. ferner E.W. Nicholson, Covenant (*OTS 24*), 54-69; ders., God (*Oxford 1986*), 3-117; R.A. Oden Jr., Covenant (*FS F.M. Cross*), 429-447; R. Davidson, Covenant Ideology (*Cambridge 1989*), 323-347; E. Zenger, Bundestheologie (*QD 146*), 13-26; J.C. Gertz, Art. Bund (*RGG⁴ I*).

(P^G) zurück[345]. Darüber liegt eine umfangreiche Pentateuch-, und diese ergänzend eine Hexateuchredaktion, die in schriftgelehrter Arbeit Priesterschrift und Deuteronomium vermittelt, Bezüge zu den Vorderen Propheten herstellt und die für die vorliegende Gestalt der Sinaiperikope verantwortlich zeichnet. Sie verwendet im Buch Exodus eine ältere vordtr und vorpriesterschriftliche Quelle (Q), durch die sie nachpriesterschriftlich P ergänzt[346].

Literarische Basis ist die Priesterschrift, die nachpriesterschriftlich durch eine vorexilische Quelle ergänzt wurde. Die Höhenlinien der Pentateuch-Hexateuchredaktionen in der Sinaiperikope sind durch Ex 19,3b-9[347]; 20,1-17.18-21. (22f.; 21,1; 22,19b.20aβb.21.23.24b.30; 23,9.13)[348]. 14-19[349].20-33; 24,1-18*; 31,18-34,10.11(a)b-17.24.28-35 umrissen[350]. Die Alternative, Ex 34,11-26 als spät- oder postdtr Zusammenstellung von Geboten aus dem Bundesbuch zu interpretieren oder umgekehrt die Gebote in Ex 23,14-19 als sekundäre Anfügung an das Bundesbuch aus Ex 34,11-26, ist auf das engste mit der *crux interpretum* jeder Analyse von Ex 34 verbunden, daß nach Ex 34,1b. 28b JHWH die Gebote Ex 34,11-26 auf die Tafeln schreibt, nach Ex 34,27 aber Mose. E. Blum[351] hat daraus sowie aus dem harten Übergang vom Gespräch Gottes mit Mose in Ex 34,9f. zur Anrede des Volkes in Ex 34,11ff. geschlossen, daß Ex 34,11-27 sekundäre Auffüllung post-KD sei. Doch lassen sich die Differenzen zu Ex 23,14-19 aufgrund der Rezeption aus Ex 34,11-26 erklären, nicht aber umgekehrt[352]. Die Pentateuchredaktion zieht die Fest- und Opferordnung in die vordere Sinaiperikope, um die Gebote, die in Ex 24,3-8

345 Cf. Verf., Priesterschrift (*ThR 62*), 1-50; ferner K. Schmid, Erzväter (*WMANT 81*), 253ff.

346 Cf. Verf., Pentateuchredaktion (*BEThL 126*), 61-111; ders., Pentateuchkomposition (*ThR 60*), 163-191.

347 Cf. dazu auch J.L. Ska, Exode 19,3b-6 (*BEThL 126*), 289-317.

348 Zur redaktionellen Überarbeitung des Bundesbuches im Rahmen der Pentateuchredaktion cf. Verf., Ethik (*ThW 3/2*), 230ff.

349 Zur Anfügung des Festkalenders an das Bundesbuch im Rahmen der Pentateuchredaktion, die das Bundesbuch in die Sinaiperikope einstellte, cf. u. IV. 3.3.4.

350 Cf. Verf., Pentateuchredaktion (*BEThL 126*), 70ff.

351 Cf. Studien (*BZAW 189*), 68ff.369f.; s. dazu Verf., Pentateuchkomposition (*ThR 60*), 178f.

352 Cf. Verf., Pentateuchredaktion (*BEThL 126)*, 94f., sowie u. IV. 4. Die von E. Blum (Privilegrecht [*BEThL 126*], 358f.) nachgeschobenen Argumente überzeugen nicht; s. dazu Verf., Bundestheologie (*ZAR 4*), 53 Anm. 275. Der Festkalender in Ex 34 ist gegenüber dem in Ex 23 der primäre Text; so auch L. Schwienhorst-Schönberger, Bundesbuch (*BZAW 188*), 405; Y. Osumi, Kompositionsgeschichte (*OBO 105*), 77; E. Zenger, Tora (*BEThL 126*), 277ff. S. Bar-On (Calendars [*VT 48*], 161-195) hat zu Recht die Einbindung von Ex 34,18-26 in eine dtr Redaktion zurückgewiesen. Wenn er Ex 34,18-26 als Midrasch von Ex 23,14-19 aufgrund des Ineinanders von dtr und P-Erweiterungen deutet, so erklärt sich diese Verzahnung von dtr und priesterschriftlichen Elementen besser aus der Überarbeitung durch die Pentateuchredaktion, die P und Dtn ausgleicht.

promulgiert wurden, zusammen mit den Hauptgeboten des Dekalogs zur Grundlage des Bundesschlusses in Ex 34,27 zu machen. Eben diesem Ziel, die Identität der Offenbarung zu sichern, dient auch der ausdrückliche Hinweis auf die zehn Gebote in Ex 34,28, der einen Bogen zurück zu dem im Rahmen der Pentateuchredaktion eingefügten Dekalog schlägt.

Damit verbindet sich nun als eine weitere Schlußfolgerung, daß die Fest- und Opferordnung in Ex 34,18-23.25f. bereits mit Ex 34,27 verbunden und also Teil einer dem Pentateuchredaktor vorgegebenen nichtpriesterschriftlichen Bundesschlußerzählung war. Nur so läßt sich erklären, daß die der Konzeption des Pentateuchredaktors in einem entscheidenden Punkt, der Verschriftung der Tafeln, widersprechende Überlieferung in Ex 34,27 als stumpfes Motiv stehenblieb. Vor allem aber wird die weitere Untersuchung zeigen, daß Ex 34,18-26* bereits vom vorexilisch-dtn Autor vorausgesetzt und reformuliert wird, nicht aber Ex 23,14-19[353]. Die für die vorliegende Gestalt der Sinaiperikope verantwortliche Pentateuchredaktion hat die priesterschriftliche Überlieferung in Ex 19,1.2a; 24,15b-18aα; 25,1-31,17; 35,1-Lev 16,34 in der bereits durch P^S erweiterten Form zugrundegelegt. Daneben steht ihr die ursprünglich mit der Priesterschrift nicht verbundene nichtpriesterschriftliche Quelle (Q) zur Verfügung, in deren Sinaiperikope eine Theophanieschilderung in Ex 19,18 den Bundeschluß in Ex 34,(1a).18-23.25-27 einleitet. Daß Theophanie- und Bundesschlußerzählung hier bereits miteinander verzahnt waren, ist wahrscheinlich, da der Bundesschluß (Ex 34,27) mit der Fest- und Opferordnung (Ex 34,18-23.25f.) verbunden einen Erzählkontext voraussetzt. Andererseits verlangt die Theophanieschilderung nach einer Fortsetzung, soll sie nicht bloßer „Theaterdonner" bleiben. Eingeleitet wird diese Erzählung durch die zwischen Ex 19,1.2a (P) und Ex 19,3b-9 (PentRed) stehenden Verse Ex 19,2b.3a. Diese Sinaierzählung bildet den Abschluß und Höhepunkt der vorpriesterschriftlichen Quellen (Q), die darin, daß sie bis zum Sinai führt, mit P^G konform geht[354]. Endet P^G aber mit der Anweisung zur Errichtung von Heiligtum und Altar sowie zur Einsetzung der aaronidischen Priesterschaft am Sinai (Ex 29,42-46), so ist entsprechend in der vorpriesterschriftlichen Quelle (Q), die im Zuge der Pentateuchredaktion bei der Neugestaltung der Sinaiperikope in die durch P^S erweiterte Priesterschrift aus archaisierendem Interesse einge-

---

353 Cf. u. IV. 3.3.4.

354 Zur Diskussion der Frage nach dem Abschluß von P^G in der Sinaiperikope cf. E. Zenger, Art. Priesterschrift (*TRE XXVII*), 435-446; T. Pola, Priesterschrift (*WMANT 70*), passim; Verf., Priesterschrift (*ThR 62*), 1-50. Die exilische Grundschrift P^G endet mit Ex 29,45f. in einem offenen Schluß der Erwartung einer Erfüllung der Verheißung neuer kultischer Gottesgegenwart. Nach Errichtung des Zweiten Tempels mußte der offene Schluß geschlossen werden und der neue Tempel durch die Einbringung von Ritualtexten mit dem Abschluß in Lev 16 als Erfüllung deklariert werden. Die Errichtung des Zweiten Tempels erklärt also den Übergang von P^G zu P^S.

arbeitet wurde[355], der Bundesschluß in Ex 34,27 in Verbindung mit der Ordnung kultischer Pflichten in Ex 34,18-23.25f. Höhepunkt und Abschluß[356]. In dieser Quelle, die, das zeigt bereits die Analyse der Sinaiperikope, sehr schmal ist, folgt wie in der Grundschrift P^G[357] die Sinaiperikope unmittelbar der Exodusüberlieferung in Ex 14,5a.6.9aα.19a[358].20*.21aβ.25a.27aβ.30[359]. Die Quelle hat also folgenden, noch rekonstruierbaren Wortlaut:

---

355 Cf. Verf., Pentateuchredaktion (*BEThL 126*), 70-101. Es ist bedauerlich, daß N. Lohfinks Frage, ob es so sicher ist, „daß alles, was in der Sinaiperikope nicht priesterschriftlich ist, auch vor-priesterschriftlich sein muß“ (cf. N. Lohfink, Bundestheologie [*SBAB 8*], 355), nicht früher Eingang in die Diskussion gefunden hat; cf. auch M. Vervenne, Récit (*VT.S 66*), 373 Anm. 26. Zum Problem dtr Sprachklischees cf. N. Lohfink, Bewegung (*BBB 98*), 313-382.

356 So wenig sich P^G jenseits der Sinaiperikope aufweisen läßt (cf. Verf., Priesterschrift [*ThR 62*], 9-27), kann auch eine durchlaufende nichtpriesterschriftliche Quelle nachgewiesen werden. Vielmehr läßt erst die Pentateuchredaktion den Pentateuch in Dtn 34* mit dem Tod des Mose enden. Darüber ist eine Hexateuchredaktion gelegt, die das Buch Josua anschließt und auf die weitere Überarbeitungen folgen, die über 2Kön 25 hinausweisend die Torakonzeption im Rücken den mit dem Buch Jesaja eröffneten Prophetenkanon im Blick haben. Eine wichtige Frage der weiteren Diskussion wird es sein, ob die Hexateuchkonzeption auf die schon abgeschlossene Tora-Pentateuchkonzeption folgt und diese zur Voraussetzung hat, um über die „Vorderen Propheten“ einen Zusammenhang mit dem Prophetenkanon herzustellen, oder umgekehrt, wie H.-C. Schmitt (Geschichtswerk [*VT.S 66*], 261-279) es vertritt, die Pentateuchkonzeption einer (Hexateuch-)Enneateuchkonzeption folgt und die Tora in Gestalt des Pentateuch erst konstituiert. Die Würfel fallen in der Analyse von Dtn 34, einem Kapitel, das in der Pentateuchredaktion mit Dtn 34,8 (PentRed) schloß und in dem sich die auf Jos 1 vorausweisenden Elemente als die spätesten erweisen. P^G läßt sich auf jeden Fall nicht, wie jüngst wieder von C. Frevel (Land [*Habil. Schrift 1998*], 256ff; ders., Ende [*BBB 119*], 85-123) vertreten, in Dtn 34 nachweisen.

357 Cf. Verf., Priesterschrift (*ThR 62*), 9ff.

358 Das Motiv des Gottesengels in der Pentateuchredaktion hat hier seinen literarischen Ursprung.

359 Cf. ähnlich Th. Krüger, Meerwundererzählung (*ZAW 108*), 519-533. Zum priesterschriftlichen Anteil cf. auch L. Schmidt, Priesterschrift (*BZAW 214*), 19ff. Wenn E. Blum (Studien [*BZAW 189*], 30ff.) den dtr Charakter der nichtpriesterschriftlichen Erzählung mit dem Vergleich von Ex 14,13f. mit 1Sam 12,16.18 begründet, übersieht er die engere Parallele zu 2Chr 20,15-17, die eher der Pentateuchredaktion nahesteht. Zurecht stellt M. Vervenne (Récit [*VT.S 66*], 369) in bezug auf die These einer dtr Komposition des Tetrateuch (KD) fest, sie gebe vor, eine definitive Lösung zu haben, wo jedermann wisse, daß wir uns in einer Wolke der Unsicherheit („brouillard d'incertitude“) befinden. Auch D. Carr (Fractures [*Louisville 1996*], 152ff.) hat die These einer dtr Komposition zugunsten einer unzusammenhängenden „semi-dtr“ Bearbeitung u.a. in Gen 14-15 zurückgewiesen. Die von D. Carr herangezogenen Texte sind zwar wie Gen 15 gesättigt mit dtr Sprachklischees, aber postdtr. Gen 15 korrigiert die P-Bundesüberlieferung in Gen 17 (cf. T. Römer, Genèse 15 [*Transeuphratène 7*], 107-121; J. Ha, Genesis 15 [*BZAW 181*], passim). Umgekehrt ist die Redaktion, die P- und nicht-P-Schichten verbunden hat, nicht so inhaltsleer und mechanisch vorgegangen, wie es D.

„Als dem König gemeldet wurde, daß das Volk geflohen war, ließ er die Streitwagen anspannen und nahm sein Kriegsvolk mit sich. Und die Ägypter verfolgten sie. Und der Bote Gottes, der vor dem Heerlager der Israeliten herzog, brach auf und trat hinter sie. Und (er) trat zwischen das Heerlager der Ägypter und das Heerlager der Israeliten, so daß keiner sich dem anderen während der ganzen Nacht nähern konnte. Und JHWH ließ durch einen starken Ostwind die ganze Nacht hindurch das Meer zurücktreten und machte das Meer zu trockenem Land ... er hemmte die Räder ihrer Wagen, ließ sie nur mit Schwierigkeiten weiterfahren. Da kehrte das Meer um die Morgenwende in sein Bett zurück. So schüttelte JHWH die Ägypter mitten im Meer. Und JHWH rettete an jenem Tag Israel aus der Hand der Ägypter, und Israel sah Ägypten tot am Rande des Meeres liegen. Sie schlugen in der Wüste das Lager auf. Mose stieg zu Gott. Der ganze Sinai war in Rauch gehüllt, denn JHWH war im Feuer auf ihn herabgestiegen. Der Rauch stieg vom Berg auf wie Rauch aus einem Schmelzofen. Der ganze Berg bebte gewaltig. Da sprach JHWH:

Du sollst das Mazzotfest halten. Sieben Tage sollst du ungesäuertes Brot essen, wie ich dir befohlen habe, zur festgesetzten Zeit am Neumond des Abib, denn am Neumond des Abib bist du aus Ägypten ausgezogen. Jede Erstgeburt gehört mir, all dein männliches Vieh, die Erstgeburt von Rind und Kleinvieh. Die Erstgeburt eines Esels sollst du mit einem Stück Kleinvieh auslösen. Wenn du ihn aber nicht auslösen willst, sollst du ihm das Genick brechen. Jede Erstgeburt bei deinen Söhnen sollst du auslösen.

Man soll nicht mit leeren Händen vor meinem Antlitz erscheinen.

Du sollst sechs Tage arbeiten, und am siebten Tag sollst du feiern, vom Pflügen und vom Ernten sollst du ruhen.

Du sollst das Wochenfest halten mit den Erstlingsfrüchten der Weizenernte und das Lesefest zur Jahreswende.

Dreimal im Jahr sollen alle deine Männer das Angesicht des Herrn JHWH, des Gottes Israels, sehen.

Du sollst über Gesäuertem nicht mein Schlachtopferblut darbringen.

Und es soll nicht das Schlachtopfer bis zum Morgen übernachten[360].

Das Beste der Erstlingsfrüchte deines Ackers sollst du in das Haus JHWHs, deines Gottes, bringen.

Du sollst nicht das Böcklein in der Milch der Mutter kochen.

JHWH sprach zu Mose: Schreibe dir diese Worte auf; denn aufgrund dieser Worte schließe ich meinen Bund mit dir und mit Israel". (Ex 14,5a.6.9aα.19a.20*.21aβ.25a.27aβ.30; 19,2b. 3a.18; 34,1aα.18-23.25-27)

Damit endet die vordtr-nichtpriesterschriftliche Quelle (Q) im Buch Exodus, die die Pentateuchredaktion (PentRed) in die Priesterschrift einfügte[361]. Sie hat

---

Carr sieht; cf. Verf., Rezension von D. Carr, Fractures, in BiOr 55 (*1998*), 856-860; ders., Brückenschläge (*ThR 64*), 84-99.

360 Cf. Verf., Art. *pāsaḥ/pæsaḥ* (*ThWAT VI*), 676; ders., Art. *šæbaʿ* (*ThWAT VII*), 1021.

361 Es dürfte mehr als fraglich sein, ob die Quelle Q bereits die Genesis eingeschlossen hat; cf. dazu auch K. Schmid, Erzväter (*WMANT 81*), 78ff. Die Verbindung von Väter- und Exodusthematik wurde zuerst von P geschaffen und dann von der Pentateuchredaktion übernommen. Das aber schließt nicht aus, daß in der Väterüberlieferung – so in der Jakobüberlieferung im Gegensatz zur Abrahamüberlieferung (cf. dazu D. Carr, Fractures [*Louisville 1996*], 177ff.; Verf., Brückenschläge [*ThR 64*], 92f.) – alte Überlieferungs-

ihre nächste Parallele in der neuassyrischen Sammeltafel K. 2401 (SAA 9/3)[362] aus Ninive, einer Sammlung von Orakeln anläßlich der Thronbesteigung des Königs Asarhaddon, die in der abschließenden Unterschrift des ersten Zyklus als „Bundestafel des Gottes Aššur" (*ṭuppi adê ša* ᴰ*Aššur*) bezeichnet wird. In der ersten Sprucheinheit K. 2401 I:3-26 wird als Einleitung für die gesamte Sammeltafel von einer Prozession des Königs Asarhaddon zum Ešarra, dem Aššur-Tempel, für ein vom Gott Aššur ausgerichtetes Fest, das im Zusammenhang mit den Krönungsfeierlichkeiten steht, berichtet und daraus resultierende Wohlfahrt für den König und die ganze Welt angekündigt. Trotz der Zerstörung der Zeilenanfänge ist erkennbar, daß das Orakel in I:20-25 mit Ritualanweisungen endete. Das erste Heilsorakel (*šulmu*) in K. 2401 I:27-II:9 ist an die Bürger Assyriens (*mārū māt Aššur*) adressiert. Es wird auf die mit der Thronbesteigung Asarhaddons verbundene Unterwerfung der Feinde von Ost bis West verwiesen und die der Kimmerer und die von Ellipi in Zagros angekündigt[363]. Das Orakel wird mit einer Unterschrift in II:8f. abgeschlossen: „Dies ist das Heilsorakel (*šulmu*) vor den Gott Bel-Tarbaṣi, vor die Götter gelegt". In der dritten Sprucheinheit des zweiten Heilsorakels K. 2401 II:10-26 wird dem König die Vernichtung der ihn bedrängenden Feinde, d.h. konkret der gegen die Machtergreifung Asarhaddons rebellierenden Brüder, angekündigt:

a-na-ku kil-la-ka as-se-me TA ŠÀ-*bi* KÁ.GAL.AN-*e at-ta-qa-al-la-al-la la-ak-ru-ur i-ša-tu lu-šá-kil-šú-nu at-ta ina bir-tu-šú-nu ta-za-az* TA* *pa-ni-ka at-ti-ši a-na* KUR-*e us-se-li-šú-nu* NA₄. MEŠ *aq-qul-lu ina* UGU-*ḫi-šú-nu a-zu-nu-un* LÚ.KÚR.MEŠ-*ka uḫ-ta-ti-ip da-me-šú-nu* ÍD *um-tal-li le-mu-ru lu-na-i-du-ni a-ki* ᴰ*aš-šur* EN DINGIR.MEŠ *a-na-ku-ni*

„Ich habe deine Klage gehört, mitten aus dem Tor des Himmels warf ich Glut herab. Feuer legte ich, um sie zu fressen. Du aber standest (unversehrt) in ihrer Mitte. Ich habe dich von ihnen befreit. Ich jagte sie in die Berge. Hagel und Feuer vom Himmel ließ ich auf sie herabregnen. Deine Feinde schlachtete ich. Mit ihrem Blut füllte ich den Fluß (sc. Tigris). Sie sollen es sehen, sie sollen von mir künden, daß ich Aššur, der Herr der Götter bin" (K. 2401 II:14-25).

Die geschlagenen Feinde, die wie Schlachtopfer dargebracht werden, mit deren Blut der Fluß sich füllt, sollen es sehen und den Gott Aššur preisen. Die historische Situation dieses Orakels ist noch rekonstruierbar. Vor dem triumpha-

---

kerne vorliegen, die bis in das 2. Jt. zurückreichen; cf. Verf., Jakob (*BWANT 110*), 17ff.

362 Cf. S. Parpola, Prophecies (*SAA 9*), 22-27; ferner die Erstveröffentlichung des Textes durch S.A. Strong, Oracles (*BASS 2*), 627-645, sowie des vollständigen Keilschrifttextes durch J.A. Craig, Texts I (*Leipzig 1895*), 22-25; ferner M. Weippert, Prophetien (*OAC 17*), 72f.; ders., Selbstzitate (*Paris 1997*), 157-160; zum historischen Kontext cf. M. Nissinen, Prophecy (*SAA.S 7*), 26f.

363 Zum Siegesorakel cf. K. van der Toorn, L'oracle (*RB 94*), 63-97.

len Einzug in die Stadt Ninive und der anschließenden Thronbesteigung 681/80 v. Chr. mußte Asarhaddon die Armeen seiner Brüder, die für die Ermordung Sanheribs verantwortlich waren, besiegen. Daß der Übergang über den Fluß Tigris nicht kampflos möglich war, zeigt der Hinweis auf den mit dem Blut der Feinde gefüllten Fluß. Dann fährt der Text mit der Unterschrift und den Ritualanweisungen als Postscriptum des ganzen ersten Zyklus fort:

„Das ist das Heilsorakel, das vor der Statue ist. Diese Bundes-Tafel des Gottes Aššur tritt auf einer Decke vor das Angesicht des Königs" (*annû šulmu ša ina pān ṣalme ṭuppi adê annû ša* ^{D}*Aššur … ina pān šarre errab*)[364] (K. 2401 II:26-28).

Während man Öl sprengt, Opfer darbringt und Rauch aufsteigen läßt, verliest man die Tafel des Bundes, auf der die Orakel der Sammeltafel verzeichnet sind, vor dem König.

Im folgenden Orakel K. 2401 II:33-III:15 fordert die Göttin Ištar von Arbela die Götter, ihre Väter und Brüder, auf, dem Bund zwischen dem Gott Aššur und dem König[365] beizutreten. Der Bund wird auf die Götter ausge-

364 Cf. S.D. Dalley (Ṣalmu [*Iraq 48*], 91f.), die *ṣalmu* auch an dieser Stelle als Gottesepitheton deutet.

365 Die Übersetzung von *adê* in diesem Text mit Eid „im Sinne von Offenbarung" (so K. Hecker, Zukunftsdeutungen [*TUAT II/1*], 61) ist ebenso wenig überzeugend wie die Übersetzung mit „Vertrag" (so H. Spieckermann, Juda [*FRLANT 129*], 300f.) oder gar „gesetzmäßigem Schriftstück" (so M. Jastrow, Religion [*Gießen 1912*], 168). Vielmehr ist bereits eine *adê*-Vereidigung im Blick (cf. K. Watanabe, *adê*-Vereidigung [*BaghM Beih. 3*], 181f.), so daß S. Parpolas Übersetzung mit *covenant* das Richtige trifft; cf. T.J. Lewis, Identity (*JBL 115*), 407, sowie M. de J. Ellis (Oracles [*JCS 41*], 144) mit bezug auf K. 2401 II:15-19: „The tablet that contained that particular oracle was referred to in its descriptive colophon as an *adû*. This term must be translated here in its normal meaning of ‚covenant' … Thus an oracle – or at least this particular oracle – was a covenant between god and man". Auch aus Arslan Taş in Syrien ist eine Beschwörungstafel bekannt (cf. H. Donner/W. Röllig, KAI, Nr. 27; Z. Zevit, Inscription [*IEJ 27*], 110-118), die von einem Bund, den der Gott Aššur als oberster Gott des Pantheon, gefolgt von weiteren Göttern, mit ihren Verehrern in Ḫadattu, einem assyrischen Verwaltungszentrum seit dem 8. Jh., abgeschlossen hat: *krt ln ʾlt ʿlm ʾšr* „Aššur hat einen ewigen Bund mit uns geschlossen" (Z.6). *ʾlt* entspricht dem hebr. b^{e}*rît*. Der gesamte Ausdruck hat eine exakte Parallele in Jer 32,40 *kāratti lāhæm* b^{e}*rît ʿôlām*; zu b^{e}*rît ʿôlām*; cf. die Sichtung der biblischen Belege durch K. Schmid (Jeremiabuch [*WMANT 72*], 101f.), der in der königsideologischen Verwendung in 2Sam 23,5 den ursprünglichen Verwendungsbereich sieht, eine These, die aufgrund des neuassyrischen Überlieferungsbefundes modifiziert werden sollte. Während in dem Orakel K. 2401 II:10-32 mit *adê* der Verheißungsbund bezeichnet wird, ist in dem Orakel K. 2401 II:33-III:15 die wechselseitige Verpflichtung im Blick. Diese neuassyrische Tafel verdeutlicht, daß es nicht schlüssig ist, für b^{e}*rît* im Hebr. primäre und sekundäre Konnotationen einseitiger und wechselseitiger Verpflichtung zu differenzieren, wie es von E. Kutsch (Verheißung [*BZAW 131*], 6ff.; ders., Bund [*TRE VII*], 397-403; ders., Neuer Bund [*Neukirchen-Vluyn 1978*], 3ff.) und im Anschluß daran von L. Perlitt (Bundestheologie [*WMANT 36*], 1ff.; ders., Bund [EKL^{3} *I*], 566-568) vertreten wurde; s. dagegen v. a. J. Barr, Notes (*FS W. Zimmerli*), 23-38; Verf., Bundestheologie (*ZAR 4*), 26-28.

dehnt (K. 2401 III:15). Aber der assyrische Untertan, d.i. Bürger und Vasall[366], hat die Pflicht, an der Eideszeremonie des kultischen Wassertrinkens im Rahmen der Zeremonie des Loyalitätseides von 672 v. Chr. teilzunehmen, um sich dieses Bundes zu erinnern, den er im Vertrauen auf den Schutz der Götter zu vergessen droht, und so der Loyalitätseidspflicht gegenüber Asarhaddon treu zu sein:

„Wasser aus einem *ṣarṣaru*-Krug hat sie ihnen zu trinken gegeben, ein Trinkgefäß hat sie zur Hälfte aus dem *ṣarṣaru*-Krug gefüllt und mit den Worten gegeben: In eurem Herzen werdet ihr sprechen: Ištar hält Wacht! Und ihr werdet in eure Städte gehen und in eure Bezirke und euer Brot essen, und ihr werdet diesen Bund vergessen (*tallaka* ... NINDA.MEŠ *takkala tamaššia adê annûti*). Wenn ihr aber von diesem Wasser trinkt, dann werdet ihr euch erinnern und diesen Bund halten, den ich Asarhaddon betreffend geschlossen habe" (K. 2401 III:4-15).

In einem vierten Orakel K. 2401 III:16-IV:35 fordert die Göttin Ištar von Arbela vom König die Erfüllung ritueller Pflichten als Gegenleistung für ihre Hilfe gegen die Feinde ein:

„Worte der Ištar von Arbela an Asarhaddon, König von Assyrien: Habe ich dir nicht gegeben, wie es sonst niemand tut? Habe ich dir nicht die vier Pfosten Assyriens gebeugt und dir gegeben? Habe ich nicht deinen Feind besiegt? Habe ich nicht deine Hasser, deine Widersacher wie Schmetterlinge eingesammelt? ... Was hast du mir gegeben? Ist Brot für ein Gastmahl hingestellt im Tempel? ... Darauf schaue ich, darauf richte ich die Augen. Nunmehr, wahrlich, ein Sea Brot in der Schüssel, ein Trinkgefäß von einem Sea Feinbier stellt hin, damit ich Gemüse und Suppe in meinen Mund nehme, einen Becher fülle, daraus trinke, meine Fülle wiedergewinne ...".

Die Sprucheinheiten sind auf dieser Sammeltafel zusammengeordnet worden. Der erste Zyklus wird durch die Gesamtunterschrift mit Ritualanweisungen in K. 2401 II:27-32 zusammengebunden und durch einen doppelten Trennungsstrich von dem zweiten Zyklus in K. 2401 II:33-IV:35 abgegrenzt. Die ersten drei Struktureinheiten der Sammeltafel bilden ein in sich gegliedertes Ganzes, das folgenden Aufbau hat[367]:

---

366 Die u.a. zwischen T. Ishida (Dynasties [*BZAW 142*], 115f.) und M. Nissinen (Prophetie [*AOAT 232*], 237 Anm. 70) kontrovers diskutierte Frage, ob sich die *adê* auf das assyrische Volk bezieht – so Ishida – oder auf Vasallenkönige – so M. Nissinen –, ist überflüssig, da die *adê* wie der Loyalitätseid beide Gruppen einbezieht. Zum religionshistorischen und politischen Kontext der neuassyrischen „prophetischen" Orakelpraxis cf. jüngst F.M. Fales/G.B. Lanfranchi, Impact (*Paris 1997*), 99-114; M. Hutter, Religionen (*StTh 4/1*), 105ff. Es handelt sich um ein Phänomen der Aramaisierung Assyriens in zunehmend instabiler politischer Situation; anders S. Parpola (Prophecies [*SAA 9*], XIIIff.), der die neuassyrische Prophetie trotz ihres zeitlich begrenzten Auftretens als genuin mesopotamisches Phänomen im Horizont des Ištar-Kultes erweisen will. Zur Vorgeschichte der neuassyrischen „Prophetie" cf. auch A. Lemaire, Oracles (*Paris 1997*), 171ff.; zum 2. Jt. cf. zuletzt A. Malamat, Impact (*AoF 24*), 310-319.

367 Cf. M. Weippert, Selbstzitate (*Paris 1997*), 158f.

I:1-26	*Einleitung der Sammeltafel*
	Prozession zum Ešarra
I:20-26	Ritualanweisungen
I:27-II:9	*I. Ištar-Orakel*
I:27-II:7	Orakel
II:8f.	Unterschrift
II:10-26	*I. Aššur-Orakel*
II:10-25	Orakel
II:26	Unterschrift
II:27-32	*Gesamtunterschrift mit Ritualanweisungen*

Die zweite Hälfte der Tafel der folgenden zwei bzw. drei Orakel[368] ist eng an die erste Hälfte angeschlossen. Diese endet mit der Ritualanweisung für die Bundestafel (*ṭuppi adê*). Das folgende Orakel beginnt mit der Aufforderung, dem Bund beizutreten. Der Abschluß der Tafel in K. 2401 IV:14-25 lenkt auf die beiden ersten Orakel der ersten Hälfte zurück und nimmt Motive dieser Orakel auf, spitzt sie aber auf den Bürgerkrieg von 681 v. Chr. und Asarhaddons Thronbesteigung zu. Folgender Aufbau ist zu erkennen:

II:33-III:15	*II. Orakel der Ištar*
II:33f.	Redeeinleitung
II:35-III:15	Orakel
III:16-IV:35	*III. Orakel der Ištar*
III:16f.	Redeeinleitung
III:18-IV:35	Orakel
III:31-35	Ritualanweisungen (*mā kittumar …*)

Diese zwei Strukturhälften der Tafel kreisen bei identischem „Sitz im Leben", der Thronbesteigung Asarhaddons, um eine gemeinsame Themengruppe der Hilfe der Götter gegen die Feinde, des Bundes einschließlich des Tafelmotivs und der sich daraus ergebenden rituellen Pflichten. Innerhalb dieser Themengruppe sind die Motive chiastisch angeordnet: Der Bund des Gottes Aššur mit dem König und den Göttern, die dem Loyalitätseid beitreten, bildet die Mitte. Darum gruppiert sind als äußerer Rahmen die Orakel, die dem König die Unterwerfung der Feinde zusagen, und an die Bundeszusage anknüpfend die Orakel, die die Einhaltung der rituellen Pflichten einfordern[369]. Die Verbin-

368 Aufbau und Umfang lassen vermuten, daß zwischen III:37 und IV:3 ebenfalls ein Trennungsstrich lag.

369 Die Struktureinheiten geben im Zusammenhang gelesen eine geschlossene Argumentationskette der Orakel ab, die Inhalt der *ṭuppi adê* sind, von der Zusage der Rettung vor dem Feind über den Bund zur Aufforderung an die Götter, dem Bund beizutreten, um dann die Bürger Aššurs in die Pflicht zu nehmen, ihrerseits den Bund zu halten, und den König, die rituellen Pflichten zu erfüllen (cf. M.-C. Perroudon, Goddess [*SAA.B 6*], 41-43). Im Gegensatz zu den Sammeltafeln SAA 9/1 und SAA 9/2 hat SAA 9/3 nur ein Postscript für die gesamte Tafel. Die Zentrierung des Bundesmotivs am Ende der er-

dung von göttlicher Rettung vor dem Feind mit einem Bundesschluß, den sich daraus ergebenden rituellen Verpflichtungen und der Verschriftung auf einer Tafel findet sich auch in der nichtpriesterschriftlichen Quelle Q im Buch Exodus in Ex 14*; 19*; 34*. In Ex 14* wird von der Errettung Israels aus der Hand des Feindes, und daran anschließend in Ex 19*; 34* vom Bundesschluß und den damit verbundenen rituellen Pflichten des Volkes sowie ihrer Verschriftung auf einer Tafel, die eine Bundestafel ist, erzählt. Die inhaltliche Analogie geht noch darüber hinaus. Das Orakel K. 2401 II:10-26 hat die Vernichtung der Feinde Asarhaddons durch den Gott Aššur vor und in Verbindung mit dem Übergang über den Tigris vor dem triumphalen Einzug in Ninive zum Inhalt. Dem ging der Aufenhalt Asarhaddons im westlichen Exil voraus. Diese Abfolge vom Aufenthalt in der Fremde, Rückmarsch, Vernichtung der Feinde bei Übergang über den Fluß mit anschließendem Bundesschluß strukturiert auch die Quelle Q, die diese Struktur mit den aus Passa und Mazzotfest bekannten Inhalten des Exodus füllt. In den neuassyrischen Orakeln aber wird die göttliche Hilfe vor den Feinden dem König gewährt, in Ex 14* dagegen dem Volk. Entsprechend werden auch die rituellen Pflichten nicht dem König, sondern dem Volk auferlegt. Und schließlich wird der Bund JHWHs mit dem Volk geschlossen und nicht als Loyalitätseid mit dem König, den Volk und Vasallen leisten und dem die Götter beitreten. Wie bei der Rezeption des Loyalitätseides Asarhaddons aus dem Jahr 672 v. Chr. wurden die neuassyrischen Orakel der Thronbesteigung Asarhaddons aufgenommen, um sie an dem entscheidenden Punkt umzudeuten: Nicht dem König als Stellvertreter des Gottes Aššur gelten Rettung und Bund, nicht dem König kommt die Loyalität des Volkes und vermittelt durch den König dem Gott Aššur zu, sondern JHWH als dem rettenden Gott unmittelbar. Und so hat auch nicht der König als „Leitkanal göttlicher Gnade" die rituellen Pflichten zu erfüllen, sondern das Volk. Die *adê*-Motivik der Thronbesteigung von 681/80 v. Chr. in den Orakeln der Tafeln K. 2401 wird in dem Loyalitätseid Asarhaddons aus dem Jahr 672 v. Chr. aktualisiert. In der nichtpriesterschriftlichen Quelle (Q) werden wie der Loyalitätseid Asarhaddons in Dtn 13*; 28* neuassyrische Orakel als Quelle politischer Theologie der neuassyrischen Hegemonialmacht rezipiert: Neuassyrische Überlieferungen werden übernommen, um ihren Anspruch aus den Angeln zu heben und auf JHWH zu übertragen und so dem Herrschaftsanspruch des assyrischen Königs und mit ihm des Gottes Aššur die Begründung zu entziehen. Wie im judäischen Loyalitätseid in Dtn 13*; 28* zielt man mit der *b^erît* zwischen JHWH und dem Volk in das Herz neuassyri-

sten Hälfte und Anfang der zweiten Hälfte nach dem doppelten Trennungsstrich sowie die Anknüpfung des Schlußorakels der zweiten Hälfte der Tafel an die eröffnenden Orakel der ersten Hälfte zeigen jeweils an, daß eine redaktionell strukturierende Komposition vorliegt. Vieles spricht dafür, daß die Orakel im Kontext des Loyalitätseides von 672 v. Chr. zusammengestellt wurden, um *Aššur-adê* und *adê* des Loyalitätseides zusammenzuziehen.

scher Theologie, auf die *adê* zwischen Volk, Vasallen und König, die auch eine *adê* zwischen König und dem Gott Aššur ist. Wie aber die in phönizischer Sprache abgefaßte Beschwörung des 7. Jh. v. Chr. aus Arslan Taş, dem assyrischen Verwaltungszentrum Ḫadattu[370], zeigt, ist der Gedanke, daß die Gottheit, in diesem Fall der Gott Aššur, an der Spitze weiterer Götter einen Bund mit dem Kreis seiner Verehrer abschließt, keineswegs genuin judäisch[371]:

(6) *krt ln ʾlt ʾlm ʾšr*
(7) *krt ln wkl bn ʾlm*
(8) *wrb dr kl qdšn*
(9) *bʾlt šmm wʾrṣ ʿd ʿlm*
(10) *bʾlt bʿl ʾdn ʾrṣ*

(6) Aššur[372] hat einen ewigen Bund mit uns geschlossen,
(7) alle Göttersöhne haben ihn mit uns geschlossen,
(8) und der Führer des Rates der Heiligen,
(9) ein Bund des Himmels und der Erde, ewig,
(10) ein Bund des Baʿal, des Herrn der Erde.

---

370 Zur Geschichte von Ḫadattu cf. P.E. Dion, Araméens (*EtB N.S. 34*), 96-98 (Lit.). Zum phönizischen Einfluß s. P.E. Dion, a.a.O., 71. Für assyrische Belege cf. S. Parpola, Toponyms (*AOAT 6*), 141.

371 Ich folge den Lesungen von Z. Zevit, Inscription (*IEJ 27*), 111ff.; cf. auch H. Donner/W. Röllig, KAI Nr. 27; Chr. Butterweck, Beschwörung (*TUAT II/3*), 435-437; W. Röllig, Amulette (*NESE II*) 17-28; G. Garbini, Incantesimi (*OrAnt 20*), 277-294. Zur Frage der Authentizität cf. J. Teixidor, Tablettes (*Aula Orientalis 1*), 105-108; P. Amiet, Observations (*Aula Orientalis 1*), 109, die die Authentizität infrage stellten. Dagegen haben jetzt J. van Dijk (Authenticity [*Iraq 54*], 65-68) und F.M. Cross (in T.J. Lewis, Identity [*JBL 115*], 409) die Echtheit bestätigt.

372 So mit H. Donner/W. Röllig, KAI II, 45; gegen die Lesung „Ašerā" cf. Z. Zevit, Inscription (*IEJ 27*), 115. Auch das in die Zeit Sanheribs oder Asarhaddons zu datierende politische Dokument der Tafel K. 4730 (cf. H. Tadmor/B. Landsberger/S. Parpola, Sin [*SAA.B 3*], 3-51), das aus nationalistisch-assyrischer Sicht die Umstände des Todes Sargon II. mit seiner pro-babylonischen Haltung erklärt, argumentiert mit dem Motiv des Bundes zwischen dem König und dem Gott Aššur: [*a-na* UGU] *šá a-de-e* LUGAL DINGIR[MEŠ] *u la* [*iṣ-ṣu-ru* [I]LUGAL-GIN AD-*u-a ina* KUR *na-ki-ri*] *de-ke-e-ma ina* É-*šú la q*[*é-be-re* xxx] „[weil] er nicht den Bund des Königs der Götter [gehalten hat, wurde Sargon, mein Vater], getötet [in Feindesland] und nicht be[graben] in seinem Haus". Das den neuassyrischen Königsinschriften vertraute Motiv des Bundesbruches (cf. nur M. Streck, Assurbanipal [*Leipzig 1916*], 76 IX:60-62 *arrāti mala ina adê-šunu šaṭra išīmušunūti* [D]*Aššur* [D]*Sin* „die Flüche, soviele in den Verträgen niedergeschrieben waren, brachten über sie Aššur [und] Sin") ist hier bereits auf den Bund mit dem Gott Aššur übertragen worden. Das Aššur-Epitheton *rāʾim tenēšēti* („der die Menschheit liebt") in K. 1349:10 (cf. H.W.F. Saggs, Historical Texts [*Iraq 37*], 14f.) ist auf die mit Aššur verbundene *adê*-Motivik bezogen. Das gilt gleichermaßen für das Ištar-Epitheton *rāʾimat kullat mišē* (PSBA 31); cf. S. Parpola, Prophecies (*SAA 9*), XCIII Anm. 124.

Das theologische Motiv eines Bundes der Gottheit mit dem Verehrerkreis ist also keineswegs genuin judäisch.

Das spezifisch judäische der JHWH-Religion dieser Zeit ist nicht die Bundestheologie als solche, sondern die Revolte gegen die assyrische Herrschafts- und Königsideologie mittels der Bundestheologie.

Neu also ist, daß das Motiv des Gottesbundes gezielt eingesetzt wird, um die neuassyrische Königsideologie ins Mark zu treffen, da JHWH, der Gott Israels, unmittelbar dem Volk aus der Not der Feindbedrohung hilft, mit ihm eine *b^erît* schließt und ihm, nicht dem König, rituelle Pflichten auferlegt.

Damit können wir nun auch Aussagen über Intention und historischen Horizont der Quelle Q als literarischem Grundstock des Buches Exodus machen. Sie ist etwa zeitgleich mit dem Urdeuteronomium im 7. Jh. nach 672 v. Chr. verfaßt worden und entsteht wie dieses mit assyrischer Geburtshilfe, um sich gegen diesen Geburtshelfer zu wenden[373]. Damit sind wir an die literaturhistorischen Wurzeln der beiden heilsgeschichtlichen Kernthemen des Alten Testaments, des Exodus und des Sinaibundes, in neuassyrischer Zeit gestoßen. Diese Epoche ist als erste literarische Formierungsphase der Hebräischen Bibel nicht nur literaturhistorisch, sondern auch im archäologischen Zeugnis einschneidender als das spätbabylonische „Exil“[374]. Beide Kernthemen haben aber ihre dem 7. Jh. vorausgehende traditionsgeschichtliche Vorgeschichte: Vom Exodus wurde im Rahmen des Passa in den Familien und im Mazzotfest

---

373 Ein ähnlicher Prozeß der Abwehr innerpalästinischer Religionskonzeptionen läßt sich in prophetischer Überlieferung seit dem 8. Jh. beobachten. Vorformen der Bundestheologie werden ausgearbeitet, so mit der Ehemetaphorik durch die Propheten Hosea und Jeremia, deren pauschale Datierung in die Exilszeit verfehlt ist. Auch dort steht bereits, wie an den Visionen in Am 7 ablesbar ist, die Auseinandersetzung mit neuassyrischem Herrschaftsanspruch am Horizont; cf. F.C. Fensham, Curses (*ZAW 75*), 155-175; U. Rüterswörden, Bundestheologie (*ZAR 4*), 85-99; cf. ferner auch B. Becking, Judge (*ZAR 1*), 111-116. Jüngst noch hat J.-G. Heintz (Traités [*Leiden 1995*], 69-94; ders., Alliance [*BN 86*], 66-76) aufgrund neu veröffentlichter Vertragstexte aus Mari und Tell Leilan (cf. D. Charpin, Alliance [*FS J. Perrot*], 109-118; ders., Traité [*FS P. Garelli]*, 139-166; J.-M. Durand, Fragments [*FS M.J. Stève*], 111-128; ders., Treaty [*FS P. Garelli*], 185-207; F. Joannès, Traité [*FS P. Garelli*], 167-177) ein sehr viel höheres Alter als das 7. Jh. für die Entstehung der alttestamentlichen Bundeskonzeption vorgeschlagen. Offen bleibt aber die Frage nach den Vermittlungsgliedern, und mit ihnen kommen doch die Überlieferungen Mesopotamiens und Syriens aus dem 1. Jt., insbesondere die neuassyrischen Texte, in die Diskussion. Ohne Analogie im 2. Jt. ist aber in jedem Falle die neuassyrische und judäische Konzeption des Gottesbundes. Die Lesung und Deutung eines *el brt* in dem hurritischen Hymnus KTU 1.128 (cf. C.A. Schaeffer, Ugaritica V, 510 [Nr. 5a]) ist unsicher (cf. M. Dietrich/O. Loretz/J. Sanmartín, KTU^2, 138f.) und kann nicht die These einer vorisraelitisch-kanaanäischen Bundestheologie im 2. Jt. tragen, wie K.A. Kitchen (Egypt [*UF 11*], 458) und ihm folgend K. Koch (Übersiedlung [*FS O. Loretz*], 468) meinen.

374 Cf. G. Barkay, Iron Age II-III (*New Haven 1992*), 354-373; ders., End (*Jerusalem 1993*), 106-109; C. Uehlinger, Policy (*VT.S 66*), 301.

als Orte der Wahrung der Erinnerung und Weitergabe der Tradition schon lange vor dem 7. Jh. erzählt[375]. Die Sinaierzählung hat ihre Vorgeschichte als Überlieferung der Theophanie, die mit dem Sinai verbunden ist. Neu ist im 7. Jh. im Gegenschlag gegen die neuassyrische Hegemonialmacht mit ihrem Herrschaftsanspruch und Kulturdruck die Verbindung der Sinaitheophanie-überlieferung mit einem Bundesschluß sowie einer Fest- und Opferordnung und die Verknüpfung beider mit der Exoduserzählung als Vorhalle. Damit sind auch die Gründe für die Verschriftung dieser Kernüberlieferungen des Pentateuch im Deuteronomium und im Buch Exodus deutlich. Die neuassyrischen Orakel und Loyalitätseide wurden verschriftet, um die in ihnen enthaltenen Ansprüche und Zusagen für die Zukunft zu dokumentieren.

Wollte man judäisch den schriftlich dokumentierten Ansprüchen der Assyrer entgegentreten, so konnte dieses nur in schriftlicher Form geschehen. Das ist eine, wenn nicht sogar die entscheidende Ursache für den Beginn der Literaturgeschichte der Tora des Pentateuch in schriftlicher Gestalt neben der Verschriftung von Rechtssatzsammlungen[376].

Die nachexilische Pentateuchredaktion hat die vorexilische Quelle Q bei ihrer Deuteronomium und Priesterschrift (P^G/P^S) vereinigenden Redaktionsarbeit in die Priesterschrift als literarische Grundlage eingearbeitet, so wie es bereits

---

375 Cf. dazu Verf., Mazzotfest (*BWANT 107*), passim; ders., Art. *pāsaḥ/pæsaḥ* (*ThWAT VI*), 669ff.; ders., Art. Pascha (*NBL III*), 77ff.; ders. Art. Feste (*TRE XI*), 97ff.; ders., Feste (*RGG⁴ III*). Der Versuch, die Deutung des Passa-Ritus auf den Exodus exilisch oder gar nachexilisch zu datieren, scheitert nicht zuletzt deswegen, weil die Kultordnung der Quelle Q in Ex 34,18-26* bereits in Dtn 16,1-17 vorausgesetzt wird; cf. u. IV. 3.3.4. Zu einer zeitlichen Ansetzung für die Ausformung der Exoduserzählung zwischen dem 8. und 6. Jh. v. Chr. kommt unter ganz anderen methodischen Voraussetzungen H. Utzschneider, Atem (*SBS 166*), 112ff.; cf. dazu die Rezension des Verf. in JBL 118 (*1999*); ders., Brückenschläge (*ThR 64*), 95-99. Wie intensiv die Auseinandersetzung in Juda im 7. Jh. v. Chr. mit neuassyrischen Ansprüchen geführt wurde, ist auch an der sog. „Turmbau"-Erzählung in Gen 11,1-9 ablesbar, die das Scheitern des mit Ansprüchen der Weltherrschaft gekoppelten Bauprojekts von Dur-Šarrukin reflektiert; cf. C. Uehlinger, Weltreich (*OBO 101*), 514ff. Daß die Gründung von Dur-Šarrukin auch in Jerusalem Spuren hinterlassen hat, zeigt das Fragment einer Inschrift aus der Zeit Sargon II., das im Konvent der Zionsschwestern in Jerusalem gefunden wurde; cf. R. de Vaux, Fragments (*JPOS 16*), 129f.; S. Marie Aline de Sion, Forteresse (*Jerusalem 1956*), 275; Tf. 69/1; L.J. Ramafutula, Materials (*NGTT 35*), 28; zum Fundkontext cf. Verf., Jerusalem (*Urban 308*), 139.167f. Dieser Text ist unbedingt für die Interpretation von Gen 11,1-9 heranzuziehen.

376 Cf. auch zu den Anlässen von Verschriftungen im Bereich der Keilschriftliteratur M. Van De Mieroop, Clay (*Klio 79*), 7-18. Damit ist auch deutlich, daß Erzählungen wie die der Quelle Q zu Exodus und Sinaibund kaum als historisch auszuwertende Dokumente infrage kommen, da sie von neuassyrischen Überlieferungen inspiriert sind; cf. auch M. Liverani, Memorandum (*Or N.S. 42*), 178-194; Verf., Interdependenzen (*OBC 8*), 75-93; ders., Wurzeln (*ThRev 85*), 3-10; ders., Kodifizierung (*Paris 1999*); M. Van De Mieroop, History (*BiOr 54*), 296ff.

M. Noth[377] beschrieben hat: „Die also entstandene P-Erzählung ist später zur *literarischen Grundlage der Pentateucherzählung* gemacht worden". Der Redaktor hat „die P-Erzählung seiner Arbeit *zugrunde gelegt* und sie durch jeweils an Ort und Stelle passende Einfügung von Teilen jener anderen Erzählung *bereichert.* So gesehen, wird seine Arbeit um vieles verständlicher und einleuchtender", da „die maßgebende Grundlage seiner Arbeit die P-Erzählung war"[378].

Die Bundestheologie formiert sich im Buch Exodus und im Deuteronomium im Gegenwurf gegen die neuassyrische Hegemonialmacht, die man in ihrem zur Zeit Josias einsetzenden Verfall für diesen Gegenwurf auch beerben kann.

Kehren wir zum Deuteronomium zurück. Im nächsten Schritt ist zu klären, wie aus dem gegen Aššur gewendeten Loyalitätseid, dem „Urdeuteronomium", ein Gesetzeswerk der dtn-vordtr Autoren in Dtn 12-26* wird.

2.4 Vom Treueid zum Reformgesetz: Der Ursprung des Deuteronomiums

Die Stipulation der Loyalitätsverpflichtung Dtn 13,2-10* ist eng verwandt mit dem dtn „Modellprozeß mit Zweizeugenregelung" (N. Lohfink) in Dtn 17,2-7*[379]:

„(V. 2abα) Wenn in deiner Mitte, in einem deiner Tore, die JHWH, dein Gott, dir gibt, ein Mann oder ein Frau angetroffen werden, (V. 3aα) und sie gehen[380] und dienen anderen Göt-

---

377 Überlieferungsgeschichte des Pentateuch, 11.

378 Damit ist auch Abschied zu nehmen von jüngsten Versuchen, in der These einer „persischen Reichsautorisation" (cf. dazu P. Frei, Reichsautorisation [*ZAR 1*], 1-35) den neuen Angelpunkt der Pentateuchkritik zu finden, nachdem man die de Wette'sche Hypothese in die forschungsgeschichtliche Rumpelkammer verfrachtet hat – vorschnell, wie sich zeigt; cf. Verf., Archimedischer Punkt (*BEThL 133*), 321-339. Die Rezeption sicher datierbarer neuassyrischer Überlieferungen im Pentateuch gibt ein besseres Fundament für die Pentateuchkritik ab, als die recht zweifelhafte These, die Tora sei das Ergebnis einer von der persischen Reichsregierung erzwungenen Kompromißbildung. Läßt sich keine dtr Redaktion im Tetrateuch (KD u.ä.) aufweisen, kommt auch einer der Kompromißpartner abhanden; s. auch K. Koch, Weltordnung (*OBO 55*), 305 Anm. 345: „In Gen – Num taucht eine dtr-Diktion nur sporadisch auf; für eine oft behauptete deuteronomistische Redaktion des gesamten Pentateuch fehlen hinlänglich Indizien". Dem ist nichts hinzuzufügen!

379 Zur Literarkritik cf. Verf., Gerichtsordnung (*FS O. Kaiser*), 147-152.

380 Zur Konstruktion מצא (Ni.) + *w*-Pk-Verb cf. die Parallele in Jer 41,8. Doch auch, wenn der Anschluß mit וַיֵּלֶךְ (V. 3aα) an V. 2a grammatisch möglich und inhaltlich begründbar ist (cf. Verf., Gerichtsordnung [*FS O. Kaiser*], 149 Anm. 39), ist die Möglichkeit in Rechnung zu stellen, daß die Interpretation der *w*-Pk-Form als Pk-cons. auf die masoretische Punktation zurückgeht und keineswegs grammatisch zwingend ist (cf. GK § 114r) und durch die literarisch sekundäre Explikation in V. 2bβ gelenkt wurde. Es wäre eine methodisch wenig plausible Annahme, daß Textfortschreibungen notwendigerweise ein Mehr an Inkohärenz des Textes erzeugen und nicht ein Bemühen um Kohä-

tern, (V. 4) wenn es dir gemeldet wird, sollst du ein Verhör anstellen und gründliche Untersuchung anstellen. Wenn es sich als wahr herausstellt, daß ein derartiger Greuel in Israel begangen wurde, (V. 5a*) sollt ihr diesen Mann oder diese Frau zu deinen Toren hinausführen und sie zu Tode steinigen. (V. 6) Auf die Aussage von zwei oder drei Zeugen hin soll die Todesstrafe verhängt werden. Sie soll nicht auf die Aussage eines Zeugen hin verhängt werden. (V. 7) Die Hände der Zeugen sollen sich gegen ihn zuerst erheben, um ihn hinzurichten. Die Hände des ganzen Volkes sollen folgen. So sollst du das Böse aus deiner Mitte fortschaffen".

Der Modellfall wird nach Dtn 13,2-10* als Paradigma für die Zuständigkeit der Ortsgerichte in Dtn 17,2-7* entfaltet: Alle durch Zeugen aufklärbaren Fälle werden der professionalisierten Ortsgerichtsbarkeit zugewiesen. Die vor der Kultzentralisation an den Lokalheiligtümern kultisch aufgeklärten Fälle dagegen fallen unter die mit priesterlicher Beteiligung arbeitende Zentralgerichtsbarkeit (Dtn 17,8-13*). Der Dtn 13,2-10* entnommene Fall[381] des religiösen Hochverrats wird als Paradigma für die prozeßrechtlichen Kompetenzen des Lokalgerichts gewählt, um sicher zu stellen, daß die Kompetenzen zwischen Orts- und Zentralgerichtsbarkeit nicht nach dem kultrechtlichen oder profanen Charakter des Falls verteilt werden, sondern allein nach den Mitteln der Fallaufklärung als profane oder kultische. Die Gerichtsordnung (Dtn 17,2-13*) ist Teil der dtn-vordtr Zentralisationsgesetze, die sich auch in Dtn 17,2-7* in der dtr Fortschreibung abheben lassen. Dtn 17,2a („wenn in deiner Mitte, in einem deiner Tore, die JHWH, dein Gott dir gibt, ein Mann oder eine Frau angetroffen werden") nimmt Dtn 13,2a auf, erweitert aber die Ortsangabe („in deiner Mitte") durch „in einem deiner Tore" und die dtn Landgabeformel. Die

renz am Werk sein sollte. Das gilt auch für die Masoreten, wenn der Konsonantenbestand nicht berührt ist. Im Wechsel von כי יקום in Dtn 13,2 zu כי ימצא in Dtn 17,2 spiegelt sich die Uminterpretation von Dtn 13,2ff. in Dtn 17,2-7*. Wird durch die Formulierung in Dtn 13,2ff. die Anstiftung zur Apostasie als Falschzeugnis interpretiert (cf. Dtn 19,15), so wird durch die Eröffnung in Dtn 17,2 deutlich, daß es nicht mehr um die Anstiftung zur Tat, sondern um die vollendete Tat selbst geht (cf. Dtn 22,20 u.ö.); cf. zu מצא in diesem Zusammenhang M. Fishbane, Accusations (*HUCA 45*), 26 Anm. 4; A.R. Ceresko, Function (*CBQ 44*), 557-559; S. Dempster, Formula (*RB 91*), 188-211. Regelt Dtn 13* allenfalls implizit, wie neben der Anstiftung zur Tat die Tat selbst rechtlich zu sanktionieren ist, so wird durch Dtn 17,2-7* diese Lücke geschlossen und die Lynchjustiz, d.h. die sofortige Tötung ohne Verfahren, durch ein ordentliches Gerichtsverfahren abgelöst. Entsprechend wird bei der Rezeption von Dtn 13,10.11a in Dtn 17,5b-7 die prozeßrechtliche Zweizeugenregelung (Dtn 19,15) in das Zentrum gerückt. Die dtr Redaktion hat dann schließlich an Dtn 17,2-7 anknüpfend den Fall der vollendeten Apostasie mit V. 13-19 in Dtn 13 eingeführt, und zwar in einer Gestalt, die wiederum über Dtn 17,2-7 hinaus führt: die gesamte Nation im Religionskrieg gegen eine Stadt, die dem Bann nach einem Gerichtsverfahren unterworfen wird.

381 Cf. Verf., Gerichtsordnung (*FS O. Kaiser*), 152ff. mit weiterer Literatur. Zur literarischen Abhängigkeit der Gerichtsordnung Dtn 17,2-7* von Dtn 13* cf. auch P.E. Dion, Deuteronomy 13 (*JSOT.S 124*), 159-162, W.S. Morrow, Center (*SBL.MS 49*), 183f., und B.M. Levinson, Deuteronomy (*New York 1997*), 98-143, gegen M. Rose, 5. Mose I (*ZBK 5.1*), 291.296ff., der in Dtn 17,2-7* die Vorlage für Dtn 13* sieht.

Gerichtsordnung wird der für die dtn Redaktion charakteristischen Dialektik von Zentralheiligtum und Ortschaften[382] unterworfen. Durch die abschließende *biʿartā*-Formel („du sollst das Böse aus deiner Mitte fortschaffen") wird die Gerichtsordnung in die dtn Redaktionslogik der Reinheit des Landes eingebunden[383].

Daß Dtn 13,2-10 der dtn-vordtr Redaktion von Dtn 12-26* vorgegeben ist, erweist nicht nur die Analyse von Dtn 13,2-10*, sondern auch die Rezeption von Dtn 13,2-10* in Dtn 17,2-7*.*

Wie aber wurde aus dem Treueid (Dtn 13,2-10*; 28,15*.20-44*), der von der dtn-vordtr Redaktion in Dtn 12-26* aufgenommen wurde, das dtn Deuteronomium als Gesetz? Die dtn Zentralisationsformel[384] und die Zentralisationsgesetze in Dtn 12*[385] schreiben das Altargesetz des Bundesbuches fort. Es wird im folgenden zu zeigen sein, daß das Bundesbuch insgesamt im Deuteronomium reformuliert wurde.

Ehe wir uns aber dem Deuteronomium als Reformprogramm, das das Bundesbuch reformuliert, zuwenden, ist zu klären, ob es damit eine Ausnahmeerscheinung der altorientalischen Rechtsgeschichte ist[386] oder aber als Reformprogramm in einer Traditionskontinuität auch mit außerbiblischen Rechtssammlungen steht. Für einen Vergleich bietet sich die Mittelassyrische Rechtssammlung (MAG) der Tafel A an, die zahlreiche inhaltliche und strukturelle Parallelen mit dem Deuteronomium aufweist.

---

382 Cf. Verf., Art. *šaʿar* (*ThWAT VIII*), 376-382. Die Relation von Dtn 17,2-7* zu Dtn 13* hat schon G. Hölscher (Komposition [*ZAW 40*], 198) richtig beschrieben: „In 13,2ff. dreht sich alles um die Verführung zum Götzendienst; in 17,2ff. dagegen ist die Nennung des Götzendienstes nur Musterbeispiel eines Kriminalvergehens. Der Nachdruck liegt hier auf dem genauen Verhör, der gründlichen Untersuchung, dem Hinrichtungsverfahren, dem Zeugnis der Zeugen und ihrer Beteiligung an der Hinrichtung, – kurz auf dem Gerichtsverfahren als solchem. Damit schließt sich dies Gesetz genau an 16,18 an. Es will darstellen, welcher Art das Gerichtsverfahren bei Kriminalsachen sei. Daß der Gesetzgeber als Schulbeispiel den Fall des Götzendienstes herausgreift, zeigt nur, daß ihn das Thema vor anderen interessiert".

383 Cf. u. IV. 3.3.2.

384 Cf. N. Lohfink, Zentralisationsformel (*SBAB 12*), 147-177.

385 Cf. B.M. Levinson, Deuteronomy (*New York/Oxford 1997*), 98-143; s. dazu Verf., Fortschreibungsgeschichte (*BiOr 56*), 5-14.

386 R. Westbrook (Covenant Code [*JSOT.S 181*], 15-36) setzt das Deuteronomium von der altorientalischen Rechtsgeschichte ab, die auch die vordtn Rechtsüberlieferungen des Alten Testaments einschließe; cf. dazu die Rezension des Sammelbandes (B.M. Levinson [Hg.], Theory) durch N. Lohfink in ZAR 2 (*1996*), 201-107.

III. Rechtsreformen in der Mittelassyrischen Rechtssammlung der Tafel A (KAV 1)

1. Forschungsgeschichtliche Problemstellung

Im Gegensatz zu den altbabylonischen Rechtssammlungen, deren Charakter als Gesetzessammlung präskriptiven Rechts erst in den letzten Jahren zugunsten ihrer Funktion als Teil des Schreibercurriculums deskriptiven Rechts infrage gestellt wurde[1], war in der rechtshistorischen Forschung die Funktion der Mittelassyrischen Rechtssammlung[2], insbesondere der Tafel A[3], aufgrund der zahlreichen dublettenartigen Überschneidungen von *leges geminatae* in MAG.A § 12 mit § 54, von § 21 mit §§ 49f., von §§ 30; 31 mit §§ 42; 43, von § 33 mit § 46, von § 36 mit § 45 und von § 39 mit § 48[4] stets strittig. P. Koschaker[5], gefolgt von M. San Nicolò[6] und V. Korošec[7], hat im MAG.A nicht ein rechtsgültiges Gesetzeswerk, sondern die gelehrte Arbeit eines Rechtsbuches[8] privater Aufzeichnung des Rechts gesehen[9].

---

1 S. bereits B. Landsberger, Termini (*SDIO 2*), 219-234 (zur Frage nach dem legislativen Charakter der MAG.A s. a.a.O., 234) sowie die durch F.R. Kraus (Problem [*Genava* [*N.F.*] *8*], 283-296) ausgelöste Diskussion; s. dazu R. Westbrook, Law Codes (*RB 92*), 247-264; ders., Legislation (*ZA 79*), 201-222; Verf., Bedeutung (*ZThK 88*), 147ff. (Lit.); ders., Kodifizierung (*Paris 1999*) (Lit.); J. Renger, „Kodex" Ḫammurapi (*ScriptOralia 15*), 27- 59 (cf. dazu die Rezension des Verf. in ZAR 2 [*1996*], 192-196); B. Kienast, Codices (*ScriptOralia 15*), 13-26; ders., Mündlichkeit (*ZAR 2*), 114-130; M.T. Roth, Law Collections (*WAW.SBL 6*), 5-7 (cf. dazu die Rezension von M.P. Streck in ZAR 4 [*1998*], 303-309); E. Bouzon, Recht (*AOAT 250*), 39-61; cf. auch P. Cruveilhier, Lois assyriennes (*Le Muséon 40*), 21f.

2 Zur Datierung der Tafel A in das 12. Jh. v. Chr. s.o. I. Anm. 4 sowie ferner E. Weidner, Mittelassyrische Gesetzestexte (*AfO 12*), 48-50; G. Cardascia, Art. Gesetze (*RLA III*), 280. C. Saporetti, Leggi medioassire (*Malibu 1979*), 9f.; M.T. Roth, Law Collections (*WAW.SBL 6*), 154.

3 Zum neuassyrischen Fundkontext im Šamaš-Tor zwischen Anu-Adad-Tempel und Altem Palast in Aššur s.o. I.

4 Cf. P. Koschaker, Altassyrische Gesetze (*MVÄG 26/3*), 66.

5 S. Altassyrische Gesetze (*MVÄG 26/3*), 79ff.

6 S. Rechtsgeschichte (*Oslo 1931*), 89-91.

7 S. Keilschriftrecht (*HO I/1*), 155.

8 Zur Definition des Begriffes „Rechtsbuch", dessen bedeutendstes Beispiel der Sachsenspiegel des Eike von Repgau aus Reppidau ist, s. R. Haase, Einführung (*Wiesbaden 1965*), 34 Anm. 178.

9 S. aber auch M. Jastrow jr., Assyrian Law Code (*JAOS 41*), 6: „It is probably fair to assume that the new Assyrian Code represents a codification of existing usage in legal

Ein Redaktor habe nacheinander zwei Quellen ausgeschrieben, die aus unterschiedlicher Zeit stammten oder unterschiedliche örtliche Geltungsbereiche hatten, die aber zum großen Teil identische Rechtsmaterien behandelten, und habe seine Exzerpte mechanisch aneinander gereiht[10]. Da sämtliche *leges geminatae* auf MAG.A § 40 folgen, sei hier der Einschnitt der Quellen zu vermuten. Für die Annahme zweier literarisch abzuhebender Quellen wird auch ins Feld geführt, daß nur in dem ersten Exzerpt die *ṣadika*-Ehe der bei den Eltern wohnenden Frauen belegt sei, und nur in der zweiten Quelle, die mit MAG.A § 41 beginne, die patriarchale Ehe[11]. Der Redaktor habe aber nicht nur mechanisch seine Quellen abgeschrieben, sondern unter dem Gesichtspunkt, einen „Rechtsspiegel für Frauen, speziell für Ehefrauen"[12] zu schaffen, seine Exzerpte auch durch andere Rechtssatzungen, sei es aus anderen Quellen, sei es aus anderen Partien seiner Vorlage, ergänzt. So seien isolierte Paragraphen wie MAG.A §§ 21; 40; 47 zu erklären. Eine dieser zusätzlichen Quellen sei ein Stadtrecht von Aššur[13]. Die Rechtssätze seien mit Zusätzen versehen, die im Gegensatz zu den Interpolationen in der Rechtssammlung des Hammurapi nicht Niederschlag einer Gesetzgebung seien, sondern sich überwiegend auf bloße Paraphrasierungen oder Erläuterungen der überlieferten Rechtssätze beschränkten[14]. Eine solche Arbeitsweise sei nicht die eines Gesetzgebers, sondern der Jurisprudenz. Die Glossierung der Rechtssätze setze schon beim einzelnen Rechtssatz in der Rechtsschule oder Gerichtspraxis vor Aufnahme in die Sammlung ein und ende mit einer abschließenden Ergänzung der Tafel A durch die Paragraphen MAG.A §§ 56-58[15]. So handelt es sich bei den MAG.A für P. Koschaker um ein Werk, das zum größten Teil der Jurisprudenz seine Entstehung verdanke und insofern privaten Ursprungs sei[16].

---

decisions and procedures at the time of the codification, as is the case with the Hammurabi Code".

10 S. Altassyrische Gesetze (*MVÄG 26/3*), 66.

11 Dem widersprechen MAG.A §§ 28; 29; 36; 38 und MAG.A § 46 in P. Koschakers Interpretation; s. dazu i.f.

12 S. P. Koschaker, a.a.O., 68f. Anm. 1.

13 S. MAG.A §§ 24; 40; 44. Das Fragment K. 10135 der Tafel A aus Ninive zeigt inzwischen, daß die MAG.A über Aššur hinaus verbreitet waren; s.o. I.

14 S. P. Koschaker, a.a.O., 80: „Es gibt Zusätze, welche den überlieferten Tatbestand durch Hinzufügung verwandter Fälle erweitern oder auf solche Gestaltungen verweisen, oder es wird in einen Paragraphen ein anderer Rechtssatz, der eine verwandte Frage regelt, eingearbeitet. Es fehlt endlich nicht an Zusätzen, die auf eine vergleichende Bearbeitung mit dem KH (sc. Rechtssammlung des Hammurapi) schließen lassen".

15 S. dazu P. Koschaker, a.a.O., 12ff.80f.

16 V. Korošec (Keilschriftrecht [*HO I/3*], 155) hat sich P. Koschaker angeschlossen: „Nach den m. E. überzeugenden Darlegungen von KOSCHAKER war die erste Tafel kein Gesetzgebungswerk, sondern ein von einem Privaten, vielleicht einem Rechtsgelehrten verfaßtes Rechtsbuch. Der Urheber des Rechtsbuchs übernahm dabei mehrere Gesetzesvorschriften, wohl aus dem Stadtrecht von Assur; außerdem war er bestrebt, durch Verallgemeinerung von einzelnen Streitfällen neue Rechtsvorschriften zu gewin-

A.L. Oppenheim[17] hat die These mehrerer Quellen in den MAG.A aufgenommen und durch die Beobachtung, daß in den Protasen der Rechtssätze der MAG.A Verbformen mit *t*-Infix mit solchen ohne Infix abwechseln, zu begründen gesucht. Der Redaktor benutze zwei Vorlagen, die sich philologisch durch die Verbformen und juristisch insbesondere durch unterschiedliche Konzeptionen von Muntehe und muntfreier Ehe abheben[18]. Wird die These der unterschiedlichen Quellen bestätigt, nun allerdings nicht mehr durch das Argument der *leges geminatae* gestützt[19], sondern unterschiedlicher Verbformen in den Protasen, so wendet sich A.L. Oppenheim doch gegen P. Koschakers These, die MAG.A seien ein privates Rechtsbuch gewesen. Die Arbeitsweise des Redaktors entspreche der des CH[20]. Auch regeln die Rechtssätze so wichtige Gebiete der gesellschaftlichen Beziehungen in autoritärer Weise, daß es unmöglich sei, in ihnen Kodifikationen eines Privatgelehrten zu sehen[21]. Nur für das Frauenstrafrecht sei aufgrund der starken Glossierung zu vermuten, daß der Redaktor eine Privatarbeit als Quelle benutzt habe. „Dennoch wäre das mR (sc. MAG.A) als eine offizielle Bearbeitung mehrerer Gesetzessammlungen, worunter sich möglicherweise auch eine Privatarbeit eines gelehrten Juristen befand, zu bezeichnen“[22]. Die Verwendung von infigierten neben nichtinfigierten Verbformen in den *šumma*-Sätzen in MAG.A drückt aber nur den sich zur Verknüpfung mit den präsentisch-futurischen Verbaspekten der Apodosen eignenden Tempusaspekt des *futurum exactum* aus und kann sich dazu auch von der Verbindung mit Prät.-Formen lösen und alleinstehend gebraucht werden[23]. Ein literarkritisches Argument ist daraus kaum zu gewinnen[24]. Das gilt auch für die sich mit der philologischen Differenzierung verbindende Unterscheidung von Muntehe und muntfreier Ehe, die auf P.

---

nen. Die Tatsache, daß er dieselben oder verwandte Tatbestände zweimal, und zwar an verschiedenen Stellen eingereiht hat, zeigt, daß er aus zwei älteren Vorlagen schöpfte“. R. Haase (Einführung [*Wiesbaden 1965*], 34) übernimmt ohne Einschränkung die Charakterisierung der MAG.A als „Rechtsbuch für Frauen, speziell für Ehefrauen“ (P. Koschaker) und als „Frauenspiegel“ (M. San Nicolò), hält aber die These zweier Quellen in den MAG.A für anfechtbar.

17 S. Rechtsbuch (*WZKM 41*), 221-260; cf. ders., T-Formen (*WZKM 40*), 183-220.

18 S. Rechtsbuch (*WZKM 41*), 228ff. A.L. Oppenheim rechnet folgende Rechtssätze zur (älteren) Vorlage II: MAG.A §§ 10; 18-20; 25-27; 30*; 31-33; 36*; 38; 42f.; 47*; 49-51; 54*, folgende Rechtssätze zu der die Vorlage II überlagernden und der Redaktion verwandten Vorlage I: MAG.A §§ 1-6; 7-9; 12-17; 21-24; 28f.; 30*; 34f.; 36*; 37; 39-41; 44-46; 47*; 48; 52; (53); 54*; 55.

19 S. dazu A.L. Oppenheim, a.a.O., 238ff.

20 S. A.L. Oppenheim, *T*-Formen (*WZKM 40*), 181-220.

21 S. Rechtsbuch (*WZKM 41*), 252.

22 S. A.L. Oppenheim, a.a.O., 260.

23 S. H. Hirsch, *t*-Formen (*FS W. von Soden*), 130f.; W. Mayer, Grammatik (*AOAT.S 2*), 111.; cf. jetzt auch M.P. Streck, Rezension von M.T. Roth, Law Collections, ZAR 4 (*1998*), 305f.

24 S. W. von Soden, GAG § 161 h; cf. auch G. Cardascia, Art. Gesetze (*RLA III*), 281.

Koschaker[25] zurückgeht, die sich aber in MAG.A[26] wie in den altbabylonischen Rechtsüberlieferungen nicht bewährt[27].

Die von A.L. Oppenheim gegen P. Koschaker vertretene These, die MAG. A seien ein offizielles Gesetzbuch, nicht aber ein privates Rechtsbuch der Rechtsgelehrsamkeit, wird durch den umfangreichen philologischen und rechtshistorischen Kommentar zu den MAG.A von G.R. Driver/J.C. Miles aufgenommen. Gegen P. Koschaker wenden sie pauschal ein: „Although it is easy to understand that a jurist might collect his country's laws, it is difficult to believe that he would make a compilation solely or mainly concerned with married women, since it could serve no practical end, as Koschaker indeed admits; nor is this book in the form of a textbook suitable for an educational purpose. It seems easier then to suppose that it is the work of a legislator who wished for some reason to amend the laws relating to women and more especially married women“[28]. MAG.A soll vorgegebenes Recht, sei es das des CH oder eines ihm verwandten Rechtes altbabylonischer Tradition, korrigieren[29]. Die Interpretation der MAG.A als offizieller Gesetzeskodex wurde durch G. Cardascia in mehreren einschlägigen Veröffentlichungen[30] unterstrichen. Die von P. Koschaker vertretene Deutung der MAG.A als privates Rechtsbuch eines „Frauenspiegels“ wird mit dem Argument der Fundumstände im Šamaš-Tor[31] zurückgewiesen. „A corroborare l'ipotesi sta la provenienza delle tavolette, nella ‚Porta di Shamash' ad Ashshur, sede dei tribunali, o nella prossima vicinanza della località: si suppone che una biblioteca giudiziaria vi fosse insediata“[32]. Eine Sammlung der Rechtsgelehrsamkeit sähe anders als die MAG.A aus: „Si le ‚Frauenspiegel‘ était un recueil doctrinal, il comporterait

25 S. Altassyrische Gesetze (*MVÄG 26/3*), 56; cf. ders., Studien (*Leipzig 1971*), 111-214; ders., Eheschließung (*ArOr 18*), 210-296; ders., Codex Bilalama (*JCS 5*), 104-122.

26 S. G.R. Driver/J.C. Miles, Assyrian Laws (*Oxford 1935*), 134-173; G. Cardascia, Lois assyriennes (*Paris 1969*), 63f.; ders., Art. Gesetze (*RLA III*), 284f.

27 S. R. Westbrook, Marriage Law (*AfO.Beih. 23*), 53-58; ders., Art. Muntehe (*RLA VIII*), 425f.; Verf., Art. Ehe II. AT (*RGG⁴ II*).

28 S. G.R. Driver/J.C. Miles, Assyrian Laws (*Oxford 1935*), 14.

29 S. G.R. Driver/J.C. Miles, a.a.O., 14f. Dem hat sich A. von Praag (Droit matrimonial [*Arch.-Hist. Bijdragen 12*], I § 2) angeschlossen, während M. San Nicolò (Rezension [*OLZ 39*], 514f.) sich dagegen ausgesprochen hat. Zum Zusammenhang zwischen altbabylonischem und mittelassyrischem Recht s. zuletzt Verf., Körperverletzungen (*AOAT 226*), 78-95.

30 S. Lois assyriennes (*Paris 1969*), 28-36; ders., Art. Gesetze (*RLA III*), 281f.; ders., Diritto in Assiria (*Pubblicazioni dell'Istituto di Diritto Romano e dei Diritti dell'Oriente Mediterraneo 65*), 54ff.

31 Zur antiken Gerichtsfunktion des Tores in Mesopotamien, Syrien und Palästina s. Verf., Funktionen (*FS H. Donner*), 188-197.

32 S. G. Cardascia, Diritto in Assiria (*Pubblicazioni dell'Istituto di Diritto Romano e dei Diritti dell'Oriente Mediterraneo 65*), 55; cf. auch C. Saporetti, Leggi medioassire (*Malibu 1979*), 9.

des expressions dubitatives, le reflet d'opinions controversées, des arguments pour ou contre une solution juridique, des références à des jugements. Or, la présentation formelle des LA (sc. MAG.A) est celle de toutes les lois de l'Orient ancien: exposé d'un *casus* suivi d'une sanction exprimée au futur"[33]. Rechtskodices werden auf die Autorität von *sukkalu* und *sartennu* zurückgeführt. Die Redaktoren haben aus Gewohnheitsrecht und Gesetzgebung geschöpft, die die Jurisprudenz beeinflußten[34]. Gerichtsurteile inspirierten nur die Rechtssätze, seien aber nicht deren Quelle[35]. Die Korrektur des Gewohnheitsrechtes habe erst die schriftliche Fixierung notwendig gemacht und begründe die Lückenhaftigkeit des schriftlich Geregelten, die also nicht als Argument gegen die Funktion als Sammlung positiven Rechts dienen könne[36]. MAG.A weise eine Ordnung der Rechtssätze auf, die Digressionen durch Stichwortassoziationen enthalte[37]. Auch könne man nicht von Dubletten in den MAG.A sprechen: „On ne trouve jamais deux casus, identiques au fond, et séparés par des différences formelles"[38]. Daß zusammengehörende Rechtssätze wie MAG.A § 21 und §§ 50-53[39] getrennt seien, sei Hinweis auf eine sukzessive Entstehung der MAG.A in zwei oder drei Etappen: „L'existence des doublets et la distribution générale de l'oeuvre évoque davantage un travail effectué en plusieurs étapes, avec des additions et des compléments, plutôt qu'elle ne renseigne sur la diversité des sources"[40].

Wenn G. Cardascia die Funktion der MAG.A als präskriptives Gesetzbuch mit dem Argument verteidigt, „parce que leur caractère est identique à celui des autres lois du Proche-Orient"[41], so ist diese Begründung in einer gewandelten Forschungssituation nicht mehr stichhaltig. Die Beheimatung altbabylonischer Rechtssatzsammlungen in der Ausbildung des „Tafelhauses" (É.DUB.BA) ist in

---

33 S. G. Cardascia, Art. Gesetze (*RLA III*), 281; cf. ders., Lois assyriennes (*Paris 1969*), 34ff.

34 „Sentenze giudiziarie avranno ispirato il legislatore, ma, senza una omologazione da parte sua, esse non sembrano costituire direttamente fondamenti del diritto", s. G. Cardascia, Diritto in Assiria (*Pubblicazioni dell'Istituto di Diritto Romano e dei Diritti dell'Oriente Mediterraneo 65*), 57; cf. auch ders., Lois assyriennes (*Paris 1969*), 34f.

35 Anders P. Koschaker, Altassyrische Gesetze (*MVÄG 26/3)*, 17ff.; 68; 79f.; 83, sowie zuletzt C. Locher, Ehre (*OBO 70*), 83ff.90ff.

36 S. dagegen Verf., Altorientalische Rechtsgeschichte (*BiOr 48*), 8f.

37 S. G. Cardascia, Lois assyriennes (*Paris 1969*), 37-52.

38 S. G. Cardascia, a.a.O., 49.

39 S. zu ihrem Zusammenhang i.f.

40 S. G. Cardascia, Lois assyriennes (*Paris 1969*), 51; cf. auch J. Bottéro, Antiquités assyro-babyloniennes (*AEPHE.HP 99*), 92.95-97.

41 S. Lois assyriennes (*Paris 1969)*, 36; ders., Art. Gesetze (*RLA III*), 281; ders., Diritto in Assiria (*Pubblicazioni dell'Istituto di Diritto Romano e dei Diritti dell'Oriente Mediterraneo 65*), 57f.; ders., Codification (*RIDA III/4*), 53-71.

den letzten Jahren deutlich geworden[42]. Damit ist keineswegs in Abrede gestellt, daß die Rechtssätze der Rechtssatzsammlungen der Keilschriftrechte nicht auch gültiges Recht deskriptiv widerspiegeln[43]. Sie beschreiben es, aber sie setzen es nicht präskriptiv für den Rechtsentscheid in Kraft[44]. Vielmehr dienen sie der Ausbildung für den Rechtsentscheid. Dieser für altbabylonische Rechtskodices gültige Befund stellt nun die Interpretation der MAG.A als „compilation de textes législatifs“ von „efficacité juridique“[45] infrage. P. Koschakers literaturhistorische Begründung des rechtsgelehrten Charakters der MAG.A ist von einer rein quellenkritischen zu einer redaktionshistorischen Begründung weiterzuführen, die über das Erfassen von Quellen und Glossen hinaus die Logik der Redaktion der Rechtssätze zu erfassen und auf diesem Wege die Intention der Kompilation zu erfassen sucht[46]. Dabei sollten aber keine Gliederungsprinzipien wie das einer dekalogischen Struktur, die den Keilschriftrechten fremd ist[47], oktroyiert werden. Das betrifft den Versuch von S.A. Kaufman, analog zur dekalogischen Gliederung von Dtn 12-26[48] eine solche auch in den MAG.A zu erfassen[49]. S.A. Kaufman sieht in den MAG.A §§ 1-43 und MAG.A §§ 44-56 zwei parallele Rechtssatzreihen, die mit MAG.A §§ 1-6; 7-10; 11-43 in der ersten Reihung dreigliedrig, mit MAG.A §§ 44-49; 50-54; 55-56; 57-59 in der zweiten Reihung viergliedrig strukturiert seien[50]. Die in diesen Reihungen beobachtete Abfolge von Eherecht bzw. Sexualstrafrecht und Körperverletzungsrecht ist aber nicht mit der Abfolge von Tötungs- und Ehebruchsverbot im Dekalog in Verbindung zu

---

42 S. M.T. Roth, Scholastic Tradition (*Ph.D. Diss. Univers. of Pennsylvania*); R. Westbrook, Law Codes (*RB 92*), 247ff.; Verf., Kodifizierung (*Paris 1999*): Zur Rechtssammlung von Ešnunna s. Verf., Rechtssystematik (*UF 19*), 175-197; ders., Rechtsgeschichte (*OBO 85*), passim.

43 S. R. Westbrook, Legislation (*ZA 79*), 204f.; M.T. Roth, Law Collections (*WAW. SBL 6*), 5-7.

44 S. Verf., Rechtsgeschichte (*OBO* 85), 177ff.; ders., Körperverletzungen (*AOAT 226*), 29ff.71ff.103ff.165ff.

45 S. G. Cardascia, Lois assyriennes (*Paris 1969*), 36.

46 S. dazu H. Petschow, Systematik (*ZA 57*), 146-172; ders., Systematik (*FS M. David*), 131-143; B.L. Eichler, Structure (*FS R. Reiner*), 71-84; Verf., Rechtssystematik (*UF 19*), 175-197; ders., Rechtsgeschichte (*OBO 85*), 7ff.62ff.135ff.173ff.; ders., Körperverletzungen (*AOAT 226*), 56ff.91ff.103ff.; H. Sauren, Kodices (*ZSRG.R 106*), 1-55.

47 Zu dem Versuch von K. Peckeruhn (Handschrift A [*Diss. phil. Würzburg*], 155ff.) in HG §§ 1-18 einen Dekalog als überlieferungsgeschichtliche Kernüberlieferung zu rekonstruieren, s. Verf., Körperverletzung (*OBC 8*), 199 Anm. 53.

48 S. dazu S.A. Kaufman, Structure (*Maarav 1/2*), 105-158.199 Anm. 53; cf. u. IV.3.2.

49 S. S.A. Kaufman, Second Table (*FS M.H. Pope*), 114f.

50 Eine Äußerung von R.H. Pfeiffer (Akten [*Wiesbaden 1959*], 148f.) aufnehmend, sieht S.A. Kaufman in der Rechtssammlung des Hammurapi eine die Abfolge vom 6.-9. Gebot des Dekalogs umkehrende Reihenfolge der thematischen Gruppierung, die er ähnlich auch in den Rechtssammlungen des Lipit-Ištar, des Šulgi und der von Ešnunna beobachtet.

bringen. Wohl aber ist zu beobachten, daß in den Rechtssammlungen des Šulgi und in der von Ešnunna insofern identische Redaktionsmuster vorliegen, als alle Rechtssätze um die ursprünglich selbständigen Sammlungen des Eherechts (CŠ §§ 6-15; CE §§ 17; 18; 25-28) und des Körperverletzungsrechts (CŠ §§ 18-22; CE §§ 42-48; 53-58)[51] herumgruppiert sind[52]. Die redaktionsgeschichtliche Analyse der keilschriftlichen Rechtskorpora steht noch eher am Anfang, so daß es geboten ist, zunächst jede Rechtssatzsammlung für sich zu analysieren, ehe „patterns" von Anordnungsprinzipien zur Voraussetzung der Analyse gemacht werden[53]. Das gilt auch für die MAG.A.

Einen wichtigen Aspekt für die redaktionsgeschichtliche Analyse von MAG.A §§ 1-24 hat C. Saporetti[54] mit der Frage nach dem Verhältnis von privater zu öffentlicher Deliktaufklärung und Strafe gestellt: „Un altro problema riguarda inoltre la fase antecedente la punizione, cioè l'accertamento della colpa. È lo Stato che stabilisce se una persona è colpevole, anche quando è demandato al privato il compito della punizione, o è la vittima stessa che ha il potere di giudicare, condannare e punire? Per la soluzione di questo problema non abbiamo che pochi elementi, e per giunta controstanti"[55]. Die Phrase „Der *a'īlu* überführt seine Ehefrau und legt (ihr) Strafe auf" scheine „intendere che anche l'accertamento della colpa è svolto in sede privata"[56]. MAG.A § 15 dagegen scheine vorauszusetzen, daß der Geschädigte die Täter anzeigt und die Strafe, erst nachdem die Schuld festgestellt worden sei, vollzogen werden könne. Nur in *flagranti delicto* könne eine Selbstjustiz vollzogen werden, die nicht straffällig werden läßt. In MAG.A § 23 (III 34) scheine der Plural „läßt man die Frau straffrei" vorauszusetzen, „che la donna veniva giudicata dall'autorità, e che solo dopo questo giudizio veniva consegnata per la punizione privata o, come in questo caso, rilasciata perché non colpevole"[57]. In der formelhaften Zusammenstellung von *bu'āru* und *ku'ānu* im Plural „sembra chiaramente sottintendere un generico soggetto plurale, ad indicare l'intervento della pubblica autorità (i giudici)"[58]. Jede Strafe einschließlich der Privatstrafe müsse also von einem öffentlichen Gericht auferlegt worden sein. Schwierig

---

51 S. dazu Verf., Rechtsgeschichte (*OBO 85*), 62ff.173ff.

52 S. Verf., Körperverletzungen (*AOAT 226*), 180; ders., Rechtsgeschichte (*ZThK 88*), 149; ders., Kodifizierung (*Paris 1999*).

53 Vor allem fehlt bislang eine ausgearbeitete Redaktionsgeschichte der Rechtssammlung des Hammurapi. Ihr kommt eine Schlüsselrolle zu, wenn die Frage nach tradierten Redaktionsmustern gestellt wird. Daß Redaktionsverfahren innerhalb der Keilschriftrechte und bis in das israelitische Recht hinein tradiert wurden, wird deutlich werden; s. dazu u. IV; cf. Verf., Town (*JSOT 57*), 3-22 (= J.W. Rogerson [Hg.], Pentateuch [*BiSe 39*], 203-221).

54 S. Leggi medioassire (*Malibu 1979*), 14ff.

55 S. C. Saporetti, a.a.O., 14.

56 S. C. Saporetti, a.a.O., 14.

57 S. C. Saporetti, a.a.O., 14.

58 S. C. Saporetti, a.a.O., 14.

bleibt in dieser Interpretation der Plural in MAG.A § 15 (II 42-43), den C. Saporetti[59] auf einen „concorso di parenti o amici" bezieht. Eher deutet die Stellung von *ubta''erū-š ukta''inū-š* im Kontext auf eine Einfügung[60], die die Frage nach der Redaktionsintention in der Abgrenzung von privater und öffentlicher Strafverfolgung in diesen Rechtssätzen stellen läßt. Dasselbe gilt für MAG.A § 3 (I 38-39) *a'īlu aššas-su u-ba-ar ù ḫ-i-ṭa e-em-mì-id* „der *a'īlu* überführt seine Ehefrau und erlegt [ihr] Strafe auf". C. Saporetti[61] interpretiert diese Phrase auf eine Suche des Ehemanns nach Beweisen, die den Behörden zu übergeben seien. Wenn C. Saporetti das Fazit zieht, „talvolta la distinzione tra pena ‚pubblica' e ‚privata' è veramente difficile da capire"[62], so ist dies Hinweis darauf, daß nur eine Auflistung der Rechtssätze öffentlicher und privater Strafverfolgung[63] unter Absehung von der Frage nach den Hinsichten ihrer Anordnung der komplexen Intention in der Redaktion nicht gerecht zu werden vermag. C. Saporetti hat aber damit, daß er die Differenz von privater und öffentlicher Deliktaufklärung und Strafe als ein zentrales Thema von Rechtssätzen in den MAG.A erkannt hat, der redaktionshistorischen Arbeit an den Rechtssätzen dieser Tafel einen wichtigen Impuls gegeben. Mit der Regelung privater und öffentlicher Strafe verbindet sich die einer Dispositionsverfügung in bezug auf Art und Schwere der Strafe, die auch für die Bestrafung weiterer an der Tat beteiligter Täter bindend ist. Derartige Dispositionsverfügungen finden sich abgesehen von MAG.A § 44 nur in den Rechtssätzen MAG.A §§ 1-24 und §§ 50-59, die die überwiegend eherechtlichen Rechtssätze in MAG.A §§ 25-49 rahmen[64]. Darin wird eine redaktionelle Strukturierung in der Anordnung der Rechtssätze erkennbar, die im folgenden weiter aufgeklärt werden soll. In einem ersten Schritt wird der strafrechtliche Rahmen in MAG.A §§ 1-24; 50-59 analysiert.

2. Überlieferungs- und redaktionsgeschichtliche Analyse von MAG.A §§ 1-24; 50-59

Das Oberflächenrelief des Textes gibt deutlich voneinander abgegrenzte Einheiten zu erkennen, die eine je mit dem weiteren Horizont vermittelte Redaktionsstruktur aufweisen. Die folgende Analyse schreitet zunächst diese Einheiten innerhalb des Abschnittes MAG.A §§ 1-24 ab. Eine erste derartige Einheit

---

59 S. C. Saporetti, a.a.O., 14 Anm. 16; 15 Anm. 18; 39f.
60 S. dazu u. III. 2.
61 S. a.a.O., 15.
62 S. a.a.O., 16.
63 S. C. Saporetti, a.a.O., 17-23.
64 S. Verf., Körperverletzungen (*AOAT 226*), 79; cf. P. Koschaker, Altassyrische Gesetze (*MVÄG 26/3*), 65.

bilden die Rechtssätze MAG.A §§ 1-6[65]. Sie sind durch das Thema der Eigentumsdelikte von den in MAG.A §§ 7-10(11) zusammengestellten Rechtssätzen zu Körperverletzungs- und Tötungsdelikten abgegrenzt.

2.1 Regelungen zur Dispositionsverfügung und Noxalhaftung bei Eigentumsdelikten (MAG.A §§ 1-6)

Text[66]

KAV 1 I 1-13 (MAG.A § 1)
[šum-m]a sinniltu (MÍ) *[lu-ú] aššat a'īle* (DAM.LÚ) *[lu]-ú mārat a'īle* ([DUMU.M]Í.LÚ) *[a-na] bīt ile* (E. DINGIR) *[t]e-ta-ra-ab [i-na] bīt ile* (E. DINGIR) *[mi]-im-ma [ša ile* (DINGIR) *tal-ti-r[iq ši-]ri-iq-[...] iz-za-qa[p?] lu-ú ub-ta ⌜e⌝-ru-ú-[ši] lu-ú uk-ta-i-nu[ú-ši] ba-e-ru-ta[...] ilu* ([D]INGIR) *⌜i⌝-[š]a-ʾ-[ú-lu] [k]i-i ša-a [ilu* (DINGIR) *a-na e-pa-še]⌜i⌝-[qa]-ab-[bi-ú-n]-i ⌜e⌝-ep-pu-šu-ú-ši*

KAV 1 I 14-22 (MAG. A § 2)
šu[m-ma] sinniltu (MÍ) *lu-ú aššat* (DAM-*at*) *a'īle* (LÚ) *lu-ú mārat a'īle* (DUMU.MÍ.LÚ) *ši-il-la-ta táq-ṭì-bi lu-ú mi-qí-it pe-e ta-ar-ti-i-ši sinniltu* (MÍ) *ši-i-it a-ra-an-ša ta-na-áš-ši a-na mu-ti-ša mārē* (DUM.MEŠ)-*ša ma'arātē* (DUM.MÍ.MEŠ)-*ša la-a i-qar-ri-i-bu*

KAV 1 I 23-44 (MAG. A § 3)
šum-ma a'īlu (LÚ) *lu-ú ma-ri-iṣ lu-ú me-et aššat* (DAM)-*su i-na bīti* (É)-*šu mi-im-ma tal-ti-ri-iq lu-ú a-na a'īle* (LÚ) *lu-ú a-na sinnilte* (MÍ) *ù lu-ú a-na ma-am-ma ša-né-em-ma ta-ti-din aššat* (DAM-*at*) *a'īle* (LÚ) *ù ma-ḫi-ra-nu-te-ma i-du-uk-ku-šu-nu ù šum-ma aššat* (DAM-*at*) *a'īle* (LÚ) *ša mu-us-sa bal-ṭu-ú-ni i-na bīt* (É) *mu-ti-ša tal-ti-ri-iq lu-ú a-na a'īle* (LÚ) *lu-ú a-na sinnilte* (MÍ) *ù lu-ú a-na ma-am-ma ša-né-em-ma ta-at-ti-din a'īlu* (LÚ) *aššas* (DAM)-*su ú-ba-ar ù ḫi-i-ṭa e-em-mì-id ù ma-ḫi-ra-a-nu ša i-na qa-at aššat* (DAM-*at*) *a'īle* (LÚ) *im-ḫu-ru-ú-ni šur-qa i-id-da-an ù ḫi-i-ṭa ki-i ša-a a'īlu* (LÚ) *aššas* (DAM)-*su e-mi-du-ú-ni ma-ḫi-ra-a-na e-em-mi-du*

KAV 1 I 45-56 (MAG.A § 4)
šum-ma lu-ú urdu (ÌR) *lu-ú amtu* (GEMÉ) *i-na qa-at aššat* (DAM-*at*) *a'īle* (LÚ) *mi-im-ma im-ta-aḫ-ru ša urde* (ÌR) *ù amte* (GEMÉ) *ap-pe-šu-nu uz-né-šu-nu ú-na-ak-ku-su šur-qa ú-mal-lu-ú a'īlu* (LÚ) *ša aššitī* (DAM)-*[š]u uz-né-ša ú-⌜na-ak-ka⌝-ás ú*

65 Cf. G. Cardascia, Lois assyriennes (*Paris 1969*), 43.46-48.85.
66 Keilschrifttext VAT 10000; s. O. Schroeder, KAV Nr. 1 (*WVDOG 35*). Die folgenden Transliterationen und Übersetzungen sind die des Verf.; cf. V. Scheil, Lois assyriennes (*Paris 1921*), 2ff. (veraltet); G.R. Driver/J.C. Miles, Assyrian Laws (*Oxford 1935*), 376ff. (veraltet); R. Borger, BAL, 50ff. (MAG.A §§ 2-7; 15; 21; 25-31; 35; 37-38; 40-41; 44; 46-47); C. Saporetti, Leggi medioassire (*Malibu 1979*), 149ff.; M.T. Roth, Law Collections (*WAW.SBL 6*), 155ff.

šum-ma aššas (DAM)-*s*[*u*] *ú-uš-šar* [*uz*]-*né-ša la-a ú-na-ak-ki-is ša urde* (ÌR) *ù amte* (GEMÉ) *la-a ú-na-ku-su-ma šur-qa la-a ú-ma-lu-ú*

KAV 1 I 57-69 (MAG.A § 5)
šum-ma aššat (DAM)-*at a'īle* (LÚ) *ina bīt a'īle* (É.LÚ) *ša-né-e-ma mìm-ma tal-ti-ri-iq a-na qa-at 5 ma-na anneke* (AN.NA) *tu-ta-at-tir bēl* (EN) *šur-qé i-tam-ma ma-a šum-ma ú-ša-ḫi-zu-ši-ni ma-a i-na bītī* (É)-*ia ši-ir-qí šum-ma mu-us-sa ma-gi-ir šur-qa id-dan ù i-pa-aṭ-ṭar-ši uz-né-ša ú-na-ak-ka-ás šum-ma mu-us-sa a-na pa-ṭa-ri-ša la-a i-ma-ag-gu-ur bēl* (EN) *šur-qí i-laq-qé-e-ši ù ap-pa-ša i-nak-ki-is*

KAV 1 I 70-73 (MAG.A § 6)
šum-ma aššat (DAM-*at*) *a'īle* (LÚ) *ma-ás-ka-at-ta i-na ki-i-de tal-ta-ka-an ma-ḫi-ra-a-nu šur-qa i-na-áš-ši*

Übersetzung

MAG.A § 1
Wenn eine Frau, sei es die Ehefrau eines *a'īlu* oder die Tochter eines *a'īlu*, zum Tempel geht und in dem Tempel etwas, was dem Tempel gehört, stiehlt, der Diebstahl (vor Gericht) gebracht wird[A], wenn man sie völlig überführt[B], die Beweisaufnahme[C] [...], befragt man die Gottheit; wie die Gottheit befiehlt, zu handeln, verfährt man mit ihr.

MAG.A § 2
Wenn eine Frau, sei es die Ehefrau eines *a'īlu* oder die Tochter eines *a'īlu*, übles Gerede[D] spricht, oder sich eine Frechheit anmaßt[E], trägt diese Frau ihre Schuld. Ihren Ehemann, ihre Söhne und ihre Töchter zieht man nicht zur Rechenschaft.

MAG.A § 3
Wenn ein *a'īlu*, sei es, daß er krank oder tot ist, (und) seine Frau in seinem Hause irgend etwas stiehlt (und) sei es an einen *a'īlu* oder eine Frau oder irgendeine andere Person gibt, wird man die Ehefrau des *a'īlu* und den Hehler töten. Wenn aber die Ehefrau eines *a'īlu*, deren Ehemann gesund ist, im Hause ihres Ehemannes stiehlt (und irgend etwas), sei es an einen *a'īlu* oder eine Frau oder irgend eine andere Person gibt, überführt der *a'īlu* seine Ehefrau und er legt (ihr) Strafe auf, und der Hehler gibt das, was er aus der Hand der Ehefrau des *a'īlu* empfangen hat, zurück, und die Strafe in gleicher Höhe, die der *a'īlu* seiner Ehefrau auferlegt, erlegt man dem Hehler auf.

MAG.A § 4
Wenn ein Sklave oder eine Sklavin aus der Hand einer Ehefrau irgend etwas empfangen hat, schneidet man die Nase und die Ohren des Sklaven oder der Sklavin ab. Das Gestohlene ersetzen sie. Der *a'īlu* schneidet seiner Ehefrau die Ohren ab. Wenn er aber seine Frau straffrei lassen will (und) ihre Ohren nicht abschneidet, schneidet man auch nicht die des Sklaven oder der Sklavin ab. Das Gestohlene ersetzen sie nicht.

MAG.A § 5
Wenn die Ehefrau eines *a'īlu* im Haus eines anderen *a'īlu* irgend etwas stiehlt, (und) über 5 Minen Blei[F] hinausgeht, schwört der Besitzer des Gestohlenen: „Ich habe sie nicht angestiftet: ‚Begehe Diebstahl in meinem Hause!'" Wenn ihr Ehemann einverstanden ist, gibt er das Diebesgut zurück und löst sie aus. Ihre Ohren kann er abschneiden. Wenn ihr Ehemann nicht einwilligt, sie loszukaufen, nimmt sie der Besitzer des Gestohlenen und schneidet ihr die Nase ab.

MAG.A § 6
Wenn die Ehefrau eines *a'īlu* ein Pfand[G] nach auswärts hingibt, haftet der Empfänger für das unrechtmäßig Angeeignete[H].

A) V. Scheil (Lois assyriennes [*Paris 1921*], 2f.), G.R. Driver/J.C. Miles (Assyrian Laws [*Oxford 1935*], 380f.) und M.T. Roth (Law Collections [*WAW.SBL 6*], 155) lesen [*ša-a eš*]-*ri-ti ta*[-*al-ti*]-*ri-iq* (Scheil: *t*[*a-aš*]-*ri-iq*) [*i-na qa-ti-ša*] *iṣ-ṣa-bi*-[*it*]. J.N. Postgate (Assyrian Texts [*Iraq 35*], 20f.) hat die Lesungen *eš-ri-ti* zugunsten von *širqu* sowie *iṣ-ṣa-bi-it* zugunsten von *izzaqab* abgewiesen; ihm folgt C. Saporetti, Leggi medioassire (*Malibu 1979*), 15.149. Schwierig bleibt, daß *izzaqab* in der Bedeutung „entdecken" o.ä. ohne Parallele ist. So ist eher eine Verbindung mit dem in neuassyrischen Rechtstexten belegten *zaqāpu* II „vor Gericht erscheinen (um Klage zu erheben)" (s. Belege in CAD Z, 55) in Betracht zu ziehen.

B) *bāru* (G. Perf.) vor *ukta''inū-ši* ist als Hendiadyoin zu verstehen; s. AHw 109; vgl. aber auch G. Cardascia, Lois assyriennes (*Paris 1969*), 94f; R. Yaron, Laws (*Bib 51*), 550f.

C) So mit AHw I, 96.

D) Aram. *śillā* (Dan 3,29) ist dem verwandten *šillatu* entsprechend (s. AHw 1236) mit „Frechheit/Schmähung" wiederzugeben (s. K. Beyer, ATTM, 709; cf. auch S.A. Kaufman, Influences [*Chicago 1974*], 102) und nicht ausreichendes Argument für eine religiös gefärbte Übersetzung mit „Blasphemie"; gegen G.R. Driver/J.C. Miles, Assyrian Laws (*Oxford 1935*), 458; G. Cardascia, Lois assyriennes (*Paris 1969*), 96; C. Saporetti, Leggi medioassire (*Malibu 1979*), 26. Einen Stichwortzusammenhang mit MAG.A § 1 sollte man auf diese Art nicht konstruieren. Das gilt auch gegen Versuche, MAG.A § 2 von MAG.N § 1 (II 2-3.6-7) her zu deuten.

E) R. Borger (Rechtsbücher [*TUAT I/1*], 81) übersetzt mit „oder (sie) einen *Lästeranfall* bekommt"; ähnlich C. Saporetti (Leggi medioassire [*Malibu 1979*], 26): „o (il vizio del) l'insolenza della bocca". M.T. Roth (Law Collections [*WAW.SBL 6*], 155) sieht hier eine religiöse Färbung („blasphemy"); s. dazu o. Anm. D.

F) Blei war die assyrische „Binnenwährung", Zinn dagegen wurde im Fernhandel verwendet. AN.NA dürfte hier also mit „Blei" wiederzugeben sein; cf. B. Landsberger, Tin (*JNES 24*), 285-296; M. Müller, Wertmesser (*FS I.M. Diakonoff*), 271f.

G) S. G.R. Driver/J.C. Miles, Assyrian Laws (*Oxford 1935*), 459f.; zu entsprechendem (cf. CAD Š / I, 127) *maškānu šakānu* s. H. Petschow, Pfandrecht (*ASAW.PH 48/1*), 52ff. gegen G.R. Driver/J.C. Miles, Assyrian Laws (*Oxford 1935*), 458.

H) Die Phrase *šurqa našû* wird weithin einhellig mit „Verantwortung/Strafe für den Diebstahl tragen" übersetzt (s. CAD N, 109; G.R. Driver/J.C. Miles, Assyrian Laws [*Oxford 1935*], 29; M. David, Verfügung [*FS P. Koschaker*, 126.138]; G. Cardascia, Lois assyriennes [*Paris 1969*], 103.105; C. Saporetti, Leggi medioassire [*Malibu 1979*], 60f.; M.T. Roth, Law Collections [*WAW.SBL 6*], 156) in Entsprechung zu *pāḫata našû* (s. KAJ 170:22; cf. CAD N, 105). C. Saporetti (a.a.O., 30) lehnt eine Übersetzung mit „portar via la refurtiva" mit Hinweis auf CH § 7 (cf. auch G.R. Driver/J.C. Miles, a.a.O., 29) sowie eine

Übersetzung mit „refurtiva portare = restituire la refurtiva" mit dem Argument ab, daß für diese Bedeutung in MAG.A §§ 3; 5/4; G+C § 5 die Verben *nadānu* und *malû* verwendet werden. Dem steht entgegen, daß in der Verwendung der Verben *nadānu*, *malû* und *našû* in Verbindung mit *šurqa* eine Regelmäßigkeit zu beobachten ist, die durch den entsprechenden Gegenbegriff des Gebens bestimmt wird. *nadānu* findet in Verbindung mit (*mimma*) *šarāqu* Verwendung (s. MAG. A I 34 *šarāqu* / I 37 *nadānu* / I 42 *šurqa nadānu* / I 58 [*mimma*] *šarāqu* / I 64 *šurqa nadānu*), *malû* in Verbindung mit (*mimma*) *maḫāru* (MAG.A I 48 [*mimma*] *maḫāru* / I 51 *šurqa malû* / I 56 *šurqa lā malû* / MAG.C+G [*KAV 6*] I 30 *maḫirānu*, I 31.32 *šurqa malû*) und *našû* in Verbindung mit (*maškatta*) *šakānu* (MAG.A I 71 [*maškatta*] *šakānu* / I 73 *šurqa našû* / C+G [*KAV 6*] II 11 [*mimma ana maškatti*] *šakānu* / II 15 *šurqa našû*). Es besteht also keine Notwendigkeit, durch Eintragung von CH § 7 (s. dazu im folgenden) von der wörtlichen Bedeutung abzuweichen. Weder soll die Todesstrafe (G.R. Driver/J.C. Miles) noch eine Verantwortlichkeit des Empfängers zur Prüfung der Rechtmäßigkeit der Übergabe (G. Cardascia) ausgesagt werden, sondern die Verpflichtung des Empfängers zur Rückgabe des unrechtmäßig erhaltenen Gutes. In diesem Sinne ist auch MAG. C+G § 9 zu interpretieren; cf. Verf., Rechtsintentionen (*UF 23*), 307-314.

Innerhalb von MAG.A §§ 1-6 bilden MAG.A §§ 3-5 einen geschlossenen Zusammenhang. MAG.A § 3 regelt als Fall den Diebstahl einer Ehefrau am Eigentum ihres kranken bzw. verstorbenen und als Gegenfall am Eigentum ihres gesunden Ehemannes. MAG.A §§ 4; 5 schließen an, daß die Ehefrau gestohlenes Gut an einen Sklaven gibt oder im Hause eines anderen *aʾīlu* einen Diebstahl begeht. Mit der Thematik von MAG.A §§ 3-5 ist MAG.A § 1, der Diebstahl einer Ehefrau im Tempel, verbunden. Aus dem Zusammenhang dieser thematisch verwandten Rechtssätze fallen MAG.A §§ 2 und 6 heraus. Während MAG.A § 6 noch durch das Stichwort *šurqum* mit dem vorangehenden Rechtssatz verknüpft ist, scheint MAG.A § 2, der Fall von *calumnia* einer Ehefrau oder Tochter eines *aʾīlu*, mit dem Kontext der Rechtssätze zu Eigentumsdelikten in MAG.A §§ 1; 3-5 keine Verbindung zu haben. Welche Intentionen waren für den Redaktor bei der Verbindung von MAG.A §§ 1; 2; 6 mit MAG.A §§ 3-5 leitend?

Die Redaktion der Rechtssätze MAG.A §§ 3-5 erfolgte nicht nur unter dem Gesichtspunkt der thematischen Nähe in den Protasen. Die Rechtssätze sind vielmehr auch durch die Dispositionsverfügungen des Ehemannes über seine Ehefrau in den Rechtsbestimmungen der Apodosen miteinander verbunden:

MAG.A § 3: und er (der Ehemann) erlegt (ihr) Strafe auf und die Strafe in gleicher Höhe, die der *aʾīlu* seiner Ehefrau auferlegt, erlegt man dem Hehler auf.

MAG.A § 4: Der *aʾīlu* kann seiner Ehefrau die Ohren abschneiden. Wenn er aber seine Frau straffrei läßt (und) ihre Ohren nicht abschneidet, schneidet man auch nicht die des Sklaven oder der Sklavin ab. Das Gestohlene ersetzen sie nicht.

MAG.A § 5: Wenn ihr Ehemann einverstanden ist, gibt er das Diebesgut zurück und löst sie aus. Ihre Ohren kann er ihr abschneiden. Wenn ihr Ehemann nicht zustimmt, sie loszukaufen, nimmt sie der Besitzer des Gestohlenen und schneidet ihre Nase ab.

Wenn eine Ehefrau sich durch Diebstahl an ihrem Mann vergeht, erlegt er ihr Strafe auf, deren Maß auch die Allgemeinheit[67], d.h. das Gericht, bei der Bestrafung des Hehlers bindet. Im Falle gemäß MAG.A § 3, daß die Ehefrau das im eigenen Haus Gestohlene an einen Sklaven oder eine Sklavin verhehlt, werden ihnen Nase und Ohren abgeschnitten, und das Gestohlene wird zurückgegeben. Wenn der Ehemann auf die Bestrafung seiner Ehefrau verzichtet, geht auch der Sklave straffrei aus und behält das Diebesgut. Wenn die Ehefrau einen anderen *a'īlu* bestiehlt, hat der Ehemann das Recht, die Ehefrau bei gleichzeitiger Rückgabe des Gestohlenen auszulösen. Er kann seine Ehefrau aber auch bestrafen. Verzichtet er darauf, die Ehefrau auszulösen, so nimmt sie der Geschädigte und schneidet ihr die Nase ab[68]. Die Redaktion von MAG.A §§ 3-5 erfolgt unter dem Gesichtspunkt der Differenzierung von MAG.A § 3B. Der Rechtssatz MAG.A § 4 differenziert in bezug auf den Hehler des Diebesgutes, MAG.A § 5 in bezug auf den Geschädigten, so daß sich folgender Aufbau ergibt:

§ 3B:	Tatbeteiligte: *a'īlu ū sinništu ū mamma šanû* [69]	→ § 4: *urdu ū amtu*
	Geschädigte: *mussa*	→ § 5: *a'īlu šanû*

Einigendes Band der Rechtssätze sind nicht nur die von der Ehefrau eines *a'īlu* begangenen Eigentumsdelikte, sondern ist die in allen drei Rechtssätzen dem Ehemann zuerkannte Dispositionsverfügung über seine Frau. Da die Dispositionsverfügung auch die tatbeteiligten Dritten und die Rechte der Geschädigten auf Wiedergutmachung und Bestrafung der Täter betreffen, werden zu MAG. A § 3 die differenzierenden Rechtssätze in MAG.A §§ 4; 5 hinzugefügt. MAG.A § 3A schließlich grenzt den Fall, daß der Ehemann die ihm mit der Dispositionsverfügung zukommenden Rechte gegenüber seiner Ehefrau nicht wahrnehmen kann, von den übrigen Rechtssätzen als Gegenfall ab. In diesem

---

67 S. den Plural *emmidū*; cf. C. Saporetti, Leggi medioassire (*Malibu 1979*), 20.

68 Bereits P. Koschaker (Altassyrische Gesetze [*MVÄG 26/3*], 37) hat aufgezeigt, daß die Ehefrau aufgrund der Noxalhaftung ihres Mannes in den Besitz des Geschädigten übergeht. Die von G.R. Driver/J.C. Miles (Assyrian Laws [*Oxford* 1935], 27f.) dagegen vorgebrachten Einwände, die Reihenfolge der Verben in MAG.A II 68-69 „shows the meaning to be rather that he takes her for the purpose of mutilating her, not that he may mutilate her and then keep her as a slave", und der Verfasser hätte im Falle der Noxalhaftung nicht gesagt, daß der Geschädigte die Frau nehme, sondern der Ehemann auf sie verzichte, hat G. Cardascia (Lois assyriennes [*Paris 1969*], 102f.) gründlich zurückgewiesen; cf. auch R. Haase, Marginalien (*Leonberg 1996*), 14.

69 G.R. Driver/J.C. Miles (Assyrian Laws [*Oxford 1935*], 23) haben *a-na ma-am-ma ša-ni-im-ma* in MAG.A I 27-28.36-37 auf die freien Bürger im Gegensatz zu *urdu ū amtu* in MAG.A I 46-56 gedeutet. In der Verbindung von MAG.A § 4 wird man dieses Verständnis kaum abweisen können. Vor der redaktionellen Verbindung mit MAG.A § 4 aber spricht nichts für diese Deutung, worauf G. Cardascia (Lois assyriennes [*Paris 1969*], 99f.) zu Recht hingewiesen hat. Hier wird ein Einblick in die Überlieferungsgeschichte der Rechtssätze und ihre Sammlung gewährt.

Falle übernimmt die Allgemeinheit die Strafverfolgung von Frau und Hehler.[70] Die Thematik der strafrechtlichen Dispositionsverfügung des Ehemannes über seine Ehefrau bestimmt die Logik der Redaktion dieser drei Rechtssätze in MAG.A §§ 3-5.

Die Rechtssätze MAG.A §§ 3-5 bilden eine Einheit, die nach vorn und hinten abgegrenzt ist. MAG. §§ 1; 2 und 6 enthalten keine Dispositionsverfügung. Die Interpretation von MAG.A § 6 ist aufgrund der lakonischen Kürze des Rechtssatzes besonders schwierig und strittig. Sie ist abhängig von der Entscheidung der Frage, ob der Rechtssatz als Fortsetzung von MAG.A § 5 oder als vom Kontext unabhängig ausgelegt wird. R. Westbrook[71] interpretiert MAG.A § 6 als Ausfüllung einer Gesetzeslücke in MAG.A § 5. Wurde in MAG.A § 5 nicht von der Weitergabe des gestohlenen Gutes an Dritte gehandelt, so werde in MAG.A § 6 dieser Aspekt nachgetragen. In Zusammenhang mit MAG.A § 5 sei MAG.A § 6 als Gegenfall zu verstehen. Wenn eine Ehefrau das gestohlene Gut nicht gemäß MAG.A § 5 im eigenen Haus verwahre, sondern nach außen verhehle, werde der Empfänger wie ein Dieb behandelt[72]. Die Mehrzahl der Ausleger hat sich gegen eine Interpretation von MAG.A § 6 im Horizont von MAG.A § 5 ausgesprochen[73]. Das Motiv von Empfang eines Depositum unter Auslassung von Kauf oder Schenkung in MAG.A § 6 sei als Fortsetzung von MAG.A § 5 zu eng. Auch fehle ein Hinweis auf die Bestrafung der Frau, während die Strafbestimmungen in MAG.A § 5 nicht auf den Fall von MAG.A § 6 übertragbar seien, da eine Auslösung der Frau unter Rückgabe des gestohlenen Gutes durch den Ehemann nicht möglich sei[74]. Die Interpretationen von MAG.A § 6 unabhängig von MAG.A § 5 weichen aber erheblich voneinander ab. G.R. Driver/J.C. Miles[75], M. David[76] und C. Saporetti[77] deuten die Rechtsfolgebestimmung der Apodosis von MAG.A § 6 *šurqa inašši* als Sanktion für ein Diebstahlsdelikt. Dagegen hat G. Cardascia[78] den Rechtssatz auf die Verantwortung des Depositars, die Rechtmäßigkeit der Verfügung der Frau über das Depositum zu klären, gedeutet. Sei dies versäumt worden, könne der Depositar als Dieb zur Rechenschaft gezo-

70 Cf. C. Saporetti, Leggi medioassire (*Malibu 1979*), 20.28.

71 S. Cuneiform Law (*CRB 26*), 115f.

72 S. R. Westbrook, Cuneiform Law (*CRB 26*), 116 („strict liability for theft"). S. dazu i.f.

73 Zur folgenden Auslegung cf. Verf., Rechtsintentionen (*UF 23*), 307-314 (Lit.).

74 S. G.R. Driver/J.C. Miles, Assyrian Laws (*Oxford 1935*), 28; cf. G. Cardascia, Lois assyriennes (*Paris 1969*), 104f. („Le § 6 n'a pas de rapport étroit avec le précédent").

75 S. Assyrian Laws (*Oxford 1935*), 28f.385.

76 S. Verfügung (*FS P. Koschaker*), 126.138f.

77 S. Leggi medioassire (*Malibu 1979*), 30.

78 S. Lois assyriennes (*Paris 1969*), 103.106. Ähnlich bereits H. Ehelolf, Rechtsbuch (*Berlin 1922*), 23.

gen werden[79]. Alle diese Interpretationen basieren auf der Übersetzung von *šurqa našû* mit „Verantwortung/Strafe tragen". Doch ist, wie in der philologischen Kommentierung dargelegt, *šurqa našû* wörtlich mit „für das Gestohlene/unrechtmäßig Angeeignete haften, d.h. es zurückgeben" zu übersetzen. Darüber hinaus ist MAG.A § 6 nicht als Gegenfall zu MAG.A § 5 formuliert worden. In diesem Falle wäre ein MAG.A §§ 3-4 entsprechender Anschluß an MAG.A § 5 zu erwarten gewesen, der nicht mit *maškatta šakānu*, sondern mit dem Verkauf von Diebesgut an Dritte, einer Strafklausel für die Ehefrau und der Regelung der Noxalhaftung fortfährt. MAG.A § 6 ist also unabhängig vom Kontext, in den die Redaktion ihn einstellte, formuliert worden. Umgekehrt ist für sich genommen MAG.A § 6 ohne Angabe der Herkunft des Depositums und ohne Strafklausel für die *ultra vires* handelnde Frau eine *lex imperfecta*, die erst in Verbindung mit dem vorangehenden Rechtssatz schlüssig wird. Dieser Widerspruch ist überlieferungsgeschichtlich zu lösen. MAG.A § 6 hat seine nächste Parallele in dem älteren Rechtssatz MAG.C+G § 9 (KAV 6 II 10-15), der die Quelle für MAG.A § 6 ist[80]. MAG.C+G § 9 regelt den Fall, daß eine Ehefrau oder ein Sklave als Personen mit eingeschränkter Geschäftsfähigkeit anvertrautes Gut an Dritte verpfändet (*maškatta šakānu*)[81] und der Gläubiger den Eigentümer nicht benachrichtigt, so daß der Gläubiger das als Besitzpfand unrechtmäßig angeeignete Gut dem Eigentümer zurückgeben muß. MAG.A § 6 ist ein auf die Frau als Täter konzentrierter Auszug aus MAG.C+G § 9. Die Sklaven werden als Personen minderen Rechtes gestrichen. Es geht also nun im neuen Kontext in MAG.A § 6 darum, daß die Frau eines *a'īlu* außerhalb des Hauses Gut eines anderen *a'īlu* entwendet und dieses nicht wie in MAG.A § 5 in ihrem eigenen Haus deponiert, sondern einem Dritten übergibt. Entsprechend werden die Tatbestände der Verpfändung von anvertrautem Eigentum des Ehemannes sowie der unterlassenen Benachrichti-

---

79 Während für G.R. Driver/J.C. Miles (Assyrian Laws [*Oxford 1935*], 385) der Depositor in jedem Falle *mala fide* handle, da er wisse, daß die Frau ihrerseits *ultra vires* handle, ist für R. Westbrook (Cuneiform Law [*CRB 26*], 115f.) die Verantwortlichkeit des *bona fide* handelnden Depositors vorausgesetzt. G. Cardascia vertritt eine Mittelposition, wenn er die Verantwortlichkeit des Depositors zur Prüfung der Rechtmäßigkeit der Verfügung der Ehefrau über das Gut in den Mittelpunkt stellt.

80 S. M. David, Verfügung (*FS P. Koschaker*), 135f. Die Rechtssätze der Tafeln C+G, nicht aber deren Zusammenstellung auf den Tafeln (so G.R. Driver/J.C. Miles, Assyrian Laws [*Oxford 1935*], 7ff.) sind älter als die der Tafel A.

81 Die Phrase *maškatta šakānu* weist den Rechtssatz dem Pfandrecht zu; s. G.R. Driver/J.C. Miles, Assyrian Laws (*Oxford 1935*), 458f.; zu entsprechendem (s. CAD Š/I, 127) *maškanu šakānu* s. H. Petschow, Pfandrecht (*ASAW.PH 48/1*), 52ff. MAG.A § 6 und MAG.C+G § 9 sind damit vom Depositenrecht, das durch den Terminus *maššartu* gekennzeichnet ist und auf den Schutz eines zur Verwahrung übergebenen Depositums zielt, abgegrenzt; zum Depositenrecht s. Verf., Depositenrecht (*ZSRG.R 105*), 1-31 (= ders., Kontinuum [*OBC 8*], 159-163). Zum mittelassyrischen Pfandrecht s. P. Koschaker, Rechtsurkunden (*ASAW.PH 23/5*), 96ff.

gung des Eigentümers durch den Gläubiger fortgelassen. Besagt MAG.A § 6 für sich stehend als *lex imperfecta*, daß ein Gläubiger an einem von einer Frau als Person eingeschränkter Geschäftsfähigkeit genommenen Pfand keine Besitzrechte erwerben kann, sondern das Pfand zurückgeben muß[82], so geht es in MAG.A § 6 im Kontext von MAG.A § § 3-6 als Gegenfall zu MAG.A § 5 darum, daß die Ehefrau das gestohlene Gut nicht in das Haus ihres Mannes bringt, sondern „nach auswärts" in das Haus eines anderen (*ina kīdi*)[83]. Das Unrecht ist nicht mehr wie in der Vorlage von MAG.A § 6 die Veruntreuung anvertrauten Gutes durch eine Person mit eingeschränkter Geschäftsfähigkeit, sondern dem Kontext gemäß die Verhehlung gestohlenen Gutes. Als Gegenfall[84] zu MAG.A § 5 erhält der Rechtssatz einen neuen Akzent unter dem Aspekt der Noxalhaftung. Sie wird im Gegensatz zu MAG.A § 5 für MAG.A § 6 ausgeschlossen, da die Haftung beim Hehler liegt. Damit ist auch eine Dispositionsverfügung des Ehemannes im Sinne von MAG.A § 5 ausgeschlossen, da der Ehemann im Gegensatz zu MAG.A § 5 keinen Anspruch auf das gestohlene Gut anmelden kann, setzt doch dieser Anspruch voraus, daß das Diebesgut sich unter seinem Dach befindet. Die strafrechtliche Verfolgung des Falles betrifft nur Täter und Geschädigten, konkurriert nicht mit der Dispositionsverfügung des Ehemannes und weicht also nicht von der üblichen Regelung ab. Eine Regelung der Dispositionsverfügung erübrigt sich.

Der Ausschluß der Noxalhaftung verbindet MAG.A § 6 mit MAG.A § 2, der aus dem Kontext der Rechtssätze zu Eigentumsdelikten in MAG.A §§ 1; 3-6 herausfällt. G.R. Driver und J.C. Miles[85] verbinden MAG.A § 2 mit MAG. A § 1. Gehe es im ersten Rechtssatz um ein Sakrileg an den Göttern, so behandle der zweite eine Blasphemie[86] gegen den König. So zusammengefaßt werden MAG.A §§ 1; 2 von den folgenden eigentumsrechtlichen Rechtssätzen getrennt. Für J. Bottéro[87] unterbricht MAG.A § 2 den Zusammenhang der durch die Diebstahlsthematik miteinander verbundenen Rechtssätze MAG.A § 1 und MAG.A § 3. Die ursprüngliche Reihenfolge sei gestört und MAG.A § 2 vor MAG.A § 1 zu stellen. Demgegenüber hält G. Cardascia[88] mit der Begründung, zwischen MAG.A § 1 und MAG.A § 2 bestehe eine „association

---

82 Durch die Phrase *šurqa našû* wird implizit die Frau als nichtberechtigt zur Aushändigung und die Verpfändung als unrechtmäßig gekennzeichnet.

83 Cf. auch R. Haase, Marginalien (*Leonberg 1996*), 14.

84 Zum Redaktionsprinzip von Fall und Gegenfall s. H. Petschow, Systematik (*ZA 57*), 171 mit Anm. 148 (Lit.); ders., Gesetzesfragment (*ZSRG.R 76*), 76.96; ders., Systematik (*FS M. David*), 134 Anm. 3; 142 Anm. 5; C. Locher, Ehre (*OBO 70*), 110ff.; B.L. Eichler, Structure (*FS E. Reiner*), 71-84; Verf., Körperverletzungen (*AOAT 226*), 27ff.51ff.71ff. u.ö.; ders., Kodifizierung (*Paris 1999*).

85 S. Assyrian Laws (*Oxford 1935*), 20f.

86 S. dagegen Anm. D zu MAG.A § 2.

87 S. Antiquités assyro-babyloniennes (*AEPHE.HP 1967*), 88.

88 S. Lois assyriennes (*Paris 1969*), 47.

d'idées: le vol sacrilège du § 1 a appelé la lèse-majesté divine ou humaine" an der vorliegenden Reihenfolge der Rechtssätze fest. Ungeklärt bleibt das Verhältnis zu den anschließenden Rechtssätzen in MAG.A §§ 3-6.

Der Redaktor hat durch die Einfügung von *lū aššat a'īle lū marat a'īle* als Apposition zu *sinniltu* in MAG.A § 1 und § 2[89] eine besonders enge Verbindung zwischen diesen beiden Rechtssätzen geschaffen. Er nivelliert damit die durch die Tradition vorgegebene Differenzierung zwischen *aššat a'īli* und *marat a'īli*[90], fügt sie in die ursprünglich mit *sinniltu* formulierten Rechtssätze ein und bezieht sie auf die Ehefrauen[91]. Die thematische Nähe von MAG.A § 1 zu MAG.A § 3 ist keineswegs geringer als die zu MAG.A § 2. Die Verknüpfung von MAG.A § 1 mit MAG.A § 2 ist kompositorisch in der Zusammenstellung von MAG.A §§ 1-6 begründet. In MAG.A § 6 werden als Gegenfall zu MAG.A §§ 3-5 Dispositionsverfügung und Noxalhaftung ausgeschlossen. In MAG.A § 1 liegt die Dispositionsverfügung bei der geschädigten Gottheit. MAG.A § 2 schließt Noxalhaftung und Haftung von Familienangehörigen aus[92]. MAG.A § 1 ist der Gegenfall zu MAG.A §§ 3B-5. Der Redaktor schafft so eine die Rechtssätze von MAG.A §§ 3-5 rahmende Inklusion[93]. Die enge Verzahnung von MAG.A § 1 mit MAG.A § 2 schließt im Analogieschluß auch im Falle des Tempeldiebstahls eine Noxalhaftung aus[94]. Wie die Analyse von MAG.A § 6 zeigt, hat der Redaktor aus einem Fundus ihm vorgegebener Rechtssätze geschöpft und sie dem neuen Kontext angepaßt. Im Falle von MAG.A § 2 verwendet der Redaktor einen Rechtssatz, der ausdrücklich die Noxalhaftung ausschließt. Er verbindet diesen Rechtssatz mit MAG.A § 1 und überträgt ihn damit im Analogieschluß auf das Eigentumsrecht.

Der Rahmen, der mit MAG.A §§ 1; 2; 6 um MAG.A §§ 3-5 gelegt wurde, verdeutlicht die den Redaktor von MAG.A §§ 1-6 leitende Intention, das Rechtsverhältnis zwischen Ehemann und Ehefrau bei Eigentumsdelikten der Ehefrau und die Auswirkungen, die sich aus diesem Verhältnis für Geschä-

---

89 S. P. Koschaker, Altassyrische Gesetze (*MVÄG 26/3*), 15.

90 Die Interpretation von *marat a'īle* auf die unverheiratete Frau ist durch MAG.A § 2 ausgeschlossen, die Deutung auf einen gesonderten sozialen Stand einer „Patrizierin" wäre kein Gegensatz zu *aššat a'īle*. Wenn P. Koschaker (a.a.O., 15) daraus den Schluß zieht, daß *lū aššat a'īle marat a'īle* literarischer Zusatz ist, so läßt er unbeantwortet, was die Intention des Interpolators sein sollte.

91 S. Verf., Körperverletzungen (*AOAT 226*), 82f.

92 Es geht in MAG.A § 2 nicht, wie es G. Cardascia (Lois assyriennes [*Paris 1969*], 78: „la responsabilité tend à devenir individuelle") vertritt, um eine Individualisierung der Verantwortung, sondern um den Ausschluß von stellvertretender Verantwortlichkeit; s. R. Yaron, Laws (*Bib 51*), 551.

93 Zur Redaktionstechnik der Inklusion im Keilschriftrecht s. Verf., Rechtsgeschichte (*OBO 85*), 68ff.

94 Zum Analogieschluß im altbabylonischen Recht, der durch die Redaktionsstruktur geleitet wird, s. Verf., Rechtsgeschichte (*OBO 85*), 21ff.177ff. u.ö.

digte und Empfänger bzw. Hehler des Diebesgutes ergeben, zu klären[95]. Im Zentrum stehen die Anwendungs- und Ausschließungsgründe für eine strafrechtliche Dispositionsverfügung des Ehemannes gegenüber seiner Ehefrau.

Der die Redaktion von MAG.A §§ 1-6 leitende Grundsatz lautet, daß eine strafrechtliche Dispositionsverfügung des Ehemannes gegenüber seiner sich verfehlenden Ehefrau dann gegeben ist, wenn das Diebesgut in einer Beziehung zum Haus des Ehemannes steht.

Diese Beziehung kann darin bestehen, daß es sich um Eigentum des Ehemannes handelt, das von der Ehefrau gestohlen und außer Haus verhehlt wurde (MAG.A §§ 3B; 4), oder daß außer Haus gestohlenes Gut in das Haus des Ehemannes verbracht wurde (MAG.A § 5). Im Falle, daß der Ehemann dagegen krank oder gestorben ist, die Ehefrau aber Eigentum ihres Mannes stiehlt und an Dritte verhehlt, übernimmt die Allgemeinheit das dem Ehemann durch die Dispositionsverfügung zustehende Recht zur Bestrafung der Ehefrau und verhängt die Todessanktion (MAG.A § 3A). Besteht dagegen kein Zusammenhang zwischen der Tat und dem Haus des Ehemannes, so entfällt auch eine strafrechtliche Dispositionsverfügung. Das gilt für den Fall, daß die Ehefrau das außerhalb des Hauses ihres Ehemannes gestohlene Gut nach auswärts an einen Dritten verhehlt (MAG.A § 6) oder das Delikt in einem Tempel stattfindet (MAG.A § 1). Der Redaktor unterstreicht diese Differenzierung durch die Einfügung von *lū ubtaʾʾerū-ši lū uktaʾʾinū-ši*[96] als Hinweis auf ein öffentliches Strafverfahren in MAG.A § 1 neben *ši-ri-iq* [...] *iz-za-qa*[*p*] „der Diebstahl (vor Gericht) gebracht wurde[97], wenn man sie völlig überführt" im Gegensatz zu *aʾīlu aššas-su ubār* neben *ḫīṭa emid* „der *aʾīlu* überführt seine Ehefrau und erlegt ihr Strafe auf". Die Dispositionsverfügung des Ehemannes resultiert also nicht allein aus dem Eheverhältnis, sondern aus dem Eheverhältnis in Verbindung mit eigentumsrechtlichem (MAG.A §§ 3B; 4) bzw. besitzrechtlichem (MAG.A § 5) Anspruch auf die entwendete Sache. Das Eheverhältnis ist aber notwendige Bedingung der Möglichkeit einer strafrechtlichen Dispositionsverfügung[98]. Das Wirksamwerden dieses Rechtes wird aber durch die eigentums- bzw. besitzrechtliche Konstellation gelenkt. Die strafrechtliche Dispositionsverfügung des Ehemannes wirkt sich auch auf die Strafverfolgung des Hehlers aus, die grundsätzlich in den Händen der Allgemeinheit liegt[99]. In Fällen der strafrechtlichen Dispositionsverfügung des Ehemannes bindet die Strafzumessung des Ehemannes aber das Gericht (MAG.A §§ 3B; 4). In Fällen, in denen der Ehemann keine Dispositionsverfügung hat,

---

95 Zum Grundsatz einer Dreiecksstruktur im keilschriftlichen Strafrecht der Diebstahlsfälle s. R. Westbrook, Cuneiform Law (*CRB 26*), 113ff.

96 S. P. Koschaker, Altassyrische Gesetze (*MVÄG 26/3*), 41.

97 Cf. Anm. A zu MAG.A § 1.

98 MAG.A § 2 entwickelt daraus den Grundsatz, daß es nur aufgrund der Verwandtschaft keine Haftung gibt.

99 S. C. Saporetti, Leggi medioassire (*Malibu 1979*), 14f.20.

entfällt auch eine derartige Bindung des Gerichts in bezug auf den Hehler (MAG.A § 6)[100]. Schließlich werden noch die Rechtsfolgen für die Geschädigten geklärt. Sie verknüpfen sich mit der Noxalhaftung des Ehemannes. Im Falle, daß die Ehefrau das Diebesgut in das Haus ihres Ehemannes bringt, steht dem Ehemann eine Dispositionsverfügung über das gestohlene Eigentum zu (MAG.A § 5). Er kann der Noxalhaftung unterliegend das gestohlene Gut herausgeben und so seine Frau auslösen, so daß er eine strafrechtliche Dispositionsverfügung gegenüber seiner Ehefrau erlangt. Er kann aber auch besitzrechtlichen Anspruch auf das gestohlene Gut, das sich in seinem Haus befindet, erheben. In diesem Falle erhält der Geschädigte Rechte an der Ehefrau und kann sie bestrafen. Wenn die Ehefrau das gestohlene Gut an Dritte gibt, so hat es der Hehler dem Eigentümer zurückzugeben. Eine Haftung des Ehemannes ist in diesem Falle ebenso ausgeschlossen wie eine Dispositionsverfügung über das Eigentum eines Dritten.

Das Thema der Rechtssätze in MAG.A §§ 1-6, das die Logik der Redaktion bestimmt, ist die Regelung einer besonderen Konstellation von Eigentumsdelikten. Wird im Durchschnittsfall die Logik der Rechtssätze zu Eigentumsdelikten durch die Reaktion von Täter, Geschädigtem und Empfänger des gestohlenen Gutes bestimmt, so kommt in MAG.A §§ 1-6 eine weitere Ebene dadurch hinzu, daß die Täterin eine Ehefrau ist und damit das durch die Eheschließung begründete Rechtsverhältnis zwischen Ehemann und Ehefrau durch die Tat betroffen ist. Um die Regelung dieses besonderen Aspektes geht es in den Rechtssätzen. Diese thematische Zuspitzung lenkt die Logik der Redaktion:

100 Die Bestrafung der Diebin erfolgte entsprechend der Diebstahlsgesetzgebung in MAG.C+G § 8.

Tatmerkmale[101]	Rechtsfolgen
§ 1: *Diebstahl im Tempel*	Dispositionsverfügung der Gottheit *keine Dispositionsverf. des Ehemannes*
§ 2:	*keine Noxalhaftung*
§ 3A: *Diebstahl im eigenen Haus* Diebesgut an einen a'īlu verhehlt *Ehemann handlungsunfähig*	öffentl. Strafe für die Ehefrau öffentl. Strafe für den a'īlu
§ 3B: *Ehemann handlungsfähig* Diebstahl im eigenen Haus *Diebesgut an einen a'īlu verhehlt*	Dispositionsverfügung über die Ehefrau Bindung der öffentl.Strafe für den a'īlu Rückgabe des Diebesgutes
§ 4: *Diebesgut an einen Sklaven verhehlt* Ehemann handlungsfähig[102] *Diebstahl im eigenen Haus*	Dispositionsverfügung über die Ehefrau Bindung der öffentl. Strafe für den Sklaven Bindung bez. Rückgabe oder Behalt des Diebesgutes
§ 5: *Diebstahl außerhalb des Hauses* Ehemann handlungsfähig *Diebesgut im eigenen Haus*	Dispositionsverfügung über den Besitz A: Rückgabe u. Dispositionsverfügung über die Ehefrau B: Diebesgut verbleibt im Besitz des Ehemannes Noxalhaftung: Dispositionsverfügung des Geschädigten über die Ehefrau
§ 6: *Diebesgut an einen a'īlu verhehlt* Diebstahl außerhalb des Hauses	Rückgabe durch den a'īlu an den Geschädigten *Ausschluß von Dispositionsverfügung u. Noxalhaftung des Ehemannes*

Ein komplexes Geflecht von identischen und differenten Fallmerkmalen überzieht die Protasen der Rechtssätze in MAG.A §§ 1-6. Eine Inklusionsstruktur durch den Ausschluß von Dispositionsverfügung und Noxalhaftung in MAG. A §§ 1; 6 kennzeichnet die Apodosen.

Ist die Intention der Redaktion in MAG.A §§ 1-6 deutlich, so stellt sich über MAG.A § 6 im Verhältnis zu MAG.C+G § 9 hinaus die Frage nach dem Verhältnis von Tradition und Redaktion, d.h. nach dem Quellenmaterial und dessen Veränderung im Zuge der Redaktion. In MAG.A § 4 ist der Eingriff des Redaktors von der ihm vorgegebenen Fassung des Rechtssatzes abzuheben. Der Sklave als Hehler wird nach MAG.A § 4 (I 49-51) bestraft und gibt das gestohlene Gut zurück. Der *a'īlu* bestraft seine Ehefrau (MAG.A § 4 [I 51-52]). Im Gegensatz dazu räumt MAG.A § 4 (I 53-56) dem Ehemann eine

101 Die Tatmerkmale in den Protasen, die die Fälle voneinander abgrenzen, sind in der Tabelle kursiv gesetzt.

102 S. dazu P. Koschaker, Altassyrische Gesetze (*MVÄG 26/3*), 29: „§ 4 behandelt die Verhehlung an einen Unfreien. Die eben genannte Unterscheidung (sc. zwischen Handlungsunfähigkeit und Handlungsfähigkeit des Ehemannes) wird nicht gemacht. Doch zeigt der Fortgang des Paragraphen, daß Handlungsfähigkeit des Mannes vorausgesetzt wird. Die Regelung scheint von denselben Grundsätzen beherrscht zu sein wie § 3.“

Dispositionsverfügung ein, die für die gerichtliche Bestrafung des Sklaven bindend ist. Im Falle, daß der *aʾīlu* seine Ehefrau straffrei läßt, geht auch der Sklave als Hehler straffrei aus und gibt das gestohlene Gut nicht zurück[103]. Der Redaktor hat mit dieser Ergänzung den vorgegebenen Rechtssatz in den Kontext von MAG.A §§ 3; 5 eingestellt. Ursprünglich folgte MAG.A § 5 unmittelbar als Gegenfall auf MAG.A § 3B. MAG.A § 4 wiederholt MAG.A § 3B und differenziert nur in bezug auf den sozialen Status des Hehlers. Der ursprünglich von MAG.A § 3; 5 unabhängige Rechtssatz MAG.A § 4 verfügt, daß im Falle, daß eine Ehefrau einen Diebstahl begeht und das Diebesgut an einen Unfreien verhehlt, dieser von einem Gericht mit Verstümmelung bestraft wird, während die Bestrafung der Ehefrau einschließlich ihrer Verstümmelung als Privatstrafe durch den Ehemann vollzogen wird. Der Redaktor paßt diesen, seinem Gesamtaufriß in MAG.A §§ 1-6 diametral entgegenstehenden Rechtssatz dem Kontext an, indem er eine Dispositionsverfügung des Ehemannes in bezug auf die Ehefrau und die Bindung der öffentlichen Strafzumessung für den Sklaven als Hehler anfügt. Die Einbezeihung von MAG.A § 4 in den Kontext von MAG.A §§ 1-6 ist nicht in einem Interesse des Redaktors an der Sklavengesetzgebung begründet. Die Tafel A behandelt nicht gesondert das Sklavenrecht und unterscheidet sich gerade dadurch signifikant von altbabylonischen Rechtssammlugen[104]. Vielmehr sollte mit der Einbindung von MAG.A § 4 in MAG.A §§ 1-6 und der Erweiterung durch MAG.A § 4 (I 53-56) der Rechtssatz den Rechtsgrundsätzen des Redaktors angepaßt werden.

Überlieferungsgeschichtlicher Kern in MAG.A §§ 1-6 sind die als Fall und Gegenfall verbundenen Rechtssätze in MAG.A §§ 3; 5, die dem Redaktor bereits in dieser Verbindung vorlagen. Diesen Rechtssätzen fügt er MAG.A § 4* ein und erweitert den Rechtssatz um die Zeilen von MAG.A § 4 (I 53-56). Um den so erweiterten Block legt er mit MAG.A §§ 1; 2; 6 einen Rahmen von Fällen, in denen Dispositionsverfügung und Noxalhaftung ausgeschlossen werden. Er grenzt durch die Rahmenstruktur Rechtssätze mit und ohne Dispositionsverfügung voneinander ab. Die Rechtssätze des Rahmens in MAG.A §§ 1; 2 und 6 schränken die Dispositionsverfügung des Ehemannes ein. Mit der Einbindung von MAG.A §§ 1 und 4 vermittelt der Redaktor in weiteren Feldern private und gerichtlich verhängte Strafe. In MAG.A § 4 ist die Bestrafung von Sklaven als Hehler in einem Gerichtsverfahren vorgesehen und wird die Privatstrafe auf die Ehefrau eingeschränkt. Der Redaktor vermittelt die beiden Strafarten von gerichtlicher und privater Strafe in der Form, daß die Gerichtsstrafe des Sklaven an die durch die Dispositionsverfügung des Eheman-

103 S. P. Koschaker (Altassyrische Gesetze [*MVÄG 26/3*], 30), der überzeugend beobachtet, daß „der Glossator in seinem Streben nach Symmetrie über das Ziel hinausgeschossen (ist), indem er dem straffreien Hehler auch die Restitution des Diebesgutes nachließ (Z. 56), eine Milde, die § 3 fremd ist".

104 I. Cardellini („Sklaven"-Gesetze [*BBB 55*], 189f.) weist auf die geringe Bedeutung des Sklaven im öffentlichen Leben der mittelassyrischen Zeit hin.

nes geknüpfte Privatstrafe für die Ehefrau gebunden wird. Mit MAG.A § 1 hebt der Redaktor schließlich die Tempelgerichtsbarkeit[105] von öffentlichen und privaten Strafverfahren ab. Überlieferungsgeschichtlicher Kern in MAG. A §§ 1-6 sind also die Rechtssätze zur Dispositionsverfügung des Ehemannes im Falle, daß eine Ehefrau ihren eigenen Mann durch Diebstahl schädigt (MAG.A § 3B), sowie die Regelungen für den Fall der Handlungsunfähigkeit des Ehemannes (MAG.A § 3A) und der Noxalhaftung des Ehemannes für den Fall, daß seine Ehefrau einen Dritten gravierend durch Diebstahl schädigt, auf die die Dispositionsverfügung ausgedehnt wird (MAG.A § 5).

Die Wurzeln der komplexen Systematik der Redaktion von MAG.A §§ 1-6 lassen sich aber noch weiter zurückverfolgen. Die jetzige Gestalt von MAG.A § 5 zeigt Spuren von Eingriffen des Redaktors. Die Dispositionsverfügung mit der Auslöseklausel MAG.A § 5 (I 63-67) hat das im Anschluß daran in MAG. A § 5 (I 68-69) formulierte Recht des Geschädigten, die Ehefrau zu ergreifen, zur Voraussetzung. MAG.A § 5 (I 63-66) kommt vor MAG.A § 5 (I 68-69) zu früh und ist, worauf auch der harte Subjektwechsel in MAG.A § 5 (I 63) hindeutet, ein Einschub, der der Noxalhaftungsbestimmung die Dispositionsverfügung des Ehemannes als die dem Redaktor wichtigere Bestimmung vorschaltet und so die Noxalhaftung der mit einer Strafmilderung verbundenen Dispositionsverfügung unterordnet und nur für den Fall gelten läßt, daß der Ehemann sich weigert, seine Ehefrau durch Rückgabe des gestohlenen Gutes auszulösen[106]. Die Dispositionsverfügung ist ursprünglich nur im Falle des Vergehens der Ehefrau gegen den Ehemann gültig (MAG.A § 3B), während im Falle des Vergehens der Ehefrau gegen einen Dritten die Noxalhaftung des Ehemannes in Kraft tritt und der Geschädigte ein Zugriffsrecht auf die Ehefrau hat.

Tradition und Redaktion in MAG.A §§ 1-6 sind also folgendermaßen zu sondern:

Tradition : § 1 I 1*		3-6.		9-13; § 2 I 14*		16-22; § 3 I 23-37		39-45;
Redaktion:	*1*.2*		*7-8*		*14*.15*		*38*	
Tradition: § 4 I 46-52		§ 5 I 57-62		68-69; (C+G § 9 II 10		11		15)
Redaktion:	*53-56*		*63-67*		*§ 6 I 70*		*72.73*	

Der Redaktor hat also in MAG.A §§ 1-6 keine Sammlung von Rechtssätzen zu Eigentumsdelikten der Ehefrau zur Verfügung gehabt, sondern bis auf die bereits zusammengefügten Rechtssätze in MAG.A §§ 3; 5 die Sammlung aus unabhängig voneinander tradierten Rechtssätzen redigiert. Dabei unterzog er sie einer z.T. tiefgreifenden literarischen Bearbeitung. Im Unterschied zu P. Ko-

105 Zur Tempelgerichtsbarkeit cf. Verf., Art. Recht (*TRE XXVIII*), 199f.; ders., Prozeßrecht (*ZAR 4*), 263-283.

106 Cf. G.R. Driver/J.C. Miles, Assyrian Laws (*Oxford 1935*), 27.

schakers Interpolationskritik, die der zeitgenössischen Digestenexegese verpflichtet war[107], zeigt sich die Absicht des Redaktors nicht nur in den Ergänzungen einzelner Rechtssätze, sondern in der planvollen, die einzelnen Rechtssätze zu Teilen eines größeren Ganzen integrierenden Redaktionsarbeit.

2.2 Regelungen zur Dispositionsverfügung bei eherechtlichen Verfehlungen (MAG.A §§ 12-16; 22-24)

Innerhalb der auf MAG.A §§ 1-6 folgenden Rechtssätze des Strafrechts bilden MAG.A §§ 12-16 eine geschlossene Gruppe von Rechtssätzen zum Eherecht, die eine gesonderte Untersuchung verlangt.

Text

KAV 1 II 14-24 (MAG.A § 12)
šum-ma aššat (DAM-*at*) *a'ile* (LÚ) *i-na re-be-e-te te-te-ti-iq a'īlu* (LÚ) ⸢*iṣ*⸣*-ṣa-ba-a-si*!(SÚ) *la-ni-ik-ki-mì iq-ṭì-bi-a-áš-še la-a ta-ma-gu-ur ta-ta-na-ṣa-ar e-mu-qa-ma iṣ-ṣa-ba-as-si it-ti-ak-ši lu-ú i-na muḫḫi* (UGU) *aššat a'ile* (DAM.LÚ) *ik-šu-du-uš ù lu-ú ki-i sinnilta* (MÍ) *i-ni-ku-ú-ni še-bu-tu ub-ta-e-ru-uš a'īla* (LÚ) *i-du-uk-ku ša sinnilte* (MÍ) *ḫi-i-ṭu la-áš-šu*

KAV 1 II 25-29 (MAG.A § 13)
šum-ma aššat (DA[M]-*at*) *a'ile* (LÚ) *iš-tu bīti* (É-*ti*)*-ša ta-at-ti-ṣi-ma a-na muḫḫi* (UGU) *a'ile* (LÚ) *a-šar us-bu-ú-ni ta-ta-lak it-ti-ak-ši ki-i aššat* (DAM-*at*) *a'ile* (LÚ)*-ni i-de a'īla* (LÚ) *ù aššata* (MÍ)*-ma i-duk-ku*

KAV 1 II 30-40 (MAG.A § 14)
šum-ma aššat (DAM-*at*) *a'ile* (LÚ) *a'īlu* (LÚ) *lu-ú i-na bīt* (É) *al-tam-me lu-ú i-na re-be-te ki-i aššat* (DAM-*at*) *a'īlenni* (LÚ-*ni*) *i-de it-ti-ak-ši ki-i a'īlu* (LÚ) *ša aššas* (DAM)*-su a-na e-pa-še i-qa-ab-bi-ú-ni* (LÚ) *na-i-ka-na e-pu-šu šum-ma ki-i aššat* (DAM)*-at a'īlenni* (LÚ-*ni*) *la-a i-de i-it-ti-a-ak-ši* (LÚ) *na-i-ka-a-nu zà-a-ku a'īlu* (LÚ) *aššas* (DAM)*-su úba-ar ki-i lìb-bi-šu e-pa-a-*[*s*]⸢*ú*⸣

KAV 1 II 41-57 (MAG.A § 15)
šum-ma a'īlu (LÚ) *iš-tu aššat* (DAM)*-ti-šu a'īla* (LÚ) *iṣ-ṣa-bat ub-ta-e-ru-ú-uš uk-ta-i-nu-ú-uš ki-la-al-le-šu-nu-ma i-du-uk-ku-šu-nu a-ra-an-šu la-áš-šu šum-ma iṣ-ṣa-ab-ta lu-ú a-na muḫḫi* (UGU) *šarre* (LUGAL) *lu-ú a-na muḫḫi* (UGU) *dajjānē* (DI.KUD.MEŠ) *it-tab-la ú-ub-ta-e-ru-ú-uš ú-uk-ta-i-nu-ú-uš šum-ma mu-ut sinnilte* (MÍ) *aššas* (DAM)*-su i-du-ak ù a-i-la i-du-ak-ma šum-ma ap-pa ša aššati* (DAM)*-šu*

107 Cf. dazu F. Schulz, Digesten (*Tübingen 1916*), sowie im Lichte des neueren Forschungsstandes F. Wieacker, Römische Rechtsgeschichte (*HAW X.3.1.1*), 154ff. (Lit.).

i-na-ki-is$_5$ *a'īla* (LÚ) *a-na ša re-še-en ú-tar ù pa-ni-šu gab-ba i-na-qu-ru ù šum-ma aššas* (DAM)-*s*[*u ú-uš-šar*] *a'īla* (LÚ)⌜*ú*⌝-[*uš-šar*]

KAV 1 II 58-66 (MAG.A § 16)
šum-ma a'īlu (LÚ) *ašša*[*t* (DAM-*at*) *a'īle* (LÚ) *i-na lu-mu-un*] *pi-i-ša*[*it-ti-a-ak-ši*] *ḫi-i-ṭu ša a'īle* (LÚ) [*la*]-⌜*áš*⌝-*šu a'īlu* (LÚ) *sinnilta* (MÍ) *aššas* (DAM)-*su ḫi-i-ṭa ki-i lìb-bi-šu e-em-mi-id šum-ma e-mu-qa-a-ma it-ti-ak-ši ub-ta-e-ru-ú-uš uk-ta-i-nu-ú-uš ḫi-ṭa-šu ki-i ša aššat* (DAM-*at*) *a'īlemma* (LÚ-*ma*)

Übersetzung

MAG.A § 12
Wenn die Ehefrau eines *a'īlu* auf einem Platz vorbeigeht, ein *a'īlu* sie ergreift (und) zu ihr sagt: „Ich will mit dir schlafen", soll sie nicht einwilligen und sich auf jede erdenkliche Art schützen. (Wenn) er sie aber mit Gewalt ergreift, mit ihr schläft, sei es, daß man ihn auf der Ehefrau eines *a'īlu* ergreift, oder Zeugen ihm beweisen, daß er mit der Frau geschlafen hat, tötet man den *a'īlu*. Eine Strafe für die Frau gibt es nicht.

MAG.A § 13
Wenn die Ehefrau eines *a'īlu* aus ihrem Haus herausgeht, zu einem Mann in die Wohnung geht, er mit ihr schläft, obwohl er weiß, daß sie die Ehefrau eines *a'īlu* ist, tötet man den *a'īlu* und die Ehefrau.

MAG.A § 14
Wenn ein *a'īlu* mit der Ehefrau eines *a'īlu* schläft, sei es in einem Wirtshaus[B] oder auf einem Platz, und er weiß, daß sie die Ehefrau eines *a'īlu* ist, wie der *a'īlu* sagt, daß seine Ehefrau zu behandeln sei, so behandelt man den Beischläfer. Wenn er mit ihr schläft, ohne daß er weiß, daß sie die Ehefrau eines *a'īlu* ist, ist der Beischläfer straffrei. Der *a'īlu* führt Beweis gegen seine Ehefrau. Nach seinem Belieben behandelt er sie.[C]

MAG.A § 15
Wenn ein *a'īlu* bei seiner Ehefrau einen *a'īlu* ergreift, man ihn völlig überführt, tötet man beide. Es gibt für ihn keine Schuld. Wenn er (ihn) ergreift, sei es, daß er ihn zum König oder zu den Richtern bringt, man ihn völlig überführt, wenn der Ehemann der Frau seine Ehefrau töten will, wird man auch den *a'īlu* töten. Wenn er die Nase seiner Ehefrau abschneiden will, macht er den *a'īlu* zu einem Beschnittenen[D] und sein ganzes Gesicht zerstören sie. Wenn er aber seine Frau straffrei läßt, läßt er[E] auch den *a'īlu* straffrei.
MAG.A § 16
Wenn ein *a'īlu* mit der Ehefrau eines *a'īlu* (aufgrund) ihres trügerischen[F] Mundes schläft[G], trifft den *a'īlu* keine Strafe. Der *a'īlu* legt seiner Ehefrau eine Strafe nach seinem Belieben auf. Wenn er gewaltsam mit ihr geschlafen hat, man ihn völlig überführt, ist seine Strafe wie die der Ehefrau des *a'īlu*.

A) S. *tattanaṣṣar*; cf. dazu M.P. Streck, Rezension von M.T. Roth, Law Collections in ZAR 4 (*1998*), 308.

B) So mit CAD A/II, 473; G.R. Driver/J.C. Miles (Assyrian Laws [*Oxford 1935*], 462) votieren für die Bedeutung „bordel tu temple" und interpolieren den Aspekt kultischer Prostitution mit Herodot (Hist. I:199) und Strabo (Geogr. XVI I:20); s. dagegen G. Cardascia, Lois assyriennes (*Paris 1969*), 118 und die Revision von G.R. Driver, Supplementary Additions (*Aalen 1975*), XXVII, sowie M.T. Roth, Law Collections (*WAW.SBL 6*), 158.

C) Zu lesen statt fehlerhaftem *e-pa-a-sú* ist *e-pa-a-si*; s. G. Cardascia, Lois assyriennes (*Paris 1969*), 118; M.T. Roth, Law Collections (*WAW.SBL 6*), 158.

D) Die Deutung von *ša rēšēn ta''uru* mit „zum Beschnittenen machen" bleibt unsicher. F. Starke (mdl. Mitteilung) hat versuchsweise vorgeschlagen, nach HG § 198 (II § 84) *ta* SAG.DU-SÚ *u̯aššiezi* (cf. H. Hoffner, Laws [*DMOA 23*], 156f.) die Sanktion als Entehrungsstrafe zu interpretieren.

E) Mit G. Cardascia (Lois assyriennes [*Paris 1969*], 120), C. Saporetti (Leggi medioassire [*Malibu 1979*], 152) und M.T. Roth (Law Collections [*WAW.SBL 6*], 158) ist der Sing. *ú-uš-sar* zu ergänzen; anders G.R. Driver/J.C. Miles (Assyrian Laws [*Oxford 1935*], 388.464), die *ú-uš-šu-ru* lesen.

F) G.R. Driver/J.C. Miles (Assyrian Laws [*Oxford 1935*], 51.388.464) gefolgt von G. Cardascia (Lois assyriennes [*Paris 1969*], 123-125) rekonstruieren am Ende der Z. 58 *i-na lu-mu-un pi-i-ša* bzw. *i-na nik-lat pi-i-ša*. Die von M. Schorr (Pomnik [*Archivum towarzystwa naukowego we Lwowie II 1.6*], 11) vorgeschlagene Lesung *i-na eli pi-i-ša* oder die von H. Ehelolf (Rechtsbuch [*Berlin 1922*], 26) vorgeschlagene Lesung *ki-i-pi-i-ša* (so auch wieder R. Borger, Rechtsbücher [*TUAT I/1*], 83) läßt, wie P. Koschaker (Altassyrische Gesetze [*MVÄG 26/3*], 32f. Anm. 2) zu Recht feststellte, den Rechtssatz jeder Interpretation trotzen, da die Aufforderung oder Einwilligung der Ehefrau nicht den Tatbestand des Ehebruchs aufhebt. Vielmehr setzt der Zusammenhang des gesamten Rechtssatzes die Täuschung des Mannes durch die Ehefrau voraus; so auch C. Saporetti (Leggi medioassire [*Malibu 1979*], 40): „l'uomo si è unito alla moglie di un altro in seguito alle sue parole, probabilmente menzognere riguardo al suo stato di coniugata".

G) In der Alternative der Ergänzungen des Endes von Z. 59 durch *it-ti-a-ak* (s. M.T. Roth, Law Collections [*WAW.SBL 6*], 158) oder *it-ti-ši-iq* (s. G. Cardascia, Lois assyriennes [*Paris 1969*], 124 [Lit.]) ist der ersteren der Vorzug zu geben. Es geht als Gegenfall zu MAG.A § 16B um den eindeutigen Fall des Ehebruchs; vgl. C. Saporetti, Leggi medioassire (*Malibu 1979*), 40.152. Die Lesung *it-ti-ši-iq* will MAG.A § 16 mit § 12 ausgleichen.

Die Anordnung der Rechtssätze in MAG.A §§ 12-16 hat ihre Logik nicht nur in der Zusammenstellung analoger Fälle in den Protasen, sondern auch in einer Systematik der Apodosen[108]. In MAG.A §§ 12; 13 sind zwei Rechtssätze zusammengestellt worden, die im Gegensatz zu MAG.A §§ 14-16 keine Dispositionsverfügung des Ehemannes vorsehen, sondern Vergewaltigung und Ehebruch jeweils mit der gerichtlich verhängten Todesstrafe belegen. Die Rechtssätze MAG.A §§ 14-16 grenzen sich von diesen beiden Rechtssätzen durch die Einbringung der Dispositionsverfügung des Ehemannes und ihres Ausgleichs mit der gerichtlichen Strafe ab. Innerhalb der Rechtssätze MAG.A §§ 14-16 hebt sich MAG.A § 15 vom Kontext ab. Die Rechtssätze MAG.A §§ 14; 16 differenzieren Straftatbestände in bezug auf Ehefrau und Konkumbenten.

108 S. auch Verf., Körperverletzungen (*AOAT 226*), 91-95 sowie o. II.2.1.

MAG.A § 15 regelt dagegen prozeßrechtliche Tatbestände[109], exculpiert den in unmittelbarer Rechtsreaktion *in flagranti delicto* tötenden Ehemann, regelt als Alternative zur Privatstrafe die gerichtliche Bestrafung, vermittelt sie mit der Dispositionsverfügung des Ehemannes und legt Grenzen des Strafmaßes für die privatrechtiche Dispositionsverfügung fest. Die Rechtssätze MAG.A §§ 14 A/B; 16 A/B bilden eine Einheit[110], die einen klar strukturierten Aufbau hat:

	Fall	Rechtsfolge
MAG.A § 14A	konkurrierendes Verschulden	Dispositionsverfügung über Ehefrau und Konkumbenten
MAG.A § 14B	Verschulden der Ehefrau/Unschuld des Konkumbenten	Dispositionverfügung über Ehefrau/Straffreiheit für den Konkumbenten
MAG.A § 16A	Verschulden der Ehefrau/Unschuld des Konkumbenten	Dispositionsverfügung über Ehefrau/Straffreiheit für den Konkumbenten
MAG.A § 16B	Konkurrierendes Verschulden	Dispositionsverfügung über Ehefrau und Konkumbenten

Die Rechtssätze in MAG.A §§ 14A/B; 16A/B sind im palindromischen Schema ABBA konzentrisch redigiert[111]. Die Fälle des konkurrierenden Verschuldens von Ehefrau und Konkumbenten bilden einen Rahmen um die Fälle des alleinigen Verschuldens der Ehefrau. MAG.A § 14A regelt den Fall, daß eine Frau durch Verhaltensweisen, die denen einer Prostituierten ähneln[112], Schuld auf sich lädt, die mit der des Konkumbenten, der um den Status der Ehefrau weiß, konkurriert. Die Dispositionsverfügung des Ehemannes in bezug auf seine Ehefrau bindet auch die öffentliche Strafverfolgung des Konkumbenten. MAG.A § 14B ist der Gegenfall, daß nur die Ehefrau schuldig ist, die durch ihr Verhalten den Konkumbenten über ihren Status als Ehefrau im Unklaren läßt. In diesem Falle beschränkt sich die Dispositionsverfügung des Ehemannes auf die Ehefrau, während der Konkumbent straffrei ausgeht. MAG.A § 16A variiert diesen Fall. Nicht das prostitutionsähnliche Verhalten der Ehefrau, sondern täuschende Rede verschleiert dem Konkumbenten, mit wem

109 S. dazu im folgenden sowie G.R. Driver/J.C. Miles, Assyrian Laws (*Oxford 1935*), 45ff.; G. Cardascia, Lois assyriennes (*Paris 1969*), 119ff.; C. Saporetti, Leggi medioassire (*Malibu 1979*), 39f.

110 Die Bildung der Protasen mit *šumma* (*aššat aʾīli aʾīlu*) *ittiak-ši* (MAG. A II 30.33.37. 59.63) verklammert die Rechtssätze. MAG.A § 15 (*šumma aʾīlu … iṣṣabat*) hebt sich in der Eröffnung der Protasis davon ab.

111 Zu dieser Redaktionstechnik im Keilschriftrecht s. Verf., Körperverletzungen (*AOAT 226*), 29-45.56-70.

112 S. J.J. Finkelstein, Sex Offenses (*JAOS 86*), 362; R. Westbrook, Adultery (*RB 97*), 550 mit Hinweis auf CL § 30 und *ana ittišu* 7 II 23-23a (MSL I, 96); cf. auch YOS I 28 §§ 7; 8; s. dazu Verf., Körperverletzungen (*AOAT 226*), 39f.

er es tatsächlich zu tun hat[113]. Wie in MAG.A § 14B beschränkt sich die Dispositionsverfügung des Ehemannes auf seine Ehefrau, während der Konkumbent straffrei ausgeht. MAG.A § 16B setzt dem als Gegenfall wiederum den des konkurrierenden Verschuldens von Ehefrau und Konkumbenten entgegen. Die Ehefrau täuscht den Konkumbenten über ihren Status[114], während dieser sie mit Gewalt nimmt. In diesem Falle bindet die Dispositionsverfügung über die Ehefrau die öffentliche Strafverfolgung des Konkumbenten. Dieser Zusammenhang ist redaktionell nicht nur durch die Zusammenstellung der Rechtssätze im palindromischen ABBA-Schema, sondern auch durch literarische Ausweitung gestaltet worden, die in MAG.A § 14 noch deutlich zu erkennen ist[115]. Der Satz MAG.A § 14 (II 32) *ki-i* DAM-*at* LÚ *ni-i-de* „(obwohl) er weiß, daß sie die Ehefrau eines *a'īlu* ist", trennt Subjekt und Prädikat der Protasis *šum-ma* DAM-*at* LÚ *lu-ú i-na* É *al-tam-me lu-ú i-na re-be-te it-ti-ak-ši* „wenn ein *a'īlu* mit der Ehefrau eines *a'īlu,* sei es in einem Wirtshaus oder auf einem Platz schläft" in MAG.A § 14 (II 30.31.33) und ist literarisch sekundär eingeflickter Zusatz, der auf den Redaktor zurückgeht. Damit fällt auch, wie P. Koschaker[116] zurecht gefolgert hat, die Differenzierung zwischen schuldhaftem und nicht schuldhaftem Verhalten des Konkumbenten in der ursprünglichen Fassung:

šum-ma DAM-*at* LÚ *lu-ú i-na* É *al-tam-me lu-ú i-na re-be-te it-ti-ak-ši* (LÚ) *na-i-ka-a-nu za-a-ku* LÚ DAM-*su ú-ba-ar ki-i lìb-bi-šu e-pa-a-su*

„Wenn ein *a'īlu* mit der Ehefrau eines *a'īlu*, sei es in einem Wirtshaus oder auf einem Platz schläft, ist der, der beschlafen hat, straffrei. Der *a'īlu* führt Beweis gegen seine Ehefrau. Nach seinem Belieben behandelt er sie" (MAG.A § 14 [II 30.31.33*.38-40]).

Erst die Einfügung von MAG.A § 14 (II 32.33*.34-37) schafft die konzentrische, MAG.A § 16A/B entsprechende Differenzierung in MAG.A § 14A/B. Der Redaktor stellt so in MAG.A §§ 14; 16 einen Zusammenhang zwischen diesen Rechtssätzen her. In die ABBA-Struktur von MAG.A §§ 14A/B; 16A/B fügt er den Rechtssatz MAG.A § 15 ein, der die für MAG.A §§ 14; 16 notwendigen Verfahrensregeln liefert. Die möglichen Rechtsreaktionen des Ehemannes bei der Aufdeckung eines Ehebruchs seiner Ehefrau *in flagranti delicto* werden ebenso geregelt wie seine Dispositionsverfügung im Falle einer

---

113 Cf. auch P. Koschaker, Altassyrische Gesetze (*MVÄG 26/3*), 32 Anm. 2, der vorschlägt, MAG.A § 16 in Parallele zu MAG.A § 14 zu deuten: „Ich möchte vermuten, daß er (sc. § 16) sich dann nicht sehr weit von dem des § 14 entfernte: also Geschlechtsakt mit einer Ehefrau unter Umständen, bei welchen der Mann sie nicht für eine Ehefrau zu halten brauchte. Er wäre also typisch guten Glaubens".

114 G.R. Driver/J.C. Miles (Assyrian Laws [*Oxford 1935*], 51f.) haben das Motiv der Täuschung auch für MAG.A § 16B als konstitutiv erkannt.

115 Cf. P. Koschaker, Altassyrische Gesetze (*MVÄG 26/3*), 30f.

116 S. Altassyrische Gesetze (*MVÄG 26/3*), 30f.

öffentlichen Strafverfolgung und der Bindung des Strafmaßes für den Konkumbenten an die Disposition des Ehemannes über seine Frau. Als Sammlung von Verfahrensregelungen hebt sich MAG.A § 15 vom Kontext durch die fünf mit *šumma* eingeleiteten Protasen in MAG.A § 15 (II 41.47.51.53.56) ab. Die Reihung der Verfahrensvorschriften ist zweigliedrig strukturiert: MAG.A § 15 A umfaßt mit II 41-46 den Fall der Rechtsreaktion bei Entdeckung des Deliktes *in flagranti delicto* ohne Einschaltung öffentlicher Rechtsinstitutionen. MAG.A § 15 B (II 47-57) behandelt die Alternative der Rechtsreaktion unter Einschaltung von Richtern oder des Königs. Durch die jeweilige Eröffnung der Protasen mit *šum-ma* (LÚ) *iṣ-ṣa-bat* in Verbindung mit *ub-ta-e-ru-ú-uš uk-ta-i-nu-ú-uš* in MAG.A § 15 (II 41-43/47.49.50) werden die beiden Teile des Rechtssatzes parallelisiert.

Der Redaktor fügt die Reihe der Verfahrensvorschriften in MAG.A §§ 15A/B in das Zentrum der palindromischen ABBA-Struktur der Rechtssätze MAG.A §§ 14A/B und §§ 16A/B ein und gestaltet auf diese Weise eine konzentrische Struktur[117]:

A: MAG.A § 14A
 B: MAG.A § 14B
  C: MAG.A § 15A
  C': MAG.A § 15B
 B': MAG.A § 16A
A': MAG.A § 16B

Diese Rechtsätze stellen einen Zusammenhang zwischen der Dispositionsverfügung des Ehemannes gegenüber seiner Ehefrau und dem Verschulden der Ehefrau als Voraussetzung der Dispositionsverfügung her. Entsprechend gehen alle Rechtssätze als Regelungen der Dispositionsverfügung von einem Verschulden der Ehefrau aus. Abgrenzungen von Fällen des Nichtverschuldens werden nur für den Konkumbenten vorgenommen, auf dessen Bestrafung in einem Gerichtsverfahren sich die Dispositionsverfügung des Ehemannes im Falle seines Verschuldens auswirkt.

Der Redaktor ordnet den Rechtssätzen MAG.A §§ 14-16 die eine Dispositionsverfügung nicht enthaltenden Rechtssätze MAG.A §§ 12; 13 vor, die im Falle der Vergewaltigung und des Ehebruches bei konkurrierendem Verschulden von Ehefrau und Konkumbenten die Todesstrafe als öffentliche, von einem Gericht verhängte Strafe für beide vorsehen. Für den Redaktor erübrigt sich im Falle der Vergewaltigung einer Ehefrau die Dispositionsverfügung des Ehemannes, da sie stets ein Verschulden der Ehefrau voraussetzt[118]. In MAG.

---

117 Zu konzentrischer Strukturierung in keilschriftlichen Rechtsredaktionen s.o. Anm. 111. Zum Ursprung der konzentrischen Strukturierung in der Inklusionstechnik in Verbindung mit der Strukturierung der Themenverschränkung s. ders., Rechtsgeschichte (*OBO 85*), 68-78.

118 Cf. G. Cardascia, Lois assyriennes (*Paris 1969*), 116.

A § 13 wird die Logik der Redaktion an dem Suffix von É-*ti*-*ša* („ihr Haus") erkennbar. Dieser Rechtssatz sieht trotz Verschuldens der Ehefrau[119] eine öffentliche Strafverfolgung verbunden mit der Todesstrafe vor, da der Ehemann nicht anwesend ist[120]. Diese Interpretation setzt MAG.A § 3 sowie É-(*ti*)-*ša* in MAG.A § 46 (VI 90)[121] voraus. Durch MAG.A § 3 wird der Widerspruch zwischen MAG.A § 13 und MAG.A § 16 B bei konkurrierendem Verschulden von Ehefrau und Konkumbenten interpretierbar: MAG.A § 13 bezieht sich auf den Fall der Abwesenheit des Ehemannes und sieht entsprechend eine öffentliche Strafverfolgung vor, während MAG.A § 16 B dem handlungsfähigen Ehemann eine Dispositionsverfügung einräumt. In MAG.A § 46 (VI 90) wird É-*ša* durch MÍ *ša mu-us-sa me-tu-ú-ni* auf den Tod des Ehemannes interpretiert. Über diese mögliche fallspezifische Differenzierung der Redaktionsperspektive in der Interpretation von MAG.A § 13 hinaus, die diesen Rechtssatz mit MAG.A § 16 A vermittelt, haben MAG.A §§ 12; 13 im Zusammenhang von MAG.A §§ 12-16 die Funktion einer Grundsatzregelung: Vergewaltigung und Ehebruch sind prinzipiell todeswürdige Verbrechen. Diese strafrechtlichen Grundsätze sind Voraussetzung für die Differenzierungen und Einschränkungen durch die Dispositionsverfügung des Ehemannes in MAG.A §§ 14-16.

Der Redaktor hat also in MAG.A §§ 12-16 einen geschlossenen Zusammenhang geformt: Als Grundsatzregelungen hat er den konzentrisch angeordneten Rechtssätzen zur Dispositionsverfügung in MAG.A §§ 14A/B; 15A/B; 16A/B die Rechtssätze in MAG.A §§ 12; 13 vorangestellt. Die Verfahrensweise des Redaktors ist noch rekonstruierbar. Mit der Ergänzung in MAG.A § 14 (II 32.33*.34-37) zieht er MAG.A § 13 (II 28*.29*) *ki-i* DAM-*at* LÚ-*ni i-de* „obwohl er weiß, daß sie die Ehefrau eines *a'ilu* ist" in den Rechtssatz MAG.A § 14 hinein und verknüpft so die Rechtssätze MAG.A §§ 12; 13 mit denen der von ihm geschaffenen konzentrischen Struktur in MAG.A §§ 14-16[122].

---

119 Wie in MAG.A §§ 1-6 haben auch in MAG.A §§ 12-14 die Ortsangaben keineswegs nur „evidentiary rather than a substantive role in the offence" (so R. Westbrook, Adultery [*RB 97*], 549). Die Angaben zum Ort des Deliktes in MAG.A § 12 sollen deutlich machen, daß im Gegensatz zu MAG.A § 13 von seiten der Ehefrau kein Vorsatz vorliegt. MAG.A § 13 dagegen unterstreicht durch die Ortsangabe das konkurrierende Verschulden der Ehefrau; s. C. Saporetti, Leggi medioassire (*Malibu 1979*), 39f.

120 S. G.R. Driver/J.C. Miles, Assyrian Laws (*Oxford 1935*), 42f.; G. Cardascia, Lois assyriennes (*Paris 1969*), 117. Die Interpretation von MAG.A § 13 auf eine Ehe *sine manu* aufgrund von *bīti-ša* und von *ana muhhi a'ile ašar usbūni* auf den Versuch der Frau, ein neues Eheverhältnis einzugehen (so P. Koschaker, Altassyrische Gesetze [*MVÄG 26/3*], 35f.), leidet an dem Widerspruch, daß in einer muntfreien Ehe ein derartiger Versuch kaum mit dem Tode sanktioniert würde.

121 S. C. Saporetti/G. Buccelati, Middle Assyrian Laws (*Malibu 1984*), 97f.

122 Es geht in der Erweiterung des Rechtssatzes MAG.A § 14 durch die Einfügung von MAG.A § 14 II 32.33*.34-37 also weniger um eine „rechtsfortbildende Glossierung" der Entwicklung des Rechts von der Erfolgshaftung zur Verschuldenshaftung (so P.

MAG.A § 12 (II 24) *ša* MÍ *ḫi-i-ṭu la-áš-šu* spannt auf der Sprachebene einen Bogen zu MAG.A § 16 (II 60.61.62*) *ḫi-i-ṭu ša* LÚ *la-áš-šu* LÚ. MÍ. DAM-*su ḫi-i-ṭa* (*e-em-mi-id*) und MAG.A § 16 (II 66) *ḫi-ṭa-šu ki-i ša* DAM-*at* LÚ-*ma*. MAG.A § 12 (II 18) *e-mu-qa-ma iṣ-ṣa-ba-as-si* wird in MAG.A § 16 (II 63) *e-mu-qa-a-ma*[123] *it-ti-ak-ši* aufgenommen. Den Anknüpfungen auf der Sprachebene korrespondieren die auf der Inhaltsebene. MAG.A § 12 und MAG.A § 16B behandeln jeweils Vergewaltigungsfälle, die aber innerhalb dieses Bezuges darin antithetisch Fall und Gegenfall sind, daß in MAG.A § 12 die Ehefrau frei von konkurrierendem Verschulden ist und also straffrei bleibt[124], sie in MAG.A § 16B aber mitschuldig ist. MAG.A § 13 und MAG. A § 16A behandeln die Fälle des von einer Frau initiierten Ehebruchs. Auch diese Fälle sind darin antithetisch, daß in MAG.A § 13 den Konkumbenten eine Mitschuld trifft, während er in MAG.A § 16A frei von einer Mitschuld ist und also straffrei bleibt. Die Rechtssätze MAG.A §§ 12; 13; 16A/B sind also konzentrisch angeordnet. Der Redaktor verzahnt über die Verknüpfung von MAG.A § 13 mit MAG.A § 14 hinaus die Rechtssätze MAG.A §§ 12; 13 mit MAG.A §§ 14-16 und schafft so eine Struktur, die die der Anordnung von MAG.A §§ 14-16 überlagert[125]:

Koschaker, Altassyrische Gesetze [*MVÄG 26/3*], 30-33.39), als vielmehr um eine redaktionelle Verknüpfung unterschiedlicher Rechtssätze. MAG.A §§ 13; 16 A/B setzen die Verschuldenshaftung voraus. MAG.A § 14* wird nicht so weit davon geschieden gewesen sein.

123 *emūqam-ma* (Akkusativ mit Mimation und enklitischem *-ma*; s. W. Mayer, Grammatik des Mittelassyrischen [*AOAT.S 2*], § 85.3) ist eine charakteristisch mittelassyrische Bildung; cf. W. von Soden, GAG § 147b. Zur Abgrenzung von *emūqam-ma* (*ṣabātu*/*niāku*) von *kī da'āne* (*ṣabātu*) in MAG.A § 55 VIII 20 (cf. dazu W. v. Soden, GAG § 144f.; W. Mayer, a.a.O., § 85.3) s. G. Cardascia, Lois assyriennes (*Paris 1969*), 251.

124 S. dazu R. Yaron, Laws (*Bib 51*), 552.

125 Die hier zu beobachtende Überlagerung von Redaktionsstrukturen und damit von Interpretationsgesichtspunkten wechselseitiger Auslegung der Rechtssätze ist im Keilschriftrecht ebenso wie im biblischen Recht zu beobachten. In diesem Sinne kann man von einer Polysemie der Redaktionsstrukturen im Keilschriftrecht sprechen; cf. Verf., Kodifizierung (*Paris 1999*).

MAG.A § 12	Grundsatzregelungen
MAG.A § 13	
MAG.A § 14A	Falldifferenzierungen
MAG.A § 14B	
MAG.A § 15A	
MAG.A § 15B	
MAG.A § 16A	
MAG.A § 16B	

So sehr es dem Redaktor durch eine kunstvolle Redaktion gelingt, dem Abschnitt MAG.A §§ 12-16 eine geschlossene Gestalt zu verleihen, so unverkennbar sind doch die durch Inkongruenz des vorgegebenen Traditionsmaterials verursachten Risse. Setzt die Interpretation von MAG.A § 13 die Handlungsunfähigkeit des Ehemannes aufgrund des Suffixes in É-*ti-ša* MAG.A § 3 und § 46 voraus, so kann diese Interpretation nicht auf den für sich bestehenden, vom Kontext losgelösten Rechtssatz gestützt werden. Das gilt auch für MAG.A § 13. Allenfalls aus der Nichterwähnung eines Ehemannes im Hause der eine andere Frau aufnehmenden Ehefrau kann auf die Abwesenheit ihres Ehemannes geschlossen werden. Wahrscheinlicher ist dagegen, daß dieser Ehemann nicht erwähnt wird, weil er allenfalls unter dem Aspekt der Noxalhaftung Funktion in diesem Rechtssatz haben könnte, dieser Aspekt aber außerhalb des Horizontes des Rechtssatzes liegt. Wäre es ursprünglich Intention von MAG.A § 13 gewesen in Abgrenzung von einer Dispositionsverfügung, wie sie MAG.A § 16 vorsieht, bei Handlungsunfähigkeit des betroffenen Ehemannes ein öffentliches Strafverfahren verbunden mit der Todessanktion vorzusehen, so müßte dies wie in MAG.A § 3 *expressis verbis* gesagt werden. Wie in MAG.A § 23 ist in MAG.A § 13 die Verwendung des femininen Suffixes in É-*ti-ša* darin begründet, daß jeweils die Ehefrau handelndes Subjekt in dem Rechtsfall ist[126]. Gerade darin unterscheidet sich MAG.A § 13 grundlegend von MAG.A § 16B. Dem Redaktor liegen in MAG.A §§ 13; 16B zwei unterschiedliche Rechtssätze vor, die sich überschneiden. Während die Rechtssätze in MAG.A §§ 14-16 am Verschulden der Ehefrau orientiert sind und daraus die Dispositionsverfügung des Ehemannes verbunden mit der Privatstrafe ableiten, setzen MAG.A §§ 12; 13 mit einem Fall der Unschuld der Ehefrau ein, um als Gegenfall den des konkurrierenden Verschuldens von Konkumbenten und Ehefrau anzuschließen. Wird im ersteren Falle die Todessanktion nur an dem Konkumbenten vollzogen, so trifft im Gegenfall die To-

126 In MAG.A § 24 III 47 kann die Ehefrau als *bēlit bīte* bezeichnet werden, obwohl ihr Ehemann als *bēl bīte* anwesend ist.

dessanktion öffentlichen Strafgerichts beide Täter[127]. Nur durch den Kontextbezug von É-*ti-ša* im Rahmen der Redaktion der Tafel A der Mittelassyrischen Rechtssammlung auf MAG.A §§ 3; 46 ist MAG.A § 13 auf die Handlungsunfähigkeit des Ehemannes zu deuten, während der dem Redaktor vorgegebene Rechtssatz eine auf alle Fälle von Ehebruch anzuwendende Regelung formuliert und dadurch eine von den privatstrafrechtlichen Regelungen mit Dispositionsverfügung unterschiedene Rechtsgestalt repräsentiert, die den alttestamentlichen Rechtssätzen in Dtn 22,22a.23.24a.25.27-29 entspricht. Auch sie beschränken das öffentliche Strafgericht und die Todessanktion nicht auf den Fall der Handlungsunfähigkeit des Ehemannes. Dem Redaktor der Mittelassyrischen Rechtssammlung lagen jeweils Rechtssätze vor, die den Ehebruch durch die Strafe eines öffentlichen Gerichts sanktionieren, und solche, die eine private, mit der Dispositionsverfügung verbundene Strafe durch den Ehemann vorsehen.

Dieser Befund wird durch die altbabylonischen Rechtssätze in CH §§ 129; 130 beleuchtet:

Text[128]

CH (rs) V 42-53 (§ 129)
šum-ma aš-ša-at a-wi-lim it-ti zi-ka-ri-im ša-ni-im i-na i-tu-lim it-ta-aṣ-bat i-ka-sú-nu-ti-ma a-na me-e i-na-ad-du-ú-šu-nu-ti šum-ma be-el aš-ša-tim aš-ša-sú ú-ba-la-aṭ ù ša-ru-um waras (ÌR)-*sú ú-ba-la-aṭ*

CH (rs) V 54-67 (§ 130)
šum-ma a-wi-lum aš-ša-at a-wi-lim ša zi-ka-ra-am la i-du-ú-ma i-na bīt (É) *a-bi-ša wa-aš-ba-at ú-kab-bil-ši-ma i-na su-ni-ša it-ta-ti-il-ma iṣ-ṣa-ab-tu-šu a-wi-lum šu-ú id-da-ak sinništum* (MÍ) *ši-i ú-ta-aš-šar*

Übersetzung[129]

CH § 129
Wenn die Ehefrau eines *awīlum* mit einem anderen (Mann) beim Liegen gefaßt wird, bindet man sie und wirft sie ins Wasser. Wenn der Ehemann der Frau seine Ehefrau am Leben lassen will, läßt auch der König seinen Untertanen am Leben.

CH § 130
Wenn ein *awīlum* die Ehefrau eines *awīlum*, die keinen Mann kennt und im Hause ihres Vaters wohnt, knebelt und in ihrem Schoß liegt, und man ihn dabei ergreift, wird dieser *awīlum* getötet, die Frau bleibt unbehelligt.

---

127 R. Westbrook (Adultery [*RB 96*], 549f.) sieht in MAG.A § 13; par. Lev 20,10; Dtn 22,22 den grundlegenden Rechtssatz des Ehebruchs; cf. dazu u. IV.2.

128 S. A. Deimel, Codex Ḫammurabi (*Rom 1930*), 15; zur Transliteration cf. R. Borger, BAL, 27.

129 Übersetzung des Verf.

CH § 129 verbindet beide in der Mittelassyrischen Rechtssammlung noch deutlich voneinander abgehobenen Rechtsgestalten öffentlichen und privaten Strafrechts in einem Rechtssatz. CH § 129A sieht die Todesstrafe als vom Gericht verhängte Strafe[130] für Ehefrau und Konkumbenten vor[131]. CH § 129B trägt die Dispositionsverfügung des Ehemannes nach. Im Gegensatz zur Mittelassyrischen Rechtssammlung bezieht sich die Dispositionsverfügung aber nicht auf die Festsetzung einer Privatstrafe, sondern nur auf die Möglichkeit, die von öffentlichen Organen verhängte Strafe der Todessanktion für die Ehefrau auszusetzen. Wie im assyrischen Recht hat auch diese eingeschränkte Form der Dispositionsverfügung bindende Wirkung für das Strafverfahren gegen den Konkumbenten. Sie verpflichtet auch den König als Herrn des Rechtswesens[132], bezieht sich aber nur auf die Aussetzung der von öffentlichen Organen der Rechtspflege verhängte Strafe[133]. CH § 130 sieht wie MAG.A § 12 die Tötung des Vergewaltigers einer Ehefrau vor, während die Ehefrau[134] straffrei bleibt. Wie in MAG.A §§ 12; 13 sind also auch in CH §§ 129; 130 Vergewaltigung und Ehebruch als Kapitaldelikte zusammengestellt. Über MAG.A § 12 hinaus integriert CH § 129 eine Dispositionsverfügung des Ehemannes, ordnet sie aber konsequent in Form eines Begnadigungsrechtes der öffentlichen Strafverfolgung unter. Der mit CH § 129 verwandte altbabylonische Rechtssatz in CE § 28 kennt keine derartige Dispositionsverfügung[135]. In CH § 129 sind die zwei ursprünglich getrennten Rechtsgestalten von Strafen *in* und *extra domum* verbunden und miteinander ausgeglichen worden.

Der Redaktor der Tafel A der Mittelassyrischen Rechtssammlung hat auf eine andere Weise als der der Rechtssammlung des Hammurapi die Rechtsge-

---

130 S. die 3. m. pl. in *ikaššû-šunūti/ana mê inaddû-šunūti.*

131 S. R. Westbrook, Marriage Law (*AfO.B 23*), 75.

132 Ausgesprochen wird die Begnadigung von Richtern als ausführende Organe; s. A. Walther, Gerichtswesen (*LSSt VI 4-6*), 103. Zur Funktion des Königs im altbabylonischen Prozeßrecht ziviler Prozesse cf. auch E. Dombradi, Rechtsaustrag I (*FAOS 20/1*), 215-221; II (*FAOS 20/2*), 3f.; s. dazu Verf., Prozeßrecht (*ZAR 4*), 263-277.

133 CH § 129 und MAG.A § 15 sollten also nicht in der Form harmonisiert werden, daß in CH § 129 ein Recht des Ehemannes auf Bestrafung des Ehebrechers dann, wenn die Begnadigung durch den König ausgesprochen ist, gegeben (so G.R. Driver/J.C. Miles, Babylonian Laws I [*Oxford* ²*1956*], 281.) sei.

134 Wie in Dtn 22,23.24a.25.27 wird dieser Falle am Beispiel der inchoativ verheirateten Frau als Grenzfall verhandelt; s. u. IV.2.

135 Die Sanktionsbestimmung in CE § 28 ist nicht auf den Konkumbenten zu deuten; gegen R. Yaron, Laws (*Leiden/Jerusalem* ²*1988*), 284f., s. die Rezension des Verf. in VT 40 (*1990*), 362; ders., Kodifizierung (*Paris 1999*). Aus CE § 28 ist auch nicht auf ein von der inchoativen Ehe abgesetztes, rechtlich bindendes Verlöbnis (so R. Westbrook, Marriage Law [*AfO.B 23*], 29-33) zu schließen; s. die Rezension des Verf. in ZA 81 (*1991*), 308-314. Die von R. Westbrook (Adultery [*RB 97*], 552) vertretene These, *imât ul iballuṭ* weise auf eine Aufklärung *in flagranti delicto*, ist angesichts der schmalen Belegung der Formel nicht zu begründen.

stalten der Strafen *in* und *extra domum* ausgeglichen. Die kunstvolle, palindromische Anordnung der Rechtssätze in MAG.A §§ 12-16 dient nicht literarisch-ästhetischem Zweck, sondern leitet zur Interpretation und Auslegung der Rechtssätze im Kontext an[136]. Werden die Rechtssätze in MAG.A § 12; 13 auf die in MAG.A § 16A/B bezogen, so sind sie in Relation zueinander auszulegen. Der Redaktor setzt die Rechtssätze in der Form in Beziehung, daß MAG.A § 12 den Fall der Alleinschuld des Mannes, MAG.A § 16B den des konkurrierenden Verschuldens, MAG.A § 13 den des konkurrierenden Verschuldens bei Handlungsunfähigkeit des Ehemannes und MAG.A § 16A den der Alleinschuld der Ehefrau behandelt. MAG.A § 16B schränkt die öffentliche Strafe im Falle der Vergewaltigung einer Frau in MAG.A § 12 auf den Fall der Alleinschuld des Vergewaltigers ein und sichert im Fall der Mitschuld der Ehefrau die Dispositionsverfügung des Ehemannes. MAG.A § 16A schränkt eine öffentliche Bestrafung der ehebrecherischen Ehefrau auf den Fall der Abwesenheit des Ehemannes in MAG.A § 13 ein. Während der dem Redaktor vorgegebene Rechtssatz als Grundsatzregelung die vom Gericht zu verhängende Todesstrafe für Ehebrecher und Ehebrecherin vorsieht, wird durch den redaktionell hergestellten Bezug von É-*ti-ša* auf MAG.A §§ 3; 46 der Rechtsfall auf die Handlungsunfähigkeit des Ehemannes gedeutet. Entsprechend wahrt MAG.A § 16A das Recht des Ehemannes auf eine Dispositionsverfügung auch im Falle der Alleinschuld der Ehefrau, so daß in diesem Falle der Konkumbent nicht von der der Ehefrau auferlegten Privatstrafe tangiert wird. Durch die palindromische Anordnung werden die Rechtssätze unterschiedlicher Rechtsgestalt aufeinander bezogen und grenzen sich voneinander ab.

Eine zentrale Funktion in der Vermittlung von privater und öffentlicher Strafe kommt schließlich den in das Zentrum gerückten Verfahrensvorschriften in MAG.A § 15 zu. P. Koschaker[137] hat die Probleme, die die Interpretation von MAG.A § 15 (II 41-46) aufgibt, deutlich benannt:

„Der Paragraph enthält in der vorliegenden Fassung eine arge Trivialität. Denn offenbar kann den betrogenen Ehemann keine Strafschuld treffen, wenn aufgrund eines gerichtlichen Urteils die Todesstrafe an dem ehebrecherischen Paar von öffentlichen Organen vollzogen wird. Die öffentliche Bestrafung der Ehefrau, bei einem gegen den Mann gerichteten Delikt schon an sich bedenklich, ist um so befremdlicher, als im zweiten Absatz des Ehebruchsparagraphen nicht nur die Strafgewalt über die Frau, sondern der Strafvollzug sogar über den Ehebrecher in die Hände des Mannes gelegt ist".

P. Koschaker[138] zieht daraus den richtigen Schluß, daß MAG.A § 15 (II 41-46) eine ältere Fassung erkennen lasse, die die unmittelbare Rechtsreaktion des

---

136 S. dazu Verf., Rechtsgeschichte (*OBO 85*), 32-37; ders., Kodifizierung (*Paris 1999*).

137 S. Altassyrische Gesetze (*MVÄG 26/3*), 39.

138 A.a.O., 40f. S. dort auch die Zurückweisung von J. Lewys Harmonisierungsversuch (Verbum [*BBKF I 4*], 38.58), der *i-du-ak-ku-šu-nu* in MAG.A § 15 II 45 nicht als 3. Pers. pl. Präs., sondern als 3. Pers. sing. Prät. mit auslautendem *u*-Vokal als Überrest des westsemitischen PK lesen will.

in flagranti delicto auf das Paar treffenden Ehemannes zur Voraussetzung hat. Damit verbunden ist die Freisprechung von der Blutschuld mit der dem hebräischen *ʾên lô damîm*[139] entsprechenden Formel *aran-šu laššu*. Der Redaktor hat durch die Einfügung von *ub-ta-e-ru-ú-uš uk-ta-i-nu-ú-uš* in MAG.A § 15 (II 42.43) und die Aufweitung von *i-du-ak-šu-nu* zu *i-du-uk-ku-šu-nu* in MAG.A § 15 (II 45) ein Verfahren öffentlicher Strafverfolgung interpoliert[140]. P. Koschaker hat sich gegen einen bereits 1921 von M. Jastrow[141] vertretenen, von G.R. Driver/J.C. Miles[142] und G. Cardascia[143] erneuerten, durch die altrömische Institution von Gerüft und Notgericht der Nachbarn bei eigenmächtiger Tötung des *fur nocturnus*[144] inspirierten Ausgleichsversuch der Interpretation von *idukkū-šunu* sowie *ubtaʾʾerūš uktaʾʾinūš* auf herbeigerufene Verwandte und Nachbarn als Notgericht mit dem Argument gewandt, daß davon nichts im Text stehe. Der These des „Notgerichts" widerspricht vor allem, daß *ubtaʾʾerūš uktaʾʾinūš* in allen anderen Belegen der Mittelassyrischen Rechtssammlung[145], nicht zuletzt im selben Rechtssatz in MAG.A § 15 (II 49.50), das öffentliche Gerichtsverfahren bezeichnet. Hätte der Redaktor ein Notverfahren unmittelbarer Rechtsreaktion von Nachbarn und Verwandten im Gegensatz zum ordentlichen Gerichtsverfahren gemeint, so hätte er gerade nicht diese sonst für das ordentliche Gerichtsverfahren stehende Formel verwenden dürfen. Die von R. Westbrook[146] als Alternative zur Deutung auf ein Notgericht vorgeschlagene Interpretation auf ein Verfahren *ex post facto,* nachdem der Ehemann das *in flagranti delicto* entdeckte Paar getötet habe, ist kaum überzeugender. Auf ein *argumento e silentio* dessen, was der Text gerade nicht aussagt, ist wenig zu bauen. P. Koschaker begründet den Eingriff eines Glossators in den vorgegebenen Textbestand damit, daß ihm die summarische Strafjustiz in der ursprünglichen Fassung des Rechtssatzes mißfallen habe und er deshalb ein öffentliches Strafverfahren und die daraus resultierende Bestrafung der Ehebrecher in den Text eingefügt habe. Damit ist der richtige Weg gewiesen. Der Redaktor verknüpft mit MAG.A §§ 12; 13 und MAG.A §§ 14-16 Rechtssätze unterschiedlicher Rechtsgestalt der Bestrafung der Ehefrau *in* und *extra domum*. In MAG.A § 15 (II 41-46) erwartet der Interpret des Rechtssatzes aufgrund der Entdeckung *in flagranti delicto* durch den Ehemann sowie aufgrund der Unschuldserklärung für den Ehemann eine

139 Cf. Verf., Wandel (*StB 3*), 19-22 (Lit.). Zu XII-Tafelgesetz VIII 12 IURE CAESO ESTO s. R. Düll, Zwölftafelgesetz (*München [6]1989*), 50f.

140 So mit P. Koschaker, Altassyrische Gesetze (*MVÄG 26/3*), 41.

141 S. Law Code (*JAOS 41*), 18 Anm. 62.

142 S. Assyrian Laws (*Oxford 1935*), 46.

143 S. Lois assyriennes (*Paris 1969*), 121.

144 S. dazu F. Wieacker, Römische Rechtsgeschichte (*HAW X.3.1.1*), 244f. (Lit.).

145 S. C. Saporetti/ G. Buccellati, Middle Assyrian Laws (*Malibu 1984*), 109.

146 S. Adultery (*RB 97*), 552f.

vom Ehemann vollzogene Privatstrafe[147]. Stattdessen wird er durch die Einfügung des Redaktors auf eine öffentliche Strafe geführt. Umgekehrt erwartet der Ausleger in MAG.A § 15 (II 47-57) aufgrund der Eröffnung mit *šum-ma iṣ-ṣa-ab-ta lu-ú a-na* UGU.LUGAL *lu-ú a-na* UGU.DI.KUD.MEŠ *it-tab-la* „wenn er (ihn) ergreift, sei es, daß er ihn zum König oder zu den Richtern bringt" in MAG.A § 15 (II 47.48) und der Fortsetzung mit *ubta''erūš ukta''inūš* eine öffentlich verhängte Strafe. Stattdessen wird er auf eine Privatstrafe geführt, die die Ehefrau und den Konkumbenten betrifft[148]. In die öffentliche Strafe in MAG.A § 15B wird die Privatstrafe hineininterpretiert und die Dispositionsverfügung des Ehemannes unterstrichen. In den Abschnitt über die Privatstrafe in MAG.A § 15A wird die öffentliche Strafe hineininterpretiert. Dem Redaktor geht es um die Verzahnung der privat- und öffentlich-rechtlichen Rechtsfunktionen[149]. Die Privatstrafe hat im vorliegenden Fall die gleiche Legitimität wie das Strafverfahren vor einem Gericht, und in diesem wird die Dispositionsverfügung des Ehemannes in bezug auf die Ehefrau und die bindende Wirkung für die Bestrafung des Konkumbenten gewahrt. Damit hat der Redaktor insgesamt lückenlos die ihm vorgegebenen Rechtsgestalten miteinander vermittelt[150]. Das Nebeneinander von gentiler und öffentlich-staatlicher Strafverfolgung ist rechtshistorisch zu interpretieren. Die gentile Privatstrafe hat ihren Ort in der Familie und unterliegt der Kontrolle durch die Gemeindeversammlung und Ältestengerichtsbarkeit[151]. Sie tritt gerade in der Halsgerichtsbarkeit zunehmend in Konkurrenz zur staatlichen Gerichtsbarkeit mit dem König als oberstem Gerichtsherrn[152].

Dem Redaktor ging es in MAG.A §§ 12-16 darum, die sich in der Dispositionsverfügung ausdrückende Gestalt der Privatstrafe einzuschränken und mit der öffentlichen Gerichtsbarkeit zu vermitteln. Entsprechend bindet er in MAG.A § 15 (II 47.48) König und Richter (dājjanū[153]*) an die Dispositions-*

---

147 S. nur C. Saporetti, Women (*MANE 2/1*), 13.

148 In MAG.A § 15 II 57 ist *uš-šar* zu lesen; s. G. Cardascia, Lois assyriennes (*Paris 1969*), 120; C. Saporetti, Leggi medioassire (*Malibu 1979*), 152.

149 Zum rechtshistorischen Hintergrund s.i.f.

150 In MAG.A § 58 werden die verfahrenstechnischen Konsequenzen aus dieser Vermittlung gezogen. Die Verhängung schwerer Körperstrafen der Verstümmelung, die in der Dispositionsverfügung des Ehemannes liegt, wird der Aufsicht eines Gerichts unterstellt; s.u. III. 2.4.

151 Cf. Verf., Art. Recht (*TRE XXVIII*), 199f.; zum altbabylonischen Befund s. A. Walther, Gerichtswesen (*LSSt VI 4-6*), 45-63; Verf., Prozeßrecht (*ZAR 4*), 263-277; cf. auch H. Niehr, Rechtsprechung (*SBS 130*), 28f. zu Mari.

152 Zum altbabylonischen Befund in der Abgrenzung der Gerichtsarten s. Verf., Art. Recht (*TRE XXVIII*), 199f.; A. Walther, a.a.O., 70ff.80ff.105ff.; J.G. Lautner, Streitbeendigung (*LRWS 3*), 68ff.; E. Dombradi, Rechtsaustrag (*FAOS 20/1*), 211ff.

153 Cf. dazu Verf., Art. Recht (*TRE XXVIII*), 199f.; zum neuassyrischen Befund s. K. Deller, Richter (*FS E. Volterra*), 639-653; R. Jas, Procedures (*SAA.S 5*), 97; Verf., Prozeßrecht (*ZAR 4*), 278f.

verfügung des Ehemannes. Auch in MAG.A §§ 1-6 hat der Redaktor die Dispositionsverfügung des Ehemannes mit der öffentlichen Gerichtsbarkeit in einer Rahmenstruktur vermittelt und durch die Einfügung von MAG.A § 4 (I 53-56) die öffentliche Strafverfolgung daran gebunden.

In MAG.A §§ 22-24 hat der Redaktor die in MAG.A §§ 12-16 entwickelte Vermittlung zwischen öffentlicher und privater Strafverfolgung an zwei konkreten Beispielen, die an die rechtliche Bewertung besondere Anforderungen stellen, exemplifiziert.

Text

KAV 1 II 105-111; III 1-13 (MAG.A § 22)

šum-ma aššat (DAM-at) a᾿īle (LÚ) la-a a-bu-ša la-a a-ḫu-ša la-a mār (DUMU)-ša a᾿īlu (LÚ) ša-ni-um-ma ḫar-ra-a-na ul-ta-aṣ-bi-si ù ki-i aššat (DAM-at) a᾿īlenni (LÚ-ni) la-a i-de i-tam-ma-ma ù 2 bilāt (GUN) anāke (AN.NA) a-na mu-ut sinnilte (MÍ) i-id-dan [šu]m-ma ki-[i aššat (DAM-at) a᾿īlenni (LÚ-ni) i-de] [b]i-it-[q]a-a-te id-[dan-ma i-tam-ma] [ma]-⌜a⌝ šum-ma a-ni[-ik-ku-ši-ni] ⌜ù⌝ šum-ma aššat (DAM-at) [a᾿īle (LÚ)taq-ṭì-bi] [ma]-⌜a⌝ i-it-ti-ka-an-ni [ki-i a᾿īlu (L]Ú) bi-it-qa-a-te [a-na] a᾿īle (LÚ) id-di-nu-ú-ni [a-na (ÍD)] i-id il-lak [ri-ik]-sa-tu-šu la-áš-šu [š]um-m[a] i-na (ÍD) i-id it-tu-ra ki-i mu-ut sinnilte (MÍ) aššas (DAM)-su e-pu-šu-ú-ni a-na šu-a-šu e-ep-pu-ú-šu-uš

KA V 1 III 14-40 (MAG.A § 23)

šum-ma aššat (DAM-at) a᾿īle (LÚ) aššat (DAM-at) a᾿īlemma (LÚ-ma) a-na bīt (É)-ti-ša tal-te-e-qí a-na a᾿īle (LÚ) a-na ni-a-ki ta-ti-din-ši ù a᾿īle (LÚ)-ni i-de ki-i ša aššat (DAM-at) a᾿īle (LÚ) i-ni-ku-ú-ni e-pu-šu-uš ù ki-i ša mu-ut sinnilte (MÍ) aššat (DAM)-su ni-ik-ta ep-pu-šu-ú-ni (MÍ) mu-um-me-er-ta e-pu-šu ù šum-ma mu-ut sinnilite (MÍ) aššas (DAM)-su ni-ik-ta mìm-ma la-a e-pa-áš na-i-ka-na ù mu-um-me-er-ta mi-im-ma la-a e-pu-šu ú-uš-šu-ru-šu-nu ù šum-ma aššat (DAM)-at a᾿īle (LÚ) la-a ti-i-de ù sinniltu (MÍ) ša a-na bīt (É)-ti-ša ta-al-qe-ú-ši-ni ki-i pi-i-ge a᾿īla (LÚ) a-na muḫḫi (UGU)-ša tu-ul-te-ri-ib ù it-ti-ak-ši šum-ma iš-tu bīti (É) i-na ù-ṣa-i-ša ki-i ni-ku-tu-ú-ni táq-ṭì-bi sinnilta (MÍ) ú-uš-šu-ru za-ku-a-at na-i-ka-na ù mu-um-me-er-ta i-du-uk-ku ù šum-ma sinniltu (MÍ) la-a táq-ṭì-bi a᾿īlu (LÚ) aššas (DAM)-su ḫi-i-ṭa ki-i lìb-bi-šu e-em-mi-id na-i-ka-a-na ù mu-me-er-ta i-duk-ku

KAV 1 III 41-81 (MAG.A § 24)

šum-ma aššat (DAM-at) a᾿īle (LÚ) i-na pa-ni mu-ti-ša ra-ma-an-ša tal-ta-da-at lu-ú i-na libbi āle (ŠÀ.URU) am-mé-e-em-ma lu-ú i-na ālāni (URU.DIDLI) qur-bu-ú-te a-⌜šar⌝ bīti (É) ud-du-ši-i-ni a-na bīti (É) áš-šu-ra-ia-e te-ta-rab iš-⌜tu⌝ bēlit bīte (NIN.É) ú-us-bat 3-[š]u 4-[š]u be-da-at bēl bīte (EN.É)⌜ki-i⌝ aššat (DAM-at) a᾿īle (LÚ) i-na bīti (É)-šu [u]s-bu-tu-ú-ni la-a i-de i-[n]a u[r]-k[i]-it-te sinniltu (MÍ) ši-i t[a-a]t-ta-aṣ-bat bēl bīti (EN.É) ša aššas (DAM)-su [i-na pa]-ni-šu ra-ma-an-ša [tal-d]u-du-ú-ni aššas (DAM)-su [ú-na-ka-áš la-a] i-laq-qé aššat (DAM-at) a᾿īle ([L]Ú) ša aššas (DAM)-su il-te-ša us-bu-tu-ni uz-né-ša ú-na-ku-su ḫa-di-ma mu-us-sa 3 *bilāt* (GUN) 30 *ma-na anāke* (AN.NA) *šīm* (ŠÀM)-*ša i-id-dan ù ḫa-di-ma aššas* (DAM)-*su i-laq-qé-ú ù šum-ma bēl bīti* (EN.É) *ki-i aššat* (DAM)-*at aʾīle* (LÚ) *i-na bītī* (É)-*šu iš-tu aššiti* (DAM)[-*šu*] *us-bu-tu-ú-ni i-*[*de*] 3-*a-te i-id-da-an ù šum-ma it-te-ke-er la-a i-de-e-ma i-qa-ab-bi a-na* (ÍD) *i-id il-lu-ú-ku ù šum-ma aʾīlu* (LÚ) *ša aššat* (DAM-*at*) *aʾīle* (LÚ) *i-na bītī* (É)-*šu us-bu-tu-ú-ni i-na* (ÍD) *i-id it-tu-ú-ra* 3-*a-te i-id-da-an šum-ma aʾīlu* (LÚ) *ša aššas* (DAM)-*su i-na pa-ni-šu ra-ma-an-ša tal-du-du-ú-ni i-na* (ÍD) *i-id it-tu-ra za-a-ku gi-im-ri ša* (ÍD) *i-id ú-mal-la ù šum-ma aʾīlu* (LÚ) *ša aššas*(DAM)-*su i-na pa-ni-šu ra-ma-an-ša ta-al-du-du-ú-ni aššas* (DAM)-*su la-a ú-na-ak-ki-is*$_5$ *aššas* (DAM)-*su-ma i-laq-qé e-mi-it-tu mi-im-ma la-áš-šu*

Übersetzung

MAG. A § 22
Wenn ein anderer *aʾīlu*, der weder ihr Vater noch ihr Bruder noch ihr Sohn ist, die Ehefrau eines *aʾīlu* veranlaßt, auf Reisen zu gehen, und er nicht weiß, daß sie die Ehefrau eines *aʾīlu* ist, schwört er und gibt zwei Talent Blei an den Ehemann der Frau. Wenn er wußte, daß sie die Ehefrau eines *aʾīlu* ist, ersetzt er den Schaden[A] (und) er schwört: „Ich habe nicht mit ihr geschlafen". Wenn aber die Ehefrau sagt: „Er hat mit mir geschlafen", ersetzt der *aʾīlu* dem *aʾīlu* den Schaden. Zum Flußgott geht er ohne Vertrag. Wenn er von dem Flußgott zurückkehrt, behandelt man jenen wie der Ehemann der Frau seine Ehefrau behandelt.

MAG.A § 23
Wenn die Ehefrau eines *aʾīlu* die Ehefrau eines *aʾīlu* in ihr Haus nimmt, sie einem *aʾīlu* gibt, um (mit ihr) zu schlafen, und der *aʾīlu* weiß, daß sie die Ehefrau eines *aʾīlu* ist, behandelt man ihn wie einen, der mit der Ehefrau eines *aʾīlu* geschlafen hat, und wie der Ehemann der Frau seine beschlafene Ehefrau behandelt, behandelt man die Kupplerin. Wenn der Ehemann der Frau seiner beschlafenen Frau nichts antut, tut man auch dem Ehebrecher und der Kupplerin nichts an. Sie bleiben straffrei. Wenn aber die Ehefrau eines *aʾīlu* nicht Bescheid wußte, und die Frau, die sie mit in ihr Haus nahm, unter falscher Angabe[B] einen *aʾīlu* ihr mitbringt, und er mit ihr schläft, läßt man die Frau straffrei, wenn sie beim Verlassen des Hauses sagt, daß man mit ihr geschlafen hat. Den Ehebrecher und die Kupplerin tötet man. Wenn aber die Frau nichts sagt, legt der *aʾīlu* seiner Frau eine Strafe nach seinem Belieben auf. Den Ehebrecher und die Kupplerin tötet man.

MAG.A § 24
Wenn die Ehefrau eines *aʾīlu* sich ihrem Manne entzieht, sei es, daß sie im Zentrum jener Stadt oder in Nachbarorten, wo man ihr ein Haus zuweist, in das Haus eines Assyrers geht, bei der Herrin des Hauses wohnt, dreimal oder viermal die Nacht (dort) verbringt, der Hausherr nicht weiß, daß die Ehefrau eines *aʾīlu* in seinem Haus wohnt, schließlich diese Frau ergriffen wird, verstößt der Hausherr seine Ehefrau, die sich ihm entzogen hat. Er nimmt sie nicht zurück. Der Ehefrau des *aʾīlu*, bei der seine Frau wohnte, schneidet man ihre Ohren ab. Wenn

ihr Ehemann will, gib er drei Talent (und) 30 Minen Blei als Preis für sie, und wenn er will, nimmt er seine Frau zurück. Wenn aber der Hausherr wußte, daß die Ehefrau eines *a'īlu* in seinem Haus bei seiner Ehefrau wohnt, gibt er das Dreifache. Wenn er aber leugnet (und) sagt: „Ich habe es nicht gewußt", geht er zum Flußgott und wenn der *a'īlu*, in dessen Haus die Ehefrau eines *a'īlu* wohnte, vom Flußgott zurückkehrt, gibt er das Dreifache. Wenn der *a'īlu*, dessen Frau sich ihm entzogen hat, vom Flußgott zurückkehrt, bleibt der andere straffrei. Was dem Flußgott zukommt, bezahlt er. Wenn aber der *a'īlu*, dessen Ehefrau sich ihm entzogen hat, die Ehefrau nicht verstößt[C], sondern sie zurücknimmt, gibt es keine Strafe.

A) So mit CAD B, 276.

B) Zu *ki-i pi-i-gi* s. W. von Soden, Wörterbuch (*Or* [*N.S.*] *16*), 444 Anm. 2; AHw 862.

C) Die Übersetzung von *nakās/šu* mit „verstümmeln" in MAG.A § 24 (s. zuletzt R. Borger, Rechtsbücher [*TUATI/1*], 84f.) ist durch Z. 57 *uz-né-ša ú-na-ku-su* (cf. V. Scheil, Lois assyriennes [*Paris 1921*] 31: *ú-na-ak-ki-eš* [Z. 79] = coupe [les oreilles]) sowie das semantische Spektrum des Lexem *nakāsu*(*m*) (s. AHw 720f.; CAD N, 171-180) begründet. Die entsprechende Ergänzung in Z. 55 *ú-na-ka-áš* ist glatter als Parallele zu *la-a i-laq-qe* im Sinne von „verstoßen" zu deuten; cf. AHw 721; CAD N, 180 zu *nakāšu*(*m*).

Die Rechtssätze MAG.A §§ 22-24 sind dadurch zu einer Einheit innerhalb von MAG.A §§ 1-24 verbunden, daß in den Fallbeschreibungen der Protasen in allen Fällen eine Ehefrau ihren Ehemann verläßt, und daß die Apodosen jeweils auf eine abschließende Dispositionsverfügung des Ehemannes zielen. Sind die Rechtssätze MAG.A §§ 22-23 mit denen in MAG.A §§ 12-16 thematisch eng verwandt, so bietet es sich an, mit dem vom Kontext am weitesten entfernten Rechtssatz in MAG.A § 24 einzusetzen, um Arbeitsweise und Intentionen des Redaktors in dieser Gruppe von Rechtssätzen zu erfassen. MAG.A § 24 zeigt eine Reihe literarischer Unebenheiten[154]. Die an den Schluß angefügte Dispositionsverfügung des verlassenen Ehemannes setzt mit MAG.A § 24 (III 81) *e-mi-it-tu mi-im-ma lá-àš-šu* „es gibt keine Strafe" im Nachgang eine Klammer vor die in MAG.A § 24 (III 56-75) breit entfalteten Strafen und Schuldfeststellungsprozeduren, die sie unter den Vorbehalt stellt, daß der Ehemann seine Ehefrau nicht zurücknimmt und erst dadurch überhaupt ein Strafgrund gegeben ist, der im Falle, daß der Ehemann seine Ehefrau nicht verstößt, entfällt. Die Stellung des Schlüsselsatzes am Schluß wird erklärlich, wenn man sieht, daß MAG.A § 24 (III 76-81) literarischer Zusatz ist. Die Ergänzung ist nicht von MAG.A § 24 (III 52*-55) zu trennen. Und tatsächlich erweisen sich auch diese Zeilen als sekundär eingefügt. Das absolut gebrauchte, neben *i-laq-qé* auf das Verstoßen[155] zu deutende *ú-na-ka-áš* / *ú-na-ak-ki-is*$_5$ in MAG.A § 24 (III 55.79) ist neben dem mit dem Objekt *uz-né-ša*

154 Cf. P. Koschaker, Altassyrische Gesetze (*MVÄG 26/3*), 36-38.

155 S.o. die philologische Kommentierung z. St.

versehenen, auf eine Verstümmelungsstrafe zu deutende *u-na-ku-su* in MAG.A § 24 (III 57) auffällig und weist auf unterschiedliche literarische Schichten in diesem Rechtssatz. Schließlich ist die Verwendung der Verbindung *bēl bīte*[156] für den verlassenen Ehemann in MAG.A § 24 (III 52) neben der für den Ehemann der beherbergenden Frau in MAG.A § 24 (III 48.61) verwirrend und Hinweis auf eine literarisch sekundäre Einfügung von MAG.A § 24 (III 52*-55.76-81). Der ursprüngliche Rechtssatz in MAG.A § 24 (III 41-52*.56-75) lautete also:

„Wenn die Ehefrau eines *a'īlu* sich ihrem Manne entzieht, sei es, daß sie im Zentrum jener Stadt oder in Nachbarorten, wo man ihr ein Haus zuweist, in das Haus eines Assyrers geht, bei der Herrin des Hauses wohnt, dreimal oder viermal die Nacht (dort) verbringt, der Hausherr nicht weiß, daß die Ehefrau eines *a'īlu* in seinem Haus wohnt, schließlich diese Frau ergriffen wird, schneidet man der Ehefrau des *a'īlu*, bei der die Frau[157] wohnte, ihre Ohren ab. Wenn ihr Ehemann will, gibt er drei Talent (und) 30 Minen Zinn als Preis für sie. Und wenn er will, nimmt er seine Frau zurück.

Wenn aber der Hausherr wußte, daß die Ehefrau eines *a'īlu* in seinem Haus bei seiner Ehefrau wohnt, gibt er das Dreifache. Wenn er aber hingeht (und) sagt: ‚Ich habe es nicht gewußt', geht er zum Flußgott, und wenn der *a'īlu*, in dessen Haus die Ehefrau eines *a'īlu* wohnte, vom Flußgott zurückkehrt, gibt er das Dreifache. Wenn der *a'īlu*, dessen Frau sich ihm entzogen hat, vom Flußgott zurückkehrt, bleibt der andere straffrei. Was dem Flußgott zukommt, bezahlt er".

Der Rechtssatz MAG.A § 24A (III 41-52*.56-60) regelt die strafrechtlichen Konsequenzen für die Ehefrau eines Assyrers[158], die eine sich ihrem Ehemann entziehende Ehefrau mindestens drei Nächte beherbergt[159]. Im Falle, daß der Ehemann der beherbergenden Frau davon keine Kenntnis hatte, werden ihr in öffentlicher Strafverfolgung die Ohren abgeschnitten. Im Zuge der Noxalhaftung hat der Ehemann dieser Frau ein Lösungsrecht. MAG.A § 24B (III 61-75) sieht im Falle der Mitwisserschaft des Ehemannes der beherber-

156 Cf. dazu auch o. Anm. 126.

157 Das Suffix geht auf die literarische Überarbeitung zurück.

158 Zur wenig überzeugenden Interpretation auf den Angehörigen einer Gesellschaftsschicht minderen Rechts (so G.R. Driver/J.C. Miles, Assyrian Laws [*Oxford 1935*], 16f.78f. 284-286; G. Cardascia, Lois assyriennes [*Paris 1969*], 52.62.145f.; C. Saporetti, Leggi medioassire [*Malibu 1979*], 10.51) s. M.T. Roth, Law Collections (*WAW.SBL 6*), 192 Anm. 1.

159 Zur Interpretation des x/x+1-Schemas als *abundans cautela* durch R. Yaron (Laws [*Bib 51*], 553) s. S.E. Loewenstamm, Phrase (*AOAT 204*), 443f. Wenn S.E. Loewenstamm zu der bereits von G. Cardascia (Lois assyriennes [*Paris 1969*], 146) vertretenen Interpretation als „imprécis" zurückkehrt, geht er am Entscheidenden vorbei. Es geht in MAG.A § 24 III 48 um eine nach oben offene Mindestzahl von Nächten, die die sich ihrem Mann entziehende Ehefrau beherbergt wurde; s. zum x/x+1-Schema auch Verf., Art. *šæbaʿ* etc. (*ThWAT VII*), 1011ff. G. Cardascia (Lois assyriennes [*Paris 1969*], 146) hat die von P. Koschaker (Altassyrische Gesetze [*MVÄG 26/3*], 36 Anm. 2) in die Debatte geworfene These, MAG.A § 24 III 48 sei auf dem Hintergrund des römischen *trinoctium* zu interpretieren, überzeugend zurückgewiesen.

genden Frau die Zahlung des „Dreifachen“[160] vor[161]. Damit verbunden werden prozeßrechtliche Regelungen, die im Falle, daß die Behauptung der Mitwisserschaft durch den verlassenen Ehemann vom Ehemann der beherbergenden Frau bestritten wird, in Gestalt von Ordalverfahren[162] vorgesehen. Der Redaktor der Tafel A der Mittelassyrischen Rechtssammlung führt in Fortsetzung seiner bereits in MAG.A §§ 1-6 und MAG.A §§ 12-16 erkennbar gewordenen Tendenz in MAG.A § 24 (II 52*-55.76-81) die Dispositionsverfügung des geschädigten Ehemannes ein. Ihm steht es frei, seine Ehefrau zu verstoßen und Entschädigung geltend zu machen oder aber die Ehefrau zurückzunehmen und damit jeder Rechtsfolge für sie die Voraussetzung zu entziehen. Die öffentliche Strafverfolgung wird MAG.A §§ 14A; 15B; 16B entsprechend an die Dispositionsverfügung des Ehemannes geknüpft.

Die Rechtssätze MAG.A §§ 22; 23 verdeutlichen an konkreten Fällen die Rechtssätze MAG.A §§ 12-16. P. Koschaker[163] hat gewichtige Gründe dagegen vorgebracht, MAG.A § 23 als „von vornherein als Gesetz gefaßte Bestimmung“ zu verstehen. Es bleibe als eine jeder rechtspraktischen Applikation im Wege stehende Lücke des Rechtssatzes, daß der Fall der Unwissenheit des Konkumbenten, der angesichts des Verhaltens der Kupplerin wohl als Regelfall gelten kann[164], übergangen wird. MAG.A § 23 (III 18.19) *ki-i ša* DAM-*at* LÚ *i-ni-ku-ú-ni e-pu-šu-uš* „man behandelt ihn wie einen, der mit der Ehefrau eines *a'īlu* geschlafen hat“ verweist auf MAG.A §§ 14A; 15B. P. Koschaker[165] zieht daraus den Schluß, daß MAG.A § 23A aus einem Gerichtsurteil stamme. Nur so werde die Formulierung in MAG.A § 23 (III 18.19) verständlich, „während sie als Verweisung auf einen anderen Gesetzesparagraphen, soweit meine Kenntnis reicht, in der ganzen babylonischen Gesetzgebung vereinzelt wäre“[166]. In der Konsequenz dieser Annahme, daß MAG.A § 23A aus einem Gerichtsurteil zu einem konkreten Fall der Gelegenheitsmacherei stamme, muß P. Koschaker in der Konsequenz die zweite Hälfte des Rechtssatzes in MAG.A § 23 (III 27-40) als sekundären, die gewerbsmäßige Kuppelei behandelnden Zusatz und ebenso MAG.A § 23 (III 17) *ù* LÚ *ki-i* DAM-*at* LÚ-*ni i-de* „und der *a'īlu* weiß, daß sie die Ehefrau eines

160 Zur Interpretation als „tiers de l'unité legale de composition“ s. G. Cardascia, a.a.O., 148f.

161 S. dazu P. Koschaker, Altassyrische Gesetze (*MVÄG 26/3*), 37. Gegen die Einwände von G.R. Driver/J.C. Miles (Assyrian Laws [*Oxford 1935*], 82) s. G. Cardascia, Lois assyriennes (*Paris 1969*), 147f.

162 S. T. Frymer-Kensky, Ordeal (*Ph.D. Diss. Yale, 1977*), 360-364; cf. auch G. Cardascia, Ordalie (*FS W. Eilers*), 19-36; ders., L'ordalie fluviale (*RHD 71*), 169-184 (= Hommage [*Méditerranées 3*], 269-288); ders., Lois assyriennes (*Paris 1969*), 150f.

163 S. Altassyrische Gesetze (*MVÄG 26/3*), 33f.

164 S. P. Koschaker, a.a.O., 34.

165 S. a.a.O., 34.

166 S. a.a.O., 34.

a'īlu ist" als sekundär ausscheiden[167], obwohl dieses Tatmerkmal MAG.A § 23A (III 14-26) mit MAG.A § 14A verbindet, also gerade mit dem Rechtssatz, auf den in MAG.A § 23 (III 18.19) verwiesen ist. Schließlich ist die Annahme[168], daß nur MAG.A § 23A ein Gerichtsurteil, das zu einem Gesetz positiven Rechts umgeformt wurde, zugrunde liege, recht unwahrscheinlich[169]. Vielmehr ist MAG.A § 23 ein einheitlich formulierter Rechtssatz, der Motive der Rechtssätze MAG.A §§ 12-16 verknüpft und an einem konkreten Fallbeispiel exemplifiziert. MAG.A § 23 (III 17) *ù* LÚ *ki-i* DAM-*at* LÚ-*ni i-de* „und der *a'īlu* weiß, daß sie die Ehefrau eines *a'īlu* ist" nimmt MAG.A § 14 (II 32) und MAG.A § 13 (II 29) *ki-i* DAM-*at* LÚ *ni i-de* „und er weiß, daß sie die Ehefrau eines *a'īlu* ist" auf. MAG.A § 23 (III 18.19*) *ki-i ša* DAM-*at* LÚ *i-ni-ku-ú-ni e-pu-šu-uš* „man behandelt ihn wie einen, der mit der Ehefrau eines *a'īlu* geschlafen hat" setzt die Verfahrensregelungen in MAG.A § 15 voraus. MAG.A § 23 (III 19*-21) *ù ki-i ša mu-ut* MÍ.DAM-*su ni-ik-ta ep-pu-šu-ú-ni* (MÍ)-*mu-um-me-er-ta e-pu-šu* „und wie der Ehemann seine beschlafene Ehefrau behandelt, behandelt man die Kupplerin" nimmt MAG.A § 14 (II 33*.34.35) *ki-i* LÚ *ša* DAM-*su a-na e-pa-še i-qa-ab-bi-ú-ni* (LÚ)-*na-i-ka-na e-pu-šu* „wie der *a'īlu* sagt, daß seine Ehefrau zu behandeln sei, so behandelt man den, der beschlafen hat" und wendet diesen, den Konkumbenten betreffenden Grundsatz, auf die Kupplerin an. MAG.A § 23 (III 22-25) *ù šum-ma mu-ut* MÍ.DAM-*su ni-ik-ta mìm-ma la-a e-pa-áš na-i-ka-na ù mu-um-me-er-ta mi-im-ma la-a e-pu-šu ú-uš-šu-ru-šu-nu* „wenn der Ehemann der Frau seiner beschlafenen Frau nichts antut, tut man auch dem Ehebrecher und der Kupplerin nichts an; sie bleiben straffrei" nimmt MAG.A § 15 (II 56.57) *ù šum-ma* DAM-*s*[*u ú-uš-šar*] LÚ *ú-uš-šar* „wenn er aber seine Frau straffrei läßt, läßt er auch den *a'īlu* straffrei" auf und dehnt den Grundsatz auf die Kupplerin aus. Der Rechtssatz MAG.A § 23A geht also lückenlos in der Aufnahme von Motiven der Rechtssätze MAG.A §§ 14-15 auf und hat seinen Ursprung nicht in einem Gerichtsurteil, sondern ist vom Redaktor der Tafel A der Mittelassyrischen Rechtssammlung formuliert worden. Über die Rechtssätze in MAG.A §§ 14-15 hinausgehend exemplifiziert er die Regelung an einem sehr komplexen Fall, der neben Ehefrau, geschädigtem Ehemann und Konkumbenten noch eine weitere Person, die Kupplerin, einbezieht. Der Redaktor zeigt an diesem Fall die Anwendbarkeit der von ihm in der redaktionellen Bearbeitung von MAG.A §§ 14-15 entwickelten Rechtssätze.

Mit dieser Intention formt der Redaktor auch den Gegenfall zu MAG.A § 23A in MAG.A § 23B. Die Protasis nimmt mit MAG.A § 23 (III 30.31*) auf MAG.A § 16 bezug und überträgt das Motiv der konkurrierenden Schuld auf den Konkumbenten und die Kupplerin, während die Unschuldsklausel für die

167 S. a.a.O., 34.

168 S. a.a.O., 34 Anm. 1.

169 Cf. dazu auch R. Westbrook, Law Codes (*ZA 79*), 201-222 (Lit.).

Ehefrau auf MAG.A § 12 bezug nimmt. Die Dispositionsverfügung des Ehemannes im Falle, daß die Ehefrau das Verbrechen nicht umgehend anzeigt, knüpft mit MAG.A § 23 (III 38.39*) LÚ DAM-*su ḫi-i-ṭa ki-i lìb-bi-šu e-em-mi-id* „der *a'īlu* legt seiner Frau eine Strafe nach seinem Belieben auf" an MAG.A § 14 (II 40) *ki-i lì-bi-šu e-pa-a-si* „nach seinem Belieben behandelt er sie" und MAG.A § 16 (II 61.62) LÚ.MÍ.DAM-*su ḫi-i-ṭa ki-i lìb-bi-šu e-em-mi-id* „der *a'īlu* legt seiner Ehefrau eine Strafe nach seinem Belieben auf" an. Die Rechtsfolge der Todesstrafe für den Konkumbenten und die Kupplerin, die durch die konkurrierende Schuld miteinander verbunden sind, leitet sich aus MAG.A § 13 ab. Der Redaktor vermittelt in MAG.A § 23B wie bereits in MAG.A §§ 12-16 die Rechtsfolge der Todessanktion (MAG.A §§ 12; 13) mit der Dispositionsverfügung des Ehemannes. Falls der Konkumbent den Status der Ehefrau kennt und keine Täuschung vorliegt, gilt für ihn wie für die Kupplerin die bindende Kraft der Dispositionsverfügung. Falls die Ehefrau von der Kupplerin getäuscht wurde, bleibt sie straffrei, wenn sie das Delikt sofort zur Anzeige bringt. Konkumbent und Kupplerin werden nach einem Strafverfahren vor einem Gericht hingerichtet. Falls die Ehefrau das Delikt nicht sofort zur Anzeige bringt, hat der Ehemann eine privatrechtliche Dispositionsverfügung in bezug auf seine Frau, die die Todessanktion für Konkumbenten und Kupplerin nicht berührt. Die Rechtsfolgen gentiler Privatstrafe und öffentlicher Strafe in MAG.A §§ 12-16 werden auch hier miteinander vermittelt. MAG.A § 23 ist ein Fallbeispiel, das zur Exemplifizierung von MAG.A §§ 12-16 als Grenzfall anhand einer besonders komplexen Konstellation von vier beteiligten Parteien verfaßt wurde.

Mit MAG.A § 23 hat der Redaktor auch den Rechtssatz MAG.A § 22 formuliert. MAG.A § 22A (II 105-111) wendet das in MAG.A §§ 13 (II 28); 14 (II 32.36) entwickelte Tatbestandsmerkmal der Unwissenheit des Konkumbenten, es mit einer verheirateten Frau zu tun zu haben, auf einen weniger schwerwiegenden Tatbestand als den des Ehebruches an und überträgt damit dieses Tatbestandsmerkmal vom Strafrecht auf das Zivilrecht[170]. Im Falle, daß eine Ehefrau von einem anderen Mann veranlaßt wurde, wohl mit ihm auf Reisen zu gehen, hat er, falls er nicht wußte, es mit einer verheirateten Frau zu tun zu haben, dem Ehemann Ersatz zu leisten. Der Tatbestand des guten Glaubens wird durch einen Eid festgestellt (MAG.A § 23 [III 109]). Im Falle des Vorsatzes muß sich der Mann einem weiteren Eidverfahren unterziehen, das Klarheit darüber bringt, ob es zu einem Ehebruch gekommen ist oder nicht. Bei widersprechender Aussage der Ehefrau wird, damit an MAG.A § 24 anknüp-

170 Zur Unterscheidung von Straf- und Zivilrecht im antiken Recht s. E. Gerner, Unterscheidbarkeit (*Diss. iur. München*), 20ff.; Verf., Wandel (*StB 3*), 12ff. mit Anm. 49, sowie in den altbabylonischen Prozeßurkunden E. Dombradi, Rechtsaustrag (*FAOS 20/1*), 169ff.,188ff.

fend, durch ein Ordal entschieden[171]. Im Falle des vorsätzlichen Ehebruches wird an MAG.A § 14 (II 33-35) anknüpfend eine Bindung der Strafe des Konkumbenten an die Dispositionsverfügung des Ehemannes über seine Frau verfügt. Wenn der Mann in Unkenntnis des Status der Ehefrau handelte, so hat er über die sich aus der Abwesenheit der Ehefrau von ihrem Mann ergebende Ersatzleistung hinaus keine strafrechtlichen Konsequenzen zu gewärtigen. In diesem Falle ist eine Täuschung des Mannes durch die Ehefrau vorauszusetzen. Nach MAG.A § 16A entfallen strafrechtliche Konsequenzen für den Konkumbenten, so daß sich der Redaktor in MAG.A § 22A auf den ersatzrechtlichen Aspekt beschränken kann.

Verknüpft der Autor in MAG.A §§ 12-16 öffentliche und gentil-private Strafe, so wendet er die damit verbundenen Regelungen der Dispositionsverfügung in MAG.A §§ 22-24 auf komplexe Fallbeispiele an. Der Redaktor geht von dem ihm vorgegebenen Rechtssatz MAG.A § 24 aus und verknüpft ihn durch die Einfügung der Dispositionsverfügung in MAG.A § 24 (II 52*-55.76-81) über die Brücke der Apodosen mit MAG.A §§ 12-16. Das Motiv der das eheliche Haus verlassenden, sich ihrem Mann entziehenden Ehefrau wird zum Ausgangspunkt für die Gestaltung der MAG.A §§ 12-16 in den Protasen aufnehmenden Fallbeispiele in MAG.A §§ 22; 23.

Zeigt sich, wie sehr MAG.A §§ 22-24 mit MAG.A §§ 12-16 verknüpft ist, bedarf es einer Lösung der Frage, warum in der Redaktion der Tafel A diese Rechtssätze durch MAG.A §§ 17-21 getrennt angeordnet wurden.

2.3 Die Rechtssätze MAG.A §§ 7-11; 17-21 in der Redaktion von MAG.A §§ 1-24

In der Aufklärung der Redaktion von MAG.A §§ 1-24 kommt den Rechtssätzen MAG.A §§ 7-11 und 17-21 eine zentrale Bedeutung zu, trennen sie doch die redaktionell geschlossenen Rechtssatzgruppen in MAG.A §§ 1-6; 12-16; 22-24.

Text

KAV 1 I 74-77 (MAG.A § 7)
šum-ma sinniltu (MÍ) *qa-ta a-na a'īle* (LÚ) *ta-ta-bal ub-ta-e-ru-ši* 30 *ma-na annake* (AN.NA) *ta-ad-dan* 20 *i-na ḫaṭṭāte* (GIŠ.GIDRI.MEŠ) *i-maḫ-ḫu-ṣu-ši*

---

171 Cf. T. Frymer-Kensky, Ordeal (*Ph.D. Diss. Yale 1977*), 354-360. Zur Bedeutung des kultischen Rechtsentscheids als grundlegend im keilschriftlichen Prozeßrecht zumindest der altbabylonischen Zeit cf. Verf., Prozeßrecht (*ZAR 4*), 268-277.

KAV 1 I 78-87 (MAG.A § 8)
šum-ma sinniltu (MÍ) *i-na ṣa-al-te iš-ka ša a'īle* (LÚ) *ta-aḫ-te-e-pi* 1 *ú-ba-an-ša i-na-ki-su ù šum-ma asû* (LÚ.A.ZU) *ur-ták-ki-is-ma iš-ku ša-ni-tu il-te-ša-ma ta-at-ta-al-pa-at* [*e*]*-ri-im-ma tar-ti-i-ši* [*lù*]*u-ú i-na ṣa-al-te* [*iš*]*-ka ša-ni-ta taḫ-te-pi* [X-X-M]EŠ*-ša ki-la-lu-un i-na-pu-lu*

KAV 1 I 88-96 (MAG.A § 9)
[*šum-ma*] *a'īlu* (LÚ) *qa-ta a-na aššat* (DAM*-at*) *a'īle* (LÚ) [*ú-b*]*íl ki-i bu-ri e-pu-us-si* [*ub*]*-ta-e-ru-ú-uš* [*u*]*k-ta-i-nu-ú-uš* [1] *ú-ba-an-šu i-na-ki-su* [*šum*]*-ma i-it-ti-ši-iq-ši* [*ša*]*-pa-as-su šap-li-ta* [*a-na-*IG]I *e-ri-im-te ša-a pa-a-še* [*i-ša*]*-ad-du-du i-na-ki-su*

KAV 1 I 97-104; II 1-13 (MAG.A § 10; 11)
[*šum-ma lu*]*-*⌈*ú*⌉ *a'īlu* (LÚ) *lu-ú sinniltu* (MÍ) [*a-na bīt* (É) *a'īl*e (L]Ú) *e-ru-bu-ma* [*lu-ú a'īla* (LÚ) *lu*]*-ú sinnilta* (MÍ) *i-du-ku* [*a-na bēl bīti* (EN.É) *d-*] *a-i-ka-nu-te* [*i-id-du-nu*] *pa-nu-šu-ú-ma* [*i-du-a*]*k-šu-nu* [*pa-nu-šu-ma im-ma-an*]*-ga-ar* [*mi-im-mu-šu-nu*] *i-laq-qé* [*ù šum-ma i-na bīte* (É)] *da-i-*[*ka-nu-te*] *mi-im-*[*ma ša ta-da-ni la-áš-šu*] *lu-ú mā*[*ra* (DUMU) *lu-ú mārta* (DUMU.MÍ) [...] *im* [...] [...*i-n*]*a bīte* (⌈É⌉) [...] *ši* [...] *ša* [...] *e-pa-a-a* [*š* xxx]*-li*

KAV 1 II 67-71 (MAG.A § 17)
šum-ma a'īlu (LÚ) *a-na a'īle* (LÚ) *iq-ṭì-bi ma-a aššat* (DAM)*-ka it-ti-ni-ik-ku še-bu-ú-tu la-áš-šu ri-ik-sa-a-te i-ša-ak-ku-nu a-na* (ÍD) *i-id il-lu-ú-ku*

KAV 1 II 72-81 (MAG.A § 18)
šum-ma a'īlu (LÚ) *a-na tap-pa-i-šu lu-ú i-na pu-uz-ri lú i-na ṣa-al-te iq-bi ma-a aššat* (DAM)*-ka it-ti-ni-ku ma-a a-na-ku ú- ba-ar ba-ú-ra la-a i-la-'-e la-a ú-ba-e-er a'īlu* (LÚ) *šu-a-tu* 40 *i-na ḫaṭṭātē* (GIŠ.GIDRI.MEŠ) *i-maḫ-ḫu-ṣu-uš* 1 *uraḫ ūmāte* (ITU.U$_4$.MEŠ*-te*) *ši-pár šarre* (LUGAL) *e-pa-áš i-ga-ad-di-mu-uš ù* 1 *bilat annake* (GUN.AN.NA) *id-da-an*

KAV 1 II 82-92 (MAG.A § 19)
šum-ma a'īlu (LÚ) *i-na pu-uz-ri i-na muḫḫi* (UGU) *tap-pa-i-šu a-ba-ta iš-kun ma-a it-ti-ni-ku-ú-uš lu-ú i-na ṣa-al-te a-na pa-ni ṣabē* (ERÍN.MEŠ) *iq-bi-áš-šu ma-a it-ti-ni-ku-ka ma-a ú-ba-ar-ka ba-ú-ra la-a i-la-a-'-e la-a ú-ba-e-er a'īlu* (LÚ) *šu-a-tu* 50 *i-na ḫaṭṭātē* (GIŠ.GIDRI.MEŠ) *i-maḫ-ḫu-ṣu-uš* 1 *uraḫ ūmāte* (ITU.U$_4$.MEŠ*-te*) *ši-pár šarre* (LUGAL) *e-pa-áš i-ga-di-muš ù* 1 *bilat anāke* (GUN.AN.NA) *id-dan*

KAV 1 II 93-97 (MAG.A § 20)
šum-ma a'īlu (LÚ) *tap-pa-a-šu i-ni-ik ub-ta-e-ru-ú-uš uk-ta-i-nu-ú-uš i-ni-ik-ku-ú-uš a-na ša re-še-en ú-tar-ru-uš*

KAV 1 II 98-104 (MAG.A § 21)
šum-ma a'īlu (LÚ) *marat a'īle* (DUMU.MÍ.LÚ) *im-ḫa-aṣ-ma ša-a lìb-bi-ša ul-ta-aṣ-li-iš ub-ta-e-ru-ú-uš uk-ta-i-nu-ú-uš* 2 *bilātē* (GUN) 30 *ma-na anāki* (AN.NA) *i-dan* 50

i-na ḫaṭṭātē (GIŠ.GIDRI.MEŠ) *i-maḫ-ḫu-ṣu-uš* 1 *uraḫ ūmāte* (ITU.U_4.MEŠ-*te*) *ši-pár šarre* (LUGAL) *e-pa-aš*

Übersetzung

MAG.A § 7
Wenn eine Frau Hand an einen Mann legt und man es ihr nachweist, gibt sie 30 Minen Blei. 20 Stockschläge versetzt man ihr.

MAG.A § 8
Wenn eine Frau im Streit eine Hode eines *a'īlu* zerschlägt, schlägt man einen Finger von ihr ab. Wenn aber ein Arzt verbindet, die zweite Hode mit der ersten affiziert wird (und) ein [*e*]*rimmu* bekommt[A], oder sie im Streit die zweite Hode verletzt, werden ihre beiden [...][B] zerstört.

MAG.A § 9
Wenn ein *a'īlu* Hand an die Ehefrau eines *a'īlu* anlegt (und) sie wie ein (Stier?) behandelt[C], wenn man ihn völlig überführt, schneidet man ihm einen Finger ab. Wenn er sie küßt, wird man seine Unterlippe vor den Behälter[D] einer Axt ziehen (und) abschneiden.

MAG.A § 10;(11)
Wenn ein *a'īlu* oder eine Frau in das Haus eines *a'īlu* eindringen und sei es einen *a'īlu* oder eine Frau töten, werden die Mörder dem Hausherrn übergeben. Wenn er will, tötet er sie, oder, sofern er einverstanden ist, nimmt er, was immer ihm gehört. Wenn aber im Hause des Mörders nichts zu geben ist, weder ein Sohn noch eine Tochter ...

MAG.A § 17
Wenn ein *a'īlu* zu einem *a'īlu* sagt: „Mit deiner Ehefrau schläft man“, es aber keine Zeugen gibt, treffen sie eine Vereinbarung (und) gehen zum Flußgott.

MAG.A § 18
Wenn ein *a'īlu* zu seinem Genossen, sei es in kleinem Kreis[E] oder im öffentlichen Streit sagt: „Man schläft mit deiner Ehefrau; ich beweise es“, er aber nicht in der Lage ist, es zu beweisen (und) es nicht beweist, erhält jener *a'īlu* 40 Schläge mit dem Stock. Einen vollen Monat leistet er Frondienst, man schneidet ihn ab[F] und er gibt ein Talent Blei.

MAG.A § 19
Wenn ein *a'īlu* in kleinem Kreis über seinen Genossen behauptet: „Man schläft mit ihm“, oder im Streit vor den Leuten zu ihm sagt: „Man schläft mit dir, ich beweise es dir“, er aber nicht in der Lage ist, es zu beweisen, erhält jener *a'īlu* 50 Schläge mit dem Stock, einen vollen Monat leistet er Fronarbeit, man schneidet ihn ab, und er gibt ein Talent Blei.

MAG.A § 20
Wenn ein *a'īlu* mit seinem Genossen schläft, man ihn völlig überführt, schläft man mit ihm (und) macht ihn zu einem Beschnittenen[G].

MAG.A § 21
Wenn ein *a'īlu* die Frau[H] eines *a'īlu* schlägt und ihr dadurch eine Fehlgeburt verursacht, man ihn völlig überführt, gibt er 2 Talent, 30 Minen Blei, erhält 50 Schläge mit dem Stock, eine vollen Monat leistet er Fronarbeit.

A) Die Interpretation von [*e*]-*ri-im-ma tartiši* bleibt nicht zuletzt aufgrund der Textstörung unsicher; s. CAD E, 295a; AHw 241a. G.R. Driver/J.C. Miles (Assyrian Laws [*Oxford 1935*], 384f.460), C. Saporetti (Leggi medioassire [*Malibu 1979*], 33) und R. Haase (Marginalien [*Leonberg 1996*], 16) denken an eine Entzündung („e un'[in]fiammazione porta"). Diese Bedeutung von *erimmu* ist nur aus dem Kontext erschlossen.

B) G.R. Driver/J.C. Miles (Assyrian Laws [*Oxford 1935*], 384f.460), G. Cardascia (Lois assyriennes [*Paris 1969*], 108) und C. Saporetti (Leggi medioassire [*Malibu 1979*], 33) denken an die Brustwarzen, R. Borger (Rechtsbücher [*TUAT I/1*], 82) an die Augen der Frau; cf. auch S.M. Paul, Analogues (*Winona Lake 1990*), 337f.; M.T. Roth, Law Collections (*WAW.SBL 6*), 192 Anm. 10.

C) V. Scheil (Lois assyriennes [*Paris 1921*],10) und G.R. Driver/J. C. Miles (Assyrian Laws [*Oxford 1935*], 384f.460) sowie G. Cardascia (Lois assyriennes [*Paris 1969*], 109) lesen *kī širri epussi* „er ist ihr gegenüber wie mit einem kleinen Kind verfahren", C. Saporetti (Leggi medioassire [*Malibu 1979*], 151) liest dagegen mit CAD B, 342a *kī buri epussi*; so auch R. Borger (Rechtsbücher [*TUAT I/1*], 82: „sie wie ein [brünstiger] Stier behandelt") und M.T. Roth (Law Collections [*WAW.SBL 6*], 157). Das Delikt bleibt in jedem Falle recht unklar, da Lucian Philos. 28:31f. keine Parallele zur Lesung *kī širri epussi* ist (gegen G.R. Driver/J.C. Miles, a.a.O., 460) und umgekehrt eine Behandlung der Frau *kī buri* weniger schwerwiegend als ein Kuß sein muß. C. Saporetti (a.a.O., 34) erwägt deshalb eine Übersetzung von *našāqu* mit „mordere" („beißen").

D) G.R. Driver/J.C. Miles (Assyrian Laws [*Oxford 1935*], 384f.460) lesen [*a-na*] *pi-e ri-im-te*. Die Lesung ist in jedem Fall mit der Schwierigkeit belastet, daß *rimtu* ein *hapax legomenon* ist.

E) Diese Bedeutung ist der üblichen Übersetzung mit „insgeheim" vorzuziehen, da der Parallelbeleg in MAG.A § 19 II 82 Zuhörer voraussetzt; s. C. Locher, Ehre (*OBO 70*), 361 (Lit.); cf. auch G. Cardascia, Lois assyriennes (*Paris 1969*), 130.133 („en privé"); so auch M.T. Roth, Law Collections (*WAW.SBL 6*), 159.

F) Es handelt sich um eine Ehrenstrafe des Abschneidens der Haare oder des Bartes; s. CAD G, 8 „The parallel in CH § 172 (*muttassu ugallabu* ...) suggests that *gadāmu* denotes a defamatory punishment rather than castration"; cf. auch G.R. Driver, Additions (*Aalen 1975*) XXV; R. Haase, Marginalien (*Leonberg 1996*), 28, sowie ingesamt zur Diskussion C. Locher, Ehre (*OBO 70*), 361 (Lit.).

G) Alternative: „(und) entehrt ihn"; cf. o. zu MAG.A § 15 Anm. D.

H) Für den Redaktor dieser Rechtssätze der MAG.A besteht im Gegensatz zu den vorgegebenen Rechtssätzen keine Differenz zwischen *mar'at a'īle* und *aššat a'īle*; s. Verf., Körperverletzungen (*AOAT 226*), 82f.; cf. auch M.T. Roth, Law Collections (*WAW.SBL 6*), 160: *mar'at a'īle* = a woman of the *a'īlu*-class".

Die Rechtssätze MAG.A §§ 7-10;(11) behandeln Fälle des Angriffs auf eine Person, die von der ehrverletzenden *iniuria* bis zum Tötungsdelikt reichen. MAG.A § 7 regelt den Fall des Angriffs einer Frau auf einen Mann, der durch ein Verfahren öffentlicher Strafverfolgung (*ubta''erū-ši*)[172] mit Geld- und Körperstrafe[173] bestraft wird. Die Härte der Strafe ergibt sich aus dem Vergehen einer *iniuria atrox*[174] (vgl. u.a. CH §§ 195; 202-205[175]) gegenüber einer sozial höher stehenden Person. MAG.A § 8 regelt den Fall einer unvorsätzlichen (*ina ṣālte*)[176] Körperverletzung eines Mannes durch eine Frau, die mit einer Körperstrafe als Strafe öffentlicher Strafverfolgung[177] sanktioniert wird[178]. MAG.A § 9 ist insoweit Gegenfall, als in diesem Rechtssatz ein Mann eine ehrverletzende *iniuria* gegenüber einer Frau begeht[179]. Den Rechtssatz verbindet mit den beiden voranstehenden die Sanktion jeweils durch eine Körperstrafe als öffentliche Strafe. Davon hebt sich der folgende Rechtssatz zum Tatbestand des Mordes ab. Bei aller Unsicherheit in der Interpretation des Rechtssatzes aufgrund der Textstörungen in den Zeilenanfängen läßt *pa-nu-šu-ú-ma* in MAG.A § 10 (I 101) eine Dispositionsverfügung erkennen, die sich auf den *bēl bīte* (MAG.A § 10 [I 100])[180] bezieht. Im Falle des Tötungsdeliktes hat der Hausherr das Recht, über den Vollzug der Kapitalstrafe zu entscheiden. Als Alternative kann er sich am Vermögen des Täters oder seiner Familie schadlos halten[181]. Die dem Geschädigten im Falle des Kapitaldeliktes eingeräumte Dispositionsverfügung ist trotz des bruchstückhaften Textes unstrittig[182]. Es ist auffällig, daß im Gegensatz dazu für die leichteren Delikte

---

172 Ein zu erwartendes *ukta''inū-ši* ist durch ein Schreiberversehen ausgefallen; s. G.R. Driver/J.C. Miles, Assyrian Laws (*Oxford 1935*), 30.

173 S. dazu Verf., Körperverletzungen (*AOAT 226*), 91f. Die in diesem Zusammenhang zu erwartende Strafe der Fronarbeit (s. im folgenden zu MAG.A §§ 18; 19; 21) wird hier nicht verhängt, da es sich um eine Frau handelt.

174 S. G.R. Driver/J.C. Miles, Assyrian Laws (*Oxford 1935*), 30 Anm. 1; G. Cardascia, Lois assyriennes (*Paris 1969*), 107.

175 Zur Analyse s. Verf., Körperverletzungen (*AOAT 226*), 61ff.; M.T. Roth, Legal Traditions (*Chicago-Kent Law Review 71*), 24-36.

176 Zur Funktion dieses Motivs, die nicht vorsätzliche Körperverletzung anzuzeigen, s. Verf., Körperverletzungen (*AOAT 226*), 58f.

177 Cf. dazu C.H. Gordon, Parallel (*JPOS 15*), 29-34.

178 Zum Vergleich von MAG.A § 8 mit Dtn 25,11f. s. S.M. Paul, Analogues (*Winona Lake 1990*), 335-339.

179 Zu den Schwierigkeiten der Interpretation des Rechtssatzes s. die philologische Kommentierung.

180 S. dazu C. Saporetti, Leggi medioassire (*Malibu 1979*), 35.

181 Die Textstörungen lassen nicht mehr erkennen, welche Möglichkeiten als Alternative zur Todesstrafe für den Fall eröffnet werden, daß der Täter nicht über einen Sohn oder eine Tochter verfügt. Zur Interpretation cf. auch R. Haase (Talion [*ZAR 3*], 198), der den *pater familias* in der Rolle eines *gô'el* (Num 35,16-19) oder „Herrn des Blutes" (Telepinus § 49) sieht.

182 S. dazu die Auslegungen von G.R. Driver/J.C. Miles, Assyrian Laws (*Oxford 1935*), 33-36; G. Cardascia, Lois assyriennes (*Paris 1969*), 112-114; C. Saporetti, Leggi medioassire (*Malibu 1979*), 35. Die Möglichkeit einer Dispositionsverfügung wird durch MAG.B § 2 bestätigt; cf. C. Saporetti, a.a.O., 98f.; s. dazu auch i.f.

von *iniuria* und Körperverletzung ohne Todesfolge eine Gerichtsstrafe, für das Kapitaldelikt der Tötung aber eine privatrechtliche Dispositionsverfügung des Hausherrn vorgesehen wird. In MAG.A §§ 50; 53 werden auch Kapitaldelikte mit der Todesstrafe durch öffentliche Strafverfolgung gesühnt, so daß die Strafhöhe nicht das ausschlaggebende Kriterium der Unterscheidung sein kann. Die Lösung ist durch MAG.A § 5[183] vorgezeichnet. Nur wenn ein Zusammenhang zwischen Tat und Haus des Geschädigten besteht, steht diesem eine Dispositionsverfügung zu. Auch in diesem Fall in MAG.A § 10 ist es entscheidend, daß das Tötungsdelikt im Hause des Geschädigten stattfindet. Der Redaktor läßt nur für diesen Fall eine Dispositionsverfügung zu und schränkt damit die generelle Regelung von MAG.B § 2[184] ein. Die Dispositionsverfügung wird verbunden mit der Privatstrafe auf Fälle der Schädigung durch die Ehefrau beschränkt. Alle anderen Fälle, mit Ausnahme des Tötungsdeliktes im Hause des Geschädigten, werden durch öffentliche Strafverfolgung gesühnt.

Die privatstrafrechtliche Dispositionsverfügung wird auch in MAG.A §§ 17-21 gegen öffentliche Strafverfahren abgegrenzt. Auch in diesen Rechtssätzen steht nicht die Ehefrau als Täterin, sondern jeweils ein Dritter im Vordergrund. Der Abschnitt bietet mit dem Verhältnis von MAG.A § 17 zu MAG.A § 18 und der Stellung von MAG.A § 21 als erratischem Block in seinem Kontext zwei besonders schwierige Probleme. Für P. Koschaker[185] ist MAG.A § 17 als Parallele zu MAG.A § 18 eine glossatorische Erweiterung der aus gesonderter Quelle stammenden Rechtssätze MAG.A §§ 18-20, die sich durch die Verwendung von *tappā'u* anstelle von *a'īlu* vom Kontext abhebe. Demgegenüber haben G.R. Driver und J.C. Miles[186] MAG.A § 17 und MAG.A § 18 auf unterschiedliche Fälle interpretiert: MAG.A § 17 sanktioniere den Ehebruch, MAG.A § 18 dagegen die Verleumdung[187]. Auffällig ist, daß MAG.A § 17 keinerlei Rechtsfolgen für die Ehefrau im Falle des durch ein Ordal erwiesenen Ehebruchs und für den *a'īlu* im Falle der Verleumdung vorsieht. G.R. Driver und J.C. Miles lösen diese Schwierigkeit mit der Annahme, „the *awīlu*, who informs the husband can hardly be a slanderer, since there is no punishment for him if the woman is proved innocent"[188] – ein Zirkelschluß – sowie in bezug auf die Frau durch die These, „the woman, on the contrary, if

---

183 S.o. III 2.1.

184 MAG.B § 2 will durch die Darstellung des Falles anhand einer vermögensrechtlichen Grenzsituation zweier in ungeteiltem Erbe lebender Brüder gerade durchsetzen, daß die aus der Dispositionsverfügung sich ergebenden vermögensrechlichen Ansprüche in jedem Falle Vorrang haben, die Dispositionsverfügung also realisiert werden kann.

185 S. Altassyrische Gesetze (*MVÄG 26/3*), 70f.

186 S. Assyrian Laws (*Oxford 1935*), 65-71.

187 Zur Interpretation von MAG.A §§ 17; 18 durch G.R. Driver/J.C. Miles (Assyrian Laws [*Oxford 1935*], 65ff.) s. G. Cardascia, Lois assyriennes (*Paris 1969*), 127-129.

188 S. Assyrian Laws (*Oxford 1935*), 68; so auch C. Saporetti, Leggi medioassire (*Malibu 1979*), 42.

she is proved guilty, will be punished as an adulteress by her husband at his absolute discretion, but the draftsman makes no mention of this, since it is his general practice to specify the punishment of a wife at the hands of her husband only when that of another party depends on it or where he restricts the husband's power to the infliction of a definite punishment“[189]. Ähnlich bringt G. Cardascia[190] das Gewohnheitsrecht in Anschlag. „Conformément au droit commun, la femme ou l'accusateur sera puni suivant que l'ordalie tourne à l'avantage de l'un ou de l'autre“. Die vermeintliche Lückenhaftigkeit des Geregelten ist kein ausreichendes Argument für die nur hypothetische Annahme, die Mittelassyrischen Rechtssätze wollten Korrekturen eines ihnen zugrunde liegenden Gewohnheitsrechts sein[191]. Erst eine konsequent literaturhistorische Analyse kann Auskunft darüber geben, ob es unter rechtshistorischem Gesichtspunkt Lücken des Geregelten gibt und wie diese zu interpretieren sind[192]. Weiterführend ist die von C. Locher[193] vorgeschlagene Erklärung, der Gesetzgeber wolle mit dem Fehlen einer Strafsanktion stillschweigend im Falle der Schuld der Frau auf analoge Bestimmungen in MAG.A §§ 13-14, im Falle der Schuld des beschuldigenden *a'īlu* auf MAG.A § 18 bezug nehmen. Damit ist der richtige Weg gewiesen. MAG.A § 17 verknüpft die Rechtssätze MAG.A §§ 18-21 mit MAG.A §§ 12-16, indem er den Ehebruch in MAG.A §§ 12-16 mit der falschen Anschuldigung als Alternative in MAG.A §§ 18; 19 zusammenführt. Das Motiv des Ordals verklammert schließlich die Apodosen mit denen von MAG.A §§ 22-24.

In MAG.A § 18 wird die Verleumdung des Ehebruchs mit hoher Geldzahlung und Privatstrafe[194], Zwangsarbeit und infamierender Markierung[195] belegt. Mit diesen Sanktionen wird in MAG.A § 19 auch die Anschuldigung homosexuellen Umgangs[196] bestraft. MAG.A § 20 sanktioniert in öffentlicher Strafe[197] diesen Umgang mit der Kastration als spiegelnde Strafe[198]. Aus dem

---

189 S. G.R. Driver/J.C. Miles,a.a.O., 69.

190 S. Lois assyriennes (*Paris 1969*), 129.

191 S. G. Cardascia, a.a.O., 37ff.; ders., Diritto in Assiria (*Pubblicazioni dell'Istituto di Diritto Romano e dei Diritti dell'Oriente Mediterraneo 65*), 57ff.

192 S. Verf., Rechtsgeschichte (*BiOr 48*), 8f.

193 S. Ehre (*OBO 70*), 358.

194 S. zu dieser auch vom König verhängten Strafe die mittelassyrische Satzung des Ninurta-apal-êkur (E. Weidner, Harems-Erlasse [*AfO 17*], 283 [Nr. 17]), des Aššurdân I. (E. Weidner, a.a.O., 284 [Nr. 18]), und Tiglatpileser I. (E. Weidner, a.a.O., 287f. [Nr. 21]).

195 S. H. Petschow, Calumnia (*ZSRG.R 90*), 27; cf. CAD G, 8.

196 Cf. dazu J. Bottéro/ H. Petschow, Art. Homosexualität (*RLA IV*), 461-463; Verf., Homosexualität (*OBC 8*), 322-330; R. Haase, Marginalien (*Leonberg 1996*), 26-28.

197 S. C. Saporetti, Leggi medioassire (*Malibu 1979*), 19.

198 Zum Begriff der spiegelnden Strafe, der auf H. Brunner (Rez. von L. Günther, Wiederherstellung in ZSRG.G 11 [*1890*], 235f.) zurückgeht, s. A. Völkl, Körperverletzung (*FzRR 35*), 49 Anm. 2. Zur Unterscheidung von der Talion s. G. Cardascia, Talion

thematisch geschlossenen Block MAG.A §§ 17-20 fällt MAG.A § 21, der Fall der Fehlgeburt einer *marʾat aʾīle*, heraus. Die Systematisierung analoger Rechtsfolgebestimmungen in der Redaktion der Mittelassyrischen Rechtssammlung erklärt die Einordnung dieses Rechtssatzes in seinen Kontext[199]. Mit den Rechtssätzen MAG.A §§ 18; 19 verbindet MAG.A § 21 die öffentliche Strafe der Stockschläge und der Fron neben der Geldstrafe[200]. Der Rechtssatz MAG.A § 21 unterstreicht, daß die Dispositionsverfügung der Privatstrafe auch dann, wenn ein Ehemann durch Verletzung der Ehefrau mit der Folge einer Fehlgeburt geschädigt wird, ausgeschlossen bleibt. Der Redaktor schränkt die Privatstrafe zugunsten der öffentlichen Strafverfolgung ein, indem er die Privatstrafe auf die Schädigung eines Ehemannes durch die Ehefrau beschränkt und bei Schädigung durch einen Dritten nur im Falle des Tötungsdeliktes im Hause des Geschädigten gelten läßt[201].

Die Vermittlung von gentiler Privatstrafe und öffentlicher Strafverfolgung prägt die Redaktionsstruktur in MAG.A §§ 1-24. Rechtssätze, die die privatrechtliche Dispositionsverfügung im Ausgleich mit gerichtlichen Strafverfahren in den Mittelpunkt stellen, werden in MAG.A §§ 10;(11); 14-16; 22-24 in einem A-B-Schema alternierend angeordnet[202] und mit solchen Rechtssätzen in MAG.A §§ 7-9; 12; 13; 17-21 verschränkt, in denen ein öffentliches Strafverfahren vorgesehen ist, so daß sich folgender Aufbau ergibt:

A:	MAG.A §§ 7-9	öffentliche Strafe
B:	MAG.A §§ 10;(11)	*Privatstrafe mit Dispositionsverfügung*
A:	MAG.A §§ 12; 13	öffentliche Strafe
B:	MAG.A §§ 14-16	*Privatstrafe mit Dispositonsverfügung*
A:	MAG.A §§ (17); 18-21	öffentliche Strafe
B:	MAG.A §§ 22-24	*Privatstrafe mit Dispositionsverfügung*

In diese Struktur der Themenverschränkung fügen sich die Rechtssätze in MAG.A §§ 1-6 ein. MAG.A §§ 1-2; 3A grenzen Rechtsfälle öffentlicher Gerichtsbarkeit von MAG.A §§ 4; 5;(6) ab, in denen die privatrechtliche Dispositionsverfügung im Vordergrund steht. MAG.A § 6 hat wie der Rechtssatz MAG.A § 17 Übergangsfunktion[203]. Mit den voranstehenden Rechtssätzen verbindet MAG.A § 6, daß eine Ehefrau Täter eines Eigentumdeliktes ist. Mit

(*FS J. Dauvillier*), 171 (= Hommage [*Méditerranées 39*], 183). Zur Analyse der Strafbestimmungen in MAG.A §§ 19; 20 s. auch C. Locher, Ehre (*OBO 70*), 366-372 (cf. dazu die Rezension des Verf. in WO 20/21 [*1989/1990*], 308-311).

199 S. dazu Verf., Körperverletzungen (*AOAT 226*), 91-95.

200 Die „infamierende Markierung“ ist eine zusätzliche Sanktion in Verleumdungsfällen.

201 Das ist Hinweis darauf, daß bei der Sanktion des Tötungsdeliktes mittelassyrisch noch die privatrechtliche Institution der Blutrache nachwirkt.

202 Zur Funktion der Themenverschränkung durch alternierende Anordnung s. Verf., Wandel (*StB 3*), 12ff.24ff.31f.61ff.66ff.; ders., Rechtsgeschichte (*OBO 85*), 173ff.177ff.; ders., Körperverletzungen (*AOAT 226*), 103ff.

203 Cf. dazu auch H. Petschow, Systematik (*ZA 57*), 169.

den folgenden Rechtssätzen verbindet, daß nicht der Ehemann durch eine Handlung der Ehefrau unmittelbar Betroffener und Geschädigter ist. So ergibt sich für MAG.A §§ 1-24 folgender Aufbau:

A:	MAG.A §§ 1-3A	öffentliche Strafe
B:	MAG.A §§ 3B-5	*Privatstrafe mit Dispositionsverfügung*
	MAG.A § 6	Verklammerung
A:	MAG.A §§ 7-9	öffentliche Strafe
B:	MAG.A §§ 10;(11)	*Privatstrafe mit Dispositionsverfügung*
A:	MAG.A §§ 12; 13	öffentliche Strafe
B:	MAG.A §§ 14-16	*Privatstrafe mit Dispositionsverfügung*
	MAG.A § 17	Verklammerung
A:	MAG.A §§ 18-21	öffentliche Strafe
B:	MAG.A §§ 22-24	*Privatstrafe mit Dispositionsverfügung*

Die Logik der Redaktion in der Strukturierung des Gesamtabschnittes der Rechtssätze MAG.A §§ 1-24 ist durch die Vermittlung von öffentlicher Strafverfolgung und Privatstrafe und damit durch die Verschränkung der Stipulationen in den Apodosen bestimmt. Insbesondere die Einordnung von MAG.A § 21 in den Kontext der Rechtssätze MAG.A §§ 17-21 machte bereits das Gewicht der Stipulationen in der Redaktion der Rechtssätze dieses Teils der Mittelassyrischen Rechtssätze deutlich. Zwar sind mit den Zusammenstellungen der Rechtssätze in MAG.A §§ 1-6 und MAG.A §§ 12-16 jeweils größere, thematische Blöcke der Fallbeschreibungen geschaffen worden, die durch MAG.A § 6 und MAG.A § 7 mit dem Kontext verklammert wurden, doch bestimmen die Protasen der Rechtssätze im Gegensatz zu den Stipulationen nicht das redaktionelle Gesamtgefüge von MAG.A §§ 1-24. Damit aber wird die dem Redaktor der Mittelassyrischen Rechtssammlung leitende Intention in der Redaktion von MAG.A §§ 1-24 für einen zeitgenössischen Interpreten, der mit den Redaktionstechniken keilschriftlicher Rechtskorpora als Tradition der Schreiberausbildung[204] und also auch der Struktur der Themenverschränkung durch alternierende Anordnung vertraut ist, erkennbar und nachvollziehbar.

Dem Redaktor geht es in MAG.A §§ 1-24 nicht darum, einen „Frauenspiegel“[205] *oder ein „Rechtsbuch für Frauen“ und speziell für Ehefrauen*[206] *zu schaffen. Die Rechtssätze MAG.A §§ 9; 10; (11) 19 und 20, die nicht von Frauen als Täterinnen handeln, bilden bei dieser Annahme unerklärliche Fremdkörper. Dem Redaktor geht es vielmehr darum, öffentliche und private Strafverfahren einschließlich der Dispositionsverfügung miteinander zu vermitteln. Daß die Privatstrafe mit Dispositionsverfügung nur im Falle des Tötungsdeliktes im Hause des Geschädigten und in Fällen, in denen eine verheiratete Frau Täterin ist, zugelassen wird, erklärt, daß Rechtssätze, die die Ehe-*

---

204 S. dazu Verf., Rechtsgeschichte (*OBO 85*), 177ff.; ders., Körperverletzungen (*AOAT 226*), 165ff.

205 S. M. San Nicolò, Rechtsgeschichte (*Oslo 1931*), 90.

206 S. P. Koschaker, Altassyrische Gesetze (*MVÄG 26/3*), 83.

frau betreffen, im Vordergrund stehen. Dem Redaktor geht es bei der Vermittlung von Privatstrafe und öffentlicher Strafverfolgung um eine strikte Eingrenzung der Anwendungsbereiche der Privatstrafe mit Dispositionsverfügung. Sie wird nur dort noch zugelassen, wo eine Ehefrau Täterin und ihr Ehemann Geschädigter ist (MAG.A §§ 3B; 4; 14-16; 22-24). Ist der Ehemann nicht unmittelbar Geschädigter, so wird nur im Falle der mittelbaren Schädigung durch die Noxalhaftung (MAG.A § 5) eine Dispositionsverfügung zugelassen. Abgesehen von diesen Fällen einer besonderen eherechtlich bestimmten Beziehung zwischen Täterin und Geschädigtem werden Privatstrafe und Dispositionsverfügung nur in dem traditionell durch Blutrache und damu („Blutgeld")[207] *sanktionierten Tötungsfall im Hause des Geschädigten zugelassen. Der Verfasser gleicht also in rechtsgelehrter Arbeit zwei Rechtsformen aus. Die Mittelassyrischen Rechtssätze wollen damit Anhalt in der Ausbildung für den Rechtsentscheid geben*[208]*, wenn die Frage ansteht, ob ein Fall in die Zuständigkeit der staatlichen Gerichtsbarkeit oder der gentilen Strafverfolgung fällt. Der neuassyrische Fundort der Tafel A im Šamaš-Tor*[209] *kann darauf hinweisen, daß dieser wohl aus der Bibliothek einer mittelassyrischen Schreiberfamilie stammende Text noch in neuassyrischer Zeit genutzt wurde*[210] .

2.4 Überlieferungs- und redaktionsgeschichtliche Analyse von MAG.A §§ 50-59

Die Rechtssätze MAG.A §§ 1-24 und §§ 50-59 bilden einen Rahmen strafrechtlicher Bestimmungen um die Rechtssätze in MAG.A §§ 25-49[211]:

Text

KAV 1 VII 63-81 (MAG.A § 50)

[šum-ma a'īlu (LÚ) *aššat a'īle* (DAM.LÚ) *i]m-ḫa-a[ṣ]-ma [ša-a lìb-bi-ša ú-ša-ad-di]-ši [... aššat* (DAM-*a]t a'īle* (LÚ) *ša [... ú]-ni* ⌜*ú*⌝ *[ki-i ša e-pu-uš]u-ši-ni e-pu-[šu-ši ki-mu-ú ša]-a lìb-bi-ša nap-ša-a-te ú-[m]a-al-la ù šum-ma sinniltu* (MÍ) *ši-it mé-ta-at a'īla* (LÚ) *i-du-uk-ku ki-i-mu-ú ša-a lìb-bi-ša nap-ša-a-te ú-ma-al-la ù šum-ma ša-a mu-ut sinnilte* (MÍ) *ši-a-ti māra* (DUMU)*-šu la-áš-šu aššas* (DAM)*-su im-ḫu-ṣu-ú-ma ša lìb-bi-ša ta-aṣ-li ki-mu-ú ša lìb-bi-ša ma-ḫi-ṣa-a-na i-du-uk-ku šum-ma ša lìb-bi-ša ṣu-ḫa-ar-tu nap-ša-a-te-ma ú-ma-al-la*

---

207 S. dazu T. Kwasman, Documents (*StP.S.M. 14*), Nr. 334:12.

208 S. dazu Verf., Rechtsgeschichte (*OBO 85*), 135ff.177ff.

209 Cf. o. I.

210 Cf. o. I.

211 S. Verf., Körperverletzungen (*AOAT 226*), 79; cf. P. Koschaker, Altassyrische Gesetze (*MVÄG 26/3*), 65; G. Cardascia, Lois assyriennes (*Paris 1969*), 43.46-48.85.

KAV 1 VII 82-86 (MAG.A § 51)
šum-ma a'īlu (LÚ) *aššat a'īle* (DAM-*at* LÚ) *la-a mu-ra-bi-ta im-ḫa-aṣ-ma ša-a lìb-bi-ša ú-šá-aṣ-li-ši ḫi-i-ṭu an-ni-ú* 2 *bilat annaka* (GUN AN.NA) *i-id-dan*

KAV 1 VII 87-91 (MAG.A § 52)
šum-ma a'īlu (LÚ) *ḫarimta* (KAR.KID) *im-ḫa-aṣ-ma ša lìb-bi-ša ú-ša-aṣ-li-ši mi-iḫ-ṣi ki-i mi-iḫ-ṣi i-ša-ak-ku-ú-nu-uš nap-šá-a-te ú-ma-al-la*

KAV 1 VII 92-[104] (MAG.A § 53)
šum-ma sinniltu (MÍ) *i-na ra-mi-ni-ša ša lìb-bi-ša ta-aṣ-ṣi-li ub-ta-e-ru-ú-ši uk-ta-i-nu-ú-ši i-na iṣē* (GIŠ.MEŠ) *i-za-qu-pu-ú-ši la-a i-qa-ab-bi-ru-ši šum-ma ša-a lìb-bi-ša i-na ṣa-li-e mé-ta-a-at i-na iṣē* (GIŠ.MEŠ) *i-za-qu-pu-ú-ši la-a i-qa-ab-bi-ru-ši šum-ma sinniltu* (MÍ) *ši-it ki-i ša lìb-bi-ša* [*t*]*a*-[*a*]*ṣ-li-ú-ni* [*úp-ta*]*-zi-ru-ú-ši* [...]

KAV 1 VII [ ]-VIII 5 (MAG.A § 54)
[...] *la-āš-šu* [...]-MEŠ [...]-⸢*ú*⸣-*ni* [...*l*]*u-ú amāte* (GEMÉ.MEŠ) [...]-*aṣ*

KAV 1 VIII 6-41 (MAG.A § 55)
[*šum-ma a'īlu* (LÚ)] *ba-tu-ul-ta* [*ša i-na bīti* (É) *a*]*-bi-i-ša* [*us-bu*]*-tu-ú-ni* [x-x]*-ša la-a ú-tar-ri-šu-ni* [*e-mu*]*-qa la-a pa-te-a-tu-ú-ni la-a aḫ-za-tu-ú-ni ù ru-gu-um-ma-na-a a-na bīt* (É) *a-bi-i-ša la-a ir-ši-ú-ni a'īlu* (LÚ) *i-na lìb-bi ali* (URU) *lu-ú i-na ṣe-e-ri lu-ú i-na mu-še i-na re-be-e-te lu-ú i-na bīt* (É) *qa-re-e-te lu-ú i-na i-si-ni a-li a'īlu* (LÚ) *ki-i da-'-a-ni* (MÍ)*-ba-tul-ta iṣ-ba-at-ma ú-ma-an-zi-e-'-ši a-bu ša* (MÍ)*-ba-tu-ul-te aššat* (DAM-*at*) *na-i-ka-a-na ša* (MÍ)*-ba-tul-te i-laq-qé a-na ma-an-zu-ú-'-e i-id-da-an-ši a-na mu-ti-ša la-a ú-tar-ši i-laq-qé-ši a-bu māras* (DUMU.MÍ)*-su ni-ik-ta a-na na-i-ka-ni-ša ki-i a-ḫu-ze-te i-id-dan-ši šum-ma aššas* (DAM)*-su la-áš-šu* 3*-a-te kaspi* (KÙ.BABBAR) *šīm* (ŠÀM) *ba-tu-ul-te na-i-ka-a-nu a-na a-bi-ša id-dan na-i-ka-an-ša iḫ-ḫa-a-si la-a i-sa-ma-ak-ši šum-ma a-bu la-a ḫa-a-de kaspu* (KÙ.BABBAR) 3*-a-te ša* (MÍ)*-ba-tul-te i-ma-ḫar māras* (DUMU.MÍ)*-su a-na ša ḫa-di-ú-ni i-id-dan*

KAV 1 VIII 42-49 (MAG.A § 56)
šum-ma (MÍ)*-ba-tul-tu ra-ma-an-ša a-na a'īle* (LÚ) *ta-at-ti-din a'īlu* (LÚ) *i-tam-ma a-na aššat* (DAM)*-ti-šu la-a i-qar-ri-i-bu* 3*-a-te kaspi* (KÙ.BABBAR) *šīm* (ŠÀM) *ba-tu-ul-te na-i-ka-a-nu i-id-da*[*n*] *a-bu māras* (DUMU.MÍ)-[*su*] *ki-i ḫa-di-ú-ni e-ep-p*[*a-aš*]

KAV 1 VIII 50-53 (MAG.A § 57)
lu-ú ma-ḫa-ṣu lu-ú ⸢*a*⸣-[...] [*ša-a ašš*]*at* (DAM-*at*) *a*[*'īle*] (L[Ú) ... *ša-a i-na-ṭup-pi šaṭ-ru-ú-ni*]

KAV 1 VIII 54-57 (MAG.A § 58)
i-na ḫi-ṭa-a-ni gab-[*bi lu-ú na-pa-li lu-ú*] *na-ka-a-si š*[*a-a aššat a'īle* (DAM-*at* LÚ)] *ù gal-lu li-di-e-*[*nu* ...] *ki-i ša-a* [*i-na ṭup-pi šaṭ-ru-ú-ni*]

KAV 1 VIII 58-63 (MAG.A § 59)
uš-šar ḫi-ṭa-a-ni ša-[a aššat a'ile (DAM-*at* LÚ)] *ša i-na ṭup-pe [šaṭ-ru-ú-ni] a'ilu* (LÚ) *aššas* (DAM)-*su [i-na-aṭ-ṭu] i-ba-qa-an u[z-né-ša] ú-ḫap-pa ú-la-[ap-pat] a-ra-an-šu la-áš-š[u]*

Übersetzung

MAG.A § 50
Wenn ein *a'īlu* die Frau eines *a'īlu*[A] schlägt, ihr eine Fehlgeburt verursacht, die Frau eines *a'īlu* ... und wie er ihr getan hat, tut man ihm[B]. Für ihre Leibesfrucht bezahlt er den vollen Wert eines Lebens. Und wenn diese Frau stirbt, tötet man den *a'īlu*. Für ihre Leibesfrucht bezahlt er den vollen Preis eines Lebens. Und wenn der Ehemann dieser Frau keinen Sohn hat, man seine Frau schlägt, sie ihre Leibesfrucht verliert, tötet man für ihre Leibesfrucht den, der geschlagen hat. Wenn ihre Leibesfrucht ein Mädchen ist[C], bezahlt er den vollen Wert eines Lebens.

MAG.A § 51
Wenn ein *a'īlu* die Frau eines *a'īlu*, die nicht ein Kind großzieht[D], schlägt, ihr eine Fehlgeburt verursacht, ist dies ein Vergehen; er gibt zwei Talent Silber.

MAG.A § 52
Wenn ein *a'īlu* eine Dirne schlägt und ihr eine Fehlgeburt verursacht, fügt man ihm Schläge für Schläge zu; den vollen Preis eines Lebens bezahlt er.

MAG.A §§ 53; [54]
Wenn eine Frau von sich aus ihre Leibesfrucht fortwirft, wenn man sie vollständig überführt, pfählt man sie. Man begräbt sie nicht. Wenn sie bei der Abtreibung stirbt, pfählt man sie. Man begräbt sie nicht. Wenn man diese Frau während der Abtreibung versteckt ...

MAG.A § 55
Wenn ein *a'īlu eine* Jungfrau[E], die im[F] Hause ihres Vaters wohnt, deren ... noch nicht vindiziert wurde[G], die nicht mit Gewalt entjungfert worden ist, die nicht verheiratet[H] ist und gegen deren Vaterhaus kein Klageanspruch besteht[I], der *a'īlu* inmitten einer Stadt, oder auf dem Felde, oder in der Nacht auf einem Platz, oder im Festhaus[J], oder auf einem Fest der Stadt mit Gewalt die Jungfrau ergreift, sie entjungfert, nimmt der Vater der Jungfrau die Ehefrau ihres Konkumbenten und gibt sie der Notzucht preis. Ihrem Ehemann gibt er sie nicht zurück und behält sie. Der Vater gibt seine beschlafene Tochter dem Konkumbenten zur Ehe. Wenn der keine Ehefrau hat, gibt der Konkumbent ihrem Vater das Dreifache des Preises einer Jungfrau. Ihr Konkumbent heiratet sie. Er entläßt sie nicht. Wenn der Vater es nicht will, nimmt er das Dreifache einer Jungfrau. Seine Tochter gibt er, wem er will.

MAG.A § 56
Wenn eine Jungfrau sich von sich aus einem *a'īlu* hingibt, schwört der *a'īlu*. Seiner Ehefrau nähert man sich nicht. Das Dreifache des Kaufpreises einer Jungfrau gibt der Konkumbent. Der Vater macht mit seiner Tochter, was er will.

MAG.A § 57
Ob Schlagen oder ... der Ehefrau eines *a'īlu*, was auf der Tafel geschrieben ist.

MAG.A § 58
Bei allen Strafen, sei es des Ausreißens oder des Abschneidens der Ehefrau eines *a'īlu* und des Blendens[K], ein Gericht ... gemäß dem, was auf der Tafel steht.

MAG.A § 59
Abgesehen von den Strafen für die Ehefrau eines *a'īlu*, die auf dieser Tafel niedergeschrieben sind, darf ein *a'īlu* seine Ehefrau schlagen, raufen, die Ohren verletzen, durchbohren. Er bleibt straffrei.

A) Zur Diskussion des Verhältnisses von *ma'rat a'īle* zu *aššat a'īle* s. Verf., Körperverletzungen (*AOAT 226*), 82f. Wenn auf einer der Redaktion vorgegebenen Überlieferungsstufe der Rechtssätze eine Differenzierung im sozialen Status oder im Familienstand zwischen *ma'rat a'īle* und *aššat a'īle* bestand, so war es gerade Intention des Redaktors der Tafel, durch ihre Parallelisierung in MAG.A §§ 1; 2;(40) die Bedeutungen anzugleichen.

B) Eine Textlücke in Z. 68 läßt es offen, wer wie das Opfer der Körperverletzung behandelt werden soll. Weithin (s. die Literaturangaben in Verf., Körperverletzungen [*AOAT 226*], 83, sowie zuletzt R. Haase, Talion [*ZAR 3*], 198) wird die Ehefrau des Täters als Objekt (*e-pu-šū-ši*) einer derartigen talionischen Maßnahme verstanden. G. Cardascia (Lois assyriennes [*Paris 1969*], 241) und R. Yaron (Laws [*Bib 51*], 555) haben auf die rechtspraktischen Schwierigkeiten dieser Lösung hingewiesen, so daß eine Textergänzung *e-pu-šū-šu*, die den Täter als Objekt versteht, wahrscheinlicher ist; so Verf., Körperverletzungen (*AOAT 226*), 83f.86; cf. auch E. Ebeling, Altassyrische Gesetze (*AOT*), 420; G. Furlani, Leggi (*Rom 1929*), 106, sowie jetzt auch M.T. Roth, Law Collections (*WAW.SBL 6*), 173. Diese Ergänzung wird durch MAG.A § 52 *mi-iḫ-ṣi ki-i mi-iḫ-ṣi i-ša-ak-ku-ú-nu-uš* gestützt.

C) Zur Konstruktion eines Nominalsatzes in einem Bedingungssatz s. W. Mayer, Grammatik des Mittelassyrischen (*AOAT.S 2*), 111.

D) Zu *lā murabbīta* s. G.R. Driver/J.C. Miles, Assyrian Laws (*Oxford 1935*), 114; G. Ries, Art. Körperverletzung (*RLA VI*), 178: „Offen ist bei der Deutung, ob damit eine Frau gemeint ist, die ihre Kinder zwar zur Welt bringt, sie aber nicht großziehen kann ... oder eine Frau, die gewöhnlich schon keine lebensfähigen Kinder zur Welt bringen kann, vielleicht, weil sie der Konstitution nach zu Fehlgeburten neigt". Eine Entscheidung ist kaum möglich. Die im Verhältnis zu MAG.A § 50 und sogar MAG.A § 52 geringe Rechtsfolge deutet in der Logik der Redaktion, die die Rechtsfolge am sozialen Status der Frau orientiert, auf einen entsprechenden Status des Opfers hin.

E) Zu *batultu* „Jungfrau" s. die ausführliche Erörterung von C. Locher, Ehre (*OBO 70*), 130ff. gegen B. Landsberger, Jungfräulichkeit (*FS M. David*), 57-59. M.T. Roth (Law Collections [*WAW.SBL 6*], 174) übersetzt wieder mit „maiden".

F) *i-na bīti*; so C. Saporetti, Leggi medioassire (*Malibu 1979*), 166; anders CAD B, 173.

G) J.J. Finkelstein (Sex Offenses [*JAOS 86*], 357 Anm. 4), B. Landsberger (Jungfräulichkeit [*FS M. David*], 59), G. Cardascia (Lois assyriennes [*Paris 1969*], 247), C. Saporetti (Leggi medioassire [*Malibu 1979*], 91), R. Borger (Rechtsbücher [*TUAT I/1*], 91) und C. Locher (Ehre [*OBO 70*], 135ff.) interpretieren *ūtarrišūni* vom Kontext der Zeilen 9-10 her als „precise physiological definition of the girl's virginal state" (J.J. Finkelstein, a.a.O.) und leiten *ūtarrišūni* als Dt von *arāšu* „schmutzig sein" ab; cf. aber W. Mayer, Grammatik des Mittelassyrischen (*AOAT.S 2*), § 78.4b: „sehr unsicher". Doch geht es in Z. 9-10 nicht um eine physiologische Erörterung, sondern wie in Z. 11-14 um eherechtliche Ausschließungsgründe für eine Anwendung des Rechtssatzes: Bezeichnet *ša-amu-tu aḫ-zu-ši-ni* die Vollehe (cf. dazu R. Westbrook, Marriage Law [*AfO.B 23*], 16 mit Anm. 57), so bedarf es auch einer Regelung für die „inchoate marriage" (cf. dazu R. Westbrook, a.a.O., 34-41)[212]. Diese Regelung wird in Z. 9 getroffen. Mit G.R. Driver/J.C. Miles (Assyrian Laws [*Oxford 1935*], 422f.493) und AHw 1433b ist *ūtarrišūni* als Dt von *erēšu* II „verlangen, erbitten" abzuleiten, so daß die Vindikation der inchoativ verheirateten Frau (cf. R. Westbrook, a.a.O., 39-41; Verf., Parallelen [*ZAW 102*], 94-96) aufgrund des mit Übergabe von *terḫatu* begründeten Rechtsanspruches noch nicht betrieben wurde; zu *erēšu* II (G) cf. KAR 26:9; AMT 96:7'11; cf. dazu W.L. Moran, Conclusion (*CBQ 29*), 547 mit Anm. 15.16; C. Locher, Ehre (*OBO 70*), 136. Die Übersetzung mit „betrothed" (s. M.T. Roth, Law Collections [*WAW.SBL 6*], 174.193 Anm. 31) ist rechtshistorisch zu ungenau (cf. Anm. 212).

H) So mit P. Koschaker, Altassyrische Gesetze (*MVÄG 26/3*), 27 Anm. 1; B. Landsberger, Jungfräulichkeit (*FS M. David*), 51; R. Borger, Rechtsbücher (*TUAT I/1*), 91: [*e-mu*]-*qa la-a pa-te-a-tu-ú-ni*. Gegen die Rekonstruktion [*pu-uš*]-*qa la-a pa-te-a-tu-ú-ni* (so G.R. Driver/J.C. Miles, Assyrian Laws [*Oxford 1935*], 56f.422f.493f.; J.J. Finkelstein, Sex Offenses [*JAOS 86*], 357 Anm. 4; G. Caradascia, Lois assyriennes [*Paris 1969*], 248; M.T. Roth, Law Collections [*WAW.SBL 6*], 174; cf. bereits J. Lewy, Verbum [*BBKF I 4*], 92 Anm. 5) s. C. Locher, Ehre (*OBO 70*), 140-143.

I) Z. 12-14 behandelt einen „Klageanspruch" (*rugummānû*; cf. AHw 993), der sich aus einem Vertrag zwischen Täter und Vater ergibt und also den Ehevertrag einschließt; vgl. B. Landsberger, Jungfräulichkeit (*FS M. David*), 60. Zum Verhältnis der Klauseln in Z. 9 und Z. 12-14 s.i.f.

J) So mit R. Borger, Rezension von CAD Ṣ und CAD Z in BiOr 22 (*1965*), 166; ders., Rechtsbücher (*TUAT I/1*), 91; anders CAD Q, 133; AHw 903f.; M.T. Roth, Law Collections (*WAW.SBL 6*), 175 („granary").

K) So mit R. Borger, Rechtsbücher (*TUAT I/1*), 91 mit Anm. a; cf. ders., Asarhaddon-Verträge (*ZA 54*), 195; cf. dazu auch CAD Q, 299. Gegen die Lesung *ù qal-lu li-di-e-*[*ma li-in-ni-pu-uš*] (so G. Cardascia, Lois assyriennes [*Paris 1969*], 256 Anm. b; ähnlich G.R. Driver/J.C. Miles, Assyrian Laws [*Oxford 1935*], 424) s. C. Saporetti, Leggi medioassire (*Malibu 1979*), 74. Die Deutung auf *kallû* „Eil-, Schnellbote" (AHw 426) ist ebensowenig ein Fortschritt – ein „Eilbote" macht in diesem Zusammenhang keinen Sinn –, wie die Ableitung von **gullulu* (Adj.)/*gullulu* (Verb „eine Sünde begehen"; cf. CAD G, 133f.), die M.T. Roth (Law Collections [*WAW.SBL 6*], 193 Anm. 32) erwägt.

Der Redaktor der Tafel A der Mittelassyrischen Rechtssammlung hat mit MAG.A §§ 21; 50-52 einen Block von Rechtssätzen aufgenommen, die eine geschlossene Struktur aufweisen, wobei MAG.A § 50 auf MAG.A § 21 zurückgreift[213]. Die geschlossene Struktur zeigt an, daß der Redaktor die

---

212 Gegen R. Westbrooks These (Marriage Law [*AfO.Beih. 23*], 29-34) eines der „inchoate marriage" vorausgehenden Rechtsstatus des Verlöbnisses s. die Rezension dieser Arbeit durch den Verf. in ZA 81 (*1991*), 309f.

213 Cf. Verf., Körperverletzungen (*AOAT 226*), 85-90; ders., Körperverletzung (*ZAW 105*), 153-165.

Rechtssätze wohl aufgrund der thematischen Nähe schon verbunden mit dem Rechtssatz zur Abtreibung in MAG.A §§ 53; (54) als gefügte Einheit übernommen hat[214]. Den Rechtssätzen gemeinsam ist das Motiv der Fehlgeburt als Folge der Körperverletzung einer Schwangeren. Abgegrenzt werden die Fälle durch den Status der Tatopfer als *marʾat aʾīle/aššat aʾīle*[215], *aššat aʾīle lā murabbītu* und *ḫarimtu*. Für die *aššat aʾīle* werden die Fälle mit und ohne Todesfolge unterschieden. In den Apodosen wird eine komplexe Systematik, die identische und differente Rechtsfolgebestimmungen miteinander vermittelt, entwickelt. Schlüssel dieser Systematik ist die Unterscheidung von öffentlicher Strafverfolgung und zivilrechtlicher Ersatzleistung. Bereits P. Koschaker[216] erkannte den rechtssystematischen Gestaltungswillen in diesen Rechtssätzen, deren gelehrter Charakter besonders in den Falldifferenzierungen in MAG.A § 50[217] erkennbar wird. Mit einem erneuten *šumma* wird in MAG.A § 50B (VII 74-81) eine Differenzierung in bezug auf das Geschlecht der Fehlgeburt eingeführt, die nicht an die voranstehende Körperverletzung mit Todesfolge für die Schwangere in MAG.A § 50Ab anschließt, sondern auf die Körperverletzung ohne Todesfolge in MAG.A § 50Aa zurückgreift. Über MAG.A §§ 21; 50A hinausgehend wird unterschieden, ob es sich um die Fehlgeburt eines männlichen oder weiblichen Foetus handelt. Die Alternative von Todesstrafe und Ersatzleistung fällt aus der Systematik des voranstehenden Rechtssatzes MAG.A § 50A heraus, der wie MAG.A § 21 öffentliche Strafverfolgung und Ersatzleistung verbindet, und ist, wie Stellung und erneute Einführung mit *šumma* zeigen, rechtsgelehrter Zusatz.

Derartiges Bemühen um Differenzierung und Präzisierung zeigt sich auch in den folgenden Rechtssätzen MAG.A §§ 55-56. In MAG.A § 55 wird mit LÚ in MAG.A § 55 (VIII 20) das Subjekt zu *iṣ-ba-at-ma* in MAG.A § 55 (VIII 6) und mit MÍ-*ba-tul-ta* in MAG.A § 55 (VIII 21) das dazugehörige Objekt aus MAG.A § 55 (VIII 6) wieder aufgenommen[218], was auf einen überlieferungsgeschichtlichen Zuwachs in MAG.A § 55 (VIII 9-20*) hinweist. In MAG.A § 55 (VIII 9-14) werden Ausschließungsgründe für die Anwendung des Rechtssatzes aufgeführt, die die in MAG.A § 55 (VIII 7) genannte Bestimmung „die im Hause ihres Vaters wohnt" ([*ša i-na a*]-*bi-i-ša* [*us-bu*]-*tu-ú-ni*) rechtlich präzisieren. Die Klausel nimmt die Zugriffsmöglichkeit eines Gläubigers auf

---

214 Zu MAG.A § 21 in seinem jetzigen Kontext s. i. f.

215 Zur Identifikation der *marʾat aʾīle* mit der *aššat aʾīle* durch den Redaktor s.o. Anm. A der Textkommentierung.

216 S. Altassyrische Gesetze (*MVÄG 26/3*), 24.

217 S. Verf., Körperverletzungen (*AOAT 226*), 88.

218 S. P. Koschaker, Altassyrische Gesetze (*MVÄG 26/3*), 26f.; cf. auch C. Kuhl, Wiederaufnahme (*ZAW 64*), 1-11. Die Wiederaufnahme, die die syntaktischen Kernelemente eines durch die Einfügung zersprengten Satzes wiederholt, ist zu unterscheiden von der Inklusionstechnik zur Rahmung von Rechtssätzen oder Rechtssatzteilen, die gerade auf einen Gestaltungswillen in literarischer Einheitlichkeit weisen kann.

das Mädchen (cf. MAG.A § 39) aus den folgenden Regelungen des Rechtssatzes aus. Die Formulierung schließt aber den „Klageanspruch" eines inchoativ verheirateten Ehemannes gegen ihren Vater ein. In diesem Falle stellt sich die Frage nach dem Verhältnis der Klausel in MAG.A § 55 (VIII 12-14) zu der in MAG.A § 55 (VIII 9). Während durch MAG.A § 55 (VIII 9) *la-a ú-ta-ri-šu-ni* eine inchoativ verheiratete Frau aus der Regelung ausgenommen wird, formuliert MAG.A § 55 (VIII 12-14) *ù ru-gum-ma-na-na*[219] *a-na bīt a-bi-i-ša* mit Blick auf den Täter. Hat er einen eherechtlich begründeten Anspruch auf die Frau, den er etwa im Konfliktfalle, daß der Vater der Braut ihre Herausgabe verweigert, durch Vollzug *kī daʾāni*, nicht aber durch eine Vindikation der Braut[220] realisiert, so ist auch dieser Fall von der Regelung ausgeschlossen. Durch die Ausnahmeklausel MAG.A § 55 (VIII 9) wird der Rechtsanspruch des inchoativ verheirateten Ehemannes gegenüber einem Dritten als Täter gewahrt. Ist der inchoativ verheiratete Ehemann selbst der Täter, kann der Vater der Braut ihm gegenüber keine der nachfolgenden Rechte einklagen, die für ein unverheiratetes Mädchen gelten.

In MAG.A § 55 (VIII 15-18) werden Angaben des Tatortes nachgetragen. Im Gegensatz zu Dtn 22,23-27[221] wird gerade die Differenzierung von Stadt und Feld[222] nicht zum Kriterium der Erhebung des Tatbestandes der Gewaltanwendung genutzt. Vielmehr soll durch die Aufzählung der Tatorte gerade deren rechtliche Unerheblichkeit verdeutlicht werden[223]. Für die Tatfeststellung gilt die der Ergänzung vorgegebenen Bestimmungen in MAG.A § 55 (VIII 20-22) (*kī daʾāni/ṣabātu mazzuʾu*), die nachdrücklich durch die Ergänzung unterstrichen werden.

MAG.A § 50B (VII 74-81) und MAG.A § 55 (VIII 9-20) wurden vom Redaktor der Tafel A der Mittelassyrischen Rechtssammlung eingefügt. Die Ergänzungen führen einen Dialog mit den voranstehenden Rechtssätzen der Tafel. Der in das Strafrecht in MAG.A §§ 1-24; 50-59 eingearbeitete zivilrechtliche Abschnitt zum Erb- und Eherecht in MAG.A §§ 25-49, macht insbesondere in MAG.A §§ 25; 26; 33; 36 und 45 die Bedeutung eines Sohnes für die Familie deutlich, zumal wenn der Ehemann durch Tod oder Abwesenheit die Versorgung der Ehefrau nicht gewährleisten kann. Auf diesem Hintergrund

219 S. dazu M. San Nicolò, Schlußklauseln (*MBPF 4*), 173.

220 S. dazu J.J. Finkelstein, *ana bīt emim šasū* (*RA 61*), 127-136; R. Westbrook, Marriage Law (*AfO.B 23*), 39-41; Verf., Parallelen (*ZAW 102*) 94-96.

221 S. dazu u. IV.2.

222 Zum semantischen Gegensatzpaar *ālu/ṣēru* s. Verf., Art. *ʿîr* (*ThWAT VI*), 60.

223 S. B. Landsberger, Jungfräulichkeit (*FS M. David*), 61; C. Locher, Ehre (*OBO 70*), 131.148f. Die ausführliche Reihung der Tatorte deutet darauf hin, daß damit gegen eine andere, am Tatort orientierte Rechtstheorie oder -praxis, die auch Dtn 22,23-27 widerspiegelt, Position bezogen wird. Vor allem aber wird die rechtliche Behandlung des Tatbestands der Vergewaltigung von der des Ehebruchs in MAG §§ 12-16 abgehoben, für die der Tatort eine wesentliche Rolle spielt.

wird die in MAG.A § 50B eingearbeitete harte Sanktion der Verursachung einer Fehlgeburt des männlichen Foetus durch eine Körperverletzung der Mutter verständlich. Die Differenzierung von *ša i-na bīt a-bi-i-ša* in MAG.A § 55 (VIII 7) durch die Klauseln in MAG.A § 55 (VIII 9-14) trägt den rechtlichen Differenzierungen zwischen inchoativer Ehe und Vollehe in MAG.A §§ 25-49 Rechnung. Die Auflistung der Deliktorte setzt die rechtliche Behandlung der Vergewaltigung in MAG.A § 55 von entsprechenden Regelungen des Eherechts ab, in denen der Deliktort in MAG.A §§ 12-14 eine entscheidende Rolle spielt. Während in einem mit der Todessanktion verbundenen eherechtlichen Delikt die Kasuistik ihr Recht hat, soll in MAG.A § 55 umfassend jede Form einer Handlung *kī-da'āni* gegen die Frau geregelt sein. Der Redaktor verzahnt durch die Einfügung von MAG.A §§ 50 (VII 74-78); 55 (VIII 9-20) die Rechtssätze MAG.A §§ 50-56 mit den voranstehenden straf- und zivilrechtlichen Bestimmungen zum Eherecht. Tradition und Redaktion in MAG.A §§ 50-56 sind also folgendermaßen zu sondern:

Tradition:	§ 50 VII 63-73	§ 51 VII 82-86; § 52 VII 87-89; § 53(54) VII 92-104;
Redaktion:	*74-80*	
Tradition:	§ 55 VIII 6-8	20*-41; § 56 VIII 42-49
Redaktion:	*9-20**	

Mit MAG.A §§ 50-56 knüpft der Redaktor zur Rahmung der zivilrechtlichen Rechtssätze in MAG.A §§ 25-49[224] an Thematik und Struktur der Rechtssätze in MAG.A §§ 1-24 an. Die Körperverletzung einer Schwangeren mit der Folge von Fehlgeburt oder Tod wird durch Körperstrafe[225] (MAG.A § 50 [VII 67.68*][226]; § 52 [VII 89]) oder Todesstrafe (MAG.A § 50 [VII 71.78]) als Strafen öffentlicher Gerichtsbarkeit sanktioniert. Dem geschädigten Ehemann erwächst daraus kein Anspruch auf Privatstrafe und Dispositionsverfügung. Seine Ansprüche werden vielmehr durch zivilrechtliche Ersatzzahlungen befriedigt (MAG.A § 50 [VII 68*.69.81]). Im Falle der Körperverletzung und Fehlgeburt einer *aššat lā murabbītu* in MAG.A § 51 reduziert sich die Rechtsfolge auf die zivilrechtliche Ersatzleistung. Selbst im Falle der Schädigung durch Abtreibung wird kein Recht auf Privatstrafe und Dispositionsverfügung eingeräumt.

---

224 S. dazu u. III. 3

225 Die 3. Pers. pl. in MAG.A § 52 VII 89 *miḫṣī kī miḫṣī išakkunū-š* läßt auch in MAG. A § 50 VII 67.68 eine 3. Pers. pl. in talionischer Formulierung erwarten; s. auch C. Saporetti, Leggi medioassire (*Malibu 1979*), 19.

226 In der ursprünglichen, der Redaktion der Tafel A vorausliegenden Verbindung von MAG.A §§ 50-52 mit MAG.A § 21 könnte die talionische Strafformulierung in MAG. A § 50 VII 68* (s. dazu aber die Anm. B zum Text) die explizite Körperstrafe in MAG. A § 21 II 103 aufnehmen; s. Verf., Körperverletzungen (*AOAT 226*), 86.

Auf alle Rechtssätze zur Körperverletzung in MAG.A §§ 50-52 folgen familienrechtliche Bestimmungen in MAG.A §§ 55; 56. MAG.A § 53 hat die Funktion der Verklammerung. MAG.A §§ 55; 56 entspricht den eherechtlichen Regelungen in MAG.A §§ 12-16, dort auf die verheiratete, hier auf die unverheiratete Frau bezogen[227]. Auf die Rechtssätze zur Körperverletzung in MAG.A §§ 7-9 folgen auch dort die eherechtlichen Bestimmungen in MAG.A §§ 12-16 und, verklammert durch MAG.A §§ 17-20 mit MAG.A § 21 als Rechtssatz zur Körperverletzung, die eherechtlichen Rechtssätze in MAG.A §§ 22-24. Es ergibt sich also folgender Aufbau:

A:	MAG.A §§ 7-9(10)	Körperverletzung
B:	MAG.A §§ 12-16	*Delikte (mit) einer verheirateten Frau*
	MAG.A §§ 17-20	Verklammerung
A:	MAG.A § 21	Körperverletzung
B:	MAG.A §§ 22-24	*Delikte (mit) einer verheirateten Frau*
A:	MAG.A §§ 50-52	Körperverletzung
	MAG.A § 53	Verklammerung
B:	MAG.A §§ 55; 56	*Delikte (mit) einer unverheirateten Frau*[228]

Verschränkt der Autor in MAG.A §§ 1-24 in alternierender Abfolge die Rechtssätze öffentlicher und privater Strafe[229], so folgt er diesem Aufbauschema auch in MAG.A §§ 50-56 und knüpft damit an MAG.A §§ 1-24 als strafrechtlichem Rahmen zu MAG.A §§ 25-49 an[230]. Die Vergewaltigung und Verführung einer unverheirateten Frau wird privatstrafrechtlich sanktioniert. Der Geschädigte ist Subjekt der Strafklausel in MAG.A § 55 (VIII 23-27): *a-bu ša ba-tu-ul-te aššat na-i-ka-a-na ša ba-tul-te i-laq-qé-ši a-na ma-an-zu-ú-ʾ-e i-id-da-an-ši* „der Vater der Jungfrau nimmt die Ehefrau ihres Konkumbenten und gibt sie der Notzucht preis". Die privatstrafrechtliche Regelung sieht vor, daß der unverheiratete Täter als Äquivalent anstelle der auszuliefernden Ehefrau[231] das Dreifache des Brautpreises an den Geschädigten zu zahlen

227 Auf den Zusammenhang der Rechtssätze MAG.A §§ 12-16 mit MAG.A §§ 55; 56 machte schon J.J. Finkelstein (Sex Offenses [*JAOS 86*], 365-367) aufmerksam.

228 Die These, die Tafel A der Mittelassyrischen Rechtssammlung als inoffizielles Rechtsbuch sei aufgrund von „Dubletten" im Körperverletzungsrecht in MAG.A §§ 7-9; 21; 50-52 und im Sexualstrafrecht in MAG.A §§ 12-16; 55; 56 aus zwei Quellen redigiert (so P. Koschaker, Altassyrische Gesetze [*MVÄG 26/3*], 82), kann angesichts der stringenten Redaktionsstruktur in MAG.A §§ 1-24; 50-56 als überholt gelten; s. dazu u. III. 2.5.

229 S.o. III. 2.3.

230 Der enge Zusammenhang zwischen Körperverletzung und Verführung eines unverheirateten Mädchens liegt auch der Redaktion des alttestamentlichen „Bundesbuches" zugrunde, wenn Ex 22,15f. in konzentrischer Struktur auf die Sammlung des Körperverletzungsrechts in Ex 21,18-32 bezogen wird; s. Verf., Wandel (*StB 3*), 9-11; ders., Körperverletzung (*ZAW 105*), 153-165.

231 Ob die Bestrafung der Ehefrau in MAG.A § 55 als „Kollektivhaftung" (so u.a. G. Ries, Art. Kollektivhaftung [*RLA VI*], 185), „Familienhaftung" (so G.R. Driver/J.C. Miles,

hat, in die Strafe also wie in MAG.A § 10; (11) die Ersatzleistung eingeschlossen ist. Der Redaktor wahrt die in MAG.A §§ 1-24 entwickelte Einschränkung der Privatstrafe dadurch, daß dem Vater als Geschädigtem eine Dispositionsverfügung in bezug auf die Tochter zugestanden wird, nicht aber in bezug auf den Täter. MAG.A §§ 56 (VIII 48.49) *a-bu māras-su ki-i ḫa-di-ú-ni e-ep-pa-aš* „der Vater macht mit seiner Tochter, was er will" knüpft an entsprechende, mit *epēšu* formulierte Dispositionsverfügungen in MAG.A §§ 14 (II 40); § 22 (III 11.12); § 23 (III 19.20) an. Der Redaktor schränkt damit wie in MAG.A §§ 1-24 die Dispositionsverfügung des Privatrechts auf die Familienmitglieder als Täter ein.

Die Strukturierung der Rechtssätze MAG.A §§ 50-56 setzt die Redaktionsstruktur von MAG.A §§ 1-24 durch Themenverschränkung alternierender Anordnung von Rechtssätzen öffentlicher und privater Strafe fort:

A:	MAG.A §§ 1-3A	*öffentliche Strafe*
B:	MAG.A §§ 3B-5	Privatstrafe mit Dispositionsverfügung
	MAG.A § 6	Verklammerung
A:	MAG.A §§ 7-9	*öffentliche Strafe*
B:	MAG.A §§ 10 (11)	Privatstrafe mit Dispositionsverfügung
A:	MAG.A §§ 12; 13	*öffentliche Strafe*
B:	MAG.A §§ 14-16	Privatstrafe mit Dispositionsverfügung
	MAG.A § 17	Verklammerung
A:	MAG.A §§ 18-21	*öffentliche Strafe*
B:	MAG.A §§ 22-24	Privatstrafe mit Dispositionsverfügung
A:	MAG.A §§ 50-53(54)	*öffentliche Strafe*
B:	MAG.A §§ 55-56	Privatstrafe mit geteilter Dispositionsverfügung

Mit der Einschränkung des Privatstrafrechts einschließlich der Dispositionsverfügung zugunsten öffentlichen Strafrechts verfolgt der Redaktor weiter das Ziel, die talionische und spiegelnde Verstümmelungsstrafe zugunsten der öffentlichen Prügelstrafe und Königsfron in den Rechtssätzen des Körperverletzungsrechts in MAG.A §§ 7-9; 21; 50-53 in die Schranken zu weisen. Mit MAG.A § 7 stellt er der Verstümmelung einen Rechtssatz der Prügelstrafe als öffentlich-staatliche Strafmaßnahme voran[232]. MAG.A § 7 ist im Verhältnis zu MAG.A § 8, auf den MAG.A § 9 als Gegenfall bezogen ist, allgemeiner und umfassender, so daß die Verstümmelungsstrafe auf die spezifischen Fälle der Rechtssätze MAG.A §§ 8; 9 eingeschränkt wird, generell aber die Prügelstrafe als Strafe öffentlicher Organe der Strafverfolgung gelten soll. In MAG.A §§ 18-21 klammern die Rechtssätze mit der Stipulation der Prügelstrafe, verbunden mit der Zwangsarbeit und Geldstrafe in MAG.A §§ 18; 19; 21 sowie der

---

Assyrian Laws [*Oxford 1935*], 59; J. Bottéro, Antiquités [*AEPHE.HP 99*], 98) oder „rude punishment" (so D. Daube, Studies [*Cambridge 1947*], 154-189) zu bezeichnen ist, bleibt eine Definitionsfrage, die hier auf sich beruhen kann.

232 Die in MAG.A §§ 18; 19; 21 mit der Prügelstrafe verbundene Fron fehlt in MAG.A § 7, da es sich um eine Frau als Täterin handelt.

Ehrenstrafe (*iggadimū-š*)[233] im Falle falscher Anschuldigung in MAG.A §§ 18; 19[234], den Rechtssatz spiegelnder Verstümmelungsstrafe in MAG.A § 20 ein. Mit MAG.A § 21 stellt der Redaktor einen zu MAG.A § 50 parallelen Rechtssatz an das Ende des Blocks MAG.A §§ 17-21, an den die Rechtssätze MAG.A §§ 50; 51 im Rahmen der Redaktionsstruktur von MAG.A §§ 50-53 anknüpfen. Die talionischen Strafformulierungen in MAG.A §§ 50 (VII 67.68) *kī ša ēpušu-ši-ni eppušū-šu* „wie er ihr getan hat, tut man ihm" und MAG.A § 52 (VII 89.90) *miḫṣi kī miḫṣi išakkunū-š* „man fügt ihm Schläge für Schläge zu" sind so allgemein formuliert, daß sie, um aussagekräftig zu sein, der inhaltlichen Füllung bedürfen. Diese Konkretion liefert der vorangehende parallele Rechtssatz in MAG.A § 21 in seinem Strukturbezug auf MAG.A § 50. Der Redaktor verschränkt Rechtssätze des Körperverletzungsrechts in MAG.A §§ 7-9/21/50-52; (53) mit Rechtssätzen familienrechtlicher Delikte in MAG.A §§ 12-16;(17-20); 22-24/55; 56, so daß MAG.A § 21 mit MAG.A §§ 50-52 verklammert ist. Die inhaltliche Konkretisierung der talionischen Strafformulierung durch die Prügelstrafe in MAG.A § 21 definiert jene im Sinne des öffentlichen Strafrechts[235]. In MAG.A §§ 18; 19; 21 wird die Prügelstrafe mit der Zwangsarbeit für den König (1 *uraḫ ūmāte šipar šarre eppaš*) verbunden, von der nur die Frauen (MAG.A § 7) ausgenommen sind. Wie in der Zurückdrängung der gentilen Privatstrafe zugunsten der öffentlichen Strafe wird auch in der Einschränkung spiegelnder Verstümmelungsstrafe und talionischer Körperstrafe eine Rechtsrationalisierung königlicher Beamtengerichtsbarkeit[236] erkennbar, die der Redaktor auf seine Fahnen geschrieben hat. In MAG.A § 40 (V 75.78.81) wird die Prügelstrafe an ein Gerichtsverfahren im Palast gebunden (MAG.A § 40 [V 71.79.97]: *a-na pi-i ekalle ub-ba-la-a-ši* „er bringt sie zum Eingang des Palastes")[237]. Der Zusammenhang zwischen Prügelstrafe und königlicher Beamtengerichtsbarkeit wird durch diesen Rechtssatz bestätigt[238].

---

233 Zur Interpretation s.o. III. 2.3.

234 Zur Systematik der Strafbestimmungen in den Apodosen von MAG.A §§ 18; 19; 21 s. Verf., Körperverletzungen (*AOAT 226*), 92f.

235 Die Prävalenz normierter staatlicher Prügelstrafe vor der talionischen Körperstrafe galt möglicherweise schon in einer der Redaktion der Tafel A vorgegebenen Zusammenstellung von Rechtssätzen; s. Verf., Körperverletzungen (*AOAT 226*), 86f.

236 S. dazu auch o. III.2.2.

237 S. dazu G.R. Driver/J.C. Miles, Assyrian Laws (*Oxford 1935*), 337.

238 Urkunden zu Strafgerichtsprozessen fehlen weitgehend. Die Urkunde PBS 8/II 173 (s. Th. Jacobsen, Trial [*AnBib 12*], 130-150; cf. auch M.T. Roth, Gender [*JSOT.S 262*], 175-181) ist die bislang einzige altbabylonische Prozeßurkunde eines Kapitalverbrechens, die aber als Lehrtafel konzipiert wurde; cf. ferner die Urkunden ZA 55,71 (Ehebruch), JAOS 86, 359 (u.a. Defloration einer Sklavin) und CBS 11 324 i 26-ii 31 (Eigentumsdelikte), die ebenfalls „literarische Urkunden" sind; cf. auch S. Greengus, Textbook Case (*HUCA 40*), 33-44; Verf., Prozeßrecht (*ZAR 4*), 267f. Die wenigen

Die den Redaktor in der Redaktion der Strafrechtssätze in MAG.A §§ 1-24; 50-56 leitende Intention, Privatstrafe und Dispositionsverfügung sowie spiegelnde Verstümmelungsstrafen zugunsten der vom Gericht verhängten Strafe einzuschränken, bestätigt sich im Abschluß der Tafel in den Rechtssätzen MAG.A §§ 57-59. Im Gegensatz zu den voranstehenden Rechtssätzen der Tafel A in MAG.A §§ 1-56[239] sind die Rechtssätze nicht zweigliedrig in der Abfolge von Fall und Rechtsfolge aufgebaut. Vielmehr sind es erklärende Rechtssätze, „die nicht ein selbständiges Gebot oder Verbot aufstellen, sondern einen anderweitig verwendeten Rechtsbegriff näher bestimmen“[240]. MAG.A § 58 unterstellt alle privaten Verstümmelungsstrafen in MAG.A § 4 (I 51.52); § 5 (I 69); § 8 (I 80.87); § 15 (II 53); § 24 (III 57) der Aufsicht eines Gerichts[241]. Nur leichtere Körperstrafen ohne schwere bleibende Verstümmelungen sind der Dispositionsverfügung des Ehemannes anheimgegeben und von der Aufsicht ausgenommen. MAG.A § 59 (VIII 58.59) *uš-ša ḫi-ṭa-a-ni ša-a aššat a'ile ša i-na ṭup-pi šaṭ-ru-ú-ni* „abgesehen von den Strafen für die Ehefrau eines *a'īlu*, die auf dieser Tafel niedergeschrieben sind“ nimmt die schweren Körperstrafen, die in MAG.A § 58 der Gerichtsaufsicht unterstellt werden, von der folgenden Regelung aus, nicht aber insgesamt alle Strafrechtsregelungen der Tafel[242], schließt also gerade die leichten Körperstrafen aus, die der Dispositionsverfügung des Ehemannes unterliegen (MAG.A §§ 3; 14; 16; 22; 23 u.ö.[243]). Wird bei der schweren Körperstrafe die Privatstrafe und die damit verbundene Dispositionsverfügung der Kontrolle eines Gerichts unterstellt, so nimmt der Redaktor die redaktionelle Verzahnung von Privatstrafe und Gerichtsinstitution in MAG.A § 15[244] auf und bringt sie prozeßrechtlich auf den Begriff. Die Rechtssätze MAG.A §§ 58; 59[245] bilden in der Einschränkung der Privatstrafe[246] den Schlußakkord der Zusammenstellung der Rechtssätze

---

Urkunden zu Strafrechtsprozessen regeln meist die zivilrechtlichen Implikationen von Strafprozessen; cf. nur T. Kwasman, Documents (*StP.S.M. 14*), Nr. 334.

239 Nur MAG.A § 40 ist ausgenommen; s. dazu u. III. 3.2.

240 So mit P. Koschaker, Altassyrische Gesetze (*MVÄG 26/3*), 13.

241 Zur Interpretation s.o. die Anm. K der Textkommentierung.

242 Gegen G.R. Driver/J.C. Miles, Assyrian Laws (*Oxford 1935*), 292, gefolgt von G. Cardascia, Lois assyriennes (*Paris 1969*), 258. Daß die Ablösung der Todesstrafe durch diese Körperstrafe der Dispositionsverfügung des Ehemannes anheimgegeben werden kann, zeigt MAG.A § 15 II 53. Entsprechend kann auch eine schwere Verstümmelungsstrafe gemäß MAG.A § 58 durch eine leichtere Körperstrafe im Sinne von MAG. A § 59 abgelöst werden.

243 S. P. Koschaker, Altassyrische Gesetze (*MVÄG 26/3*), 13.

244 S. o. III. 2.2.

245 MAG.A § 57 entzieht sich aufgrund des gestörten Textes einer Deutung. G.R. Driver/J.C. Miles (Assyrian Laws [*Oxford 1935*], 290f.495) gefolgt von G. Cardascia (Lois assyriennes [*Paris 1969*], 255) ergänzen nach CH § 127:31, so daß der Rechtssatz in der Intention MAG.A § 58 entsprechen würde.

246 S. P. Koschaker, Altassyrische Gesetze (*MVÄG 26/3*), 13.

der Tafel A, in dem der Redaktor die Verzahnung von Privatstrafe und öffentlicher Strafe, verbunden mit einer durchgängigen Einschränkung der Privatstrafe und Dispositionsverfügung in MAG.A §§ 1-24; 50-56, vollendet. Der gegen die Mittelassyrische Rechtssammlung vorgebrachte Vorwurf einer besonders grausamen Gestalt des Keilschriftrechts ist im Lichte dieses Ergebnisses gründlich zu revidieren[247].

2.5 Die Reform des Strafrechts in MAG.A §§ 1-24; 50-59

Die Rechtssätze MAG.A §§ 1-24; 50-59 bilden einen vollendet durchstrukturierten Rahmen für die Rechtssätze in MAG.A §§ 25-49. Die Redaktion grenzt in diesen Rechtssätzen des Rahmens die Strafe öffentlicher Straforgane und die Privatstrafe mit Dispositionsverfügung voneinander ab und zieht über die Rechtssätze eine Struktur der Themenverschränkung durch alternierende Anordnung von Rechtssätzen öffentlichen Rechts und solchen der Privatstrafe mit Dispositionsverfügung. Der Redaktor will damit nicht nur Privatstrafrecht und öffentliches Strafrecht vermitteln, sondern das Privatstrafrecht und die mit diesem verbundene Dispositionsverfügung einschränken[248]. Die Rechtssätze in MAG.A §§ 1-3A schränken programmatisch die folgenden Rechtssätze der Privatstrafe mit Dispositionsverfügung in MAG.A §§ 3B-5 und ebenso die Rechtssätze in MAG.A §§ 12-13 die in MAG.A §§ 14-16 ein. MAG.A §§ 53(54) setzt einen starken Akzent öffentlicher Strafe vor MAG.A §§ 55-56. Nur den Familienangehörigen gegenüber bleibt die Privatstrafe in Funktion. Selbst im Falle der Abtreibung als Kapitaldelikt wird dem Ehemann keine privatstrafrechtliche Dispositionsverfügung gegenüber seiner Ehefrau eingeräumt.

Der Abschluß der Tafel durch Rechtssätze zur Einschränkung und Kontrolle von Privatstrafe und Dispositionsverfügung[249] in MAG.A §§ 57-59 vollendet die Reform. Als „erklärende Rechtssätze“[250] stehen MAG.A §§ 57-59 außerhalb der Struktur der Themenverschränkung von Rechtssätzen der privaten und öffentlichen Strafe. In MAG.A §§ 7-24; 50-56 zieht der Redaktor

---

247 S. dazu auch i.f. in III.2.5.

248 Cf. dazu auch Verf., Reforms (*JSOT.S 181*), 160-196; ders., Rechtsreformen (*VT.S 61*), 239-273.

249 S. u.a. P. Koschaker, Altassyrische Gesetze (*MVÄG 26/3*), 12f.; G.R. Driver/J.C. Miles, Assyrian Laws (*Oxford 1935*), 291f.; G. Cardascia, Lois assyriennes (*Paris 1969*), 255-259; C. Saporetti, Leggi medioassire (*Malibu 1979*), 93f. sowie o. III. 2.4.

250 So P. Koschaker, a.a.O., 13.

eine A-B-Struktur von Rechtssätzen der Körperverletzungen und geschlechtlichen Beziehungen zur Themenverschränkung ein[251]:

A:	MAG.A §§ 7-9(10)	Körperverletzung
B:	MAG.A §§ 12-16	*Delikte (mit) einer verheirateten Frau*
	MAG.A §§ 17-20	Verklammerung
A:	MAG.A § 21	Körperverletzung
B:	MAG.A §§ 22-24	*Delikte (mit) einer verheirateten Frau*
A:	MAG.A §§ 50-52	Körperverletzung
	MAG.A § 53	Verklammerung
B:	MAG.A §§ 55; 56	*Delikte (mit) einer verheirateten Frau*

Wie MAG.A §§ 57-59 werden auch die Rechtssätze MAG.A §§ 1-6 nicht durch die Struktur der Themenverschränkung erfaßt und schießen über. Der Redaktor bildet so einen Rahmen für MAG.A §§ 7-56. Während die Rechtssätze in MAG.A §§ 57-59 durch Verfahrensrecht die Privatstrafe mit Dispositionsverfügung zugunsten öffentlicher Strafverfahren einschränken und damit den programmatischen Abschluß der Tafel bilden, klären die Rechtssätze MAG.A §§ 1-6 programmatisch am Anfang der Tafel, in welchem Kontext die Privatstrafe Funktion hat. Eine privatstrafrechtliche Dispositionsverfügung hat ein Eheverhältnis zur Voraussetzung (MAG.A §§ 3B-5), dem ein enges verwandtschaftliches Verhältnis entsprechen kann (MAG.A § 56). Damit verbunden kann sich ein Bezug der Tat zum Hause des Strafberechtigten (MAG.A §§ 3B) ergeben. MAG.A § 2 schließt programmatisch eine Haftung der Familie für Taten der Ehefrau aus. Eine Noxalhaftung wird an die privatstrafrechtliche Dispositionsverfügung gebunden, für die übrigen Fälle aber ausgeschlossen (MAG.A § 6). Die Rechtssätze MAG.A §§ 1-2; 6 legen einen Rahmen um die Rechtssätze MAG.A §§ 3-5, der Privatstrafe, Dispositionsverfügung und Noxalhaftung in MAG.A §§ 3-5 einschränkt. In das Zentrum der durch die Rahmung und das gemeinsame Thema der Eigentumsdelikte zu einer Einheit zusammengefaßten Rechtssätze in MAG.A §§ 1-6 rückt der Redaktor den Rechtssatz MAG.A § 4, der öffentliche Strafe und Privatstrafe vermittelt.

Die ebenfalls durch Redaktionsstruktur und Thematik zu einer Einheit zusammengefaßten Rechtssätze in MAG.A §§ 12-16 sind wie MAG.A §§ 1-6 redigiert. Die Rechtssätze MAG.A §§ 12; 13 bilden mit MAG.A § 16 einen Rahmen, der durch Verknüpfungen auf der Sprachebene (MAG.A § 12 [II 18.24]; § 16 [II 60.61.63])[252] und durch eine konzentrische Anordnung der aufeinander bezogenen Rechtssätze MAG.A §§ 12; 13; 16A.B gebildet wird. Die Rechtssätze MAG.A § 12 und MAG.A § 16B behandeln Vergewaltigungsfälle, die Fall und Gegenfall in bezug auf das konkurrierende Verschul-

251 Hier wird deutlich, daß sich in einer Redaktion mehrere Strukturmuster überlagern können, ohne daß deshalb daraus ein Hinweis auf eine überlieferungsgeschichtliche Schichtung zu gewinnen wäre.

252 S.o. III. 2.2.

den der Ehefrau sind. MAG.A § 13 und MAG.A § 16A behandeln jeweils den Fall eines von der Ehefrau ins Werk gesetzten Ehebruchs. Auch diese Fälle bilden These und Antithese in bezug auf das konkurrierende Verschulden des Konkumbenten. Die Rechtssätze, die in dieser palindromischen Struktur zu auszulegen sind, interpretieren sich wechselseitig. MAG.A § 12 schränkt die Privatstrafe und Dispositionsverfügung des Ehemannes auf den Fall der Mitschuld der Ehefrau ein. Umgekehrt wird dieser Fall von der öffentlichen Strafe ausgenommen und darin MAG.A § 12 durch MAG.A § 16B eingeschränkt. MAG.A § 16A schränkt eine öffentliche Bestrafung der Ehefrau in MAG.A § 13 auf den Fall der Abwesenheit des Ehemannes ein. Der Redaktor stellt wie in MAG.A §§ 1-6 mit MAG.A § 15 einen Rechtssatz ins Zentrum, der öffentliche und private Strafe miteinander vermittelt[253]. Diese Vermittlung prägt insgesamt die Redaktionsstruktur von MAG.A §§ 1-24; 50-56 durch die alternierende Anordnung der Themenverschränkung von Rechtssätzen öffentlicher und privater Strafe, die auf die Eingrenzung der privaten Strafe durch die Strafe öffentlicher Organe der Strafverfolgung zielt.

Der Redaktor will Rechtssätze unterschiedlicher Rechtsbereiche miteinander vermitteln, um das Privatstrafrecht durch das öffentliche Strafrecht der königlichen Richterjudikatur einzuschränken.

3. Überlieferungs- und redaktionsgeschichtliche Analyse von MAG.A §§ 25-49

Im folgenden soll das Schwergewicht der Analyse auf der Redaktionsstruktur der Rechtssätze MAG.A §§ 39-49 liegen, um die Verknüpfung des Rahmens der Rechtssätze der Tafel A in MAG.A §§ 1-24; 50-59 mit dem eherechtlichen Korpus in MAG.A §§ 25-38[254] zu erfassen.

3.1 Die Sammlung von Rechtssätzen des Eherechts in MAG.A §§ 25-38

Daß MAG.A §§ 25-38 eine ursprünglich selbständig tradierte Rechtssammlung des Eherechts ist, soll in einem ersten Schritt aufgezeigt werden:

253 S. dazu o. III.2.2.

254 Es kann also im folgenden nicht um eine umfassende rechtssystematische Analyse der mittelassyrischen Eheinstitution gehen. Dies wird an anderem Ort geschehen; s. dazu vorläufig C. Saporetti, Women (*MANE 2/1*).

Text

KAV 1 III 82-94 (MAG.A § 25)
šum-ma sinniltu (MÍ) *i-na bīt* (É) *a-bi-ša-ma us-bat ù mu-us-sa me-e-et aḫḫē* (ŠEŠ.MEŠ) *mu-ti-ša la-a ze-e-zu ù mār* (DUMU)*-ša la-áš-šu mi-im-ma du-ma-a-qé ša mu-us-sa i-na muḫḫī* (UGU)*-ša iš-ku-nu-ú-ni la ḫal-qu-ú-ni aḫḫē* (ŠEŠ.MEŠ) *mu-ti-ša la-a ze-zu-ú-tu i-laq-qé-ú a-na re-ḫa-a-te ilāni* (DINGIR.MEŠ*-ni*) *ú-še-et-tu-qu ú-ba-ar-ru i-laq-qé-ú a-na* (ÍD)*-i-id ù ma-mi-te la-a iṣ-ṣa-ab-bu-ú-tu*

KAV 1 III 95-102 (MAG.A § 26)
šum-ma sinniltu (MÍ) *i-na bīt* (É) *a-bi-ša-ma us-bat ù mu-us-sa me-e-et mi-im-ma du-ma-a-qé ša mu-us-sa iš-ku-nu-ši-i-ni šum-ma mārē* (DUMU.MEŠ) *mu-ti-ša i-ba-aš-ši i-laq-qé-ú šum-ma mārē* (DUMU.MEŠ) *mu-ti-ša la-áš-šu ši-it-ma ta-laq-qé*

KAV 1 III 103-108 (MAG.A § 27)
šum-ma sinniltu (MÍ) *i-na bīt* (É) *a-bi-ša-ma us-bat mu-us-sa e-ta-na-ra-ab mìm-ma nu-du-un-na-a ša-a mu-us-sà id-di-na-aš-še-ni šu-a-am-ma i-laq-qé a-na ša bīt* (É) *a-bi-ša la-a i-qa-ar-ri-ib*

KAV 1 IV 1-10 (MAG.A § 28)
[*šum*]*-ma* (MÍ)-[*al*]*-ma-at-tu a-na bīt aʾī*[*le*] (L[Ú]) *te-ta-ra-ab ù mār* (DUMU)*-ša* [*ḫ*]*u-ur-da il-te-ša na-ṣa-a-at i-na bīt* (É) *a-ḫi-za-ni-ša ir-ti-bi ù ṭup-pu ša-a māru* (DUMU)*-ut-ti-šu la-a šaṭ-rat zitta* (ḪA.LA) *i-na bīt* (É) *mu-ra-bi-a-ni-šu la-a i-laq-qé ḫu-bu-ul-li la-a i-na-áš-ši i-na bīt* (É) *a-li-da-ni-šu zitta* (ḪA.LA) *ki-i qa-ti-šu i-laq-qé*

KAV 1 IV 11-19 (MAG.A § 29)
šum-ma sinniltu (MÍ) *a-na bīt* (É) *mu-ti-ša te-ta-rab ši-ir-ke-ša ù mi-im-ma ša iš-tu bīt* (É) *a-bi-ša na-ṣu-tu-ú-ni ù lu-ú ša-a e-mu-ú-ša i-na e-ra-bi-ša id-di-na-aš-še-en-ni a-na mārē* (DUMU.MEŠ)*-ša za-a-ku mārē* (DUMU.MEŠ) *e-mé-e-ša la-a i-qar-ri-bu ù šum-ma mu-us-sa i-pu-ag-ši a-na mārē* (DUMU.MEŠ)*-šu ša-a lìb-bi-šu i-id-dan*

KAV 1 IV 20-39 (MAG.A § 30)
šum-ma a-bu a-na bīt (É) *e-me ša māre* (DUMU)*-šu bi-ib-la it-ta-bal iz-zi-bi-il*$_5$ *sinniltu* (MÍ) *a-na māre* (DUMU)*-šu la-a ta-ad-na-at ù mār* (DUMU)*-šu ša-ni-ú ša aššas* (DAM)*-su i-na bīt* (É) *a-bi-ša us-bu-tu-ú-ni me-e-et aššat* (DAM)*-at māre* (DUMU)*-šu me-e-te a-na māre* (DUMU)*-šu ša-na-i-e ša a-na bīt* (É) *e-me-šu iz-bi-lu-ú-ni a-na a-ḫu-ze-te i-id-dan-ši šum-ma bēl mārte* (EN.DUMU.MÍ) *ša zu-bu-ul-la-a im-ta-aḫ-ḫu-ru-ú-ni māras* (DUMU.MÍ)*-su a-na ta-da-a-né la-a i-ma-ag-gu-ur ḫa-di-ma a-bu ša-a zu-bu-ul-la-a iz-bi-lu-ú-ni kal-la-a-su i-laq-qé-a a-na māre* (DUMU)*-šu id-dan ù ḫa-di-ma am-mar iz-bi-lu-ú-ni annaka* (AN.NA) *ṣar-pa ḫurāṣa* (GUŠ.KIN) *ša la a-ka-a-le qaqqada* (SAG.DU)*-ma i-laq-qé a-na ša a-ka-le la-a i-qar-ri-ib*

KAV 1 IV 40-49 (MAG.A § 31)
šum-ma a'īlu (LÚ) a-na bīt (É) e-mè-šu zu-bu-ul-la-a iz-bíl ù aššas (DAM)-su me-ta-at mārāt (DUMU.MÍ.MEŠ) e-mi-šu i-ba-áš-ši ḫa-di-ma e-mu mārat (DUMU.MÍ) e-mi-šu ki-i aššate (DAM)-šu me-et-te eḫ-ḫa-az ù ḫa-di-ma kaspa (KÙ.BABBAR) ša id-di-nu-ú-ni i-laq-qé lu-ú še'am (ŠE.AM) lu-ú immerē (UDU.MEŠ) lu-ú mìm-ma ša a-ka-le la-a id-du-nu-ni-šu kaspam (KÙ.BABBAR)-ma i-maḫ-ḫa-ar

KAV 1 IV 50-55 (MAG.A § 32)
šum-ma sinniltu (MÍ) i-na bīt (É) a-bi-ša-ma us-bat ⸢ù?⸣ nu-[d]u-[n]u-ša ta-ad-na-at lu-ú a-[na] bīt (É) e-mi-ša la-qé-a-at lu-ú la-a la-qé-a-at ḫu-bu-ul-li ⸢ar-na⸣ ù [ḫi]-i-ṭa ša-a mu-ti-ša [t]a-n[a]-áš-ši

KAV 1 IV 56-70 (MAG.A § 33)
[šum-ma] sinniltu (MÍ) i-na bīt (É) [a]-bi-ša-ma us-bat [mu-u]s-sa [me-e-e]t ù mā[ru (DUMU)] [i-ba]-áš-ši [...] ù ḫ[a-di-m]a a-n[a] ⸢e⸣-mi-ša a-na a-ḫ[u-ze]-te i-id-dan-ši šum-ma m[u-us]-sa ù e-mu-ša me-e-tu-[ma] ù māre (DUMU)-ša la-áš-šu al-ma-at-[tu] ši-i-it a-šar ḫa-di-<a>-[t]u-ú-ni ta-al-lak

KAV 1 IV 71-74 (MAG.A § 34)
šum-ma a'īlu (LÚ) a[l-m]a-at-tu e-ta-ḫa-az ri-ka-sa la-a ra-ki-i-is_5 2 šanāte (MU.MEŠ) i-n[a] bīti (É)-šu us-bat aššatu (DAM) ši-i-it la-a tu-uṣ-ṣa

KAV 1 IV 75-81 (MAG.A § 35)
šum-ma (MÍ)-al-ma-at-tu a-na bīt a'īle (É.LÚ) te-ta-ra-ab mi-im-ma am-mar na-ṣa-tu-ú-ni gab-bu ša-a mu-ti-ša ù šum-ma a'īlu (LÚ) a-na muḫḫi (UGU) sinnilte (MÍ) e-ta-rab mi-im-ma am-mar na-aṣ-ṣu-ú-ni gab-bu ša-a sinnilte (MÍ)

KAV 1 IV 82-108; V 1-14 (MAG.A § 36)
šum-ma sinniltu (MÍ) i-na bīt (É) a-bi-ša-ma us-bat lu-ú mu-us-sa bīta (É) a-na ba-at-te ú-še-ši-ib-ši ù mu-us-sà a-na eqle (A.ŠÀ) i-it-ta-lak la-a šamma (ÌA.GIŠ) la-a šīpātē (SÍG.MEŠ) la-a lu-bu-ul-ta la-a ú-ku-ul-la-a la-a mi-im-ma e-zi-ba-áš-še la-a mi-im-ma šu-bu-ul-ta iš-tu eqle (A.ŠÀ) ú-še-bi-la-áš-še sinniltu (MÍ) ši-i-it 5 šanāte (MU.MEŠ) pa-ni mu-ti-ša ta-da-gal a-na mu-te la-a tu-uš-šab šum-ma mārē (DUMU.MEŠ)-ša i-ba-áš-ši in-na-gu-ú-ru ù e-ek-ku-lu sinniltu (MÍ) mu-us-sa tu-ú-qa-a a-na mu-te la-a tu-uš-šab šum-ma mārē (DUMU.MEŠ)-ša la-áš-šu 5 šanāte (MU.MEŠ) mu-us-sa tu-qa-a'-a 6 šanāte (MU.MEŠ) i-na ka-ba-a-se a-na mu-ut lìb-bi-ša tu-uš-šab mu-us-sà i-na a-la-ke la-a i-qar-ri-ba-še a-na mu-ti-ša ur-ke-e za-ku-at šum-ma a-na qa-at 5 šanāte (MU.MEŠ) ú-ḫi-ra-an-ni i-na ra-mi-ni-šu la-a ik-kal-ú-ni lu-ú qa-a-li iṣ-ba-at-sú-ma in-na-bi[t] lu-ú ki-i sa-ar-[te] ṣa-bi-it-ma ú-ta-aḫ-[ḫi-ra] i-na a-la-ke ú-ba-a-a[r] sinniltu (MÍ) ša ki-i aššati (DAM)-šu id-dan ù aššas (DAM)-su i-laq-qé ù šum-ma šarru (LUGAL) a-na ma-a-te ša-ni-te-em-ma il-ta-pár-šu a-na qa-at 5 šanāte (MU.MEŠ) ú-taḫ-ḫi-ra aššas (DAM)-su tu-qa-a-šu a-na mu-te la tu-uš-šab ù šum ma i-na pa-ni 5 šanāte (MU.MEŠ) a-na mu-te ta-t[a-š]a-ab ù ta-at-ta-la-ad mu-us-sa i-na a-la-a-ke aš-šum ri-ik-sa la-a tu-qa-i-ú-ni ù ta-na-ḫi-zu-ú-ni a-na šu-a-ša ù li-da-ni-ša-ma i-laq-qé-šu-nu

KAV 1 V 15-19 (MAG.A § 37)
šum-ma a'īlu (LÚ) *aššas* (DAM)*-su e-ez-zi-ib lìb-bu-šu-ma mìm-ma id-da-na-áš-še la-a lìb-bu-šu-ma mi-im-ma la-a id-da-na-áš-še ra-qu-te-e-ša tu-ú-uṣ-ṣa*

KAV 1 V 20-25 (MAG.A § 38)
šum-ma sinniltu (MÍ) *i-n[a] bīt* (É) *a-bi-ša-ma us-bat ù mu-u[s]-sa e-te-zi-ib-ši du-ma-qé ša-a šu-ut-ma iš-ku-nu-ši-ni i-laq-qé a-na te-er-ḫe-te ša-a ub-lu-ú-ni la-a i-qar-rib a-na sinnilte* (MÍ) *za-a-ku*

Übersetzung

MAG.A § 25
Wenn eine Frau im Hause ihres Vaters wohnt und ihr Ehemann gestorben ist, die Brüder ihres Ehemannes nicht geteilt haben, und sie keinen Sohn hat – nehmen die Brüder ihres Ehemannes, die nicht geteilt haben, alles an Schmuck[A], womit ihr Ehemann sie geschmückt hat, und der nicht verloren gegangen ist. Für den Rest trägt man die Götter(-statuen) vorbei, führt den Nachweis und nimmt (ihn). Sie unterziehen sich[B] nicht dem Flußordal oder einem Eid.

MAG.A § 26
Wenn eine Frau im Hause ihres Vaters wohnt und ihr Ehemann gestorben ist – nehmen die Söhne ihres Mannes allen Schmuck, mit dem ihr Ehemann sie versehen hat, wenn Söhne ihres Mannes vorhanden sind. Wenn Söhne ihres Ehemannes nicht vorhanden sind, nimmt sie ihn selbst.

MAG.A § 27
Wenn eine Frau im Hause ihres Vaters wohnt und ihr Mann sie regelmäßig besucht[C], nimmt sie als ihr Eigentum alle Ehegaben, die ihr Mann ihr gegeben hat[D]. Auf das, was dem Hause ihres Vaters gehört, erhebt er keinen Anspruch.

MAG.A § 28
Wenn eine Witwe in das Haus eines *a'īlu* eintritt und einen nachgeborenen[E] Sohn mit sich bringt, dieser im Hause dessen, der sie geheiratet hat, aufwächst, aber eine Adoptionsurkunde nicht geschrieben wurde, nimmt er keinen Anteil im Hause seines Ziehvaters, für Schulden haftet er nicht; im Hause seines Erzeugers nimmt er den Anteil, der ihm zusteht.

MAG.A § 29
Wenn eine Frau in das Haus ihres Mannes eintritt, ist ihre Mitgift[F] und alles, was sie aus dem Hause ihres Vaters mitgebracht hat oder was ihr Schwiegervater ihr beim Eintritt gegeben hat, für ihre Söhne frei[G]. Die Söhne ihres Schwiegervaters rühren es nicht an. Wenn aber ihr Ehemann es ihr fortnimmt, gibt er es an seine Söhne, die er liebt.

MAG.A § 30
Wenn ein Vater in das Haus des Schwiegervaters seines Sohnes Ehegaben[H] bringt und übergibt, die Frau seinem Sohn aber nicht gegeben worden ist und ein anderer Sohn, dessen Ehefrau im Hause ihres Vaters wohnt, gestorben ist,

gibt er die Ehefrau seines verstorbenen Sohnes an seinen anderen Sohn, für den er in das Haus seines Schwiegervaters (das Hochzeitsgeschenk) gebracht hat, zur Ehe. Wenn der Vater der Tochter, der die Ehegaben angenommen hat, nicht gewillt ist, seine Tochter wegzugeben, nimmt der Vater, der die Ehegaben überbracht hat, seine Schwiegertochter und gibt sie, wenn der Schwiegervater (sc. der Tochter) will, seinem Sohn und, wenn er will, nimmt er soviel, wie er überbracht hat, Blei, geläutertes Silber (und) Gold, alles, was nicht eßbar ist. Was eßbar ist, rührt er nicht an.

MAG.A § 31
Wenn ein *a'īlu* in das Haus seines Schwiegervaters Ehegaben bringt und seine Ehefrau stirbt, Töchter seines Schwiegervaters vorhanden sind, heiratet er, wenn er will, eine Tochter seines Schwiegervaters anstelle seiner verstorbenen Ehefrau. Er nimmt aber, wenn er will, das Silber, das er gegeben hat. Getreide, Schafe und alles, was eßbar ist, gibt man ihm nicht zurück. Nur das Silber erhält er.

MAG.A § 32
Wenn eine Frau im Hause ihres Vaters wohnt und ihre Ehegabe überbracht worden ist[I], ob sie in das Haus ihres Schwiegervaters aufgenommen worden ist oder nicht, trägt sie Schulden, Vergehen und Strafe ihres Ehemannes mit.

MAG.A § 33
Wenn eine Frau im Hause ihres Vaters wohnt, ihr Ehemann stirbt und ein Sohn vorhanden ist[J] ..., und ihrem Schwiegervater[K] gibt er sie, wenn der (sc. der Schwiegervater) es will, zur Ehe[L]. Wenn ihr Ehemann und ihr Schwiegervater sterben und sie keinen Sohn hat, ist sie eine Witwe. Sie geht, wohin sie will.

MAG.A § 34
Wenn ein *a'īlu* eine Witwe heiratet, (und) kein Vertrag geschlossen ist, sie zwei Jahre in seinem Hause wohnt, ist sie eine Ehefrau. Sie zieht nicht aus.

MAG.A § 35
Wenn eine Witwe in das Haus eines *a'īlu* zieht, gehört, soviel sie mitbringt, vollständig ihrem Ehemann. Wenn aber ein *a'īlu* zu einer Frau zieht, gehört alles, wieviel er mitbringt, vollständig der Frau.

MAG.A § 36
Wenn eine Frau im Hause ihres Vaters wohnt oder ihr Mann sie anderswo[M] wohnen läßt, oder ihr Mann verreist (und) ihr kein Öl, keine Wolle, keine Kleidung, keine Nahrung und (sonst) nichts zurückläßt, ihr keine Sendung aus der Fremde schickt, wartet die Frau fünf Jahre auf ihren Ehemann. Bei einem (anderen) Mann wohnt sie nicht. Wenn sie Söhne hat, verdingen sie sich und ernähren sich (so). Die Frau wartet auf ihren Ehemann. Mit Beginn des sechsten Jahres kann sie bei einem Ehemann ihres Herzens wohnen. Ihr Ehemann nähert sich ihr nicht, wenn er zurückkommt. Für ihren späteren Ehemann ist sie frei. Wenn er mehr als fünf Jahre aufgehalten wurde, ohne sich aus eigenem Willen fernzuhalten, als Soldat[N] gefangen genommen wurde und floh oder zu Unrecht[O] gefangen aufgehalten wurde, beweist er es bei der Rückkehr. Eine Frau, die seiner Ehefrau entspricht, gibt er und nimmt seine Ehefrau. Wenn aber der König

ihn in ein anderes Land sendet, er aufgehalten wird, wartet seine Ehefrau auf ihn. Bei einem (anderen) Ehemann wohnt sie nicht. Wenn sie aber vor Ablauf von fünf Jahren bei einem (anderen) Ehemann wohnt und (Kinder) gebiert, nimmt ihr Ehemann bei der Rückkehr sie selbst und ihre Kinder, weil sie nicht vertragsgemäß wartete und verheiratet wurde.

MAG.A § 37
Wenn ein *a'īlu* seine Ehefrau verläßt, gibt er ihr etwas, wenn er will. Wenn er es nicht will, gibt er nichts. Sie geht leer aus.

MAG.A § 38
Wenn eine Frau im Hause ihres Vaters wohnt, und ihr Ehemann verläßt sie, nimmt er die Schmucksachen, die er selbst ihr angelegt hat. Den Brautpreis, den er gebracht hat, rührt er nicht an. Er bleibt in der Verfügung der Frau[P].

A) Zu *dumāqu* „Schmuck" s. CAD D, 179; Z, 149; cf. G.R. Driver/J.C. Miles, Assyrian Laws (*Oxford 1935*), 193-198; J. van Praag, Droit matrimonial (*Arch.-Hist. Bijdragen 12*), 170-172. Die Übergabe der Schmuckstücke ist nicht an den Vollzug der Ehe im Sinne einer „Morgengabe" gebunden, sondern, wie MAG.A § 25 (III 82) „wenn eine Frau im Hause ihres Vaters wohnt" zeigt, an die inchoative Eheschließung; s. dazu im folgenden.

B) Zur Übersetzung von *iṣ-ṣa-ab-bu-ú-tu* als Gt-Form oder N-Form s. G. Cardascia, Lois assyriennes (*Paris 1969*), 152.

C) *mu-us-sa e-ta-na-ra-ab* ist nicht auf den Vollzug der Ehe (so G.R. Driver/J.C. Miles (Assyrian Laws [*Oxford 1935*], 199) zu deuten. Die Urkunde UET 5 Nr. 636 (s. S. Greengus, Ceremonies [*JCS 20*], 55-58); C. Wilcke (Familiengründung [*Veröffentl. d. Inst. f. Hist. Anthropologie 3*], 270-272) gibt in Z. 39 mit ITU 4. KAM *a-na bi-ti-ia i-te-ru-ba-am-ma* „vier Monate kam er regelmäßig in mein Haus" Hinweis auf eine regelmäßige Besuchspraxis während der inchoativen Ehe. Die Formel *šum-ma sinniltu i-na bīt a-bi-ša-ma us-bat* in MAG.A §§ 25 (III 82); 26 (III 95); 27 (III 103) bezieht sich durchgängig auf den Status inchoativer Ehe. CH § 130 (XXVIII 58.59) (s. R. Borger, BAL, 27) *i-na bīt a-bi-ša wa-aš-ba-at* „sie wohnt im Hause ihres Vaters" wird in Z. 56.57 erläutert durch *ša zi-ka-ra-am la i-du-ú-ma* „die einen Mann nicht erkannt hat"; cf. auch E. Jacob, Altassyrische Gesetze (*ZvR 41*), 333; A. van Praag, Droit matrimonial (*Arch.- Hist. Bijdragen 12*), 181-190.

D) MAG.A §§27; 29 folgen in der Differenzierung von *širku* „Mitgift" und *nudunnū* „Ehegabe" des Ehegatten („Morgengabe") der Terminologie der Rechtssammlung des Hammurapi, die von den altbabylonischen Urkunden abweicht, die mit *nudunnū* den Besitz der Ehefrau einschließlich der Mitgift bezeichnen; s. R. Westbrook, Marriage Law (*AfO.Beih. 23*), 24-28. Zur neubabylonischen Terminologie (*nudunnū* = „Mitgift") s. M.T. Roth, Marriage Agreements (*AOAT 222*), 7-9. Weist R. Westbrook (a.a.O., 96) es zu Recht als unbeweisbare Hypothese zurück, *nudunnū* als Ehegabe sei erst bei Geburt eines Kindes gegeben worden, so macht MAG.A § 27 in Verbindung mit MAG.A §§ 25; 26 (*dumāqu*) deutlich, daß bereits bei Abschluß der inchoativen Ehe durch die Übergabe von *terḫātu* eine Ehegabe des Ehemannes an seine Ehefrau übergeben wurde. Diese Deutung wird durch MAG.A § 32 bestätigt. Begründet die Übergabe von *terḫatu* an die Familie der Frau den Rechtsanspruch des Ehemannes auf die Vindikation der Frau, so konstituiert die Übergabe von *nudunnū* einen direkten Anspruch des Mannes gegenüber der Frau auf Mithaftung schon während der inchoativen Ehe. Das aber setzt voraus, daß die Ehegaben mit der Übergabe auch in den Besitz der Frau übergehen. Daß der Ehemann die Gaben, die er selbst überbracht hat, nimmt, so die gängige Übersetzung, ist weniger schlüssig. MAG.A § 32 (IV 52.53*) *lu-ú a-na bīt e-mi-ša* *la-qé-a-at lu-ú la-a la-qé-a-at* bezieht sich auf die Alternative von „standard inchoate marriage" und „*kallūtu*-inchoate marriage"; s.u. Textanm. J.

E) S. dazu CAD H, 250; AHw 359. Die Verwendung des Begriffs *ālidu* „Erzeuger" in MAG.A § 28 (IV 9) ist gegen P. Koschaker (Altassyrische Gesetze [*MVÄG 26/3*], 50 Anm. 2) und C. Saporetti (Leggi medioassire [*Malibu 1979*], 56) kein ausreichendes Argument, um mit einem außerhalb der ersten Ehe gezeugten Sohn zu rechnen. Vielmehr wird der Begriff *ālidu* verwendet, um den leiblichen Vater vom zweiten Ehemann der Witwe (*murabiānu*) abzuheben; cf. G. Cardascia, Lois assyriennes (*Paris 1969*), 159 Anm. b. Ein Widerspruch zu MAG.A § 33 besteht nicht, da MAG.A § 33 (VI 68) *ù mārē-ša la-áš-šu* wie MAG.A § 25 (III 85) *ù mārē-ša la-áš-šu* konstatiert, daß die inchoativ verheiratete Frau keinen Sohn hat. Es geht also nicht um eine Ausschlußklausel in dem Sinne, daß eine Frau, die einen Sohn hat, nicht den Status einer Witwe haben kann. Nur eine konditionale Deutung von MAG.A § 33 (IV 68) gerät in Widerspruch zu § 28. Zu MAG.A § 33 (IV 57*.58) *ù mā* [*ru* (DUMU) *i-ba-*]*áš-ši* s. im folgenden. Ein solcher Widerspruch wäre auch nicht durch die Annahme zu heilen, eine schwangere Witwe habe als kinderlos gegolten; so C. Wilcke, Familiengründung (*Veröffentl. d. Inst. f. Hist. Anthropologie 3*), 304.

F) Zu *širku* s. R. Westbrook, Marriage Law (*AfO.B 23*), 24. Nach MAG.A § 29 setzt sich das Ehevermögen der Frau aus drei Komponenten zusammen; s. R. Westbrook, a.a.O., 27; cf. auch A. van Praag, Droit matrimonial (*Arch.-Hist. Bijdragen 12)*, 178-180.

G) So mit J.N. Postgate, Rezension von G. Cardascia, Lois assyriennes, in BSOAS 34 (*1971*), 388, gegen G.R. Driver/J.C. Miles, Assyrian Laws (*Oxford 1935*), 210f.399.471 („are reserved"), und G. Cardascia, Lois assyriennes (*Paris 1969*), 160-162 mit Anm. b („sont réservés"); cf. W. von Soden, GAG § 145e.

H) *biblu* „Ehe-/Vermählungsgabe" bezeichnet häufig auch das Öl, das bei der Vermählungszeremonie verwendet wird; cf. EA 29:22-23 („als dein Gesandter ... gekommen war und Öl für ihr Haupt gebracht hatte und *terḫatu* für sie mitgebracht hatte"; s. J.A. Knudtzon, El-Amarna-Tafeln [*VB*] I, 246f.; W.L. Moran, Amarna-Letters [*Baltimore 1992*], 97) und EA 31:14-22 („er [sc. der Gesandte] wird Öl auf ihr [sc. der Prinzessin] Haupt gießen... man wird dir das *kusada* [cf. VBoT 1] = *terḫatu* für die Tochter bringen"; cf. J.A. Knudtzon, a.a.O., 273; W.L. Moran, a.a.O., 101). Die Aufnahme von *biblu* (MAG.A § 30 [IV 21]) durch *zubullû* in MAG.A § 30 (IV 29.33) zeigt die synonyme Bedeutung der Lexeme auf; s. CAD B, 220; Z, 152 („the term *zubullû* is essentially a synonym of *biblu* and in many respects also one of *tirḫatu*"; zu den Konjekturen von MAG.A § 30 in CAD Z, 152 s. C. Wilcke (Familiengründung [*Veröffentl. d. Inst. f. Hist. Anthropologie 3*], 264 Anm. 74). *biblu* und *zubullû* sind parallel zu *terḫatu* an die Familie der Frau gegeben (cf. CH § 160; MAG § 43), im Gegensatz zu *terḫatu* aber nicht konstitutiv für die Begründung der inchoativen Ehe; s. R. Westbrook, Marriage Law (*AfO.Beih. 23*), 40-42.101f. MAG.A §§ 30; 31 machen deutlich, daß mittelassyrisch *biblu*/*zubullû* bereits vor der Vollehe übergeben werden konnten; s. C. Wilcke, a.a.O., 256f. Anm. 59. Zur Forschungsgeschichte s. J. Renger, People (*Or*[*N.S.*] 2), 267; cf. auch zum neubabylonischen und neuassyrischen Befund M.T. Roth, Marriage Agreements (*AOAT 222*), 11f.; K. Radner, Privatrechtsurkunden (*SAA.S 6*), 142.

I) Der Stativ fem. *la-qé-a-at* in MAG.A § 32 (IV 52) ist mit R. Borger (Rechtsbücher [*TUAT I/1*], 86) auf *sinniltu* zu beziehen, nicht aber auf *nudunnū*, so G. Cardascia, Lois assyriennes (*Paris 1969*), 176f., gefolgt von C. Saporetti, Leggi medioassire (*Malibu 1979*), 60.

J) Eine Rekonstruktion des Textes DUMU.MEŠ-*ša i-ba-áš-ši* (so V. Scheil, Lois assyriennes [*Paris 1921*], 40f.; ihm folgend G.R. Driver/J.C. Miles, Assyrian Laws [*Oxford 1935*], 224.400-403; C. Saporetti, Leggi medioassire [*Malibu 1979*], 157) ist aufgrund der Einleitung des Rechtssatzes mit *šum-ma siniltu i-na bīt a-bi-ša-ma us-bat* „wenn eine Frau im Hause ihres Vaters wohnt" in MAG.A § 33 (IV 56) recht unwahrscheinlich, da durch diese Einleitung der Rechtssatz auf eine inchoativ verheiratete Frau bezogen wird, Söhne einer inchoativ verheirateten Frau aber nicht wahrscheinlich sind. So ist mit R. Borger (Rechtsbücher [*TUAT I/1*], 86) nur DUMU *i-ba-áš-ši* zu lesen, und der Sohn einer Leviratsregelung entsprechend auf *e-mi-ša* („ihr Schwiegervater") in MAG.A § 33 (IV 65) zu beziehen, so daß es sich also um einen Bruder des Verstorbenen oder um einen Sohn ihres Ehemannes aus erster Ehe (cf. MAG.A § 46 [V 99.109-111]) handelt.

Der in MAG.A § 33 (IV 58-64) zerstörte Text wird oft nach MAG.A § 46 rekonstruiert; s. zuletzt C. Saporetti, Leggi medioassire (*Malibu 1979*), 61.157 für Z. 58-61: [*a-šar pa-nu-ša-a-ni*] [*i-na*] ⌜É⌝-*šu*-[*nu-tu-ú-uš-ša-ab*] [*šum-ma* DUMU.MEŠ-*š*]*a* [*l*]*a-á*[*š-šu e-mu-ša*] [*a-na* DUMU *š*]*a lìb*-[*bi-šu i-id-dan-ši*] „[dove vorrà] [nella] casa di lo[ro abiterà]. [Se figli suoi no]n ci sono [suo suocero] [al figlio] suo che [lui vuole la darà]". Derartigen Rekonstruktionen steht entgegen, daß es in MAG.A § 33 um die inchoative Ehe, in MAG.A § 46 dagegen um die Vollehe geht. Eine Interpolation von MAG.A § 46 (V 92-94) wird hinfällig, wenn MAG.A § 33 (IV 57.58) nicht auf einen Sohn der inchoativ verheirateten Frau zu beziehen ist. Der Kontext in MAG.A § 33 (IV 57.58) läßt in Z. 59-64 eine Regelung erwarten, daß die verwitwete Ehefrau den Söhnen zur Ehe gegeben wird. Möglicherweise ist mit G.R. Driver/J.C. Miles (Assyrian Laws [*Oxford 1935]*, 400) und C. Saporetti (a.a.O., 157) ein *lìb* in Z. 61 zu *a-na* DUMU *ša lìb-bi-šu i-id-dan-ši* zu ergänzen, doch ist in der Autographie von O. Schroeder, KAV z.St., *lìb* keineswegs sicher lesbar.

K) *an-a e-mi-ša* mit CAD A/1, 217; E, 155; R. Borger, Rechtsbücher (*TUAT I/1*), 86, u.a. Dagegen will C. Wilcke (Familiengründung [*Veröffentl. d. Inst. f. Hist. Anthropologie 3*], 249 Anm. 51) *e-mu* auf die Schwager der Frau deuten, „da alle männlichen Mitglieder des Haushaltes ihres Schwiegervaters für die Ehefrau eines Sohnes *emu* sind". Diese Interpretation ist semantisch durchaus möglich, im Kontext von MAG.A § 33 aber unwahrscheinlich, ist doch der Schwager bereits in Z. 57-64 abgehandelt; s.o. Textanm. J.

L) So mit AHw 23; zur semantischen Differenzierung zwischen *aḫu(z)zatu* „marriage gift" und „a marriage-like relationship" in CAD A/I, 217f. s. C. Wilcke, Familiengründung (*Veröffentl. d. Inst. f. Hist. Anthropologie 3*), 249 Anm. 51.

M) So mit CAD B, 169; R. Borger, Rechtsbücher (*TUAT I/1*), 86. Die Konjunktion *lu* bezeichnet *bīta a-na ba-at-te* als Gegensatz zu *i-na bīt a-bi-ša*; s. G.R. Driver/J.C. Miles, Assyrian Laws (*Oxford 1935*), 250.

N) Zur Diskussion der Lesung *qa-a-li* s. G.R. Driver/J.C. Miles, Assyrian Laws (*Oxford 1935*), 476; G. Cardascia, Lois assyriennes (*Paris 1969*), 189; C. Saporetti, Leggi medioassire (*Malibu 1979*), 63 Anm. 44. Zum Vorschlag W. von Sodens, *gallû* „Dämon" zu lesen, s. E. Szlechter, Effets (*Or N.S. 34*), 297 Anm.7 (in AHw 275 nicht aufgenommen).

O) *ki-i sa-ar-ti* mit AHw 1031, CAD S, 188; C. Saporetti, Leggi medioassire (*Malibu 1979*), 63 Anm. 45; 158, gegen die Lesung *ki-i-sa-ar-ri* (so u.a. G.R. Driver/J.C. Miles, Assyrian Laws [*Oxford 1935*], 404f.; G. Cardascia, Lois assyriennes [*Paris 1969*], 189).

P) *terḫatu* ist Subj.; s. G. Cardascia, Lois assyriennes (*Paris 1969*), 193f.; C. Saporetti, Leggi medioassire (*Malibu 1979*), 65; R. Borger, Rechtsbücher (*TUAT I/1*), 87, gegen G.R. Driver/J.C. Miles, Assyrian Laws (*Oxford 1935*), 146-148.191-193 („he [then] is quit in respect to the woman").

Die Rechtssätze MAG.A §§ 25-27 werden durch die ihnen gemeinsame Eröffnung *šum-ma sinniltu i-na bīt a-bi-ša-ma us-bat* in MAG.A §§ 25 (II 82); 26 (II 95); 27 (II 103) zu einer Einheit zusammengefaßt, von der die durch *šum-ma al-ma-at-tu/sinniltu a-na bīt aʾīle/mu-ti-ša te-ta-ra-ab* in MAG.A §§ 28 (IV 1.2*); 29 (IV 11) zusammengeordneten Rechtssätze MAG.A §§ 28;

29 abgehoben sind. Schlüssel zur Interpretation dieser gegeneinander abgegrenzten Eröffnungen ist der Rechtssatz MAG.A § 29. G.R. Driver/J.C. Miles[255] haben richtig gesehen, daß *a-na bīt mu-ti-ša te-ta-ra-ab* sich auf eine bereits verheiratete Frau beziehen muß. Es handelt sich um die *traditio puellae* im Übergang von der inchoativen Ehe zur Vollehe. MAG.A § 29 regelt also das Zugriffsrecht auf das Vermögen der Ehefrau im Status der Vollehe. Auch MAG.A § 28 (IV 1.2*) (*al-ma-at-tu a-na bīt a'īle te-ta-ra-ab* „eine Witwe tritt in das Haus eines *a'īlu* ein") bezieht sich auf die Begründung des Status der Vollehe. Für eine Witwe ist eine Phase inchoativer Ehe in der Regel nicht vorgesehen[256]. Von den Rechtssätzen der Vollehe in MAG.A §§ 28; 29 sind nun die durch die Eröffnung mit *šum-ma sinniltu i-na bīt a-bi-ša-ma* „wenn eine Frau im Hause ihres Vaters" zusammengebundenen Rechtssätze MAG.A §§ 25-27 abgehoben, die sich auf die normale inchoative Ehephase beziehen, in der die Frau noch[257] im Hause ihres Vaters wohnt. Es geht also um eine Eheform, „bei welcher die Frau in ihrer Familie blieb und der Mann, wenn er nicht zur Frau zog, sich auf Besuche bei ihr beschränkte"[258]. Das Motiv des regelmäßigen Besuchs des Ehemannes bei seiner in inchoativer Ehe im Vaterhaus lebenden Frau in MAG.A § 27 (III 104) ist nicht zur Kennzeichnung einer besonderen Form der Vollehe als Besuchsehe eingeführt, sondern als Gegenfallklausel zum Tod des Ehemannes in MAG.A §§ 25 (III 83); 26 (III 96). Auch handelt es sich in MAG.A §§ 25-27 nicht um eine Kinderehe[259] oder um einen ehelichen Ausnahmefall, der besondere besitzrechtliche Regelungen provoziert[260]. Die Rechtssätze MAG.A §§ 25; 26 regeln das Besitzrecht am *nudunnû* bei einem Todesfall des Ehemannes, MAG.A § 27 dagegen im Normalfall inchoativer Ehe. Während MAG.A § 25 mit dem Motiv des ungeteilten Erbes voraussetzt, daß es sich um die erste Ehe des Mannes handelt, in diesem Falle also der *nudunnû* an die Brüder fällt, regelt MAG.A § 26 den Fall, daß es die zweite Ehe ist und Söhne aus erster Ehe bereits vorhanden sind[261].

255 S. Assyrian Laws (*Oxford 1935*), 139f.

256 S. R. Westbrook, Marriage Law (*AfO.B 23*), 62; cf. G. Cardascia, Lois assyriennes (*Paris 1969*), 159.169.

257 Zur enklitischen Partikel *-ma* s. G.R. Driver/J.C. Miles, Assyrian Laws (*Oxford 1935*), 139.

258 So P. Koschaker, Altassyrische Gesetze (*MVÄG 26/3*), 64. P. Koschaker verbindet mit dieser Eheform den Gedanken der Mundfreiheit; s. dazu G.R. Driver/J.C. Miles, a.a.O., 136-140; R. Westbrook, Art. Muntehe (*RLA VIII*), 425f.

259 So G.R. Driver/J.C. Miles, a.a.O., 140-142; s. differenzierter M.T. Roth, Age (*Comparative Studies in Society and Hist. 29*), 715-747.

260 So G. Cardascia, Lois assyriennes (*Paris 1969*), 154f.; cf. auch A. van Praag, Droit matrimonial (*Arch.-Hist. Bijdragen 12*), 181-190.

261 Die Feststellung in MAG.A § 26 III 101 *šum-ma marē mu-ti-ša la-áš-šu* „wenn Söhne ihres Mannes vorhanden sind", soll ausschließen, daß es sich um gemeinsame Söhne handeln könnte; gegen A. van Praag, Droit matrimonial (*Arch.-Hist. Bijdragen 12*), 187; G. Cardascia, Lois assyriennes (*Paris 1969*), 155. P. Koschaker (Fratriarchat [*ZA*

MAG.A § 26 ist Gegenfall zu MAG.A § 25, die zusammen wiederum Gegenfall zu MAG.A § 27 sind. MAG.A §§ 25-27 sind als Rechtssätze inchoativer Ehe Gegenfall zu den Rechtssätzen der Vollehe in MAG.A §§ 28; 29. Noch durch einen weiteren Motivgegensatz wird die Fall-Gegenfall-Dialektik[262] von MAG.A §§ 25-27 und MAG.A §§ 28; 29 unterstrichen. MAG.A § 25 (III 85) *ù mā-ša la-áš-šu* „und sie hat keinen Sohn" konstatiert die Kinderlosigkeit der inchoativ verheirateten Frau[263]. Dem wird MAG.A § 28 (IV 2*.3) *ù mār-ša ḫu-ur-da il-te-ša* „und einen nachgeborenen Sohn mit sich bringt" entgegengesetzt, daß eine Witwe, die in zweiter Ehe verheiratet ist, einen Sohn mit in die Ehe bringt. Während in MAG.A § 25 die Ansprüche der Familienangehörigen des Mannes gegen die Frau geregelt werden, gilt dies in MAG.A § 28 für die Ansprüche des Sohnes der Frau gegen den Ehemann. MAG.A § 29 ist wiederum Gegenfall zu MAG.A § 28 dadurch, daß dieser Rechtssatz die Ansprüche der Kinder der Frau regelt[264]. Die Rechtssätze MAG.A §§ 25-29 sind

---

41], 73) macht in seiner Auslegung die Widersprüche kenntlich, die unausweichlich sind, wenn man MAG.A § 26 III 101 auf gemeinsame Söhne bezieht: „Nach § 25 fallen bei der Ehe ohne Hausgemeinschaft der Frau mit dem Manne Schmucksachen (*dumāqi*), die der Mann der Frau gegeben hat, nach seinem Tode an die ‚ungeteilten Brüder' (*aḫḫū lā zīzūtu*), vorausgesetzt, daß keine Kinder (Söhne) aus der Ehe vorhanden sind. Es besteht also Eintrittsrecht dieser. Aber unter derselben Voraussetzung sollen nach § 26 die *dumāqi* der Frau verbleiben". P. Koschakers Lösung, MAG.A § 26 als jüngeren Zusatz zu streichen, vermag nicht zu überzeugen; s. dagegen A. van Praag (a.a.O., 171f.) sowie G. Cardascia (a.a.O., 156), der aber mit P. Koschaker ein „désordre" in MAG.A §§ 25; 26 konstatiert: „L'ordre dans lequel le rédacteur assyrien présente ces diverses solutions ne nous satisfait pas ... Ce ‚désordre' de l'exposé se retrouve dans maint autre passage des *LA*, parfois au sein d'un même paragraphe; il nous paraît devoir être attribué à une démarche de la pensée qui n'est pas la nôtre". Dem ist entgegenzuhalten, daß nicht eine uns fremde und undurchschaubare Logik sich in diesen Rechtssätzen ausdrückt, sondern die redaktionshistorisch zu erfassenden Anordnungsprinzipien einer den einzelnen Rechtssatz übergreifenden Auslegungslogik. Jeder rechtshistorischen Interpretation ist die literaturhistorische Analyse, die sich nicht auf semantische Begriffsuntersuchungen beschränken darf, sondern textlinguistisch Redaktionsmuster und von da ausgehend die Diachronie des Textes erfassen soll, vorzuordnen.

262 Zum Redaktionsprinzip von Fall und Gegenfall s.o. III. 2.1. Anm. 84.

263 Aus MAG.A § 25 III 85 ist gerade nicht zu schließen, daß es sich um eine Vollehe handle. Die Wiederaufnahme von MAG.A § 25 III 84 in MAG.A § 25 III 88*.89 deutet darauf hin, daß MAG.A § 25 III 85 redaktionell eingefügt wurde, um einen Motivzusammenhang von Fall und Gegenfall mit MAG.A § 28 IV 2*.3 zu bilden. Die konstatierende Bedeutung von MAG.A § 25 III 85 wird durch die Parallele in MAG.A § 33 IV 68 *ù mārē-ša la-áš-šu* gestützt, die auch nur als konstatierende Schlußfolgerung aus dem Status der inchoativ verheirateten Frau zu verstehen ist: Diese Frau hat keine Kinder, weil sie, wie die Eröffnung des Rechtssatzes in MAG.A § 33 IV 56 sagt, nur inchoativ verheiratet ist. Eine konditionale Interpretation von MAG.A § 33 IV 68 gerät dagegen unweigerlich in unlösbaren Widerspruch mit der Feststellung in MAG.A § 28 IV 2*.3, daß eine Witwe mit einem Sohn aus erster Ehe in die zweite Ehe geht.

also durch die Themenverschränkung alternierender Anordnung im Schema von Fall und Gegenfall zusammengeordnet, wobei der Aufbau von der kleinen Einheit zweier Rechtssätze zu größeren Gruppen von Gegensatzpaaren voranschreitet:

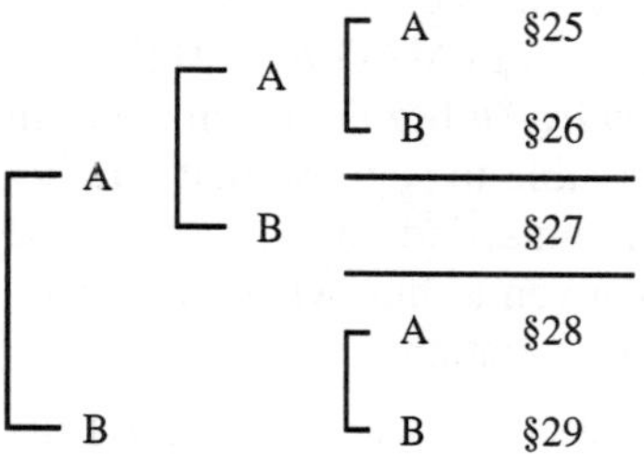

In den vier Rechtssätzen MAG.A §§ 30-33 sind ebenfalls Rechtsfälle inchoativer Ehe zusammengefaßt. In MAG.A §§ 30 (IV 20.21); 31 (IV 40.41*) werden die Rechtssätze mit *šum-ma a-bu/a’īlu e-me(ša māre-šu) bi-ib-la/zu-bu-ul-la-a (it-ta-bal) iz-bīl* „wenn ein Vater/*a’īlu* in das Haus (seines) Schwiegervaters (seines Sohnes) Ehegaben (bringt und) übergibt“ eröffnet und zu einer Einheit zusammengefaßt.[265] Würden sich diese Rechtssätze auf die Vollehe beziehen, wäre eine die Rücknahme des *biblu/zubullû* einschließende Dispositionsverfügung des Schwiegervaters der Frau (MAG.A §§ 30 [IV 36-39]; 31 [IV 45*.46-49]) unmöglich. Die Rechtssätze MAG.A §§ 30; 31 schließen sich als Rechtssätze der inchoativen Ehe mit denen in MAG.A §§ 32; 33 zusammen, die in MAG.A §§ 32 (IV 50); 33 (IV 56) wie MAG.A §§ 25 (III 82); 26 (III 95); 27 (III 103) mit *šum-ma sinniltu i-na bīt a-bi-ša-ma us-bat* „wenn eine Frau im Hause ihres Vaters wohnt“ eingeleitet werden. Die Rechtssätze MAG.A §§ 30-33 sind also von den auf die Vollehe bezogenen Rechtssätzen MAG.A §§ 28; 29 abgesetzt. Durch die jeweils unterschiedlichen Einleitungen der Rechtssätze MAG.A §§ 30; 31 und MAG.A §§ 32; 33 wird die Reihe der Rechtssätze MAG.A §§ 30-33 in zwei Teile untergliedert, die jeweils wiederum in Fall und Gegenfall unterteilt sind. MAG.A § 30 behandelt den Fall, daß der Ehemann während der inchoativen Ehe stirbt, und MAG.A § 31, daß während dieser Zeit die Ehefrau stirbt. In diese Dialektik ist MAG.A § 30 erst durch die Erweiterungen der Redaktion eingepaßt worden. In der vorliegenden Endgestalt besagt der Rechtssatz, daß, wenn ein inchoativ verheirateter Mann, dessen inchoativ verheirateter Bruder stirbt, die Frau seines Bruders und seine eigene Frau heiratet, deren Vater sich dem nicht widersetzen

264 Cf. aber die neuassyrische Urkunde ND 2307; s. dazu V.E. Jakobson, Neo-Assyrian Law (*AoF1*), 115-119.

265 S. G.R. Driver/J.C. Miles, Assyrian Laws (*Oxford 1935*), 174. So auch G. Cardascia, Lois assyriennes (*Paris 1969*), 167.

kann und keine Dispositionsverfügung in bezug auf die Erfüllung des Ehevertrages hat. Eine derartige Dispositionsverfügung steht nur dem Vater des Ehemannes nicht aber der Ehefrau zu, der auf Erfüllung des Ehevertrages auch unter den geänderten Bedingungen bestehen oder die Rückgabe des *biblu/zubullû* verlangen kann[266]. G.R. Driver/J.C. Miles[267] haben auf die Schwierigkeiten des Rechtssatzes in der vorliegenden Form hingewiesen und wollen sie durch die Annahme lösen, *ana māre-šu* in MAG.A § 30 (IV 35) beziehe sich nicht auf den ebenfalls mit *ana māre-šu* bezeichneten Sohn in MAG.A § 30 (IV 22) „since it is almost impossible to suppose that a father who has arranged to marry his daughter to an unmarried young man can be forced to give her or will consent to her being given to him when he already has a wife“[268]. Darauf gründet sich folgende Interpretation:

„The section then means that, when a father has acquired another man's daughter *ana kallatūti* as a bride for a specific son, he is entitled, even though there may have been no special term to this effect in the contract, to give her to another of his sons if other provision has in the meanwhile been made for the original bridegroom, and he can enforce this right against the wish of the bride's father, whatever may be the ground of his objection“[269].

G. Cardascia[270] hat gegen diese Interpretation eingewandt, daß eine derartige terminologische Ungenauigkeit in bezug auf *ana māre-šu* in MAG.A § 30 (IV 22.35) unwahrscheinlich sei, es vielmehr dem Redaktor ein Leichtes gewesen wäre, MAG.A § 30 (IV 23) ein *ana māre-šu šane* in MAG.A § 30 (IV 35) entgegenzustellen. Vor allem aber bleibt ungeklärt, warum die Dispositionsrechte des Schwiegervaters der Frau im Todesfall eines anderen inchoativ verheirateten Sohnes, nicht aber des in MAG.A § 30 (IV 20-22) genannten exemplifiziert werden[271]. Die Schwierigkeiten lösen sich, wenn man erkennt, daß MAG.A § 30 (IV 23-28) Einfügung des Redaktors ist[272]. Durch Wiederaufnahme[273] von MAG.A § 30 (IV 20) in MAG.A § 30 (IV 29-32) wird die Einfügung überbrückt[274]. Der dem Redaktor vorgegebene Rechtssatz in

266 S. P. Koschaker, Altassyrische Gesetze (*MVÄG 26/3*), 43f.; G. Cardascia, Lois assyriennes (*Paris 1969*), 166f.; C. Wilcke, Familiengründung (*Veröffentl. d. Inst. f. Hist. Anthropologie 3)*, 256f. Anm. 59; cf. zum Vergleich mit CE § 25; CH §§ 160; 161 auch R. Yaron (Laws [*Bib 51*], 554).

267 S. Assyrian Laws (*Oxford 1935*), 174f.

268 S. G.R.Driver/J.C. Miles, a.a.O., 175.

269 S. G.R.Driver/J.C. Miles, a.a.O., 176.

270 S. Lois assyriennes (*Paris 1969*), 167.

271 S. P. Koschaker (Altassyrische Gesetze [*MVÄG 26/3*], 43) spricht in diesem Zusammenhang von einer „überraschenden Wendung“.

272 So mit P. Koschaker, a.a.O., 44.

273 Zur Wiederaufnahme als Kennzeichen literarischer Fortschreibung eines Textes s. C. Kuhl, Wiederaufnahme (*ZAW 64*), 1-11.

274 Man wird also kaum mit P. Koschaker (Altassyrische Gesetze [*MVÄG 26/3*], 45 Anm. 3) den polygamen Konsequenzen des Rechtssatzes mit der These ausweichen können, „daß das Tatbestandsmoment der Nichterfüllung des Verlöbnisses im zweiten Absatz (Z.

MAG.A § 30 (IV 20-22.29*.31.32-39) regelt die Dispositionsverfügung des Schwiegervaters der Ehefrau im Falle der Weigerung ihres Vaters, die Tochter herauszugeben, während eine Dispositionsverfügung des Schwiegervaters des Ehemannes ausgeschlossen wird. Regelt dieser Rechtssatz also vertragsrechtliche Aspekte, die sich aus dem Ehevertrag ergeben, so wird mit MAG.A § 30 (IV 23-28) ein anderer Gesichtspunkt mit diesem Rechtssatz verbunden. Nunmehr geht es um die mit dem Vertragsrecht verknüpften Leviratsaspekte bei Tod des inchoativ verheirateten Ehemannes. Seine Ehefrau wird, sofern sein Vater es will, Gattin eines Bruders auch dann, wenn dieser ebenfalls inchoativ verheiratet ist. Die Entscheidung über ein Levirat[275] liegt beim Vater des Ehemannes, dessen Schwiegervater keinerlei Entscheidungskompetenz hat.

Damit hat der Autor MAG.A § 30 zum Gegenfall von MAG.A § 31 gemacht. Im Falle, daß die inchoativ verheiratete Ehefrau stirbt, haben sowohl ihr Vater (MAG.A § 31 [IV 43*] [*ḫa-di-ma e-mu* „wenn der Schwiegervater will"]) wie auch der Ehemann (MAG.A § 31 [IV 44-46][276]) eine Dispositionsverfügung. P. Koschaker[277] scheidet *ḫa-di-ma e-mu* in MAG.A § 31 (IV 43) als sekundären Zusatz aus.

„Der Verlobte kann, wenn die Verlobte gestorben ist und er es nicht vorzieht, das Verlöbnis als aufgelöst zu betrachten und die Verlöbnisgabe zurückzufordern, anstelle der Braut ihre Schwester *mit Einverständnis ihres Vaters* zur Frau nehmen. Das läuft im Ergebnis auf ein neues Verlöbnis hinaus, auf das die rückforderbare Arrha des ersten angerechnet wird. Es ist kaum anzunehmen, daß *dazu* die Parteien einer gesetzlichen Ermächtigung bedurften, und diese Erwägung liefert einen juristischen Grund für die von mir ... aus formellen Gründen behauptete Interpolation der Worte *ḫadīma emu* in Z. 43. Streicht man sie, so besagt § 31, daß der Bräutigam das *Recht* hat, die Schwester der Braut zur Frau zu fordern oder vom Verlöbnis zurückzutreten, was juristischen Sinn hat"[278].

29f.), der den Erfüllungszwang aus dem Verlöbnis statuiert, wieder aufgenommen und damit angedeutet wird, daß dieser Absatz mit dem ersten Teil des Paragraphen nicht mehr zusammenhänge".

275 S. dazu A. van Praag, Droit matrimonial (*Arch.-Hist. Bijdragen 12*), 117; G. Cardascia, Lois assyriennes (*Paris 1969*), 168-170; A. Skaist, Art. Levirat (*RLA VI*), 606f.; Verf., Altersversorgung (*ZAR 1*), 103-110.

276 Zu *aḫāzu* (MAG.A § 31 IV 45) als eherechtlichen Terminus s. R. Westbrook, Marriage Law (*AfO.Beih. 23*), 16 Anm. 57.

277 Cf. Altassyrische Gesetze (*MVÄG 26/3*), 48 Anm. 2; ders., Fratriarchat (*ZA 41*), 23f.; s. auch den Überblick über die Diskussion in R. Yaron, Coniunctio (*RIDA III/10*), 115-136. Zur Interpretation von MAG.A § 31 durch A. van Praag (Droit matrimonial [*Arch.-Hist. Bijdragen 12*], 126f.) als Ablösebestimmung eines Sororates s. G. Cardascia, Lois assyriennes (*Paris 1969*), 173f. Zu ethnologischem Vergleichsmaterial s. B. Wilanowski, Interprétation (*Journ. of Juristic Papyrology 4*), 267-273.

278 S. P. Koschaker, Fratriarchat (*ZA 41*), 23.

G.R. Driver/J.C. Miles[279] haben dagegen den Gegenfallcharakter von MAG. A § 31 zu MAG.A § 30, der in dieser Klausel ausgedrückt wird, ins Feld geführt und mit diesem Argument die Ursprünglichkeit von *ḫa-di-ma e-mu* in Z. 43 vertreten. P. Koschakers Beobachtung ist aber schlüssig. Sie wird durch die syntaktischen Probleme des Subjektwechsels in MAG.A § 31 (IV 43-45) bestätigt[280]. *ḫa-di-ma...u ḫa-di-ma* ist sonst in der Mittelassyrischen Rechtssammlung auf ein Subjekt bezogen. Auch wäre *e-mu* suffigiert als *e-mu-šu* zu erwarten[281], wie in allen anderen Belegen dieses Lexems in der Mittelassyrischen Rechtssammlung. G.R. Driver/J.C. Miles ist aber darin zuzustimmen, daß *ḫa-di-ma e-mu* einen Gegenfall zu MAG.A § 30 bezeichnet. Der Redaktor hat also die ihm vorgegebenen Rechtssätze MAG.A §§ 30; 31 durch die Einfügung von MAG.A §§ 30 (IV 23-28); 31 (IV 43*) als Fall und Gegenfall aufeinander bezogen.

Die Rechtssätze MAG.A §§ 32; 33 werden durch die ihnen gemeinsame Einleitung mit *šum-ma sinniltu i-na bīt a-bi-ša-ma us-bat* „wenn eine Frau im Hause ihres Vaters wohnt" (MAG.A §§ 32 [IV 50]; 33 [IV 56]) zusammengefaßt und auf die Institution inchoativer Ehe bezogen[282]. MAG.A § 32 regelt die Haftungspflicht einer inchoativ verheirateten Frau für Verbindlichkeiten ihres Ehemannes, die auf die Übergabe eines *nudunnû* gegründet ist. MAG.A § 32 (IV 52.53*) *lu-ú a-na bīt e-mi-ša la-qé-a-at lu-ú la-a la-qé-a-at* „ob sie in das Haus ihres Schwiegervaters aufgenommen worden ist oder nicht" schließt neben der in der Eröffnung *šum-ma sinniltu i-na bīt a-bi-ša-ma us-bat* „wenn eine Frau im Hause ihres Vaters wohnt" angesprochenen „standard inchoate marriage" auch die „*kallūtu*-inchoate marriage"[283] ein. Von MAG.A § 32 ist MAG.A § 33 als Gegenfall abgesetzt[284]. Behandelt MAG.A § 32 die Haftungspflicht der inchoativ verheirateten Ehefrau für ihren Ehemann, also einen Rechtsfall bezogen auf den lebenden Ehemann, so behandelt

279 S. Assyrian Laws (*Oxford 1935*), 174.

280 Cf. auch M. Burrows, Levirate Marriage (*BASOR 77*), 15 mit Anm. 67, der *ḫadi-ma* in MAG.A § 31 IV 43.45 auf den Schwiegervater beziehen will; s. dazu R. Yaron, Coniunctio (*RIDA III/10*), 119f.

281 Cf. R. Yaron (a.a.O., 120f.), der den Text durch die Streichung von *emu* als Zusatz glätten will.

282 Es geht also keineswegs nur darum, deutlich zu machen, „que même si les biens composant le douaire se trouvent, non au domicile du mari ou de son père (qui seront le plus souvent un seul et même toit), mais n'importe où ailleurs et notamment *au domicile du père de la femme*, ils restent le gage des créanciers du mari" (G. Cardascia, Lois assyriennes [*Paris 1969*], 177). Nicht um den Aufenthaltsort von *nudunnū,* sondern der Frau geht es. Die Eröffnung des Rechtssatzes beinhaltet nicht eine unterstreichende Zusatzklausel („Sogar wenn ..."), die an dieser Stelle deplaciert wäre, sondern nennt das zentrale Tatbestandsmerkmal des Rechtssatzes: den Bezug auf die inchoative Ehe.

283 S. R. Westbrook, Marriage Law (*AfO.B 23*), 34-38; cf. dazu R. Yaron, Eherechte (*ZSRG.R 109*), 109.

284 S. o. Anm. J zu MAG.A § 33.

MAG.A § 33 den Rechtsfall des Todes des Ehemannes und die daraus resultierende Leviratsregelung für die Witwe[285]. Der Rechtssatz sieht vor, daß eine inchoativ verheiratete Frau beim Tod ihres Ehemannes einen Bruder ihres Ehemannes oder einen Sohn ihres Ehemannes aus erster Ehe heiratet. Die Formulierung in MAG.A § 33 (IV 57*.58) ist so unpräzise formuliert, um genau diese Alternative zu ermöglichen[286]. MAG.A § 33 bewegt sich damit in dem durch MAG.A § 30 (IV 23-29) und MAG.A § 46 (V 99.109-111) vorgezeichneten Rahmen. Über MAG.A § 30 geht MAG.A § 33 darin hinaus, daß im Falle, daß keine Brüder oder Söhne des Verstorbenen vorhanden sind, sie der Vater der Frau[287] ihrem Schwiegervater zur Ehe gibt, wenn dieser es will. Durch die Einfügung von MAG.A § 30 (IV 23-28) verknüpft der Redaktor nicht nur die Rechtssätze MAG.A §§ 30; 31 miteinander, sondern auch MAG.A § 30 mit MAG.A § 33, so daß kein Zweifel besteht, daß sich *ḫ[a-di-m]a* auf den Schwiegervater der Braut bezieht. Damit wird verdeutlicht, daß im Falle der Leviratsehe mit dem Schwiegervater dem Vater der Ehefrau keine Dispositionsverfügung zusteht, sondern der Ehevertrag erfüllt werden muß. Erst mit dem Tode ihres Schwiegervaters ist die Frau wieder frei (MAG.A § 33 [IV 67-70]). Die Bindung der Braut durch den Ehevertrag geht also sehr viel weiter als im altbabylonischen Eherecht:

CE § 17[288]

„Wenn der Sohn eines *awīlum* in das Haus des Schwiegervaters den Brautpreis bringt – wenn einer von beiden stirbt[289], kehrt das Geld zu seinem Eigentümer zurück".

Im altbabylonischen Recht erlosch schon durch den Tod eines der beiden inchoativ verheirateten Eheleute der Anspruch auf den Ehevertrag. Diese Regelung wird durch die Urkunde Dalley, Cat. RSM 15 (Iraq 42, 67f.)[290] bestätigt. Nach der Urkunde Riftin 48[291] war in die Rückgabe der Ehegaben auch der *zubullû* eingeschlossen[292]. Ganz anders wurde im Falle des Todes einer

---

285 Cf. dazu Verf., Altersversorgung (*ZAR 1*), 103-106.

286 Wenn C. Wilcke (Familiengründung [*Veröffentl. d. Inst. f. Hist. Anthropologie 3*], 304) aufgrund von MAG.A § 33 IV 57*.58 die Leviratsregelung für den Fall, daß *kein* Sohn vorhanden sei, greifen lassen will, so besagt der Text dies gerade nicht.

287 Der Vater der Frau ist Subjekt von *i-id-dan-ši* in MAG.A § 33 IV 66; s. *CAD* A/1, 217.

288 Zu Transskription und Übersetzung cf. Verf., Rechtsgeschichte (*OBO 85*), 22f.

289 *kaspum ana bēli-šu-ma itâr* ist zusammen mit einem Teil der Protasis von CE § 18 aufgrund des Homoioteleutons *ana šimtim ittalak* ausgefallen; s. A. Goetze, Laws (*AASOR 31*), 13; R. Yaron, Laws (*Jerusalem/Leiden* ^{2}*1988*), 24f.; Verf., Rechtsgeschichte (*OBO 85*), 24; s. dort auch zur These von L. Szlechter (Lois babyloniennes [*RIDA III/17*], 87ff.), der darin einen Hinweis auf eine Überarbeitung, die die ursprünglich in einem Rechtssatz geregelten Fälle des Todes vor und nach Vollzug der Ehe trennen wollte, vermutet.

290 S. R.Westbrook, Marriage Law (*AfO.Beih. 23*), 125.

291 S. R. Westbrook, a.a.O., 130.

292 S. R. Westbrook, a.a.O., 47.

der inchoativ verheirateten Eheleute im mittelassyrischen Recht (MAG.A §§ 30; 31; 33) verfahren. Falls der Ehemann stirbt, kann sein Vater die Frau einem seiner Söhne (MAG.A § 30 [IV 23-29]), auch wenn dieser bereits inchoativ verheiratet ist, oder einem Sohn des Verstorbenen aus erster Ehe (MAG.A § 33 [IV 57*.58]) geben. Wenn sonst kein anderes direktes männliches Mitglied dieser Linie vorhanden ist, kann der Schwiegervater selbst die Frau heiraten. Erst wenn kein männlicher Nachkomme dieser Linie mehr vorhanden ist, ist die Frau als Witwe (*almattu šīt*)[293] frei. Diese Art des Verwitwens ist also die einzig mögliche Form zur Auflösung der inchoativen Ehe von seiten der Frau ohne Zustimmung der Familie des Ehemannes. Die Mittelassyrische Rechtssammlung stärkt also nachdrücklich die Position der Familie des Ehemannes gegenüber der der Ehefrau und schließt eine Auflösung einer inchoativen Ehe durch die Familie der Frau faktisch aus, während die Familie des Ehemannes über die Disposition zur Auflösung der inchoativen Ehe verfügt. Nur im Falle des Ablebens der Frau haben beide Familien ein Entscheidungsrecht, ob der Ehevertrag aufgelöst oder auf eine Schwester der Verstorbenen übertragen werden soll (MAG.A § 31). Die Leviratsinstitution ist ein Instrument des Vertragsrechts zur Erfüllung des Ehevertrags.

MAG.A §§ 30-33 ist wie MAG.A §§ 25-29 durch das Schema von Fall und Gegenfall strukturiert. MAG.A §§ 30; 31 regeln Fall und Gegenfall des Todes von Ehemann und Ehefrau[294]. Der Rechtssatz MAG.A § 32, der nicht den Todesfall eines der Ehepartner zur Voraussetzung hat, ist Gegenfall zu MAG.A §§ 30; 31. Im Zentrum von MAG.A §§ 25-29 steht ein Rechtssatz, der Ansprüche des Ehemannes in bestehender inchoativer Ehe gegenüber der Ehefrau formuliert. Diese Position nimmt in MAG.A §§ 30-34 der Rechtssatz MAG.A § 32 ein. MAG.A § 33 schließlich ist Gegenfall zu MAG.A § 32 und bildet, den Todesfall des inchoativ verheirateten Ehemannes regelnd, einen Rahmen mit MAG.A § 30, so daß sich folgende Struktur ergibt:

---

293 C. Wilcke (Familiengründung [*Veröffentl. d. Inst. f. Hist. Anthropologie 3*], 304 Anm. 152) versteht *šīt* als attributives („besagte Witwe") und nicht als prädikatives Pronomen eines Nominalsatzes (so u.a. W. Mayer, Grammatik des Mittelassyrischen [*AOAT.S 2*] Anm. 1 § 26,2a: „eine Witwe ist sie"). Die ausdrückliche Erklärung der Witwenschaft nach Beendigung eine inchoativen Ehe durch den Tod aller für das Levirat infrage kommenenden männlichen Personen ist aber durch den Kontext angezeigt, so daß an der Interpretation als Nominalsatz festzuhalten ist.

294 P. Cruveilhier (Lévirat [*RB 34*], 535) hat das Leviratsverständnis in MAG.A § 32 als das eines „lévirat en sens inverse" bezeichnet; cf. dazu Verf., Altersversorgung (*ZAR 1*), 104.

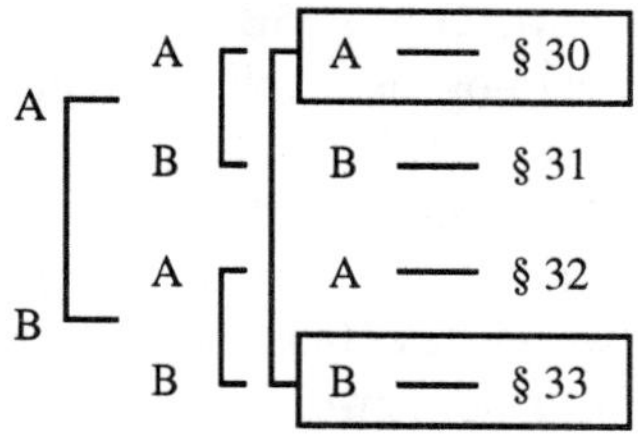

Wie der Mikrostruktur fügt sich MAG.A §§ 30-33 auch der Makrostruktur der Redaktion von MAG.A §§ 25-38 mit der Themenverschränkung von Rechtssätzen der inchoativen Ehe und der Vollehe ein, in die auch die beiden folgenden Rechtssätze in MAG.A §§ 34; 35, die sich mit der Ehe einer Witwe auf die Vollehe beziehen, eingebunden sind:

A:	MAG.A §§ 25-27	*inchoative Ehe*
B:	MAG.A §§ 28-29	Vollehe
A:	MAG.A §§ 30-33	*inchoative Ehe*
B:	MAG.A §§ 34-35	Vollehe

Zwischen MAG.A §§ 34; 35 und MAG.A § 33 besteht ein Zusammenhang zeitlicher Abfolge. Endet MAG.A § 33 mit der Dispositionsfreiheit der Witwe nach Erschöpfen der Leviratsmöglichkeiten, so setzen MAG.A § 34 (IV 71) *šum-ma a'īlu al-ma-at-tu e-ta-ḫ-az* „wenn ein *a'īlu* eine Witwe heiratet" und MAG.A § 35 (IV 75) *šum-ma al-ma-tu a-na bīt a'īli te-ta-ra-ab* „wenn eine Witwe in das Haus eines *a'īlu* zieht" jeweils mit der Wiederverheiratung einer Witwe ein. MAG.A § 34 sieht vor, daß eine Witwe, die eine neue Bindung ohne Ehevertrag (*riksu*)[295] eingeht, nach zwei Jahren den Status einer Ehefrau erhält[296]. Regelt MAG.A § 34 den rechtlichen Status einer in zweiter Ehe verheirateten Witwe, so zieht MAG.A § 35 die daraus sich ergebenden vermögensrechtlichen Konsequenzen. Der Wohnsitz bestimmt die vermögensrechtliche Regelung. G. Cardascia[297] hat aufgrund der terminologischen Differenzierung zwischen *almattu/sinniltu* und *mutu/a'īlu* in MAG.A § 35A und 35B die These vertreten, daß MAG.A § 35B nicht auf die Ehe, sondern das Konkubinat („union de fait") zu beziehen sei. C. Wilcke[298] hat dagegen gefragt, „wo läge die Grenze zwischen zufälliger Beziehung mit Eigentum am eigenen Vermögen und Konkubinat mit Verlust desselben?" Die Antwort gibt der Kontext

295 S. dazu G.R. Driver/J.C. Miles, Assyrian Laws (*Oxford 1935*), 218-220; S. Greengus, Marriage Contract (*JAOS 89*), 521. Zu CŠ(U) § 11 cf. O.R. Gurney/S.N. Kramer, Sumerian Laws (*AS 16*), 13-19. Zu CE § 27 s. R. Westbrook, Marriage Law (*AfO.B 23*), 62f.; Verf., Rechtsgeschichte (*OBO 85*), 21-37; ders., Kodifizierung (*Paris 1999*).

296 Auch in diesem Falle ist eine Interpretation von DAM *šīt* als Nominalsatz einer attributiven Deutung des Pronomens vorzuziehen.

297 S. Lois assyriennes (*Paris 1969*), 182ff.

298 S. Familiengründung (*Veröffentl. d. Inst. f. Hist. Anthropologie 3*), 305.

des Rechtssatzes. Sowohl MAG.A § 35A wie auch MAG.A § 35B sind nicht losgelöst von MAG.A § 34 zu interpretieren. Die vermögensrechtliche Regelung in MAG.A § 35A greift nur dann, wenn kein anders lautender Vertrag abgeschlossen wurde, die Ehe also unter den Bedingungen von MAG.A § 34 gültig wurde. Entsprechend nimmt MAG.A § 35 (IV 75.76) *šum-ma al-ma-at-tu a-na bīt a'īle te-ta-ra-ab* „wenn eine Witwe in das Haus eines *a'īlu* zieht" MAG.A § 34 (IV 73) 2 *šanātu i-na bīti-šu us-bat* „zwei Jahre wohnt sie in seinem Haus" auf und verknüpft so die Rechtssätze. Auch die Regelungen in MAG.A § 35B sind nur unter der Voraussetzung, daß es keinen Ehevertrag gibt, denkbar. Da aber in diesem Falle die Alternative der Ehekonstituierung gemäß MAG.A § 34 durch zweijährige Anwesenheit der Frau im Hause des Mannes nicht greift, handelt es sich also nicht um eine Ehe, sondern um ein Konkubinat.

MAG.A §§ 34A; 35A; 35B sind als Fall und Gegenfall aufeinander bezogen. MAG.A § 34 regelt die Rechte einer im Hause eines Mannes lebenden Witwe[299], MAG.A § 35A die sich daraus ergebenden Rechte des Mannes an ihrem Eigentum. Davon hebt MAG.A § 35B die Rechte einer Frau am Vermögen eines Mannes ab, der in ihrem Hause lebt, ohne daß dadurch eine Ehe begründet wird.

Die Rechtssätze MAG.A §§ 36-38, die die Auflösung der Ehe, ausgehend von der Ehefrau bei Abwesenheit des Ehemannes (MAG.A § 36) und ausgehend vom Ehemann im Scheidungsfall (MAG.A §§ 37; 38), behandeln, bilden den Abschluß der Sammlung MAG.A §§ 25-38. Sind die Rechtssätze MAG.A §§ 25-35 durch die Themenverschränkung von Rechtssätzen der inchoativen Ehe und der Vollehe zusammengebunden, so führt der Redaktor beide Aspekte im Abschlußteil noch enger zusammen. In MAG.A § 36 werden sie in einem Rechtssatz zusammengebunden. P. Koschaker[300] hat einen Widerspruch zwischen MAG.A § 36 (IV 82), der Versorgung der Frau im Vaterhaus, und MAG.A § 36 (IV 86.87), der Alimentierung durch den Ehemann, gesehen. Im Gegensatz zu P. Koschaker aber ist nicht nur MAG.A § 36 (IV 86.87) sekundäre Einfügung in den Rechtssatz[301], sondern auch die Eröffnung in MAG.A

299 R. Yaron (Laws [*Bib 51*], 554) will dagegen in MAG.A § 34 IV *la-a tu-uṣ-ṣa* „sie zieht nicht aus" eine Einschränkung der Rechte der Frau sehen.

300 S. Altassyrische Gesetze (*MVÄG 26/3*), 42f. Anm. 2. Man wird gerade nicht mit der von J. Lewy (TC 100 [*ZA 36*], 150f. Anm. 1) gegen P. Koschaker (a.a.O.) vorgebrachten These operieren wollen, der Rechtssatz MAG.A § 36 bezeichne es als „irrelevant", ob die Frau im Hause ihres Vaters oder in einem anderen Hause wohne, da „§ 36, der in seinem Beginn ausschließlich die Alimentationspflicht des Ehemannes voraussetzt, überhaupt nur auf eine Ehe bezogen werden (kann), in welcher die Frau dem Manne übergeben und aus ihrer eigenen Familie rechtlich völlig ausgeschieden ist".

301 Der Aspekt der Alimentierung ist auch in den entsprechenden altbabylonischen Rechtssätzen fest verankert; zu CE §§ 29; 30 und CH §§ 133-136 s. E. Szlechter, Effets (*RA 57*), 181-192; (*RA 58*); 23-35; Verf., Rechtsgeschichte (*OBO 85*), 43-49.

§ 36 (IV 82) mit *šum-ma sinniltu i-na bīt a-bi-ša-ma us-bat* „wenn eine Frau im Hause ihres Vaters wohnt" ist vom Redaktor eingefügt worden, um die inchoative Ehe in die Stipulationen einzubeziehen. Entsprechend hat der Redaktor die Fortsetzung der Einleitung in MAG.A § 36 IV (83-85) gestaltet. *lu-ú mu-us-sa bīta a-na ba-at-te ú-še-ši-ib-ši* „oder ihr Mann sie anderswo wohnen läßt" bezeichnet als Gegenfall zur inchoativen Ehe die Vollehe. Da der Ehemann abwesend ist, konnte der Redaktor nicht in der üblichen Weise *lu-ú sinniltu a-na bīt mu-ti-ša te-ta-rab* „oder die Frau in das Haus ihres Mannes eingetreten ist" formulieren[302]. Eine weitere, mit der redaktionellen Ausweitung des Rechtssatzes auf die inchoative Ehe verbundene Einfügung ist MAG.A § 36 (IV 93-98). In diesem Abschnitt wird das Recht der Frau auf Wiederverheiratung an die Kinderlosigkeit gebunden (MAG.A § 36 [IV 97.98]), während es im Falle von Kindern ausgesetzt wird (MAG.A § 36 [IV 95]). In MAG.A § 36 (IV 91.92) dagegen gilt die Frist von fünf Jahren als Wartezeit uneingeschränkt. MAG.A § 36 (IV 93) ist nicht die von MAG.A § 36 (IV 91.92) geforderte Fortsetzung, die klärt, was nach Ablauf von fünf Jahren geschehen soll. Diese Fortsetzung findet sich unterbrochen durch MAG.A § 36 (IV 93-98) in MAG.A § 36 (IV 99.100) 6 *šanāte i-na ka-ba-a-si a-na mu-ut lìb-bí-ša tu-uš-šab* „mit Beginn des sechsten Jahres[303] kann sie bei einem Ehemann ihres Herzens wohnen"[304]. Durch die Differenzierung zwischen der Ehe mit und ohne Söhne, verbunden mit einer entsprechenden Differenzierung in bezug auf eine zweite Ehe, wird die bereits in der Eröffnung präludierte differenzierende Zusammenschau von inchoativer Ehe und Vollehe als Fall- und Gegenfallregelung eingeführt.

Auch in den beiden anschließenden Rechtssätzen werden die Scheidungsregeln für die inchoative Ehe und die Vollehe als Fall- und Gegenfall zusammengestellt. Erst unter dem Gesichtspunkt der Differenzierung zwischen inchoativer Ehe und Vollehe entfaltet sich die rechtliche Logik dieser beiden

302 Cf. G.R. Driver/J.C. Miles, Assyrian Laws (*Oxford 1935*), 250.

303 S. C. Saporetti, Leggi medioassire (*Malibu 1979*), 63; R. Borger, Rechtsbücher (*TUAT I/1*), 87; cf. auch G.R. Driver/J.C. Miles, a.a.O., 475; AHw 415.

304 Wenig überzeugend ist G. Cardascias Versuch (Lois assyriennes [*Paris 1969*], 188), die literarische Einheit des Textes mit der These zu verteidigen, „que le rédacteur a introduite entre les deux hypothèses ‚Si elle a des fils' – ‚Si elle n'a pas de fils' le contraint à répéter le principe de l'attente quinquennale (ll. 97-98): ce ‚racord' n'est pas le signe d'un désordre choquant". A.L. Oppenheim (Rechtsbuch [*WZKM 41*], 229-232) sieht in MAG.A § 36 IV 93-98 einen Einschub, auf den er auch die terminologische Differenzierung zwischen *dagālu* (MAG.A § 36 IV 92) und *waqû* (MAG.A § 36 IV 95.98) zurückführt. Da *waqû* aber auch in MAG.A § 36 V 7.12 belegt ist, wird dieses Argument nur schlüssig unter der Voraussetzung, daß auch MAG.A § 36 V 1-14 sekundär sei. A.L. Oppenheims „Dekomposition" (a.a.O., 230) von MAG.A § 36 scheitert daran, daß sich keine zwei geschlossenen Texte mit unterschiedlichen Eheauffassungen voneinander abheben lassen. Vielmehr ist der dem Redaktor vorgegebene Rechtssatz in MAG.A § 36 IV 103-V 14 erweitert worden.

Rechtssätze. MAG.A § 37 trifft keine Regelung für den „Brautpreis“ (*terḫatu*), weil die Ehe bereits als Vollehe vollzogen und damit der Vertragsanspruch, der mit der Übergabe von *terḫatu* begründet war, erfüllt ist, so daß es darüber keine Auseinandersetzung mehr geben kann[305]. Anders dagegen liegt der Fall bei Scheidung einer inchoativen Ehe. In diesem Falle ist der Vertragsanspruch noch nicht erfüllt, so daß sich die Frage stellt, ob im Scheidungsfall die *terḫatu* wieder an die Familie des Ehemannes zurückfallen soll. Diesen Fall behandelt der Rechtssatz MAG.A § 38, der durch die Eröffnung mit *šum-ma sinniltu i-na bīt a-bi-ša-ma us-bat* „wenn eine Frau im Hause ihres Vaters wohnt“ (MAG.A § 38 V 20) auf die inchoative Ehe bezogen wird[306]. R. Westbrook[307] hat zu Recht darauf hingewiesen, daß *ezēbu* in MAG.A § 38 auf die Scheidung der inchoativen Ehe ausgedehnt wird. Eine uneingeschränkte Dispositionsverfügung des Ehemannes wird dadurch gewährt, daß er in jedem Falle, also auch dem der inchoativen Ehe, die *terḫatu* verliert, die der Versorgung der Frau dient.

Mit der Rückgaberegelung von *dumāqū* „Schmuck“ knüpft MAG.A § 38 an MAG.A §§ 25; 26 an, wobei MAG.A §§ 25; 26; 38 einen Rahmen der Rechtssätze MAG.A §§ 25-38 bilden, die mit der Auflösung der inchoativen Ehe durch den Tod des Ehemannes beginnen und mit der Scheidung der inchoativen Ehe durch den Ehemann enden. So gerahmt wechseln in einem A-B-Schema der Themenverschränkung Rechtssätze der inchoativen Ehe und der Vollehe ab, die in MAG.A §§ 36-38 zusammengeführt werden:

A:	MAG.A §§ 25-27	inchoative Ehe
B:	MAG.A §§ 28-29	Vollehe
A:	MAG.A §§ 30-33	inchoative Ehe
B:	MAG.A §§ 34-35	Vollehe
AB:	MAG.A § 36	inchoative Ehe/Vollehe
B:	MAG.A § 37	Vollehe
A:	MAG.A § 38	inchoative Frau

Die Rechtssätze MAG.A §§ 25-38 haben eine Redaktionsstruktur, die sich von der in MAG.A §§ 1-24; 50-59 abhebt. Die im Vergleich zu MAG.A §§ 1-24; 50-59 sparsamen Eingriffe des Redaktors der Eherechtssammlung in die Rechtssätze in MAG.A §§ 30 (IV 23-28); 31 (IV 43); 36 (IV 82-85*.93-98) dienen jeweils nur der Verknüpfung mit dem unmittelbaren Kontext. MAG.A*

305 Die neuassyrische Eheurkunde ND 2307 kann darauf hinweisen, daß die Regelung dieses Rechtssatzes nicht allgemein gültig war.

306 MAG.A § 38 ist also keineswegs nur „une précision supplémentaire de la loi“ (so Cardascia, Lois assyriennes [*Paris 1969*], 192).

307 S. Marriage Law (*AfO.B 23*), 21.

§§ 30 (IV 23-28); 31 (IV 43) beziehen die Rechtssätze aufeinander und verknüpfen sie mit MAG.A § 33. MAG.A § 36 (IV 82-85*.93-98) zieht die Thematik inchoativer Ehe, deren Abgrenzung von der Vollehe die Redaktion der Rechtssatzsammlung MAG.A §§ 25-38 leitet, in den Rechtssatz hinein. Keiner dieser Eingriffe des Redaktors weist über MAG.A §§ 25-38 hinaus. Das deutet darauf hin, daß die Rechtssätze in MAG.A §§ 25-38 ursprünglich vom Kontext der Tafel A unabhängig in einer ursprünglich selbständigen Rechtssatzsammlung zusammengefaßt waren, die der Redaktor der Tafel A der Mittelassyrischen Rechtssammlung en bloc übernommen und in MAG.A §§ 1-24;50-59 mit einem Rahmen versehen hat.*

Die Eigenständigkeit der Sammlung MAG.A §§ 25-38 wird durch die Analyse der Rechtssätze MAG.A §§ 39-49 bestätigt. Sie muß auch die Frage beantworten, warum eine Eherechtssammlung in das Reformprogramm der Mittelassyrischen Rechtssatzsammlung eingefügt wurde und wie dieses redaktionstechnisch bewerkstelligt wurde.

3.2 Die Verknüpfung des Eherechts mit dem Rahmen MAG.A §§ 1-24; 50-59 in MAG.A §§ 39-49

P. Koschaker[308] meinte zahlreiche Dubletten in der Mittelassyrischen Rechtssammlung der Tafel A erkennen zu können, deren Zäsur er in MAG.A § 40 sah. Die pfandrechtliche Regelung in MAG.A § 39 ist nicht in die Struktur der Themenverschränkung von Rechtssätzen der inchoativen Ehe und der Vollehe einbezogen und gehört nicht zur eherechtlichen Sammlung in MAG.A §§ 25-38. Im Vordergrund der folgenden Analyse steht die Funktion der Rechtssätze MAG.A §§ 39-49 zur Verknüpfung der Rechtssätze MAG.A §§ 25-49 mit dem Rahmen in MAG.A §§ 1-24; 50-59.

Text

KAV 1 V 26-41 (MAG.A § 39)
šum-ma aʾīlu (LÚ) *la-a māras* (DUMU.MÍ)*-su a-na mu-te it-ti-din šum-ma pa-ni-ma a-bu-ša ḫab-bu-ul ki-i ša-pár-te še-šu-bat um-mi-a-nu pa-ni-ú it-tal-ka i-na muḫḫi* (UGU) *ta-di-na-a-ni ša-a sinnilte* (MÍ) *šīm šinništi* (ŠÀM.MÍ) *i-šal-lim šum-ma a-na ta-da-a-ni [l]a-áš-šu aʾīlu* (LÚ) *ta-di-na-na i-laq-qé ù šum-ma i-na lum-ni ba[l-lu]-ṭa-at a-na mu-bal-li-ṭa-ni-š[a za]-ku-at ù šum-ma aʾīlu* (LÚ) *a-ḫi-za-a-[nu ša]-a sinnilti* (MÍ) *lu-ú ṭup-pa ul-ta-ṭa-[ru]-⌜ú⌝-šu ù lu-ù ru-gu-u[m-ma-n]a-a ir-ti-⌜ši⌝-ú-n[i-i]š-šu šīm sinnilti* (ŠÀM.MÍ) *ú-[šal-lam] ù ta-di-na-a-nu [za-a-ku]*

308 S. Altassyrische Gesetze (*MVÄG 26/3*), 66.

KAV 1 V 42-106 (MAG.A § 40)

lu-ú aššāt aʾīle (DAM.MEŠ.LÚ) *lu* ⸢*ú*⸣ [*al-ma-na-te*] *ù lu-ú sinnišāte* (MÍ.MEŠ) [*aš-šu-ra-ia-a-tu*] *ša a-na re-be-te u*[*ṣ-ṣa-a-ni*] *qaqqad* (SAG.DU)-*si-na* [*la-a pa-at-tu*] *marāt aʾīle* (DUMU.MÍ.MEŠ.LÚ) [...] *lu-ú ṣubat* (TÚG)-*ša-re-*[*eš-tu*] *lu-ú ṣubāte* (TÚG.ḪÁ) *lu-*[*ú* ...] *pa-aṣ-*[*ṣu-ú-na-a*] *qaqqad* (SAG.DU)-*si-na* [*la-a pa-at-tu*] *lu-ú a*[*l-ma-na-tu*] *lu-ú* [*aššāt aʾīle* (DAM.MEŠ.LÚ)] [*lu*]-*ú* [*aš-šu-ra-ia-a-tu* [...] [*la-a up*]-⸢*ta-aṣ*⸣-*ṣa-*[*na-ma*] *i-na ūmi* (u_4-*mè*) *i-na ri-be-te* ⸢*e*⸣-[*di-iš*] *il-la-ka-a-ni up-ta-ṣ*[*a-na-ma*] *e-si-ir-tu ša iš-tu bēltī* (NIN)-[*ša*] *i-na re-be-e-te tal-lu-ku-ú-*⸢*ni*⸣ *pa-aṣ-ṣu-ú-na-at qa-di-il-tu ša mu-tu aḫ-zu-ši-ni i-na re-be-e-te pa-ṣu-na-at-ma ša-a mu-tu la-a aḫ-zu-ši-i-ni i-na re-be-te qaqqas* (SAG.DU)-*sa pa-at-tu la-a tu-up-ta-aṣ-ṣa-an ḫarimtu* (KAR.KID) *la-a tu-up-ta-aṣ-ṣa-an qaqqas* (SAG.DU)-*sa pa-at-tu ša ḫarimta* (KAR.KID) *pa-aṣ-ṣu-un-ta e-tam-ru-ú-ni i-*<*ṣa*>*-ba-as-si* (LÚ.MEŠ) *še-bu-te i-ša-ak-ka-an a-na pi-i ekalle* (É.GAL-*lì*) *ub-ba-la-a-ši šu-ku-ut-ta-ša la-a i-laq-qé-ú lu-bu-ul-ta ṣa-bi-ta-áš-ša i-laq-qé* 50 *i-na ḫaṭṭāte* (GIŠ.GIDRI.MEŠ) *i-maḫ-ṣu-ú-ši qi-ra a-na qaqqadī* (SAG.DU)-*ša i-tab-bu-ku ù šum-ma aʾīlu* (LÚ) *ḫarimta* (KAR.KID) *pa-ṣu-un-ta e-ta-mar-ma ú-ta-áš-šìr a-na pi-i ekalle* (É.GAL-*lì*) *la-a ub-la-áš-ši aʾīla* (LÚ) *šu-a-tu* 50 *i-na ḫaṭṭāte* (GIŠ.GIDRI.MEŠ) *i-maḫ-ḫu-ṣu-uš ba-ti-qa-an-šu lu-bu-ul-tu-šu i-laq-qé uz-né-šu ú-pal-lu-ú-šu i-na eb-le i-ša-ak-ku-ku i-na ku-tal-li-šu i-ra-ak-ku-su* 1 *uraḫ umāte* (ITU.U_4.MEŠ-*te*) *ši-par šarre* (LUGAL) *e-pa-áš amātu* (GÉME.MEŠ) *la-a up-ta-ṣa-na-ma ša amata* (GÉME) *pa-ṣu-un-ta e-tam-ru-ú-ni i-ṣa-ba-ta-aš-ši a-na pi-i ekalle* (É.GAL-*lì*) *ub-ba-la-áš-ši uz-né-ša ú-na-ku-ú-su ṣa-bi-ta-an-ša ṣubāti* (TÚG.ḪÁ)-*ša i-laq-qé šum-ma aʾīlu* (LÚ) *amta* (GÉME) *pa-ṣu-un-ta e-ta-mar-ši-ma ú-ta-aš-šìr la-a i-iṣ-ṣa-ab-ta-áš-ši a-na pi-i ekalle* (É.GAL-*lì*) *la-a ub-la-áš-ši ub-ta-e-ru-ú-uš uk-ta-i-nu-ú-uš* 50 *i-na ḫaṭṭāte* (GIŠ.GIDRI.MEŠ) *i-maḫ-ḫu-ṣu-uš uz-né-šu ú-pal-lu-šu i-na eb-li i-ša-ak-ku-ku* ⸢*i-na ku-tal*⸣*-li-šu i-ra-ak-ku-sú* [*ba-ti*]-⸢*qa*⸣*-an-šu ṣubāti* (TÚG.ḪÁ)-*šu* [*i-l*]*aq-qé* 1 *uraḫ umāte* (ITU.U_4.MEŠ) *ši-pár sarre* (LUGAL) *e-pa-áš*

KAV 1 VI 1-13 (MAG.A § 41)

šum-ma aʾīlu (LÚ) *e-si-ir-tu-šu ú-p*[*a*]*-ṣa-an* 5 (6) *tap-pa-e-šu ú-še-šab a-na pa-ni-šu-nu ú-pa-ṣa-an-ši ma-a aššitī* (DAM-*ti*) *ši-i-it i-qa-ab-bi aššas* (DAM)-*su ši-i-it* (MÍ)-*e-si-ir-tu ša a-na pa-ni ṣābē* (ERÍN.MEŠ) *la-a pa-ṣu-nu-tu-ú-ni mu-us-sa la-a iq-bi-ú-ni ma-a aššitī* (DAM-*ti*) *ši-it la-a áš-ša-at e-si-ir-tu-ú-ma ši-i-it šum-ma aʾīlu* (LÚ) *me-e-et mārū* (DUMU.MEŠ) *aššitī* (DAM)-*šu pa-ṣu-un-te la-áš-šu mārū* (DUMU.MEŠ) *és-ra-a-te mārū* (DUMU.MEŠ) *šu-nu zitta* (ḪA.LA) *i-laq-qé-ú*

KAV 1 VI 14-18 (MAG.A § 42)

šum-ma aʾīlu (LÚ) *i-na umi* (u_4-*mè*) *ra-a-qé šamna* (Ì.A.GIŠ) *a-na qaqqad* (SAG.DU) *mārat aʾīle* (DUMU.MÍ.LÚ) *it-bu-uk lu-ú i-na ša-ku-ul-te ḫu-ru-up-pa-a-te ú-bi-il tu-ur-ta la-a ú-ta-ar-ru*

KAV 1 VI 19-39 (MAG.A § 43)

šum-ma aʾīlu (LÚ) *lu-ú šamna* (Ì.A.GIŠ) *a-na qaqqede* (SAG.DU) *it-bu-uk lu-ú ḫu-ru-up-pa-a-te ú-bíl māru* (DUMU) *ša aššata* (DAM-*ta*) *ú-di-ú-ni-šu-ni lu-ú me-e-et lu-ú in-na-bi-it i-na mārē* (DUMU.MEŠ)*-šu re-ḫa-a-te iš-tu muḫḫi* (UGU) *māre rabê* (DUMU.GAL-*e*) *a-di muḫḫi* (UGU) *māre* (DUMU) *ṣe-eḫ-re ša-a* 10 *šanātu* (MU.MEŠ)*-šu-ni a-na ša ḫa-di-ú-ni i-id-dan šum-ma a-bu me-et ù māru* (DUMU) *ša aššata* (DAM-*ta*) *ú-ud-di-ú-ni-šu-ni me-e-et-ma mār māre* (DUMU.DUMU-*e*) *me-e-te ša* 10 *šanātu* (MU.MEŠ)*-šu-ni i-ba-áš-ši iḫ-ḫa-az-ma šum-ma a-na qa-a-at* 10 *šanāte* (MU.MEŠ) *mārē* (DUMU.MEŠ) *mār* (DUMU)*-e ṣe-eḫ-ḫi-ru a-bu ša mārte* (DUMU.MÍ) *ḫa-di-ma māras* (DUMU.MÍ)*-su id-dan ù ḫa-di-i-ma tu-ur-ta a-na mi-it-ḫa-ar ú-ta-ar šum-ma māru* (DUMU) *la-áš-šu am-mar im-ḫu-ru-ú-ni abna* (NA_4) *ù mi-im-ma ša la a-ka-li qaqqadamma* (SAG.DU-*ma*) *ú-ta-ar ù ša-a a-ka-le la-a ú-tar*

KAV 1 VI 40-45 (MAG.A § 44)

šum-ma a'īlu (LÚ) *aš-šu-ra-a-iu-ú ù šum-ma sinniltu* (MÍ) *aš-šu-ra-i-tu ša ki-i ša-pár-te am-mar šīmī* (ŠÀM)*-šu i-na bīt* (É) *a'īle* (LÚ) *us-bu-ú-ni a-na šīm* (ŠÀM) *ga-me-er la-qí-ú-ni i-na-aṭ-ṭu i-ba-aq-qa-an uz-né-šu ú-ḫap-pa ú-pal-la-áš*

KAV 1 VI 46-88 (MAG.A § 45)

[*šum-m*]*a sinniltu* (MÍ) *ta-ad-na-at* [*ù*] *mu-us-sa na-ak-ru il-te-qé e-mu-ša ù mār* (DUMU)*-ša la-áš-šu* 2 *šanāte* (MU.MEŠ) *pa-ni mu-ti-ša ta-da-gal i-na* 2 *šanāte* (MU.MEŠ) *a-na-te šum-ma ša a-ka-le* [*l*]*a-*[*áš*]*-šu tal-la-ka-ma ta-qa-ab-bi* [*šum-ma*] ⌜*a*⌝*-la-i-tu ša ekalle* (É.GAL-*lì*) *ši-i-it ekal* (É.GAL)*-ša ú-ša-kal-ši* [*ši-pa*]*-ar-šu te-ep-pa-áš* [*šum-ma a-la-i-tu ša*] *ḫu-ub-še ši-i-it* [... *ú*]-⌜*ša*⌝-[*kal*]*-ši* [*ši-pa-ar-šu te-ep-pa-áš*] *ù* [*šum-ma mu-us-sa i-na āl* (URU)*-šu*] *eqla* (A.ŠÀ) *ù* [*bīta* (É) *il-li-ik*] *tal-la-ka-*[*ma a-na* (LÚ) *dajjānē* ($DI.KU_5$.MEŠ) *ta-qa-ab-bi*] *ma a-na a-ka-*[*a-li la-áš-šu*] (LÚ) *dajjānū* ($DI.KU_5$.MEŠ) [*ḫa-z*]*i-a-na rabiūti* (GAL.MEŠ) *ša-a āle* (URU) *i-ša-ʾa-ú-lu ki-i eqla* (A.ŠÀ) *i-na āle* (URU) *šu-a-tu il-lu-ku-ú-ni eqla* (A.ŠÀ) *ù bīta* (É) *a-na ú-ku-la-i-ša ša* 2 *šanāte* (MU.MEŠ) *ú-up-pu-šu i-id-du-nu-né-eš-še us-bat ù ṭup-pa-ša i-šaṭ-ṭu-ru* 2 *šanāte* (MU.MEŠ) *tu-ma-al-la a-na mu-ut lìb-bi-ša tu-ú-uš-ša-ab ṭup-pa-ša ki-i al-ma-te-ma i-šaṭ-ṭu-ru šum-ma i-na ar-kàd umē* (u_4.MEŠ) *mu-us-sa ḫal-qu a-na ma-a-te it-tu-ú-ra aššas* (DAM)*-su ša a-na ki-i-di aḫ-zu-tu-ú-ni i-laq-qé-áš-ši a-na mārē* (DUMU.MEŠ) *ša a-na mu-ti-ša ur-ke-e ul-du-tu-ú-ni la-a i-qar-rib mu-us-sa-ma ur-ki-ú i-laq-qé eqlu* (A.ŠÀ) *u bītu* (É) *ša ki-i ú-kul-la-i-ša a-na šīme* (ŠAM) *ga-me-er a-na ki-i-di ta-di-nu-ú-ni šum-ma a-na dan-na-at šarre* (LUGAL) *la-a e-ru-ub ki-i ta-ad-nu-ni-ma id-dan ù i-laq-qé ù šum-ma la-a it-tu-ú-ra i-na ma-a-te ša-ni-te-em-ma me-e-et eqil* (A.ŠA)*-šu ù bis* (É)*-su a-šar šarre* (LUGAL) *id-du-nu-ú-ni i-id-dan*

KAV 1 VI 89-112 (MAG.A § 46)

šum-ma sinniltu (MÍ) *ša mu-us-sa me-tu-ú-ni mu-us-sa i-na mu-a-te iš-tu bītī* (É)*-ša la-a tu-ú-uṣ-ṣa šum-ma mu-sa mìm-ma la-a il-ṭu-ra-áš-še i-na bīt mārē* (É.DUMU.MEŠ)*-ša a-šar pa-nu-ša-a-ni tu-ú-uš-ša-ab mārū* (DUMU.MEŠ) *mu-ti-ša ú-ša-ku-lu-ú-ši ú-kúl-la-a-ša ù ma-al-ti-sa ki-i kal-le-te ša-a i-ra-ʾu-mu-ši-ni i-ra-ak-ku-su-ni-ìš-še šum-ma ur-ki-it-tu ši-i-it mārū* (DUMU.MEŠ)*-ša la-aš-šu iš-tu il-te-en tu-ú-uš-šab a-na pu-uḫ-ri-šu-nu ú-ša-ku-lu-ši šum-ma mārū* (DUMU.MEŠ)*-ša i-ba-aš-ši mārū* (DUMU.MEŠ) *pa-ni-te a-na ša-ku-li-i-ša la-a i-ma-gu-ru i-na bīt* *mārē* (É.DUMU.MEŠ) *ra-mi-ni-ša a-šar pa-nu-ša-a-ni tu-uš-šab mārū* (DUMU.MEŠ) *ra-mi-ni-ša-ma ú-ša-ku-lu-ši ù ši-pár-šu-nu te-pa-áš ù šum-ma i-na mārē* (DUMU.MEŠ) *mu-ti-ša-a-ma ša-a e-ḫu-zu-ši-ni i-[ba-aš]-ši [a-ḫi-za-an]-⌜ša-ma⌝ [ú-ša-kal-ši] [mārū* (DUMU.MEŠ)*-ša-ma la]-a ú-[š]a-ku-lu-ši*

KAV 1 VII 1-31 (MAG.A § 47)
šum-ma lu-ú a'īlu (LÚ) *lu-ú sinniltu* (MÍ) *kiš-pe ú-up-pi-šu-ma i-na qa-ti-šu-nu iṣ-ṣa-ab-tu ub-ta-e-ru-šu-nu uk-ta-i-nu-šu-nu mu-up-pi-ša-na ša kiš-pe i-duk-ku a'īlu* (LÚ) *ša-a kiš-pe e-pa-a-ša e-mu-ru-ú-ni i-na pi-i a-mì-ra-a-né ša-a kiš-pe iš-me-ú-ni ma a-na-ku a-ta-mar iq-bi-áš-šu-un-ni ša-mì-a-nu i-il-la-ka a-na šarre* (LUGAL) *i-qa-ab-bi šum-ma a-mì-ra-a-nu ša a-na šarre* (LUGAL) *iq-bi-ú-ni it-te-ke-er a-na pa-ni* ᴰGU₄.DUMU.ᴰUTU *i-qa-bi ma-a šum-ma la-a iq-bi-an-ni za-a-ku a-mì-ra-a-nu ša iq-bi-ú-ni ù ik-ki-ru-ú-ni šarru* (LUGAL) *ki-i i-la-'-ú-ni il-ta-na-'-al-šu ù ku-tal-lu-šu e-em-mar a'īlu* (LÚ) *a-ši-pu i-na u₄-mi ul-lu!-lu-ú-ni a'īla* (LÚ) *ú-ša-aq-ba ù šu-ut i-qa-ab-bi ma-a ma-mi-ta ša a-na šarre* (LUGAL) *ù mārī* (DUMU)*-šu ta-am-'a-a-ta-ni la-a i-pa-ša-ra-ku-nu ki-i pi-i ṭup-pe-ma ša a-na šarre* (LUGAL) *ù mārī* (DUMU)*-šu ta-am-'a-ta-a-ni ta-am-'a-a-ta*

KAV 1 VII 32-45 (MAG.A § 48)
šum-ma a'īlu (LÚ) *mārat a'īle* (DUMU.MÍ.LÚ) *ḫab-bu-li-šu ša-a ki-i ḫu-bu-ul-le i-na bītī* (É)*-šu us-bu-tu-ú-ni a-bu-ša i-ša-'a-a-al a-na mu-te i-id-da-an-ši šum-ma a-bu-ša la ma-gir la-a id-dan šum-ma a-bu-ša me-e-et* 1*-en i-na aḫḫē* (ŠEŠ.MEŠ)*-ša i-ša-'a-a-al ù šu-ut a-na aḫḫē* (ŠEŠ.MEŠ)*-ša i-qab-bi šum-ma aḫu* (ŠEŠ) *i-qa-ab-bi ma-a a-ḫa-ti a-di* 1 *uraḫ umāte* (ITU.U₄.MEŠ) *a-pa-ṭar šum-ma a-di* 1 *uraḫ umāte* (ITU.U₄.MEŠ) *la-a ip-ta-ṭar bēl kaspe* (EN.KÙ.BABBAR) *ḫa-di-ma ú-zak-ka-a-ši a-na m[u-te] e i-id-dan-ši* [...]

KAV 1 VII 46-62 (MAG.A § 49)
[...] *ù šum-ma ḫarimtu* (KAR.LÍL) *mé-ta-at [aš]-šum aḫḫē* (ŠEŠ.MEŠ)*-ša [i]-qa-ab-bi-ú-ni* [...]*-ša ki-i aḫi zitte* (ŠEŠ.ḪA.LA) *[iš-tu] aḫḫē* (ŠEŠ.MEŠ) *[u]m-mi-šu-⌜nu⌝ [i-zu-u]z-zu*

Übersetzung

MAG.A § 39
Wenn ein *a'īlu* eine Frau, die nicht seine Tochter ist, einem Ehemann gibt, (und) wenn früher ihr Vater verschuldet (und) sie als Pfand[A] untergebracht war, der frühere Gläubiger[B] kommt, zu Lasten des Gebers gemäß dem Preis einer Frau wird er abgefunden. Wenn der Geber nichts besitzt, nimmt der *a'īlu* den Geber. Wenn sie aber eine Notzeit überlebt[C] hat, ist sie frei von demjenigen, der sie hat (so) leben lassen[D]. Und wenn der *a'īlu*, der der Ehemann der Frau ist, veranlaßt wurde, eine Urkunde zu schreiben oder einen Klageanspruch gegen ihn hat, bezahlt er den Preis einer Frau, und der Geber ist abgefunden.

MAG.A § 40

Ehefrauen eines *a'īlu*, Witwen oder assyrische[E] Frauen, die auf die Straße hinausgehen, lassen ihren Kopf nicht unverschleiert[F]. Die Töchter eines *a'īlu* ..., sei es (mit) einem Schal oder einem Kleid oder einem Schleier, bleiben verhüllt, ihr Kopf ist nicht entblößt. Witwen, Ehefrauen eines *a'īlu* oder assyrische Ehefrauen ... sind nicht unverschleiert. Wenn sie bei Tage allein auf den Platz gehen, verhüllen sie sich auf jeden Fall. Eine Konkubine[G], die mit ihrer Herrin auf den Platz geht, ist verhüllt. Eine Hierodule, die ein Ehemann geheiratet hat, ist auf dem Platz verhüllt. Eine, die kein Ehemann geheiratet hat, läßt auf dem Platz ihren Kopf unverhüllt. Sie verhüllt sich nicht. Eine Dirne verhüllt sich nicht. Ihren Kopf läßt sie unverhüllt. Wer eine verhüllte Dirne sieht, ergreift sie. Er stellt Zeugen. Zum Eingang des Palastes bringt er sie. Ihren Schmuck nimmt er nicht. Ihre Kleidung nimmt der, der sie ergriffen hat. Mit 50 Stockschlägen wird sie geschlagen. Pech wird auf ihren Kopf ausgeschüttet. Wenn aber ein *a'īlu* eine verhüllte Dirne erblickt, sie gehen läßt, sie nicht zum Eingang des Palastes bringt, wird dieser *a'īlu* mit 50 Stockschlägen geschlagen. Der ihn angezeigt hat, nimmt seine Kleidung. Seine Ohren durchbohren sie, durchziehen es mit einer Schnur. An seinem Hinterkopf binden sie sie zusammen. Einen vollen Monat leistet er Frondienst. Sklavinnen verhüllen sich nicht. Wer eine verhüllte Sklavin sieht, ergreift sie. Zum Eingang des Palastes bringt er sie. Ihre Ohren schneiden sie ab. Der sie ergriffen hat, nimmt ihre Kleider. Wenn aber ein *a'īlu* eine verhüllte Sklavin sieht, sie gehen läßt, sie nicht ergreift, sie nicht zum Eingang des Palastes bringt, überführt man ihn völlig. Mit 50 Stockschlägen wird er geschlagen. Seine Ohren durchbohren sie, durchziehen es mit einer Schnur, an seinem Hinterkopf binden sie sie zusammen. Der ihn angezeigt hat, nimmt seine Kleidung. Einen vollen Monat leistet er Frondienst.

MAG.A § 41

Wenn ein *a'īlu* eine Konkubine verhüllen will, läßt er fünf (oder) sechs seiner Genossen Platz nehmen. In ihrer Gegenwart verhüllt er sie. „Sie ist meine Ehefrau", spricht er. Dann ist sie seine Ehefrau. Eine Konkubine, die nicht in Gegenwart von Leuten verhüllt wird, deren Ehemann nicht spricht „sie ist meine Ehefrau", ist keine Ehefrau. Sie bleibt nur eine Konkubine. Wenn der *a'īlu* stirbt, es keine Söhne seiner verhüllten Ehefrau gibt, sind die Konkubinen-Söhne (legitime) Söhne[H]. Diese nehmen die Erbanteile.

MAG.A § 42

Wenn ein *a'īlu* an einem Feiertag Öl auf den Kopf der Tochter eines *a'īlu* gießt und beim Mahl Geschenke bringt[I], macht man es nicht rückgängig.

MAG.A § 43

Wenn ein *a'īlu* Öl auf den Kopf ausgießt oder ein Hochzeitsgeschenk bringt, der Sohn, dem man die Ehefrau bestimmt hat, stirbt oder flieht, gibt er (sie) unter seinen übrigen Söhnen, vom ältesten Sohn bis zum jüngsten Sohn, der 10 Jahre alt ist, wem er will. Wenn der Vater stirbt und auch der Sohn, dem man die Ehefrau bestimmt hat, stirbt, ein Sohn des verstorbenen Sohnes, der 10 Jahre alt ist, vorhanden ist, heiratet er (sie). Wenn die Söhne des (verstorbenen) Sohnes jünger als 10 Jahre sind, gibt der Vater der Tochter seine Tochter, wem er will, und, wenn er will, stellt er entsprechend (den ursprünglichen Stand) wieder her[J]. Wenn kein Sohn vorhanden ist, gibt er soviel, wie er empfangen hat, Edelsteine und alles, was nicht eßbar ist, (nur die Vermögenswerte) zurück. Was aber eßbar ist, gibt er nicht zurück.

MAG.A § 44
Wenn ein Assyrer oder eine Assyrerin, der als Pfand entsprechend seinem Kaufpreis[K] im Hause eines *a'īlu* wohnt oder zum vollen Kaufpreis genommen wurde, darf er (ihn) prügeln, raufen, seine Ohren verletzen (und) durchbohren.

MAG.A § 45
Wenn eine Frau in die Ehe gegeben worden ist und ein Feind ihren Ehemann gefangen nimmt, sie keinen Schwiegervater oder Sohn hat, wartet sie auf ihren Ehemann zwei Jahre. Wenn in diesen zwei Jahren etwas Eßbares nicht vorhanden ist, kommt sie und sagt es. Wenn sie eine palasthörige Dorfbewohnerin[L] ist, gibt ihr Palast[M] ihr Nahrung, seine Arbeit tut sie. Wenn sie Dorfbewohnerin[N] eines *ḫopšu* ist, gibt er ihr Nahrung. Seine Arbeit tut sie. Wenn aber ihr Ehemann in seiner Stadt über ein Feld oder ein Haus verfügt, geht sie und spricht zu den Richtern: „Ich habe nichts zu essen". Die Richter befragen den Bürgermeister (und) die Großen der Stadt, ob er über ein Feld in dieser Stadt verfügt. Das Feld oder das Haus erwerben sie für ihren Lebensunterhalt innerhalb der zwei Jahre und geben es ihr. Sie wohnt (darin) und eine Urkunde schreibt man für sie. Zwei Jahre läßt sie verstreichen, bis sie bei einem Ehemann ihres Herzens wohnt. Eine Urkunde als die einer Witwe schreibt man. Wenn künftig ihr verschollener Ehemann in die Heimat zurückkehrt, nimmt er seine Ehefrau, die nach auswärts verheiratet wurde, zurück. Den Söhnen, die ihrem späteren Ehemann geboren wurden, nähert er sich nicht. Ihr späterer Ehemann nimmt sie. Das Feld oder das Haus, das sie für[O] ihren Lebensunterhalt zum vollen Preis nach auswärts gegeben hatte, gibt er, wenn es nicht auf einer (*ṭuppa*) *dannata* des Königs eingetragen ist[P], wie es ihm gegeben wurde, zurück, und er nimmt es. Wenn er aber nicht zurückkehrt (und) in einem anderen Land stirbt, gibt der König sein Feld oder sein Haus, wohin er es geben will.

MAG.A § 46
Wenn[Q] eine Ehefrau, deren Ehemann gestorben ist, beim Tode des Ehemannes nicht aus ihrem Haus herausgeht, wenn ihr Ehemann ihr nichts überschrieben hat, wohnt sie im Hause ihrer Söhne, wo es ihr gefällt. Die Söhne ihres Ehemannes ernähren sie. Ihre Speise und ihren Trank liefern sie wie einer Braut, die sie lieben. Wenn sie eine zweite (wiederverheiratete) Ehefrau ist, es keine Söhne von ihr gibt, wohnt sie bei einem einzigen (der Stiefsöhne). Gemeinsam sorgen sie für ihren Lebensunterhalt. Wenn sie eigene Söhne hat, die Söhne einer vormaligen Ehefrau sich ihrem Lebensunterhalt verweigern, wohnt sie im Hause ihrer eigenen Söhne, wo es ihr gefällt. Ihre eigenen Söhne sorgen für ihren Unterhalt und tun ihr Werk. Wenn aber unter den Söhnen ihres Ehemannes einer ist, der sie heiraten will, sorgt der, der sie geheiratet hat, für ihren Lebensunterhalt. Ihre Söhne sorgen nicht für ihren Unterhalt.

MAG.A § 47
Wenn ein *a'īlu* oder eine Frau Zauberei betreiben (und) auf frischer Tat ertappt werden, man sie vollständig überführt, wird jeder, der Zauberei verübt, getötet. Ein *a'īlu*, der das Verüben von Zauberei sieht (und[R]) aus dem Munde eines Augenzeugen der Zauberei gehört hat, daß[S] zu ihm gesagt wurde: „Ich selbst habe es gesehen", kommt der, der es gehört hat, (und) berichtet dem König. Wenn der Augenzeuge das, was dem König berichtet worden war, ableugnet, spricht er vor der (Statue) des Rind-Sohn des Sonnengottes[T]: „Er hat es wirklich gesagt". Er ist dann frei. Den Augenzeugen, der gesprochen und (dann) abgeleugnet hat, verhört der König, wie es ihm möglich ist, und untersucht seine Angelegenheit von allen Seiten. Ein *ašipu* läßt an dem Tage, an dem er Reinigung vornimmt[U], den *a'īlu* sprechen und folgendes sagt er: „Von dem Eid, den du vor dem König und seinem Sohn geschworen hast, entbindet er euch nicht. Gemäß dem Wortlaut der Tafel[V], den du vor dem König und seinem Sohn beschworen hast, hast du geschworen".

MAG.A § 48
Wenn ein *a'īlu* die Tochter eines *a'īlu*, seines Schuldners, die für die Schuld[W] in seinem Haus wohnt, einem Ehemann gibt, nachdem er ihren Vater befragt hat[X]. Wenn ihr Vater nicht zustimmt, gibt er sie nicht (an die Ehe). Wenn ihr Vater tot ist, befragt er einen ihrer Brüder, und dieser sagt es ihren Brüdern. Wenn ein Bruder sagt: „Meine Schwester löse ich (im Zeitraum von) bis zu einem Monat". Wenn er (im Zeitraum von) bis zu einem Monat nicht ausgelöst hat, erklärt sie der Gläubiger des Geldes, wenn er will, für frei. Einem Ehemann gibt er sie …

MAG.A § 49
… und wenn die Dirne stirbt, weshalb ihre Brüder (sie für tot) erklären, ihr … teilt als anteilsberechtigter Bruder mit den Brüdern ihrer Mutter.

A) Zu *šapartu* „Pfand" als Rechtsterminus s. die umfangreiche Aufarbeitung und Untersuchung des Urkundenmaterials durch P. Koschaker, Rechtsurkunden (*ASAW.PH 23/5*), 92-137; cf. CAD Š/I, 429f. Die Analogie zur Feststellungsformel inchoativer Ehe (*ša ina abī-ša-ma usbat*), die auf das faktische Wohnen und die damit verbundene Rechtsstellung des Vaters verweist, läßt vermuten, daß auch die Tochter, als Pfand tatsächlich im Hause des Gläubigers lebend, seiner Rechtsverfügung unterstand. Eine nur fiktive Bedeutung ist also unwahrscheinlich.

B) P. Koschaker (Altassyrische Gesetze [*MVÄG 26/3*], 18f.) und C. Saporetti (Leggi medioassire [*Malibu 1979*], 66 Anm. 48) beziehen *paniu* auf *ummiānu* („früherer [erster] Gläubiger"), so daß der *tādinānu* ein zweiter Gläubiger ist. Demgegenüber haben G.R. Driver/J.C. Miles (Assyrian Laws [*Oxford 1935*], 281f.) als Aufnahme von MAG.A § 39 (V 27*.28*) *pa-ni-ma a-bu-ša ḫab-bu-ul* „früher (war) ihr Vater verschuldet" den *tādinānu* als einen Verwandten oder Freund der Familie gedeutet. Dem hat sich G. Cardascia (Lois assyriennes [*Paris 1969*], 197f.) angeschlossen; s. aber auch M.T. Roth, Law Collections (*WAW.SBL 6*), 167: „a prior creditor shall come forward".

C) So mit J.N. Postgate, Rezension von G. Cardascia, Lois assyriennes, in BSOAS 34 (*1971*), 388, gegen G. Cardascia, Lois assyriennes (*Paris 1969*), 196.200 („elle est maltraitée").

D) So mit G.R. Driver/J.C. Miles, Assyrian Laws (*Oxford 1935*), 282f.; G. Cardascia, Lois assyriennes (*Paris 1969*), 200, gegen P. Koschaker, Altassyrische Gesetze (*MVÄG 26/3)*, 20; CAD B, 57; CAD L, 249; W.W. Struwe, Geschichte (*Berlin 1959*), 256; C. Saporetti, Leggi medioassire (*Malibu 1979*), 66f.; R. Borger, Rechtsbücher (*TUAT I/1*), 87; M.T. Roth, Law Collections (*WAW.SBL 6*), 167; cf. auch A.L. Oppenheim, Siege-Documents (*Iraq 17*), 75; J.N. Postgate, Rezension von G. Cardascia, Lois assyriennes, in BSOAS 34 (*1971*), 388.

E) So mit G.R. Driver/J.C. Miles, Assyrian Laws (*Oxford 1935*), 406f.; G. Cardascia, Lois assyriennes (*Paris 1969*), 201.203; C. Saporetti, Leggi medioassire (*Malibu 1979*), 68.159.

F) *lā pattū*; cf. G. Cardascia, Lois assyriennes (*Paris 1969*), 201.203.

G) Zum Terminus *esirtu* („Konkubine"; *CAD E, 336*), der in Regionen belegt ist, die Verbindung mit dem Mittani-Reich (zum hurr. Äquivalent *ḫelaḫelu* s. E. Lacheman, Nuzi [*HSS 13*], 122) hatten, s. B. Landsberger, Studien (*AfO* 10), 144ff.; A.J. Skaist, Family Law (*Ph.D. Diss. University of Pennsylvania*), 103f.; für weitere Lit. s. V. Korošec, Keilschriftrecht (*HO I/1*), 155 Anm. 2.

H) Zur Übersetzung s. G. Cardascia, Lois assyriennes (*Paris 1969*), 207 Textanm. a.

I) S. dazu S. Greengus, Ceremonies (*JCS 20*), 60; cf. auch G. Cardascia, Lois assyriennes (*Paris 1969*), 209 Textanm. b, 211, sowie o. Textanm. H zu MAG.A § 30.

J) Zu *ana mitḫar* s. G.R. Driver/J.C. Miles, Assyrian Laws (*Oxford 1935*), 185f.410f. 483 („on equal terms"), G. Cardascia, Lois assyriennes (*Paris 1969*), 212.214 („à égalité"), C. Saporetti, Leggi medioassire (*Malibu 1979*), 73 („in corrispondenza"). R. Borger, Rechtsbücher (*TUAT I/1*), 89, übersetzt Z. 35 „entsprechend die Transaktion *rückgängig machen*". M.T. Roth, Law Collections (*WAW.SBL 6*), 170 „make a full and equal return (of gifts given)".

K) Zur Interpretation von *a-na šīm ga-me-er* s. G.R. Driver/J.C. Miles, Assyrian Laws (*Oxford 1935*), 287f.; G. Cardascia, Lois assyriennes (*Paris 1969*), 216f. Zur Formel *šīmu gamrūtu* („voller Kaufpreis") im Pfandrecht s. auch H. Petschow, Pfandrecht (*ASAW. PH 48/1*), 120 mit Anm. 374; cf. auch K. Radner, Privatrechtsurkunden (*SAA.S 6*), 349f.

L) Cf. CAD E, 62 gegen eine Lesung **ekallitu*.

M) So mit C. Saporetti, Leggi medioassire (*Malibu 1979*), 76.162 gegen CAD A, 391 ([*ab*]*u ša ušakkalši*; cf. auch M.T. Roth (Law Collections [*WAW.SBL 6*], 170 mit Fragezeichen) sowie P. Garelli, Féodalité (*Semitica 17*), 7 Anm. 2; J.N. Postgate, Rezension von G. Cardascia, Lois assyriennes, in BSOAS 34 (*1971*), 388; ders., Land Tenure (*BSOAS 34*), 502; AHw 339 ([*ḫa-zi*]*-aš-ša ušakkališ*); cf. auch G. Cardascia, Lois assyriennes (*Paris 1969*), 220.

N) Parallel zu *a-la-i-tu ša ekalle*. Gegen die Lesung *aššas-sa* spricht, daß nicht auf die Familienbindung, sondern die Dienstverhältnisse und die sich daraus ergebenden Versorgungsverpflichtungen abgehoben wird; gegen CAD H, 241 und M.T. Roth, Law Collections (*WAW.SBL 6*), 170. Zu CAD A, 391 („Tochter eines *ḫ*.") s. G. Cardascia, Lois assyriennes (*Paris 1969*), 225.

O) Zur Übersetzung von E. Szlechter (Effets [*RA 58*], 30f.) „le champ et la maison de son (sc. Ehefrau des Gefangenen) entretien" s. G. Cardascia, Lois assyriennes (*Paris 1969*), 225.

P) Die übliche Übersetzung von *šumma ana dannat šarre lā ērub* mit „wenn er nicht in den Militär-/Festungsdienst des Königs eingetreten ist" (cf. CAD E, 264; G. Cardascia, Lois assyriennes [P*aris 1969*], 218) läßt den Konditionalsatz ohne Funktion im Gefüge des Rechtssatzes. M.T. Roth (Law Collections [*WAW.SBL 66*], 193 Anm. 27) hat deshalb vorgeschlagen, hier einen elliptisch formulierten Hinweis darauf zu sehen, daß das Grundstück noch nicht rechtsgültig durch eine *ṭuppu dannutu* (cf. dazu J.N. Postgate, Land Tenure

[*BSOAS 34]*, 514-517; M.-J. Aynard/J.-M. Durand, Documents [*Assur 3*], 12f.) durch den König bestätigt transferiert wurde. Die Rückgabeforderung bezieht sich nur auf diesen Fall des vorläufigen Transfer. Für den sozialhistorischen Kontext cf. H. Freydank, Grundeigentumsverhältnisse (*JWG Sonderband*), 79-88; J.M. Renger, Ownership (*Chicago-Kent Law Review 71*), 305-307.

Q) Der Satz MAG.A § 46 (VI 89-91) ist in der vorliegenden Gestalt ein Anakoluth, den R. Borger (*BAL*, 129; ders., Rechtsbücher [*TUAT I/1*], 90 mit Textanm. a zu Z. 89) durch Streichung des *šumma* in der Eröffnung des Rechtssatzes als „Versehen des Originals" glätten will. Die Störung ist Folge der sekundären Erweiterung des Rechtssatzes durch MAG.A § 46 (VI 90-92*) (s.i.f.), die nicht durch die Streichung des *šumma* geglättet werden kann. In der von R. Borger rekonstruierten Fassung bleibt der Text widersprüchlich. Entweder kann eine Frau im Hause ihres Ehemannes wohnen bleiben, dann bedarf es nicht der Regelung, im Hause der Söhne zu wohnen (MAG.A § 46 [VI 93.99]), oder das Haus des Ehemannes steht ihr nicht zur Verfügung, so daß sie bei den Söhnen wohnen muß, dann ist MAG.A § 46 (VI 89-91) funktionslos. Der zweimaligen Einleitung mit *šumma* (MAG.A § 46 [VI 89.92]) entspricht der doppelte Hinweis auf den Tod des Ehemannes in MAG.A § 46 (VI 89.90). So ist die Eröffnung des Rechtssatzes mit *šumma* in MAG.A § 46 (VI 89) als ursprünglich zu erhalten und nicht als Schreiberversehen zu eskamotieren; cf. Verf., Altersversorgung (*ZAR 1*), 105 Anm. 136.

R) S. dazu G. Cardascia, Lois assyriennes (*Paris 1969*), 234; anders R. Borger, Rechtsbücher (*TUAT I/1*), 90.

S) So mit J.N. Postgate, Rezension von G. Cardascia, Lois assyriennes, in BSOAS 34 (*1971*), 388; cf. auch W. von Soden, GAG § 177d.

T) S. zu dieser Gottheit B. Landsberger, *Samʾal* (*Veröff. der Türk. Hist. Gesellschaft VII/16*), 96 mit Anm. 229 und 230; H. Hirsch, Altassyrische Religion (*AfO.B 13/14*), 24 Anm. 119; zum ikonographischen Material s. H. Frankfort, Cylinder Seals (*London 1939*), 248 mit 243 Abb. 76 und Tf. 40n.

U) *ul-lu*[!]*-lu-ú-ni*; s. AHw 198b; G. Cardascia, Lois assyriennes (*Paris 1969*), 231f. Textanm. d; R. Borger, BAL, 58.129; ders., Rechtsbücher (*TUAT I/1*), 90, gegen G.R. Driver/J.C. Miles, Assyrian Laws (*Oxford 1935*), 417.

V) S. dazu J.N. Postgate, Tablets (*AoF 13*), 30 mit Anm. 42.

W) Funktion und Position einer Person, die *kī ḫubbullī* und *kī šaparte* genommen werden, sind identisch; s. G.R. Driver/J.C. Miles, Assyrian Laws (*Oxford 1935*), 273.

X) *a-bu-ša* ist Schreibversehen für *a-ba-ša*; s. bereits V. Scheil, Lois assyriennes (*Paris 1921*), 68f.

In MAG.A §§ 39-49 sind Rechtssätze des Eherechts und des Pfandrechts miteinander verbunden, die zunächst getrennt zu analysieren sind. Zu den Rechtssätzen des Pfandrechts gehören MAG.A §§ 39; 44; 48(49), die den Rechtsstatus von verpfändeten Personen regeln[309]. In MAG.A § 39 geht es um die Tochter, deren Vater sich verschuldete und die deshalb als Pfand untergebracht ist (MAG.A § 39 [V 28.29] *a-bu-ša ḫab-bu-ul ki-i ša-pár-te še-šu-bat*), in MAG.A § 44 um einen Assyrer oder eine Assyrerin, „der als Pfand entsprechend seinem Kaufpreis im Hause eines *aʾīlu* wohnt" (*ki-i ša-pár-te am-mar šīmī-šu i-na bīt aʾīle us-bu-ú-nu*) oder zum vollen Kaufpreis genommen wurde (MAG.A § 44 [VI 40-43]), und in MAG.A § 48(49) um eine Tochter,

309 S. G.R. Driver/J.C. Miles, Assyrian Laws (*Oxford 1935*), 271-273.

die im Hause des Gläubigers wohnt (MAG.A § 48 [VII 33.34*] *ša-a ki-i ḫu-bu-ul-li i-na bītī-šu us-bu-tu-ú*). Die Rechtssätze MAG.A §§ 39 und 48(49), die einen Rahmen für die Rechtssätze MAG.A §§ 39-49 bilden, sind besonders eng aufeinander bezogen. MAG.A § 49 regelt die rechtlichen Schritte zur Verheiratung einer verpfändeten Frau unter Wahrung der Rechte ihrer Familie und MAG.A § 39 den einer unrechtmäßigen Verheiratung einer verpfändeten Frau. Die Schwierigkeit der Interpretation von MAG.A § 39 resultiert aus der offenen Frage, wie die verpfändete Frau aus der Hand des früheren Gläubigers (MAG.A § 39 [V 29.30*]) in die Hand desjenigen kam, der sie in die Ehe gegeben hat (MAG.A § 39 [V 26.27.30]). Damit verbunden wird nicht eindeutig klargestellt, wer derjenige ist, der die Frau in die Ehe gegeben hat (*tādinānu*), außer, daß es nicht der Vater ist. Handelt es sich nicht, wie P. Koschaker[310] aufgrund von *paniu* in MAG.A § 39 (V 29) meint, um einen weiteren Gläubiger, so könnte man an Verwandte oder Freunde der Familie denken[311]. Diese Unschärfe des Rechtssatzes in Rechnung gestellt, ist dennoch deutlich, daß derjenige, der die Frau in die Ehe gibt, dazu nicht berechtigt ist. Der Rechtssatz wahrt dagegen die Rechte des Gläubigers. Aus diesem Zusammenhang fallen die Zeilen MAG.A § 39 (V 34.35) *ù šum-ma i-na lum-ni bal*[*-lu*]*-ṭa-at a-na mu-bal-li-ṭa-ni-ša za-ku-at* „wenn sie aber eine Notzeit überlebt hat, ist sei frei von demjenigen, der sie hat (so) leben lassen"[312], die das Recht der verpfändeten Frau gegenüber dem Gläubiger sichern, heraus. MAG.A § 39 (V 32.33.36-41) regelt Modalitäten bei der Erfüllung der Ansprüche des Gläubigers. MAG.A § 39 (V 34.35) unterbricht, wie bereits P. Koschaker[313] richtig sah, diesen Zusammenhang. Im Gegensatz zu P. Koschaker handelt es sich aber nicht um eine Motivattraktion in dem Sinne, daß hier wie dort der erste Gläubiger sein Pfandrecht verliert. Vielmehr nimmt MAG.A § 39 (V 34.35) einen Zusammenhang auf, der in MAG.A § 48 geregelt wird. Der Rechtssatz MAG.A § 48 sichert die Rechte der Familie der verpfändeten Frau im Falle ihrer Verheiratung durch den Gläubiger. MAG.A § 39 (V 34.35) ist eine Einfügung des Redaktors, um die Rechtssätze zusammenzuführen und so ihre Rahmenfunktion zu unterstreichen. MAG.A § 48 räumt dem Vater der verpfändeten Frau im Falle der Verheiratung durch den Gläubiger ein Einspruchsrecht ein (MAG.A § 48 [VII 35.37]). Im Falle, daß der Vater nicht mehr lebt (MAG.A § 48 [VII 38]), steht den Brüdern ein Lösungsrecht (*paṭāru*)[314] zu. Ein nicht eindeutig zu lösendes Problem ist die Frage nach dem Verhältnis zwischen MAG.A §§ 48 und 49, da MAG.A § 48(49)

---

310 S. Altassyrische Gesetze (*MVÄG 26/3*), 18f.; cf. o. Textanm. B.

311 So G.R. Driver/J.C. Miles, Assyrian Laws (*Oxford 1935*), 282; G. Cardascia, Lois assyriennes (*Paris 1969*), 199.

312 S. o. Textanm. D.

313 S. Altassyrische Gesetze (*MVÄG 26/3*), 20f.

314 S. dazu R. Yaron, Redemption (*RIDA III 6*), 160ff.; cf. ders., Section II 57 (*RIDA III 10*), 137-146.

(VII 46-56) zerstört ist. Während H. Ehelolf[315] MAG.A §§ 48(49) (VII 32-62) zu einem Rechtssatz zusammenzog, haben G.R. Driver/J.C. Miles[316] und G. Cardascia[317] die Zugehörigkeit von MAG.A § 49 (VII 32-62) zu MAG.A § 48 erwogen. Aufgrund des unterschiedlichen Rechtssubjektes einer verpfändeten Frau und einer Prostituierten aber haben sie doch der Trennung in zwei Rechtssätze den Vorzug gegeben. Als eigenständiger Rechtssatz des eine Prostituierte betreffenden Erbrechts fällt MAG.A § 49 aus dem Zusammenhang der Rechtssätze MAG.A §§ 39-48; 50-59 heraus, da in diesem Teil der Tafel A der Mittelassyrischen Rechtssammlung nur Pfandrechts- (MAG.A §§ 39; 44; 48), Eherechts- (MAG.A §§ 41-43; 45; 46) und Strafrechtssätze (MAG.A §§ 40; 47) zusammengefügt werden, in Verbindung mit MAG.A §§ 50-59[318] aber ein Rechtssatz des Erbrechts Fremdkörper bliebe. In der mittelassyrischen Rechtsurkunde KAJ 2 (VAT 8946)[319], die die Arrogation eines Mädchens behandelt, wird in Z. 8.9 dem Arrogierenden untersagt, das Mädchen schlecht zu behandeln[320] und sie zu prostituieren[321] (*la ú-la-ma-an-*[*ši*] *la ú-ma-az-z*[*i-ši*]). Die Urkunde zeigt den Zusammenhang der Motivik im Adoptionsrecht. Das könnte für eine Zusammengehörigkeit der Zeilen VII 53-62 mit MAG.A § 48 (VII 32-52) sprechen. Wie MAG.A § 48 das Lösungsrecht der Brüder wahrt, so die Fortsetzung ihr Erbrecht auch im Falle des Todes der in Schuldhaft prostituierten Frau.

MAG.A § 44 ist der dritte dem Pfandrecht zuzuweisende Rechtssatz. Durch *ša ki-i ša-pár-te ... i-na bīt a'ile us-bu-ú-ni* „der als Pfand ... im Hause eines *a'īlu* wohnt" (MAG.A § 44 [VI 42*.43*]) wird der Rechtssatz mit MAG.A § 39; 48 verknüpft. Er stellt die verpfändete Person in bezug auf das Züchtigungsrecht einer Ehefrau gleich. MAG.A § 44 (VI 44.45) *i-na-aṭ-ṭu i-ba-aq-qa-an uz-né-šu ú-ḫap-pa ú-pal-la-áš* „er darf (ihn) prügeln, raufen, seine Ohren verletzen (und) durchbohren" ist im Wortlaut identisch mit MAG.A § 59 (VIII 60-62)[322]. Die Pfandrechtssätze MAG.A §§ 39; 44; 48 (49) bilden ein redaktionelles Fachwerk, in das die Rechtssätze MAG.A §§ 40-43; 45-47 eingefügt sind. Durch MAG.A § 39; 48 werden sie gerahmt. MAG.A § 44 verzahnt dieses Fachwerk mit dem Rahmen der Tafel A in MAG.A §§ 1-24; 50-59. Hat dieser Rahmen seinen Skopus in der Einschrän-

315 Altassyrisches Rechtsbuch (*Mitt. aus d. Vorderasiat. Abt. d. Staatl. Museen zu Berlin 1*), 41; zu einem Ergänzungsversuch in MAG.A § 48 VII 47 s. C. Saporetti, Leggi medioassire (*Malibu 1979*), 83 Anm. 60.

316 S. Assyrian Laws (*Oxford 1935*), 279.

317 S. Lois assyriennes (*Paris 1969*), 239.

318 S. dazu o. III.2.4.

319 S. M. David/E. Ebeling, Rechtsurkunden (*ZvR 44*), Nr. 5 (310f.); cf. dazu auch M. David, Adoption (*LrS 23*), 104.

320 S. *ina lunni* in MAG.A § 39 V 34.

321 S. G.R. Driver/J.C. Miles, Assyrian Laws (*Oxford 1935*), 283.

322 Zur Interpretation s. G.R. Driver/J.C. Miles, a.a.O., 289.

kung der Privatstrafe, die ein Ehemann an seiner Ehefrau vollzieht (MAG.A § 59), so überträgt MAG.A § 44 diese Einschränkung auf die verpfändete Person[323].

In dieses Fachwerk fügen sich als weitere Rechtssätze in verklammernder Funktion MAG.A §§ 40; 47 ein. Die Rechtssätze des Pfandrechts in MAG.A §§ 39 und 48(49) bilden einen äußeren Rahmen um die Rechtssätze des Eherechts in MAG.A §§ 41-43; 45; 46, und die Strafrechtssätze in MAG.A §§ 40 und 47 einen inneren Rahmen. MAG.A § 40 regelt die Pflicht einer assyrischen Bürgerin zur Verschleierung, die unverheirateten Hierodulen, Prostituierten und Sklavinnen verboten ist[324], und setzt die öffentlichen Strafen für die Übertretung dieses Verbotes und für den Zeugen für die Verletzung der Anzeigepflicht fest. MAG.A § 47 ist mit MAG.A § 40 als Rechtssatz öffentlichen Strafrechts verbunden. Wie in MAG.A § 40 wird in MAG.A § 47 der Rechtssatz öffentlicher Strafverfolgung[325] (MAG.A § 47 [VII 1-6]) durch eine Zeugenregelung[326] (MAG.A § 47 [VII 7-31]) fortgesetzt. Dieser Rahmen von Rechtssätzen des Strafrechts wird wie der des Pfandrechts mit MAG.A §§ 1-24; 50-59 verknüpft. In dem durch MAG.A §§ 1-24; 50-59 gerahmten Teil der Mittelassyrischen Rechtssammlung ist die Formel öffentlicher Strafverfolgung *ub-ta-e-ru-ú-uš uk-ta-i-nu-ú-uš* nur in MAG.A § 40 (V 98.99) und MAG.A § 47 (VII 4.5), die Strafe von Stockschlägen und Frondienst für den König neben MAG.A §§ 7 (I 77); 18 (II 78.79); 19 (II 90.91); 21 (II 103.104) nur in MAG.A § 40 V (75.81.87.100.106), das Abschneiden des Ohres als Verstümmelungsstrafe neben MAG.A §§ 4 (I 52.55); 5 (I 65); 24 (III 57) nur in MAG.A § 40 (V 92) belegt. MAG.A § 40 verbindet mit MAG.A §§ 57-59 die formgeschichtliche Besonderheit nichtkonditionaler Einleitung des Rechtssatzes[327]. Der Redaktor hat also mit MAG.A §§ 39; 40; 44; 47; 48(49) ein

---

323 P. Koschaker (Altassyrische Gesetze [*MVÄG 26/3*], 68f. Anm. 1) hat MAG.A § 44 zutreffend als „Schutzvorschrift zugunsten der Pfandperson, indem dem Gläubiger weitere Eingriffe in ihre körperliche Integrität als die bezeichneten nicht gestattet sind" interpretiert. Die Öffnung der Analyse für eine redaktionshistorische, den weiteren Kontext textlinguistisch einbeziehende Perspektive läßt aber das Urteil von P. Koschaker (a.a.O., 15) vermeiden, „§ 44 steht völlig isoliert und ist offenbar aus einer andern Materie versprengt".

324 S. G. Cardascia, Lois assyriennes (*Paris 1969*), 204. Zur Funktion des Schleiers, den sozialen Status zu kennzeichnen, cf. G.R. Driver/J.C. Miles, Assyrian Laws (*Oxford 1935*), 127; K. van der Toorn, Veil (*FS J. Milgrom*), 327-339.

325 S. G. Cardascia, a.a.O., 233f.; ders., Justice (*FS E. Volterra*), 420-427 gegen G.R. Driver/J.C. Miles (Assyrian Laws [*Oxford 1935*], 126), die in MAG.A § 47 VII 1-6 mit einer außergewöhnlichen Bestrafung des Täters in *flagranti delicto* rechnen.

326 Zur Anzeigepflicht s. auch die Satzung Tiglatpileser I. (E. Weidner, Haremserlasse [*AfO 17*], 287 [Nr. 21]; M.T. Roth, Law Collections [*WAW.SBL 6*], 206). Zum Zeugeneid in CH §§ 3; 4 s. T. Abush, Penalty (*FS M. Fox*), 77-96.

327 S. bereits P. Koschaker, Altassyrische Gesetze (*MVÄG 26/3*), 12f. Daß es sich in MAG.A § 40 eher um eine vom Redaktor gestaltete Sonderheit zur Verknüpfung mit

Fachwerk geschaffen, das die Ehegesetzgebung in MAG.A §§ 41-43; 45; 46 rahmt und den Mittelteil der Rechtssätze der Tafel A in MAG.A §§ 25-49 mit dem Rahmen in MAG.A §§ 1-24; 50-59 verknüpft, so daß sich für MAG.A §§ 39-49 folgender Aufbau ergibt:

MAG.A § 39 *Pfandrecht*
- MAG.A § 40 Strafrecht
  - MAG.A §§ 41-43 Eherecht
    - MAG.A § 44 *Pfandrecht*
  - MAG.A § 45;46 Eherecht
- MAG.A § 47 Strafrecht

MAG.A § 48(49) *Pfandrecht*

Das Fachwerk MAG.A §§ 39; 40; 44; 47; 48(49) ist also konzentrisch gestaltet und umgreift die Rechtssätze des Eherechts in MAG.A §§ 41-43; 45; 46.

In MAG.A §§ 41-43 stellt der Redaktor Rechtssätze zur Ehegründung, in MAG.A §§ 45; 46 zur Eheauflösung und ihre Folgen zusammen. Mit MAG.A § 41 wird geschickt der Übergang vom Rahmen in MAG.A § 40 zur Ehegesetzgebung in MAG.A §§ 41-43 vollzogen. „The reason why the desire to veil her is put in the forefront of the section (sc. MAG.A § 41) while the fact that she becomes an *aššatu* is statet as a mere consequence thereof is that the draftsman arranged this part of the laws in such a way as to justify the collocation of two sections which really deal with distinct matters"[328]. Nicht durch die Motivanknüpfung des Verhüllens einer *esirtu*-Konkubine[329] in der Eröffnung von MAG.A § 41 (VI 1-5) durch MAG.A § 41 (VI 1), sondern auch durch die redaktionelle Hinzufügung von MAG.A § 41 (VI 6-10) werden die Rechtssätze miteinander verknüpft. MAG.A § 41 (VI 1-5) bestimmt, daß eine *esirtu*-Konkubine durch Verhüllen[330] vor mindestens fünf[331] Zeugen und durch Sprechen der *verba solumnia* „sie ist meine Ehefrau"[332] verehelicht wird. MAG.A § 46 (VI 6-10) wiederholt dies noch einmal in negativer Fas-

---

MAG.A §§ 57-59, als um eine „Polizeivorschrift" handelt (so P. Koschaker, a.a.O., 12; R. Yaron, Laws [*Bib 51*], 55), zeigt die Fortsetzung als kasuistischer Rechtssatz mit *šumma* in MAG.A § 40 V 77.94.

328 S. G.R. Driver/J.C. Miles, Assyrian Laws (*Oxford 1935*), 187.

329 Zum sozialen Status der *esirtu* s. die Urkunden HSS IX 24.1.6ff. und JEN 435; cf. A.J. Skaist, Family Law (*Ph.D. Diss. Univers. of Pennsylvania 1963*), 103 mit Anm. 24.

330 Zum Verhüllen s. C. Wilcke, Familiengründung (*Veröffentl. d. Inst. f. Hist. Anthropologie 3*), 282f.; K. van der Toorn, Veil (*FS J. Milgrom*), 327-339.

331 S. R. Yaron, Laws (*Bib 51*), 555.

332 S. dazu R. Westbrook, Marriage Law (*AfO.Beih. 23*),48-50 mit Anm. 12.

sung. P. Koschaker[333] hält den ganzen Passus für überflüssig, da er genau dasselbe sage, „was vorher bestimmt worden war, nur in negativer und schlechterer Fassung. Denn es ist eine arge Trivialität, daß eine Konkubine, die nicht zur legitimen Gattin erhoben wird, eben eine Konkubine bleibt. Es liegt eine paraphrasierende Glosse vor“[334]. Als Paraphrasierung ist aber eine derartige, die Stringenz des Rechtssatzes eher störende Einfügung, nicht plausibel zu machen, wohl aber als redaktionelle Verknüpfung von MAG.A § 41 mit MAG.A § 40. Durch MAG.A § 41 (VI 6-10) wird die Anwendung von MAG.A § 40 auf die unverheiratete *esirtu*-Konkubine stipuliert[335]. MAG.A § 41 (VI 11-13) schließt also ursprünglich an MAG.A § 41 (VI 1-5) an. Die Urkunde JEN 666[336] verdeutlicht die Auswirkung von legitimer Ehe und Konkubinat auf die Erbansprüche. Die Verbindung von MAG.A § 41 mit MAG.A § 40 begründet die Voranstellung des Rechtssatzes zur Vollehe in MAG.A § 41 vor die beiden Rechtssätze zu inchoativer Ehe in MAG.A § 42; 43[337]. Da *mārʾat aʾīle* oftmals mit *aššat aʾīle* parallelisiert wird[338], geht es in MAG.A §§ 42; 43 nicht um eine patrizische Form der Eheschließung[339], sondern um eine gegenüber der üblichen Form (MAG.A §§ 30 [IV 20.21]; 31 [IV 40.41]) der Begründung einer inchoativen Ehe[340] regionale Besonderheit der Eheschließung in Assyrien[341]. Für den anschließenden Rechtssatz MAG.A § 43 reicht die inchoative Ehe aus, um eine Leviratsregelung im Falle von Tod oder Flucht des Ehemannes zu begründen. Der Redaktor bindet die Rechtssätze MAG.A §§ 42 und 43 so eng zusammen, daß er in MAG.A § 43 (VI 19) auf die für das Verständnis notwendige Ergänzung von *a-na qaqqadi* durch

---

333 S. Altassyrische Gesetze (*MVÄG 26/3*), 25f.

334 Das Argument von G.R. Driver/J.C. Miles (Assyrian Laws [*Oxford 1935*], 189): „ll. 6-10 bring out the important fact that this is the only way whereby an *esirtu* can become an *aššatu*“ gilt entweder auch für MAG.A § 41 VI 1-5 oder aber weder für MAG.A § 41 VI 1-5 noch für MAG.A § 41 VI 6-10. Das stilistische Argument des glatteren Übergangs zu MAG.A § 41 VI 11-13 müßte sich mit P. Koschaker (Altassyrische Gesetze [*MVÄG 26/3*], 26 Anm. 1) gegen die Ursprünglichkeit von MAG.A § 41 VI 11-13 kehren.

335 Cf. G. Cardascia (Lois assyriennes [*Paris 1969*], 208): „L'*esirtu* qui n'a pas été l'objet de ce rite demeure une concubine (ll. 6-9). Rappelons que, d'après le § *40*, la concubine ne doit pas porter le voile, sauf si elle accompagne en public l'épouse principale“.

336 S. A.J. Skaist, Family Law (*Ph.D. Diss. Univers. of Pennsylvania 1963*), 104.

337 Cf. G.R. Driver/J.C. Miles, Assyrian Laws (*Oxford 1935*), 180.

338 S. Verf., Körperverletzungen (*AOAT 226*), 82f.

339 So G.R. Driver/J.C. Miles, Assyrian Laws (*Oxford 1935)*, 180-186; A. van Praag, Droit matrimonial (*Arch.-Hist. Bijdragen 12*), 73.76.157; s. dagegen G. Cardascia, Lois assyriennes (*Paris 1969)*, 210.

340 S. dazu R. Westbrook, Marriage Law (*AfO.Beih. 23*), 34f.; cf. E. Kutsch, Salbung (*BZAW 87*), 27-33.

341 Zur Salbung als Rechtsakt der Eheschließung s. S. Greengus, Ceremonies (*JCS 20*), 72.

mārʾat aʾīle verzichtet, die zum Verständnis aus MAG.A § 42 (VI 15) interpoliert werden muß[342].

Unter dem Aspekt regionaler Besonderheit der Eheschließung durch einen Salbungsritus ergänzt MAG.A § 42 die Klauseln der Gründung inchoativer Ehe in MAG.A §§ 30 (IV 20.21); 31 (IV 40.41), so wie MAG.A § 41 die Rechtssätze zur Schließung der Vollehe in MAG.A §§ 28; 29; 34; 35 ergänzt. Dem Redaktor geht es hier also um eine ergänzende Korrektur der vorgegebenen Eherechtssammlung. Der Komplementierung von MAG.A § 30 (IV 20.21); 31 (IV 40.41) durch MAG.A § 42 entsprechend werden die Leviratsbestimmungen in MAG.A §§ 30; 31 durch MAG.A § 43 ergänzt[343]. In diesem Rechtssatz wird wiederum die verknüpfende Tätigkeit des Redaktors erkennbar. MAG.A § 43 (VI 19-26) sieht vor, daß, stirbt der Ehemann, der Schwiegervater einen der Brüder zum Ehemann bestimmen kann. Die Fortsetzung in MAG.A § 43 (VI 27-35) schließt sich inkonsequent an, da nunmehr auch der Tod des Schwiegervaters der Braut vorausgesetzt wird, ohne daß eine Konsequenz für die Leviratsregelung der Söhne gezogen wird, es also offen bleibt, ob in diesem Falle die Regelung MAG.A § 43 (VI 19-26) auch in Anwendung kommt, wenn der Schwiegervater sie nicht vollziehen kann. Umgekehrt bleibt offen, was im Falle, daß kein Bruder als Levir vorhanden ist, wohl aber der Schwiegervater noch lebt, geschieht. Soll er in diesem Falle in die Rolle des Levir eintreten? Statt diese sich an MAG.A § 43 (VI 19-26) anschließenden Fragen aufzunehmen, lenkt der Text unter Absehung von den Brüdern auf den Sohn des inchoativ verheirateten Ehemannes aus erster Ehe und räumt für diesen Fall dem Vater der Frau eine Dispositionsverfügung ein, wenn dieser Sohn jünger als 10 Jahre ist. MAG.A § 43 (VI 36-38) schließt sich wieder nicht konsequent an, muß doch offen bleiben, an wen nach dem Tod von Vater und Großvater die Ehegaben zurückzugeben sind. P. Koschaker[344] scheidet deshalb MAG.A § 43 (VI 27-35) als Interpolation eines konkreten Falles aus, den ein Glossator in das Gesetz eingearbeitet habe. Gegen eine Abtrennung von MAG.A § 43 (VI 36-39) von MAG.A § 43 (VI 27-35) spricht, daß das Subjekt von *im-ḫu-ru-ú-ni* in MAG.A § 43 (VI 36) und *ú-ta-ar* in MAG.A § 43 (VI 38) aus MAG.A § 43 (VI 33) *a-bu ša mārt*e zu entnehmen ist, ein direkter Anschluß von MAG.A § 43 (VI 36-38) an MAG.A § 43 (VI 26) eher unwahrscheinlich ist. Die Richtung, wie zu interpretieren ist, wird

342 S. G. Cardascia, Lois assyriennes (*Paris 1969*), 212. Entsprechend wird in MAG.A § 43 die Übergabe der *ḫu-ru-up-pa-te* (MAG.A § 42 VI 17) vorausgesetzt. Man kann also kaum von einer „abweichenden Verlöbnisform" in MAG.A § 43 (so P. Koschaker, Altassyrische Gesetze [*MVÄG 26/3*], 51) sprechen.

343 Auf die Zusammengehörigkeit der Rechtssätze hat bereits A. Jirku (Parallele [*ThLBl 41*], 404) unmittelbar nach der Publikation der Mittelassyrischen Rechtssammlung hingewiesen: „An dem Parallelismus der beiderseitigen Gesetze kann wohl nicht gezweifelt werden".

344 S. Altassyrische Gesetze (*MVÄG 26/3*), 49f. Anm. 2.

dadurch angezeigt, daß MAG.A § 43 (VI 38-39) *am-mar im-ḫu-ru-ú-ni abna ù mi-im-ma ša la a-ka-li qaqqadamma ú-ta-ar ù ša-a a-ka-li la-a ú-tar* „er gibt so viel wie er empfangen hat, Edelsteine und alles, was nicht eßbar ist, (nur den Vermögenswert) zurück. Was aber eßbar ist, gibt er nicht zurück" an MAG.A § 30 (IV 37-38) *annāka ṣar-pa ḫurāṣa ša la a-ka-a-le qaqqada-ma i-laq-qé a-na ša a-ka-le la-a i-qar-ri-ib* „Blei, Silber, Gold und was nicht eßbar ist, nimmt er. Was eßbar ist, rührt er nicht an" und an MAG.A § 31 (IV 46-49) *kaspa ša id-di-nu-ú-ni i-laq-qé lu-ú še'am lu-ú immerē lu-ú mìm-ma ša a-ka-le la-a id-du-nu-ni-šu kaspam-ma i-maḫ-ḫa-ar* „er nimmt das Silber, das er gegeben hat, Getreide, Schafe und alles, was eßbar ist, gibt man ihm nicht zurück. Nur das Silber behält er" anknüpft. MAG.A § 43 (VI 27-37) setzt die Rechtssätze MAG.A §§ 30; 33 voraus und schließt die dort offen gelassenen Lücken. Die an MAG.A § 43 (VI 19-26) konsequenterweise anschließenden Fälle, daß keiner der Brüder des Verstorbenen für das Levirat zur Verfügung steht und auch der Schwiegervater der Frau ausfällt, sind bereits in MAG.A §§ 30; 33 geregelt. Dort nicht geregelt aber ist der Fall, daß ein Sohn des verstorbenen Ehemannes aus erster Ehe noch zur Verfügung steht. Die in MAG.A § 33 verfügte Entlassung der Frau aus dem Ehevertrag wird in MAG.A § 43 noch durch eine Leviratsvariante erschwert. Umgekehrt wird in Aufnahme von MAG.A §§ 30 (IV 37-39); 31 (IV 46-49) über MAG.A § 33 (IV 70) hinaus verfügt, daß die Ehegaben der Frau zurückzugeben sind. MAG.A § 43 (VI 27-39) ist also nicht glossierende Interpolation eines konkreten Falles, wie P. Koschaker vermutete, sondern vom Redaktor auf die in der selbständigen Sammlung von MAG.A §§ 25-38 vorgegebenen Rechtssätze MAG.A §§ 30; 33 hin orientierte, redaktionelle Formulierung, die den Rechtssatz MAG.A § 43 (VI 19-26) ergänzt.

Mit MAG.A §§ 45; 46 werden zwei Rechtssätze des Eherechts in das Fachwerk der Rechtssätze MAG.A §§ 39; 40; 44; 47; 48(49) eingefügt, die die Beendigung der Ehe und ihre Folgen regeln. MAG.A § 45 behandelt den Fall der Abwesenheit des Ehemannes und die daraus resultierenden Wiederverheiratungsrechte der Ehefrau. Geht es in MAG.A § 36 um die inchoativ verheiratete und die in der Vollehe lebende Ehefrau, so in MAG.A § 45 nur um die in Vollehe lebende Frau (*sinniltu ta-ad-na-at*; MAG.A § 45 [VI 46])[345]. Eine Versorgungsmöglichkeit der Frau durch die Familie ist ausgeschlossen, da sie als Witwe, weder Schwiegervater noch Söhne hat (MAG.A § 45 [VI 48])[346]. Diese Einschränkungen gegenüber MAG.A § 36 haben ihre Begründung in der Funktion des Rechtssatzes MAG.A § 45, den Rechtssatz MAG.A § 36 zu ergänzen. Behandelt MAG.A § 36 Fälle der Abwesenheit von Zivilpersonen,

345 S. P. Koschaker, Altassyrische Gesetze (*MVÄG 26/3*), 58 Anm. 2; 60 Anm. 1; G.R. Driver/J.C. Miles, Assyrian Laws (*Oxford 1935*), 256.

346 Cf. A. van Praag, Droit matrimonial (*Arch.-Hist. Bijdragen 12*), 97f.; G. Cardascia, Lois assyriennes (*Paris 1969*), 219.

so MAG.A § 45 die von Militärpersonen[347] und die daraus resultierende Versorgungspflicht des Staates. Damit hängt es zusammen, daß MAG.A § 45 eine nur zweijährige Frist bis zur Wiederverheiratung fordert im Gegensatz zu MAG.A § 36, der eine Frist von fünf Jahren vorsieht. Das Interesse, die staatliche Versorgungspflicht einzuschränken, schlägt hier durch[348]. Der zurückkehrende Soldat ist gegenüber der Zivilperson aber in bezug auf die Fortsetzung der Ehe mit seiner inzwischen wiederverheirateten Frau privilegiert. Während nach MAG.A § 36 (IV 103-V 3) die zurückkehrende Zivilperson, die die Höhere Gewalt, die zu einer Abwesenheit führte, nachweisen und eine andere Frau dem zweiten Ehemann seiner Frau zur Verfügung stellen muß, um zu seiner Frau zurückkehren zu können, wird in MAG.A § 45 (VI 72-78) ein Nachweis Höherer Gewalt nicht verlangt, und der Soldat darf seine Ehefrau, die „nach auswärts"[349] verheiratet ist, ohne einen entsprechenden Ersatz zu stellen, zurückholen[350].

Behandelt MAG.A § 45 Möglichkeit und Grenzen der Eheauflösung und Wiederverheiratung einer Ehefrau bei längerer Abwesenheit des Mannes, so folgt mit MAG.A § 46 ein Rechtssatz zur Regelung der Witwenschaft der Frau, der die Beendigung der Ehe durch Tod des Ehemannes (MAG.A § 46 [VI 89.90]) voraussetzt. G.R. Driver/J.C. Miles[351] und G. Cardascia[352] haben auf die Parallelität von MAG.A §§ 33 zu 46 hingewiesen. Im Gegensatz zu MAG.A § 33 behandelt MAG.A § 46 nicht die Witwenschaft der inchoativ, sondern vollgültig verheirateten Frau. Während MAG.A § 33 durch die Eröffnung mit *šum-ma sinniltu ina bīt abī-ša-ma usbat* „wenn eine Frau im Hause ihres Vaters wohnt" auf die inchoative Ehe bezogen wird, ist mit der Eröffnung von MAG.A § 46 durch *šum-ma sinniltu ša mūssa mētu-ni* „wenn eine Frau, deren Ehemann gestorben ist ..." nicht eindeutig, ob es um eine inchoative oder vollgültige Ehe geht. Erst die Fortsetzung in MAG.A § 46

---

347 S. G.R. Driver/J.C. Miles, Assyrian Laws (*Oxford 1935*), 251; G. Cardascia, a.a.O., 219.

348 S. G.R. Driver/J.C. Miles, a.a.O., 265.

349 S. dazu G.R. Driver/J.C. Miles, a.a.O., 262.459f.; A. van Praag, Droit matrimonial (*Arch.-Hist. Bijdragen 12*), 99 Am. 32; G. Cardascia, Lois assyriennes (*Paris 1969*), 224; CAD K, 346; C. Saporetti, Leggi medioassire (*Malibu 1979*), 78 Anm. 57.

350 Die Abweichungen des Rechtssatzes MAG.A § 45 von MAG.A § 36 erklären sich aus der unterschiedlichen Thematik. Es bedarf also nicht der Annahme unterschiedlicher Eheformen; gegen P. Koschaker, Altassyrische Gesetze (*MVÄG 26/3*), 67. Zum Vergleich der Mittelassyrischen Rechtssätze mit CE § 29; CH §§ 27-29; 32; 133-135 s. E. Szlechter, Effets (*RA 57*), 181-192; (*RA 58*), 23-35. Zum sozialhistorischen Hintergrund von MAG.A § 45 VII 62-68 s. J.N. Postgate, Land Tenure (*BSOAS 34*), 502-508; cf. auch ders., Ilku (*FS I.M. Diakonoff*), 304-313; H. Freydank, Grundeigentumsverhältnisse (*JWG Sonderband*), 79-88; J. Renger, Ownership (*Chicago-Kent Law Review 71*), 305-307.

351 S. Assyrian Laws (*Oxford 1935*), 231.

352 S. Lois assyriennes (*Paris 1969*), 227.

(VI 90.91) deutet den Rechtssatz auf die Vollehe durch einen redaktionellen Einschub. Auf den Einschub weist die Doppelung der Einleitung mit *šumma* in MAG.A § 46 (VI 89.92) und des Hinweises auf den Tod des Ehemannes in MAG.A § 46 (VI 89.90). P. Koschaker[353] hat vor allem aber auf den inneren Widerspruch in der Eröffnung des Rechtssatzes hingewiesen. Die Unterbringung der Witwe im Hause ihrer Söhne ist keine Lösung des Problems, daß eine Witwe nicht das Haus ihres Ehemannes[354] verlassen will[355]. Wenn inhaltliche Spannungen und Spannungen auf der Sprachebene des anakoluthartigen Satzes[356] in MAG.A § 46 (VI 89-91) zusammenkommen, ist es angebracht, einen Eingriff in den Textbestand in Rechnung zu stellen. Der Redaktor hat MAG.A § 46 (VI 90-92*) *mu-us-sa i-na mu-a-te iš-tu bītī-ša la-a tu-ú-uṣ-ṣa šum-ma mu-sa* „beim Tode ihres Ehemannes geht sie nicht aus ihrem Haus, wenn ihr Ehemann" eingefügt, um den Rechtssatz mit MAG.A § 33 in der Form in Beziehung zu setzen, daß MAG.A § 46, die Vollehe betreffend, MAG.A § 33 ergänzt. Die Einfügung von MAG.A § 46 (VI 90-92*) grenzt den Fall einer in der Vollehe verwitweten Frau („veuve ordinaire") von dem einer in inchoativer Ehe verwitweten Frau („veuve orpheline")[357] ab. Sieht MAG.A § 33 Leviratsregelungen vor und gibt der Frau erst im Falle, daß kein männliches Mitglied der Familie des Verstorbenen für eine Leviratsehe zur Verfügung steht, als Witwe zur Wiederverheiratung frei, bleibt die Versorgung der Frau also in jedem Falle an eine neue Ehe gebunden, so setzt die Einfügung in MAG.A § 46 (VI 90-92*) vor alle Versorgungs- und Leviratsregelungen in MAG.A § 46 (VI 89.92*.93-112) das Recht der Witwe, im Hause ihres Mannes als ihr Haus (*bītī-ša*) zu wohnen. Umgekehrt schließt die Formulierung in MAG.A § 33 (IV 57*.58*) *ù māru i-ba-á-ši-ši* „und ein Sohn ist nicht vorhanden" die Leviratsstipulation in MAG.A § 46 (VI 109-112) ein und verklammert so die Rechtssätze. Hier wird die Intention des Redaktors der MAG.A, die vorgegebene Eherechtssammlung zu ergänzen und zu korrigieren, erneut deutlich. Wie in MAG.A § 33 wird die Leviratsinstitution dem Vertragsrecht untergeordnet und zu einem Instrument der Vertragserfüllung von Eheverträgen. Sieht MAG.A § 33 die Leviratsregelung für die inchoativ verheiratete Frau vor, so setzt der Redaktor für die in der Vollehe verwitwete Frau vor alle anderen Versorgungs- und Leviratsregelungen das Recht der Witwe, im Hause ihres verstorbenen Ehemannes zu wohnen. Erst wenn dies unmöglich ist, greifen die folgenden Stipulationen der Versorgungspflicht der Söhne

353 S. Altassyrische Gesetze (*MVÄG 26/3*), 60f. Anm. 3.

354 *bītī-ša* ist auf das Haus des verstorbenen Ehemannes zu beziehen.

355 Dieser Widerspruch ist nicht dadurch zu beheben, daß *ištu bītī-ša lā tūṣṣa* „sie geht nicht aus ihrem Haus heraus" darauf gedeutet wird, „that she does not cut herself off from her husband's family" (so G.R. Driver/J.C.Miles, a.a.O., 231; cf. auch G. Cardascia, a.a.O., 227).

356 S. R. Borger, BAL, 129; ders., Rechtsbücher (*TUAT I/1*), 90.

357 S. G. Cardascia, Lois assyriennes (*Paris 1969*), 227.

des Ehemannes. Wiederum wird differenziert. Wenn die Ehefrau in einer polygamen Ehe gelebt hat, sind, sofern sie keine eigenen Söhne hat, die Söhne der ersten Frau des Ehemannes zur Versorgung verpflichtet. Wenn sie aber eigene Söhne hat, so sind diese zum Unterhalt verpflichtet, während die Söhne der ersten Frau das Recht haben, den Unterhalt zu verweigern. Diese Unterhaltspflicht der leiblichen Söhne oder der Stiefsöhne wird dann hinfällig, wenn einer der Stiefsöhne die Witwe in einer Leviratsehe heiraten will. Die Stiefsöhne verfügen über die Disposition, entweder die Witwe in einer Leviratsehe zu heiraten, oder für ihren Unterhalt zu sorgen, während die Witwe keine entsprechende Dispositionsfreiheit hat und sich der Leviratsehe nicht entziehen kann. Die Leviratsehe dient hier nicht mehr der Fortsetzung der Familiengenealogie bei Ausbleiben eines männlichen Nachkommens durch den Tod des Ehemannes, sondern ist dem Vertragsrecht zur Wahrung der Rechte der Linie des Ehemannes aus dem Ehevertrag untergeordnet[358].

Der Redaktor fügt mit MAG.A §§ 41-43; 45; 46 Rechtssätze des Eherechts in ein durch MAG.A §§ 39; 40; 44; 47; 48(49) gebildetes Fachwerk ein, das den Mittelteil der Mittelassyrischen Rechtssammlung in MAG.A §§ 25-49 mit dem Rahmen in MAG.A §§ 1-24; 50-59 verzahnt. Diese Fachwerkstruktur in MAG.A §§ 39; 40; 44; 47; 48(49) ist konzentrisch aufgebaut. Den äußeren Rahmen und das Zentrum bilden die Pfandrechtssätze in MAG.A §§ 39; 44; 48(49). Der Rechtssatz MAG.A § 44 im Mittelpunkt überträgt die Einschränkung privater Strafgewalt eines Ehemannes gegenüber seiner Ehefrau auf den Gläubiger und damit den Skopus des Rahmens MAG.A §§ 1-24; 50-59 in MAG.A § 59 auf den Mittelteil der Tafel A. Die Strafrechtssätze in MAG.A §§ 40; 47, die in der konzentrischen Struktur des Fachwerks einen inneren Rahmen um die Rechtssätze des Eherechts bilden, sind durch Motive öffentlicher Strafverfolgung wie der Formel ub-ta-e-ru-ú-uš uk-ta-i-nu-ú-uš, der Körperstrafen und des Frondienstes mit den Strafrechtssätzen des Rahmens in MAG.A §§ 1-24; 50-59 verknüpft.

In dieses Fachwerk fügt der Redaktor mit MAG.A §§ 41-43; 45; 46 Rechtssätze des Eherechts ein, die chronologisch geordnet sind[359]. Den Auf-

---

358 Cf. Verf., Altersversorgung (*ZAR 1*), 106. Auch HG § 193/II 79 (s. J. Friedrich, Gesetze I [*DMOA 7*], 84f.; H. Hoffner, Laws [*DMOA 23*], 152) setzt für das Levirat nicht die Kinderlosigkeit der Witwe voraus, sondern regelt, der Genealogie des Ehemannes folgend, den Anspruch der Familie des Verstorbenen auf die Frau, hat also wie MAG.A § 46 das Vertragsrecht zur Voraussetzung; cf. zu HG § 193 auch H. Hoffner, a.a.O., 276, sowie G.M. Beckman, Inheritance (*FS H.G. Güterbock*), 16. Eine vergleichbare Unterordnung von ursprünglich der Überlebenssicherung von Familien dienenden Regelungen unter rechtlich gefaßte ökonomische Interessen läßt sich bereits altbabylonisch für die Adoption beobachten; cf. nur E.C. Stone/D.I. Owen, Adoption (*Mesopotamian Civilizations 3*), 1ff. (s. dazu die kritische Rezension des Verf. in ZA 85 [*1995*], 163-166).

359 Zur chronologischen Anordnung von Rechtssätzen in der Rechtssammlung von Ešnunna s. Verf., Rechtsgeschichte (*OBO 85*), 62-68; ders., Kodifizierung (*Paris*

takt bilden die Rechtssätze zur Eheschließung (MAG.A §§ 41; 42), an die sich die Rechtssätze zur Eheauflösung und deren Folgen in MAG.A §§ 43; 45; 46 anschließen. Die Redaktion verzahnt diese Rechtssätze mit dem rahmenden Fachwerk in MAG.A §§ 39; 40; 44; 47; 48(49) und mit den Rechtssätzen des Eherechts in MAG.A §§ 25-38. Zur Verklammerung mit dem rahmenden Fachwerk stellt der Redaktor den Rechtssatz zur Vollehe MAG.A § 41 vor den Rechtssatz zur inchoativen Ehe in MAG.A § 42, um so über das Motiv der *esirtu*-Konkubine mit MAG.A § 41 an MAG.A § 40 anzuknüpfen. Um die Verzahnung noch enger zu gestalten, fügt er in MAG.A § 41 den Abschnitt MAG.A § 41 (VI 6-10) ein und unterstreicht damit die Anwendung von MAG.A § 40 auf die *esirtu*-Konkubine. Die Rechtssätze MAG.A §§ 42; 43 und MAG.A §§ 45; 46 sind auf MAG.A §§ 25-38 ausgerichtet. MAG.A § 42 ergänzt MAG.A §§ 30; 31. Die redaktionelle Fortführung des vorgegebenen Rechtssatzes MAG.A § 43 (VI 19-26) in MAG.A § 43 (VI 27-37) ist auf MAG.A § 33 hin orientiert und schließt dort offene Lücken. Die Rechtssätze MAG.A §§ 45; 46 ergänzen MAG.A §§ 36 und 33. In den Rechtssatz MAG.A § 46 fügt der Redaktor mit MAG.A § 46 (VI 90-92*) eine Abgrenzung von MAG.A § 33 ein, so daß sich also für die Rechtssätze MAG.A §§ 42; 43; 45; 46 folgende Bezüge ergeben:

MAG.A § 42	⟷	MAG.A §§ 30; 31
MAG.A § 43	⟷	MAG.A §§ 30; 33
MAG.A § 45	⟷	MAG.A § 36
MAG.A § 46	⟷	MAG.A § 33

Mit MAG.A §§ 25-38 nimmt der Redaktor eine ihm vorgegebene Sammlung von Rechtssätzen des Eherechts auf, die er durch MAG.A §§ 39-48(49) korrigierend ergänzt und mit dem Strafrechtsrahmen zu Körperverletzungs- und Eherecht in MAG.A §§ 1-24; 50-59 verknüpft.

4. Die Redaktion der Mittelassyrischen Rechtssammlung der Tafel A als Programm einer Rechtsreform

Der Redaktor der Mittelassyrischen Rechtssammlung arbeitet mit der Inklusionstechnik[360], indem er die übernommene Sammlung des Eherechts in MAG.A §§ 25-38 mit einem Rahmen in MAG.A §§ 1-24; 50-59 versieht und die Eherechtssammlung in MAG.A §§ 25-28 mit dem Rahmen in MAG.A §§

1999); cf. zur chronologischen Anordnung von Rechtssätzen auch G. Boyer, Science (*Rec. de l'Académie de Législation 12*), 48; H. Petschow, Systematik (*FS M. David*), 142 Anm. 5; G. Cardascia, Lois assyriennes (*Paris 1969*), 45f.

360 S. dazu Verf., Rechtsgeschichte (*OBO 85*), 68-78.

1-24; 50-59 durch die Ergänzung der Fachwerkstruktur in MAG.A §§ 39-48(49) verklammert.

Die Intentionen des Redaktors werden in dem von ihm durchgängig redaktionell strukturierten Rahmenteil in MAG.A §§ 1-24; 50-59 deutlich. An ein ihm vorgegebenes Redaktionsschema der Zusammenordnung von Rechtssätzen des Eherechts und des Körperverletzungsrechts anknüpfend[361], ordnet er in einer kleinen Struktur in MAG.A §§ 7-24; 50-56 Rechtssätze des Körperverletzungsrechts in MAG.A §§ 7-9; 21; 50-52 mit denen geschlechtlicher Delikte in MAG.A §§ 12-16; 20-24; 55-56[362], verklammert durch MAG.A §§ 17-20; 53, in einem Schema der Themenverschränkung durch alternierende Anordnung zusammen, so daß sich folgender Aufbau ergibt:

A:	MAG.A §§ 7-9	*Körperverletzung*
B:	MAG.A §§ 12-16	Delikte (mit) einer (verheirateten) Frau
	MAG.A §§ 17-20	Verklammerung
A:	MAG.A § 21	*Körperverletzung*
B:	MAG.A §§ 22-24	Delikte (mit) einer (verheirateten) Frau
A:	MAG.A §§ 50-52	*Körperverletzung*
	MAG.A § 53	Verklammerung
B:	MAG.A §§ 55; 56	Delikte (mit) einer (unverheirateten) Frau

Über diese Struktur schießen die Rechtssätze MAG.A §§ 1-6 und MAG.A §§ 57-59 hinaus, die so einen Rahmen um MAG.A §§ 7-56 bilden. Der Redaktor zielt auf eine Rechtsreform zur Einschränkung der Privatstrafe sowie der damit verbundenen privatrechtlichen Dispositionsverfügung. Die Rechtssätze MAG. A §§ 57-59, die sich formgeschichtlich als eingliedrige, erklärende Rechtssätze vom vorangehenden Kontext abheben, bringen den Skopus der Mittelassyrischen Rechtssammlung der Tafel A auf den Begriff: Schwere Privatstrafen unheilbarer Verstümmelung werden gerichtlicher Aufsicht unterstellt und die Strafgewalt des Ehemannes gegenüber der Ehefrau auf leichtere Körperstrafen eingeschränkt. Formulieren diese Rechtssätze zum Abschluß der Rechtssammlung das Ziel der Redaktion, so definieren die Rechtssätze MAG.A §§ 1-6 programmatisch den Rahmen, innerhalb dessen Privatstrafe und Dispositionsverfügung noch Geltung haben sollen. Die Rechtssätze öffentlichen Strafrechts in MAG.A §§ 1-3A schränken die Rechtssätze MAG.A §§ 3B-5 ein. Eine privatstrafrechtliche Dispositionsverfügung hat ein Eheverhältnis zur Täterin zur

---

361 Sowohl die Rechtssammlung des Šulgi („Urnammu") wie die aus Ešnunna wurden um Rechtssätze des Eherechts (CŠ [U] §§ 6-15; CE §§ 17; 18; 25-28) und des Körperverletzungsrechts (CŠ [U] §§ 18-22 [U. 7738 II/III]; CE §§ 42-48; 53-58 [s. dazu Verf., Körperverletzungen (*AOAT 226*), 71-78]) herum redigiert; s. Verf., Rechtsgeschichte (*OBO 85*), 15-68.78-135; cf. ders., Rechtsgeschichte (*ZThK 88*), 55. Wenn der Redaktor der MAG.A die Rechtssammlung also um eine ihm vorgegebene Eherechtssammlung herum gruppiert, so bedient er sich damit eines traditionellen Musters.

362 Auf den Zusammenhang zwischen MAG.A §§ 55; 56 und dem Eherecht in MAG.A §§ 12-16 hat bereits J.J. Finkelstein (Sex Offenses [*JAOS 86*], 365-367) hingewiesen.

Voraussetzung (MAG.A §§ 3B-5), dem ein sonstiges enges verwandtschaftliches Verhältnis entsprechen kann (MAG.A § 56). Die Intention, die Privatstrafe einschließlich der spiegelnden oder talionischen Verstümmelungsstrafe[363], verbunden mit der Dispositionsverfügung, einzuschränken, bestimmt nun auch die Redaktionsstruktur des gesamten Rahmens, in dem Rechtssätze der öffentlichen Strafverfolgung und der Privatstrafe in einem A-B-Schema der Themenverschränkung zusammengefügt wurden. Dabei geht es dem Redaktor nicht nur um eine Vermittlung dieser beiden unterschiedlichen Strafarten. Vielmehr stehen wie in MAG.A §§ 1-6 Rechtssätze öffentlicher Strafverfolgung den Privatstrafrechtssätzen programmatisch einschränkend voran, so daß sich folgende Redaktionsstruktur des Rahmens ergibt:

A:	MAG.A §§ 1-3A	öffentliche Strafverfolgung
B:	MAG.A §§ 3B-5	Privatstrafe
	MAG.A § 6	Verklammerung
A:	MAG.A §§ 7-9	öffentliche Strafverfolgung
B:	MAG.A §§ 10(11)	Privatstrafe
A:	MAG.A §§ 12; 13	öffentliche Strafverfolgung
B:	MAG.A §§ 14-16	Privatstrafe
	MAG.A § 17	Verklammerung
A:	MAG.A §§ 18-21	öffentliche Strafverfolgung
B:	MAG.A §§ 22-24	Privatstrafe
A:	MAG.A §§ 50-53(54)	öffentliche Strafverfolgung
B:	MAG.A §§ 55-56	Privatstrafe
A/B:	MAG.A §§ 57-59	Einschränkung der Privatstrafe durch öffentliche Strafverfolgung

Der Redaktor will mit dieser Redaktionsstruktur die königliche Beamtenjudikatur öffentlicher Strafverfolgung stärken und das gentile Privatstrafrecht einschränken.

MAG.A §§ 1-24; 50-59 rahmt das Eherecht in MAG.A §§ 25-38. Die Redaktion dieser ursprünglich selbständigen, dem Redaktor der Mittelassyrischen Rechtssätze der Tafel A vorgegebenen Rechtssammlung des Eherechts, ist an der Differenzierung von inchoativer Ehe und Vollehe orientiert und ordnet, vom Schema von Fall und Gegenfall ausgehend, die Rechtssätze der inchoativen Ehe und der Vollehe in alternierender Themenverschränkung zusammen:

363 S. auch den Überblick über die Strafarten in den Mittelassyrischen Rechtssätzen bei G. Furlani, Diritto penale (*Arch. giuridico 93*), 131f.

A:	MAG.A §§ 25-27	inchoative Ehe
B:	*MAG.A §§ 28-29*	*Vollehe*
A:	MAG.A §§ 30-33	inchoative Ehe
B:	*MAG.A §§ 34-35*	*Vollehe*
AB:	MAG.A § 36	inchoative Ehe/Vollehe
B:	*MAG.A § 37*	*Vollehe*
A:	MAG.A § 38	inchoative Ehe

Die Rechtssätze MAG.A §§ 25; 26 und 38 bilden den Rahmen der Rechtssätze, deren Redaktionsstruktur keinerlei Vermittlung mit dem Kontext in MAG.A §§ 1-24; 50-59 zeigt. Die im Vergleich zum Rahmen in MAG.A §§ 1-24; 50-59 sparsamen redaktionellen Ergänzungen in MAG.A §§ 30 (IV 23-28); 31 (IV 43*); 36 dienen der Verknüpfung der Rechtssätze mit ihren unmittelbaren Kontexten und weisen nicht über MAG.A §§ 25-38 hinaus. Läßt die Redaktionsstruktur der Eherechtssätze in MAG.A §§ 25-38 keinerlei Vermittlung mit der des Rahmens in MAG.A §§ 1-24; 50-59 erkennen, so erklärt sich dies aus der ursprünglichen Eigenständigkeit von MAG.A §§ 25-38 als selbständige Rechtssammlung des Eherechts.

Durch die Rechtssätze MAG.A §§ 39-48(49) verzahnt der Redaktor der Mittelassyrischen Rechtssammlung den Rahmen in MAG.A §§ 1-24; 50-59 mit der selbständigen Eherechtssammlung MAG.A §§ 25-38 und kommentiert sie durch Ergänzungen und Korrekturen. Dazu gestaltet er mit MAG.A §§ 39; 40; 44; 47; 48(49) ein Fachwerk, in das er die Eherechtssätze in MAG.A §§ 41-43; 45; 46 einfügt. Dieses Fachwerk umfaßt in einem äußeren Rahmen Sätze des Pfandrechts in MAG.A §§ 39 und 48(49), das mit MAG.A § 44 auch das Zentrum dieser Struktur bildet. In diesen äußeren Rahmen konzentrischer Struktur sind die aufeinander bezogenen Sätze des Strafrechts in MAG.A §§ 40 und 47 eingefügt, so daß sich folgende Struktur für MAG.A §§ 39-48(49) ergibt:

MAG.A § 39 *Pfandrecht*
- MAG.A § 40 Strafrecht
  - MAG.A §§ 41-43 Eherecht
    - MAG.A § 44 *Pfandrecht*
  - MAG.A § 45;46 Eherecht
- MAG.A § 47 Strafrecht

MAG.A § 48(49) *Pfandrecht*

Zielt der Rahmen in MAG.A §§ 1-24; 50-59 auf die Einschränkung der Privatstrafe zugunsten öffentlicher Strafverfolgung und damit verbunden auf eine Einschränkung privater Strafgewalt, so überträgt MAG.A § 44 diesen Skopus der Rahmenstruktur in MAG.A § 59 von der Gewalt des Ehemannes über die Ehefrau auf die des Gläubigers gegenüber der verpfändeten Person und bindet somit das den Rahmen in MAG.A §§ 39-48(49) bildende Pfandrecht in die große Rahmenstruktur in MAG.A §§ 1-24; 50-59 ein. Auch im Pfandrecht gelten die im Privatstrafrecht gegenüber der Ehefrau gültigen Einschränkungen der Körperstrafe des Gläubigers gegenüber der verpfändeten Person. Das zweite Glied von Rechtssätzen öffentlicher Strafrechtverfolgung in MAG.A §§ 40 und 47 nimmt diese Intention auf, indem es die Übertretung der ehelichen Verhüllungsregel mit dem Kapitaldelikt der Zauberei zusammenstellt und die Verfolgung beider Delikte einschließlich ihrer Aufklärung öffentlichen Organen zuweist. Die Anknüpfungen durch Formelmaterial und Strafarten an die Rechtssätze öffentlicher Strafrechtverfolgung in MAG.A §§ 1-24; 50-59 unterstreichen den intendierten Bezug. Durch die Rechtssätze öffentlichen Strafrechts in MAG.A §§ 40 und 47 werden nun auch die von ihnen in der Redaktionsstruktur umfaßten Rechtssätze des ursprünglich privatrechlich gefaßten Eherechts in MAG.A §§ 41-43; 45-46 in die Rechtsprechung der öffentlichen Rechtsorgane integriert. Die Redaktion dieser chronologisch angeordneten Rechtssätze ist einerseits an der Verzahnung mit dem Rahmenfachwerk in MAG.A §§ 39; 40; 44; 47; 48(49), andererseits an der kommentierenden Ergänzung der Eherechtssammlung in MAG.A §§ 25-38 orientiert. Durch die Voranstellung von MAG.A § 41 stellt der Redaktor eine Brücke zum Rahmenfachwerk in MAG.A § 40 her. Die folgenden Rechtssätze ergänzen die Rechtssätze MAG.A §§ 30; 31; 33; 36 der ursprünglich selbständigen Eherechtssammlung. Umfassen die Strafrechtssätze öffentlicher Strafverfolgung in MAG.A §§ 40 und 47[364] die Eherechtssätze und integrieren sie so in MAG.A §§ 41-43; 45-46 in die Zuständigkeit staatlicher Rechtsorgane, so gilt dies entsprechend für die Rahmung von MAG.A §§ 25-38 durch MAG.A §§ 1-24; 50-59 in der Gesamtstruktur der Mittelassyrischen Rechtssätze[365]:

364 S. MAG.A § 40 V 71.79.91.97 *a-na pi-i ekalli ub-ba-la-áš-ši*; MAG.A § 47 VII 13 *a-na šarri i-qa-ab-bi*, 14*.15* *ša a-na šarri iq-bi-ú-ni*, 20.21 *šarru ki-i i-la-ʾ-ú-ni il-ta-na-ʾ-al-šu*, 26.27 *ša a-na šarri ù mār-šu ta-am-ʾ-a-ta-ni*.

365 S. dazu o. III. 2.1-4; 3.1-2.

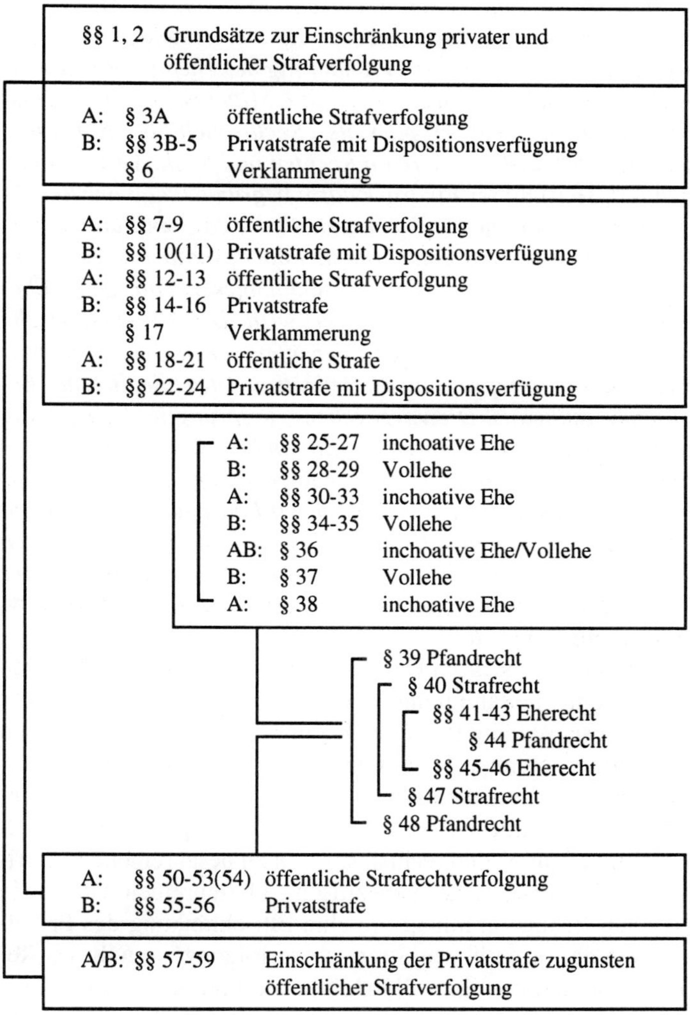

Die Mittelassyrische Rechtssammlung ist das Programm einer Rechtsreform, das das Nebeneinander von gentiler und öffentlicher Strafrechtverfolgung zugunsten der letzteren vermitteln will. Es handelt sich also weder um ein aus mehreren Quellen redigiertes privates Rechtsbuch[366] *noch um ein offizielles*

---

366 So P. Koschaker, Altassyrische Gesetze (*MVÄG 26/3*), 79ff.; cf. auch P. Cruveilhier, Lois assyriennes (*Le Muséon 40*), 24-30.

Gesetzbuch[367]*. Rechtssätze redaktioneller Verschränkungen wie MAG.A §§ 15; 30; 36; 43; 45 sprechen ebenso dagegen wie die Gesamtstruktur der Sammlung, die gerade die Intention zur Veränderung bestehender Rechtspraxis zeigt. Wenn der Eindruck entstehen konnte, die Mittelassyrische Rechtssammlung sei als „Frauenspiegel“*[368] *oder als „Rechtsbuch für Frauen und speziell für Ehefrauen“*[369]*, insbesondere an Rechten und Rechtsverletzungen von Frauen orientiert, so ist dieser Eindruck darin begründet, daß der Redaktor die Privatstrafe auf spezifische Delikte innerhalb der engsten Familie, insbesondere des Eheverhältnisses, einschränkt, und deshalb insbesondere Ehefrauen als Täterinnen thematisiert werden, und umgekehrt das zivile Eherecht in die staatliche Gerichtsbarkeit integriert wird. Die Mittelassyrische Rechtssammlung ist also eher eine im Dienst der öffentlichen Gerichtsbarkeit formulierte Schrift eines Reformprogramms. Bedeutsam ist schließlich der Befund zum Traditionsverständnis. Die vorgegebene, ursprünglich selbständig tradierte Eherechtssammlung wird durch die Einbindung in den Kontext des Reformprogramms in den Horizont öffentlicher Rechtspflege gestellt und aus rein privatrechtlichem Zusammenhang gelöst. Sie wird dazu aber gerade nicht „über Bord geworfen“, sondern in vollem Wortlaut aufgenommen und durch eine ergänzende und korrigierende Fachwerkstruktur, in die als weitere Rechtsthematik das Pfandrecht integriert wird, in den Kontext der Mittelassyrischen Rechtssammlung eingeholt.*

Genau dieser Befund wird sich im Deuteronomium wiederholen[370]. Auch dort wird eine Familienrechtssammlung, in deren Mittelpunkt das Eherecht steht, als ursprünglich selbständig tradiertes Korpus übernommen und in den Horizont eines Reformprogramms gestellt, um durch eine Fachwerkstruktur, die auch Stipulationen des Pfandrechts enthält, in das Reformprogramm eingehängt zu werden. Die inhaltliche Ausrichtung des Reformprogramms ist allerdings dem jeweiligen kultur- und rechtshistorisch zu beschreibenden Horizont Assyriens und Judas entsprechend spezifisch zu beschreiben. Geht es in der Mittelassyrischen Rechtssammlung um eine Einschränkung des Privatstrafrechts zugunsten der öffentlichen Strafrechtverfolgung, so will das Reformprogramm des Deuteronomiums die rechtlichen und ethischen Konsequenzen einer in der Auseinandersetzung mit der Konzeption des assyrischen Pantheons begründeten Kultzentralisation in Juda im 7. Jh. v. Chr. aufarbeiten. Dem wenden wir uns im folgenden zu.

---

367 So G.R. Driver/J.C. Miles, Assyrian Laws (*Oxford 1935*), 12-15; G. Cardascia, Lois assyriennes (*Paris 1969*), 34-36; ders., Codification (*RIDA III/4*), 65-71; ders., Diritto in Assiria (*Pubblicazioni dell'Istituto di Diritto Romano e dei Diritti dell'Oriente Mediterraneo 65*), 51-60; cf. auch A.L. Oppenheim, Rechtsbuch (*WZKM 41*), 258ff.

368 S. M. San Nicolò, Rechtsgeschichte (*Oslo 1931*), 90.

369 S. P. Koschaker, Altassyrische Gesetze (*MVÄG 26/3*), 83; cf. auch P. Cruveilhier, Droit de la femme (*RB 36*), 353-376.

370 Cf. u. IV. 2.

IV. Rechtsreformen im Gesetzeskorpus des Deuteronomiums (Dtn 12-26)

1. Problemstellung

Wie die Mittelassyrische Rechtssammlung der Tafel A ist auch das Gesetzeskorpus des Deuteronomiums Programm einer Rechtsreform. In der Mittelassyrischen Rechtssammlung wird im Familienrecht das gentile Strafrecht zugunsten des Strafrechts öffentlicher Gerichtsbarkeit und damit die Dispositionsverfügung des *pater familias* eingeschränkt. Im Deuteronomium wird das vorgegebene Recht des Bundesbuches fortgeschrieben und unter dem Aspekt der Kultzentralisation reformiert. Diese generelle Übereinstimmung der beiden Rechtssammlungen der Mittelassyrischen Rechtssätze und des Deuteronomiums jeweils als Niederschlag eines Reformprogramms erhält noch dadurch Profil und Gewicht, daß sich auch in Einzelheiten der Redaktion beider Rechtskorpora Parallelen zeigen.

2. Die Rezeption von Redaktionsstrukturen der Mittelassyrischen Rechtssammlung (MAG.A) im Familienrecht des Deuteronomiums

Innerhalb der kasuistischen Rechtssätze des Gesetzeskorpus Dtn 12-26 in Dtn 19,(4f.).(11f.).16-19; 21,1-9.15-17.18-21; 22,13-21.22-29; 24,1-5.7; 25,1-3.5-12[1] bilden die familienrechtlichen Rechtssätze in Dtn 22,13-29 einen geschlossenen Block, der durch die dtn *biʿartā*-Formel in Dtn 22,21b.22b.24b sowie durch Dtn 22,26 als redaktionelle Verknüpfung mit dem Blutrecht in Dtn 19,11[2] ergänzt wurde. Die *biʿartā*-Formel hat in Verbindung mit anderen entsprechenden Formeln wie „du sollst das Blut des Unschuldigen aus Israel wegschaffen (Dtn 19,13; 21,9), „du sollst das Land nicht unrein werden lassen“ (Dtn 21,23) und „jeder, der das tut, ist/diese Dinge sind JHWH ein

---

1 Zur Abgrenzung cf. G. Seitz, Studien (*BWANT 93*), 110f.

2 Zu Dtn 22,26 als Anknüpfung an Dtn 19,11 und exegetische Applikation auf den Vergewaltigungsfall cf. M. Fishbane, Interpretation (*Oxford 1985*), 217-220. Zusammen mit der *biʿartā*-Formel ist der dtn Verfasser des Zusatzes auch für die paränetische Formulierung in Dtn 22,24a verantwortlich; cf. bereits J. Hempel, Schichten (*Leipzig 1914*), 230 Anm. 3; R.P. Merendino, Gesetz (*BBB 31*), 263; G. Seitz, Studien (*BWANT 93*), 120.

Greuel" (Dtn 22,5; 23,19) für den dtn Autor[3] die Funktion, die Rechtssätze, die nicht die soziale Verantwortung thematisieren[4], auf den Aspekt der Reinheit des Landes zu deuten[5]. Da die *biʿartā*-Formel wie Dtn 22,26 als Unterbrechung des Zusammenhanges von Fall und Gegenfall in Dtn 22,25.27[6] sekundäre Einfügung in den Gesetzesblock Dtn 22,22-29 ist, die Formeln aber wie die Verknüpfung des Familien- mit dem Blutrecht in Dtn 22,26 Teil der dtn Redaktion sind, müssen die familienrechtlichen Sätze in Dtn 22,13-21a. 22a.23.24a.25.27.28f. der dtn Redaktion vorgegeben sein. Dtn 22,23.24a sowie der durch אִם als Gegenfall[7] und durch וְשָׁכַב עִמָּהּ als Abschluß der Protasis eng daran angeschlossene Rechtssatz Dtn 22,25.27 sind in den Protasen konzentrisch aufeinander bezogen:

Aus der antithetischen Entsprechung von „in der Stadt" (בָּעִיר) und „auf dem Felde" (בַּשָּׂדֶה) als Kern der konzentrischen Struktur resultieren die antithetisch entgegengesetzten Rechtsfolgen in Dtn 22,24a „sie sollen sterben, die Frau … und der Mann" (וָמֵתוּ אֶת־הַנַּעֲרָ … וְאֶת־הָאִישׁ) und Dtn 22,25b.27 „der Mann stirbt … allein" (וּמֵת הָאִישׁ … לְבַדּוֹ). Die in die konzentrisch strukturierte Einheit (Dtn 22,23.24a.25.27) eingefügte Begründung der Todessanktion „weil er der Frau seines Nachbarn Gewalt angetan hat" (עַל־דְּבַר אֲשֶׁר־עִנָּה אֶת־אֵשֶׁת רֵעֵהוּ) wie auch das Dtn 22,23.24a.25 verbindende Motiv „und er schläft mir ihr" (וְשָׁכַב עִמָּהּ) dienen der Verknüpfung mit Dtn 22,28 (וְשָׁכַב עִמָּהּ) und

3 Zum dtn Charakter der Formel cf. P.E. Dion, Deuteronomy 13 (*JSOT.S 124*), 181; ders., Mal (*RB 87*), 321-349.

4 Cf. Verf., Verantwortung (*FS S. Herrmann*), 290-306 (= ders., Kontinuum [*OBC 8*], 123-138).

5 Die *biʿartā*-Formel interpretiert das todeswürdige Verbrechen von Mann und Frau auf den Aspekt der Reinheit des Landes, während der Gegenfall in Dtn 22,25 sich in den Aspekt des sozialen Schutzes einfügt; cf. Verf., Verantwortung (*FS S. Herrmann*), 296f.304.

6 Cf. R.P. Merendino, Gesetz (*BBB 31*), 296 (Lit.).298f.; G. Seitz, Studien (*BWANT 93*), 122.

7 Zur Redaktion von Fall und Gegenfall cf. C. Locher, Ehre (*OBO 70*), 108.110-116; Y. Osumi, Kompositionsgeschichte (*OBO 105*), 96-101 (zur Monographie von Y. Osumi cf. Verf., Kompositionsgeschichte [*WZKM 83*], 149-165).

Dtn 22,29 (הָאִישׁ הַשֹּׁכֵב עִמָּהּ). Die so strukturierte Rechtssatzeinheit (Dtn 22,23.24a.25.27) wird durch Dtn 22,22a.28f. gerahmt. Der Redaktor stellt zwischen Dtn 22,22a und Dtn 22,28f. einen engen Zusammenhang als Rahmen für Dtn 22,23.24a.25.27 her. Dtn 22,22a wird mit „wenn ein Mann angetroffen wird, der schläft mit …“ (כִּי־יִמָּצֵא אִישׁ שֹׁכֵב עִם) eingeleitet. Dem entspricht spiegelbildlich der Abschluß der Protasis in Dtn 22,28 mit „und er schläft mit ihr, und sie werden angetroffen“ (וְשָׁכַב עִמָּהּ וְנִמְצָאוּ)[8]. Dtn 22,28f. ist von Dtn 22,22a dadurch als Gegenfall abgegrenzt, daß es in Dtn 22,22a um die verheiratete Frau (בְּעֻלַת־בַּעַל), in Dtn 22,28f. um das unverheiratete Mädchen (נַעֲרָ בְתוּלָה אֲשֶׁר לֹא־אֹרָשָׂה) geht, im ersteren Gesetz also um die todesrechtliche Regelung des Ehebruchs, in Dtn 22,28f. dagegen um die ersatzrechtliche Regelung der Gewalttat gegen ein unverheiratetes Mädchen[9]. In dem so gerahmten Korpus wird in Dtn 22,23.24a und Dtn 22,25.27 die Art des Vergehens nach dem Ort des Geschehens in der Stadt oder auf dem freien Feld differenziert, anders als in MAG.A § 55 VIII 15-18, da hier eine Differenzierung nach Stadt und Feld zur Erhebung der Tatbestände von Ehebruch oder Vergewaltigung gerade verworfen wird[10]. Die Abgrenzung des Vergehens bestimmt die Logik der redaktionellen Struktur von Dtn 22,23-27*. Ehebruch und Vergewaltigung werden in Dtn 22,23-27* am Beispiel der inchoativ verheirateten Frau (נַעֲרָ בְתוּלָה מְאֹרָשָׂה לְאִישׁ)[11] als Grenzfall geregelt, während Dtn 22,22a von der vollgültig verheirateten Frau (אִשָּׁה בְעֻלַת־בַּעַל) handelt und keine Differenzierung zwischen Ehebruch und Vergewaltigung vorsieht, sondern grundsätzlich die Todesstrafe für Ehefrau und Konkumbenten. Dtn 22,22a wird als *Grundsatzregelung*[12] den Rechtssätzen Dtn 22,23-27* vorangestellt, die als Legalinterpretation Dtn 22,22a differenzieren[13]. In der Rahmenstruktur (Dtn 22,22a.28f.) wird von dieser Grundsatzregelung (Dtn 22,22a) der Fall des Umganges eines Mannes mit einem unverheirateten Mädchen als nicht dem Todesrecht unterworfen abgegrenzt (Dtn 22,28f.) und dem Ersatzleistungsrecht zugewiesen.

---

8 Zur spiegelbildlichen Wiederaufnahme („Seidel's law“) cf. P. Beentjes, Quotations (*Bib 63*), 506-523. Die Entsprechung ist noch größer, wenn man mit der LXX den Sing. liest.

9 Cf. Verf., Stellung (*ZEE 26*), 279-305 (= ders., Kontinuum [*OBC 8*], 30-48); ders., Scales (*JSOT.S* 262), 128-146.

10 S.o. III. 2.4; cf. B. Landsberger, Jungfräulichkeit (*FS M. David*), 61.

11 Cf. R. Westbrook, Adultery (*RB 97*), 574. Zur inchoativen Ehe in Abgrenzung vom Verlöbnis cf. Verf., Art. Ehe (*RGG⁴ II*). Zu נַעֲרָ בְתוּלָה cf. die Begriffsuntersuchung von C. Locher, Ehre (*OBO 70*), 121-237.

12 Cf. dazu R. Haase, Rechtsregeln (*ZAR 2*), 131-134 (für die keilschriftlichen Rechtssammlungen).

13 Der Zuordnung von Dtn 22,22a zu Dtn 22,13-21 durch G.J. Wenham/J.G. McConville (Techniques [*VT 30*], 250) vermag ich nicht zu folgen, da die Eröffnung der Protasis mit כִּי יִהְיֶה נַעֲרָ בְתוּלָה מְאֹרָשָׂה in V.23 an V.22a anknüpft. Zur Abgrenzung von Dtn 22,3-21 cf. auch C. Locher, Ehre (*OBO 70*), 110-116.

Der Rahmen (Dtn 22,22a.28f.) ist mit den gerahmten Versen (Dtn 22,23-27*) redaktionell verknüpft. Die Wiederaufnahme der Eröffnung des Verses mit „der Mann, der mit der Frau schläft" (הָאִישׁ הַשֹּׁכֵב עִם־הָאִשָּׁה) am Ende von Dtn 22,22a dient der Verzahnung mit den folgenden Rechtssätzen, die in Dtn 22,23.25.28 mit „und er schläft mit ihr" (וְשָׁכַב עִמָּהּ) daran anknüpfen und so auch Dtn 22,28 mit Dtn 22,23-27* verbinden. Die Rechtsfolgebestimmung „der Mann stirbt allein" (מֵת הָאִישׁ ... לְבַדּוֹ) in Dtn 22,25 nimmt Dtn 22,22a „sie auch sollen beide sterben" (וּמֵתוּ גַּם־שְׁנֵיהֶם) auf. Die Definition der jungen Frau in Dtn 22,28 als „Jungfrau, die nicht mit einem Mann inchoativ verheiratet ist" (נַעֲרָ בְתוּלָה אֲשֶׁר לֹא־אֹרָשָׂה) knüpft an Dtn 22,23aα an. Es ergibt sich also graphisch dargestellt folgende Struktur:

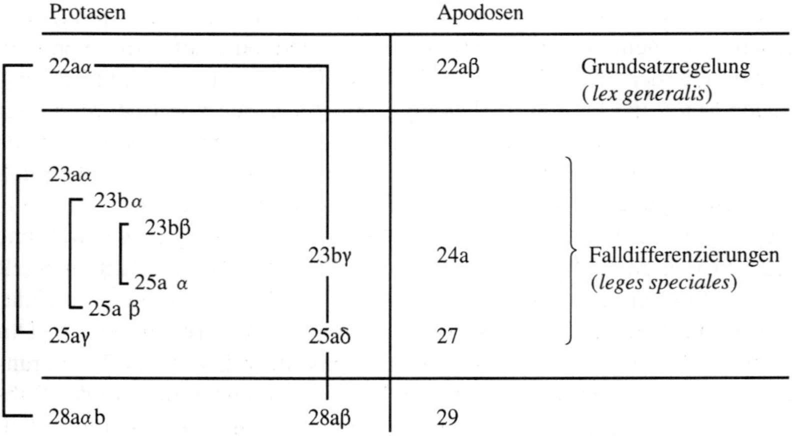

Diese redaktionelle Strukturierung des Eherechts in Dtn 22,22-29* hat eine exklusive Parallele im Eherecht der MAG.A in den §§ 12-16. Auch dort sind die Rechtssätze MAG.A §§ 12-16 konzentrisch strukturiert. Die Fälle der Vergehen von Ehefrau und Konkumbenten in MAG.A § 14A und § 16B bilden einen Rahmen um die Vergehen der Ehefrau bei Straffreiheit des Konkumbenten in MAG.A § 14B und § 16A. In diesen Rahmen stellt der Redaktor MAG.A § 15 als Sammlung von Verfahrensregelungen ein, die zweigliedrig strukturiert ist. Der Redaktor, dem ein Rechtssatz zur Straffreiheit (*aran-šu laššu*) des Ehefrau und Konkumbenten *in flagranti delicto* tötenden Ehemannes vorgegeben war, verzahnt die Rechtsebenen von Privatstrafe und öffentlicher Strafverfolgung, grenzt sie gegeneinander ab und schränkt die Privatstrafe ein. Dem dient auch die Voranstellung von MAG.A §§ 12; 13 vor die konzentrisch angeordneten Gesetze MAG.A §§ 14-16. Die Rechtssätze MAG.A §§ 12; 13 sind von MAG.A §§ 14-16 dadurch abgehoben, daß MAG.A §§ 12; 13 für die Ehefrau die Todesstrafe in einem öffentlichen Strafverfahren stipulieren und eine privatstrafrechtliche Dispositionsverfügung des Ehemannes nicht kennen.

Als Grundsatzregelung vor MAG.A §§ 14-16 gestellt, liefern MAG.A §§ 12; 13 die Voraussetzungen für die Legalinterpretation MAG.A §§ 14-16 durch die Vermittlung mit dem Privatstrafrecht. Der Redaktor vermittelt gentil-private und öffentliche Gerichtsbarkeit, indem er MAG.A §§ 12; 13 und MAG.A §§ 14-16 verzahnt. Er verbindet MAG.A § 13 und § 14 und spannt einen Bogen von MAG.A § 12 bis MAG.A § 16[14], so daß folgende Redaktionsstruktur entsteht:

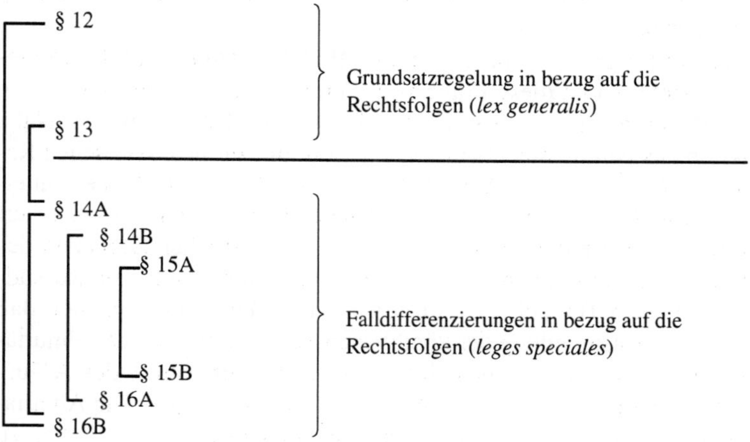

Die exklusive Parallelität zwischen den Rechtssätzen MAG.A §§ 12-16 und Dtn 22,22-29 bedarf der Erklärung. Das Deuteronomium weist gerade im Familienrecht mehrere inhaltliche Parallelen zur Mittelassyrischen Rechtssammlung auf und zwar solche, durch die die Mittelassyrische Rechtssammlung sich von anderen Rechtssatzsammlungen der Keilschriftrechte unterscheidet. Dtn 21,17[15] und MAG.B § 1; O § 3[16] fordern im Gegensatz zu CL §

---

14 Cf. o. III. 2.2.

15 Zu פִּי שְׁנַיִם in Dtn 21,17 cf. E.W. Davies, Meaning (*VT 36*), 341-347. Die These von R. Westbrook (Property [*JSOT.S 113*], 19f.), Dtn 21,15-17 verweigere nur das Recht der Bevorzugung eines Erben zugunsten des Erstgeborenen aufgrund der Einstellung des Erblassers zu den Müttern seiner Söhne, nicht aber eine Einschränkung des Erstgeburtsrechts doppelten Anteils aufgrund des Hasses auf den Erstgeborenen, verkennt die in der Redaktion des Familienrechts im Deuteronomium durchgängige Tendenz des sozialen Schutzes, die die Kompetenz des *pater familias* einschränkt.

16 Cf. E. Weidner, Erbteilung (*AfO 20*), 121-124; C. Saporetti, Questioni (*BeO 13*), 65-68; cf. auch M. David, Beitrag (*SDIO 9*), 81: „Das israelitische Recht schließt eine anderweitige testamentarische Verfügung aus, nicht hingegen das assyrische Gesetz. Zuzugeben ist allerdings, daß anscheinend auch das letztere Gesetz ein Erstgeburtsrecht als das normale betrachtete, wie daraus hervorgeht, daß es für die Intestaterbfolge in Betracht kam.“ Zu KAJ 1:21ff. cf. C. Saporetti, Questioni (*BeO 13*), 66f.

24 und CH §§ 165; 167; 170[17] die Primogenitur doppelten Erbteils. Dtn 22,28f. hat nur in MAG.A §§ 55; 56 eine Parallele[18]. Das gilt auch für die Differenzierung der Delikte mit einer inchoativ verheirateten und einer unverheirateten Frau in Dtn 22,22-28* und MAG.A §§ 12-16; 55; 56[19]. Dtn 25,11 schließlich hat als einziger Rechtssatz des Körperverletzungsrechts im Deuteronomium eine exklusive keilschriftliche Parallele in MAG.A § 8[20]. Auf die zahlreichen terminologischen Übereinstimmungen zwischen Dtn 22,14 und MAG.A § 19 II 83, Dtn 22,26 und MAG.A § 23 III (23).25 sowie MAG.A § 16 II 60 wurden schon hingewiesen[21].

Will man der Frage nachgehen, ob ein Einfluß der MAG.A auf das Deuteronomium besteht, so ist diese Frage vom Familienrecht, insbesondere von Dtn 22,22-29* ausgehend, zu beantworten. Da ist zunächst die zeitliche Nähe der Redaktion des Familienrechts im Deuteronomium zur neuassyrischen Rezeption der MAG.A. Die Tafel A der MAG war ursprünglich Teil einer mittelassyrischen Bibliothek[22], die allerdings bislang archäologisch nicht lokalisiert werden konnte, sondern nur aus Tafelfunden im südwestlichen Hofbezirk des Aššurtempels[23] und aus zerstreuten Funden in neuassyrischem Kontext südwestlich von diesem Tempel rekonstruierbar ist. O. Pedersén vermutet, daß die Bibliothek Privatsammlung der königlichen Schreiberfamilie des Ninurta-uballiṭsu[24] oder, weniger wahrscheinlich, offizielle Bibliothek des Aššur-Tempels des Alten Palastes oder des Anu-Adad-Tempels war[25]. Die Alternative ist erst nach einer etwaigen Freilegung des Standortes der Bibliothek zu entscheiden. Tafel A und B der MAG wurden in neuassyrischem Kontext ei-

---

17 Cf. dazu J. Klíma, Untersuchungen (*MAO 8*), 9-33. Für die Urkunden kommt J. Klíma zu dem Ergebnis, „daß der Vorzugsanteil hauptsächlich in den sumerisch verfaßten Urkunden vorkommt. Die nordbabylonischen Urkunden kennen den Vorzugsanteil nur ganz ausnahmsweise" (a.a.O., 2); cf. auch a.a.O., 27-33; zum südmesopotamischen Vorzugsanteil von 10 % cf. auch R.T. O'Callaghan, Contract (*JCS 8*), 139f. Cf. ferner I. Mendelsohn, Status (*BASOR 156*), 38-40; F.R. Kraus, Erbrecht (*SDIO 9*), 11f. Zum keilschriftlichen Erbrecht cf. auch den Überblick von R. Haase, Einführung (*Wiesbaden 1965*), 75-78, sowie E.W. Davies, Inheritance (*JSS 38*), 175-191.

18 Cf. Verf., Körperverletzung (*ZAW 105*), 153-165.

19 Zur redaktionellen Verbindung von MAG.A §§ 12-16 mit §§ 55;56 cf. o. II. 2.5; 4.

20 Cf. o. II. 2.3; ferner S.M. Paul, Analogues (*Winona Lake 1990*), 353-339; M. Weinfeld, Deuteronomy (*Oxford 1972*), 292f.

21 Cf. o. I.

22 Cf. dazu O. Pedersén, Archives I (*SSU 6*), 31ff.; cf. zum Forschungsstand die Rezension dieser Arbeit von K.R. Veenhof in ZA 77 (*1987*), 283-287.

23 Cf. dazu A. Haller/W. Andrae, Heiligtümer (*WVDOG 67*), 51.

24 Cf. O. Pedersén, Archives I (*SSU 6*), 31ff.

25 Cf. dazu E.F. Weidner, Bibliothek (*AfO 16*), 202f.; cf. auch ders., Privatarchive (*FS V. Christian*), 111-118; s. dagegen bereits W.G. Lambert, Tukulti-Ninurta I. (*Iraq 38*), 85f. Anm. 2.

nes Tores[26] zwischen dem Alten Palast und dem Anu-Adad-Tempel[27] gefunden, das E. Unger[28] mit dem u.a. in KAV 42 II 28; 44 vs 6 genannten Šamaš-Tor identifizierte, das keine fortifikatorische Funktion hatte und als Gerichtsort gedient haben kann[29]. Dieser neuassyrische Fundkontext kann auf die Funktion der aus mittelassyrischer Rechtsgelehrsamkeit stammenden[30] und neuassyrisch zur Tradition gewordenen Tafel MAG.A in der Rechts- und Schreibergelehrsamkeit Assyriens hinweisen[31]. Die neuassyrische Verbreitung der MAG.A dokumentiert der Fund eines weiteren Fragmentes dieser Tafel in Ninive in neuassyrischem Kontext[32].

Eine Kenntnis der keilschriftrechtlichen Redaktionsstrukturen von Rechtssätzen wie die in MAG.A §§ 12-16 ist in Juda nur in städtisch-gelehrtem Kontext denkbar[33]. Die Literaturgeschichte von Dtn 22,22-29 bestätigt das. Der konzentrisch strukturierte und mit einer Grundsatzregelung eingeleitete Abschnitt Dtn 22,22-29 läßt noch in Grundzügen seine literarische Genese erkennen. Kernüberlieferungen sind die gegenüber Dtn 22,23.24a.25.27 einfach strukturierten Rechtssätze in Dtn 22,22a.28f. Dtn 22,22a geht auf einen ursprünglich partizipial formulierten Rechtssatz zurück[34], der im gentilen *môt-jûmat*-Recht[35] in Lev 20,10 und den Prohibitiven in Lev 18,20 und Dtn 5,18 par. Ex 20,14[36] seinen Ursprung hat und nur oberflächlich der kasuistischen Form angepaßt wurde[37].

---

26 Cf. J. Jordan, Grabungsberichte (*MDOG 48*), 28; W. Bachmann, Berichte (*MDOG 54*), 58; cf. o. I.

27 Zur Lage cf. C. Preusser, Paläste (*WVDOG 66*), Tf. 8.

28 Cf. Art. Aššur (*RLA I*), 177; cf. aber auch P.A. Miglus, Stadttore (*ZA 72*), 270 Anm. 31.; B. Pongratz-Leisten, *INA ŠULMI ĪRUB* (*BaghForsch 16*), 26.

29 Cf. E.F. Weidner, Alter (*AfO 12*), 48, sowie bereits W. Andrae, Tempel (*WVDOG 10*), 71.

30 Cf. o. III. 4. Darauf weisen auch die altbabylonischen Fragmente von CH und *ana ittišu* in der mittelassyrischen Bibliothek, die ebenfalls noch neuassyrisch tradiert wurden; cf. O. Pedersén, Archives I (*SSU 6*), 34f.

31 Zum Tor als Gerichtsort cf. Verf., Stadttor (*ÄAT 30*), 195f. Zum Transfer von Keilschrifttafeln aus Bibliotheken und Archiven cf. auch J.N. Postgate, Tablets (*AoF 13*), 31-33.

32 Cf. J.N. Postgate, Texts (*Iraq 35*), 21.

33 Cf. Verf., Town (*JSOT 57*), 3-22 (= J. W. Rogerson [Hg.], Pentateuch [*BiSe 39*], 203-221); ders., Körperverletzungen (*AOAT 226*), 165-187.

34 G. Seitz, Studien (*BWANT 93*), 120; Verf., Verantwortung (*FS S. Herrmann*), 292 (= ders., Kontinuum [*OBC 8*], 128).

35 H. Schulz (Todesrecht [*BZAW 114*], 34f.137) hat bedenkenswerte Gründe beigebracht, daß Lev 20,10 vor Aufnahme in den dekalogisch bestimmten Kontext (s.i.f.) partizipial formuliert war; cf. auch Verf., Dekalog (*FS H.D. Preuß*), 59-68 (= ders., Kontinuum [*OBC 8*], 293-303).

36 Cf. Verf., Ethik (*ThW 3/2*), 39-47; ders., Stellung (*ZEE 26*), 279-305 (= ders., Kontinuum [*OBC 8*], 30-48).

37 Cf. dazu A. Cholewiński, Heiligkeitsgesetz (*AnBib 66*), 32f.

G. Braulik[38] sieht dagegen in Lev 20,10 die literarische Vorlage für Dtn 22,22 und leitet daraus eine dtr-nachexilische Spätdatierung von Dtn 22,22 ab, da

1. das Ehebruchsverbot in Dtn 22,22 aufgrund der Einengung des Falles auf die Entdeckung *in flagranti delicto* „den Eindruck eines gegenüber Lev 20,10 fortgeschritteneren Stadiums der Rechtskodifikation“ (a.a.O., 28) mache;

2. in Dtn 22,22 der Solidaritätsaspekt zugunsten des öffentlichen Interesses (הָרָע מִיִּשְׂרָאֵל) zurücktrete. Diese Tendenz sei schon im Wechsel von Lev 18,20 אֵשֶׁת עֲמִיתְךָ zu אֵשֶׁת רֵעֵהוּ in Lev 20,10 erkennbar;

3. in Dtn 22,22 das Anliegen, daß beide, „der Ehebrecher und die Ehebrecherin“ (הַנֹּאֵף וְהַנֹּאָפֶת), mit dem Tode zu bestrafen seien, durch (גַּם־שְׁנֵיהֶם) („auch beide“) unterstrichen werde. Der Wechsel der Lexeme von „ehebrechen“ (נאף) zu „schlafen mit“ (שׁכב עם) wird damit begründet, daß sich das Lexem „ehebrechen“ nicht zur literarischen Strukturierung des sieben mal das Lexem „schlafen mit“ verwendenden Abschnittes Dtn 22,22-29 eignet.

Es besteht, das hat G. Braulik erneut gezeigt, kein Zweifel an der literarischen Abhängigkeit dieser Texte[39]. Doch die von ihm gewünschte Eindeutigkeit in bezug auf die Rezeptionsrichtung haben diese Argumente auch in ihrer Summierung nicht. Wie ist bei vorausgesetztem literarischen Zusammenhang zweier Überlieferungen zwischen gebenden und nehmenden Texten zu unterscheiden? Als hilfreiche Grundregel sollte Beachtung finden, daß auch der literarische Kontext des jeweiligen Textes für die Entscheidung dieser Frage eine zentrale Rolle spielt. Und der zeigt nun für Lev 20,10, daß das Ehebruchsverbot des Heiligkeitsgesetzes Teil des paränetisch-dekalogischen Fachwerks in Lev 17-26 ist[40]. In Lev 26,1f. schließen sich an die Paränese in Lev 25,55 Bilder-, Fremdgötter- und Sabbatgebot als Übergang zu dem Lev 17-26 abschließenden Segens- und Fluchabschnitt an und bilden mit Lev 19,2-4 den Rahmen für Lev 19-26. Eltern-, Sabbat-, Fremdgötter- und Bilderverbot sind in Lev 19,2-4 unter Aufnahme von Dtn 5,7-10.12-16 als Einleitung der Ethos- und Rechtsordnung in Lev 19 vorangestellt und das Sabbatgebot sowie das der Heiligtumsachtung durch die Wiederaufnahme in Lev 19,30 herausgehoben[41]. Das Fremdgötterverbot faßt die Verbote von Dämonen- und Molechkult in Lev 17,7; 18,21; 20,2-5 zusammen und steht gemeinsam mit dem Bil-

---

38 Cf. Heiligkeitsgesetz (*SESJ 62*), 26-31.

39 Zur These von J. Joosten (People [*VT.S 67*], 200-203; ders., Covenant Theology [*ZAR 4*], 146f.), das Heiligkeitsgesetz sei vom Dtn literarisch unabhängig, cf. die Rezension des Verf. in ThLZ 123 (*1998*), 129-130; ders., Innerbiblische Exegese (*BBB 119*), 152f. Anm. 128.

40 Cf. Verf., Innerbiblische Exegese (*BBB 119*), 172-176.

41 Cf. Verf., Innerbiblische Exegese (*BBB 119*), 146-152; ders., Heiligkeitsgesetz (*FS H. Graf Reventlow*), 68-73; ferner M. Köckert, Gottesfurcht (*FS R. Mau*), 146f. (s. dagegen aber Verf., a.a.O., 149 Anm. 116)

derverbot für die religiöse Aussonderung Israels aus den Völkern als Eigentum Gottes, die im paränetischen Rahmenwerk entfaltet wird[42]. Das Elterngebot wird in Dtn 19,32 ausgelegt[43] und in Lev 20,9f. mit dem Ehebruchsverbot (נאף), das die Verbote geschlechtlicher Beziehungen in Lev 16,8-18; 20,11-21 zusammenfaßt, verbunden. In Lev 26,1 wird das Fremdgötter- und Bilderverbot aus Dtn 18,21f. zitierend[44] zusammengezogen[45] und bildet so, die Ausgrenzung Israels aus den Völkern betonend, den Abschluß der Gebote des Heiligkeitsgesetzes. Lev 20,10 ist also fest integriertes Element der dekalogischen Rahmung des Heiligkeitsgesetzes und setzt Dtn 5,18 voraus. Da der Dekalog erst dtr redigiert[46] und in das Deuteronomium eingefügt wurde[47], kann Lev 20,10 schwerlich Vorlage für den nach Meinung von G. Braulik im Zuge der dekalogischen Redaktion[48] von Dtn 19-25 formulierten Rechtssatz in Dtn 22,22 sein. Auch sind die von G. Braulik herangezogenen Einzelargumente nicht schlüssig. Die konkrete Einschränkung auf die Entdeckung in *flagranti delicto* in Dtn 22,22a ist gegenüber der allgemeinen, am Dekalog ausgerichteten Formulierung in Lev 20,10 kaum Hinweis darauf, daß Dtn 22,22 von Lev 20,10 abhängig sei, sondern eher umgekehrt eine Verallgemeinerung des konkreten Falles in Lev 20,10 vorliegt. Mit „Frau deines Nächsten" (אֵשֶׁת רֵעֵהוּ) wird an das Ethos der Verantwortung dem Nächsten gegenüber in Lev 19,13.16 und deren Zuspitzung auf die Nächstenliebe in Lev 19,18[49] angeknüpft. Von einer Entsolidarisierung in Dtn 22,22 sollte man angesichts eines für das Deuteronomium charakteristischen „Bruderethos"[50] nicht sprechen. Daß schließlich גַּם־שְׁנֵיהֶם in Dtn 22,22 eine zusätzliche Unterstreichung des Anliegens von Lev 20,10 sei, beide Delinquenten zu bestrafen[51], ist nicht schlüssig, da eine verdeutlichende Zufügung von „der Ehebrecher und die Ehebrecherin" (הַנֹּאֵף וְהַנֹּאָפֶת) aufgrund des vorangehenden Singulars מוֹת־יוּמָת nicht ausgeschlossen ist, diese Verdeutlichung aber durch Dtn 22,22a gelenkt ist[52].

42 Cf. Verf., Innerbiblische Exegese (*BBB 119*), 172-176.

43 Cf. Verf., Altersversorgung (*ZAR 1*), 96f.

44 Cf. A. Cholewiński, Heiligkeitsgesetz (*AnBib 66*), 268f.

45 Cf. C. Dohmen, Bilderverbot (*BBB 62*), 192-199.

46 Cf. F.-L. Hoßfeld, Dekalog (*OBO 45*), 214ff.; Verf., Ethik (*ThW 3/2*), 208-219; ders., Art. Dekalog (*RGG⁴ II*) (Lit.); ders., Art. Dekalog (*BThW⁴*), 101-105 (Lit.).

47 Cf. u.a. R. Achenbach, Israel (*EHS XXIII /422*), 31ff.

48 Cf. dazu G. Braulik, Gesetze (*SBS 145*), 62ff.(s. dazu die Anmerkungen des Verf. in der Rezension in ThLZ 119 [*1994*], 15-17; ders., Programmschrift [*HBS 4*], 93-104).

49 Cf. dazu Verf., Ethik (*ThW 3/2*), 243-248.

50 Cf. L. Perlitt, Volk (*FS G. Bornkamm*), 27-52 (= ders., Deuteronomium-Studien [*FAT 8*], 50-73); Verf., Ethik (*ThW 3/2*), 180-192; ders., Programme (*ZAR 3*), 26-63; ders., Soziale Restitution (*RA 93*).

51 Cf. G. Braulik, Heiligkeitsgesetz (*SESJ 62*), 29.

52 Auch in Lev 19,20-25 ist Dtn 22,22-29 vorausgesetzt. Da der Ehebruch der inchoativ verheirateten Frau (cf. E. Kutsch, Art. *ḥrp* I [*ThWAT III*], 221) in Dtn 22,23-27, nicht

Eine Datierung von Dtn 22,22a in nachexilische Zeit ist mit der These einer Abhängigkeit vom Ehebruchsverbot des Heiligkeitsgesetzes nicht zu begründen. Vielmehr gehört Dtn 22,22a zum überlieferungsgeschichtlichen Kernbestand in Dtn 22,22-29*. Dtn 22,28f. stammt wie Ex 22,15f.[53] aus dem kasuistischen Konfliktregelungsrecht der Ortsgerichtsbarkeit[54]. Durch diese die Abwanderung des gentilen Todesrechts[55] widerspiegelnde Verbindung von Todesrecht und kasuistischem Konfliktregelungsrecht[56] wurde die todesrechtliche Regelung des Ehebruches mit einer verheirateten Frau von der des Umgangs mit einem unverheirateten Mädchen abgegrenzt. In diesen Zusammenhang von Fall und Gegenfall (Dtn 22,22a.28f.) wurde die Legalinterpretation zu Dtn 22,22a in Dtn 22,23.24a.25.27 eingeschoben, die, wie die Eröffnung mit כִּי יִהְיֶה zeigt, Dtn 22,22a voraussetzt. Die Differenzierung zwischen Ehebruch und Vergewaltigung wird am Beispiel der inchoativ verheirateten Frau als Grenzfall zwischen den Rechtssätzen, die die vollgültig verheiratete (Dtn 22,22a) und die unverheiratete Frau (Dtn 22,28f.) betreffen, in den Rechtsfolgen durchdekliniert. Die inchoativ verheiratete Frau wird von der unverheirateten abgegrenzt und rechtlich wie eine vollgültig verheiratete Frau behandelt[57], so daß im Analogieschluß die Differenzierung zwischen Ehebruch und Vergewaltigung auch für die vollgültig verheiratete Frau (Dtn 22,22a) gilt[58]. Die Auslegung von Rechtssätzen, die die vollgültig verheiratete Frau betreffen, durch solche zur inchoativ verheirateten Frau hat eine Parallele in CH §§ 129; 130[59]. Durch die Legalinterpretation anhand von Grenzfällen soll der Geltungsspielraum des vorgegebenen Rechtssatzes definiert und gegen andere Regelungen abgegrenzt werden[60]. Darin schlägt sich in den Keilschriftrechten

---

aber in Lev 20,10 behandelt wird, kann auch nicht, wie G. Braulik (Heiligkeitsgesetz [*SESJ 62*], Anm. 28) meint, Lev 20,10 die in Lev 19,20-25 ausdifferenzierte Rechtsnorm sein. Die Voraussetzung von Dtn 22,22-29 im Heiligkeitsgesetz ist also nicht ein „Umweg", sondern notwendig. Zur keilschriftlichen Regelung in CE §§ 26; 31 cf. Verf., Rechtsgeschichte (*OBO 85*), 48.

53 Zum Verhältnis von Ex 22,15f. zu Dtn 22,28f. s.i.f.

54 Cf. Verf., Ethik (*ThW 3/2*), 28f.41.

55 Cf. dazu Verf., a.a.O., 32-47.

56 Cf. Verf., Körperverletzungen (*AOAT 226*), 138-146. Zu Num 5,11-13 cf. M. Fishbane, Accusations (*HUCA 45*), 25-45; Verf., Ethik (*ThW 3/2*), 43f.; cf. auch CH §§ 131; 132; s. dazu R. Westbrook, Marriage Law (*AfO Beih. 23*), 75.

57 S. auch CE § 26; cf. dazu Verf., Rechtsgeschichte (*OBO 85*), 29ff.; R. Westbrook, Marriage Law (*AfO Beih. 23*), 35.

58 Cf. A. Tosato, Matrimonio (*AnBib 100*), 94.110 Anm. 117.

59 Cf. Verf., Rechtsgeschichte (*OBO 85*), 32f.; R. Westbrook, Marriage Law (*AfO Beih. 23*), 35.

60 Cf. zu diesem Verfahren B.L. Eichler, Structure (*AOS 67*), 171-184.

wie im alttestamentlichen Recht eine rechtsgelehrte Beschäftigung nieder, die in der Schreibergelehrsamkeit ihren Ort hat[61].

Sie ist auch der Ort der Rezeption der keilschriftlichen Redaktionsstrukturen des Eherechts in MAG.A §§ 12-16[62]. Derartige Formen der Rechtsgelehrsamkeit sind im Rahmen städtischer Verwaltungszentren des staatlichen Juda und Israel zu erwarten[63]. Sie war möglicherweise an die Schreiberausbildung gebunden[64]. Daß mittel- und spätbronzezeitlich im städtischen Kontext Palästinas Texte des mesopotamischen Schreibercurriculums[65] tradiert wurden, ist durch zahlreiche Funde von Keilschrifttafeln dokumentiert[66]. In den Städten, vor allem in Jerusalem, findet eine Rechtsgelehrsamkeit ihren Ort, die die im Lande beheimateten Rechtssätze zu Ausbildungszwecken juristisch bearbeitet und zu Rechtssammlungen redigiert. Unter der assyrischen Oberhoheit im 7. Jh. v. Chr. intensiviert sich der keilschriftrechtliche Einfluß auf das judäische Recht noch. Die Rezeption der Loyalitätseide Asarhaddons ist ein deutlicher Beweis dafür[67]. Hier ist der Ort, an dem Redaktionsstrukturen wie die in MAG.A §§ 12-16 belegten rezipiert wurden.

---

61 Cf. dazu Verf., Körperverletzungen (*AOAT 226*), 164-187. Zum judäischen Schulbetrieb cf. D.W. Jamieson-Drake, Scribes (*JSOT.S 109*), 147-159. Im Gegensatz zu der hier vorgelegten Analyse rechnet G. Braulik (Gesetze [*SBS 145*], 84) mit einem sukzessiven Wachstum in Dtn 22 von Dtn 22,13-19 als Kern ausgehend, an den Dtn 22,20f. als Gegenfall, Dtn 22,22 als „Rechtsnovelle" und Dtn 22,23-29 als „Ergebnis systematischer Gesetzesproduktion" angefügt worden seien. Unklar ist, worin die Neuerung in Dtn 22,22 gegenüber Dtn 22,13-21 bestehen soll, setzt der Rechtssatz doch ein generelles Ehebruchsverbot auch für die inchoativ verheiratete Frau voraus. Durch die Anfügung von Dtn 22,20f.* an Dtn 22,13-19 wird der einem Mißbrauch des Scheidungsrechts wehrende Rechtssatz in Dtn 22,13-19 in den Horizont des Ehebruchrechts in Dtn 22,22-27* gestellt, das in Dtn 22,23-27* von der inchoativ verheirateten Frau handelt. Während Dtn 22,13-19 auf ein Prozeßprotokoll oder eine Rechtserzählung zurückgeht (cf. C. Locher, Ehre [*OBO 70*], 83-109) und die Nähe zur Rechtspraxis erkennen läßt, ist Dtn 22,20f. vom gelehrten Autor von Dtn 22,23-27* verfaßt worden; cf. u. IV. 3.3.2. Unklar ist auch, wie sich die von G. Braulik postulierte Diachronie in Dtn 22,13-29 zu der These, Dtn 22,22 sei von Lev 20,10 abhängig, verhält. Soll Dtn 22,13-21 der Rezeption von Lev 20,10 in Dtn 22,22 als Novelle von Dtn 22,13-21 vorgegeben sein, und was soll der literarische Kontext von Dtn 22,13-21 sein, wenn Dtn 19-25 erst im Zuge der dekalogischen, vom Heiligkeitsgesetz abhängigen Redaktion verfaßt sein soll? Hier bleiben Fragen offen.

62 Auch im Körperverletzungsrecht des „Bundesbuches" in Ex 21,18-32 sind, wie der Vergleich u.a. mit HG §§ 7-18 zeigt, keilschriftliche Verfahren der Rechtssatzredaktion verwendet worden; cf. Verf., Körperverletzungen (*AOAT 226*), 103-110.167f.; ders., Körperverletzung (*OBO 129*), 391-425 (= ders., Kontinuum [*OBC 8*], 192-223).

63 Cf. G.W. Ahlström, Administration (*SHANE 1*); Verf., Art. *ʿîr* (*ThWAT VI*), 56ff.

64 Cf. H. Cazelles, Droit (*BEThL 68*), 105.

65 Cf. zur Schreiberausbildung auch A. Sjöberg, Eduba (*AS 20*), 159-179.

66 Cf. H. Weippert, Palästina (*HdA II/1*), 266f., sowie D.O. Edzard, Amarna (*Jerusalem 1985*), 250ff.

67 Cf. o. II. 2.

Das erklärt auch, warum es in der Sache zahlreiche Parallelen zwischen Dtn 22,22-29* und MAG.A §§ 12-16; 55; 56[68] gibt. Nur in den MAG der Tafel A wird wie in Dtn 22,22-29* keilschriftrechtlich zwischen Ehebruch als todeswürdigem Verbrechen und dem Beischlaf mit einem unverheirateten Mädchen geschieden. Im Gegensatz zu MAG.A § 55 kennt Dtn 22,28f. aber im Falle der Vergewaltigung keine stellvertretende Talion durch Heranziehung der Ehefrau des Täters[69]. Auch in Dtn 22,23-27 wird wie in MAG.A §§ 12-16 die Verfolgung des Ehebruchs der öffentlichen Strafgerichtsbarkeit der Ortsgerichte zugewiesen. Folgt man in der Interpretation von Dtn 22,22-24 D. Daube[70] und A. Phillips[71], dann ginge es in diesen Rechtssätzen sogar nur um die Aufhebung der Dispositionsverfügung des Ehemannes über die ehebrüchige Ehefrau. Doch ist weder aus dem betonten גַּם־שְׁנֵיהֶם in Dtn 22,22 noch aus der Erzählung Gen 12,11-20 par. Gen 20,2-18; 26,7-11 zu schließen, daß vor der Formulierung von Dtn 22,22 nur der ehebrecherische Konkumbent der Todessanktion unterlag, der Ehemann seiner Ehefrau gegenüber aber eine Dispositionsverfügung hatte. Aber wie immer die Rechtspraxis gewesen sein mag – und vieles spricht dafür, daß die Todesstrafe nicht generelle Sanktion für Ehebruch war, sondern nur für den eindeutigen *in flagranti delicto* aufgeklärten Fall[72] – die Gesetzesüberlieferung des Alten Testaments kennt für den eindeutig vor Gericht durch den Zeugenbeweis aufgeklärten Fall keine andere Sanktion als die der Todesstrafe[73]. Nur in Fällen des Verdachtes auf Ehebruch

---

68 Cf. zum Zusammenhang zwischen MAG.A §§ 12-16 und §§ 55; 56 o. III. 2, sowie Verf., Körperverletzung (*ZAW 105*), 153-165.

69 Die stellvertretende Talion ist dem alttestamentlichen Recht insgesamt fremd; cf. dazu u. IV. 3.3.2.

70 Cf. Landmarks (*Juridical Review 23*), 178f.

71 Cf. Criminal Law (*Oxford 1970*), 110-112; s. dagegen C. Pressler, Women (*BZAW 216*), 33-35.

72 Cf. Verf., Verbot (*UF 24*), 301-310; ders., Scales (*JSOT.S 262*), 128-146.

73 Dagegen will R. Westbrook (Adultery [*RB 97*], 556) auch die alttestamentliche Gesetzesüberlieferung im Horizont des altorientalischen Eherechts mittels der These interpretieren, daß „the failure of the biblical laws to mention the husband's role or the possibility of pardon by him is readily explained. The first case – the basic case of adultery – which they represent, does not traditionally mention these elements. They appear only in the second (sc. MAG.A § 14) and the third case (sc. MAG.A § 15) where they are relevant to questions of collusion and entrapment". Diese Erklärung überzeugt nicht, da sie nur zu erklären vermag, warum das Strafmaß für den Konkumbenten an das für die Ehefrau gebunden wird, nicht aber warum in MAG.A § 13 und Dtn 22,22a ein Dispositionsrecht des Ehemannes nicht vorgesehen ist. Die These, in Dtn 22,22a sei nur partiell „common law" rezipiert worden, dessen Rezeptionslücken aber durch keilschriftliche Rechtssätze des „common law" zu schließen seien, ist ein Zirkelschluß. Zur Ablehnung von R. Westbrooks These eines „common law" im Alten Orient einschließlich Judas cf. Verf., Bedeutung (*ZThK 88*), 140-145, sowie den von B.M. Levinson herausgegebenen Sammelband Theory (*JSOT.S 181*) und die Rezension dieses Bandes durch N. Lohfink in ZAR 2 (*1996*), 201-207. Die von W. Kornfeld (L'adultère [*RB 57*], 92-109)

der Ehefrau hat der Ehemann eine Dispositionsverfügung zur Scheidung. Damit aber sind MAG.A §§ 12-16; 55; 56 und Dtn 22,22-29* bei aller Verwandtschaft in ihren jeweiligen überlieferungsgeschichtlichen und rechtshistorischen Ausgangspunkten weit voneinander geschieden. Dtn 22,22ff. sieht bei eindeutig aufgeklärtem Fall keine Dispositionsverfügung des Ehemannes gegenüber der Ehefrau und dem Konkumbenten, sondern vom literarisch ältesten Kern in Dtn 22,22a bis zu den Erweiterungen in Dtn 22,23-27* die Todesstrafe für die Ehefrau und den Konkumbenten vor. Dagegen ist die Dispositionsverfügung des Ehemannes in den Rechtssätzen MAG.A §§ 14 II 30.31. 33*.38-40; 16 II 58.59*.61.62.66, die der Redaktion von MAG.A §§ 12-16 vorgegeben sind, fest verankert[74] und noch in CH § 129 als Einschränkung der königlichen Richterjudikatur festgehalten. MAG.A §§ 12-16 verbindet durch komplexe rechtsgelehrte Strukturierung das *ius in domo* der Dispositionsverfügung des Ehemannes mit dem Todesrecht der königlichen Richterjudikatur in MAG.A §§ 12; 13, indem der Redaktor die Rechtssätze in MAG.A §§ 12; 13 als Grundsatzregelung vor die konzentrisch strukturierten Regelungen in MAG.A §§ 14-16 stellt, MAG.A §§ 12; 13 mit MAG.A §§ 14-16 verzahnt und einen Rahmen aus MAG.A §§ 12; 13 und MAG.A § 16 bildet[75]. Dieses Redaktionsverfahren hat eine Parallele in Dtn 22,22-27.28f.*. Der Redaktor stellt den aus dem Todesrecht stammenden Rechtssatz Dtn 22,22a als Grundsatzregelung vor die konzentrisch angeordneten Falldifferenzierungen in Dtn 22,23.24a.25.27, bildet aus Dtn 22,22a und Dtn 22,28f. einen Rahmen und verzahnt diesen mit der konzentrischen Struktur in Dtn 22,23.24a.25.27. Wie in MAG.A §§ 12-16 werden Rechtssätze des gentilen und öffentlichen Rechts miteinander verzahnt. Vermittelt MAG.A §§ 12-16 Rechtssätze des Privatstrafrechts und der öffentlichen Strafverfolgung, so werden in Dtn 22,22-29* Rechtssätze des Todesrechts, so in Dtn 22,22a, das im Ursprung gentiles *môt-jûmat*-Recht war[76], mit dem kasuistischen Konfliktregelungsrecht in Dtn 22,28f., das an den lokalen „Torgerichten" beheimatet war[77], in konzentrischer Rahmung verbunden und in rechtsgelehrter Ausgestaltung in

und M. Greenberg (Postulates [*FS Y. Kaufmann*], 12f., ders., Reflections [*ScrHie 31*], 1-4) aufgestellte These eines biblischen Propriums im Eherecht ist durch R. Westbrook (Adultery [*RB 97*], 543ff.) und S.E. Loewenstamm (Laws [*AOAT 204*], 146-149) nicht falsifiziert worden, wohl aber ist sie auf den eindeutig aufgeklärten Fall einzuschränken. Es führt zu unnötigen Fehlurteilen, wenn beim Vergleich keilschriftlicher mit biblischen Rechtssätzen der jeweilige Kontext, in den ein Rechtssatz eingebunden ist, nicht berücksichtigt wird. So leitet M. David (Overspel [*JEOL 8*], 650-654) aus Ex 22,22 im Vergleich mit einem gekürzten Rechtssatz MAG.A § 15 das Recht des Ehemannes auch im biblischen Recht zur Selbsthilfe bei Entdeckung der Tat *in flagranti delicto* ab.

74 Cf. o. III. 2.2.

75 Cf. o. III. 2.2.

76 Cf. Verf., Wandel (*StB 3*), 31-34. 63-66; ders., Körperverletzungen (*AOAT 226*), 138-146; ders., Ethik (*ThW 3/2*), 32-47; ders., Art. Todesstrafe II. (*LThK*^{3} *X*).

77 Cf. Verf., Wandel (*StB 3*), 61-66; ders., Ethik (*ThW 3/2*), 24-31.

Dtn 22,23.24a.25.27 differenziert. Während aber assyrisch die Ausdifferenzierung, die gentile Dispositionsverfügung des *pater familias* gegenüber Personen, die nicht zur Familie gehören, einschränkend, primär an dem Problem der Straffreiheit des Konkumbenten orientiert ist, ist Dtn 22,23-27* an der Straffreiheit für die Frau interessiert. Mit der Differenzierung zwischen Ehebruch und Vergewaltigung, die die rechtsgelehrte Erweiterung von Dtn 22,22a.28f. in Dtn 22,23.24a.25.27 vornimmt, folgt der judäische Redaktor einem auch keilschriftrechtlich u.a. in MAG.A §§ 12; 13; CE §§ 26-28; CH §§ 129; 130[78] und in HG §§ II 83; 84[79] belegten Schema. Die Differenzierung zwischen der Gewalttat an einer verheirateten und einer unverheirateten Frau verbindet Dtn 22,23.24.25.27-28f. mit den Rechtssätzen MAG.A §§ 55; 56[80], die in einem Strukturzusammenhang mit MAG.A §§ 12-16 stehen, während in anderen keilschriftlichen Rechtssammlungen diese Differenzierung nicht belegt ist. In der rechtsreformerischen Vermittlung von privatstrafrechtlichen Rechtssätzen mit solchen der öffentlichen Strafverfolgung stimmen MAG.A §§ 12-16 und Dtn 22,22-29* überein, so daß ein Einfluß assyrischer Rechtsgelehrsamkeit in Gestalt der Mittelassyrischen Rechtssammlung der Tafel A auf das Familienrecht in Dtn 22,22-29* wahrscheinlich ist.

Dtn 22,22-29 ist Teil der Familienrechtssammlung (Dtn 21,15-21aα; 22,13-21a.22a.23.24a.25.27.28f.; 24,1-4a*; 25,5-10), die der vorexilisch-dtn Redaktion des Deuteronomiums vorgegeben ist*[81]*. Die Rezeption der MAG.A in dieser Rechtssatzsammlung erfolgte in neuassyrischer Zeit. Die Redaktion der judäischen Familienrechtssammlung wurde also im 8./7. Jh. v. Chr. vorgenommen und geht der Redaktion des dtn-vorexilischen Deuteronomiums um nur wenige Jahrzehnte voraus. Dem vorexilisch-dtn Deuteronomium in Dtn 12-26 liegen also mit dem Loyalitätseid (Dtn 13,2-10*; 28,[15].20-44*) und der Familienrechtssammlung (Dtn 21,15-24,4a*) zwei Überlieferungen zugrunde, die unter neuassyrischem Einfluß stehen und sich mit diesem auseinandersetzen. Wie die MAG.A hat auch die protodtn Familienrechtssammlung Züge eines Reformprogramms, das im Familienrecht das*

78 Zum rechtshistorischen Vergleich von CE §§ 26-28 mit CH §§ 129; 130 cf. Verf., Rechtsgeschichte (*OBO 85*), 32-35, und R. Yaron, Laws (*Jerusalem/Leiden ²1988*), 200-205 (s. dazu die Rezension des Verf. in VT 40 [*1990*], 361-369).

79 Cf. J. Friedrich, Gesetze (*DMOA 7*), 86; H. Hoffner, Laws (*DMOA 23*), 86f.

80 Cf. o. III. 2.4.

81 Cf. Verf., Verantwortung (*FS S. Herrmann*), 291-295.299-304; cf. bereits C. Steuernagel, Deuteronomium (*HAT I. 3.1*), 14 Anm. 1.

Privatstrafrecht zugunsten des öffentlichen Strafrechts einschränkt[82] *und die Rechte der Frau stärkt*[83].

Wie die Familienrechtssammlung ist auch das dtn Deuteronomium in Dtn 12-26 Programm einer Rechtsreform, das das Bundesbuch reformuliert[84] und durch das Familienrecht ergänzt. Auch diese dtn-vorexilische Redaktion von Dtn 12-26 steht im Horizont des neuassyrischen Rechts. Dem ist im folgenden nachzugehen.

3. Die Reformulierung des Bundesbuches im Deuteronomium als Programm einer Rechtsreform

3.1 Problemstellung

Ein Treueid für JHWH ist der Ursprung des Deuteronomiums, der die politische *adê* als neuassyrisches Instrument der Herrschaftssicherung in subversiver Rezeption auf JHWH überträgt und so zum Ausdruck bringt, daß nur ihm, nicht aber dem assyrischen Großkönig die ungeteilte Loyalität Judas gilt[85]. Wenn man nach einem „Urdeuteronomium" sucht, dann ist es dieser Loyalitätseid, der durch die direkte Anknüpfung an die *adê* Asarhaddons und ihre Übertragung auf JHWH den politischen Herrschaftsanspruch dem assyrischen König entwindet. Die Rezeption dieser auf das Jahr 672 v. Chr. zu datierenden *adê* Asarhaddons fällt in die Regierungszeit des Königs Josia. Die Stipulationen des Loyalitätseides in Dtn 13,2-10* werden in die vorexilisch-dtn Redaktion des dtn Gesetzes in Dtn 12-26 aufgenommen und in Dtn 17,2-7* in das dtn Programm einer Gerichtsordnung eingefügt[86]. An Dtn 13,2-10* anknüpfend wird ein „Modellprozeß mit Zweizeugenregelung" anhand des Falles religiösen Hochverrats entwickelt, der in der Gerichtsordnung als Paradigma für die Abgrenzung der Zuständigkeit der Ortsgerichte von der des Zentralgerichts in Dtn 17,8-13* dient[87]. Alle durch Zeugen aufzuklärenden Fälle, einschließlich solcher religionspolitischer Natur, fallen in die Zuständigkeit der Ortsgerichtsbarkeit, die nur kultisch aufzuklärenden Fälle dagegen in die des Zentralgerichts. Mit der Differenzierung zwischen Zentralort (הַמָּקוֹם) und Or-

82 Cf. bereits C. Steuernagel (Deuteronomium [*HAT I. 3.1*], 18): „In alledem kommt die Tendenz zur Ersetzung der Privatrache durch die öffentlich-rechtliche Ahndung zum Ausdruck". Zu Dtn 22,13-21 cf. Verf., Ethik (*ThW 3/2*), 42f.178f.

83 Cf. Verf., Scales (*JSOT.S 262*), 128-146, sowie bereits C. Steuernagel, Deuteronomium (*HAT I. 3.1*), 19.

84 Cf. dazu u. IV. 3.3.

85 Cf. o. II. 2.3.

86 Cf. o. II. 2.4.

87 Cf. Verf., Gerichtsordnung (*FS O. Kaiser*), 152ff. sowie u. IV. 3.3.1.

ten der Lande (בִּשְׁעָרֶיךָ) gehören die Ordnungen von Lokal- und Zentralgericht zu den „Zentralisationsgesetzen", die das Rückgrat der vorexilisch-dtn Redaktion des Deuteronomiums ausmachen[88]. Wie also wurde aus dem Treueid für JHWH das dtn Gesetz in Dtn 12-26, das seine Mitte in der Thematik der Kultzentralisation hat?

3.2 Der Forschungsstand der Redaktionsgeschichte in Dtn 12-26

Die Analyse der Redaktion des Gesetzeskorpus in Dtn 12-26 stand lange Zeit im Schatten der literarkritischen und überlieferungsgeschichtlichen Suche nach den Vorstufen des Textes[89]. So begnügte man sich zum Verständnis des Textes mit recht groben inhaltlichen Gliederungen, die nur darin übereinkamen, daß hinter Dtn 16,17 ein Einschnitt zu machen und Dtn 26 als Anhang zu Dtn 12-25 zu verstehen sei[90]. Neuansätze sind bislang rar geblieben.

C.M. Carmichael[91] hat mit den Gesetzen auch ihre Zusammenstellung aus der Umformung von Erzählungen des Tetrateuch erklären wollen. B.M. Levinson[92] hat das Verfahren zu Recht als eine „neo-midrashic eisegesis" bezeichnet. Was zu beweisen wäre, die Abhängigkeit der Rechtssätze und ihrer Anordnung von Erzählungen des Tetrateuch, wird vorausgesetzt, so daß die Argumentation zirkulär ist und mit Hypothesen arbeiten muß wie der, daß im Kanonisierungsprozeß die Rechtssätze als Rechtssätze und nicht als literarische Kommentierungen von Erzählungen mißverstanden worden seien[93].

Eine andere Richtung der redaktionsgeschichtlichen Forschung am Deuteronomium verzichtet darauf, eine Textvorlage zu suchen, die das Arrangement der Gesetze lenkt, sondern rechnet mit Assoziationsketten der Gesetze. Bereits *H.M. Wiener*[94] wollte die Gesetzesabfolge in Dtn 12-26 aus derartigen Ketten erklären. Er wandte sich damit gegen zeitgenössische Versuche, durch literarkritische Operationen Gesetzesanordnungen zu erheben, die stimmiger als der vorliegende Text seien, diesen aber weithin unerklärt lassen. Doch konnte auch H.W. Wiener nicht ganz auf Umstellungen wie die von Dtn 17,2-7 hinter

---

88 Cf. u. IV. 3.3.1-6.

89 Cf. den forschungsgeschichtlichen Abriß o. in I.

90 Cf. den graphischen Überblick über die Gliederungsversuche in der neueren Forschungsgeschichte in G. Seitz, Studien (*BWANT 93*), 92f., sowie den Forschungsüberblick von H.D. Preuß, Deuteronomium (*EdF 164*), 108-112.

91 Cf. Laws (*Ithaca 1974*); ders., Law (*Ithaca 1985*); ferner ders., Origins (*Ithaca 1992*); ders., Law (*Ithaca 1997*).

92 Cf. Approach (*HThR 83*), 229.

93 Cf. Verf., Rezension von C.M. Carmichael, Origins, in ThLZ 118 (*1993*), 1024-1026; ders., Rezension von C.M. Carmichael, Law, in ZAR 4, (*1998*), 284-287.

94 Cf. Arrangement (*JPOS 6*), 185-195.

Dtn 13,6 verzichten[95] und mußte mit zweifelhaften Anordnungsprinzipien rechnen wie dem, daß der Redaktor wichtige Themen zu Beginn abhandelte, in Dtn 25 aber zum Abschluß Gesetze, die „purely miscellaneous“[96] seien, zusammenstellte.

A. Rofé[97], der sich nicht ausdrücklich auf H.W. Wiener beruft, nimmt diese an halachischen und haggadischen Auslegungstraditionen orientierten Thesen auf und rekonstruiert ebenfalls Ketten von Stichwortassoziationen. So soll die Assoziation von „du sollst nicht einpflanzen … du sollst nicht aufrichten … du sollst nicht opfern …“ (לֹא־תִטַּע … לֹא־תָקִים … לֹא־תִזְבַּח …) mit „du sollst nicht verkehren … du sollst nicht ansehen … du sollst nicht nehmen …“ (לֹא־תַטֶּה … לֹא תַכִּיר … לֹא־תִקַּח) die Verbindung des Richtergesetzes in Dtn 16,18f. mit dem Gesetz gegen Idolatrie in Dtn 16,21-17,1 erklären. A. Rofé rechnet mit Assoziationen ähnlicher Gesetzeseröffnungen (cf. Dtn 14,28 und 15,1/21,15 und 21,18.22), Repetition einzelner Termini (cf. Dtn 24,6.7/19,3.8.14/19,11.15.16/22,3.5) oder ganzer Sätze (Dtn 12,4.31) sowie Paronomasien (Dtn 23,17.19). Auch topische Assoziationen wie das Finden eines Tieres in Dtn 22,4.6 oder die Verurteilung durch ein Gericht in Dtn 25,1-3.5-10 sollen die Textabfolge erklären. Hinzu kommen schließlich konzentrische Anordnungen als formales Strukturprinzip. A. Rofé stützt sein Vorgehen auf die These, daß auch in der Tempelrolle und der Mischna mit diesen Redaktionstechniken gearbeitet worden sei und schließt daraus: „If the various methods of arrangement mentioned above are not specific to particular books, but obtain in various biblical and Rabbinic compositions originating in distinct periods, they may be regarded as the accepted scribal practice of the entire ancient period. Thus, even if a book was edited several times, and assimilated additions and expansions, any late author would have reworked the material according to the conventions of the profession“[98]. So konnte A. Rofé die Suche nach einer den vorliegenden Text – bei A. Rofé konsequent den masoretischen Text – strukturierenden Ordnung mit einer diachronen Perspektive zur Rekonstruktion der literarischen Genese des Textes verbinden. Die Gesetze gegen Idolatrie in Dtn 15,21-17,7 seien aus ihrer ursprünglichen Stellung zwischen Dtn 13,1 und Dtn 13,2 in einer alten Deuteronomiumsrolle herausgeschnitten und sekundär an die assoziativ sich anbietende Position in der Gerichtsordnung gesetzt worden. Die Redaktionstechnik der Assoziationsketten bleibt aber formal und dem Text äußerlich, da inhaltliche Redaktionsintentionen nicht erfaßt werden, und führt zu entsprechend mechanischen Erklärungen. Die in Dtn 16,18-17,1 als Schlüssel für den Zusammenhang von Dtn 16,18-20 und Dtn 16,21-17,1 rekonstruierte Assoziationskette weist gerade,

95 Cf. dazu o. II. 2. 2.

96 Cf. H.M. Wiener, Arrangement (*JPOS 6*), 194.

97 Cf. Arrangement (*EThL 64*), 265-287.

98 Cf. A. Rofé, a.a.O., 284.

abgesehen von der Negationspartikel, keinerlei Übereinstimmungen auf und vermag nicht inhaltlich zu erklären, warum das Gesetz gegen Idolatrie in Dtn 16,21-17,1 so in den Kontext gesetzt wurde, daß es die Gerichtsordnung aufsprengt. Derartige Thesen von Assoziationsketten wenden sich gegen die klassische Literarkritik, ohne die Verwerfungen auf der Textoberfläche besser erklären zu können. Verbindet A. Rofé noch die Hypothese der Assoziationsketten mit diachronen Hypothesen, so sinkt der Erklärungswert weiter. Es bleibt ungeklärt, warum Kolumnen aus der einen Rolle gelöst und in einer anderen an anderer Stelle eingefügt sein sollten. Statt mit derartigen Umstellungen zu rechnen, ist nach der kompositorischen Funktion von Dtn 16,21-17,1 zu fragen. In Dtn 16,21f. wird an Dtn 7,5; 12,3 anknüpfend die dtr Aufforderung, die Kulteinrichtungen der Landesbewohner zu zerstören, zur Forderung der Kultreinheit an dem von JHWH erwählten Heiligtum weiterentwickelt. Daraus resultiert der Singular von Aschere und Mazzebe sowie die Auslassung des Altars. Dtn 16,21f. schlägt also einen Bogen zurück zu Dtn 12,3f. und dem dtr Zentralisationsgebot in Dtn 12,5ff. und knüpft in Dtn 16,22b an Dtn 12,31 an[99]. Dtn 17,1 nimmt, ebenfalls an die dtr Zentralisationsthematik anknüpfend, die Opfergesetzgebung in Dtn 15,19-23 auf. Intention des dtr Abschnittes Dtn 16,21-17,1 in Verbindung mit Dtn 16,20 (dtr) ist die Zusammenfassung von Dtn 12,2-17,1 zu einem Block von Zentralisationsgesetzen im Horizont von Dtn 5,6-12[100]. Die These der Redaktion nach Assoziationsketten bleibt formal und vermag die Absichten der Kompositionsstruktur nicht zu erfassen[101].

Jüngst hat *J.H. Tigay*[102] erneut in der These der Assoziationsketten den Erklärungsschlüssel für die Redaktion der Gesetze in Dtn 12-16 gesehen. Zunächst teilt er die Gesetze inhaltlich auf die fünf Abschnitte „Kultort und andere religiöse Angelegenheiten“ (Dtn 12,2-16,17), „zivile und religiöse Amtsträger“ (Dtn 16,18-18,22), „rechtliche und militärische Angelegenheiten“ (Dtn 19,1-21,9); „verschiedene Gesetze, meistens das gesellschaftliche und häusliche Leben betreffend“ (Dtn 21,10-25,19) und „liturgische Erklärungen“ (Dtn 26,1-15) auf. Folgt J.H. Tigay damit noch traditioneller Textgliederung, wie sie seit G.R. Driver[103] üblich ist, so will er vor allem die Ordnung der Rechtssätze innerhalb dieser Abschnitte, besonders in Dtn 21,10-25,19 erklären. Er schließt sich eng an A. Rofé an und erklärt die Redaktion der Gesetze innerhalb der fünf Abschnitte aus einer Mischung topisch-intrinsischer und assoziativ-extrinsischer Prinzipien. Stärker als A. Rofé bringt er neben den komplex

99 Cf. Verf., Gerichtsordnung (*FS O. Kaiser*), 148f.

100 Cf. dazu i.f.

101 Entsprechendes gilt für die Anwendung dieses Prinzips auf keilschriftliche Rechtssatzsammlungen durch H. Petschow (Systematik [*ZA 57*], 146-172; ders., Systematik [*FS M. David*], 131-143); cf. dazu Verf., Rechtsgeschichte (*OBO 85*), 10-13.

102 Cf. Deuteronomy (*JPSTC*), 446-459.

103 Cf. Deuteronomy (*ICC*), 135f.

strukturierten Assoziationsketten auch kompositionskritische Gesichtspunkte zur Geltung. So sei die Verbindung von Dtn 16,21-17,1 mit Dtn 17,2-7 im Lichte der Verbindung von Dtn 12,2-13,1 mit Dtn 13,2-19 zu interpretieren. Dtn 16,21-17,1 expliziere Dtn 12,3-4.30-13,1, während Dtn 17,2-7 in vielen Einzelheiten Dtn 13 ähnlich sei. Doch zieht J.H. Tigay daraus keinerlei redaktionskritische Konsequenzen, sondern kommt zu dem Schluß, daß Dtn 17,2-7 sekundär an diese Stelle gesetzt sei, um die Gesetze für Richter und Gerichte in einer Textkette zu vereinen. Warum aber wurde Dtn 16,20-17,1 zwischen Dtn 16,18f. und Dtn 17,2-7 gesetzt? Die Frage bleibt offen. J.H. Tigay räumt selbst ein, daß „admittedly, a degree of subjectivity enters into such explanations. This is because in this kind of organization the compiler himself is making subjective links, and sometimes it is difficult to identify what was in his mind“[104].

Der inhaltlichen Logik innerhalb der Assoziationsketten will *W.S. Morrow*[105] auf die Spur kommen, wenn er, an W. Richters Programm der „Exegese als Literaturwissenschaft“ (1971) orientiert, die Kohäsion kleiner Einheiten innerhalb einer Kette beschreibt. Im Gegensatz zu W. Richter werden aber die kleinen Einheiten nicht mittels der Werkzeuge der Literarkritik gewonnen, sondern durch die Übernahme von *Petuchot* und *Setumot* des masoretischen Textes. Damit wird als diachrones Kriterium die Orientierung kleiner Einheiten an der Thematik des Zentralheiligtums (הַמָּקוֹם) verbunden, die eine מָקוֹם-Schicht bilden und in die Josia-Zeit zu datieren seien. Innerhalb dieser Schicht sei als Anordnungsprinzip der Übergang von den in der 2. Pers. m. s. angeredeten freien Israeliten (Dtn 12,13-19; 14,22-27; 15,19-23; 16,1-17) über die Richter und Beamten, die eine Gruppe innerhalb der freien Bürger bilden und ebenfalls in der 2. Pers. m. s. angeredet werden (Dtn 16,18-20; 17,8-13), zu den Priestern, die nicht zu den landbesitzenden Israeliten gerechnet werden, und von denen daher in der 3. Pers. m. s. gesprochen werde (Dtn 18, 1-8). Das Anordnungsprinzip der Rechtssätze sei also das von „all – some – none“. Dieses Anordnungsprinzip soll in keilschriftlichen Rechtssatzsammlungen eine Entsprechung in der Anordnung nach sozialer Schichtung haben. Ein anderes Anordnungsprinzip in der מָקוֹם-Schicht orientiere sich am Zeitaspekt. Während die Gesetze in Dtn 12,13-19; 14,22-27; 15,19-23; 16,1-17 Wallfahrten zum Zentralheiligtum zu fest terminierten Anlässen regeln, gehe es in Dtn 16,18-17,13*; 18,1-8 um Reisen zum Zentralheiligtum, die zeitlich nicht fixiert seien. Dtn 16,18-20 schließlich wurde dem Grundsatz „vom Allgemeinen zum Speziellen“ folgend vor Dtn 17,8-13 gestellt, während Dtn 16,21-17,7 als sekundäre Ergänzung auszuscheiden sei. Der Grundsatz „vom Allgemeinen zum Speziellen“ präge die Redaktion der מָקוֹם-Schicht insgesamt, insofern die מָקוֹם-Gesetze in Dtn 14-18* die Grundregeln in Dtn 12,2-

104 Cf. J.H. Tigay, Deuteronomy (*JPSTC*), 451.
105 Cf. Center (*SBL.MS 49*), bes. 219ff.

19 explizieren. Das Schema von „all – some – none" sei dagegen nicht in Dtn 19-25 zu finden, wohl aber in Dtn 26,1-11, insofern hier die Gruppe „all" und „none" zusammengebracht werden. W.S. Morrow will die assoziativen Verkettungen von Rechtssätzen unter inhaltlichen Gesichtspunkten erfassen und führt damit über A. Rofé und J.H. Tigay hinaus. Er hat richtig gesehen, daß sich mehrere Redaktionsgesichtspunkte in einem Text überlagern können[106]. Doch die Abgrenzung der kleinen Einheiten durch *Petucha* und *Setuma* ist literaturhistorisch verfehlt. Selbst dann, wenn sie sich mit J.M. Oesch[107] in das 1. Jh. v. Chr. zurückführen lassen, sind sie nur für die Textinterpretation zur Zeitenwende aussagekräftig. Die Kompositionsstrukturen des Textes geraten so von vornherein aus dem Blick[108]. Auch die Literarkritik bleibt auf der Basis dieser Textabgrenzungen ohne Anhalt, wenn die Sozialprogramme für die *personae miserae* mit Hinweis auf *Petuchot* und *Setumot* ausgeschieden werden. Das Sozialprogramm in Dtn 15,1-18 wird durch Pet./Set. in die Abschnitte Dtn 15,1-6.7-11.12-18 aufgeteilt. Um das Verhältnis dieser Einheiten zueinander zu bestimmen, wird die Orientierung am Kultort zum diachron entscheidenden Kriterium, das Dtn 14,28 als Teil der מָקוֹם-Schicht erweise. Dtn 15,1 sei über die Zeitformel mit Dtn 14,28 verklammert, so daß Dtn 15,1ff. der Kultortschicht zuzuweisen, Dtn 15,7-11.12-18 aber Zusatz sei, der an der Gesellschaftsordnung und nicht am Kultort interessiert sei. Das aber muß Rückwirkungen auf Dtn 15,1-6 haben, da auch hier das Interesse an der Gesellschaftsreform einfließt. So werden in diesem Abschnitt V.4-6 als Zusatz abgetrennt und nur Dtn 15,1-3 der מָקוֹם-Schicht zugewiesen – ein wenig konsequentes Vorgehen, denn nach dieser Logik müßte auch V.2f. ausgeschieden werden[109]. Eben diese Inkonsequenzen kehren bei der Analyse von Dtn 16,18-17,13 wieder. Dtn 17,2-7 wird von Dtn 16,18-20.(21-23) durch Pet./Set. abgetrennt. Dem folgt W.S. Morrow und scheidet Dtn 17,2-7 als nicht an den Zentralort gebunden und also sekundär aus. Damit ist der Blick dafür verstellt, daß in Dtn 17,2-7*.8-13 die Dialektik von Zentralort (מָקוֹם) und Ortschaften des Landes (שְׁעָרִים) die Feder führt, die für jede מָקוֹם-Schicht kennzeichnend sein muß. So hängt Dtn 17,8-13 in der Luft, weil keine schlüssige Definition der Zuständigkeit des Zentralgerichts gegeben wird. Die liefert erst die Verbindung mit Dtn 17,2-7*[110]. Dann aber fällt eine Redaktionsstruktur „all – some – none" in sich zusammen, da Dtn 17,2-7* an alle Rechtsfähigen gerichtet ist. Schließlich wird auch in Dtn 16,18b von den Richtern in der 3.

106 Beispiele dafür hat auch die Analyse von MAG.A §§ 7-24; 50-56 gezeigt (s.o. III. 2.). Auch ist die Polysemie von Redaktionsstrukturen im Bundesbuch anzuführen; cf. Verf., Wandel (*StB 3*), 24ff.; ders., Kodifizierung (*Paris 1999*).

107 Cf. Petucha (*OBO 27*).

108 Cf. die Rezensionen des Verf. in ZAR 2 (*1996*), 208f.; ders., BiOr 55 (*1998*), 414-417, sowie von U. Rüterswörden in ThLZ 122 (*1997*), 135-137.

109 Cf. u. IV. 3.3.3.

110 Cf. o. II. 2.4.

Pers. m. s. gesprochen, und in Dtn 18,4 werden wieder alle Judäer angeredet. Was W.S. Morrow als umfassende Redaktionsgesichtspunkte darstellt, entpuppt sich als nichts mehr und nichts weniger als die altbekannte Tatsache, daß im dtn Deuteronomium der freie Bürger in der 2. Pers. m. s. angeredet wird, nicht aber die Priester. Deren Versorgungsregelungen werden den Angeredeten mitgeteilt und nur dort, wo die Priester selbst gefordert sind, wie in Dtn 18,14, werden sie auch direkt angesprochen.

Daß die von ihm angeführten Redaktionsverfahren in Dtn 19-25 nicht greifen, räumt W.S. Morrow ein. Hier sei vielmehr mit einer am Dekalog orientierten Anordnung zu rechnen. Damit nimmt er einen anderen Zweig der Redaktionskritik der Deuteronomiumsforschung auf, dessen Vertreter mit einer dekalogischen Redaktion in Dtn 12-25 rechnen. Bahnbrechend war die 1859 von *F.W. Schultz* im Rahmen seiner Deuteronomiumsauslegung aufgestellte These[111]:

„Womit kann nun aber die specielle Predigt geeigneter anheben, als mit jenem grossartigen, durch Gottes Mund selber öffentlich vom Sinai herabverkündigten, und allen anderen Verordnungen als Haupt vorangestellten Decaloggesetze? Ist dasselbe doch die Summe alles übrigen Gesetzes, was es je im Alten Bunde geben konnte; stellt es doch wenigstens alle Hauptgrundsätze, alle religiös-sittlichen Fundamentalwahrheiten fest, die irgendwie, wo es göttliche Ordnung giebt, immer wieder zu Grund liegen müssen. Dass es der Verfasser selber als solches erkennt, legt er aufs Bestimmteste dadurch an den Tag, dass er nicht blos die Voranstellung seinerseits beibehält, sondern alsbald auch alles Folgende als blosse weitere Ausstrahlung ganz nach der Ordnung seiner zehn Gebote und mit sichtlicher Beziehung auf sie durchgeht“[112].

Knapp ein Jahrhundert später wird die These dekalogischer Strukturierung des dtn Gesetzes zunächst von A.E. Guilding[113], dann von H. Schulz[114] und H.D. Preuß[115] wieder aufgenommen. Aber erstmals S.A. Kaufman[116] entwickelte die These dekalogischer Anordnung der dtn Gesetze ausführlicher und verband sie mit vermeintlichen Redaktionsprinzipien keilschriftlicher

---

111 Cf. F.W. Schultz, Deuteronomium (*Berlin 1859*), 13-24.

112 Cf. F.W. Schultz, a.a.O., 13.

113 Cf. Notes (*JThS 49*), 43-52. A.E. Guilding ordnet vom 5. Gebot an jeweils die Deuteronomiumsgesetze den Dekaloggeboten paarweise zu, so daß sich folgende Ordnung ergibt:
V./VI. Gebot: Dtn 16,18-22,8
VII./VIII. Gebot: Dtn 22,13-24,7
IX./X. Gebot: Dtn 24,10-25,16

114 Cf. Todesrecht (*Diss. theol. Marburg 1966*), 151-157; ders., Todesrecht (*BZAW 114*), 65-67; cf. auch O. Kaiser, Einleitung (*Gütersloh* ^{5}*1984*), 127f. H. Schulz teilt die Deuteronomiumsgesetze wie den Dekalog in die drei Abschnitte a) Kult- Privilegrecht, b) Familienrecht und c) Nächsten- und Prozeßrecht ein.

115 Cf. Deuteronomium (*EdF 164*), 111f.

116 Cf. Structure (*Maarav 1/2*), 105-158.

Rechtssatzsammlungen[117]. Im Gegensatz zu den vorangegangenen Vertretern der These dekalogischer Redaktion in Dtn 12-25, die eine nur grobe Zuordnung von dtn Gesetzen zu Dekaloggeboten für möglich hielten, will *S.A. Kaufman* das Gesetzesmaterial in Dtn 12-25 detailliert und fast vollständig den Dekaloggeboten folgendermaßen zuordnen:

I./II.	Gebot:	Dtn 12,1-31
III.	Gebot:	Dtn 13,1-14,27
IV.	Gebot:	Dtn 14,28-16,17
V.	Gebot:	Dt 16,18-18,22
VI.	Gebot:	Dtn 19,1-22,8
VII.	Gebot:	Dtn 22,9-23,19
VIII.	Gebot:	Dtn 23,20-24,7
IX.	Gebot:	Dtn 24,8-25,4
X.	Gebot:	Dtn 25,5-16

Bis auf das Gesetz zur Ehescheidung (Dtn 24,1-4), das sich der Unterordnung unter die Eigentumsthematik des VIII. Dekaloggebotes widersetze, soll die Zuordnung zu Dekaloggeboten lückenlos sein und auf nur *eine* Redaktion zurückgehen. Daraus schließt S.A. Kaufman, daß der Gesetzescharakter des Deuteronomiums höher als in der jüngeren Deuteronomiumsforschung üblich veranschlagt werden sollte. Aufgrund stilistischer Eigentümlichkeiten wird Dtn 12,1-25,16 als literarisch einheitlich in die Josia-Zeit datiert.

„The efforts of a century of scholarship to propose elaborate redactional histories for DL (sc. Deuteronomic Law) must be deemed fruitless. DL did not grow in stages as these scholars would have us believe. It is rather a unified masterpiece of jurisprudential literature created by a single author“[118].

Der Dekalog (Dtn 5,6-21) ist exilisch-dtr redigiert[119], so daß das dtn Gesetzeskorpus, sollte es vom Dekalog unabhängig sein, insgesamt dtr verfaßt sein müßte – eine wenig plausible Konsequenz. Wird auf eine am Text orientierte Redaktionsgeschichte verzichtet, bleibt die Einteilung in die Abschnitte der Dekaloggebote entsprechend formal und dem Deuteronomium äußerlich[120].

---

117 Cf. H. Petschow, Systematik (*ZA 57*), 146-172; ders., Systematik (*FS M. David*), 131-143; s. dazu die Kritik des Verf., Rechtsgeschichte (*OBO 85*), 10-13.

118 Cf. S.A. Kaufman, Structure (*Maarav 1/2*), 147.

119 Cf. L. Perlitt, Art. Dekalog (*TRE VIII*), 408-413; F.-L. Hoßfeld, Dekalog (*OBO 45*), 214ff.; Verf., Ethik (*ThW 3/2*), 208ff. (Lit.); ders., Art. Dekalog (*RGG^4 II*). S.A. Kaufman (Table [*FS M.H. Pope*], 111-116; cf. ders. (Structure [*Maarav 1/2*], 146) will in der Abfolge von Mord, Ehebruch, Diebstahl und Falschzeugnis ein Schema sehen, das schon in der keilschriftlichen Rechtsgelehrsamkeit verwendet wurde. Wie bereits gezeigt, bewährt sich diese These in den MAG.A nicht; cf. o. III.

120 Cf. nur F.-L. Hoßfeld, Dekalog (*OBO 45*), 280; G. Braulik, Gesetze (*SBS 145*), 17.

So ist es konsequent, wenn *G. Braulik*[121] die dekalogische Strukturierung der Gesetze des Deuteronomiums auf eine nachexilisch-dtr Redaktion beschränkt, die Dtn 19-25 an das exilisch-dtr Deuteronomium in Dtn 12-18 anfügte und auf die im wesentlichen die Endgestalt des vorliegenden Textes zurückgehen soll. G. Braulik räumt damit ein, daß der spätdtr Anordnung der Gesetze nach dem Dekalog in Dtn 12,2-18,22 Textgestalten vorausgehen, die unter anderen Gesichtspunkten redigiert wurden und die eine lückenlose Zuordnung der Gesetze zu Dekaloggeboten in diesen Kapiteln erschweren. Dennoch kommt er zu folgenden Zuordnungen:

I. Gebot:	Dtn 12,2-13,19: „JHWH an der einen, von ihm erwählten Opferstätte und als den einzigen Gott Israels verehren“
II. Gebot:	Dtn 14,1-21: „Israel in Ritualdifferenz zu den Völkern anderer Götter“
III. Gebot:	Dtn 14,22-16,17: „Kult und ‚Bruderschaft‘ im heiligen Rhythmus“
IV. Gebot:	Dtn 16,18-18,22: „Ämterverfassung“ – Dtn 16,18-17,1 hat „Überleitungsfunktion“.
V. Gebot:	Dtn 19,1-21,23: „intentionale Tötung“ mit Digression Dtn 22,1-11 Übergangstext von Rechtssätzen des Themas „Leben bewahren“ und „Sextum“
VI. Gebot:	Dtn 13-23,15: „die Würde von Mann und Frau schützen“
VII. Gebot:	Dtn 23,16-24,7: „menschliche Bedürfnisse und Beziehungen über das Eigentumsrecht stellen“
VIII. Gebot:	Dtn 24,8-25,4: „den Armen, sozial Schwachen und Schuldiggewordenen ihr Recht nicht verweigern“
IX. Gebot:	Dtn 25,5-12: „Nachkommenschaft nicht verhindern“
X. Gebot:	Dtn 25,13-16: „kein falsches Gewicht und Maß verwenden“

Während in Dtn 12-18 die Abschnitte schlicht aneinandergereiht und nur indirekt auf den Dekalog zu beziehen seien – das Elterngebot kann nur über Philo von Alexandriens Auslegung[122] auf die Ämterverfassung in Dtn 16,18-18,22 bezogen werden –, sei hier ein anderes Verfahren vorherrschend. Statt der simplen Aneinanderreihung sei in Dtn 19-25 mit „Überleitungstexten“ wie Dtn 22,1-12 und rahmenden „Klammerparagraphen“ gearbeitet worden. Die Rechtssätze zum 6. und 7. Gebot seien so miteinander verbunden, daß ein Sexualgesetz in Dtn 23,15f. am Anfang des Abschnitts zur Eigentumsthematik stehe und mit Dtn 24,1-4.5 zwei weitere Gesetze gegen Ende in den Abschnitt Dtn 23,16-24,7 „eingehängt“ seien. In den Abschnitt zum 8. Gebot seien Dtn 24,19-22; 25,4f. durch Attraktion eingebunden und greifen das Thema „Eigentum“ auf. Durch Dtn 25,17-26,15 schließlich werde unter Rückgriff auf Dtn 12 das Gesetzeskorpus gerahmt. Aus den Unterschieden der Redaktionstechniken in Dtn 12-18 und Dtn 19-25 leitet G. Braulik ab, daß Dtn 19-25 erst im Zuge der spätdtr Endredaktion an den Block Dtn 12-18 angefügt worden

121 Cf. Gesetze (*SBS 145*), 23ff.; ders., Deuteronomium (*StTh 1/1*), 133f. Cf. dazu die Rezension des Verf. von G. Braulik, Gesetze, in ThLZ 119 (*1994*), 15-17.

122 Cf. De Decalogo XXXI, 165 (Werke I [*Berlin* ²*1962*], 406).

sei. Er untermauert die Spätdatierung von Dtn 19-25 mit der These, Dtn 24,10-17 sei von Ez 18,5-20 abhängig:

„Im einzelnen lassen sich folgende Elemente in Ez 18,5-20 und Dtn 24,10-17 miteinander vergleichen: die Pfandbehandlung eines Schuldners in Ez 18,7.12.16 mit Dtn 24,10-13, speziell die Feststellung der Gerechtigkeit in Ez 18,20 mit Dtn 24,13; die Unterdrückung als *ʿānî wᵉʾæbyôn* in Ez 18,12 und Dtn 24,14-15, wobei *ʿšq* ‚unterdrücken' in Ez 18,18 und Dtn 24,14 verwendet wird. Das Verbot der ‚Sippenhaft', das Ez 18,10-20 (s. V. 18-19) breit theologisch reflektiert und aktualisiert, wird in Dtn 24,16 kurz gesatzt, gehört also hier trotz seiner thematischen Digression in Dtn 24,10-17 fest zum Kontext. Schließlich findet sich *ḥbl* ‚pfänden' innerhalb der beiden Bücher nur in Ez 18,16 und Dtn 24,6.17"[123].

Im folgenden hat G. Braulik diese These noch dadurch zu untermauern gesucht, daß Gesetze aus Dtn 19-25 vom Heiligkeitsgesetz (Lev 17-26) abhängig sein sollen[124]. Auf die Probleme der These dieser Rezeptionsrichtung wurde schon aufmerksam gemacht. Sie gelten auch für die Annahme einer Abhängigkeit der Gesetze Dtn 24,10-17 von Ez 18,5-20[125].

Auch die Zuordnung der Deuteronomiumsgesetze zu den Dekaloggeboten vermag nicht durchgängig zu überzeugen. G. Braulik erkennt selbst, daß die Zuordnung in Dtn 12-18 nur oberflächlich gelingen will – besonders eklatant beim Namensmißbrauchsverbot und Elterngebot. Doch auch in Dtn 19-25 zeigen sich unüberwindliche Schwierigkeiten. Dtn 21,18-21 geht überlieferungsgeschichtlich direkt auf das Elterngebot des Dekalogs zurück[126] – und wäre also eher im Kontext des Elterngebots als des Tötungsverbots zu erwarten, während umgekehrt die Deutung des Elterngebots auf den Gehorsam gegenüber Amtsautoritäten durch Philo von Alexandrien kaum aussagekräftig für eine Zuordnung des Ämtergesetzes zu diesem Gebot in persischer Zeit ist. Das Gebot der Begrenzung der Todessanktion auf den Täter in Dtn 24,16 wäre eher im Rahmen der Bestimmungen des 5. Gebotes „Leben bewahren" als der Sozialgebote, die dem 8. Dekalogsgebot zugeordnet werden, zu erwarten. Dtn 23,16-24,7 hat kaum etwas mit dem Diebstahlsverbot, Dtn 24,8-25,4 nicht mit dem Falschzeugnisverbot und Dtn 25,5-12.13-16 nicht mit dem Begehrens-

---

123 Cf. G. Braulik, Gesetze (*SBS 145*), 105.

124 Cf. G. Braulik, Redaktion (*HBS 4*), 1-25; ders., Heiligkeitsgesetz (*SESJ 62*), 23-55. Cf. dagegen Verf., Innerbiblische Exegese (*BBB 119*), 125-196.

125 Cf. o. IV. 2 sowie u. IV. 3.3.2. Cf. auch A. Cholewiński, Heiligkeitsgesetz (*AnBib 66*), 145ff. Die These, daß die Gesetze in Dtn 19-25 vom Heiligkeitsgesetz abhängig seien, könnte nur überzeugen, wenn eine Redaktionsgeschichte des Heiligkeitsgesetzes vorgelegt würde, die die Mehrheitsmeinung, das Heiligkeitsgesetz sei Ergänzung der Priesterschrift (cf. u.a. K. Elliger, Leviticus [*HAT I/4*], 14ff.; A. Cholewiński, a.a.O., 253ff.; Verf., Heiligkeitsgesetz [*FS H. Graf Reventlow*], 65-80; ders., Innerbiblische Exegese [*BBB 119*], 125-196) falsifizieren würde – was kaum gelingen dürfte; cf. auch die Übersicht über die neuere Formgeschichte von H.-W. Jüngling, Levitikus (*BBB 119*), 1-45.

126 Cf. E. Bellefontaine, Deuteronomy 21:18-21 (*JSOT 13*), 19; Verf., Ethik (*ThW 3/2*), 333-335; ders., Altersversorgung (*ZAR 1*), 93-95.

verbot zu tun. Doch sind durchaus auch Parallelen zwischen Deuteronomiumsgesetzen und einzelnen Dekaloggeboten zu verzeichnen, so zwischen dem Fremdgötterverbot des Dekalogs und Dtn 12-13, dem Tötungsverbot und Dtn 19,1-21,9, dem Ehebruchsverbot und Dtn 22. Der Durchgang durch die Forschungsgeschichte zeigt, daß die Frage nach den Prinzipien und Techniken der Redaktionen des dtn Gesetzes in Dtn 12-26 offen ist[127].

Als Einstieg zu weiteren Überlegungen zur Redaktionsgeschichte des dtn Gesetzes soll Dtn 19 dienen. Die dtr Interpretation der Blutrechtsbestimmungen Dtn 19,1-13 in Dtn 19,1.3a.7-9[128] hebt sich von der dtn Grundschicht in Dtn 19,2.3b.4-6.10-13 ab. Diese legt die Blutrechts- und Asylbestimmungen Ex 21,12-14[129] unter dem Gesichtspunkt der Kultzentralisation gemäß Dtn 12,13-19 aus, da mit dem Wegfall der Lokalheiligtümer als Asylorte die Asylbestimmungen der Neuregelung bedurften. Zwischen Dtn 19,1-13*, das Gesetz für den aufgeklärten Tötungsfall, und Dtn 21,1-9, den unaufgeklärten Fall, werden mit Dtn 19,15.16-20 prozeßrechtliche Vorschriften für ordnungsgemäße und falsche Zeugenaussagen geschoben[130], die darin sachlich Dtn 19,2-13* fortsetzen, daß der Gerichtsordnung (Dtn 17,2-7*[131]) entsprechend an den Lokalgerichten nur durch Zeugenbeweis, der durch die Zweizeugenregelung gesichert wird, eine Differenzierung zwischen Mord und Körperverletzung mit Todesfolge möglich ist. Mit der Anknüpfung an das Prozeßrecht des Bundesbuches verzahnt sich Dtn 19,15-20 mit der ebenfalls an das Bundesbuch anknüpfenden dtn Gerichtsordnung (Dtn 16,18-18,5*). Der Fall

127 C. Locher (Systematik [*Diss. theol. Frankfurt 1984*], 98-178) hat in Dtn 21-22 ein komplexes System der Überlagerung von Redaktionstechniken entwickelt. Die Stellung der Kapitel im Rahmen des Gesetzesganzen sei durch den Dekalog bestimmt. Auf einer Ebene von Textblöcken „mittlerer Größe", die die beiden Kapitel zusammenfassen, sei ein „stilistischer Gestaltungswille" erkennbar, der sich konzentrischer Strukturen, Leitworttechniken und anderer literarischer und rhetorischer Stilmittel bedient. In der „Feingliederung" seien die von H. Petschow an CH und CE exemplifizierten altorientalischen Gesetzesdispositionstechniken erkennbar. Die Redaktionstechniken der mittleren Ebene finden sich aber ebenso in der „Feingliederung" wie auch in CH und CE, während die von H. Petschow vertretenen Redaktionstechniken sich an den Keilschrifttexten kaum verifizieren lassen; cf. o. Anm. 117.

128 Cf. Verf., Bundesbuch (*FS M. Lohfink*), 261f.; J.C. Gertz, Gerichtsorganisation (*FRLANT 165*), 118-127, der allerdings auch V.2b ausscheidet. Daß V.2b.3a in dem V.2a im Rahmen einer sekundären Ergänzung wiederholenden V.7 nicht zitiert wird, besagt in diesem Zusammenhang gar nichts, da J.C. Gertz zu der wenig plausiblen These greifen muß, V.2b.3a sei noch später als V.7, ja noch nach Dtn 4,41-43; Num 35,9-15.(16-34), Texten, die zu den jüngsten im Pentateuch gehören, in Dtn 19 eingefügt worden.

129 Cf. dazu Verf., Wandel (*StB 3*), 32ff.; L. Schwienhorst-Schönberger, Bundesbuch (*BZAW 188*), 39ff.

130 Die *biʿartā*-Formel in Dtn 19,19b verknüpft das Prozeßrecht mit Dtn 19,13; 21,9, וְלֹא תָחוֹס עֵינֶךָ in Dtn 19,21 mit Dtn 19,13.

131 Cf. dazu o. II. 2.4 sowie u. IV. 3.3.1.

von „Apostasie" (סָרָה)[132] knüpft an Dtn 13,6 und Dtn 17,2-7* an und verdeutlicht die prozeßrechtliche Regelung am Beispiel der Fremdgötterverehrung[133], die *per analogiam* auch für das den Kontext setzende Blutrecht gilt. So wird das Blutrecht in Dtn 19*; 21* mit dem Hauptgebot in Dtn 12* und der Gerichtsordnung in Dtn 16,18-18,5* vernetzt. Dabei ist es keineswegs angezeigt, wie es wiederholt vertreten wurde[134], innerhalb von Dtn 19,15-20 literarkritisch in dem Sinne zu trennen, daß ein ursprünglich nur einen Zeugen voraussetzendes Gesetz durch die Zweizeugenregelung erweitert wurde. Dtn 19,15 wiederholt mit der Zweizeugenregelung den Entscheidungsgrundsatz der Ortsgerichtsbarkeit Dtn 17,2-7*. Wenn nur ein Zeuge aufsteht, ist der Fall nicht von einem Ortsgericht zu lösen, sondern muß, Dtn 17,8-13 entsprechend, am Zentralgericht, das den kultischen Rechtsentscheid an den Lokalheiligtümern ablöst[135], „vor JHWH" (לִפְנֵי יְהוָה) entschieden werden. Die dtn Gerichtsordnung (Dtn 16,18-18,5*) hat ihre von den Ämtergesetzen von Richtern und Priestern gerahmte Mitte in der Abfolge von Dtn 17,2-7* und Dtn 17,8-13*. Dtn 17,2-7* regelt als „Modellprozeß mit Zweizeugenregelung" das Verfahren für den eindeutig aufgeklärten Fall auch sakraler Vergehen, die der lokalen Gerichtsbarkeit zugewiesen werden[136]. Dtn 17,8-13* regelt dagegen das Verfahren für den nicht durch zwei Zeugen aufgeklärten Fall, der vor das Zentralgericht gehört. Die dtn Auslegung von Ex 21,12-14 in Dtn 19,2-13* wird also in Dtn 19,15-20 prozeßrechtlich ausgeführt unter Anknüpfung an das Prozeßrecht des Bundesbuches einerseits und die Gerichtsordnung in Dtn 16,18-18,5* andererseits[137].

Mit der Dtn 7,1 voraussetzenden Langform der „historisierenden Gebotseinleitung" in Dtn 19,1, die sonst nur noch in der dtr Rahmung des Hauptgebotes in Dtn 12,29 und ähnlich in Dtn 26,1 in jeweils große Abschnitte strukturierender Funktion verwendet wird, soll dtr ein Einschnitt zwischen den Ämtergesetzen in Dtn 17,2-18,22 und den Gesetzen in Dtn 19-25 markiert werden: Alle folgenden Gesetze werden unter die Bedingung des Landbesitzes gestellt. Sie gelten nicht in der Diaspora des Exils, sondern für das Neue Israel nach Beendigung des Exils. In Anknüpfung an diese Perspektive der „historisierenden Gebotseinleitung" wird in Dtn 19,3a.7-9 eine in sich mehrschichtige

---

132 Cf. o. II. 2.2.

133 Cf. H.J. Kugelmass, Lex Talionis (*Ph.D. Diss. University of Montreal 1985*), 174-177.

134 Cf. u.a. A.D.H. Mayes, Deuteronomy (*NCBC*), 289.

135 Cf. o. II. 2.4 sowie u. IV. 3.3.1.

136 In Dtn 13,10aβ.11a wurde die Zweizeugenregelung von der dtn Redaktion nicht eingetragen, da es um die Anstiftung zur Apostasie im engsten Familienkreis geht, dort aber der Justizmord eher unwahrscheinlich ist. Auch ist Dtn 13,10f. in dtn Perspektive nicht am Prozeßverfahren interessiert, sondern an der Todessanktion als Ergebnis des Prozesses.

137 Zur Reformulierung des Bundesbuches im dtn Gesetz cf. u. IV. 3.3.

Ergänzung der dtn Asylstädtegesetzgebung eingebracht, die ihren Horizont in Jos 21,43 als Erfüllung hat[138] und die dtn Asylstädteordnung der drei Asylstädte mit der der sechs Städte in Jos 20,1-9 ausgleicht. Dtn 19,8.9b hat zusammen mit Dtn 12,9[139] eine wichtige Brückenfunktion zwischen Dtn 1-3[140] und Jos 21,43-45. Davon hebt sich Dtn 19,9a ab. Der Halbvers, der den Zusammenhang zwischen Dtn 19,8.9b unterbricht, hat seinen Horizont in dem von Jos 21,43-45 abgehobenen Abschnitt Jos 23,9-13[141]. Die Forderung, JHWH zu lieben, knüpft an die Dekalogsätiologie in Dtn 5; 9f.[142] an. Es zeigt sich damit in Dtn 19 ein Anhaltspunkt für eine zweiphasige Redaktionsarbeit am Gesetzeskorpus des Deuteronomiums in Dtn 12-26. Die in Dtn 19,1.3a.7-9 erkennbar werdende Redaktion (DtrH) bindet das Gesetzeskorpus an Dtn 1-3 und an die Landeroberungsüberlieferung im Buch Josua[143]. Daneben steht eine dtr Redaktion, die Dtn 12-26 im Horizont des Dekalogs bearbeitet (DtrD). Der Redaktor DtrH übernimmt die dtn Gliederung von Dtn 12-26 in Hauptgesetze (Dtn 12f.*), privilegrechtliche Rahmung (Dtn 14-15*; 26*), Festordnung (Dtn 16,1-17), Gerichtsordnung (Dtn 16,18-18,5*) und materiale Rechtsordnung (Dtn 19-25*), überarbeitet aber Dtn 12-26 im Horizont der Landnahmethematik des Buches Josua. In diesem Kontext werden die Kriegsgesetze in Dtn 20,1-20*; 21,10-14; 23,10-15; 24,5; 25,17-19 sowie das „Gemeindegesetz" in Dtn 23,2-9 eingeführt. Dtn 7,6 ist theologischer Ausgangs- und Richtpunkt dieser Bearbeitung:

„Denn ein heiliges Volk bist du für JHWH, deinen Gott. Dich hat JHWH, dein Gott, erwählt, um für ihn als Volk ein Krongut unter allen Völkern zu sein, die auf der Erde leben".

---

138 Cf. N. Lohfink, Väter (*OBO 111*), 81-85.

139 Cf. dazu G. Braulik, Konzeption (*SBAB 2*), 221ff.

140 Cf. Dtn 1,8.35; 3,20.

141 Cf. dazu R. Achenbach, Israel (*EHS XXIII/422*), 284f.

142 Cf. Dtn 5,10; 7,9; 10,12.

143 Die literarische Einordnung von Dtn 1-3 und damit von DtrH kann hier auf sich beruhen. Die gängige Sicht, Dtn 1-3 diene der Einleitung des „Deuteronomistischen Geschichtswerks" dürfte überholt sein, da Dtn 1-3 eher im Horizont von Pentateuch- und Hexateuchredaktion steht; cf. aber auch zur gängigen Sicht L. Perlitt, Deuteronomium 1-3 (*FAT 8*), 109-122; ders., Deuteronomium (*BK V 1-2*), 26-34.52f.133-136. Den richtigen Weg hat N. Lohfink (Kerygmata [*SBAB 12*], 125-142) mit der These einer das Deuteronomium und das Buch Josua umfassenden Schicht DtrL gewiesen, die aber nicht vorexilisch, sondern frühestens exilisch zu datieren ist und deren Verhältnis zur Hexateuchredaktion, die postpriesterschriftlich und postdeuteronomistisch ist, der literarkritischen Klärung insbesondere in Dtn 1-3 bedarf. Dtn 1-3 ist literaturhistorisch weithin später als die Dekalogätiologie in Dtn 5. Ich verweise auf meinen in Vorbereitung befindlichen Deuteronomiumskommentar in der Reihe ATK. Zu Pentateuch- und Hexateuchredaktion im Deuteronomiumsrahmen cf. auch Verf., Deuteronomium 4 (*SESJ 62*), 196-222; T. Römer, Dt 34 (*ZAR 5*); ferner E. Blum, Knoten (*BEThL 133*), 181-212, zur Differenzierung der literarischen Schichten im Josuabuch.

Das in Dtn 7,6 eingeführte Motiv des heiligen Volkes als „Krongut" Gottes wird in Dtn 7,1f.6.13-15[144] entfaltet. Die Erwählung Israels zum heiligen Volk hat ihren Grund in der Liebe Gottes (Dtn 7,13a) und ihre Konsequenz in der Abgrenzung von den Völkern (Dtn 7,1f.)[145]. Realisiert Israel die Heiligkeit nach innen und grenzt sich damit gegen die Landesbewohner ab, so werde es Segen und Prosperität von JHWH empfangen (Dtn 7,13b-15). Das Motiv der „Landesbewohner", von denen Israel sich bis hin zu ihrer militärischen Vernichtung absetzen soll, ist in dieser nachexilischen Theologie, in der nichtjudäische Landesbewohner, die zu vernichten seien, keinen Anhalt an der politischen Realität haben, transparent für die gescheiterte Geschichte des vorexilischen Juda. Von ihr ist das neue Israel als heiliges Volk abgegrenzt, mit ihr gibt es keine Kompromisse.

In der Überarbeitung von Dtn 12-26 durch DtrH werden die beiden sich wechselseitig bedingenden Aspekte zusammengeordnet, die Darstellung der Heiligkeit nach innen und die Abgrenzung nach außen sowie gegen die eigene falsche Geschichte, die von der Liebe Gottes allemal transzendiert wird. In Dtn 14,2.21a wird das Motiv des „heiligen Volkes" (עַם קָדוֹשׁ) wieder aufgenommen. Auf das Hauptgebot der Abwehr der Apostasie in Dtn 13* läßt der Redaktor eine Liste reiner und unreiner Tiere sowie verbotener Praktiken (Dtn 14,1f.3-21a) folgen. Diese Aufzählungen haben für DtrH die Funktion, an das Verbot des Blutgenusses (Dtn 12,23f.) anknüpfend das Volk Israel als heilig aus der Profanität anderer Völker auszugrenzen, indem es Regeln der Beschränkung befolgt[146] und sich von den Trauerbräuchen der Völker fernhält. An Dtn 7,6 anknüpfend und auf Dtn 23,15 vorausweisend, wird die Enthaltung von Trauer-, Speise- und Speisezubereitungsbräuchen der Völker mit den Worten begründet: „denn du bist ein Volk, das JHWH, deinem Gott, heilig ist".

Dtn 14,2 zitiert Dtn 7,6 vollständig, und Dtn 14,21a wiederholt elliptisch das erste Glied in rahmender Funktion. Beziehen sich die Opfergesetze in Dtn 12,8-28 auf das zentrale Heiligtum, so werden mit Dtn 14,3-21a kultische Regeln auf das Leben draußen im Lande ausgedehnt. Mit Dtn 12,8-28 ist Dtn 14,1-21 durch das Leitwort „unrein" (טמא) (Dtn 12,15.22; 14,7.8.10.19)

---

144 Zur literarkritischen Analyse von Dtn 7 cf. R. Achenbach, Israel (*EHS XXIII/422*), 212-238.

145 Zum Zusammenhang von Heiligkeits- und Bannmotiv cf. N. Lohfink, Opferzentralisation (*SBAB 20*), 249-255, sowie R. Achenbach, Israel (*EHS XXIII/422*), 221, der auf den Zusammenhang von Bann- und Heiligkeitsmotiv in Jos 7 verweist. Mit dem Bannmotiv wird der Grund für die Kriegsüberlieferung in Dtn 20,1-20 gelegt; cf. Verf., Friedensordnung (*Stuttgart 1999*), sowie i.f.

146 Cf. W. Houston, Purity (*JSOT.S 140*), 225-244; J. Joseph, Re-Lecturing (*Berlin 1997*), 48-60.

verbunden[147], um die kultische Kategorie der Reinheit über das Zentralheiligtum hinaus auf das Alltagsleben des Neuen Israel auszuweiten.

In den Kriegsgesetzen (Dtn 20,1-20*; 21,10-14; 23,10-15) und dem mit ihnen verbundenen „Gemeindegesetz" (Dtn 23,2-9) entfaltet DtrH diese Heiligkeitskonzeption. Das „Kriegsgesetz" (Dtn 20,1-20*) wird in Dtn 20,1-4 mit einer dtr gestalteten Kriegsansprache eröffnet, die sich mit dem Aufruf zu hören, der Lagebestimmung, der Beistandszusage und dem Appell, stark zu sein und sich nicht zu fürchten, dem Schema derartiger dtr Kriegsansprachen (Dtn 1,19-33; 7,17-26; 9,1-6; 31,1-6.7f; Jos 1,1-9) einfügt[148]. Mit der Spruchreihe in Dtn 20,5aβb-7[149] und mit einer Anweisung zur Stadteroberung (Dtn 20,10-14a*20f.)[150] hat der Redaktor DtrH vorgegebene, vom Dtn unabhängige vordtr Überlieferungen zitiert, die er in Dtn 20,8f.14b.15-17.(18).19 im Horizont von Dtn 7 und Jos 9 erweitert[151]. Die Anweisung zur Stadteroberung fordert eine Übergabeverhandlung[152] mit der Stadt, bei deren Scheitern sie erobert, die Frauen, Kinder und Tiere aber geschont werden sollen. Diese Anweisung widerspricht der zur Vernichtung in Dtn 7,1f. (Jos 9,6.15). Der Redaktor gleicht den Widerspruch aus, indem er eine Schonung nur für außerhalb des israelitischen Territoriums gelegene Städte gelten läßt (Jos 9,6.9). Wenn die vorgegebene, sich um Humanität im Umgang mit den Feinden bemühende vordtr Überlieferung durch DtrH in ihr theologisch motiviertes Gegenteil verkehrt wird, so hat das seinen Grund in der in Dtn 7* eingeführten Heiligkeitskonzeption. In ihrem Horizont hat Dtn 20,1-20 ein Widerlager in dem den Binnenaspekt der Heiligkeit zur Sprache bringenden Gesetz in Dtn 21,10-14, das wie die Kriegsansprache in Dtn 20,1-4 eingeleitet wird und auf denselben Redaktor zurückgeht, der Dtn 20,1-20 in den ihm vorgegebenen dtn Kontext des Blut- und Prozeßrechts in Dtn 19,1-13*.15-21; 21,1-9 einfügt[153], wobei er Dtn 21,10-14 vor das durch Dtn 21,15-17[154] eröffnete Familienrecht setzt. Er formt Dtn 21,10-14 nicht zu einer Kriegsansprache um, sondern formuliert ein Gesetz, da es hier um den Binnenaspekt des Verhaltens in Israel geht. Das Neue Israel erweist sich im Schutz der Schwächsten, der gefangenen Sklavin, als heiliges Volk.

Der Aspekt der Reinheit Israels, der im Motivkreis des heiligen Volkes wurzelt und bereits in Dtn 14,1-21 entfaltet wurde, wird im „Gemeindegesetz" (Dtn 23,2-9) und in dem Gesetz zur Reinhaltung des Lagers (Dtn 23,10-15)

---

147 Cf. N. Lohfink, Opferzentralisation (*SBAB 20*), 245.

148 Cf. R. Achenbach, Israel (*EHS XXIII/422*), 289-291.

149 Cf. R.P. Merendino, Gesetz (*BBB 31*), 223f.

150 Cf. A. Rofé, Laws (*JSOT 32*), 28f. Zum antiassyrischen Kontext cf. Verf., Friedensordnung (*Stuttgart 1999*).

151 Zu den dtr Leitworten in Dtn 20,15-20 cf. R. Achenbach, Israel (*EHS XXIII/422*), 242.

152 Cf. Verf., Vindikationsformel (*ZAW 102*), 94-96.

153 Zu den Verknüpfungen cf. auch G. Braulik, Gesetze (*SBS 145*), 65-72.

154 Cf. J.-M. Carrière, L'organisation (*NRTh 114*), 524ff.

weitergeführt[155]. Vordtr Kern des Gemeindegesetzes in Dtn 23,2.3a.4a.8.(9) sind fünf Prohibitive[156], die in Dtn 23,3b.4b.5-7 dtr erweitert wurden. Die Kernüberlieferung benennt Ausschließungsgründe aus der kultischen JHWH-Versammlung[157]. Der dtr Überlieferung geht es dann um die Abgrenzung Israels als Heerlager[158] gegen die Völker, wobei die Geschichte Israels mit den Völkern in der Perspektive von DtrH die Logik der Abgrenzung bestimmt[159]. Wie der Redaktor auf Dtn 20,1-20, die Abgrenzung Israels als heiliges Volk nach außen, Dtn 21,10-14 folgen läßt, so schließt sich an Dtn 23,2-9 mit Dtn 23,10-15 eine Überlieferung zur Reinheit des Heerlagers an, die den Binnenaspekt der Heiligkeit in den Blick nimmt[160]. Die dem Redaktor vorgegebenen Hygienebestimmungen erhalten durch die Einfügung von Dtn 23,15 eine neue Begründung: Die Reinheit als Ausdruck der Heiligkeit des Lagers ist gefordert, weil JHWH in seiner Mitte ist. Diese Vorstellung wurzelt in dem bereits in Dtn 7,21; 20,4 entfalteten Gedanken, JHWH ziehe inmitten seines Volkes in den Kampf.

In Dtn 25,17-19 schließt DtrH, an Dtn 23,1.2-9 anknüpfend, Dtn 12-25 zur Einheit eines Gesetzeswerkes zusammen und spannt mit dem Motiv der Ruhe im Lande einen Bogen, der von Dtn 12,8-10[161] bis Dtn 25,19 reicht[162]. DtrH stellt damit das Deuteronomium in den Horizont der Landeroberung, wenn er Dtn 12-26* durch die Heerlagerüberlieferung (Dtn 20,1-20*; 21,10-14; 23,1-15) ergänzt. Ihn leitet priesterliche Perspektive, wenn Israel sich auf dem Weg in das Kulturland als „heiliges Volk" (עַם קָדוֹשׁ) konstituieren soll. Daraus resultiert die Abgrenzung nach außen gegen die Völker. Als theologischer Skopus setzen die Kriegsüberlieferungen Israel von der eigenen verfehlten Geschichte in der Gestalt der „Landesbewohner" ab und sichern nach innen die Heiligkeit Israels als Reinheit des „Lagers", die sich im Schutz der Schwächsten, der gefangenen Sklavin bewährt. Eine Phase der Landnahme des Horebisrael (Dtn 7,1f; 20,1-20; 21,10-14; 23,(1).2-15) wird von einer Phase der erfolgten Landeroberung, der Ruhe im Lande (Dtn 12,8-10; 25,19), abgesetzt. Die Landnahmephase ist transparent für die Konstituierung des Neuen Israel in persischer Zeit[163]. Ihr sind die Heerlagerüberlieferungen in Dtn 20-23* zuge-

---

155 Auch Dtn 23,1 und Dtn 23,2-9.10-15 sind mit dem dtn Ehrecht in Dtn 22,22-29; 24,1-4 verknüpft; cf. G. Braulik, Gesetze (*SBS 145*), 86f. Der Redaktor deutet den „Bastard" in Dtn 23,3 auf den Sohn einer gemäß Dtn 23,1 illegitimen Verbindung.

156 Cf. U. Kellermann, Erwägungen (*BN 2*), 33-47.

157 Cf. H.-J. Fabry u.a., Art. *qāhāl* (*ThWAT VI*), 1211f.

158 Cf. G. Braulik, Gesetze (*SBS 145*), 88.

159 Dtn 23,6 knüpft mit dem Motiv der Gottesliebe an Dtn 7,13 an.

160 Die Einleitung in Dtn 23,10 ist mit Dtn 20,1; 21,10 vernetzt. Dtn 23,15 knüpft an Dtn 7,6.21 an; cf. A. Rofé, Laws (*JSOT 32*).

161 Zur literarischen Zuweisung von Dtn 12,8-12 cf. auch E. Reuter, Kultzentralisation (*BBB 87*), 106-110.

162 Cf. G. Braulik, Konzeption (*SBAB 2*), 221f.

163 Cf. J. Joseph, Re-Lecturing (*Berlin 1997*), 32ff.48ff.179ff.

ordnet. Nach der Landeroberung habe Israel durch die Opferzentralisierung (Dtn 12,8-27*), die Abwehr paganer Kulte (Dtn 13,2-14,2*), die Einhaltung von Speisevorschriften (Dtn 14,2*-21a), die Wallfahrts- und Festordnungen, durch die das Land an das Zentralheiligtum als Mitte des heiligen Volkes und Landes (Dtn 14,22-16,17*; 26,2-13*) gebunden wird, sowie durch die Gerichts- und Rechtsordnung (Dtn 16,18-25,19*) die Heiligkeit des Landes zu wahren.

Die Landeroberung und die Ruhe im Lande sind dadurch miteinander verknüpft, daß der Besitz des Landes und die Ruhe im Land konditional an die Erfüllung des Gotteswillens, heiliges Volk zu sein, gebunden sind[164]. In priesterlichem Denkhorizont ist die Nähe Gottes als des Heiligen zu seinem Volk die Begründung der Heiligkeitsforderung. In der Landnahmephase ist JHWH, wie in Dtn 7,21; 20,4; 23,15 vorausgesetzt, inmitten des Heerlagers:

„Denn JHWH, dein Gott, ist inmitten deines Lagers anwesend, um dich zu retten und dir deine Feinde auszuliefern. Deshalb soll dein Lager heilig sein, damit er nichts Anstößiges sieht und sich von dir abwendet" (Dtn 23,15).

Im Kulturland ist JHWH in seinem Namen an dem Ort, den er erwählt hat, inmitten seines Volkes (Dtn 12,11 u.ö.) anwesend. Integrierende Mitte des Denkens dieser Theologie ist eine Heiligkeitskonzeption, die Israel vor und nach der Landnahme, d.h. vor und nach der Beendigung des Exils, nach innen als heilig konstituiert und als heiliges Volk nach außen, auch gegen die eigene verfehlte Geschichte, abgegrenzt sieht.

Von dieser Redaktion, die Israel als heiliges Volk interpretiert und den Hexateuch im Blick hat, hebt sich die dtr Redaktion des Dekalogredaktors (DtrD) ab. Dieser Redaktor formiert Dtn 12-25 zur Auslegung des Dekalogs (Dtn 5,6-21) unter den Bedingungen des Kulturlandes und als solche zum Programm des Neuen Israel nach dem Exil. Greift DtrH einerseits weit in den Tetrateuch sowie in das Buch Josua andererseits aus, so ist DtrD vornehmlich an einer auf das Deuteronomium beschränkten Perspektive orientiert. Auf diesen Redaktor gehen entscheidende, am Dekalog orientierte Umgruppierungen in Dtn 12-25 zurück. Die vorgegebene vorexilisch-dtn Gliederung in Hauptgesetze (Dtn 12f.*), privilegrechtliche Rahmung (Dtn 14-15; 26*), Festordnung (Dtn 16,1-17), Gerichtsordnung (Dtn 16,18-18,5*) und materiale Rechtsordnung (Dtn 19-25*)[165] gruppiert DtrD durch die Einfügung von Dtn 16,20-17,1 neu, indem er Dtn 12,1-17,1 zu einem Block von Zentralisationsgesetzen zusammenbindet. Der von DtrD aufgenommene Dekalog (Dtn 5,6-21) ist, wie N. Lohfink[166] aufgezeigt hat, nicht an einer Zehnzahl von Geboten orientiert, sondern durch den Wechsel von Syndese und Asyndese in fünf Einheiten von Lang- und Kurzgeboten gegliedert, die ihre Mitte im Sabbatgebot haben, um

164 Cf. L. Perlitt, Motive (*FAT 8*), 107f.

165 Cf. dazu u. IV. 3.3.1-6.

166 Cf. Dekalogfassung (*SBAB 8*), 193-209.

das die Gebote der JHWH-Verehrung als Lang-, das Namensmißbrauchsverbot als Kurzgebot vor-, das Elterngebot als Kurz- und das durch Syndese zusammengefaßte sittliche Gebot als Langgebot nachgestellt sind[167]. Der durch Dtn 16,20-17,1 zu einer Einheit der Zentralisationsgesetze zusammengefaßte Block in Dtn 12,1-17,1 entspricht den Pflichten gegenüber JHWH im Fremdgötter-, Namensmißbrauchs- und Sabbatgebot des Dekalogs. Der Eröffnung des Dekalogs mit dem Fremdgötterverbot korrespondiert die Eröffnung der Zentralisationsgesetze durch das Hauptgesetz Dtn 12, das durch die große „historisierende Gebotseinleitung" in Dtn 12,29 von den folgenden Gesetzen abgehoben wird. Dem Abschluß des Blocks der Gottesgebote im Dekalog durch das Sabbatgebot entspricht im Deuteronomium der Abschluß der Zentralisationsgesetze durch die Festordnung in Dtn 16,1-17. Werden im Dekalog die Normen zusammengefaßt, die überall und jederzeit, also auch in Exil und Diaspora gelten, so werden sie im Deuteronomium unter den Bedingungen des Kulturlandes ergänzt und ausgelegt: Der Alleinverehrungsanspruch JHWHs und der Sabbat gelten stets, also auch in Exil und Diaspora, die Kulteinheit und Festordnung dagegen nur im Kulturland nach der Konstituierung eines Neuen Israel nach dem Exil. Von den Geboten, die die Pflichten des Menschen gegenüber Gott regeln, abgehoben stehen im Dekalog die ethischen Gebote der Pflichten gegenüber den Mitmenschen, die durch das Elterngebot eröffnet werden. Entsprechend wird der Block der Rechtsordnung in Dtn 17,2-25,17 durch das Ämtergesetz in Dtn 17,2-18,22, das DtrD durch Einfügung von Königs- und Prophetengesetz sowie durch Überarbeitung der übrigen Gesetze aus der dtn Gerichtsordnung geschaffen hat, eröffnet. Steht im Dekalog an der Spitze der Zweiten Tafel das Elterngebot als Ausdruck dafür, daß in Exil und Diaspora die Familie die tragende soziale Einheit ist, so treten in der Ämterverfassung des Neuen Israel in Dtn 17,2-18,22 neben die Familie die politischen, rechtlichen und religiösen Institutionen für das Leben im Lande nach dem Exil[168]. Ist im Dekalog das Elterngebot als Kurzgebot von der folgenden Sittenordnung als Langgebot abgehoben, so ist innerhalb der auf die Zentralisationsgebote folgenden Rechtsordnung das Ämtergesetz von den folgenden Gesetzen in Dtn 19,1-25,17 durch die Dtn 12,29 entsprechende Langform der historisierenden Gebotseinleitung in Dtn 19,1 abgehoben.

---

167 Das Motiv der Zehnzahl der Gebote des Dekalogs in Dtn 10,4 ist literarischer Zusatz zu der vom Dekalogredaktor gestalteten Dekalogsätiologie, der sich an Dtn 5,22 (sek.) anlehnt; cf. R. Achenbach, Israel (*EHS XXIII/422*), 369. Der Beleg in Dtn 4,13 gehört in den Kontext der Pentateuchredaktion und bezieht sich auf die Sinaiperikope; cf. Verf., Deuteronomium 4 (*SESJ 62*), 196-222, sowie Verf., Art. Dekalog (*BThW*^{4}) 101-105; ders., Art. Dekalog (*RGG*^{4} *II*).

168 Nur wenn das dtr Auslegungsverhältnis zwischen Dekalog und Dtn 12-25 nicht geklärt wird, bedarf es einer Brücke wie die der Dekalogauslegung eines Philo von Alexandrien (s.o.), um einen Bezug zwischen Elterngebot und Ämtergesetz herzustellen.

Ist der Dekalog in Dtn 5,6-21 nicht an einer Zehnzahl von Geboten orientiert, so ist auch nicht, wie zuletzt von G. Braulik[169] vertreten, eine sich an einer Zehnzahl orientierende Gliederung des dtn Gesetzes in dtr Gestalt zu erwarten. An diesem dem Dekalog in Dtn 5 fremden Gliederungsprinzip liegt es auch, daß sich so viele Gesetze nicht nur in Dtn 12-18, sondern auch in Dtn 19-25 diesem Gliederungsprinzip widersetzen. Eine Lösung derart, daß ein anderer Dekalog als der in Dtn 5,6-21 vom Dekalogredaktor vorausgesetzte sei, hat nicht nur keinen Anhalt an Dtn 5, sondern auch die unüberwindlichen Schwierigkeiten der Zuordnung der Gesetze des Deuteronomiums zu zehn Dekaloggeboten gegen sich.

Für den Verfassungsentwurf für das Neue Israel entwickelt DtrD in Dtn 5,22; 9,10; 10,4*; 18,16 die Konzeption einer Gemeinde, die das Gottesgesetz empfängt und in Gestalt des Dekalogs in der Lade stets bei sich hat[170]. Ist für DtrH JHWH inmitten seines Volkes (Dtn 7,21; 20,4; 23,15) unmittelbar anwesend, so ist für DtrD JHWH in der Gestalt der Tora bei seinem Volk. Das Deuteronomium wird zur Offenbarung neben dem Dekalog, die nicht an das Volk direkt, sondern vermittelt durch Mose ergeht (Dtn 5,31) und den Dekalog für die Zeit nach dem Exil ergänzend auslegt. DtrD betont die Gefahr, Israel könne an der Tora scheitern. So setzt DtrD den Bundesbruch vor die Einsetzung der Lade mit den Tafeln des Dekalogs. Aus dem Wissen um die Fehlbarkeit Israels und seiner Möglichkeit des Scheiterns am Gotteswillens resultiert die scharfe Abgrenzung gegen die Kulturlandbewohner, indem der Redaktor das Hauptgebot der Opferzentralisierung durch die Aufforderung in Dtn 12,2-4, die Kulteinrichtungen der Landesbewohner zu zerschlagen, und die Mahnung in Dtn 12,29-31, sich von ihren Kultpraktiken fernzuhalten, rahmt. In Dtn 13[171] interpretiert DtrD die Gefahr der Apostasie als Prüfung Israels, ob es JHWH von ganzem Herzen liebe. In diesem Horizont wird durch die Einfügung von Dtn 19,9a ein Bogen zurück zu Dtn 7 geschlagen. Die Völker, von denen Israel sich nicht fernhält, sollen zur Peitsche auf seinem Rücken und zum Stachel in seinen Augen werden (Jos 23,13), bis Israel aus dem Land, das JHWH ihm gibt, verschwunden sei. Wenn Israel aber das ganze Gesetz hält und Gott liebt, dann wird es im Segen bewahrt und sein Gebiet groß werden (Dtn 19,8-10). Erwartet DtrH im Horizont der Landnahmeüberlieferung des Buches Josua die Vernichtung der Landesbewohner durch JHWH, so betont DtrD paränetisch die Aktivität Israels gegen die Kulte der Landesbewohner. Ist also für DtrH der Neuanfang Israels und der Bruch mit seiner eigenen gescheiterten Geschichte ein wunderhaftes Werk Gottes, so ist DtrD vorsichtiger. Er sieht die Gefahr des Scheiterns und ruft Israel in die Pflicht, sich aktiv von der eigenen falschen Geschichte zu lösen, wobei auch für DtrD die Bedin-

169 Cf. Gesetze (*SBS 145*), 23ff.

170 Cf. F.-L. Hoßfeld, Dekalog (*OBO 45*). 226-240.

171 Cf. o. II. 2.

gung der Möglichkeit der neuen Geschichte nach dem Exil die Treue Gottes ist (Dtn 7,9-11.12b).

Wird Dtn 16,20-17,1 in die dtn Gerichtsordnung eingefügt und so ein Rückbezug auf Dtn 12,29-13,1 hergestellt, so wird damit Dtn 12-26 neu gegliedert. Die Ämterordnung des Neuen Israel nach dem Exil wird nun durch die Überlieferung von der gerichtlichen Verfolgung der Apostasie (Dtn 17,2-9) eröffnet, die an Dtn 13 anknüpft und die Ämterordnung (Dtn 17,10-18,22) auf die Möglichkeit, an der Tora zu scheitern, bezieht. In Dtn 7,10 wird demjenigen, der an der Tora scheitert, auch die göttliche Vergeltung angekündigt, so daß Strafgerichtsbarkeit und Gottes Strafhandeln sich ergänzen. Die Ämter der Richter, levitischen Priester und des Königs sind der Tora unterworfen, die nur im Amt des Propheten ein Widerlager hat[172]. In Dtn 24,8f. wird mit der Parallelisierung von Strafrecht und Aussatztora die Kompetenz der levitischen Priester in den Bereichen von Recht und Kult unterstrichen. In Dtn 15,4-6 und Dtn 25,13-16 wird an jeweils exponierter Stelle in den Zentralisationsgesetzen und dem Abschluß der Rechtsordnung in Dtn 19,1-25,19 das Programm einer gerechten Sozialordnung ohne Armut entfaltet.

3.3 Reform und Reformulierung des Bundesbuches im Deuteronomium

Die Analyse von Dtn 19,1-13 zeigt, daß die dtn-vorexilische Regelung des Asyls in Dtn 19,2.3b.4-6.10-13 direkt an die entsprechende Gesetzesbestimmung des Bundesbuches in Ex 21,12-14 anknüpft. Die den literarischen Wachstumsprozeß von Ex 21,12.13f. widerspiegelnde Abfolge von אֲשֶׁר mit nachgeordnetem וְכִי wird in Dtn 19,4b.5.11 wiederholt, was nur mit einer direkten literarischen Abhängigkeit der beiden Texte zu erklären ist. Das läßt noch nach weiteren Hinweisen auf eine literarische Rezeption des Bundesbuches in Dtn 12-26 fragen.

Die neueren Analysen des Bundesbuches kommen darin überein, daß Rechtssätze, die das Alltagsleben regeln, nachträglich in vorexilischer Zeit theologisch motiviert wurden. L. Schwienhorst-Schönberger[173] rechnet mit einer profanen Gesetzessammlung in Ex 21,12.18-22,13*, das durch eine protodtn Bearbeitungsschicht erweitert worden sei, zu der noch dtr und priesterliche Ergänzungen während und nach dem Exil hinzukamen. Für Y. Osumi[174] wurde ein profanrechtliches Rechtsbuch („Mischpatimteil") in Ex

172 Cf. Verf., Propheten (*fzb 88*), 277-309.

173 Cf. Bundesbuch (*BZAW 188*), 288-414. Cf. dazu Verf., Profanrecht (*ThR 56*), 412-427, sowie die Rezension von A. Schenker in Bib 72 (*1991*), 556-559. Cf. zur Methodendiskussion auch Verf., Diachronie (*ZAR 2*), 76-85.

174 Cf. Kompositionsgeschichte (*OBO 105*), 29ff.; cf. dazu die Rezensionen von L. Schwienhorst-Schönberger in Bib 74 (*1993*), 275-280, und des Verf., Kompositionsgeschichte (*WZKM 83*), 149-165.

21,2-22,19, das an einem auf Josaphat zurückzuführenden Obergericht beheimatet gewesen sein soll, mit einer Sammlung religiöser Gesetze („Weisungsteil") in Ex 22,20-23,33* verbunden, die auf das „Privilegrecht" in Ex 34,11-26 zurückzuführen sei. Dagegen hat der Verf. das Bundesbuch auf zwei ursprünglich selbständige Gesetzessammlungen mit je eigener theologischer Rechtsbegründung in Ex 20,24-26; 21,2-22,26* und Ex 22,28-23,12* zurückgeführt[175]. Die Sammlung I in Ex 20,24-26; 21,2-22,26* wurde aus kleineren Sammlungen zu Körperverletzungen (Ex 21,18-32), materiellen Schäden (Ex 21,33-22,14) und Kapitaldelikten (Ex 21,12-17) redigiert. Ex 21,2-11; 22,17-26* bilden einen Rahmen religiös motivierter Sozialgesetze, vor den das Altargesetz in Ex 20,24-26* gestellt wurde. Literarischer Kern der Sammlung II ist eine Zusammenstellung von Sätzen des Prozeßrechts (Ex 23,1-3.6-8*), in die die ethische Grundregel der Feindesliebe (Ex 23,4-5) eingeschoben und die durch die privilegrechtlichen Aussonderungsbestimmungen (Ex 22,28f.; 23,10-12) religiös motiviert wurde. Ein vorexilischer Redaktor redigierte aus diesen beiden Rechtssatzsammlungen das Bundesbuch: Dem Altargesetz (Ex 20,24-26*) als Eröffnung folgt der Rahmen eines sozialen Privilegrechts[176] (Ex 21,2-11; 23,10-12). Die Verbindung von sozialem Schutz und privilegrechtlicher Aussonderung von JHWH (Ex 21,20-26*.28f.) bildet den Abschluß der materialen Rechtsordnung, die in der Abfolge von Körperverletzungsrecht (Ex 21,18-32), *j^ešallem*-Recht (Ex 21,33-22,14) und Familienrecht (22,15f.)[177] konzentrisch strukturiert ist. Ihr folgt die Prozeßordnung, die die ethische Regel der Feindesliebe rahmt, so daß sich graphisch dargestellt folgender Aufbau des vordtn Bundesbuches ergibt:

175 Cf. Verf., Wandel (*StB 3*), 9-44; ders., Ethik (*ThW 3/2*), 19ff.; ders., Art. Bundesbuch (*RGG⁴ I*), 1876-1877.

176 Unter „Privilegrecht" wird im folgenden ein Recht verstanden, dessen Kern Aussonderungen für JHWH, insbesondere im Schema 6/7, sind; cf. Verf., Art. *šæbaʿ* (*ThWAT VII*), 1017ff.; ders., Ethik (*ThW 3/2*), 99ff.; ders., Art. Gesetz (*RGG⁴ III*).

177 Diese Verbindung von Rechtssätzen des Körperverletzungsrechts (Ex 21,18-32; cf. MAG.A §§ 7-9; 21; 50-52 [53]) mit solchen familienrechtlicher Delikte (Ex 22.15f.; cf. MAG.A §§ 12-16; [17-20]; 22-24; 55-56) hat eine Parallele in den Mittelassyrischen Rechtssätzen (MAG.A); cf. dazu Verf., Körperverletzung (*ZAW 105*), 153-165.

Altargesetz: Ex 20,24-6*

soziales Privilegrecht: Ex 21,2-11

Rechtsordnung
Ex 21,12-17
Ex 21,18-32
Ex 21,33-22,14
Ex 22,15-16
Ex 22,17-19a
Ex 22,20-26*.28-29

Gerichtsordnung
Ex 23,1-3
Ex 23,4-5
Ex 23,6-8

soziales Privilegrecht: Ex 23,10-12

Im folgenden wird an diesem Aufbau orientiert von innen nach außen voranschreitend die Rezeption des Bundesbuches in der Gerichtsordnung und der materialen Rechtsordnung des Deuteronomiums analysiert, um dann den privilegrechtlichen Rahmen und schließlich das Altargesetz in Relation zur Kultzentralisationsgesetzgebung in Dtn 12 einzubeziehen. Abschließend wird die Rezeption des Aufbaus des Bundesbuches in Dtn 12-26 aufgewiesen.

3.3.1 Die Rezeption des Bundesbuches in der deuteronomischen Gerichtsordnung in Dtn 16,18-18,5*

Zwischen Ex 23,6.8, Dtn 16,18f. und Dtn 1,15-17aα besteht ein Verhältnis fortschreibender Rezeption, wobei die Richtung der Rezeption in der Forschung strittig ist[178]:

Ex 23,6.8

(V.6) לא תטה משפט אבינך בריבו
(V.8) ושחד לא תקח כי השחד יעור פקחים ויסלף דברי צדיקים

Dtn 16,18.19

(V.18) שפטים ושטרים תתן־לך בכל־שעריך אשר יהוה אלהיך נתן לך

178 Übereinstimmungen zwischen Dtn 16,18f. und Ex 23,6.8 sind einfach, solche zwischen Dtn 16,18f. und Dtn 1,15-17aα doppelt unterstrichen.

לשבטיך ושפטו את־העם משפט־צדק
(V.19) לא־תטה משפט לא תכיר פנים ולא־תקח שחד כי השחד יעור עיני חכמים
ויסלף דברי צדיקם

Dtn 1,15-17aα

(V.15) ואקח את־ראשי שבטיכם אנשים חכמים וידעים ואתן אתם ראשים עליכם
שרי אלפים ושרי מאות ושרי חמשים ושרי עשרת ושטרים לשבטיכם

(V.16) ואצוה את־שפטיכם בעת ההוא לאמר שמע בין־אחיכם ושפטתם צדק
בין־איש ובין־אחיו ובין גרו
(V.17aα) לא־תכירו פנים במשפט כקטן כגדל

Die umfangreicheren Übereinstimmungen im Wortlaut bestehen zwischen Dtn 16,19 und Ex 23,6.8. Zu fragen ist, welches der rezipierende und welches der rezipierte Text ist[179]. Damit verbindet sich die Frage, wie sich Ex 23,8 und Dtn 16,19 zum jeweiligen literarischen Kontext verhalten. L. Schwienhorst-Schönberger[180] und E. Reuter[181] halten Ex 23,8 für eine dtr Erweiterung in Verbindung mit Ex 23,9, um die vorgegebene Reihe Ex 23,1-7 „aufzubrechen und das Thema ‚Rechtsprechung' wieder anzustimmen, und so deutlich zu machen, wo der Fremde nach V.9 nicht unterdrückt werden soll, nämlich im Gerichtsverfahren"[182]. Doch weist Ex 23,8 keinerlei dtr Spracheigentümlichkeiten auf, wohl aber weisheitliche. סלף ist neben Ex 23,8 par. Dtn 16,19 nur

179 Dagegen haben U. Rüterswörden (Gemeinschaft [*BBB 65*], 21f.) und ihm folgend K. Zobel (Prophetie [*BZAW 199*], 161f.) die Annahme einer direkten literarischen Anknüpfung von Dtn 16,19 an Ex 23,6.8 mit folgenden Argumenten abgelehnt: 1) Ex 23,6 stimme nicht wörtlich mit Dtn 16,19 überein, אֶבְיֹנְךָ בְּרִיבוֹ müsse in Dtn 16,19 als Auslassung erklärt werden, 2) die Verbote Ex 23,6.8 würden nicht direkt aufeinander folgen, 3) die Begründung Ex 23,8b passe zu V.8a, weniger gut zu Dtn 16,19abα und sei hier also ein sekundär eingefügtes Sprichwort. Dem ist entgegenzuhalten, daß sich die Auslassung von אֶבְיֹנְךָ בְּרִיבוֹ sehr wohl aus einer Tendenz zur Verallgemeinerung erklärt, die auch für die Auslassung von Ex 23,7 verantwortlich ist. Die These eines von Ex 23,8b unabhängigen, obwohl im Wortlaut identischen Sprichwortes in Dtn 16,19bβ ist unnötig. Jüngst hat U. Rüterswörden (Verfassungsentwurf [*FS H. Graf Reventlow*], 318) im Zuge der Zurückweisung der These von J. Buchholz (Die Ältesten [*GTA 36*], 88f.), Dtn 16,19 sei von 1 Sam 8,3 abhängig, die Möglichkeit einer Revision seiner These zugunsten einer literarischen Rezeption von Ex 23,6-8 in Dtn 16,19 angedeutet.

180 Cf. Bundesbuch (*BZAW 188*), 385-388.

181 Cf. Kultzentralisation (*BBB 87*), 175.

182 Cf. Bundesbuch (*BZAW 188*), 387. Schon J. Wellhausen (Composition [*Berlin* *⁴1963*], 90) hat das dazu Notwendige gesagt: „Wenn der Satz וְגֵר לֹא תִלְחָץ v.9 hier nach 22,20 überhaupt eine Stelle haben soll, so muss er mit v.7 und 8a eng verbunden sein, damit man merke, dass speciell von Bedrückung vor Gericht die Rede sei". L. Schwienhorst-Schönberger stellt J. Wellhausens Argument auf den Kopf.

weisheitlich belegt[183]. Der Vers fügt sich in eine weisheitlich geprägte vordtr Bearbeitungsschicht ein, der auch die Vetitive in Ex 23,1b.7bα[184] und der weisheitlich geprägte Begründungssatz in Ex 23,8b[185] zuzuordnen sind. Ex 23,7 läßt keinen Zweifel daran, daß man sich im Kontext einer Prozeßordnung bewegt, so daß es keiner „Aufsprengung" in bezug auf V.9 bedarf. Soll Ex 23,8 nicht die Quelle für Dtn 16,19 sein, sondern umgekehrt von Dtn 16,19 abhängig sein, muß die Herkunft des „Richterspiegels" in Dtn 16,19 anders erklärt werden. L. Schwienhorst-Schönberger[186] nennt neben 1 Sam 8,3 als Quellen Dtn 10,17f.[187]; 27,25[188], zwei Texte, die zu den spätesten im Deuteronomiumsrahmen gehören und ebenso wie 1 Sam 8,3[189] als Quelle für Dtn 16,19 ausscheiden[190]. Für die Frage nach der Richtung der Rezeption zwischen Bundesbuch und Deuteronomium ist wichtig, daß sich die Parallelen zwischen dem Prozeßrecht des Bundesbuches und dem „Richterspiegel" der dtn Gerichtsordnung in Dtn 16,19 nicht auf Ex 23,8 beschränken, sondern mit „du sollst Recht nicht beugen" (לֹא־תַטֶּה מִשְׁפָּט) sich auch auf Ex 23,6 erstrekken, ja diesem Prohibitiv als Eröffnung des „Richterspiegels" in Dtn 16,19 eine herausgehobene Bedeutung zukommt. Ex 23,6 aber wird unbestritten zum literarischen Kernbestand von Ex 23,1-3.6-8 gerechnet[191]. Werden aber unterschiedliche literarische Schichten in Ex 23,1-3.6-8 in Dtn 16,19 rezipiert

---

183 Cf. Prov 13,6; 19,3; 21,12; 22,12; Hi 12,19; ferner Prov 11,3; 15,4. Schon J. Wellhausen (Composition [*Berlin ^{4}1963*], 90) hat Ex 23,8b als sekundär eingefügtes Sprichwort erkannt.

184 Cf. W. Richter, Recht (*StANT 15*), 60-62.86f.

185 Ex 23,7bβ ist dem Redaktor der Sammlung II in Ex 22,28-23,12 zuzurechnen, der die bereits weisheitlich erweiterte Prozeßrechtsordnung aufgenommen hat. Ein „protodtn" Einfluß ist hier gegen L. Schwienhorst-Schönberger nicht zu entdecken.

186 Cf. a.a.O., 387f.

187 Cf. dazu R. Achenbach, Israel (*EHS XXIII/422*), 381f.

188 Cf. dazu H.-J. Fabry, Dekalog (*FS W. Breuning*), 75-96.

189 L. Schwienhorst-Schönberger folgt mit der These, 1Sam 8,3 sei Quelle für Dtn 16,19 J. Buchholz, die U. Rüterswörden (Verfassungsentwurf [*FS H. Graf Reventlow*], 317) zu Recht als eine „kühne Vereinfachung" gekennzeichnet hat. Die 2. Pers. sing. in Dtn 16,19 in Spannung zu Dtn 16,18 (s.i.f.) erklärt sich aus der Rezeption von Ex 23,6.8, bleibt aber bei 1 Sam 8,3 als Vorlage unerklärt. Auch ist die dtr „Richter" (שֹׁפְטִים)–Konzeption im „Deuteronomistischen Geschichtswerk" nicht mit der des Richteramts in Dtn 16,18f. identisch, da hier das Amt mit keinerlei Herrschaftsaspekten verbunden ist. Auch „richten" die Richter in Dtn 16,18 nicht Gesamtisrael, wie es mit dem für die dtr Richterkonzeption charakteristischen Ausdruck (שָׁפַט אֶת יִשְׂרָאֵל) ausgedrückt wird, sondern die Bevölkerung (עָם) des jeweiligen Ortes (שַׁעַר). So wird man eher mit T. Veijola (Königtum [*AASF.B 198*], 68 mit Anm. 112) mit einer Anspielung auf Dtn 16,18f. in 1Sam 8,3 rechnen.

190 Zu Ex 23,9 cf. Verf., Wandel (*StB 3*), 6f.; ders., Pentateuchredaktion (*BEThL 126*), 72ff., gegen C. Bultmann (Der Fremde [*FRLANT 153*], 173f.), der ohne hinreichende Begründung mit einem Textwachstum noch innerhalb von Ex 23,9 rechnen will.

191 Cf. W. Richter, Recht (*StANT 15*), 122; Verf., Wandel (*StB 3*), 47f.; L. Schwienhorst-Schönberger, Bundesbuch (*BZAW 188*), 383f.

und literarisch untrennbar vereint, so ist nur eine Rezeptionsrichtung, die vom Bundesbuch zum Deuteronomium führt, möglich.

Dann stellt sich als Gegenprobe die Aufgabe, die Abweichungen zwischen Dtn 16,19 und Ex 23,6.8 zu erklären, die sich mit der Frage nach den Beziehungen zwischen Dtn 16,18f. und Dtn 1,15-17 verzahnt. Dtn 16,19 zitiert nicht die Näherbestimmung von מִשְׁפָּט durch אֶבְיֹנְךָ בְּרִיבוֹ in Ex 23,6. Dieses Motiv steht in Ex 23,6 in einem Strukturbezug konzentrischer Redaktion mit dem entsprechenden Motiv in Ex 23,3:

ודל לא תהדר בריבו

לא תטה משפט אבינך בריבו

Hier wird die Kernaussage der Prozeßordnung des Bundesbuches, die durch einen dreigliedrigen Rahmen in Ex 23,1f.7abα.8 umgriffen wird, auf den Punkt gebracht: Die lokale Rechtsgemeinde, die in der Regel mehrheitlich aus Kleinbauern (דַּלִּים)[192] besteht, soll nicht einen der ihren vor Gericht bevorzugen[193], noch soll umgekehrt dem Verarmten aus seiner sozial schwachen Stellung ein Nachteil im Rechtsverfahren entstehen[194]. Mit der Professionalisierung der Lokalgerichtsinstitution (Dtn 16,18)[195] waren nicht mehr die in Ex 23,1-3.6-8 angesprochenen Laien die Richter, so daß einer Bevorzugung des דַּל aufgrund gemeinsamer sozialer Herkunft durch die Laienrichter der Boden entzogen war und der Grundsatz der Rechtsgleichheit[196] anders ausgedrückt werden mußte. Der Verfasser von Dtn 16,19 streicht „deinen Armen in seinem Rechtsstreit" (אֶבְיֹנְךָ בְּרִיבוֹ) und verallgemeinert so den Prohibitiv „du sollst Recht nicht beugen" (לֹא תַטֶּה מִשְׁפָּט)[197]. Für eine professionelle Richterschaft verbot sich Ex 23,2.3 geradezu als Teil eines Richterspiegels. Unkritisch einer Mehrheitsmeinung zu verfallen, ist für den Richter aus Profession ebenso wenig eine Gefahr wie die unrechtmäßige Bevorzugung eines Kleinbauern[198]. Nein – er soll grundsätzlich nicht das Recht beugen und vielmehr

192 Zu den דַּלִּים als Kleinbauern mit Rechtsfähigkeit cf. K. Koch, Entstehung (*Neukirchen-Vluyn 1991*), 153; H.-J. Fabry, Art. *dal* (*ThWAT II*), 232f.; zu ihrer Rechtsfunktion cf. Verf., Art. Gerichtsverfassung (*RGG⁴ III*).

193 Gegen die erneut von C. Bultmann (Der Fremde [*FRLANT 153*], 171 mit Anm. 193) vertretene Emendation von דַּל in גדל, die die Systematik der Prozeßrechtssammlung zerstört, die C. Bultmann in der Konsequenz auch übersieht, cf. J. Halbe, Gemeinschaft (*BEThL 68*), 65 Anm. 19; Verf., Wandel (*StB 3*), 90 Anm. 168; L. Schwienhorst-Schönberger, Bundesbuch (*BZAW 188*), 182f. mit Anm. 16.

194 Cf. Verf., Wandel (*StB 3*), 47; L. Schwienhorst-Schönberger, Bundesbuch (*BZAW 188*), 383.

195 Cf. Verf., Art. Recht (*TRE XXVIII*), 203; ders., Art. Gerichtsverfassung (*RGG⁴ III*).

196 Cf. dazu Verf., Art. Recht (*TRE XXVIII*), 204f.; ders., Art. Gerechtigkeit (*BThW⁴*), 220-223; ders., Art. Gerechtigkeit (*RGG⁴ III*).

197 Cf. auch J.C. Gertz, Gerichtsorganisation (*FRLANT 165*), 37f.

198 Wenn Ex 23,2 dem je einzelnen Laienrichter eine Kompetenz einräumt, sich gegen das Rechtskollektiv zu stellen, wenn dieses gegen das Recht handelt, dann muß dies konse-

dafür eintreten, daß gleiche Fälle gleiches Recht empfangen[199]. Ex 23,1-3.6-8 ist für eine Laiengerichtsbarkeit formuliert, die im Bundesbuch durchgängig vorauszusetzen ist, Dtn 16,19 dagegen, durch Dtn 16,18 gelenkt, für eine professionalisierte Lokalgerichtsbarkeit. Eine Rezeptionsrichtung von der Gerichtsordnung des Deuteronomiums zum Prozeßrecht des Bundesbuches liefe auch dem rechtshistorischen Prozeß, daß sich in Juda die professionalisierte Gerichtsbarkeit aus der Laiengerichtsbarkeit entwickelte und nicht umgekehrt[200], zuwider und wäre ohne Plausibilität.

Der dtn Autor von Dtn 16,19 hält mit dem Verbot der Rechtsbeugung auch an der sozialen Akzentuierung des Schutzes vor wirtschaftlicher Macht im Rechtsprozeß fest, indem er das Verbot der Rechtsbeugung mit dem aus Ex 23,8 entnommenen Verbot der Bestechung verbindet. Die Kombination dieser beiden Verbote hat eine lange Tradition in altorientalischen „Richterspiegeln" und ist u.a. in den hethitischen Bēl Madgalti-Instruktionen III A 25-28 belegt:

A-NA BE-LÍ-ma-at-ša-an li-e i-e-zi-zi A-NA ŠEŠ-*ja-at-za-an* NIN? – Š[U] ^{L}[^{ú}*a*-] *ri-ši-ja li-e i-ja-zi ma-aš-ga-an-na-za li-e ku-iš-ki da-a-i DI-NAM ša-ra-az-zi kat-te-ra-aḫ-hi li-e kat-te-ir-ra ša-ra-az-ja-ḫi li-e ku-it ḫa-an-da-an a-pa-a-at i-iš-ša*

„Er soll ihn (sc. den Prozeß) nicht zugunsten eines ‚Herrn' führen, auch zugunsten (seines Bruders), seiner Gattin (?) und seines Freundes soll er ihn nicht führen. Und niemand soll eine Bestechung nehmen. Eine gute Rechtssache soll er nicht unterliegen lassen, eine schlechte nicht gewinnen lassen. Tue das, was recht ist!"[201]

Zwischen die Verbote der Rechtsbeugung und der Bestechung wird in Dtn 16,19 anstelle von Ex 23,7 ein Verbot der Parteilichkeit „siehe nicht (die Person) an" (לֹא תַכִּיר), geschoben. Das Bemühen um Verallgemeinerung der Verbote des Bundesbuches im Richterspiegel des Deuteronomiums wird auch hier deutlich. Die umfassende Forderung, ohne Ansehen der Person zu urteilen, ersetzt die in einem Strukturzusammenhang mit dem Verbot, falsche Gerüchte zu verbreiten (Ex 23,1a), stehende Aufforderung, sich von Lügen fernzuhalten, und ersetzt auch den im Strukturzusammenhang mit dem Verbot

quenterweise langfristig zu einer Professionalisierung des Richteramtes führen, die mit der Ausbildung zum Rechtsentscheid die Lösung vom Rechtskollektiv sichern kann; s.i.f.

199 Cf. dazu Verf., Art. Recht (*TRE XXVIII*), 204f.; ders., Art. Gerechtigkeit (*RGG⁴ III*).

200 Cf. H. Niehr, Rechtsprechung (*SBS 130*), 81ff.; J.C. Gertz, Gerichtsorganisation (*FRLANT 165*), 82ff.; Verf., Art. Gerichtsverfassung (*RGG⁴ III*).

201 Cf. E. von Schuler, Dienstanweisungen (*AfO Beih. 10*), 48. Zum Richteramt von Offizieren in hethitischen Garnisionsstädten cf. H. Hoffner, Laws (*Ph.D. Diss. Brandeis University 1963*), 326f. Ferner ist auf die ägyptische Parallele in Amen-em-ope 404-413 hinzuweisen; cf. S. Herrmann, Weisheit (*FS H.D. Preuß*), 56-58; Verf., Ethik (*ThW 3/2*), 68; ders., Art. Recht (*TRE XXVIII*), 198; ders., Gut und Böse (*FS H. Seebaß*). Zur Bestechung im Alten Orient cf. H.M. Kümmel, Bestechung (*Wien 1982*), 55-64.

des falschen Zeugnisses (Ex 23,1b) stehenden Vetitiv, den Unschuldigen und Gerechten nicht durch einen Justizmord zu töten. Schließlich formuliert der dtn Autor die Begründung des Bestechungsverbots mit den Worten „denn die Bestechung macht die Augen von Weisen blind" (יְעַוֵּר עֵינֵי חֲכָמִים; Dtn 16,19bβ) anstelle von „denn die Bestechung macht Sehende blind" (יְעַוֵּר פִּקְחִים; Ex 23,8bα). Mit dem Verbot, die Person anzusehen, d.h. parteilich zu richten, wird ein weisheitlicher Grundsatz aufgenommen[202]:

„Parteinahme bei Gericht (הַכֵּר־פָּנִים בְּמִשְׁפָּט) ist nicht gut" (Prov 24,23b).

Die Fortsetzung in Prov 24,24 erläutert die Parteinahme im Gericht durch das Beispiel des Freispruchs für den Frevler. In Prov 24,23a wird in der Überschrift[203] von den „Weisen" gesprochen und damit ist der literarische Kontext, aus dem in Dtn 16,19aβbβ mit der Einfügung des Prohibitivs לֹא תַכִּיר פָּנִים und der Ersetzung von פִּקְחִים durch חֲכָמִים geschöpft wurde, unabweisbar weisheitlich. Bei der Einfügung des Ex 23,7 verallgemeinernden Prohibitivs „siehe nicht (die Person) an" aus Prov 24,23b wird חֲכָמִים aus Prov 24,23a attrahiert.

In Dtn 1,17aα ist der Prohibitiv durch „im Gericht" (בַּמִּשְׁפָּט) erweitert worden. Auch hier ist zu fragen, ob der Autor von Dtn 1,17 nur den Prohibitiv aus Dtn 16,19 aufgenommen oder umgekehrt der Autor von Dtn 16,19 den Prohibitiv aus Dtn 1,17 zusammen mit den „weisen Männern" (אֲנָשִׁים חֲכָמִים) in Dtn 1,13.15 unter Weglassung von אֲנָשִׁים eingebracht und mit den Prohibitiven in Ex 23,6.8 kombiniert hat. Dtn 1,16f. ist ein sehr später Mischtext von Motiven aus Ex 18 und Dtn 16,18f.[204]. Mit Ex 18,13-27 verbindet Dtn 1,9-18 nicht nur das Motiv der Entlastung des Mose im Gerichtsverfahren, sondern wie mit Dtn 16,18f. auch direkte Anknüpfungen im Wortlaut. Der Anschluß von Dtn 1,16a an Dtn 1,15bβ wird durch das Nebeneinander von „Richtern und Schreibern" (שֹׁפְטִים וְשֹׁטְרִים) in Dtn 16,18a gelenkt. Die Fortsetzung in Dtn 1,16bβ „und ihr sollt gerecht richten zwischen einem Mann und seinem Bruder und seinem Beisassen" (וּשְׁפַטְתֶּם צֶדֶק בֵּין־אִישׁ וּבֵין־אָחִיו וּבֵין גֵּרוֹ) zitiert Ex 18,16aβ „und ich richte zwischen einem Mann und seinem Nachbarn" (וְשָׁפַטְתִּי בֵּין אִישׁ וּבֵין רֵעֵהוּ). Die Erweiterung um den Aspekt des gerechten Richters nimmt Dtn 16,18b „und sie richten das Volk mit gerechtem Richtspruch" (וְשָׁפְטוּ ... מִשְׁפַּט־צֶדֶק) auf. Der Rechtsspruch (בַּמִּשְׁפָּט) aus Dtn 16,18 wird in Dtn 1,17 mit dem aus Dtn 16,19aβ entnommenen Prohibitiv zu לֹא־תַכִּירוּ פָּנִים בַּמִּשְׁפָּט zusammengezogen. Wie Dtn 1,16 knüpft auch Dtn 1,17 mit der Eröffnung des „Richterspiegels" an Dtn 16,19aβ an[205]. Mit Dtn

---

202 נכר פָּנִים (Hi.) ist nur in Dtn 1,17; 16,19 und Prov 24,23; 28,21 belegt. Der Prohibitiv in Dtn 16,19bβ ist entweder direkt aus der Weisheit oder aus Dtn 1,17 abzuleiten.

203 Cf. A. Meinhold, Sprüche II (*ZBK 16/2*), 409. Mit einem Einfluß von Prov 24,23 auf Dtn 16,19bβ rechnet auch F. Foresti, Storia (*Teresianum 39*), 14-16.

204 Cf. L. Perlitt, Deuteronomium (*BK V/1*), 57.73f.

205 Cf. L. Perlitt, a.a.O., 74.

1,17aγb schließlich kommt wieder Ex 18,16b.19b.26b (הַדָּבָר הַקָּשֶׁה) zu Wort[206]. Der Autor von Dtn 1,16f. ist noch konsequenter als der von Dtn 16,19 um den Aspekt der Isonomie als sein zentrales Anliegen bemüht. Deshalb zitiert er den Prohibitiv aus Dtn 16,19aβ „nicht nach dem Ansehen der Person sollst du richten" in Verbindung mit der Aufforderung zu gerechtem Gericht aus Dtn 16,18b, während er den sozial orientierten Prohibitiv (Dtn 16,19b) einschließlich der Begründung übergeht. Nur im „Beisassen"-Motiv (Dtn 1,16fin.) läßt er noch das Motiv des sozialen Schutzes anklingen. Der „Beisasse" soll vor Gericht wie „jedermann" behandelt werden. Den hermeneutischen Schlüssel zur Rezeption liefert Dtn 1,17 „den Kleinen (כַּקָּטֹן) wie den Großen (כַּגָּדֹל) sollst du anhören", wozu L. Perlitt[207] zu Recht bemerkt, es gehe „nicht um die Moralisierung, sondern um die Wahrung des Rechts. Die richterliche Tugend besteht im Anhören der Argumente der Parteien". Es geht also der Einfügung des גֵּר-Motivs um die Rechtsgleichheit: unabhängig vom sozialen Status der Parteien soll gleicher Fall gleiches Recht empfangen. Dtn 16,18f. war die Vorlage für Dtn 1,15fin.16f. Bei umgekehrter Rezeptionsrichtung bliebe unerklärt, warum in Dtn 16,19aβ בַּמִּשְׁפָּט gestrichen und אֲנָשִׁים חֲכָמִים וּנְבֹנִים וִידֻעִים (Dtn 1,13) bzw. אֲנָשִׁים חֲכָמִים וִידֻעִים (Dtn 1,15) zu חֲכָמִים Dtn 16,19 verkürzt worden sein sollte. Mit „Augen der Weisen" (עֵינֵי חֲכָמִים) und „Worte der Gerechten" (דִּבְרֵי צַדִּיקִם) werden in Dtn 16,19 weisheitliche Prädikate, die ursprünglich dem König als Richter zukamen, auf die Berufsrichter an den Lokalgerichten übertragen.

Die Fortschreibungsgeschichte des Prozeßrechts von Ex 23,1-3.6-8 über Dtn 16,18f. zu Dtn 1,16f. ist also durch eine Tendenz zur zunehmenden Universalisierung des Grundsatzes der Rechtsgleichheit gekennzeichnet, hinter dem der explizite Schutz der sozial Schwachen zurücktritt. Dtn 1,9-18 ist ein Zusatz innerhalb von Dtn 1-3[208], der gleichermaßen auf Ex 18 wie auf das Deuteronomium zurückgreift und also später Provenienz ist und in den Horizont von Pentateuch- und Hexateuchredaktion gehört[209]. Dann aber bleibt für eine Rezeption von Dtn 1,16f. in Dtn 16,19 literaturhistorisch kein Raum, zumal nicht auszuschließen ist, daß Dtn 1,16f. ein Nachtrag zum Nachtrag in Dtn 1,9-18 ist[210].

---

206 Ist Dtn 1,16bβ.17aγb wie der Kontext auf Ex 18 zurückzuführen, erledigen sich Thesen, die Dtn 1,16bβ.17a (LXX sing.) für sekundär in Dtn 1,16f. halten (so S. Mittmann, Deuteronomium 1,1-6,3 [*BZAW 139*], 26) oder Dtn 1,16bβ für sekundär gegenüber Dtn 1,17a (so F. Foresti, Storia [*Teresianum 39*], 18 Anm. 51).

207 Cf. a.a.O., 75.

208 Cf. S. Mittmann, Deuteronomium 1,1-6,3 (*BZAW 139*), 24ff.164f.; J. Buchholz, Die Ältesten (*GTA 36*), 98; F. Foresti, Storia (*Teresianum 39*), 20; C. Bultmann, Der Fremde (*FRLANT 153*), 132.

209 Cf. dazu Verf., Deuteronomium 4 (*SESJ 62*), 196-222.

210 Cf. dazu L. Perlitt, Deuteronomium (*BK V/1*), 60.

J.C. Gertz[211] reduziert den dtn-vordtr Kernbestand in Dtn 16,18f. auf Dtn 16,18aαb. Auch er plädiert für eine Rezeption von Ex 23,6.8 in Dtn 16,19. „Insbesondere die nahezu völlige Übereinstimmung von 16,19b mit Ex 23,8 spricht für eine literarische Beziehung beider Verbotsreihen. Literarhistorische Priorität kommt hierbei Ex 23,6.8 zu“[212]. Aber nicht ein dtn-vordtr Autor soll der Rezipient des Bundesbuches sein, sondern ein dtr Redaktor, der auch auf Dtn 1,17 zurückgegriffen habe und die Prohibitive des Bundesbuches mit dem aus Dtn 1,17aα kombinierte. Hinzu sollen als dtr Ergänzungen in Dtn 16,18 vor allem die mit „in allen deinen Toren“ (בְּכָל־שְׁעָרֶיךָ) verbundene Landgabeformel „die Jahwe, dein Gott, dir gibt“ (אֲשֶׁר יְהוָה אֱלֹהֶיךָ נֹתֵן לָךְ) und das Stammesmotiv (לִשְׁבָטֶיךָ) kommen. Die Hauptlast des Beweises muß die Beobachtung tragen, daß sich die Prohibitive in Dtn 16,19 in der 2. Pers. sing. formuliert auf diejenigen beziehen, die Richter und Gerichtsschreiber einsetzen sollen. „Sollte 16,18 von einem einzigen Verfasser stammen und dieser den Prohibitiv in V.19aβ selbständig formuliert haben, dann wäre in V.19aβ eher die 3. Pers. Plur. und in V.19aαb eine entsprechende Änderung der Vorlage zu erwarten“[213]. Dabei wird übersehen, daß die Formulierung in der 2. Pers. sing. durch die Rezeption von Ex 23,6.8 bedingt ist und man sich vielmehr fragen muß, warum der Autor das Zitat als Zitat kennzeichnet. Die aus Ex 23,6.8 übernommenen Rahmenprohibitive in Dtn 16,19 bestimmen auch die Formulierung des gerahmten Prohibitivs in Dtn 16,19aβ. Genau dies räumt J.C. Gertz[214] ein, wenn er den Wechsel von der 2. Pers. plur. in Dtn 1,17 zur 2. Pers. sing. in Dtn 16,19aβ erklären muß, die „sich bei einer Einarbeitung in die vorgegebenen Verbote aus Ex 23,6.8 leicht nachvollziehen“ läßt. Damit ist alles Notwendige gesagt. Der dtn Gesetzgeber will durch die Formulierung der Prohibitive in der 2. Pers. sing. nicht auf eine Anknüpfung an Dtn 1,17, sondern an das Bundesbuch als dem Referenztext des dtn Gesetzes aufmerksam machen[215].

---

211 Cf. Gerichtsorganisation (*FRLANT 165*), 33ff.

212 Cf. J.C. Gertz, a.a.O., 37.

213 Cf. J.C. Gertz, a.a.O., 39. Mit einer Ergänzung von Dtn 16,19 aus Dtn 1,17 rechneten auch schon C. Steuernagel, Deuteronomium (*HAT I.3.1*), 115; S. Mittmann, Deuteronomium 1,1-6,3 (*BZAW 139*), 33; G. Braulik, Gesetze (*SBS 145*), 50f.; ders., Weisheit (*Gütersloh 1996*), 60f.

214 Cf. J.C. Gertz, Gerichtsorganisation (*FRLANT 165*), 39 Anm. 56.

215 Cf. J.C. Gertz, a.a.O., 33. Offen bleibt bei der These einer exilisch-dtr Rezeption von Ex 23,3-6 der historische und rechtshistorische Anlaß und Kontext einer derartigen Rezeption. So kann J.C. Gertz (a.a.O., 228) aufgrund des von ihm vertretenen dtn-vordtr Kernbestandes in Dtn 16,18aαb die in die Josia-Zeit datierte Professionalisierung der Lokalgerichtsbarkeit mit dem literarischen Befund noch knapp zusammenhalten. Bei G. Braulik (Weisheit [*Gütersloh 1996*], 61f.), der dem „Blockmodell“ verpflichtet Dtn 16,18-20 insgesamt dtr-exilisch datiert, brechen literarischer Befund und rechtshistorische Rekonstruktion dramatisch auseinander. Heilung wird in der Vermutung gesucht, die Gesetze über die Gerichtsverfassung könnten in einer Vorform schon in vorexili-

Die Verbindung von שְׁעָרֶיךָ mit einem Landgabesatz in Dtn 16,18a ist nicht Ergebnis dtr Modifikation, sondern der dtn Redaktion. J.C. Gertz räumt ein, daß das שַׁעַר-Motiv und die Landgabesätze je für sich feste Bestandteile der dtn-vordtr Redaktion des dtn Gesetzes sind. Die Verwendung von שַׁעַר anstelle von (הָ)אָרֶץ in Dtn 16,18a ist durch die Rechtsthematik begründet: Es geht in Dtn 16,18f. um die Professionalisierung von Ortsgerichten in Abgrenzung vom Zentralgericht, wie er in Dtn 17,8 in der Dialektik von שְׁעָרֶיךָ und הַמָּקוֹם entfaltet wird[216]. Damit wird das Grundmotiv der dtn Zentralisationsgesetze in der Gerichtsordnung zur Anwendung gebracht. Um der Dialektik von Ortsgerichtsbarkeit und Zentralgerichtsbarkeit willen wird in Dtn 17,2* die Vorlage in Dtn 13,6 (בְּקִרְבְּךָ) mit Dtn 12,15 kombiniert und zu „in deiner Mitte (בְּקִרְבְּךָ), in einer deiner Städte (בְּאַחַד שְׁעָרֶיךָ)“, erweitert[217]. שְׁעָרֶיךָ ist neben Dtn 16,18 auch in Dtn 17,2 und Dtn 16,5 mit einem Landgabesatz verknüpft. Durch diese Kombination zweier dtn-vordtr Redaktionsmarker, deren Häufung sie keineswegs zu einem dtr Redaktionsmarker macht, wird das Amtsgesetz der Lokalgerichtsbarkeit in Dtn 16,18f. mit dem Modellprozeß in Dtn 17,2-7* verzahnt, der die Zuständigkeit in Abgrenzung der Lokalgerichte von der der Zentralgerichtsbarkeit regelt[218]. Über diese Kombination zweier dtn Redaktionsmarker in Dtn 16,18 wird die Gerichtsordnung (Dtn 16,18-18,5*) auch mit der dtn-vordtr Festordnung (Dtn 16,1-17) verzahnt. Auch hier verbindet der dtn Redaktor שְׁעָרֶיךָ, das dem akk. *bābtu(m)* entsprechend[219] auch die Konnotation der Sippe hat[220], mit dem Landgabesatz[221]. Die Verbindung von שַׁעַר-Motiv und Landgabesatz ist also kein Argument für eine Rezeption von Dtn 1 in Dtn 16,18f. Erst Dtn 16,20-17,1 ist ein geschlossener dtr Eintrag, der der Neugruppierung des dtn Gesetzes durch den dtr Dekalogredaktor (DtrD) dient[222]. Für die Annahme einer dtr Rezeption des Bundesbuches in Dtn 16,19 gibt es also keine Argumente.

---

scher Zeit existiert haben – eine unnötig vage Annahme: Dtn 16,18f. stammt aus der Zeit der josianischen Gerichtsreform. Unbeantwortet läßt G. Braulik vor allem aber die Frage, wie sich die von ihm vermutete vorexilisch-dtn Vorform der Gerichtsverfassung literaturhistorisch zu den auch von ihm vorexilisch-dtn datierten Gesetzen in Dtn 12-16 verhält.

216 Cf. Verf., Art. *šaʿar* (*ThWAT VIII*), 379f.

217 Cf. o. II. 2.4.

218 S. dazu i.f.

219 Cf. Verf., Art. *šaʿar* (*ThWAT VIII*), 366f.

220 Cf. Verf., a.a.O., 376-378.

221 Wenn T. Veijola (Passover [*ZAR 2*], 55) den Landgabesatz in Dtn 16,5 für sekundär erklärt, weil er in Verbindung mit שְׁעָרֶיךָ in Dtn 16,18; 17,2 sekundär sei, so ist der Zirkelschluß perfekt.

222 Cf. o. IV. 3.2. Nur das Motiv der Gliederung nach Stämmen, das für dtr Redaktionen im Deuteronomium und in den Vorderen Propheten charakteristisch ist, kann auf dtr Eingriff in Dtn 16,18 zurückgeführt werden; cf. Verf., Gerichtsordnung (*FS O. Kaiser*), 148.

Dtn 16,18*.19 ist vom dtn Autor verfaßt worden, der das Prozeßrecht des Bundesbuches (Ex 23,6.8) unter dem Aspekt der Professionalisierung der Lokalgerichte[223] rezipierte. Wird in Ex 23,2 dem je einzelnen Israeliten eine Entscheidungskompetenz *gegen* das Rechtskollektiv, das fehlentscheiden kann (רַבִּים לְרָעֹת)[224], zugesprochen, so ist die Professionalisierung des Richteramtes die Konsequenz aus diesem Schritt. Ex 23,2 reagiert auf eine latente Gefahr der Laiengerichtsbarkeit: Gilt das als Recht, was das Rechtskollektiv der Laiengerichtsbarkeit als Recht deklariert, so kann das zu Pressionen auf das je einzelne Mitglied des Rechtskollektivs führen. Wird dem je einzelnen Laienrichter eine Entscheidungskompetenz gegen das Kollektiv eingeräumt, so muß daraus zur Sicherung dieser Kompetenz langfristig die Einrichtung eines vom Kollektiventscheid unabhängigen Richteramtes folgen, dessen Legitimation die Profession ist. Dtn 16,18* zieht aus der in Ex 23,2 eingeleiteten Entwicklung die Konsequenzen. Die lokale Rechtsgemeinde, die auf dem Lande in der Regel aus rechtsfähigen Kleinbauern (דַּלִּים) besteht, soll auch nicht einem der Ihren unrechtmäßigen Vorteil verschaffen[225], wie der Arme (אֶבְיוֹן) keinen Nachteil im Prozeß aufgrund seiner Armut haben soll. In Dtn 16,19 wird dieser Gedanke der Rechtsgleichheit weitergeführt zur allgemeinen Richter-Regel:

„Du sollst Recht nicht beugen und urteile nicht unter Ansehung der Person".

Mit der Professionalisierung des Richteramtes und seiner Bindung an den Grundsatz der Rechtsgleichheit ratifiziert die dtn Gerichtsreform Entwicklungen, die im Prozeßrecht des Bundesbuches angelegt sind. Die Gerichtsordnung des Deuteronomiums will durch das wörtliche Zitat von Ex 23,3.6 in Dtn 16,19 Auslegung des Bundesbuches sein und bedient sich also für das eigene Reformprogramm einer am Grundsatz der Rechtsgleichheit orientierten professionalisierten Richterschaft in den Ortsgerichten der Autorität des Bundesbuches[226].

---

223 Cf. dazu M. Weber, Agrarverhältnisse (*Tübingen ²1988*), 88ff., und im Anschluß daran M. Sekine, Beobachtungen (*VT 22*), 361-368.

224 Cf. Verf., Wandel (*StB 3*), 47.

225 S. auch Lev 19,15.32; cf. G. Warmuth, Art. *hdr* (*ThWAT II*), 363.

226 Zur Terminologie des Gerichtsverfahrens cf. P. Bovati, Justice (*JSOT.S 105*), 171-387 (s. dazu die Rezension des Verf. in ZAR 1 [*1995*], 159-166). N.P. Lemche (Patronage [*JSOT.S 228*], 112) meint, „the enactment of justice in Deut 16.18-20 (sic!), 17.8-13 (sic!) and 19.14-21 do not speak about a court and justice in the normal-western-sense of the word but about the instalment and function of an agent to act between the patron families belonging to one and the same local community". Daß nur Konfliktfälle innerhalb einer Ortsgemeinde, nicht aber solche, die die Ortsgrenze überschreiten, von den Gerichtsinstanzen geregelt werden, ist eine Eintragung in den Text, die sich angesichts des Strafrechts und der Idee eines Zentralgerichts verbietet. Auch ist diese geradezu archaisierende Interpretation des dtn Prozeßrechts als reines Konfliktregelungsrecht nicht in Ausgleich zu bringen mit der ebenfalls von N.P. Lemche (Justice [*Chicago-Kent Law Review 70*], 1695-1716) nachdrücklich vertretenen These, biblisches Recht in sei-

Die Gerichtsordnung wird mit Dtn 17,2-13 als Kernstück fortgesetzt, das die Kompetenzen von Lokal- und Zentralgerichtsbarkeit abgrenzt. Alle Fälle, die nicht durch zwei Zeugen aufzuklären sind und die vor der Kultzentralisierung im kultischen Rechtsentscheid an den Lokalheiligtümern entschieden wurden, werden nunmehr am Zentralgericht unter Beteiligung der Priesterschaft verhandelt*[227]*. Der Ordnung der Instanzen in Dtn 17,2-13* werden die*

---

ner ältesten Gestalt im Bundesbuch sei erst exilisch in Babylonien rezipiert worden. Sollte das Deuteronomium als „Literatur der hellenistischen Zeit" noch in so später Zeit ein nur archaisches Konfliktregelungsrecht enthalten haben, oder gibt es doch literarisch ältere Vorstufen? N.P. Lemche ist mit dem Problem konfrontiert, aus extrem spät datierten Überlieferungen des Alten Testaments gleichzeitig archaische Institutionen, die er bis in das 2. Jt. zurückverfolgt, zu rekonstruieren.

227 Wird Dtn 17,2-7 als insgesamt spätdtr ausgeschieden, so zuletzt J.C. Gertz (Gerichtsorganisation [*FRLANT 165*], 45-52) und T. Veijola (Redaktion [*SESJ 62*], 246), so fehlt für Dtn 17,8 כִּי יִפָּלֵא מִמְּךָ דָבָר לַמִּשְׁפָּט der Bezug. Erst Dtn 17,2-7* gibt an, inwiefern eine Rechtsangelegenheit zu schwierig ist (יִפָּלֵא) und also dem Zentralgericht zugeleitet werden muß, nämlich dann, wenn zu ihrer Aufklärung nicht zwei Zeugen zur Verfügung stehen. Ein direkter Anschluß von Dtn 17,8-13* an Dtn 16,18* scheidet schon aufgrund der Textlogik aus, und es muß als bedenklich gelten, wenn die Literarkritik sich von den Textkonzeptionen, der Frage, wie ein Text sinnvoll funktioniert, löst und verselbständigt. In diesem Sinne ist die Kritik von J.C. Gertz (a.a.O., 43f.) an B.M. Levinson (Hermeneutics [*Ph.D. Diss. Brandeis University 1991*], 325-409) verfehlt, da sie methodisch kurzschlüssig ist. Die vordtr Gerichtsordnung kann nur funktionieren, wenn eine klare Kompetenzabgrenzung zwischen Orts- und Zentralgerichtsbarkeit vorgenommen wird. Das Bundesbuch, auf das J.C. Gertz rekurriert, kann im Gegensatz zur Reformulierung im dtr Deuteronomium gerade noch keine entsprechende Abgrenzung der Kompetenzen formulieren. Aber auch die sprachstatistisch formalisierte Literarkritik, die zur Aussonderung von Dtn 17,2-7 führt, ist in sich methodisch nicht stimmig. J.C. Gertz, der in Dtn 17,3b.5a literarisch sekundäre Zusätze zu Dtn 17,2-7 abhebt, deklariert dennoch auch den Grundbestand als dtr Zusatz. „Dies geht aus der durchgängig dtr Terminologie und Vorstellungswelt der Definition des Straftatbestandes in den Vv.2.3a hervor" (a.a.O. 52). Doch wird die Rezeption von Dtn 13,3.7 in Dtn 17,3.aα nicht bedacht. Dtn 17,3a* וַיֵּלֶךְ וַיַּעֲבֹד אֱלֹהִים אֲחֵרִים ist, wie in II. 2.3 aufgezeigt, keineswegs dtr. Erst mit Dtn 17,3aβb setzt die dtr Erweiterung ein; cf. Verf., Gerichtsordnung (*FS O. Kaiser*), 149. Mit dem Aufweis, daß Dtn 13,2-10* zum Kernbestand des Deuteronomiums gehört, ist auch eine pauschale Klassifizierung von Dtn 17,2-17 als dtr überholt. Darin stimmen zu Recht die neueren Kommentare überein; cf. u.a. A.D.H. Mayes, Deuteronomy (*NCBC*), 266f.; M. Rose, Deuteronomium I (*ZBK 5/1*), 61-72; E. Nielsen, Deuteronomium (*HAT I. 6*), 177. Die Forschung sollte nicht hinter den von B.M. Levinson (Deuteronomy [*New York/Oxford 1997*], 127-133) im Anschluß an M. Weinfeld (Deuteronomy [*Oxford 1972*], 234f.) geführten Nachweis der literarischen Zusammengehörigkeit von Dtn 17,2-7 mit Dtn 17,8-13 zurückfallen: „The two paragraphs dialectically cohere both topically and in their terminology. The two cases interlock: they restrict the local sphere to secular legal activity (which they define through a paradigmatic empirically soluble case), and they restrict cultic recourse for ambiguous legal cases to the central sanctuary" (a.a.O., 130). Doch reagieren diejenigen Exegeten wie J.C.Gertz, die Dtn 17,2-17 als dtr von Dtn 17,8-13 als dtn-vordtr trennen, damit auf die auch für B.M. Levinson zentrale Vorgabe, daß Dtn 17,2-7 literarisch von

der jeweiligen Gerichtsinstitution zugeordneten Ämterregelungen in Dtn 16,18f. und Dtn 18,1-5 vor- bzw. nachgestellt. Der profanen Lokalgerichtsbarkeit ist das Ämtergesetz mit Richterspiegel in Dtn 16,18f.*, der Zentralgerichtsbarkeit das Priestergesetz in Dtn 18,1-5* zugeordnet*[228]*. Anlaß für die Reform des Gerichtswesens ist die Zentralisierung des Kultes und damit der Fortfall der kultischen Gerichtsfunktion der Lokalheiligtümer*[229]*. Werden die Lokalgerichte der Möglichkeit der kultischen Fallaufklärung an den Lokalheiligtümern beraubt, bedarf es eines Ersatzes. Dieser wird nicht nur in der Möglichkeit der Anrufung eines Zentralgerichts in den Fällen, die nicht eindeutig durch zwei Zeugen aufzuklären sind, geschaffen, sondern schon in der prozeßrechtlichen Sicherung des Verfahrens durch die Zweizeugenregelung und die Professionalisierung des Richteramtes am Ortsgericht. Zeigen sich schon in der Prozeßordnung des Bundesbuches in Ex 23,1-3.6-8 Ansätze der Auflösung des Rechtskollektivs, die langfristig zu einem vom Kollektiv unabhängigen Richteramt führen mußten, so wird nun in der dtn Gerichtsordnung (Dtn 16,18f.*; 17,2-13*; 18,1-5*) der Grund einsichtig, warum im Zusammenhang der dtn Reform der Kultzentralisierung auch das Gerichtswesen reformiert werden mußte.*

Dtn 13,7-12 abhängig ist – eine richtige Annahme. Auch räumt B.M. Levinson ein, daß in Dtn 17,2-17 dtr Motive enthalten sind. Andererseits aber vertritt er die These konstitutiver konzeptioneller Einheit von Dtn 16 (dtn) und Dtn 17: „The connection between the two sections of the legal corpus is actually substantive and intellectual" (s. a.a.O., 136). Wenn B.M. Levinson eine literarische Gleichzeitigkeit von Dtn 13,7-12, einem Abschnitt, den er gegen T. Veijola für dtn hält, und Dtn 17,2-7 ebenso ablehnt wie eine literarische Differenzierung innerhalb von Dtn 17,2-13 und eine pauschale Spätdatierung des Abschnitts gegen N. Lohfink und G. Braulik mit dem Argument, sie transponierten ein synchrones Problem in eine diachrone Hypothese, ebenso ablehnt wie P.E. Dions Zuordnung von Dtn 13 und Dtn17,2-7 zu unterschiedlichen dtr Schichten (cf. o. II. 2.2.), so tut sich für B.M. Levinson ein Dilemma auf, das er nicht zu lösen weiß: „I concede methodological difficulty, the resolution of which requires further research" (a.a.O., 136f. Anm. 97).

228 Dtr wurde diese dtn Gerichtsordnung durch die Einfügung von Königs- und Prophetengesetz, die jeweils mit einer dtr „historisierenden Gebotseinleitung" eröffnet werden, zu einer Ämterordnung umgestaltet; cf. o. IV. 3.2. Zur dtn Gerichtsordnung trifft L. Perlitt (Staatsgedanke [*FS J. Barr*], 187) das Richtige: „Ohne König und Prophet bleiben als Grundbestand des Abschnitts Verordnungen überwiegend zum Rechts- und Gerichtswesen, die sich in gewisser Weise sogar in Dtn 19 fortsetzen". Cf. zu letzterem Aspekt auch P.D. Miller, Deuteronomy (*Interpretation*), 144ff. Zur Levitenordnung in Dtn 18,6-8, die nicht zum dtn-vorexilischen Bestand des Deuteronomiums gehört, cf. U. Dahmen, Leviten (*BBB 110*), 297ff.

229 Cf. Ex 22,7-10; 1 Kön 8,31f.; cf. dazu MAG.A § 47.

3.3.2 Die Rezeption des Bundesbuches in der materialen Rechtsordnung des Deuteronomiums in Dtn 19,2-25,12*

Die dtn Gesetze zu Blut- und Prozeßrecht (Dtn 19,2-13*.15.16-21; 21,1-9.22f.) nehmen rechtsdogmatisch auf die dtn Gerichtsordnung (Dtn 16,18f.*; 17,2-13*; 18,1-5*) Bezug. Die Eröffnung des dtn-vordtr Gesetzes Dtn 19,2.3b.4-6.10-13[230] in Dtn 19,2.3b ist parallel zur Eröffnung der Gerichtsordnung (Dtn 16,18) formuliert:

(Dtn 16,18) שֹׁפְטִים וְשֹׁטְרִים תִּתֶּן־לְךָ בְּכָל־שְׁעָרֶיךָ (...) וְשָׁפְטוּ אֶת־הָעָם מִשְׁפַּט־צֶדֶק

(Dtn 19,2a.3b) שָׁלוֹשׁ עָרִים תַּבְדִּיל לָךְ (...) וְהָיָה לָנוּס שָׁמָּה כָּל־רֹצֵחַ

Kernaussage ist jeweils eine Aufforderung im Imperativ der 2. Pers. sing., dem betont ein Objekt voran- und ein dativus commodi nachgestellt ist. Beide Gesetze regeln die Einrichtung einer Rechtsinstitution. Dtn 19,2-13* setzt die dtn Gerichtsordnung (Dtn 16,18-18,5*) voraus, da nur in einem Gerichtsverfahren zwischen Mord und Körperverletzung mit Todesfolge zu differenzieren ist[231]. Regelt Dtn 19,2-13* das aufgeklärte Tötungsdelikt, wobei zwischen Mord und Körperverletzung mit Todesfolge differenziert wird, so geht es in Dtn 21,1-9 um den Gegenfall des unaufgeklärten Tötungsdeliktes. Dazwischen sind mit Dtn 19,15.16-21 prozeßrechtliche Gesetze der Zweizeugenregelung und der talionischen Strafe für Falschzeugnis gesetzt. Das Zeugenrecht (Dtn 19,15-21) der Lokalgerichtsbarkeit setzt den Richterspiegel (Dtn 16,19) fort und knüpft an den Modellprozeß in Dtn 17,2-7* an. Das Falschzeugnisgesetz (Dtn 19,16-20.21) betrifft ein Kapitaldelikt, das bei nur einem Zeugen vor das Zentralgericht (Dtn 19,17)[232] gebracht und als Fall דִּין לְדִין (Dtn 17,8) dort entschieden werden soll. Über die Repetition der Zusammenordnung von Regelungen der Lokal- und Zentralgerichtsbarkeit (Dtn 17,2-7.8-13*) in Dtn 19,15-21 hinaus ist das Prozeßrecht in Dtn 19,15-21 noch weitergehend mit der Gerichtsordnung in Dtn 16,18-18,5* verzahnt. Der dtn Redaktor webt ein komplexes Geflecht der Beziehungen zwischen Dtn 13,10f.; 17,5-7* und Dtn 19,15, dessen Fäden er in Dtn 17,2-5 verknotet. Die Zweizeugenregelung in Dtn 19,15 wird in Dtn 17,7a durch die zeugenrechtlichen Formulierungen aus

230 Zur Langform der „historisierenden Gebotseinleitung" als dtr Gliederungsmarkierung im Rahmen der Dekalogredaktion in Dtn 19,1 cf. o. IV. 3.2. Dtn 19,3a unterbricht als Nachtrag den Zusammenhang zwischen V.2.3b und ist sprachlich dtr geprägt. Zu V.7-9 cf. o. IV. 3.2. Der Landgabesatz in V.2b ist wohl kaum mit dem Argument, V.3aα, auf den er sich beziehen soll, sei nicht in Dtn 4,41-43; Num 35,9-15 und Jos 20 erwähnt (so J.C. Gertz, Gerichtsorganisation [*FRLANT 165*], 120), auszusondern. Bekanntlich handelt es sich bei den genannten um die spätesten Texte im Hexateuch, so daß die Einfügung von Dtn 19,2b jenseits der letzten Formierungsphasen des Hexateuch erfolgt sein müßte – eine sich selbst aufhebende These.

231 Cf. P.D. Miller, Deuteronomy (*Interpretation*), 145f.

232 Zum Verhältnis von Dtn 19,17 zu V.18 s.i.f.

Dtn 13,10aβb.11a gerahmt, wobei Dtn 13,11a den vorderen, Dtn 13,10aβb den hinteren Rahmenteil bildet. Das Zweizeugengesetz aus Dtn 19,15 wird in Dtn 17,6 spiegelbildlich rezipiert[233], so daß sich folgende Struktur der Anknüpfungen ergibt:

וּסְקַלְתָּם בָּאֲבָנִים וָמֵתוּ	(Dtn 17,5b)
וּסְקַלְתּוֹ בָאֲבָנִים וָמֵת	(Dtn 13,11a)
עַל־פִּי שְׁנַיִם עֵדִים אוֹ שְׁלֹשָׁה עֵדִים יוּמַת הַמֵּת	(Dtn 17,6a)
עַל־פִּי שְׁנֵי עֵדִים אוֹ עַל־פִּי שְׁלֹשָׁה־עֵדִים יָקוּם דָּבָר	(Dtn 19,15b)
לֹא יוּמַת עַל־פִּי עֵד אֶחָד	(Dtn 17,6b)
לֹא־יָקוּם עֵד אֶחָד	(Dtn 19,15a)
יַד הָעֵדִים תִּהְיֶה־בּוֹ בָרִאשֹׁנָה לַהֲמִיתוֹ וְיַד כָּל־הָעָם בָּאַחֲרֹנָה	(Dtn 17,7)
יָדְךָ תִּהְיֶה־בּוֹ בָרִאשׁוֹנָה לַהֲמִיתוֹ וְיַד כָּל־הָעָם בָּאַחֲרֹנָה	(Dtn 13,10aβb)

Dtn 17,5b	Und du sollst sie steinigen mit Steinen, so daß sie sterben.
Dtn 13,11a	Und du sollst ihn steinigen mit Steinen, so daß er stirbt.
Dtn 17,6a	Aufgrund des Zeugnisses zweier oder dreier Zeugen soll er zum Tode verurteilt werden.
Dtn 19,5b	Aufgrund des Zeugnisses zweier oder dreier Zeugen bekommt eine Sache Recht.
Dtn 17,6b	Niemand soll aufgrund des Zeugnisses eines Zeugen zum Tode verurteilt werden.
Dtn 19,15a	Aufgrund eines Zeugen bekommt eine Sache nicht Recht.

In dieses Geflecht ist auch das Falschzeugnisgesetz (Dtn 19,15-21) eingebunden. Das Verbrechen der סָרָה „Rebellion" im Sinne der Apostasie hat nur in Dtn 13,6 („einer Rebellion das Wort Reden [דִּבֶּר־סָרָה]") eine Parallele, so daß hier eine gezielte Wiederaufnahme vorliegt. Die Eröffnung des Gesetzes (Dtn 13,2) mit „wenn aufsteht ..." (כִּי־יָקוּם) hat nur in Dtn 19,16 eine Parallele. Sie kennzeichnet den Falschpropheten in Dtn 13,1-6* als Lügenzeugen[234]. Mit לַעֲנוֹת בּוֹ סָרָה wird umgekehrt der Fall der in Dtn 13,2-11*; 17,2-7* verhandelten Apostasie zum Paradigma für das Falschzeugengesetz[235]. Damit wird Dtn 19,15-21 an Dtn 17,2-7*, dem Modellprozeß zur Apostasie, herangerückt und zu dessen Gegenfall. Regelt Dtn 17,2-7* den durch zwei Zeugen aufgeklärten Fall, so liegt Dtn 19,15-21 der Gegenfall zugrunde, daß nur ein Zeuge vorhanden ist und dessen Zeugnis als falsch ange-

233 Zur spiegelbildlichen Wiederaufnahme („Seidel's law") cf. P. Beentjes, Quotations (*Bib 63*), 506-523; B.M. Levinson, Deuteronomy (*New York /Oxford 1997*), 17-20.

234 Cf. o. II. 2.3 und 4.

235 Cf. auch H.J. Kugelmass, Lex Talionis (*Ph.D. Diss. University of Montreal 1985*), 174-177. Die aus dem Kontext in Dtn 19 erschlossene These eines profanhistorischen Gebrauchs von סרה (so L. Ruppert, Art. *srr* etc. [*ThWAT V*], 959) ist überflüssig.

nommen wird. Die Verknüpfung von Dtn 19,15-21 mit Dtn 17,2-13* wird durch das Zitat von Dtn 17,4bα (וְדָרַשְׁתָּ הֵיטֵב וְהִנֵּה אֱמֶת נָכוֹן הַדָּבָר) in Dtn 19,18 (וְדָרְשׁוּ [הֱשֹּׁפְטִים] הֵיטֵב וְהִנֵּה) in Verbindung mit dem Ergebnis der gerichtlichen Untersuchung unterstrichen. Schließlich verbindet die *biʿartā*-Formel Dtn 19,15-21 mit Dtn 17,2-7*.

Es ist charakteristisch für den dtn Autor, daß er unterschiedliche Themen durch Themenverschränkung miteinander verzahnt. Er stellt deshalb zwischen die Gerichtsordnung (Dtn 16,18-18,5*) und das Zeugenrecht (Dtn 19,15-21) die Blutrechtsregelung (Dtn 19,2-13*). Diese wiederum hat die Gerichtsordnung (Dtn 16,18-18,5*) zur Voraussetzung und ist durch die Eröffnung in Dtn 19,2.3b mit Dtn 16,18f. verzahnt. Die Zeugengesetzgebung (Dtn 19,15-21) ist ihrerseits als Gegenfall auf das Blutrecht (Dtn 19,2-13*) bezogen. Schützt Dtn 19,2-13* den nicht des Mordes schuldigen Totschläger durch das Rechtsverfahren, so schützt Dtn 19,15-21 gerade vor den Gefahren des Justizmordes. Die Gesetze in Dtn 19,2-21* verbindet das Bemühen, unschuldiges Leben zu schützen[236].

Mit Dtn 19,2-13* ist als Gegenfall das Blutrecht (Dtn 21,1-9) verbunden. Regelt Dtn 19,2-13* den Fall des aufgeklärten Tötungsdeliktes, so Dtn 21,1-9 den unaufgeklärten Fall, der vordtr unmittelbar an das Zeugenrecht in Dtn 19,15-21 anschließt[237]. Nach hinten sind Blut-und Prozeßrecht in Dtn 19,2-21; 21,1-9 durch die Prozeßrechtsgesetze (Dtn 21,22f.) mit dem Familienrecht (Dtn 21,15-21; 22,13-29) verzahnt, so daß sich für die dtn Redaktion folgender Aufbau der Themenverschränkung[238] ergibt:

A:	Gerichtsordnung mit Prozeßrecht	Dtn 16,18-18,5*
B:	Blutrecht	Dtn 19,2-13*
A:	Prozeßrecht	Dtn 19,15-21
B:	Blutrecht	Dtn 21,1-9
C:	Familienrecht	Dtn 21,15-21
B:	Blutrecht	Dtn 21,22f.[239]
C:	Familienrecht	Dtn 22,13-29; 24,1-4
A:	Prozeßrecht	Dtn 25,1-3
C:	Familienrecht	Dtn 25,5-10
(B):	(Körperverletzungsrecht	Dtn 25,11f.)[240]

236 Cf. J. Hempel, Schichten (*Leipzig 1914*), 221; G. Braulik, Gesetze (*SBS 145*), 64.

237 Zu den dtr Einfügungen in Dtn 19,14; 20,1-20; 22,10-14; 23,2-15 cf. o. IV. 3.3.

238 Zur Vorgeschichte der Redaktionstechniken der Themenverschränkung durch alternierende Anordnung im A-B-Schema und Inklusion in den Keilschriftrechten cf. Verf., Rechtsgeschichte (*OBO 85*), 177ff., und im Bundesbuch cf. Verf., Wandel (*StB 3*), 24-30.32, sowie ders., Techniken (*SJOT 5*), 130-140.

239 Zu Dtn 22,1-12*; 23,16-26; 24,6-25,4 s.i f.

240 S. dazu i.f.

Die dtn Redaktion verschränkt die Themen nicht durch eine einfache Anordnung im A-B-Schema, sondern verbindet sie in einer komplexeren, konzentrische Strukturierung aufnehmenden, fächerförmigen Kettenbildung[241].

Das Asylgesetz (Dtn 19,2.3b.4-6.10-13) knüpft nicht nur an die Gerichtsordnung (Dtn 16,18f.*), sondern auch an das Asylgesetz des Bundesbuches (Ex 21,13f.) an. An den grundsätzlich das Tötungsdelikt mit der Todesstrafe sanktionierenden Rechtssatz des *môt-jumat*-Rechts (Ex 21,12) ist mit Ex 21,13f. eine Asylregelung angefügt, die zwischen Mord und Körperverletzung mit Todesfolge differenziert[242]. Auf den literarisch sekundären Charakter von Ex 21,13f. im Verhältnis zu V.12 weist der formgeschichtlich ungewöhnliche Anschluß mit וַאֲשֶׁר als Einleitung der Legalinterpretation, die mit וְכִי fortgeführt wird. „Diese von den übrigen Gesetzen abweichende und auch sonst im Bb. nicht wieder auftauchende Mischform gibt zu denken“[243]. Genau diese Abfolge von konditionaler Konjunktion וַאֲשֶׁר[244] als Einleitung des Falles der Körperverletzung mit Todesfolge und וְכִי als Einleitung des Gegenfalles des Mordes in Ex 21,13f. findet sich noch einmal in der Asylgesetzgebung des Deuteronomiums (Dtn 19,2-13*). Mit וַאֲשֶׁר werden in Dtn 19,5 der Fall der Körperverletzung mit Todesfolge (Dtn 19,5f.10) und anschließend mit וְכִי der des Mordes (Dtn 19,11-13) eingeleitet. Die Konjunktionsabfolge in Ex 21,13f. ist mit dem literarischen Wachstum von Ex 21,12-14 zu erklären, in Dtn 19,2-13* aber durch die direkte Rezeption von Ex 21,12-14.

Zitiert der dtn Autor die für Rechtssätze ungewöhnliche konditionale Konjunktion וַאֲשֶׁר in Verbindung mit וְכִי als Fortsetzung und verzichtet er darauf, וַאֲשֶׁר durch formgeschichtlich übliches כִּי zu ersetzen, so will er nach Dtn 16,19 auch hier darauf aufmerksam machen, daß das dtn Asylgesetz an die Autorität des Bundesbuches anknüpft. Das dtn Asylgesetz bedient sich der Autorität des entsprechenden Gesetzes des Bundesbuches und gibt sich als dessen Reformulierung und Reformierung zu erkennen.

Diesen Doppelaspekt bringt auch die Zitationsformel in Dtn 19,4 „so lautet das Gesetz für jemanden, der tötet“ (וְזֶה דְּבַר הָרֹצֵחַ)[245] zum Ausdruck. Wie-

241 Zur Vorgeschichte dieser A-B-Schema und Inklusionstechnik verbindenden Redaktionstechnik der „fan-concatenation“ im Keilschriftrecht cf. V.A. Hurowitz, *Anum* (*Philadelphia 1994*), 8f. (s. dazu die Rezension von M. Arneth in ZAR 2 [*1996*], 196-201).

242 Cf. dazu Verf., Wandel (*StB 3*), 32f.; ders., Körperverletzungen (*AOAT 226*), 138ff.; L. Schwienhorst-Schönberger, Bundesbuch (*BZAW 188*), 39ff.

243 So bereits A. Jepsen, Bundesbuch (*BWANT 41*), 30; cf. auch A. Alt, Ursprünge (*KlSchr I*), 230 Anm. 4; H. Cazelles, Études (*Paris 1946*), 128; M. Noth, Exodus (*ATD 5*), 145; J. Halbe, Privilegrecht (*FRLANT 114*), 463 Anm. 16.

244 Zu וַאֲשֶׁר als konditionaler Konjunktion cf. HAL I, 95 sowie Lev 4,22; Dtn 11,27; Jos 4,21.

245 Daß der dtn Autor statt des von ihm häufig benutzten Begriffs „Bruder“ (אָח) in diesem Gesetz von seinem „Nachbarn“ (רֵעֵהוּ) spricht, beweist nicht, daß hier ein vordtn Gesetz vorliegt, so G. Seitz (Studien [*BWANT 93*], 225f.), sondern daß Ex 21,12-14 zitiert wird; so E. Nielsen, Deuteronomium (*HAT I/6*), 189. Juristische Genauigkeit er-

der ist wie bereits in der Gerichtsordnung die Kultzentralisation der hermeneutische Schlüssel für die Rezeption des Asylgesetzes des Bundesbuches. Folgt in Ex 21,13-14 die Asylregelung für die Lokalheiligtümer als Legalinterpretation dem Gesetz für den Tötungsfall (Ex 21,12), so kehrt der dtn Autor die Reihenfolge um. An die erste Stelle rückt die Asylstädteregelung, die eine Konsequenz aus der Kultzentralisation ist. Während Ex 21,12 den Tötungsfall mit undifferenzierter todesrechtlicher Sanktion als *lex generalis* vor die Legalinterpretation der Differenzierung von Körperverletzung mit Todesfolge und Mord stellt, ist Dtn 19,2-13* zuerst an der Reformulierung der Legalinterpretation interessiert, weil das Gebot der Kultzentralisierung die Asylfunktion der Lokalheiligtümer berührt[246]. In diese Lücke, die durch den Verlust der Asylfunktion der Lokalheiligtümer gerissen wird, tritt die Asylstädtegesetzgebung. Mit „wenn der Weg zu lang ist“ (כִּי־יִרְבֶּה הַדֶּרֶךְ) liefert Dtn 19,6 auch die Begründung, warum die Asylfunktion nicht allein auf das Zentralheiligtum konzentriert wird. Eine fast wörtlich entsprechende Begründung wird dtn im Rahmen der Zentralisationsgesetzgebung des Zehntgesetzes in Dtn 14,24aα (כִּי־יִרְבֶּה מִמְּךָ הַדֶּרֶךְ) verwendet. Angesichts der Länge des Weges zum Zentralheiligtum kann der Zehnte in Form einer Geldzahlung entrichtet werden. In diesem Sinne ist auch die Begründung in Dtn 19,6 zu verstehen. Aufgrund der Länge des Weges zum Zentralheiligtum wird mit den Asylstädten eine die Asylfunktion der Lokalheiligtümer kompensierende Lösung gefunden. Dennoch wird in der Gesetzgebung des Deuteronomiums eine erstaunliche Lücke gelassen, wenn das Zentralheiligtum in diesem Zusammenhang nicht erwähnt wird. Hier liegt der Schlüssel zur Beantwortung der Frage, warum der Autor in Dtn 19,2-13* so nachdrücklich durch Zitat darauf hinweist, daß er sich auf einen vorgegebenen Rechtssatz im Bundesbuch bezieht. Ex 21,13 meint mit „ich habe dir einen Ort (מָקוֹם) bestimmt, an den er flieht“ ein Lokalheiligtum. Die Fortsetzung in Ex 21,14 „von meinem Altar (מִזְבְּחִי) sollst du ihn reißen“ läßt keinen Zweifel an diesem Verständnis von מָקוֹם als „Heiligtum“. מָקוֹם ist aber auch *terminus technicus* in der dtn Zentralisationsgesetzgebung für das Zentralheiligtum. In der Perspektive der dtn Zentralisationsformel gelesen bezieht sich Ex 21,13f. auf das Zentralheiligtum, während Dtn 19,2-13* die Gesetzgebung für die zum מָקוֹם, dem Zentralheiligtum, hinzutretenden Asylstädte nachträgt. Dtn 19,2-13* revidiert insofern Ex 21,12-14, als durch die dtn Gesetzgebung ausgeschlossen ist, מָקוֹם mit מִזְבֵּחַ in Ex 21,13f. unter der

fordert den Ausdruck „Stadt“ anstelle des dtn Lexems שַׁעַר „Tor“; gegen G. Seitz, Studien (*BWANT 93*), 225. Die Ältesten werden nicht in eine Richterfunktion eingewiesen, sondern agieren als Repräsentanten der Stadt des Täters, so daß kein Widerspruch zur dtn Gerichtsordnung besteht: s. dazu i.f.

246 Weder 1Kön 1,50f.; 2,28ff. (cf. J. Weismann, Talion [*WdF 125*], 371ff.) noch Hos 6,8f. und 2Chron 19 sind, wie jüngst erneut E. Reuter (Kultzentralisation [*BBB 87*], 184) und J.C. Gertz (Gerichtsorganisation [*FRLANT 165*], 133) gezeigt haben, Belege für vordtn Asylstädte.

Perspektive der dtn Zentralisationsgesetzgebung gelesen auf Lokalheiligtümer zu beziehen: Es bleibt nur das Zentralheiligtum[247]. Mit der Revision durch Dtn 19,2-13* ist das Asylgesetz des Bundesbuches keineswegs abgetan. Durch die zitierende Rezeption gerade der ungewöhnlichen Fügung in der Abfolge von *nota relationis* und וְכִי in Ex 21,13f. wird jedermann klar, daß das dtn Gesetz das Bundesbuch reformuliert und die dtn Hermeneutik der Dialektik von Zentralheiligtum und Ortschaften im Lande das Bundesbuch einbezieht. Nur wenn das Bundesbuch weiterhin Autorität hat, zitiert man es in einem Rechtstext. Auf das Zentralheiligtum eingeschränkt konnte die Asylgesetzgebung des Bundesbuches weiter gelten und im Licht der dtn Zentralisationsformel gelesen konnte sich מָקוֹם und מִזְבֵּחַ (Ex 21,13f.) auf das Zentralheiligtum beziehen, so daß das Bundesbuch die Asylfunktion für das Zentralheiligtum, d.h. Jerusalem, das Deuteronomium aber für die Landgebiete Judas regelt[248]. Der Rückgriff von Dtn 19,2-13* auf Ex 21,12-14 wird schließlich durch die parallele Stellung im Aufbau von Bundesbuch und dtn Gesetz unterstrichen, wird doch in beiden Rechtssammlungen die materiale Rechtsordnung jeweils durch Rechtssätze zu Tötungsdelikt und Asyl in Ex 21,12-14 und Dtn 19,2-13* eingeleitet[249].

Die dtn Revision der Asylgesetzgebung des Bundesbuches knüpft auch mit der Differenzierung zwischen Mord und Körperverletzung mit Todesfolge an das Bundesbuch an[250]. Ex 21,13f. verlangt den Nachweis der höheren Gewalt („und Gott ließ es durch seine Hand geschehen"). Das Prinzip der Erfolgshaftung wird zugunsten der Verschuldenshaftung dadurch überwunden, daß in einer Rechtsfiktion vom Täter als Verursacher abgelenkt und auf eine außerhalb seiner Verfügungsgewalt liegende Ursache das Prinzip der Erfolgshaftung übertragen wird[251]. Vor Gericht muß durch Zeugen bewiesen werden, daß der Täter dem Getöteten also nicht einen Hinterhalt gelegt hat. Die

---

247 E. Merz (Blutrache [*BWAT 20*], 128f.) hat soweit Richtiges gesehen, wenn er Ex 21,13f. als dtn Ergänzung des Bundesbuches interpretiert. Doch ist vordtn מָקוֹם in Ex 21,13f. im Horizont des vordtn Altargesetzes des Bundesbuches in Ex 20,24-26* (s. dazu u. IV. 3.3.5) zu interpretieren (cf. auch L. Schwienhorst-Schönberger, Bundesbuch [*BZAW 188*], 40f.). Im Falle einer dtn Ergänzung in Ex 21,13f. wäre die Zentralisationsformel zu erwarten, zumindest aber eine Determinierung von מָקוֹם. Es bleibt also dabei, daß Ex 21,13f. sich vordtn auf die Lokalheiligtümer bezog und erst in dtn Perspektive, wie von E. Merz gesehen, auf das Zentralheiligtum.

248 Statt שַׁעַר verwendet der dtn Autor das Lexem עִיר für die Asylstädte, da nur eine Auswahl aus den Ortschaften mit der Asylfunktion betraut werden soll und die Asylstädte also terminologisch sich von den übrigen Landstädten abheben sollen.

249 Zu den Parallelen im Aufbau zwischen Bundesbuch und dtn Gesetz s. auch u. IV. 3.4.6.

250 Zu parallelen Entwicklungen im hellenischen Recht cf. M. Mühl, Untersuchungen (*Klio. B 29*), 11ff.; für das römische Recht cf. A. Völkl, Verfolgung (*FzRR 35*), 83ff., und für die Keilschriftrechte cf. Verf., Körperverletzungen (*AOAT 226*), 71ff.113ff.

251 Zur parallelen Formel im hethitischen Körperverletzungsrecht ŠU-*aš-u̯aštai* „die Hand sündigt" cf. Verf., Körperverletzung (*AOAT 129*), 402f.

Formulierung in Ex 21,13f. läßt aber der Bewertung des Zeugnisses einen weiten Spielraum[252], was zu Unsicherheiten vor Gericht führen konnte. Dtn 19,5 will durch eine paradigmatische Fallbeschreibung, die darauf verzichtet, Gott als Verursacher zu benennen und statt dessen eine technische Unzulänglichkeit einführt, dem Gericht Anhalt für die Unterscheidung zwischen Mord und Körperverletzung mit Todesfolge geben[253]. Num 35,16-21 erweitert diese Kasuistik zu einer kleinen Sammlung analoger Fälle. Aus der konkreten Fallbeschreibung wird in Dtn 19,4b die Unvorsätzlichkeit (בִּבְלִי־דַעַת) abgeleitet. Der dtn Autor gibt aber zu erkennen, daß er um die Schwierigkeiten eines derartigen Nachweises weiß. Er eröffnet deshalb einen weiteren Bereich zulässiger Zeugnisse, die nicht die Anwesenheit des Zeugen bei der Tat erfordern, indem sich das Zeugnis auch auf das bisherige Verhältnis zwischen Täter und Opfer beziehen und die Nichtvorsätzlichkeit auch dadurch bewiesen werden kann, daß von einer Feindschaft zwischen Täter und Opfer bislang nichts bekannt war.

Mit der Anbindung von Ex 21,12 als Rechtssatz des gentilen *môt-jûmat*-Rechts an die lokale Gerichtsinstitution und der damit verbundenen Differenzierung zwischen Mord und Körperverletzung mit Todesfolge wird implizit die Blutracheinstitution, die den intergentalen Tötungsfall sanktioniert, in die Zuständigkeit der lokalen Gerichtsinstitutionen verwiesen und durch Ex 21,13f. eingeschränkt. Darin schlägt sich die pazifizierende Funktion der Gerichtsverfahren nieder, die Rache abmildern und im Falle des kasuistischen Rechts so-

---

252 Cf. D. Daube, Causation (*VT 11*), 254f.

253 A. Schenker (Intentionalität [*ZAR 4*], 210f.) will in Ex 21,12-14 eine Differenzierung von absichtlichem, unabsichtlichem und vorsätzlichem Totschlag erkennen, wobei Ex 21,12 die absichtliche, Ex 21,13 die unabsichtliche und Ex 21,14 die vorsätzliche Tat meine, da bereits zur Zeit der Abfassung von Ex 21,12 als zum ältesten Bestand des Bundesbuches gehörend die Asylfunktion der Heiligtümer vorauszusetzen sei, was A. Schenker aus 1Kön 2,28-35 schließt. Damit aber setzt er voraus, was zu beweisen wäre, daß Ex 21,12 tatsächlich ursprungshaft an einer Gerichtsinstitution beheimatet war. Wäre das der Fall, müßte sich A. Schenker dennoch fragen lassen, warum der Rechtssatz Ex 21,12 so überhaupt nicht zu erkennen gibt, daß er die absichtliche Tat meint, zumal auch A. Schenker davon ausgeht, daß Ex 21,13f. Zusatz zu Ex 21,12 ist. Da aber auch A. Schenker nicht ausschließen kann, daß 1Kön 2 ein recht junger Text ist, schiebt er als weiteres Argument, an F. Crüsemann (Tora [*München 1992*], 207) anknüpfend, das Argument nach, die Asylfunktion der Heiligtümer müsse alt sein, da sie in Ex 21,13f. bereits durch die Gerichtsinstanz eingeschränkt werde, vorher also uneingeschränkt gegolten habe. Welchen Sinn aber macht dann eine Differenzierung zwischen absichtlicher und unabsichtlicher Tat, wenn das Asyl in jedem Fall gilt? Und welchen Sinn soll es im vorliegenden Text machen, zwischen absichtlicher und vorsätzlicher Tat in Ex 21,12.14 zu differenzieren, wenn die Rechtsfolge in jedem Fall die Todessanktion ist? Die weithin vertretene Deutung, daß Ex 21,12 als Rechtssatz der Erfolgshaftung durch Ex 21,13f. im Sinne der Verschuldenshaftung zwischen vorsätzlicher und unvorsätzlicher Tat differenzierend interpretiert wird, bleibt die überzeugendere.

gar zur Wiedergutmachung des Schadens umlenken können[254]. Dtn 19,2-13* macht den Zusammenhang zwischen lokaler Gerichtsbarkeit und Blutracheinstitution explizit[255]. Durch die Asylregelung in Verbindung mit einem Gerichtsverfahren wird Zeit gewonnen, um das „Gesetz der Rache", die talionische Rechtsreaktion der Geschädigten unabhängig von den Motiven des Täters, einzuschränken, der Rationalität des Verfahrens anstelle des „heißen Zornes des Bluträchers" (Dtn 19,6) Raum zu verschaffen[256]. Dtn 19,2-13* knüpft also an die literarische und rechtshistorische Entwicklung in Ex 21,12-14 an und setzt sie fort. Hermeneutischer Schlüssel der reformierenden Reformulierung der Asylgesetzgebung des Bundesbuches ist wie bereits in der Reformulierung des Prozeßrechts des Bundesbuches in der Gerichtsordnung des Deuteronomiums die Zentralisierung von Kultfunktionen[257]. Wird in Dtn 16,18f.* die Funktion des kultischen Rechtsentscheids auf die professionalisierte Lokalgerichtsbarkeit einerseits und die Zentralgerichtsbarkeit andererseits verlagert, so wird in Dtn 19,2-13* die Asylfunktion für die Landbevölkerung auf Asylstädte übertragen, die in dieser Funktion neben das Zentralheiligtum treten. Diese Asylgesetzgebung des Deuteronomiums ist ohne Analogie in der altorientalischen Rechtsgeschichte, was nicht verwunderlich ist, da dies auch für die dtn Zentralisierung von Kultfunktionen gilt.

An die Blutrechtsregelung in Dtn 19,2-13* schließt sich eine Prozeßrechtsüberlieferung (Dtn 19,15-21) an, die sich mit der Abfolge von Dtn 19,15.16-20.21 an Dtn 17,2-7*.8-13* orientiert. Die Zweizeugenregelung (Dtn 19,15) bezieht sich auf die Lokalgerichtsbarkeit, die Falschzeugenregelung (Dtn 19,16-20.21) auf die Zentralgerichtsbarkeit. Wie aber verhalten sich kultische Entscheidungen „vor JHWH, vor den Priestern und Richtern, die zur jeweiligen Zeit amtieren" (לִפְנֵי יְהוָה לִפְנֵי הַכֹּהֲנִים וְהַשֹּׁפְטִים אֲשֶׁר יִהְיוּ בַּיָּמִים הָהֵם)

254 Cf. Verf., Gewaltvermeidung (*OBC 8*), 246ff.; ders., Art. Gesetz (*RGG^4 III*); ferner zum rechtshistorischen Hintergrund N. Luhmann, Rechtssoziologie I (*Reinbeck 1972*), 158ff.

255 Cf. dazu E. Merz, Blutrache (*BWAT 20*), 105-111; ferner K.H. Singer, Art. Blutrache (*NBL I*), 311 (Lit.); ders., Blutrachepraxis (*EHS XXIII/509*), 89-112.

256 Wie sehr aber die Blutracheinstitution auch in Dtn 19,2-13* noch als praktikabel angesehen wurde, zeigt sich daran, daß dem Bluträcher nicht verboten ist, vor einem Urteilsspruch zuzuschlagen. Dtn 19,2-13* eröffnet dem Täter nur eine institutionalisierte Chance, ihm zu entgehen, ehe ein Gericht zu einer Entscheidung gekommen ist; cf. J. Tigay, Deuteronomy (*JPSTC*), 179. Man wird also im „Bluträcher" (גֹּאֵל הַדָּם) nicht einen Gerichtsbeamten sehen können, wie es A. Phillips (Criminal Law [*Oxford 1970*], 101f.) und A.H.D. Mayes (Deuteronomy [*NCBC*], 286f.) vorgeschlagen haben.

257 Cf. J. Wellhausen, Prolegomena (*Berlin ^{6}1905*), 156; ders., Composition (*Berlin ^{4}1963*), 204f.; cf. ferner A. Puukko, Deuteronomium (*BWAT 5*), 249f.; J. Hempel, Schichten (*Leipzig 1914*), 219; G. Hölscher, Komposition (*ZAW 40*), 204f., sowie jüngst E. Reuter, Kultzentralisation (*BBB 87*), 184ff. Wenn E. Reuter (a.a.O., 187) allerdings meint, die Asylstädte träten an die Stelle der Asylfunktion des Zentralheiligtums, so greift das zu kurz.

zur richterlichen Falluntersuchung in Dtn 19,18? In der Formel „vor JHWH hintreten“ (עמד לִפְנֵי יְהוָה) ist die Formel des Prozeßrechts „vor (einen Richter) treten“[258] mit der Formel für den priesterlichen Dienst[259] zusammengezogen, so daß kein Zweifel daran besteht, daß es hier um ein kultisches Verfahren geht. Das wird durch die Priester und Richter im Richterkollegium des Zentralgerichts (Dtn 17,9)[260] verdeutlicht. Umgekehrt unterstreicht Dtn 19,18 mit dem Zitat von Dtn 17,4bα דרשׁ + הֵיטֵב + וְהִנֵּה in Verbindung mit dem Ergebnis der richterlichen Untersuchung, daß der Fall des Falschzeugnisses einer richterlichen Untersuchung bedarf. Die Deuteronomiumsforschung hat das Nebeneinander von kultischen Rechtsverfahren und richterlicher Falluntersuchung literarkritisch auflösen wollen. Seit J. Hempel werden die Richter und das mit ihnen verbundene Verfahren der Beweisführung in Dtn 19,17b. 18a als literarischer Zusatz zu einem ursprünglich im Text verankerten kultischen Verfahren der Beweisführung in Dtn 19,17a angesehen[261]. Dabei wird eine Angleichung von Dtn 19,16-20* an Dtn 16,18*[262] oder an Dtn 17,9[263] vertreten. Andere halten die richterliche Untersuchung für ursprünglich und scheiden die Elemente kultischen Rechtsentscheids in Dtn 19,17 aus[264]. Die Begründung für derartige literarkritische Operationen hat J.C. Gertz zusammengefaßt: „Die in V.17a verlangte kultische Beweisführung, die stets prozeßentscheidenden Charakter hat und somit jede Untersuchung überflüssig macht, und die nach V.18a durchzuführende gründliche richterliche Untersuchung schließen sich als Beweisverfahren gegenseitig aus“[265]. Doch zeigt ein

258 Cf. Num 27,2; 35;12; ferner Ex 18,13; Jes 50,8.

259 Cf. zur kultischen Funktion der Formel U. Dahmen, Leviten (*BBB 110*), 36f.

260 Der Singular הַשֹּׁפֵט in Dtn 17,9 im Gegensatz zum Plural in Dtn 19,17 ist kein Grund, den Zusammenhang zwischen Dtn 17,9 und Dtn 19,17 in Frage zu stellen. In Dtn 17,9 werden wie in Dtn 19,17 die Priester im Plural aufgeführt, in Dtn 17,12 im Singular, ohne daß daraus ein literarkritisches Argument zu gewinnen wäre. Vielmehr geht es in Dtn 17,12 um den jeweils amtierenden einzelnen Priester. Umgekehrt wird in Dtn 19,17 konsequent für Priester und Richter der Plural verwendet, da es um eine grundsätzliche Regelung, die zur jeweiligen Zeit (בַּיָּמִים הָהֵם) gültig ist, geht.

261 Cf. J. Hempel, Schichten (*Leipzig 1914*), 221; G. Hölscher, Komposition (*ZAW 40*), 205f. Anm. 3; G. Seitz, Studien (*BWANT 93*), 114; A.H.D. Mayes, Deuteronomy (*NCBC*), 290; H.D. Preuß, Deuteronomium (*EdF 164*), 55; J. Buchholz, Die Ältesten (*GTA 36*), 94f.

262 So u.a. J. Hempel, Schichten (*Leipzig 1914*), 221.

263 So u.a. G. Hölscher, Komposition (*ZAW 40*), 205f. Anm. 3; G. Seitz, Studien (*BWANT 93*), 114.

264 C. Steuernagel (Deuteronomium [*HAT I. 3.1*], 125), E. König (Deuteronomium [*KAT 3*], 147), K. Marti (Deuteronomium [*HSAT(K) I*], 295), A. Puukko (Deuteronomium [*BWAT 5*], 233 Anm. 3, 251) rechnen Dtn 19,17abα ohne יְהוָה und לִפְנֵי הַכֹּהֲנִים zum Grundbestand; ähnlich U. Dahmen, Leviten (*BBB 110*), 243f. J.C. Gertz (Gerichtsorganisation [*FRLANT 165*], 113f.) scheidet darüber hinaus den ganzen Vers Dtn 19,17 als literarisch sekundär aus.

265 Cf. J.C. Gertz, Gerichtsorganisation (*FRLANT 165*), 108.

Blick in das Prozeßrecht der Tempelgerichtsbarkeit im Alten Orient, daß dieser auf den ersten Blick plausible Widerspruch zweier Beweisführungsverfahren durch die Verfahrensweise der Tempelgerichtsbarkeit im Alten Orient falsifiziert wird. Seit der 19. Dynastie arbeiten neben der weltlichen Gerichtsbarkeit in Ägypten Tempelgerichte[266], die die vorgelegten Fälle, meist Streitigkeiten über Immobilien, durch ein Gottesurteil eines Barkenorakels während der Festprozession oder ein Spruchorakel vor dem Kultbild im Allerheiligsten des Tempels entscheiden. Dieser kultische Rechtsentscheid steht nun keineswegs im Widerspruch zu einer richterlichen Beweiswürdigung. Vielmehr werden auch die vor ein Tempelgericht zum Gottesentscheid gebrachten Fälle einem rechtlichen Prüfungsverfahren unterworfen, das sich nicht von dem weltlicher Gerichte unterscheidet. Das Gottesurteil ergeht als Konsequenz aus dem Beweiswürdigungsverfahren und ergeht in Kontinuität mit den Urteilen weltlicher Gerichte[267]. Auch im altbabylonischen Prozeßrecht greifen weltliche und kultische Instanzen lückenlos ineinander. Die weltlichen Richter formulieren den Wortlaut des kultischen Beweiseides, der jeweils prozeßentscheidend ist. Nicht ein *ipso iure* wirksamer Urteilsspruch der Richter oder ein beeideter Unterwerfungsakt unter einen „Streitbeendigungsvorschlag" begründen die Rechtswirksamkeit des Urteils, sondern der Entscheidungsakt der göttlichen Sphäre durch den Beweiseid[268]. Das Nebeneinander von Richtern und Priestern in dem Gesetz zum Zentralgericht in Dtn 17,8-13* weist darauf hin, daß auch an diesem Gericht keineswegs nur mit kultischen Mitteln von Reinigungseid und Ordal[269] Beweis geführt wurde, sondern profane und kultische Beweisführung in den Funktionen von Priestern und Richtern aufeinander bezogen sind[270]. Eine derartige Verbindung von kultischer und profaner Fallaufklärung liegt auch Dtn 19,17f. zugrunde. Dtn 19,16-20 ist literarisch einheitlich dtn-vordtr und gibt keinen Anlaß für eine literarkritische Operation. In Dtn 19,16fin. geht der an Dtn 13,2-11*; 17,2-7* anknüpfende Ausdruck סָרָה, in Dtn 19,17b.18 das Zitat von Dtn 17,4, in Dtn 19,19a der Ausdruck „Bruder" (אָח) sowie die Abschlußformeln in Dtn 19,19b.20 auf den dtn Autor zurück. Zwar hat ihm ein Gesetz vorgelegen, das mit der „talionischen" Sanktion des

266 Cf. E. Seidl, Einführung (*ÄF 10*), 38f.; I.M. Lurje, Studien (*FzRR 30*), 81ff.; Verf., Art. Recht (*TRE XXVIII*), 197f.

267 Anders als in der dtn Gerichtsverfassung und im Keilschriftrecht steht es in Ägypten der klagenden Partei frei, zu entscheiden, ob sie ein weltliches Gericht oder ein Tempelgericht anrufen will. Die Anrufung des Tempelgerichts kann der klagenden Partei größere Gewißheit geben, daß die beklagte Partei das Urteil nicht anfechten wird.

268 S. Verf., Prozeßrecht (*ZAR 4*), 276; cf. ders., Art. Gerichtsverfassung (*RGG⁴ III*).

269 Zur Unterscheidung von Beweiseid und Ordal cf. T. Frymer-Kensky, Ordeal (*Ph.D. Diss. Yale University 1977*), 39ff. Zum Zusammenspiel von profaner Gerichtsbarkeit und Tempelgerichtsbarkeit im altbabylonischen Prozeßrecht cf. E. Dombradi, Prozeßurkunden I (*FAOS 20/1*), 233ff.; Verf., Prozeßrecht (*ZAR 4*), 263ff.

270 In der Perspektive der dtr Redaktion ist die Tora in den Händen der Leviten (Dtn 17,18) Grundlage des Rechtsentscheids am Zentralgericht.

Falschzeugnisses einen bereits im Keilschriftrecht fest verankerten Grundsatz[271] vertrat, doch ist es aus der durchgängig dtn Formulierung im Wortlaut nicht mehr zu isolieren[272]. Der dtn Autor verbindet das Falschzeugnisgesetz in Dtn 19,16-20 mit dem Zweizeugengesetz für die Lokalgerichte in Dtn 19,15 und bezieht das Falschzeugnisgesetz auf das Zentralgericht, wodurch die an Dtn 17,2-7.8-13* orientierte Abfolge von Gesetzen der Lokal- und Zentralgerichtsbarkeit entsteht.

In Dtn 19,16 zitiert der dtn Autor das Prozeßrecht des Bundesbuches (Ex 23,1-3.6-8). Der Ausdruck „Gewalttat-Zeuge" (עֵד־חָמָס)[273], der den Zeugen, der gleichzeitig Ankläger ist[274], als „Falschzeugen" kennzeichnet, ist im Pentateuch neben Dtn 19,16 nur noch im Prozeßrecht des Bundesbuches (Ex 23,1) belegt[275]. Die Vetitive in Ex 23,1b.7bα dienen der Sicherung des Zeugenbeweises[276]. Schärft der Prohibitiv in Ex 23,1a ein, kein falsches Gerücht zu verbreiten, das zu einer falschen Anklage führt, so konkretisiert der Vetitiv in Ex 23,1b diesen Prohibitiv juristisch durch das Verbot, mit dem Rechtsbrecher gemeinsame Sache zu machen[277], indem man als „Gewalttatzeuge", d.h. Lügenzeuge (עֵד־חָמָס)[278], auftritt[279]. Das Bundesbuch beläßt es beim Appell. Der Vetitiv in Ex 23,1b ist nicht mit einer sanktionierenden Rechtsfolge verbunden. Schon durch die Gattung des Vetitivs, der in weisheitlicher Tradition steht, wird zum Ausdruck gebracht, daß es sich um einen Appell handelt, der der Gefährdung des Zeugenbeweises als Hauptbeweismittels der Lokalgerichtsbarkeit durch eine Falschaussage entgegenwirken will[280]. Dem Prozeß-

271 S. CL §§ 17; 33; CS §§ 7; 13; 14; 28; 29; CH §§ 1-4; 127; 131; 132; MAG.A §§ 17-20; N §§ 1; 2; cf. H. Petschow, Parallelen (*ZSRG.R 90*), 14-35; ders., Fall (*AfO 35*), 105-108; R. Yaron, Furto (*TRG 34*), 510-514; R. Haase, Marginalien (*Leonberg 1996*), 29-33.

272 Der harte Anschluß von Dtn 19,17b an V.17a (cf. R.P. Merendino, Gesetz [*BBB 31*], 215f.) spricht für eine Naht zwischen Tradition und Redaktion.

273 S. die Parallelisierung mit „Lügenzeuge" (עֵד־שֶׁקֶר) in Dtn 19,18; cf. M.A. Klopfenstein, Art. *šæqær* (*THAT II*), 1013f.

274 Cf. I.L. Seeligmann, Terminologie (*VT.S 16*), 262f.; zu den Zeugenfunktionen cf. ferner A. Schenker, Zeuge (*BZ* [*N.F.*] *34*), 87-90.

275 Außerhalb des Pentateuchs gibt es nur noch einen Beleg in Ps 35,11.

276 Cf. Verf., Wandel (*StB 3*), 47f.

277 Cf. zu שִׁית יָד עִם HAL II, 370 sowie B. Baentsch, Exodus (*HK I. 2.1.*), 204. Eine spezifische rechtliche Bedeutung im Sinne einer formalen (Schwur-) Geste erwägt H. Cazelles, Études (*Paris 1946*), 86f.

278 Cf. auch *šibut sarrātim* „Falschzeugnis" in CH § 3; s. dazu G.R. Driver/J.C. Miles, Babylonian Laws I (*Oxford* ²*1956*), 58-68.

279 Ob sich in der Ergänzung von Ex 23,1a durch Ex 23,1b „ein verfahrenstechnisch weiter fortgeschrittenes Stadium der Institutionalisierung der Rechtsprechung" (so L. Schwienhorst-Schönberger, Bundesbuch [*BZAW 188*], 381) niederschlägt, mag man fragen. Erkennbar ist der literarische Prozeß der Konkretisierung.

280 S. auch das Bittgebet auf der ägyptischen Votivstele BM 589:5-7: „Ich bin der Mann der falsch geschworen hat bei Ptah, dem Herrn der Ma'at." Cf. T. Veijola, Gebot (*ZAW*

recht des Bundesbuches mangelt es aber nicht nur an einer über den Appell hinausgehenden strafrechtlichen Sanktion des Falschzeugnisses, sondern auch an einem Verfahren, um es zu vermeiden. Das Prozeßrecht des dtn Gesetzes (Dtn 19,15.16-21) knüpft an das Prozeßrecht des Bundesbuches an. Das Zitat עֵד־חָמָס kennzeichnet Dtn 19,16-20.21 als Fortschreibung von Ex 23,1b. Durch das Zitat dieses Ausdrucks in der Protasis des kasuistisch formulierten Prozeßrechts in Dtn 19,16-20 wird der im Vetitiv formulierte Appell in Ex 23,1 justitiabel[281]. Das Falschzeugnis wird mit einer quasi-talionischen Sanktion belegt. Doch das Bemühen, durch die Generalprävention allein dem Falschzeugnis Herr zu werden, reicht dem Autor des dtn Gesetzes nicht. Er nutzt die mit der Gerichtsordnung (Dtn 16,18f.*; 17,2-13*; 18,1-5*) eröffnete Möglichkeit eines Instanzenzugs. Die Lokalgerichte werden in Dtn 19,15 durch die Zweizeugenregelung geschützt. Entsprechend wird sie auch in den Modellprozeß der Lokalgerichtsbarkeit in Dtn 17,2-7* eingearbeitet. Das Lokalgericht urteilt nur auf der Basis der Aussage von mindestens zwei Zeugen[282]. Liegen zwei übereinstimmende Zeugenaussagen vor, gibt es keinen Anlaß für einen Verdacht des Falschzeugnisses. Schwieriger ist es, wenn nur ein Zeuge aussagt, dessen Zeugnis vom Beschuldigten zurückgewiesen wird. In diesem Falle ist das Verfahren an das Zentralgericht zu überweisen. Hier nun greift die Generalprävention der quasi-talionischen Sanktion des Falschzeugnisses. Faktisch bedeutet das, daß der Zeuge sich dem kultischen Beweiseid zu unterziehen hat, die Gottheit also sein Zeugnis prüft. Der dtn Autor transformiert also den nicht-justitiablen Appell in Ex 23,1 in Rechtsprozeduren, die die Gerichtsordnung in Dtn 17,2-13* nicht nur literarisch widerspiegeln, sondern auch in der Sache voraussetzen.

Wieder ist die Zentralisierung von Funktionen des Kultes hermeneutischer Schlüssel der Reformulierung und Reformierung des Prozeßrechts des Bundesbuches. Die lokalen Gerichtsinstitutionen des Bundesbuches waren mit der Institution der Lokalheiligtümer verbunden. Die Sammlung des Depositenrechts in Ex 22,6-14[283] sieht vor, daß im Falle des durch einen Zeugnisbeweis

---

103) 1-17. Für das Ausmaß der Gefährdung der Lokalgerichte durch Falschzeugnis sind auch das Falschzeugnisverbot der Dekaloge in Dtn 5,11 und Ex 20,7 (cf. Verf., Dekalog [*OBC 8*], 299f.) sowie das entsprechende Verbot im Ps 24,3f. (cf. Verf., Kultus [*ZAW 98*], 165f.) beredte Zeugnisse. Die Gefahr des Falschzeugnisses wächst mit der sozialen Ausdifferenzierung der Gesellschaft, die sozial bedingte Loyalitäten und Gegnerschaften nach sich zieht. Daraus resultiert das Bemühen der Prozeßrechtssammlung des Bundesbuches um Rechtsgleichheit im Prozeß.

281 Auch J.W. McKay (Exodus [*VT 21*], 314) sieht den Zusammenhang zwischen Dtn 19,16 und Ex 23,1, will aber לִהְיֹת עֵד חָמָס in Ex 23,1fin. als „deuteronomistic gloss" ausscheiden. Dafür gibt es kein literarkritisch durchschlagendes Argument.

282 Zum Ausdruck „zwei oder drei Zeugen" zur Bezeichnung von mindestens zwei Zeugen cf. R. Yaron, Laws (*Bib 51*), 553.

283 Cf. dazu Verf., Depositenrecht (*ZSRG.R 105*), 1-31 (= ders., Kontinuum [*OBC 8*], 139-163); ders., Diachronie (*ZAR 2*), 76-85.

nicht aufklärbaren Rechtsstreits zwischen Ankläger und Beklagtem kultisch zu entscheiden sei:

„In allen Fällen von Eigentumsdelikten[284], mag es sich um ein Rind oder um einen Esel oder ein Schaf oder ein Kleidungsstück handeln, um alles, was verlorenging, wovon er sagt: fürwahr, dies ist es – vor Gott[285] soll die Angelegenheit der beiden gebracht werden. Wen die Gottheit für schuldig erklärt, der soll seinem Nächsten doppelten Ersatz zahlen“ (Ex 22,8).

Dieser sich auf die ganze Sammlung Ex 22,6-14 beziehende Rechtssatz zum kultischen Rechtsentscheid, der für alle unaufgeklärten Fälle des Verlustes von Depositum, für Tierhüte und Tiermiete gilt, enthält den strafrechtlichen Grundsatz des *duplum* als Sanktion für denjenigen, dessen Anspruch durch die Gottheit falsifiziert wurde[286]. Das hinter Dtn 19,16-19a stehende vordtn Gesetz des kultischen Entscheids „vor JHWH“ (לִפְנֵי יְהוָה)[287] ergänzte Ex 22,8 und gehörte ursprünglich an die Lokalheiligtümer. Wurden die Rechtsfunktionen der Lokalheiligtümer zentralisiert, so waren die Lokalgerichte trotz ihrer Professionalisierung gemäß Dtn 16,18f.* dem Falschzeugnis ausgeliefert. Die dtn Reform des Zeugenrechts in Dtn 19,15 schließt die durch die Kultzentralisierung im Prozeßrecht gerissene Lücke. Dtn 19,16-20 ist die durch die Zweizeugenregelung für die Lokalgerichte notwendige Ergänzung für das Zentralgericht. Die Falschzeugenregelung am Zentralgericht soll dafür sorgen, daß nicht auf die Verfolgung von Fällen, für die es nur einen Zeugen gibt, verzichtet werden muß.

In Dtn 19,21 fügt der dtn Autor die talionische Formel an die quasi-talionische Sanktionsbestimmung für das Falschzeugnis in Dtn 19,19a an:

„Dein Auge habe kein Mitleid: Leben um Leben, Auge um Auge, Zahn um Zahn, Hand um Hand, Fuß um Fuß“.

Die Sanktion in Dtn 19,19a „dann sollt ihr ihm zufügen, was er seinem Bruder zufügen wollte“ ist nur eingeschränkt als „talionisch“ zu bezeichnen, weil dem Täter nicht jenes Übel zugefügt wird, das er selbst zugefügt hat, sondern jenes, das er zufügen wollte[288]. Der dtn Autor unterstreicht aber den talionischen Aspekt in dieser korrespondierenden Sanktionierung des Falschzeugnisses und spitzt es mit der Eröffnung „Leben für Leben“ auf die Todessanktion für die falsche Anklage eines Kapitaldeliktes zu. Das talionische „Leben für Leben“ (נֶפֶשׁ בְּנֶפֶשׁ) schlägt darüber hinaus einen Bogen zu Dtn 19,6.11 (וְהִכָּהוּ נֶפֶשׁ) und unterstreicht die Verknüpfung des Prozeßrechts in Dtn 19,15.16-20 mit dem Blutrecht in Dtn 19,2-13*. Die Aufzählung der talionischen Kör-

284 Cf. R. Knierim, Hauptbegriffe (*Gütersloh 1965*), 143-174.

285 Daß es sich hier nicht um „Hausgötter“ handelt, hat O. Loretz (Parallelen [*Bib 41*], 172ff.) ausreichend deutlich gemacht.

286 Cf. Verf., Wandel (*StB 3*), 21.

287 Cf. dazu o. in diesem Kapitel.

288 Cf. H. Petschow, Parallelen (*ZSRG.R 90*), 16; A. Völkl, Verfolgung (*FzRR 35*), 49 Anm. 2.

perstrafen „Auge für Auge, Zahn für Zahn, Hand für Hand, Fuß für Fuß“ hat in diesem am Blutrecht orientierten Zusammenhang keine andere Funktion als das in Dtn 19,19a formulierte und mit dem ersten Glied „Leben für Leben“ blutrechtlich zugespitzte talionische Prinzip zu unterstreichen, wobei den übrigen Gliedern der Reihe eine, das erste Glied verstärkende, symbolische Funktion zukommt[289]. Dtn 19,21 setzt damit die Interpretation der Talionsformel im Kontext des Körperverletzungsrechts des Bundesbuches in Ex 21,18-32 voraus: In Ex 21,18-32 wird nur das talionische Prinzip „Leben für Leben“ (נֶפֶשׁ תַּחַת נָפֶשׁ) als rechtlich gültig bestätigt, während die Talion der Körperstrafen zugunsten der Ersatzzahlung außer Kraft gesetzt wird, da die kasuistischen Rechtssätze Ex 21,18f.22.26f. eine talionische Körperstrafe bei Körperverletzungen ausschließen und als Rechtsfolge die Ersatzleistung vorsehen[290]. Dtn 19,21 setzt diese Außerkraftsetzung voraus, so daß die Talion zum Symbol des talionischen Prinzips des Blutrechts werden kann. Bei der Aufnahme von Ex 21,24 ersetzt der dtn Autor die an die Wurzel der Talion[291] erinnernde Präposition תַּחַת[292] durch das Beth pretii[293]. Das Bundesbuch als Vorlage für den dtn Gesetzgeber lenkt auch die Einbindung der Talionsformel in Dtn 19,21 in den Kontext[294]. Durch die Verbindung von Ex 21,23b mit der zwischen Mord und Körperverletzung mit Todesfolge differenzierenden Asylgesetzgebung in Ex 21,13f. wird die Sanktion „Leben für Leben“ auf den Mordfall eingeschränkt. Das gilt auch für den inszenierten Justizmord in Relation zur Asylgesetzgebung in Dtn 19,2-13*. Der Vetitiv in Ex 23,1b „du sollst nicht mit dem Rechtsbrecher gemeinsame Sache machen, indem du als Lügen-Zeuge auftrittst“ ist in konzentrischem Strukturbezug innerhalb der Prozeßrechtsordnung Ex 23,1-3.6-8 auf den Vetitiv in Ex 23,7bα „den Unschuldigen

289 H.J. Kugelmass (Lex Talionis [*Ph.D. Diss. University of Montreal*], 204) spricht von einer „symbolic literary role of the bodily parts“ der Talionsformel in Dtn 19,21.

290 Cf. Verf., Talion (*OBC 8*), 236-245; ders., Körperverletzungen (*AOAT 226*), 118-137.

291 Cf. dazu Verf., Talion (*OBC 8*), 244f.

292 Cf. dazu HAL, 1587.

293 Cf. E. Jenni, Präpositionen I (*Stuttgart 1992*), 150f.156f. An der Präposition תַּחַת ist die rechtshistorische Wurzel der Talion in der Institution unmittelbarer Rechtsreaktion der Geschädigten noch erkennbar; cf. Verf., Talion (*OBC 8*), 244f. Die von der Talionsformel Ex 22,24 unabhängige Formel „Leben für Leben“ (נֶפֶשׁ תַּחַת נָפֶשׁ) hat ihren Ursprung in kultischem Kontext; cf. bereits A. Alt, Talionsformel (*KlSchr I*), 341-344.

294 B.S. Jackson (Problem [*SJLA 10*], 106) sieht dagegen in Ex 21,24 eine aus Dtn 19,21 stammende dtr Ergänzung, die die „aristokratische Ethik“ des dtn Gesetzes widerspiegele. Dem aber widerspricht die feste Einbindung von Ex 21,24 in den Kontext des Körperverletzungsrechts des Bundesbuches. So wird die Talionsformel in Ex 22,26 aufgenommen (gegen תַּחַת שֵׁן/תַּחַת עַיִן). Ex 21,26 aber ist literarisch unlösbar mit Ex 21,20f.24-27 verzahnt. Die Verbindung von Ex 21,23b (נֶפֶשׁ תַּחַת נָפֶשׁ) mit der Talionsformel Ex 21,24 wird in Dtn 19,21 bereits vorausgesetzt; cf. auch zu B.S. Jacksons These H.-W. Jüngling, Auge (*ThPh 59*), 21 Anm. 58.

und den Gerechten sollst du nicht töten" bezogen[295]. Diese Verbindung von Falschzeugnis- und Justizmordmotivik des Bundesbuches kehrt in der Verbindung von Falschzeugnisgesetz in Dtn 19,16-20 mit der blutrechtlich zugespitzten Talionsformel in Dtn 19,21 wieder. Die Talionsformel tritt in Dtn 19,21 in den Dienst des dtn Prozeßrechts, um das Prinzip der äquivalenten Sanktion für den Falschzeugen zu bekräftigen. Das Bundesbuch lenkt also die Verbindung von Dtn 19,16-20 mit Dtn 19,21. Da der dtn Autor nicht das Körperverletzungsrecht des Bundesbuches in Ex 21,18-32, das keinen Bezug zur Thematik der Kultzentralisation hat, übernimmt[296], kann die Talionsformel in das Prozeßrecht überführt werden. Die dtn Reform des Prozeßrechts in Dtn 19,15-21 ist wie die des Asylrechts in Dtn 19,2-13* durch die Kultzentralisation veranlaßt. Sie ist auch der hermeneutische Schlüssel für die Reformulierung von Ex 21,13f.; 23,1-3.6-8.

Mit dem Fortfall der Asyl- und Rechtsentscheidungsfunktion lokaler Heiligtümer mußten die Gerichtsorganisationen und damit verbunden das Prozeßrecht umstrukturiert werden. In der Gerichtsordnung (Dtn 16,18f.; 17,2-13*; 18,1-5*) werden die Rechtsfunktionen der Lokalheiligtümer an einem Zentralgericht konzentriert (Dtn 17,8-13*) und die der Ortsgerichte professionalisiert (Dtn 16,18f.*; 17,2-7*), die keine Rückbindung mehr an die Rechtsentscheidungsfunktionen der Lokalheiligtümer haben. Das dtn Prozeßrecht sichert die vom kultischen Rechtsentscheid gelöste Urteilsfindung der professionalisierten Lokalheiligtümer durch die Zweizeugenregelung (Dtn 17,2-7*; 19,15) und weist die Fälle strittiger Beweislage, verbunden mit einer quasi-talionischen Sanktion des Falschzeugnisses, der Zentralgerichtsbarkeit zu (Dtn 19,16-21). Die prozeßrechtlichen Prohibitive und Vetitive des Bundesbuches ohne Verfahrensregelungen und Sanktionsbestimmungen werden durch das Prozeßrecht des Deuteronomiums justitiabel, aber nicht überflüssig. Ex 23,1-3.6-8 kann also neben Dtn 19,15-21 weiterhin gültig bleiben. Darauf, daß das so ist, weist der dtn Gesetzesreformer selbst, indem er Ex 23,6.8 wörtlich zitiert und in Dtn 19,16 an Ex 23,1 anknüpft. In den Landregionen treten drei Asylstädte an die Stelle der Asylfunktion der Lokalheiligtümer (Dtn 19,2-13*). Das aber bedeutet nicht, daß das Zentralheiligtum keine Asylfunktion mehr haben soll. In dieser Frage läßt das Blutrecht des Deuteronomiums eine Lücke, die erklärt werden muß und auch erklärt werden kann. Im Horizont der dtn Zentralisationsformel gelesen beziehen sich die Begriffe „Kultort" (*מָקוֹם*) und „mein Altar" (*מִזְבְּחִי*) in Ex 21,13f. auf das Zentralheiligtum. So wie in Dtn 12,21 die Erlaubnis, die Haustiere zu Hause zu schlachten, auf diejenigen Judäer beschränkt wird, die nicht in der Nähe des Zentralheiligtums leben, diejenigen also, die in der Nähe des Heiligtums wohnen, auch weiterhin dort schlachten sollen, so ist auch für diese das Zentralheiligtum weiterhin der Asylort. Das*

295 Cf. Verf., Wandel (*StB 3*), 47.
296 S. dazu i.f.

dazu notwendige Gesetz ist das des Bundesbuches in Ex 21,12-14 im Horizont des Deuteronomiums gelesen. Das Bundesbuch bleibt neben dem Deuteronomium Bestandteil des dtn Reformprogramms. Der dtn Autor schafft es nicht nur auf diese Weise, den reformulierten und reformulierenden Gesetzestext widerspruchsfrei zusammenzuhalten, sondern er wahrt auch die Autorität des reformulierten Textes gegenüber dem reformulierenden dadurch, daß Ex 21,13f. das Asyl für das Zentralheiligtum, Dtn 19,2-13 aber nur für die Asylstädte im Land regelt, dem Gesetz für das Zentralheiligtum also Priorität und höhere Dignität zukommt.*

In dem dtn-vorexilischen Reformprogramm Dtn 12-26* schließt sich das Gesetz zum unaufgeklärten Tötungsfall (Dtn 21,1-9*) an das Prozeßrecht (Dtn 19,2-13*.15-21) an und bildet dabei mit dem Blutrechtsgesetz (Dtn 19,2-13*) eine Abfolge der Themenverschränkung durch die Anordnung im A-B-Schema von Prozeß- und Blutrecht, an das sich mit Dtn 21,15-21 das Familienrecht anschließt:

A:	Blutrecht	Dtn 19,2-13*
B:	Prozeßrecht	Dtn 19,15-21
A:	Blutrecht	Dtn 21,1-9*[297]

Vom *dtn Gesetz* (Dtn 21,1-4.6aβb.7.8b.9a) hebt sich die *dtr Bearbeitung* (Dtn 21,8a.9b) ab, die die Sühnedeklaration (Dtn 21,8b) auf die göttliche Vergebung interpretiert[298] und sie an den Gottesgehorsam Israels bindet, sowie die *post-dtr Überarbeitung* (Dtn 21,5[299].6aα[300]), die die Sühnedeklaration unter Aufnahme von Dtn 17,8f. und Dtn 18,5 im Horizont von Dtn 10,8 deutend an die Beteiligung levitischer Priester bindet und die Funktionen der Laien einschränkt[301]. Der dtn Redaktor verwendet eine in der 3. Pers. kasuistisch formulierte *vordtr Ritualüberlieferung* zur Reinigung vom Blut aus unaufgeklärter Tötung[302], die er in Dtn 21,1aβγ (ab בָּאֲדָמָה).2.3a durch Landgabesatz[303],

297 Die dtr Redaktion hat mit dem Verfahren der Themenverschränkung arbeitend die „Kriegsgesetze" in Dtn 20,1-20; 21,10-14 (cf. dazu Verf., Friedensordnung [*Stuttgart 1999*] in diese Kette der Themenverschränkung eingearbeitet und Dtn 21,10-14 als eine geschickte Überleitung zum Familienrecht plaziert. Zu den verklammernden Bezügen zwischen den Kriegsgesetzen cf. G. Braulik, Gesetze (*SBS 145*), 67f.

298 Cf. B. Janowski, Sühne (*WMANT 55*), 166.

299 Zu נגשׁ mit Priestern als Subjekt cf. Ex 19,22 (PentRed); 28,43; 30,20; Lev 21,21.23 (PentRed); Num 8,19; (Ez 44,13). Zu den priesterlichen Funktionen cf. Ex 28,35.43; 29,30; 30,20; 35,19; 39,26.41 u.ö. Zu ברך בְּשֵׁם cf. Num 6,27. Zu V.5b cf. Ez 44,24a.

300 Zu V.6aα cf. U. Dahmen, Leviten (*BBB 110*), 330f., gegen J.C. Gertz, Gerichtsorganisation (*FRLANT 165*), 160.

301 Darin trifft sich Dtn 21,5 mit einer Tendenz, die auch in der Rezeption des dtn Gesetzes im Heiligkeitsgesetz erkennbar ist; cf. Verf., Innerbiblische Exegese (*BBB 119*), 125-196.

302 Cf. Verf., Ethik (*ThW 3/2*), 37f. Keilschriftrechtliche Parallelen sind auf dem Feld des Schadensersatzrechts bekannt; CH §§ 23; 24 sieht vor, daß bei einem unaufgeklärten

den Rechtsentscheid der Ältesten und Richter[304] der Lokalgerichte dreier umliegender Städte sowie in Dtn 21,9a durch die dem Kontext angepaßte *biʿartā*-Formel rahmt und auf Israel als Adressaten deutet.

Dtn 21,1-9* ist Teil der dtn Reformulierung des Blut- und Prozeßrechts des Bundesbuches unter dem hermeneutischen Schlüssel der Kultzentralisation. Regelt Dtn 19,2-3* den Fall des aufgeklärten Tötungsdelikts, so geht es in Dtn 21,1-9* um den unaufgeklärten Fall. Die vordtn Herkunft des Ritualgesetzes zeigt an, daß es lokale Programme zur Reinigung (כפר) von einer nicht strafrechtlich zu verfolgenden Blutschuld gab. Dabei ist belanglos, ob und in welchem Umfang das Reinigungsritual tatsächlich praktiziert wurde – entscheidend ist vielmehr, daß es dem dtn Autor des Reformprogramms vorlag und er zwei Fragen, die sich daraus ergaben, klären mußte: Wie verhält sich die in dem Ritual verankerte Funktion der Ältesten zu der in Dtn 16,18f. programmatisch verfügten Professionalisierung der Lokalgerichte durch die Richter und Schreiber, und wie die rituelle Tötung der jungen Kuh zum Gebot der Opferzentralisation (Dtn 12,13-27*)[305] als hermeneutischer Schlüssel der Reformulierung des Blut- und Prozeßrechts des Bundesbuches? Die Systematik des Bundesbuches bot keinen Anlaß, ein derartiges Ritualgesetz in das Bundesbuch aufzunehmen, da es eine außerrechtliche Lösung des unaufgeklärten Tötungsfalles beinhaltet. Das sieht für das dtn Reformprogramm ganz anders aus, in dessen Mittelpunkt die Neuorganisation von Rechts- und Kultinstitutionen in ihrem Verhältnis zueinander steht. Damit aber bot sich auch an, die Gesetzeslücke des unaufgeklärten Tötungsfalles zu schließen, die das Blut-

---

Raub oder Raubmord die Stadt, auf deren „Gebiet oder Verwaltungsbezirk" (*iršitišunu ū patišunu*; cf. dazu zuletzt R. Haase, Marginalien [*Leonberg 1996*], 51) die Tat begangen wurde, zu Schadensersatz verpflichtet ist, im Falle des Raubmordes in Höhe von 1 Mine Silber, die an die Angehörigen (*nīšū*) des Opfers zu zahlen ist. Nach HG § 6 haftet der an Grund und Boden des Tatorts Berechtigte, nach KBo VI 4 § 4 diejenige Siedlung, in deren Umkreis von 3 Meilen, d.i. ca. 30 km, die Tat geschah; cf. dazu R. Haase, Kollektivhaftung (*FS C. Sanfilippo*), 226f.; ders., Deuteronomium (*WO 25*), 75f.

303 Der Landgabesatz, der חלל von dem direkt anschließenden נפל trennt, ist ein Zusatz zu dem vordtn Ritualgesetz, der auf Dtn 19,2b (dtn) zurückgreift.

304 Cf. J.C. Gertz, Gerichtsorganisation (*FRLANT 165*), 162-164. Dagegen vermutet U. Dahmen (Leviten [*BBB 110*], 322f.) in den „Richtern" in V. 2a eine Ergänzung, die er für dtr deklariert. Seiner These, daß die Richter hier „funktionslos" seien, widerspricht U. Dahmen selbst, wenn er einräumt, daß sie „von den (Stadt-) Ältesten in randscharfer Abgrenzung den forensischen Aufgabenbereich der ‚Wahrung von Recht und Ordnung in ihrer jeweiligen Stadt'" übernehmen – so mit J. Buchholz (Älteste [*GTA 36*], 91) und also in Anknüpfung an Dtn 16,18f. (dtn) genau in dieser Funktion in Dtn 21,2 eingeführt werden. Daß hier eine forensisch orientierte „Richterredaktion" am Werk sein soll, ist auch nicht mit dem Hinweis auf Dtn 17,8-13 und Dtn 19,16-19, Gesetzen, die sich auf das Zentralgericht und nicht die Lokalgerichtsbarkeit beziehen, plausibel zu machen.

305 Cf. dazu u. IV. 3.3.5.

und Prozeßrecht des Bundesbuches und dessen dtn Reformulierung in Dtn 19,2-13*.15-21 gelassen hatte.

Dtn 21,1-9* hat Bezüge unterschiedlicher Reichweite zum übrigen dtn Reformprogramm. Die als Relativsatz formulierte Landgabeformel (Dtn 21,1aβ) zitiert die dtn nur noch in Dtn 19,2bβ belegte Fassung. Sie verklammert so die beiden aufeinander als Fall und Gegenfall bezogenen Rechtssätze in Dtn 19 und Dtn 20. Dem dient auch das Zitat von דָּם־(הַ)נָּקִי („das Blut des Unschuldigen"; Dtn 19,10.13) in Dtn 21,9a. Der Abschluß des Ritualgesetzes in Dtn 21,9a knüpft mit der dem Kontext angepaßten *biʿartā*-Formel „du sollst das Blut des Unschuldigen aus deiner Mitte fortschaffen" an den entsprechenden Abschluß von Dtn 19,2-13* in Dtn 19,13bα „du sollst das Blut des Unschuldigen aus Israel fortschaffen" an.

Ein weiter ausgreifender Bogen wird mit Dtn 21,2.3a zur dtn Gerichtsordnung in Dtn 16,18f.* geschlagen. Von dem durch die Ältesten als Repräsentanten ihrer Stadt durchzuführenden Reinigungsritual wird der Rechtsakt der Feststellung der Verantwortlichkeit abgesetzt. Bereits in Dtn 19,2-13* mußte sich die Frage stellen, wie sich die Aufgaben der Ältesten zu den nach Dtn 16,18 einzusetzenden Richtern der Lokalgerichte verhält. Bleibt die Frage in Dtn 19,2-13* offen, so wird sie nun in Dtn 21,1-9* beantwortet. Der dtn Autor stellt in Dtn 21,2.3a vor das von den Ältesten durchzuführende Reinigungsritual den Rechtsakt der Feststellung der Verantwortlichkeit einer Stadt unter Beteiligung der aus Dtn 16,18 entnommenen Richter (שֹׁפְטִים) und definiert damit das Verhältnis von Richtern und Ältesten so, daß die Richter bei den Rechtsentscheiden mitwirken, die Ältesten aber als Repräsentanten ihrer Stadt als Vollzugsorgane der Entscheidung handeln, sei es, daß sie den des Mordes überführten Täter der Strafe zuführen (Dtn 19,12) oder bei unbekanntem Täter das Reinigungsritual vollziehen[306].

Einen noch weiteren Horizont spannt Dtn 21,3 aus. Während in Dtn 21,4.6 für die junge Kuh der Begriff עֶגְלָה gebraucht wird, bezeichnet Dtn 21,3 sie pleophor als עֶגְלַת בָּקָר und stellt damit einen Bezug zu den Gesetzen der Kultzentralisation (Dtn 12,13-27*) her[307]. Die Freigabe der „Profanschlachtung" ist Voraussetzung für die rituelle Tötung der Jungkuh, die nicht als Opferhandlung verstanden wird[308]. Die Kompetenzen von Richtern und Ältesten

306 Nach der dtn Gerichtskonzeption hatten die Ältesten nur im Familienrecht richterliche Entscheidungsbefugnis; s. dazu i.f.

307 Cf. nur Dtn 12,21; s. dazu u. IV. 3.3.5.

308 Noch die post-dtr Einfügung von Dtn 21,5 hat die Tötung des Tieres nicht als Opferhandlung interpretiert, hätten doch sonst die Priester V.4 in den Text eingeführt werden müssen. Daß es sich um eine weibliche Jungkuh handelt, grenzt Dtn 21,1-9* auch von den dtn Gesetzen des Erstgeburtsopfers (Dtn 12,17; 15,19-23) ab. Es darf für das Reinigungsritual kein zum Erstgeburtsopfer (cf. Verf., Art. Erstlingsopfer [*LThK*^{3} *III*], 835f.) bestimmtes Tier verwendet werden. Diese Abgrenzung dürfte dafür verantwortlich

mußten in Dtn 21,1-9* abgegrenzt sein, ehe mit Dtn 21,15-21 das Familienrecht einsetzt[309], in dem die Ältesten überlieferungsgeschichtlich fest verankert sind.

Im Verfahren der Themenverschränkung durch „fan-concatenation“ schließt der dtn Autor an das Familienrecht (Dtn 21,15-22) mit Dtn 21,22f. noch ein Blutrechtsgesetz mit Prozeßrechtskonnotation an:

A:	Blutrecht	(Dtn 19,2-13*)
B:	Prozeßrecht	(Dtn 19,15-21)
A:	Blutrecht	(Dtn 21,1-9*)
C:	Familienrecht	(Dtn 21,15-21)
A:	Blutrecht	(Dtn 21,22f.)
C:	Familienrecht	(Dtn 22,13-29)

Eröffnungs- und Abschlußformeln verknüpfen jeweils diese Rechtssätze. Die *biʿartā*-Formel in Dtn 21,21aβb verzahnt den Block des Familienrechts in Dtn 21,15-21 mit dem Blutrecht in Dtn 19,13; 21,9 und dem Prozeßrecht in Dtn 19,19 und die in Dtn 21,21 anschließende Abschreckungsformel „ganz Israel soll davon hören, damit sie sich fürchten“ das Familienrecht mit dem Prozeßrecht in Dtn 19,20. Auch wird das Familienrecht durch die Eröffnung der Protasen mit כִּי + היה (Dtn 21,15.18) und durch die Eröffnung mit כִּי + מצא[310] (Dtn 22,22.28) mit dem Blutrecht in Dtn 21,1 verzahnt. Das Blutgesetz in Dtn 21,22f. schließt sich inhaltlich lückenlos an das voranstehende Familienrecht in Dtn 21,18-21 an, das mit der Stipulation der Hinrichtung des störrischen Sohnes endet[311], während das Gesetz in Dtn 21,22f. regelt, wie mit dem Leichnam des Hingerichteten zu verfahren sei[312]. Mit Dtn 19,2-13* ist das Blutgesetz in Dtn 21,22f. durch den dtn nur in Dtn 19,6 und Dtn 21,22

---

sein, daß schon in der vordtn Vorlage ein weibliches Jungtier für das Reinigungsritual vorgesehen war.

309 Cf. dazu i.f. sowie o. IV. 2.

310 Zur redaktionellen Funktion der Einleitung mit כִּי יִמָּצֵא אִישׁ cf. S. Dempster, Fomula (*RB 91*), 208f. Zur ihrer Verwendung im Familienrecht s.i.f. sowie M. Fishbane, Accusations (*HUCA 45*), 26 Anm. 4. Zu מצא als Rechtsterminus cf. S. Wagner, Art. *māṣāʾ* (*ThWAT V*), 1051-1054; ferner A.R. Ceresko, Function (*CBQ 44*), 557-559. Zu *ṣabātu(m)* in entsprechender Bedeutung cf. CAD Ṣ, 8f.

311 Zur Interpretation cf. Verf., Ethik (*ThW 3/2*), 32-34; ders., Sohnespflichten (*OBC 8*), 274f.; E. Bellefontaine, Deuteronomy 21:18-21 (*JSOT 13*), 13-31; P.-E. Dion, Procédure (*FS N. Lohfink*), 73-82. Zum Keilschriftrecht cf. HG § 173; s. dazu die Diskussion zwischen R. Haase und H.A. Hoffner, ob eine Parallele zu Dtn 21,18-21 vorliegt; cf. R. Haase, Überlegungen (*Anatolica 20*), 221-225; ders., Rezension von H.A. Hoffner, Laws in ZAR 4 (*1998*), 289; H.A. Hoffner, Laws (*DMOA 23*), 217-220.

312 Zur Auslegungsgeschichte cf. A. Caneday, Curse (*Trinity Journal 10*), 185-209; J.M. Lieu, Canon (*JSOT.S 200*), 317-334.

belegten juristischen *terminus technicus* „Todesurteil" (מִשְׁפַּט־מָוֶת)[313] verzahnt.

Das Familienrecht in Dtn 22,22-29 war bereits vordtn ein redaktionell geschlossener Block, dessen Redaktionsstruktur Parallelen im assyrischen Recht hat[314]. In diesem Block hat Dtn 22,22a die Funktion einer Grundsatzregelung (*lex generalis*), die durch Dtn 22,23.24a.25.27 differenziert und von Dtn 22,28f. abgegrenzt wird. Die mit כִּי־יִמָּצֵא אִישׁ in Dtn 22,22a.28 eingeleiteten Rechtssätze werden in Dtn 22,13-21a und Dtn 24,1-4a durch solche gerahmt, die mit כִּי־יִקַּח אִישׁ אִשָּׁה eingeleitet sind. Die Gesetze dieses Rahmens sind auch dadurch miteinander verbunden, daß sie die Abneigung des Ehemannes gegen seine Frau und die daraus resultierende Scheidungsthematik[315] (Dtn 22,13-21a[316]; Dtn 24,1-4a[317]) zum Inhalt haben. Die Rechtsfolgebestimmung der Zahlung von 100 Schekel in Dtn 22,19 nimmt als *duplum* auf Dtn 22,29 bezug[318]. Dtn 22,24a knüpft mit der Todesstrafe durch Steinigung an Dtn 21,21a an[319]. Die Rechtssätze Dtn 22,13-21a.22a.23.24a (rek.).25.27.28f.; 24,1-4aα bilden also einen redaktionell durchstrukturierten Zusammenhang. Die mit „wenn ein Mann eine Frau heiratet" (כִּי־יִקַּח אִישׁ אִשָּׁה) eingeleiteten Rechtssätze (Dtn 22,13-21a; 24,1-4a) bilden einen Rahmen für die jeweils mit „wenn ein Mann angetroffen wird (sc. *in flagranti delicto*)" (כִּי־יִמָּצֵא אִישׁ) eingeleiteten Gesetze (Dtn 22,22-29*), wobei auch Kern und Rahmen mitein-

313 Cf. dazu Verf. Art. Todesstrafe II (*LThK³ X*); B. Johnson, Art. *mišpāṭ* etc. (*ThWAT V*), 98.

314 Cf. o. IV. 2; zur Interpretation cf. auch C. Pressler, View (*BZAW 216*), 31-43; K. Engelken, Frauen (*BWANT 130*), 19-26 (s. dazu die Rezension des Verf. in ThRev 88 [*1992*], 286-288).

315 Zur Interpretaton von שׂנא in Dtn 22,13.16 als *terminus technicus* des Scheidungsrechts cf. E. Lipiński, Art. *śāneʾ etc.* (*ThWAT VII*), 836; s. auch Ri 15,2; Sir 7,26; cf. R. Yaron, Divorce (*RIDA III/4*), 117-128; zur entsprechenden Bedeutung von *zêrum* im Akk. cf. A.J. Skaist, Family Law (*Ph.D. Diss. University of Pennsylvania*), 54-56. 112.129; S. Greengus, Contract (*JAOS 89*), 518 Anm. 61; R. Westbrook, Marriage Law (*AfO Beih. 23*), 22f.80f. Zu שׂנא in den Elephantine-Papyri cf. R. Yaron, Introduction (*Oxford 1961*), 54f.; Z.W. Falk, Introduction (*AGJU 11*), 312; E. Lipiński, a.a.O., 833-836.

316 Zur Interpretation von Dtn 22,13-21a im Horizont des Scheidungsrechts cf. Verf., Ethik (*ThW 3/2*), 42f.; ders. Art. Ehe (*RGG⁴ II*); cf. ferner zum Verhältnis von Dtn 22,13-21* zum Keilschriftrecht die Monographie von C. Locher, Ehre (*OBO 70*), 117-387 (cf. dazu die Rezension des Verf. in WO 20/21 [*1989/90*], 308-311).

317 Zur Interpretation des Verbots der Wiederverheiratung Geschiedener cf. Verf., Ethik (*ThW 3/2*), 54f.178f.; ders., Verbot (*UF 24*), 301-310; ders., Art. Ehe (*RGG⁴ II*); ferner R. Yaron, Restoration (*JJS 17*), 1-11; G.J. Wenham, Restoration (*JJS 30*), 37-40; R. Westbrook, Prohibition (*ScrHie 31*), 387-405; C. Pressler, View (*BZAW 216*), 45-62. Zur Rezeptionsgeschichte cf. R. Neudecker, Ehescheidungsgesetz (*Bib 75*), 350-387.

318 Cf. A. Rofé, Family (*Henoch 9*), 137f.

319 Cf. auch G.J. Wenham/J.G. McConville, Techniques (*VT 30*), 250.

ander verzahnt sind. Einen weiter ausgreifenden Rahmen bilden die jeweils Brüder betreffenden Rechtssätze (Dtn 21,15-17[320]; Dtn 25,5-10[321]). Beide Rechtssätze haben die Verweigerung eines gewohnheitsrechtlich in Erb- und Witwenrecht verankerten Rechtstitels zur Voraussetzung, wobei die Apodosen als Fall und Gegenfall bis in den Wortlaut hinein aufeinander bezogen formuliert sind. In Dtn 21,15-17 hat ein Mann Söhne mit zwei Frauen („wenn ein Mann zwei Frauen hat … und wenn beide ihm Söhne gebären“), im anderen hat einer von zwei Brüdern keinen Sohn („wenn zwei Brüder zusammen wohnen und der eine … hat keinen Sohn“). In beiden Rechtssätzen des Erbschafts- und Witwenrechts geht es um die Genealogie des Verstorbenen in Gestalt des Erstgeborenen. Mit Dtn 21,15-17 ist der Rechtssatz vom störrischen Sohn (Dtn 21,18-21aα) nicht nur durch das gemeinsame Thema des Verhältnisses zwischen Sohn und Eltern, sondern auch durch die parallele Eröffnung der Protasen jeweils mit (כִּי יִהְיֶה/תִהְיֶיןָ לְאִישׁ) verbunden. Das Erbrechtsgesetz (Dtn 21,15-17), das das Unrecht gegen einen Sohn thematisiert, hat in Dtn 21,18-21aα mit dem Unrecht des störrischen Sohnes gegen die Eltern einen Gegenfall. Die Rechtssätze Dtn 21,18-21aα; 22,13-21a und 25,5-10 sind jeweils dreigliedrig aufgebaut. Zwischen Tatbestandsfeststellungen und Rechtsfolgebestimmungen wird in Dtn 21,19f.; 22,15-17; 25,7b jeweils ein Mittelteil von Verfahrensvorschriften eingefügt, während in Dtn 22,22-29* als Kern der Sammlung derartige Verfahrensvorschriften als Mittelteil fehlen und vielmehr in einem straffen, auch in den Mittelassyrischen Gesetzen belegten Aufbauschema Tatbestände des Ehebruchs von anderen Delikten wie Vergewaltigung und Gewalt an einem unverheirateten Mädchen abgegrenzt werden.

Diese hier aufgelisteten Redaktionsstrukturen beschränken sich auf die Rechtssätze des Familienrechts, die untereinander eng verzahnt sind. Sie bilden eine ursprünglich selbständig überlieferte Sammlung des Familienrechts, die der dtn Autor geschlossen übernommen und mit dem Blut- und Prozeßrecht verzahnt hat. Die dtn Redaktion unterscheidet sich dabei charakteristisch von der der vordtn Familienrechtssammlung[322], wenn sie sich des Verfahrens

320 Zur Interpretation der Erbrechtsregelung für Brüder von zwei unterschiedlichen Müttern in Dtn 21,15-17 cf. auch CH § 141; s. dazu Verf., Ethik (*ThW 3/2*), 50f.55; ferner R. Westbrook, Property (*JSOT.S 113*), 19f.

321 Zur Interpretation der Leviratsgesetzgebung unter der Voraussetzung, daß die zwei Brüder im ungeteilten Erbe lebten, cf. Verf., Ethik (*ThW 3/2*), 57-60; ders., Altersversorgung (*ZAR 1*), 103-110; cf. ferner D. Daube, Consortium (*Juridical Review 62*), 71-91; R. Westbrook, Property (*JSOT.S 113*), 69-89; Å. Viberg, Symbols (*CB.OT 34*), 145-165 (cf. dazu die Rezension des Verf. in ThLZ 118 [*1993*], 506-509); C. Pressler, View (*BZAW 216*), 63-74. Von Bedeutung ist in diesem Zusammenhang auch die Interpretation des Ostrakon 2 der Sammlung Moussaïeff; cf. dazu E. Bons, Witwe (*ZAR 4*), 197-208; A. Lemaire, Veuve (*ZAR 5*); J. Wagenaar, Maid servant (*ZAR 5*).

322 Die Familienrechtssammlung hebt sich auch in einem ihrer wichtigsten Begriffe von ihrem dtn und dtr Kontext ab. In Dtn 21,19; 22,15.24; 25,7 wird שַׁעַר („Tor“) unsuffigiert, in dtn Redaktion שַׁעַר dagegen stets mit dem Suffix der 2. Pers. Sing. (Dtn

der Themenverschränkung durch „fan-concatenation“[323] sowie der Verzahnung der Rechtssätze unterschiedlicher Themenbereiche durch Formelmaterial, insbesondere der *biʿartā*-Formel (Dtn 21,21aβ; 22,21b.22b.24b) und der Verunreinigungsformel in Verbindung mit dem Landgabesatz (Dtn 24,4b; cf. Dtn 21,23b) bedient. Diese Formeln durchziehen das gesamte, mehrere Rechtsthemen umfassende dtn Reformprogramm, beschränken sich also nicht nur auf das Familienrecht, sondern verklammern es u.a. mit dem Prozeß- und Blutrecht. Der dtn Autor verbindet Familien- und Blutrecht auch dadurch, daß er in das Zentrum von Dtn 22,22-29 mit Dtn 22,26 eine exegetische Applikation von Dtn 19,11 auf den Vergewaltigungsfall einfügt[324], die den Zusammenhang zwischen Dtn 22,25 und Dtn 22,27 unterbricht und sich schon dadurch als literarisch sekundär erweist[325].

Was läßt sich über Herkunft und Funktion dieser Sammlung des Familienrechts sagen? Hintergrund der Rechtssätze ist die Praxis städtischer Gerichtsbarkeit[326]. Dtn 21,19.20; 22,17.18; 25,8 bezeichnen die Ältesten als זִקְנֵי הָעִיר (עִירוֹ) und Dtn 21,21a; 22,21a die Exekutoren des Urteils als אַנְשֵׁי עִירוֹ (עִירָהּ). Dtn 22,22-27* differenziert aus städtischer Perspektive zwischen einem Verbrechen in der Stadt (Dtn 22,23f.: בָּעִיר) und auf dem Felde (Dtn 22,25.27: בַּשָּׂדֶה)[327]. Der Fall wird mit den in Dtn 22,22-29* vorgesehenen rechtlichen Distinktionen am Stadttor (שַׁעַר הָעִיר) verhandelt (Dtn 22,24). Es griffe aber zu kurz, wollte man in diesen Rechtssätzen eine Beschreibung städtischer Gerichtspraxis im vorexilischen Juda sehen. Wie die Kenntnis keilschriftlicher Redaktionsstrukturen zeigt, stammt die Sammlung aus städtisch-

---

12,15.17.18.21; 14,21.27.28.29; 15,7.22; 16,5.11.14.18; 17,2.5.8; 23,17; 24,14; 26,12) als Gegenbegriff zu dem von JHWH erwählten Ort (מָקוֹם) verwendet; cf. Verf., Art. *šaʿar* (*ThWAT VIII*), 374-382.

323 Die dtr Redaktion arbeitet dagegen mit dem Verfahren der Übergangstexte. Sie setzt das Gesetz über die Behandlung einer im Krieg gefangenen Frau (Dtn 21,10-14) zwischen das Blutrecht der dtn Redaktion (Dtn 21,1-9*) und die Eröffnung des Familienrechts (Dtn 21,15-21) und verschränkt so die vorgegebenen Rechtssätze mit den dtr Kriegsgesetzen (Dtn 20,1-20; 21,10-14). Ebenso verfährt die dtr Redaktion in Dtn 23,1 als Übergang zu Dtn 23,2-15 und in Dtn 24,5 als Übergang vom Familienrecht zu den Sozialgeboten in Dtn 24,6.10-14.

324 Zu Dtn 22,26 als Applikation von Dtn 19,11 cf. auch M. Fishbane, Interpretation (*Oxford 1985*), 217-220.

325 Die These von A. Rofé (Family [*Henoch 9*], 131-159), Dtn 21,15-17.18-21; 22,13-21.22.23-27.28-29; 24,1-4; 25,5-10.11-12; Ex 21,22-25; 22,15f. seien Teil einer selbständig tradierten Rechtssatzsammlung, scheitert schon daran, daß sich Ex 21,22-25; 22,15f. nicht als sekundäre Zusätze aus dem Kontext des Bundesbuches herauslösen lassen; cf. Verf., Wandel (*StB 3*), 24-31; ders., Körperverletzung (*ZAW 105*), 153-165. Weiterführend aber ist die These einer selbständigen Sammlung des Familienrechts innerhalb des Deuteronomiums.

326 Cf. Verf., Art. *šaʿar* (*ThWAT VIII*), 375.

327 Zum Gegensatz Stadt (עִיר) – Feld (שָׂדֶה) bzw. akk. *ālu*(*m*) – *ṣēru*(*m*) cf. Verf., Art. *ʿîr* (*ThWAT VI*), 60f. (Lit.).

gelehrten Kreisen[328]. Ein Zusammenhang mit dem Reformprogramm der Mittelassyrischen Gesetze, die noch in neuassyrischer Zeit verbreitet waren[329], ist, wie bereits gezeigt, eng[330]. Die judäische Familienrechtssammlung ist ebenfalls ein Reformprogramm, das durchgängig den Schutz der jeweils Schwächeren zum Ziel hat: Dem Sohn der ungeliebten Ehefrau wird das Erbe gesichert (Dtn 21,15-17), der Sohn vor der Willkür der Eltern durch die Gerichtsinstitution geschützt (Dtn 21,18-21aα), eine verheiratete Frau vor dem Versuch des Mannes, sich ihrer mittels des Vorwurfs, als inchoativ Verheiratete Ehebruch getrieben zu haben, zu entledigen (Dtn 22,13-21a)[331], die verheiratete und die unverheiratete Frau vor der Gewalttat des Mannes[332] und die verheiratete Frau nach der Vergewaltigung vor der Anklage des Ehebruchs (Dtn 22,22-29*), die Dispositionsverfügung des ersten Ehemannes einer Frau im Falle der Wiederverheiratung eingeschränkt (Dtn 24,1-4a)[333] und eine kinderlose Witwe, deren Mann im ungeteilten Erbe lebte, davor geschützt, mittellos zu bleiben (Dtn 25,5-10)[334]. Wie in den Mittelassyrischen Gesetzen wird das Familienrecht Angelegenheit der Gerichte. Deshalb werden in Dtn 21,18-21aα; 22,13-21a und Dtn 25,5-10 die prozeßrechtlichen Prozeduren *expressis verbis* an den Torgerichten[335] verortet, und die komplexen Falldifferenzierungen (Dtn 22,22-29*) in Dtn 22,24a dem Lokalgericht zugewiesen (וְהוֹצֵאתֶם אֶת־שְׁנֵיהֶם אֶל־שַׁעַר), um die Strafverfügung des *pater familias* im Rahmen gentiler Gerichtsbarkeit einzuschränken. Die Familienrechtssammlung setzt damit eine Entwicklung, die sich bereits im Bundesbuch anbahnte, fort. Zwar fehlt ein kasuistisch formuliertes Familienrecht bis auf Ex 22,15f. im Bundesbuch[336], doch zeigt dieser Rechtssatz, daß bereits hier eine Integration des

---

328 Cf. Verf., Town (*JSOT 57*), 3-22 (= BiSe 39, 203-221); ders., Körperverletzungen (*AOAT 226*), 165-187.

329 Cf. o. I.

330 Cf. o. IV. 2.

331 Cf. Verf., Ethik (*ThW 3/2*), 42f.; C. Locher, Ehre (*OBO 70*), 373-380.

332 Im Falle der verheirateten Frau greift die Generalprävention der Todessanktion, im Falle der unverheirateten Frau der präventiv wirkende Zwang, sie unter Verlust des Scheidungsrechts zu heiraten. Während Ex 22,15f. nicht zwischen gewaltfreier Verführung und Vergewaltigung eines unverheirateten Mädchens unterscheidet, akzentuiert Dtn 22,28f. den Aspekt der Gewalt. Auch in den Rechtsfolgen ist Dtn 22,28f. gegenüber Ex 22,15f. weiterentwickelt; cf. Verf., Stellung (*ZEE 26*), 287-289 (= OBC 8, 35f.). Damit sind die gegensätzlichen Positionen von M. Weinfeld (Deuteronomy [*Oxford 1972*], 287), der in Ex 22,15f. und Dtn 22,28 identische Fälle sieht, und S.M. Paul (*Studies* [*VT.S 18*], 96-98), der unter Hinweis auf MAG.A §§ 55; 56 mit den unterschiedlichen Straftatbeständen von Verführung und Vergewaltigung rechnet, zu vermitteln.

333 Cf. Verf., Verbot (*UF 24*), 301-310.

334 Cf. Verf., Altersversorgung (*ZAR 1*), 107-110.

335 Cf. dazu Verf., Art. *šaʿar* (*ThWAT VIII*), 374ff.; ders., Stadttor (*ÄAT 30*), 188-197.

336 Cf. Verf., Wandel (*StB 3*), 9-44; ders., Art. Bundesbuch (*RGG⁴ I*), 1876-1877.

Familienrechts in die Lokalgerichtsbarkeit intendiert ist[337], was durch die Einbeziehung von Ex 21,15.17 in das Bundesbuch bestätigt wird[338]. Die Reihe der *môt-jûmat*-Sätze in Ex 21,12-17 ist, wie die Ergänzung in Ex 21,13f. zeigt, zumindest der Idee nach, mit der Lokalgerichtsbarkeit verbunden[339], was die Reformulierung von Ex 21,12-14 in Dtn 19,2-13*[340] bestätigt. Aber nicht nur eine Einschränkung der Strafverfügung des *pater familias* im Familienrecht wie in den Mittelassyrischen Gesetzen steht auf der Agenda dieser Familienrechtssammlung, sondern, und dieser Aspekt führt über das Reformprogramm der Mittelassyrischen Gesetze der Tafel A hinaus, auch der Rechtsschutz der Schwachen[341], insbesondere der Frauen[342]. Diese programmatische Reformidee veranlaßt den Autor des dtn Reformprogramms diese Sammlung des Familienrechts aufzunehmen, da sie in sein Programm eines geschwisterlichen Ethos paßt, das die Sozialgesetze und -gebote des Bundesbuches fortentwickelt.

Wie aber verhält sich die Integration des Familienrechts in das dtn Programm dazu, daß es Reform und Reformulierung des Bundesbuches sein will? Der Befund ist auf den ersten Blick paradox: Das Bundesbuch entfaltet ausführlich vor allem das Körperverletzungsrecht (Ex 21,18-32) und das Ersatzleistungs(*j^{e}šallem*)-Recht (Ex 21,33-22,14). Im Deuteronomium ist abgesehen von der Talionsformel davon nichts rezipiert worden. Umgekehrt enthält das Bundesbuch nur einen einzigen kasuistischen Rechtssatz zum Familienrecht (Ex 22,15f.). Das Deuteronomium entfaltet das Familienrecht dagegen ausführlich. Dieser Befund wird schlüssig erklärt, wenn man in Rechnung stellt, daß der dtn Autor das Bundesbuch unter der Perspektive der Kultzentralisierung rezipierte und reformulierte. Weder das Körperverletzungsrecht noch

---

337 Daß dieser Vorgang ein relativer Spätling in der vom Bundesbuch repräsentierten Rechtsgeschichte ist, zeigt die Tatsache, daß der Satz des Familienrechts noch nicht Teil einer der Sammlungen wie der zum Körperverletzungsrecht (Ex 21,18-32) oder zum *j^{e}šallem*-Recht (Ex 21,33-22,14) war, sondern erst im Zuge der Redaktion von Ex 21,2-22,26* als einzelner Rechtssatz in den Kontext des auf die lokale Gerichtsinstitution bezogenen Rechts des Bundesbuches kam. Der Zusammenordnung der Rechtssätze MAG.A §§ 55; 56 mit dem Körperverletzungsrecht durch die Themenverschränkung mittels der Technik alternierender Anordnung in MAG.A §§ 7-24; 50-56 (cf. o. III. 2) entsprechend wird auch Ex 22,15f. mit dem Körperverletzungsrecht im Bundesbuch redaktionell verzahnt; cf. Verf., Körperverletzung (*ZAW 105*), 153-165.

338 Zur Interpretation cf. Verf., Sohnespflichten (*OBC 8*), 265-282.

339 Cf. Verf., Wandel (*StB 3*), 31-34; ders., Körperverletzungen (*AOAT 226*), 138-146.

340 S. dazu o. in diesem Kapitel.

341 Cf. dazu Verf., Scales (*JSOT.S 262*), 128-146.

342 C. Pressler (View [*BZAW 216*]) verzichtet auf eine überlieferungsgeschichtliche Differenzierung der Rechtsüberlieferung des Deuteronomiums sowie auf den Rechtsvergleich mit dem altorientalischen Recht und kommt folglich zu recht undifferenzierten Ergebnissen; cf. dazu die Rezension des Verf. in ThLZ 119 (*1994*), 983-986, sowie ders., Scales (*JSOT.S 262*), 128-146.

das Ersatzleistungsrecht haben irgendeinen Bezug zur Thematik der Kultzentralisation und werden von ihr nicht tangiert. Auch haben sie keinen Bezug zum Programm der dtn Geschwisterethik. Statt also das Körperverletzungs- und Ersatzleistungsrecht des Bundesbuches unverändert zu rezipieren, hat der dtn Autor das Bundesbuch durch das Familienrecht im Deuteronomium ergänzt. So wie das Bundesbuch nur einen Rechtssatz zum Familienrecht enthält (Ex 22,15f.), fügt der dtn Redaktor an das ausführlich behandelte Familienrecht einen einzigen Rechtssatz des Körperverletzungsrechts (Dtn 25,11f.) an, der eine einzige Parallele im gesamten keilschriftlichen und biblischen Recht in MAG (A) §§ (7); 8 hat[343]. Durch die Formel „dein Auge soll kein Mitleid zeigen" (לֹא תָחוֹס עֵינֶךָ) verbindet der dtn Redaktor dieses die materiale Rechtsordnung abschließende Gesetz in Dtn 25,11f. mit der Loyalitätsforderung in Dtn 13,9 sowie mit dem Blut- und Prozeßrecht in Dtn 19,13.21 und bringt es im Rahmen der „fan-concatenation" in einen Zusammenhang mit dem Blutrecht, den das Körperverletzungsrecht im keilschriftlichen und biblischen Recht durchweg hat. Dtn 25,11f. ist schließlich bezogen auf das Körperverletzungsrecht des Bundesbuches eine fallabgrenzende Auslegung des mit der Talionsformel verbundenen Rechtssatzes Ex 21,22[344].

Das dtn Reformprogramm reformiert und reformuliert das Bundesbuch dort, wo es die Kultzentralisation als hermeneutischer Schlüssel erfordert. Das gilt insbesondere für das Altargesetz und das Prozeßrecht. Der dtn Autor rezipiert darüber hinaus die Sozialgebote des Bundesbuches als Grundlage des Programms einer Geschwisterethik. Das Körperverletzungs- und Ersatzleistungsrecht des Bundesbuches, das nicht in Beziehung zu diesen Themenbereichen steht, ergänzt das dtn Gesetz, wie umgekehrt das Deuteronomium das Bundesbuch durch das Familienrecht ergänzt. Das im Deuteronomium nicht reformulierte Körperverletzungs- und Ersatzleistungsrecht bleibt weiterhin gültig und ergänzt das Familienrecht des Deuteronomiums. Das aber hat umstürzende Konsequenzen für das Verhältnis zwischen dem Deuteronomium als auslegendem und dem Bundesbuch als ausgelegtem Text. Die Analyse der Blutgesetzgebung (Dtn 19,2-13*) hat bereits gezeigt, daß die Asylstädteregelung des Deuteronomiums eine empfindliche Lücke läßt, wenn sie nicht regelt, wie es sich mit der Asylfunktion des Zentralheiligtums verhält. Diese Regelung enthält dagegen, in der Perspektive der dtn Zentralisationsformel gelesen, das Bundesbuch in Ex 21,13f., da sich „Heiligtum" (מָקוֹם) und „Altar" (מִזְבֵּחַ) in Ex 21,13f. auf das Zentralheiligtum beziehen lassen. Das Bundesbuch ergänzt also auch in den reformulierten Partien das Deuteronomium und

343 Cf. o. III. 2.3; s. auch S.M. Paul, Analogues (*Winona Lake 1990*), 335-339; Verf., Rechtsreformen (*VT.S 61*), 271.

344 Cf. auch G. Braulik, Deuteronomium II (*NEB 28*), 189. Zum Zusammenhang zwischen Körperverletzungsrecht und Blutrecht in keilschriftlichen und biblischen Rechtssammlungen cf. Verf., Körperverletzungen (*AOAT 226*), passim.

bleibt als ausgelegter Text Autorität für den auslegenden Text, wobei jener im Horizont des auslegenden Textes als hermeneutischer Schlüssel gelesen werden soll[345]. Das gilt auch für das materiale Recht, das das Bundesbuch an der Lokalgerichtsbarkeit verortet. Das Körperverletzungs- und Ersatzleistungsrecht kann ohne jede Uminterpretation das dtn Gesetz, das diese Rechtsthemen nicht behandelt, ergänzen, und umgekehrt das Familienrecht des Deuteronomiums das des Bundesbuches[346].

Das vom dtn Autor aufgenommene Familienrecht will als Reformprogramm nicht nur wie die Mittelassyrischen Gesetze der Tafel A die gentile Strafgewalt zugunsten der Verortung des Familienrechts am Gericht einschränken, sondern auch den Rechtsschutz der Schwachen stärken. Das paßt nun exakt in das Programm der Bruderethik des dtn Autors.

Die Familienrechtssammlung enthält aber, ihrer eigenen Logik der Abgrenzung und Systematisierung der Fälle folgend, auch Gesetze, die nicht auf den Schutz der Schwachen zu interpretieren sind. Sie deutet der Autor des dtn Reformprogramms auf die Reinheit von Land und Rechtsgemeinschaft, indem er sie mit entsprechenden Formeln, insbesondere der *biʿartā*-Formel, verbindet[347]. Mit dem Schutz der Erbansprüche des Sohnes der ungeliebten Frau (Dtn 21,15-17) ist der Gegenfall des störrischen Sohnes (Dtn 21,18-21aα) verbunden. Daran fügt er die *biʿartā*-Formel (Dtn 21,21aβ) an, die das Gesetz mit den ebenfalls auf die Reinheitsthematik interpretierten Rechtssätzen des Blut- und Prozeßrechts (Dtn 19,13.19; 21,9) verknüpft. Darüber hinaus wird das Gesetz vom störrischen Sohn wie das Prozeßrecht in Dtn 19,20 durch die Abschreckungsformel „und ganz Israel soll es hören, und sie sollen sich fürchten" auf den Schutz der Rechtsgemeinde durch die Generalprävention gedeutet. Dtn 22,13-19 schützt die Ehefrau vor unlauteren Methoden des Ehemannes, eine Scheidung ohne Abfindung durch Verleumdung zu erzwingen. Dtn 22,20-21a.22-24a war bereits als Gegenfall des Ehebruchs in der Familienrechtssammlung mit diesem Gesetz verbunden und wird nun vom dtn Redaktor durch die *biʿartā*-Formel auf die Integritäts- und Reinheitsthematik gedeutet. In Dtn 22,22-29* ist die Reihenfolge umgekehrt. Dtn 22,25-27*

345 Cf. dazu im Gespräch mit B.M. Levinson Verf., Fortschreibungsgeschichte (*BiOr 56*), 5-14, sowie die Überlegungen von N. Lohfink, Fortschreibung (*SESJ 62*), 142-148. Zum forschungsgeschichtlichen Horizont cf. auch Verf., Art. Bibelwissenschaft (*RGG⁴ I*), 1517ff.

346 Dtn 22,28f. kann als Regelung der Vergewaltigung eines unverheirateten Mädchens den Rechtssatz Ex 22,15f., der auf die Verführung zu deuten ist, ergänzen. Zu פתה in Ex 22,15 in der Bedeutung „(jemanden) willfährig machen" cf. R. Mosis (Art. *pth* etc. [*ThWAT VI*], 828) im Gegensatz zu תפשׂ, das die Vergewaltigung bezeichnet; cf. R. Liwak, Art. *tpś* (*ThWAT VIII*), 739. Zum Kontext cf. auch C. Pressler, Violence (*Sheffield 1994*), 102-112. Zur Rezeptionsgeschichte von Dtn 22,28f. cf. R.J.V. Hiebert, Deuteronomy 22:28-29 (*CBQ 56*), 203-220.

347 Cf. dazu D. Patrick, Responsibility (*FS J. Milgrom*), 434.

schützt die vergewaltigte Ehefrau vor der Anklage des Ehebruchs. Dem sind als Gegenfälle die Rechtssätze Dtn 22,22-24a vorgeordnet, die den Ehebruchsfall sanktionieren. Die *biʿartā*-Formel (Dtn 22,22b.24b) deutet sie auf die Integritäts- und Reinheitsthematik. Das Verbot der Wiederverheiratung interpretiert dagegen der dtn Autor nicht auf den Schutz der Schwachen. Er fügt entsprechend eine Sündenformel in Verbindung mit einem Landgabesatz hinzu („du sollst das Land, das JHWH, dein Gott, dir zum Erbland gibt, nicht der Sünde verfallen lassen"; Dtn 24,4b) und verbindet das Verbot mit dem Prozeßrecht (Dtn 21,23b), das er ebenfalls auf den Integritäts- und Reinheitsaspekt interpretiert. Davor stellt er als Begründung die Formel „das ist ein Greuel (תּוֹעֵבָה) für JHWH", die das Verbot der Wiederverheiratung mit dem Prostitutionsverbot (Dtn 23,18f.) verbindet.

Im Gegensatz zum Familienrecht, das bereits in einer selbständigen Sammlung fixiert war, sind das Blut- und Prozeßrecht als Reformulierungen des Bundesbuches weitgehend vom Autor des dtn Reformprogramms verfaßt worden und setzen die Kultzentralisation und die damit verbundene Neuordnung der Gerichtsinstitutionen (Dtn 16,18-18,5*) voraus. Das Asylstädtegesetz (Dtn 19,2-13*) zieht als Reformulierung von Ex 21,12-14 die Konsequenzen aus der Kultzentralisation, da die Asylfunktion der Lokalheiligtümer entfällt. Der dtn Autor deutet es mit der Forderung, das Blut des Unschuldigen aus Israel wegzuschaffen, auf die Reinheit von Land und Kultgemeinschaft. Das Prozeßrecht (Dtn 19,15-21) setzt mit der Differenzierung von Lokal- und Zentralgericht die dtn Gerichtsverfassung (Dtn 16,18-18,5*) voraus. Für das Gesetz des Reinigungsrituals (Dtn 21,1-9*) übernimmt der dtn Autor einen vorgegebenen Text, den er gesamtisraelitisch interpretiert, mit einer dem Kontext des Blutrechts angepaßten *biʿartā*-Formel ergänzt (Dtn 21,9a) und ebenfalls auf die Reinheit und Integrität von Land und Rechtsgemeinde interpretiert. Mit Dtn 25,1-3 fügt er einen Rechtssatz des Prozeßrechts zur Verklammerung in das Familienrecht ein, der in den Duktus des Programms des Schutzes der Schwachen paßt, da er die Prügelstrafe begrenzt und eine Entehrung des Delinquenten zu unterbinden sucht. Die Bindung von Dtn 25,1-3 an die Gerichtsinstitution (מִשְׁפָּט) setzt wiederum die dtn Gerichtsordnung voraus.

Die dtn Reformulierung des Blut- und Prozeßrechts des Bundesbuches (Ex 21,12-14; 22,8.10; 23,1-3.6-8) ist durch die Kultzentralisation und die damit verbundene Aufhebung der Rechtsfunktionen der Ortsheiligtümer veranlaßt worden. Die nicht eindeutig aufzuklärenden Fälle, in denen Aussage gegen Aussage steht (Ex 22,8), konnte man nun nicht mehr durch den kultischen Rechtsentscheid an den Lokalheiligtümern lösen. Als Konsequenz wollte der dtn Autor die Lokalgerichte in Verbindung mit der Zweizeugenregelung professionalisieren. Nur im Familienrecht, das bereits vordtn aus gentilem Kontext an die Lokalgerichte verlagert worden war, sollte den Ältesten weiterhin eine Entscheidungskompetenz erhalten bleiben.

Das Verhältnis von Richterjudikatur und Laienjudikatur ist ein in der Deuteronomiumsforschung seit Jahrzehnten kontrovers behandeltes Thema. Das dtn Gesetz enthält nebeneinander Gesetze der Ältestengerichtsbarkeit (Dtn 21,18-21; 22,13-21; 25,5-10) und einer professionalisierten Richterjudikatur (Dtn 16,18-18,5*; 19,16-20; 25,1-3). Diese rechtshistorische Sachdifferenz ließ immer wieder nach literarkritischen Lösungen suchen. *A.F. Puukko*[348] sah im Deuteronomium ein für die josianische Kult- und Gerichtszentralisation verfaßtes Dokument. Alles, was sich im Deuteronomium nicht diesem Thema beugt, sei literarischer Zusatz, so daß die josianische Urkunde des Urdeuteronomiums Gesetze zur Richterjudikatur enthielt, die Gesetze zur Laiengerichtsbarkeit der Ältesten aber späte Ergänzungen seien. Umgekehrt hat *G. Hölscher*[349] im Deuteronomium das utopische Programm eines unpraktischen Idealismus von Priestern im Exil gesehen, die sich älteren Materials der vorexilischen Zeit bedienten, wozu auch die Gesetze der Ältestengerichtsbarkeit zu rechnen seien. Die Konzeption der professionalisierten Richterjudikatur rechnet er der exilischen Priesterkonzeption zu. Es ist nicht verwunderlich, daß bis in jüngste Entwürfe hinein die Forschung zwischen diesen Alternativen pendelt. *J. Buchholz*[350] erneuert die Position G. Hölschers. Die Gesetze der Richterjudikatur seien auf dtr Ergänzungen aus exilisch-nachexilischer Zeit zurückzuführen, die das dtr Richterbild im „Deuteronomistischen Geschichtswerk" voraussetzen und eine exilisch-nachexilische Neuregelung der Gerichtsorganisation widerspiegeln, so daß eine Richterjudikatur an den Ortsgerichten „nicht als vorexilische Größe erschlossen werden kann"[351]. Dem widerspricht nun aber doch die dtn Gerichtsverfassung in Dtn 16,18f. und Dtn 17,2-13*, so daß *J.C. Gertz*[352] wieder an die Position von A.F. Puukko aus dem Jahre 1910 anknüpft. Er sieht in Dtn 16,18*; 17,8-13*; 19,2-13*.15-21*; 21,1-9*; 25,1-3 Gesetze einer an der Zentralisierungsidee orientierten josianischen Justizreform, während die Ältestengesetze (Dtn 21,18-21; 22,13-21; 25,5-10) spät zu datierende dtr Ergänzungen seien, die der „Volkserzie-

---

348 Cf. Deuteronomium (*BWAT 5*), 237; s. dazu auch o. I.

349 Cf. Komposition (*ZAW 40*), 161-255; s. dazu auch o. I.

350 Cf. Älteste (*GTA 36*), 55ff.; s. dazu die kritischen Anfragen der Rezension von N. Lohfink in ThRev 89 (*1993*), 192-195.

351 Cf. J. Buchholz, Älteste (*GTA 36*), 94; zur Diskussion der Arbeit von J. Buchholz cf. auch U. Rüterswörden, Verfassungsentwurf (*FS H. Graf Reventlow*), 314-318, sowie o. IV. 3.4.1. Ganz eigene Wege geht G. Krinetzki (Rechtsprechung [*Frankfurt 1994*], passim), der in Dtn 16,18*; 17,8*.9*.10a* und Dtn 18,10-12a* eine aus vorstaatlicher Zeit stammende Gesetzgebung einer Tempelgerichtsbarkeit sieht, während die Blut- und Eherechtsgesetze Teil eines aus prophetischen Kreisen des Nordreichs zur Zeit des Propheten Jesaja stammenden Deuteronomiums gewesen seien, dem neben den Zentralisationsgesetzen auch Dtn 17,2-3*.4-7 zuzurechnen sei.

352 Cf. Gerichtsorganisation (*FRLANT 165*), 28ff.; s. dazu die Rezensionen des Verf. in ThLZ 121 (*1996*), 1130-1133; ders., Rechtsgeschichte (*ThRev 91*), 288.

hung"[353] dienten[354]. Die heute wie vor fast 100 Jahren vertretenen literarkritischen Optionen zur Auflösung des Nebeneinanders von Richter- und Ältesten-

---

353 So J.C. Gertz, Gerichtsorganisation (*FRLANT 165*), 222.

354 Die Spätdatierung der Ältestengesetze ist mit einer Fülle von Problemen belastet, die Argumentationsfigur aber eher schlicht: Gemessen am vorexilisch-dtn Strafrecht fehlen in Dtn 21,18-21 wie in Dtn 22,13-21 genauere Definitionen der Straftatbestände und Verfahrensregeln, was nur im Elterngebot des Dekalogs eine Parallele habe. Da dieses Gebot dtr sei, könne Dtn 21,18-21 nicht vordtr sein. Diese Argumentationskette hält nicht, da sie das Bundesbuch mit dem *môt-jûmat*-Recht in Ex 21,15.17 unberücksichtigt läßt. Diese Rechtssätze, die auch J.C. Gertz am Ortsgericht beheimatet (s. a.a.O., 185) sieht, formulieren allgemeiner als Dtn 21,18-21* und widersprechen darüber hinaus auch der These, die Formulierung des Elterngebots des Dekalogs sei dtr. Nur die Redaktion und Interpretation des Dekalog ist dtr, nicht aber der Ursprung der Gebote gerade der „2. Tafel"; s. dazu Verf., Ethik (*ThW 3/2*), 208-219; ders., Dekalog (*OBC 8*), 293-303; ders., Art. Dekalog (*RGG⁴ II*). Die Differenz zwischen der Behandlung der Leviratsinstitution in der erzählenden Literatur und Dtn 25,5-10 erklärt sich nicht aus einer erst dtr Abfassung des Gesetzes, was in bezug auf das sicherlich spät zu datierende Buch Ruth nichts austragen würde, sondern daraus, daß es in Dtn 25,5-10 um die Zuhilfenahme der Ortsgerichte in dem Grenzfall geht, daß die Brüder im ungeteilten Erbe lebten. Keine der Erzählungen handelt von diesem Sonderfall. Vor allem aber gibt J.C. Gertz keine Antwort darauf, warum das in den Ältestengesetzen des dtn Gesetzeswerkes von den Funktionen der Stadtältesten entworfene Bild ohne Berührungspunkte ist mit dem der „Ältesten Israels" in den Rahmenkapiteln des Deuteronomiums, denen dort Verwahrung und Verkündigung des Gesetzes obliegt. Nur wenn sich ein literarischer Zusammenhang zwischen den Bezugsgrößen der „Ältesten Israels" in den dtr und postdtr Rahmenkapiteln des Deuteronomiums und den Stadtältesten im Gesetz aufzeigen ließe, könnte eine dtr Spätdatierung der Ältestengesetze plausibel sein – ein solcher Aufweis fehlt und wird nicht einmal ansatzweise in Angriff genommen. Wie sollte er auch geführt werden, wenn nachexilisch die Ältesten gerade ihre Hauptdomäne, das Familienrecht, zugunsten des Gerichts der Oberhäupter vornehmer Familien verloren haben (cf. u.a. Esr 10,16f.), und welche Gestalt sollte die Lokalgerichtsbarkeit andererseits vor ihrer spätvorexilischen Professionalisierung gehabt haben, wenn nicht die einer Ältestengerichtsbarkeit (cf. u.a. H. Niehr, Rechtsprechung [*SBS 130*], 63-66; H. Reviv, Elders [*Jerusalem 1989*], 102-136)? Genau das zeigt sich in der Literaturgeschichte des Deuteronomiums mit der Integration der vordtn Sammlung des Familienrechts als Recht der Ältestengerichtsbarkeit. *Die Gesetze der Ältestengerichtsbarkeit sind nicht nach-, sondern vordtn.* A.F. Puukko war mit der wechselseitigen Interpretation von Reformbericht in 2Kön 23 und „Urdeuteronomium" noch um ein Konzept zur Kontrolle seiner literarkritischen Operationen bemüht; fehlt ein derartiges Bemühen, feiert die rechtshistorische Spekulation über die „Volkserziehung" Urständ. Angesichts der Konsistenz des dtn Textes bedarf es also weder einer Spätdatierung der Richtergesetze, wie sie J. Buchholz (Älteste [*GTA 36*], 85-100) vorgeschlagen hat, noch der von J.C. Gertz (Gerichtsorganisation [*FRLANT 165*], 154-200) favorisierten Spätdatierung der Ältestengesetze. Das Gegeneinander dieser beiden, mit identischer Methodik gearbeiteten Göttinger Dissertationen verdeutlicht unübersehbar die methodische Problematik einer rechtshistorisch unkontrollierten Literarkritik an biblischen Rechtstexten, die sich nicht bemüht, den gegebenen Text in seinem logischen Funktionieren zu verstehen. Arbeiten wie die genannten sind aber prinzipiell im Recht gegen solche, die sich jeder Rückfrage nach der

judikatur sind keine Lösung, da die Verteilung auf unterschiedliche Schichten unabhängig davon, ob eine Datierung der Ältestenjudikatur vor oder nach der Richterjudikatur favorisiert wird, nicht die Logik des Nebeneinanders von Richter- und Ältestenjudikatur im Text erklärt. Das Nebeneinander von Richter- und Ältestenjudikatur hat durchaus ein diachrones Gefälle in der Literaturgeschichte des dtn Gesetzes zur Voraussetzung, doch ist das Nebeneinander im dtn Gesetz vom dtn Autor intendiert. Er entwirft ein sehr komplexes Programm der Gerichtsorganisation, in dem an den professionalisierten Lokalgerichten „Richter und Schreiber" wirken, die für die durch zwei Zeugen aufzuklärenden Fälle zuständig sind, mit Ausnahme des Familienrechts, das in der vom dtn Autor rezipierten Familienrechtssammlung aus gentilem Kontext an die lokale Gerichtsinstitution verlagert wurde. In Familienangelegenheiten bleibt den Ältesten eine Entscheidungskompetenz erhalten. Sie bleiben im dtn Reformprogramm darüber hinaus außergerichtlich Repräsentanten ihrer Stadt (in Dtn 19,2-13*; 21,1-9*). In den Fällen, die nach der Zweizeugenregelung nicht an den Lokalgerichten zu entscheiden sind, ist das unter Heranziehung von Priestern arbeitende Zentralgericht als Ersatz für die Rechtsfunktionen der Lokalheiligtümer zuständig. Diese dtn Gerichtskonzeption ist in sich literarisch geschlossen und bedarf keiner Aufspaltung auf dtn und dtr Schichten.

Der dtn Autor des Reformprogramms hat sich in der Gestaltung der materialen Rechtsordnung in Dtn 19-25 nicht darauf beschränkt, das von ihm als Reformulierung des Bundesbuches verfaßte Blut- und Prozeßrecht (Dtn 16,18f.*; 17,2-13*; 18,1-5*; 19,2-13*.15-21; 21,1-9*.22f.; 25,1-3) mit dem von ihm eingefügten Familienrecht (Dtn 21,15-17.18-21aα; 22,13-21a.22a. 23.24a.25.27.28f.; 24,1-4*; 25,5-10) durch die Themenverschränkung sowie durch die Systematik des Formelmaterials miteinander zu verzahnen, sondern hängt die Rechtssätze von Blut-, Prozeß- und Familienrecht in ein Fachwerk aus Reihen sozialer Gebote in Dtn 22,1-12*; 23,16-26; 24,6-25,4, die ebenfalls im Verfahren der Themenverschränkung alternierender Anordnung mit Rechtssätzen und Geboten anderer Themenbereiche verbunden werden[355]:

„(V.1) *Du sollst nicht zuschauen, wenn sich das Rind deines Bruders oder sein Schaf verläuft, und dich nicht fernhalten von ihnen. Du sollst sie unverzüglich zu deinem Bruder zurückbringen.* (V.2) *Wenn aber dein Bruder nicht in deiner Nähe wohnt oder du ihn nicht kennst, so sollst du es zunächst in dein Haus aufnehmen. Es soll bei dir bleiben, bis dein Bruder es sucht, so daß du es ihm zurückgeben kannst.* (V.3) *So sollst du auch mit seinem Esel verfahren, ebenso mit seinem Mantel, ebenso mit allem, was verloren gegangen, was deinem Bruder abhanden kommt und du gefunden hast. Du kannst dich nicht entziehen.* (V.4) *Du sollst nicht zuschauen, wenn der Esel deines Bruders oder sein Rind auf dem Wege zusammenbrechen. Du sollst dich nicht von ihnen fernhalten. Vielmehr sollst du sie mit ihm aufrichten.*

Literaturgeschichte von Rechtstexten verweigern; cf. dazu Verf., Diachronie (*ZAR* 2), 76-85.

355 Die Sozialgebote sind kursiv gesetzt, die Verknüpfungen in Großbuchstaben.

(V.5) Eine Frau soll keine Männersachen tragen und ein Mann keine Frauenkleider, denn ein Greuel ist jeder für JHWH, deinen Gott, der so etwas tut.

(V.6) *Wenn dir unterwegs auf einem Baum oder auf der Erde ein Vogelnest mit Jungen oder Eiern zu Gesicht kommt und die Mutter sitzt auf den Jungen oder den Eiern, so sollst du die Mutter auf den Jungen nicht herausnehmen.* (V.7*) *Du sollst die Mutter fliegen lassen und nur die Jungen nehmen.* (V.8) WENN DU EIN NEUES HAUS BAUST, SOLLST DU EIN GELÄNDER FÜR DEINEN DACHGARTEN BAUEN, DAMIT DU KEINE BLUTSCHULD ÜBER DEIN HAUS BRINGST, WENN JEMAND VON IHM ABSTÜRZT.

(V.9) Du sollst deinen Weinberg nicht mit zweierlei Saat besäen, damit das Ganze nicht dem Heiligtum verfällt, die Saat, die du ausgesät hast, und der Ertrag des Weinberges. (V.10) Du sollst nicht mit Rind und Esel zusammen pflügen. (V.11) Du sollst dich nicht mit Mischgewebe aus Wolle und Flachs gemeinsam kleiden. (V.12) DU SOLLST DIR QUASTEN AN DEN VIER ZIPFELN DEINES ÜBERWURFS MACHEN, MIT DEM DU DICH KLEIDEST" (Dtn 22,1-12*).

In Dtn 22,1-12 werden Gebote sozialer Verantwortung (Dtn 22,1-4.6-7a) mittels der Technik der Themenverschränkung mit Verboten unerlaubter Mischungen (Dtn 22,5.9-11) verbunden. Dtn 22,1-4 wird durch die Prohibitive „du sollst nicht zuschauen" (לֹא־תִרְאֶה) und „du sollst dich nicht von ihnen fernhalten" (וְהִתְעַלַּמְתָּ מֵהֶם) mit jeweils folgendem Injunktiv (הָשֵׁב תְּשִׁיבֵם / הָקֵם תָּקִים) gerahmt und durch diese Inklusion zu einer Einheit von Geboten brüderlicher Solidarität zusammengefaßt. Damit verschränkt der dtn Autor Prohibitive unerlaubter Mischungen (Dtn 22,5): Eine Frau soll keine Männerkleider tragen und umgekehrt ein Mann keine Frauenkleider[356]. Er fügt an diese Gebote nicht aber an das Sozialgebot (Dtn 22,1-4), die auf die Integrität und Reinheit von Rechtsgemeinde und Land zielende תּוֹעֵבָה-Formel[357], die die Reihe (Dtn 22,1-12) mit dem Familienrecht (Dtn 24,4) und der Fachwerksstruktur in Dtn 23,16-26 verbindet (Dtn 23,19). In Dtn 22,6.7a wird die

356 Cf. dazu W.H.Ph. Römer, Travestie (*SSN 16*), 217-222.

357 תּוֹעֵבָה („Greuel/Abscheu"; cf. dazu auch H.D. Preuß, Art. *tôʿebāh* [*ThWAT VIII*], 580-592) bezeichnet wie akk. *ikkibu(m)* (cf. CAD I-J, 55-57) ein Tabu, dessen Bruch die Gottheit – in keilschriftlichen Überlieferungen häufig den Sonnengott Šamaš (cf. B. Janowski, Rettungsgewißheit [*WMANT 59*], 96ff.; M. Arneth, Sonne [*Diss. theol. München 1999*] – verletzt und von ihr sanktioniert wird. Bezeichnet תּוֹעֵבָה aus der Priestersprache stammend die Überschreitung eines von der Gottheit gesetzten Tabus – in Dtn 24,4 eines familienrechtlichen Tabus –, so ist die Logik des Tabus zunächst nicht in einer moralischen Ordnung der Gesellschaft, sondern im Erweis der Reverenz gegenüber der Gottheit im Sinne der Etikette begründet; cf. dazu K. van der Toorn, Sin (*SSN 22*), 10ff.; Verf., Ethik (*ThW 3/2*), 219ff. Die dtn Redaktion hat diese Ursprungskonnotation noch in Dtn 22,5 festgehalten. In Verbindung mit dem Verbot sakraler Prostitution in Dtn 23,18f. (s.i.f.) wird der Begriff תּוֹעֵבָה ins Grundsätzliche religiöser Ordnung gehoben. Daran knüpft die dtr Redaktion in Dtn 7,25f.; 12,31: 14,3; 17,1; 18,9.12; 20,18; 25,16; (27,15) an; cf. auch P. Humbert, Substantif (*ZAW 72*), 223.

Solidaritätsforderung auf die Tierwelt ausgedehnt[358]. Darauf folgt das Gebot, durch die baulichen Schutzmaßnahmen tödliche Unfälle zu vermeiden[359]. Mit der Begründung des Gebots, keine Blutschuld über das Haus zu bringen, verzahnt der dtn Autor diese Reihe mit dem Blutrecht in Dtn 19; 21*. Das Gebot hat eine Zwischenstellung zwischen den Sozial- und Reinheitsgeboten in Dtn 22,1-12 und dient der Überleitung zu Dtn 22,9-12. Dtn 22,12 leitet mit „Überwurf“ (כְּסוּת) zu Dtn 22,13-21 („Mantel“ [שִׂמְלָה]) über und verknüpft gleichzeitig die Reinheitsgebote in Dtn 22,9-11[360] mit Dtn 22,3.5. Die Gebote in Dtn 22,1-12 sind also in einer komplexen Struktur der Themenverschränkung zusammengeordnet:

A:	soziale Gebote	(Dtn 22,1-4)
B:	verbotene Verbindungen	(Dtn 22,5)
A:	soziale Gebote	(Dtn 22,6-7a)
C:	Verknüpfung	(Dtn 22,8)
B:	verbotene Verbindungen	(Dtn 22,9-11)
C:	Verknüpfung	(Dtn 22,12)

Diese Kettenstruktur wird noch durch ein komplexes Geflecht lexematischer Wiederaufnahmen verknüpft. Die in Dtn 22,1-4 entfaltete Abfolge von שׁוֹר („Rind“), שֶׂה („Kleinvieh“), חֲמֹר („Esel“) und שִׂמְלָה („Mantel“) wird in Dtn 22,5 (שִׂמְלָה) und Dtn 22,10 (חֲמֹר,שׁוֹר) repetiert[361], wobei sich in Verbindung mit den Lexemen נפל („fallen“) und בַּדֶּרֶךְ („auf dem Weg“) folgende palindromische Struktur ergibt[362]:

Dtn 22,4 חֲמֹר
שׁוֹר
נפל
בַּדֶּרֶךְ
Dtn 22,6 בַּדֶּרֶךְ
Dtn 22,8 נפל
Dtn 22,10 שׁוֹר
חֲמֹר

358 Durch Dtn 22,7b „damit es dir gut geht und du lange lebst“ verknüpft der dtr Redaktor DtrD das Verbot, eine Vogelmutter mit ihren Jungen aus dem Nest zu nehmen, mit Dtn 5,33 und über den Rahmen des Dekalogs mit dem Elterngebot in Dtn 5,16.

359 Der durch Nachlässigkeit des Hausbesitzers verursachte Unfalltod wird im Keilschriftrecht als Kapitaldelikt behandelt; cf. u.a. CE § 58; s. dazu Verf., Körperverletzungen (*AOAT 226*), 77. Es wird durch Dtn 22,8 insbesondere der Lebensraum der Frauen geschützt (cf. C.H.J. de Geus, City [*VT.S 61*], 75-86), so daß das Gebot auch einen sozialen Aspekt hat; cf. auch Y. Guillemette, Vivre (*FS G. Couturier*), 123-137.

360 Gegen die Interpretation von Dtn 22,9-11 als Transformation von Erzählungen der Genesis durch C.M. Carmichael (Mixtures [*VT 45*], 433-438; cf. ders., Mixtures [*VT 32*], 394-415) s. die Zurückweisung durch J. Milgrom, Law (*VT 46*), 544-548; cf. zu C.M. Carmichael auch o. IV. 3.2.

361 Cf. A. Rofé, Arrangement (*EThL 64*), 272.

362 Cf. G. Barbiero, L'asino (*AnBib 128*), 145.

Die Prohibitive in Dtn 22,1-5 und Dtn 22,9-10 rahmen die mit כִּי eröffneten Rechtssätze in Dtn 22,6-8, so daß die „fan-concatenation" durch eine Inklusionsstruktur überlagert wird[363]. Genau diese Inklusionsstruktur hat auch die Prozeßrechtsordnung des Bundesbuches in Ex 23,1-3.6-8, die das sozialethische Gebot in Ex 23,4f. rahmt[364], wobei Ex 23,4f. und Dtn 22,1-4 eine Fülle von Motivparallelen aufweisen. Das läßt nach dem Auslegungsverhältnis zwischen Ex 23,4f. und Dtn 22,1-4 fragen[365]:

Ex 23,4	כי תפגע שׁור איבך או חמרו תעה השׁב תשׁיבנו לו
Ex 23,5	כי תראה חמור שׂנאך רבץ תחת משׂאו וחדלת מעזב לו עזב תעזב עמו[366]
Dtn 22,1	לא־תראה את־שׁור אחיך או את־שׂיו נדחים והתעלמת מהם השׁב תשׁיבם לאחיך
Dtn 22,2	ואם־לא קרוב אחיך אליך ולא ידעתו ואספתו אל־תוך ביתך והיה עמך עד דרשׁ אחיך אתו והשׁבתו לו
Dtn 22,3	וכן תעשׂה לחמרו וכן תעשׂה לשׂמלתו וכן תעשׂה לכל־אבדת אחיך אשׁר־תאבד ממנו ומצאתה לא תוכל להתעלם
Dtn 22,4	לא־תראה את־חמור אחיך או שׁורו נפלים בדרך והתעלמת מהם הקם תקים עמו

Dtn 22,1-4 zitiert Ex 23,4f. Das Gebot der Feindesliebe[367] ist in der Redaktion der Sammlung Ex 22,28-23,12 das durch die Prozeßrechtsordnung in Ex 23,1-3.6-8 gerahmte Zentrum[368]. Der Autor des dtn Reformprogramms löst

363 Zur Überlagerung von Redaktionsstrukturen in *einer* literarischen Schicht, die also kein Anlaß für eine literarkritische Sonderung ist, cf. bereits die Analyse der MAG.A; cf. o. II.

364

Ex 21,1-3 (Prohibitive)	Dtn 22,1-5 (Prohibitive)
Ex 23,4-5 (כִּי)	Dtn 22,6-8 (כִּי)
Ex 23,6-8 (Prohibitive)	Dtn 22,9-11 (Prohibitive);

cf. G. Barbiero, L'asino (*AnBib 128*), 143.

365 Die wörtlichen Übereinstimmungen sind doppelt, die sachlichen Übereinstimmungen einfach unterstrichen.

366 Es bedarf nicht der Annahme eines Lexems עזב II (so u.a. H. Cazelles, Études [*Paris 1946*], 88f.), um Ex 23,5 zu erklären, aber auch nicht der Annahme, der Esel solle seinem Schicksal überlassen werden (so A. Cooper, Sense [*HUCA 59*], 1-22). H.G.M. Williamson (Reconsideration [*ZAW 97*], 83) deutet עָזֹב תַּעֲזֹב עִמּוֹ als „to mean that the animal will then be free to be helped to its feet". Doch ist (עִמּוֹ) עזב hier absolut gebraucht im Sinne von „(bei ihm) lassen"; cf. auch E. Gerstenberger, Art. *ʿāzab* (*ThWAT V*), 1204; C. Houtman, Bundesbuch (*DMOA 24*), 267f., der ebenfalls ein Lexem עזב II ablehnt und sich für die Bedeutung „los-, freilassen" ausspricht.

367 Cf. dazu G. Barbiero, L'asino (*AnBib 128*), 72ff.; Verf., Ethik (*ThW 3/2*). 100ff. Zum Kontext in der Geschichte alttestamentlicher Ethik cf. auch Verf., Art. Ethik (*NBL I*), 608ff.; ders., Art. Ethik (*RGG⁴ II*).

368 Cf. Verf., Wandel (*StB 3*). 45ff.; ders., Art. Bundesbuch (*RGG⁴ I*). Zu Ex 23,1-8 cf. auch J. Halbe, Gemeinschaft (*BEThL 68*), 55-75.

das Gebot der Feindesliebe aus der Einbindung in das Prozeßrecht und verallgemeinert die ethische Spitzenaussage des Bundesbuches, daß auch dem „Feind“ (שׂנא/איב) in Gestalt des Prozeßgegners die Solidarität gelten soll[369], im Horizont des dtn Programms eines Bruderethos. *Jedem* Israeliten unter Einschluß des Feindes als Bruder soll Hilfe gewährt werden[370]. In die Reformulierung von Ex 23,4 in Dtn 22,1 wird das Motiv der Verweigerung der Hilfe aus Ex 23,5 eingebaut. Da Dtn 22,1 als Kette von Prohibitiven formuliert ist, muß Ex 23,5 „du sollst aufhören, ihn im Stich zu lassen“[371] umformuliert werden zu „du sollst dich nicht fernhalten …“. Der in Dtn 22,1 davorgesetzte Prohibitiv „du sollst nicht zusehen“ (לֹא־תִרְאֶה) zitiert ebenfalls Ex 23,5 (כִּי־תִרְאֶה), gehört also zu dem in Dtn 22,4 behandelten Fall und wird vom dtn Autor in Dtn 22,1 eingeführt, um einen Rahmen für die Gebotskette in Dtn 22,1-4 zu schaffen[372]. Dtn 22,2-3 ergänzt Dtn 22,1 durch eine den Abschluß von Dtn 22,1 „du sollst sie deinem Bruder zurückbringen“ (הָשֵׁב תְּשִׁיבֵם לְאָחִיךָ) zugunsten des Bruders kasuistisch differenzierende Legalinterpretation, die an die Prohibitive in Dtn 22,1 mit וְאִם־לֹא und zweimaligem וְכֵן תַּעֲשֶׂה anschließt. Hat Ex 23,4f. die Verhältnisse unmittelbarer Nachbarschaft im Blick[373], so muß sich mit der gesamtjudäischen Perspektive des dtn Reformprogramms im Horizont der Kultzentralisierung und der damit verbundenen Ausweitung des Bruderethos auf alle Judäer die Frage stellen, wie zu verfahren sei, wenn der Besitzer des Tieres unbekannt ist, weil er weit entfernt wohnt. In Dtn 22,3 dehnt der dtn Autor die Forderung der Rückgabe auf alle Fundgegenstände aus. Ex 23,4 nennt Rind und Esel als Objekte, Dtn 22,1 dagegen Rind und Kleinvieh. Der Esel wird in Dtn 22,3 eingeführt, so daß eine komplexe Struktur mittels der drei Tiere entsteht, die die Rahmenfunktion von Dtn 22,1.4 unterstreicht[374]:

Dtn 22,1 das *Rind* deines Bruders oder sein *Kleinvieh*
Dtn 22,4 der *Esel* deines Bruders oder sein *Rind*

Über Ex 23,4f. hinaus führt Dtn 22,3 auch das Motiv des Mantels (שִׂמְלָה) ein, das Dtn 22,1-4 mit Dtn 22,5 verbindet. Der dtn Autor knüpft damit an Ex

---

369 Cf. auch J. Halbe, Privilegrecht (*FRLANT 114*), 431, sowie M. Noth, Exodus (*ATD 5*), 153.

370 Cf. zuletzt C. Houtman, Bundesbuch (*DMOA 24*), 265f.; s. dazu auch i.f.

371 E. Jenni (Strukturunterschiede [*Stuttgart 1997*], 199) bemerkt zu Recht, daß die positive Gegenposition in Ex 23,5 aus dem Kontext ersichtlich sei. Genau diese Gegenposition expliziert der dtn Autor.

372 S.o. zur Struktur von Dtn 22,1-4 im Rahmen der Reihe Dtn 22,1-12. Das vor allem in religiösem Kontext mit der negativen Konnotation versehene Lexem תעה (cf. U. Berges, Art., *tāʿāh* [*ThWAT VIII*], 720-725) ist durch das Lexem נדח ersetzt worden, da dieses aus der Hirtensprache stammend (cf. T. Kronholm, Art. *nādaḥ* [*ThWAT V*], 254-260) dem Kontext besser entsprach.

373 Cf. C. Houtman, Bundesbuch (*DMOA 24*), 265.

374 Cf. G. Barbiero, L'asino (*AnBib 128*), 171.

22,8, den Kernsatz der Sammlung zu Depositum, Tierhüte und Tiermiete in Ex 22,6-14[375], an: „wegen eines Rindes, wegen eines Esels, wegen eines Kleinviehs, wegen eines Mantels (שַׂמְלָה)". Die Zusammenfassung in Ex 22,8 „wegen alles dessen, was verloren gegangen ist (כָּל־אֲבֵדָה)" zitiert der dtn Autor wörtlich in Dtn 22,3: „so sollst du verfahren mit allem, was verloren gegangen ist (כָּל־אֲבֵדָה)". In Ex 22,8 sind diese Motive mit dem kultischen Rechtsentscheid am Lokalheiligtum verbunden[376]. Der dtn Autor überführt sie in den Horizont des Bruderethos, da Ex 22,8 durch die dtn Reform der Gerichtsinstitutionen[377] funktionslos geworden war[378]. Soll im Bundesbuch die

375 Cf. dazu Verf., Depositenrecht (*ZSRG.R 105*), 1-31 (= OBC 8, 139-163); cf. auch ders. (Diachronie [*ZAR 2*], 76-85) zur Diskussion mit den Interpretationen des Depositenrechts in Ex 22,6-14 durch R. Westbrook (Deposit Law [*ZAW 106*], 390-403), L. Schwienhorst-Schönberger (Bundesbuch [*BZAW 188*], 193-211) und J.M. Sprinkle (Book of the Covenant [*JSOT.S 174*], 144-156; cf. dazu auch die Rezension des Verf. in ThLZ 120 [*1995*], 328-332).

376 Cf. Verf., Wandel (*StB 3*), 15, sowie o. IV. 3.3.1.

377 Die Kombination von Ex 22,8 mit Ex 23,4f. in Dtn 22,1-4 schließt es, anders als jüngst von J. Van Seters (Laws [*BEThL 126*], 319-345) vertreten, aus, Dtn 22,1-4 als den rezipierten, Ex 23,4f. als den rezipierenden Text zu verstehen. Auch die Legalinterpretation in Dtn 22,2f. ist eine Erweiterung von Ex 23,4f. im Horizont der gesamtjudäischen Perspektive des dtn Reformprogramms (cf. M. Fishbane, Interpretation [*Oxford 1985*], 177f.), deren Tilgung unerklärlich wäre, wenn das Bundesbuch das Deuteronomium voraussetzt. Zur These, die „Feindesliebe" in Ex 23,4f. sei eine Steigerung des dtn Motivs der Bruderliebe, hat bereits G. von Rad (Deuteronomium [*ATD 8*], 101) das Notwendige gesagt: „Dieser Unterschied erklärt sich ... nicht daraus, daß die strengere, schwerer zu erfüllende Forderung im Laufe der Zeit einer bequemeren Auffassung gewichen sei, derzufolge solche Dienste nur dem ‚Bruder' zu leisten seien. Im Bundesbuch steht die Bestimmung innerhalb einer Gruppe von Gesetzen, die alle vom Verhalten in Prozessen handeln, deshalb ist der Sinn der dortigen Bestimmung wohl der, daß auch eine Prozeßgegnerschaft von der allgemeinen Pflicht der Hilfeleistung nicht entbindet ... Im Dt. dagegen ist diese Bestimmung auf ihre allgemeinste Formel gebracht; sie gilt jedem Volksgenossen gegenüber"; ähnlich auch H.-P. Mathys, Liebe (*OBO 71*), 35f.; cf. aber auch H.-J. Fabry, Deuteronomium 15 (*ZAR 3*), 106, der keinen Zweifel daran läßt, daß das Deuteronomium das Bundesbuch voraussetzt: „Die Geschwister-Ethik wird vom Dtn also nicht auf den Feind entschränkt, vielmehr wird umgekehrt die Solidarität mit dem Feind durch die Solidarität mit dem Bruder substituiert. Die Annahme, Feindsolidarität sei nun ganz der Geschwister-Ethik subsumiert, ist nur dem noch möglich, der im gutmütigen Rechtsvergleich die Bundesbuch- und Dtn-Bestimmungen zusammenlesen kann". Genau das tut der Autor des dtn Reformprogramms als Reformulierung des Bundesbuches, der das Bundesbuch als autoritatives Dokument nicht abschaffen will, sondern es im Horizont des dtn Programms liest. Schließlich sei noch auf G. Barbiero (L'asino [*AnBib 128*], 183-202) hingewiesen: „La censura di *ʾōyēb* e *śōnēʾ* è senza dubbio espressione dell'ideale di una società intensamente concorde, come era richiesto dalle circostanze estreme dell'epoca di Dt, in cui l'esistenza del popolo era minacciata da nemici esterni" (a.a.O., 196). Daß es nicht um eine Ermäßigung von Ex 23,4f. in Dtn 22,1-4, sondern eine Universalisierung geht, die den Prozeßgegner einschließt, ist aus der Bezeichnung des Prozeßgegners als „Bruder" in Dtn

Solidarität dem Prozeßgegner gewährt werden, der im Konfliktfall wegen eines Rindes, Esels, Kleinviehs, Mantels und aller Dinge, derer er verlustig gegangen ist, den kultischen Rechtsentscheid sucht, so will das dtn Reformprogramm die Konflikte von vornherein verhindern. Der Finder soll den Fundgegenstand in Verwahrung nehmen, und wenn sich sein Besitzer meldet, ihn herausgeben. Das dtn Bruderethos will, das zeigt die Übertragung von Ex 22,8 in den Horizont der Sozialgebote, die gerichtliche Auseinandersetzung überflüssig machen[379].

Die Gebote des Geschwisterethos verbinden sich im dtn Reformprogramm mit der Sorge um die ethische und kultische Reinheit von Land und Volk. Um sie geht es in den Reinheitsgeboten in Dtn 22,9-12[380]. Ihre Übertretung müßte, so Dtn 22,8, wie eine Blutschuld das Land verunreinigen[381]. Auch nach hethitischem Recht (HG §§ 166; 167)[382], verstößt derjenige, der einen Acker doppelt besät, gegen sakrales Recht[383].

In der zweiten Gebotsreihe des Fachwerks (Dtn 23,16-26) werden soziale Gebote mit solchen religiöser Thematik verbunden[384]:

19,18f. ersichtlich. Die entsprechenden Kommentarmeinungen sind Legion, es sei nur hingewiesen auf die jüngsten Äußerungen von J.H. Tigay (Deuteronomy [*JPSTC*], 199), E. Nielsen (Deuteronomium [*HAT I. 6)*], 213f., und C. Houtman, Bundesbuch (*DMOA 24*), 265; s. dazu auch u. Anm. 451. Was J. Van Seters vorführt, ist das Ergebnis einer Pentateuchhypothese, die mit der Genesis beginnend entwickelt wurde, sich erst zu ihrem Abschluß der Rechtsüberlieferung in Bundesbuch und Deuteronomium zuwendet und dann plötzlich erkennt, daß, sollte Gen-Num Vorbau vor das Deuteronomium sein, auch das Bundesbuch jünger sein muß als das Deuteronomium: Damit hat sich am Ende die gesamte These selbst erledigt. Für die Rezeption des Bundesbuches im Deuteronomium sei anstelle einer Wolke von Zeugen auch auf die Monographie von B.M. Levinson, Deuteronomy (New York/Oxford 1997), passim, verwiesen. Zur konstitutiven Bedeutung der Analyse biblischer Rechtssammlung als Grundlage und Voraussetzung jeder Pentateuch-/Hexateuchhypothese cf. auch o. I. (Lit.).

378 Cf. o. IV. 3.3.1.

379 Cf. G. Barbiero, L'asino (*AnBib 128*) 197-202. Zu keilschriftrechtlichen Vorschriften für Tierverlust cf. HG §§ 45; 71 und § XXXV; s. dazu R. Haase, Anzeigepflicht (*WO 2*), 378-381; ders., Deuteronomium (*WO 25*), 76f.

380 Cf. J. Milgrom, Law (*VT 46*), 544-547. Gegen die These, das Verbot der Mischungen habe seinen Ursprung in einem Ordnungsdenken (cf. C. Houtman, Mixtures [*VT 34*], 226-228) s. U. Rüterswörden, Art. *ṣæmær* (*ThWAT VI*), 1075.

381 Cf. bereits C. Steuernagel, Entstehung (*Berlin ²1901*), 12. Der Aspekt der Kollektivhaftung der Familie wird in Dtn 22,8 eingeführt, um die das je einzelne Individuum überschreitende Konsequenz der Verunreinigung zu unterstreichen. Zum Problem der Kollektivhaftung s. auch i.f.

382 Cf. H.A. Hoffner, Laws (*DMOA 23*), 133. Auch MAG. B § 4:II 27-38 (cf. M.T. Roth, Law Collections [*WAW.SBL 6*], 176f.) ist heranzuziehen.,

383 Cf. R. Haase, Deuteronomium (*WO 25*), 74f.; H.A. Hoffner, Laws (*DMOA 23*), 215. Gegen eine sexuelle Interpretation des Deuteronomiumsgebots (so u.a. G. Braulik, Gesetze [*SBS 145*], 77) s. zuletzt R. Haase, a.a.O., 74.

384 Die Sozialgesetze sind kursiv gesetzt.

„(V.16) *Du sollst einen Sklaven nicht seinem Herrn ausliefern, der sich vor seinem Herrn zu dir gerettet hat.* (V.17) *Bei dir soll er wohnen, in deiner Mitte, an dem Ort, den er sich gewählt hat, in einer deiner Ortschaften, wo es gut für ihn ist. Du sollst ihn nicht bedrücken.*

(V.18) Unter den Frauen Israels soll es keine Tempelprostitution geben und unter den Männern Israels soll es keine sakrale Prostitution geben. (V.19) Du sollst weder Hurenlohn noch Hundegeld in den Tempel JHWHs, deines Gottes, für ein Gelübde bringen, denn ein Greuel für JHWH, deinen Gott, sind beide.

(V.20) *Du sollst deinem Bruder keinen Zins auferlegen, weder Zins für Geld, noch Zins für Nahrungsmittel, noch Zins für irgend etwas, was man gegen Zins verleiht.* (V.21) *Einem Ausländer darfst du gegen Zins leihen, deinem Bruder aber darfst du nicht gegen Zins leihen, damit JHWH, dein Gott, dich segnet in all deinem Tun im Lande, in das du gekommen bist, um es zu besitzen.*

(V.22) Wenn du vor JHWH, deinem Gott, ein Gelübde machst, sollst du nicht zögern, es zu erfüllen, denn JHWH, dein Gott, wird es sonst von dir einfordern und ein Verschulden wird an dir haften. (V.23) Wenn du es aber unterläßt, etwas zu geloben, so haftet an dir kein Verschulden. (V.24) Was über deine Lippen gekommen ist, mußt du halten und ausführen, wie du es JHWH, deinem Gott, aus freien Stücken gelobt hast, was dein Mund ausgesprochen hat.

(V.25) *Wenn du in den Weinberg deines Nächsten kommst, darfst du soviel Trauben essen, wie du willst, bis du satt bist. Aber in ein Gefäß darfst du nicht sammeln.* (V.26) *Wenn du in das Kornfeld deines Nächsten kommst, darfst du mit der Hand Ähren abreißen, aber die Sichel darfst du im Kornfeld deines Nächsten nicht schwingen*" (Dtn 23,16-26).

Die Gebotsreihe ist in zwei Abschnitte gegliedert. In Dtn 23,16-21* werden die Gebote durch Prohibitive eingeleitet, in Dtn 23,22-26 dagegen durch כִּי-Sätze:

Dtn 23,16	לֹא־תַסְגִּיר	
Dtn 23,18	לֹא־תִהְיֶה	
Dtn 23,19	לֹא־תָבִיא	נֶדֶר
Dtn 23,20	לֹא־תַשִּׁיךְ	
Dtn 23,22	כִּי־תִדֹּר	נֶדֶר
Dtn 23,23	כִּי תֶחְדַּל	
Dtn 23,25	כִּי תָבֹא	
Dtn 23,26	כִּי תָבֹא	

Die Gebote in Dtn 23,18f. und Dtn 23,22-24 sind durch das ihnen gemeinsame Lexem נֶדֶר[385] verbunden, die Sozialgebote mit den kultischen Geboten durch die Verknüpfung von Dtn 25,25.26 (כִּי תָבֹא) mit dem Prohibitiv כִּי תָבֹא in Dtn 23,19, so daß sich folgende Struktur ergibt:

A:	Sozialgebote	Dtn 23,16f.
B:	*Kult. Gebote*	*Dtn 23,18f.*
A:	Sozialgebote	Dtn 23,20-21
B:	*Kult. Gebote*	*Dtn 23,22-24*
A:	Sozialgebote	Dtn 23,25f.

385 S. dazu i.f.

Die תּוֹעֵבָה-Formel in Dtn 23,19 deutet die nicht auf das Bruderethos zu interpretierenden kultischen Gebote auf die Reinheit von Land und Gemeinschaft und verzahnt sie mit dem Reinheitsgebot in Dtn 22,5[386]. Die Formel „ein Verschulden wird an dir haften" (וְהָיָה בְךָ חֵטְא) wird in Dtn 24,15 zitiert und verknüpft die Gebotsreihen in Dtn 23,16-26 und Dtn 24,6-25,4.

Im Programm des dtn Bruderethos wird der Sklave nicht zu den Sachgütern gezählt: Dtn 23,16f. ist als Eröffnung der Reihe Dtn 23,16-26 Gegenfall zur Eröffnung der Reihe Dtn 22,1-12 in Dtn 22,1-4: Der entflohene Sklave soll im Gegensatz zum entlaufenen Tier nicht dem Besitzer zurückgebracht werden. Vielmehr soll ihm Schutz gewährt werden und er sich frei seinen Wohnsitz wählen können. Das Recht der freien Wahl des Wohnsitzes wird dadurch unterstrichen, daß es in Analogie zur Zentralisationsformel formuliert wird. Wie Gott frei ist, sich den Ort seines Heiligtums zu wählen, so ist der Sklave frei, sich seinen Wohnort zu wählen[387]. Die Radikalität dieses Gebots wird auf dem Hintergrund des keilschriftlichen Sklavenrechts deutlich, das die Todesstrafe vorsieht für denjenigen, der einem entlaufenen Sklaven Unterschlupf gewährt (CH § 17)[388]. Ja, es wird darüber hinaus mit Dtn 23,16 dem internationalen Vertragsrecht der neuassyrischen Zeit widersprochen. Im Sfire-Vertrag III:4-7[389] wird stipuliert, daß entflohene Sklaven gegenseitig auszuliefern seien.

Ähnlich radikal wie das Gebot der Freizügigkeit für den geflohenen Sklaven ist das Zinsverbot in Dtn 23,20f. im Vergleich zum keilschriftlichen Zinsrecht. CE § 19 sieht im Unterschied zum allgemein gültigen Zinssatz von Ge-

---

386 Die Verbindung zwischen Dtn 23,19 und Dtn 22,5 stützt die klassische Interpretation von כֶּלֶב auf einen קָדֵשׁ (s. Dtn 23,18); gegen E.A. Goodfriend (*keleb* [*FS J. Milgrom*], 381-397), unabhängig von der historischen Frage, ob es eine männliche Prostitution gegeben hat oder es sich in Dtn 23,18 um pleophore Ausdrucksweise des dtn Autors handelt; so Ph.A. Bird, End (*VT.S 66*), 37-80. Zu akk. *kalbu*(*m*) in der Bedeutung „Sklave/Diener" cf. CAD K, 72; G.J. Botterweck, Art. *kælæb* (*ThWAT IV*), 158.161f.

387 Es hieße geradezu die Intention des dtn Reformprogramms auf den Kopf zu stellen, wollte man mit Th. Oestreicher (Grundgesetz [*BFchTh 27/4*], 105f.; ders., Dtn 12,13f. [*ZAW 43*], 246-249) von Dtn 23,16f. her Dtn 12,14 distributiv auf eine Vielzahl von Heiligtümern deuten; cf. auch die Replik auf Th. Oestreicher von E. König, Hauptfragen (*ZAW 48*), 44-54.

388 Cf. dazu I. Cardellini, „Sklaven"-Gesetze (*BBB 55*), 64f. Gemäß CE § 49 muß derjenige, der mit einem geflohenen Sklaven oder einer geflohenen Sklavin angetroffen wird, das *duplum* des jeweiligen Kaufpreises zahlen. Nach CE § 51 dürfen als Sklaven Gekennzeichnete nicht das Tor der Stadt verlassen; cf. dazu Verf., Rechtsgeschichte (*OBO 85*), 160-166. Die Sklavenflucht war in neubabylonischer Zeit weit verbreitet, wurde aber nicht mehr so hart sanktioniert, wie es die altbabylonischen Rechtsüberlieferungen fordern. Auf jeden Fall aber war der Sklave auszuliefern, verbunden mit einer Strafzahlung, wenn ihm illegal Unterschlupf gewährt wurde; cf. M.A. Dandamaev, Slavery (*Dekalb/Ill.* ^{2}*1984*), 227f.

389 Cf. A. Lemaire/J.-M. Durand, Inscriptions (*HEO 20*), 118f.; H. Donner/W. Röllig, KAI Nr. 224.

schäftsdarlehen in CE § 18a ein zinsloses Naturaldarlehen als Notdarlehen vor[390]. Im dtn Reformprogramm wird das Zinsverbot auf die investiven Geschäftsdarlehen im Geltungsbereich des dtn Geschwisterethos ausgedehnt[391], während im Geschäftsverkehr mit Ausländern die international üblichen Konditionen des Kreditgeschäfts in Kraft bleiben[392]. Die Segensformel לְמַעַן יְבָרֶכְךָ + GN verbindet das Zinsverbot mit wichtigen Geboten des dtn Sozialprogramms, so der Beschränkung des Pfandrechts (Dtn 24,13), dem Nachleseverbot zugunsten der Fremden, Witwen und Waisen (Dtn 24,19), dem Gebot des Schuldenerlasses (Dtn 15,1-18*)[393] und dem Gebot des Drittjahreszehnts zur Versorgung der *personae miserae* (Dtn 14,28f.).

Der Freiheitsschutz für geflohene Sklaven und das Zinsverbot rahmen das Verbot der Verunreinigung des Tempels durch Prostitution. Wie in Dtn 22,1-12 werden Gebote zur Reinheit, hier des Zentralheiligtums, mit solchen des Bruderethos verschränkt. Der Hinweis auf den Tempel JHWHs (בֵּית יְהוָה אֱלֹהֶיךָ; Dtn 23,19) stellt einen expliziten Zusammenhang mit den Gesetzen der Kultzentralisation her, ebenso wie das Gelübdegebot (Dtn 23,22-24) an Dtn 12,17 anküpft[394]. Die Gelübdegaben (נֶדֶר) sind am Zentralheiligtum zu verzehren[395]. Schließlich geben die Sozialgebote (Dtn 23,25f.) den „Mundraub“

---

390 Zu CE §§ 18a; 19 cf. Verf., Rechtsgeschichte (*OBO 85*), 37-42; ders., Brautpreis (*ZSRG.R 109*), 475-481 (= OBC 8, 164-171).

391 Zum Ursprung des biblischen Zinsverbots im nachbarschaftlichen Notdarlehen cf. bereits J. Hejcl, Zinsverbot (*BSt[F] 12/4*), 3-18. Zu Rezeptionsgeschichte cf. E. Klingenberg, Zinsverbot (*AAWLM.G 1976/7*), 57ff.; B.N. Nelson, Idea (*HIS 3*), 3ff.; Verf., Gerechtigkeit (*OBC 8*), 342-357 (= J. Assmann u.a. [Hg.], Gerechtigkeit [*München 1998*], 79-95); ders., Gerechtigkeit (*Gütersloh 1998*), 107-145.

392 H.-J. Fabry (Deuteronomium 15 [*ZAR 3*], 92-111) hat ausreichend deutlich gemacht, daß die Differenzierung zwischen Binnen- und Außenmoral (cf. M. Weber, Religionssoziologie III [*Tübingen* ^{6}*1976*], 307.357 u.ö.) nichts mit einer „Ausländerfeindlichkeit“ der Autoren des Deuteronomiums zu tun hat. Zur post-dtn Einfügung des Zinsverbots in die Sozialgesetzgebung der Pfandrechtsbegrenzung im Bundesbuch in Ex 22,24b (plur.) cf. Verf., Wandel (*StB 3*), 5; ferner E. Hejcl, Zinsverbot (*BSt[F] 12/4*), 65; E. Neufeld, Interest (*HUCA 26*), 366; E. Klingenberg, Zinsverbot (*AAWLM.G 1976/7*), 16; L. Schwienhorst-Schönberger, Bundesbuch (*BZAW 188*), 357f.; C. Houtman, Bundesbuch (*DMOA 24*), 230. Eine vordtn Erweiterungsschicht im Bundesbuch (so N. Lohfink, Bearbeitung [*BEThL 94*], 91-113) läßt sich nicht wahrscheinlich machen; cf. Verf., Pentateuchredaktion (*BEThL 126*), 70-78. Die postdtn Einfügung des Zinsverbots in den Kontext des Pfandrechts in Ex 22,24a.25.26abα zeigt, daß das Bundesbuch nachdtn im Horizont des dtn Reformprogramms interpretiert wurde.

393 S. dazu i.f.

394 Das Lexem נדר ist nur dtn in Dtn 12 und Dtn 23 belegt.

395 Die Gelübdepraxis war nicht notwendig mit dem Heiligtum verbunden und konnte in „popular religious groups“, die aber nicht an der „offiziellen“ JHWH-Religion teilhatten, losgelöst von Kultorten praktiziert werden; so J. Berlinerblau, Vow (*JSOT.S 210*), 17ff.94ff. Im dtn Reformprogramm, dessen hermeneutischer Schlüssel Dtn 12* ist, ist ein נֶדֶר jedenfalls mit dem Zentralheiligtum verbunden; cf. H.-W. Jüngling, Art. Gelübde (*NBL I*), 776; O. Kaiser, Art. *nādar* (*ThWAT V*), 273. Die Warnung vor dem

im Weinberg und Kornfeld frei, so daß auch der Landlose und Arme zur Erntezeit keinen Hunger leiden muß. Die Gebote reformuliern das *š^{e}miṭṭā*-Gesetz des Bundesbuches (Ex 23,10f.). Überführt der dtn Autor es in Dtn 15,1-10* in den nichtagrarischen Kontext des Kreditwesens und formuliert es zu einem Programm des Schuldenerlasses um[396], so sollte doch das soziale Anliegen der Armenfürsorge durch die Freigabe der Nachlese nicht verloren gehen. Ex 23,10f. setzt innerhalb des bäuerlichen Brachesystems einen religiösen Akzent[397], um die Herrschaft Gottes über das Land und seinen Ertrag zum Ausdruck zu bringen[398]. Doch ist die *š^{e}miṭṭā* für die Armenfürsorge denkbar ungeeignet, da ein Wildwuchs, der auf dem mittelpalästinischen Gebirge sehr spärlich ist[399], keine wirksame Hilfe ist, wenn er nur alle sieben Jahre zur Verfügung gestellt wird[400]. Die dtn Reformulierung in Dtn 23,25f. schafft Abhilfe. Wenn Getreide und Trauben reif sind, kann sich jedermann sattessen, bis sein Hunger gestillt ist[401]. Die Sozialgebote werden in dieser Reihe der

---

leichtfertigen Gelübde ist ein typisch weisheitliches Motiv (s. Qoh 5,3-5; cf. J.H. Tigay, Deuteronomy [*JPSTC*], 218) und zeigt erneut den weisheitlichen Bildungshintergrund der dtn Autoren, der auch bei der Gestaltung der Gerichtsordnung deutlich wurde.

396 S. dazu i.f.

397 Die *š^{e}miṭṭā*-Regelung des Bundesbuches (Ex 23,10f.) sieht eine Umgruppierung des zweijährigen Bracherhythmus, der mit einem Fruchtwechsel von Getreideanbau und Hülsenfrüchten verbunden war, vor; cf. D.C. Hopkins, Highlands (*SWBAS 3*), 192ff. im Anschluß an H. Vogelstein, Landwirtschaft (*Berlin 1894*), 48ff., und G. Dalman, Arbeit I (*Gütersloh 1932*), 130f. Wenn jeweils 50 % der Anbaufläche brach liegen, bedeutet die *š^{e}miṭṭā* nur eine Umstrukturierung im 6. Jahr, in dem die gesamte Fläche genutzt wird, um sie im 7. Jahr vollständig brach liegen zu lassen; cf. Verf., Ackerbau (*BBVO 18*).

398 Ruhetags- und *š^{e}miṭṭā*-Gebote (Ex 23,10-12) haben ihre traditionsgeschichtliche Wurzel jewseils im 6/7-Rhythmus des Mazzotfestes; cf. Verf., Art. *šæba'* (*ThWAT VII*), 1018f.1022f. Die 6/7-Struktur dieses der Ernte vorgeordneten Festes bringt die Herrschaft Gottes über die Natur zum Ausdruck. Das Fest ist nicht, wie von der älteren Forschung und noch jüngst wieder von T. Veijola (Passover [*ZAR 2*], 60ff.) vertreten, Funktion der Ernte, sondern umgekehrt die Ernte Funktion des Festes. Der Ursprung des Festes ist nicht die Erntefeier, sondern es ist von Anfang an Ausdruck der mit dem Exodus verbundenen Gottesherrschaft über das Land. Der theologische Skopus des Mazzotfestes, die Unterstellung des Landes unter die Gottesherrschaft, wurde mit dem 6/7-Zeitrhythmus auf die privilegrechtlichen Gebote übertragen. Die *š^{e}miṭṭā*-Gesetzgebung des Bundesbuches bleibt aber nicht dabei stehen, sondern verbindet mit der *š^{e}miṭṭā*-Brache die Hilfe für die Schwachen.

399 Cf. G. Dalman, Arbeit I (*Gütersloh 1932*), 203.

400 Daß das *š^{e}miṭṭā*-Programm des Bundesbuches Theorie blieb, zeigt die Tatsache, daß das erste *š^{e}miṭṭā*-Jahr in 1Makk 6,49 und Josephus Ant. XII für die Jahre 164/3 oder 163/2 v. Chr. belegt ist.

401 כְּנַפְשְׁךָ שָׂבְעֶךָ in Dtn 23,25 hat die Funktion, den Mißbrauch zu verhindernden. Es besteht kein Grund, שָׂבְעֶךָ als „erklärende Glosse" (so C. Steuernagel, Deuteronomium [*HAT I. 3.1*], 138) auszuscheiden; cf. auch G. Warmuth, Art. *śāba'* (*ThWAT VII*), 701.

Fachwerksstruktur (Dtn 23,16-26) in eine Relation zum Zentralheiligtum gebracht, ein Zug, der für das gesamte Reformprogramm des dtn Autors kennzeichnend ist: Die am Zentralheiligtum konstituierte Festgemeinde unter Einschluß der Armen ist Begründung für das geschwisterliche Solidarethos, wie auch Reinheit und Heiligkeit von Land und Gottesvolk in der des Zentralheiligtums ihre Voraussetzung haben.

Die dritte Gebotsreihe der Fachwerksstruktur des dtn Gesetzes (Dtn 24,6-7.10-22; 25,1-4[402]) verschränkt soziale Gebote des Bruderethos mit Rechtssätzen des Strafrechts:

(24,6) „*Man darf nicht die Handmühle oder den (oberen) Malstein als Pfand nehmen, denn damit würde man das Leben selbst als Pfand nehmen.*

(V.7) Wenn jemand angetroffen wird, der einen Menschen von seinen Brüdern, von den Israeliten, raubt, ihn als Sklaven kennzeichnet oder verkauft, soll dieser Entführer sterben. Du sollst das Böse aus deiner Mitte fortschaffen.

(V.10) *Wenn du deinem Nächsten ein Darlehen gibst, sollst du nicht in sein Haus gehen, um ein Pfand zu nehmen.* (V.11) *Bleibe draußen stehen. Der Mann aber, dem du etwas geliehen hast, soll das Pfand zu dir herausbringen.* (V.12) *Wenn er ein armer Mann ist, so sollst du sein Pfand nicht über Nacht behalten.* (V.13) *Du sollst ihm das Pfand vor Sonnenuntergang zurückbringen, damit er sich in seinem Mantel schlafen legen kann. Er wird dich segnen, und du wirst vor JHWH, deinem Gott, im Recht sein.* (V.14) *Du sollst den Lohn eines Armen oder Bedürftigen unter deinen Brüdern oder unter den Fremden, die in deinem Land in deinen Familien (Stadtbezirken) wohnen, nicht zurückhalten.* (V.15) *An dem Tag, an dem er arbeitet, sollst du ihm auch seinen Lohn geben. Die Sonne soll darüber nicht untergehen, denn er ist arm und lechzt danach. Er wird JHWH nicht gegen dich anrufen, und es wird keine Strafe für eine Sünde über dich kommen.*

(V.16) Es sollen nicht Väter für ihre Söhne und nicht Söhne für ihre Väter hingerichtet werden. Jeder soll nur für sein eigenes Verbrechen mit dem Tod bestraft werden.

(V.17) *Du sollst das Recht eines Fremden oder einer Waise nicht beugen, und du sollst nicht das Kleid einer Witwe als Pfand nehmen,* (V.18) *sondern du sollst daran denken, daß du ein Sklave gewesen bist in Ägypten und daß dich JHWH, dein Gott, von dort losgekauft hat. Darum gebiete ich dir, dies zu befolgen.* (V.19) *Wenn du deine Ernte auf deinem Feld einbringst und hast eine Garbe auf deinem Feld vergessen, so sollst du nicht umkehren, sie zu holen. Dem Fremden, der Waise und der Witwe soll sie gehören, damit dich JHWH, dein Gott, bei allem Tun deiner Hände segnet.* (V.20) *Wenn du deinen Ölbaum aberntest, so sollst du ihn hinterher nicht absuchen, dem Fremden, der Waise oder der Witwe soll es gehören.* (V.21) *Wenn du deinen Weinberg aberntest, sollst du keine Nachlese halten. Dem Fremden, der Waise und der Witwe gehört es.* (V.22) *Denke daran: Du bist Sklave in Ägypten gewesen. Darum gebiete ich dir, diese Gebote zu befolgen.*

(25,1) Wenn zwei Männer gegeneinander prozessieren und sie gehen vor Gericht und man dort eine Entscheidung zwischen ihnen fällt, indem der Unschuldige freigesprochen, der Schuldige aber verurteilt wird, (V.2) so soll der Richter, falls der Schuldige zu einer Prügelstrafe verurteilt wird, ihn hinlegen und ihn in seiner Gegenwart die ihm entsprechend seiner Schuld gebührende Anzahl von Schlägen erhalten lassen. (V.3) Vierzig Schläge darf er ihm geben lassen, mehr nicht, damit nicht dein Bruder, wenn man ihm darüber hinaus noch viele Schläge gibt, in deinen Augen entehrt würde.

---

402 Zu Dtn 24,8f. als dtr Einschub cf. U. Dahmen, Leviten (*BBB 110*), 335-344 (Lit.).

(V.4) *Du sollst einem Ochsen beim Dreschen nicht das Maul verbinden*“ (Dtn 24,6.7.10-22; 25,1-4).

Die Gebote sind in einer Abfolge alternierender Themenverschränkung angeordnet:

A:	Sozialgebot		Dtn 24,6
B:	Strafrecht		Dtn 24,7
A:	Sozialgebote		Dtn 24,10-15
B:	Strafrechtsbestimmung	Dtn 24,16	
A:	Sozialgebote		Dtn 24,17-22
B:	Strafrechtsbestimmung	Dtn 25,1-3	
A:	Sozialgebot		Dtn 25,4

Die Sozialgebote (Dtn 24,6.10-15.17-22; 25,4) sind ihrerseits durch das Verfahren der Themenverschränkung miteinander verbunden. Dtn 24,6.10-13.17 werden auch durch die Segens- und Ägypten-עֶבֶד-Formeln zusammengehalten:

A:	Dtn 24,6.10-13a	Pfandrecht	
B:	*Dtn 24,13b*	*Segensformel*	
C:	Dtn 24,14-15	Lohngesetz	
A:	Dtn 24,17	Pfandrecht	
D:	*Dtn 24,18*		*Ägypten-עֶבֶד-Formel*
E:	Dtn 24,19a	Nachlesegesetz	
B:	*Dtn 24,19b*	*Segensformel*	
E:	Dtn 24,20-21	Nachlesegesetz	
D:	*Dtn 24,22*		*Ägypten-עֶבֶד-Formel*

Die Ägypten-עֶבֶד-Formel[403] schließt die Sozialgebote in Dtn 24,6.10-15.17-18 und Dtn 24,19-22 jeweils ab. Diese Blöcke wiederum sind durch ein ausgeklügeltes System der Plazierung von Lexemen der *personae miserae* miteinander verbunden. Das Verbot, Handmühle und Malstein (Dtn 24,6) zu pfänden, gilt ebenso generell wie die Beschränkung des Pfandrechts in Dtn 24,10f. Über die Zuspitzung der Sozialgebote auf die „*Armen*“ in Dtn 24,12f. wird in Dtn 24,14f. neben den Armen (אֶבְיוֹן, עָנִי) der גֵּר („*Fremdling*“) eingeführt, an

403 Cf. zur dtn Ägypten-עֶבֶד-Formel Verf., Pentateuchredaktion (*BEThL 126*), 71f. Die Formel hat ihren Ursprung in Dtn 15,15 (dtn) und ist vom dtn Autor zur Verknüpfung auch in die Sozialgesetze in Dtn 24,18.22 und in die Festgesetzgebung in Dtn 16,12 eingeführt worden; zum Zusammenhang cf. bereits N. Lohfink, Hauptgebot (*AnBib 20*), 126. Von den Ägypten-עֶבֶד-Formeln sind, wie N. Lohfink (Bearbeitung [*BEThL 94*], 91-113) gezeigt hat, die Ägypten-גֵּר-Motive zu trennen, die ihren Ursprung im Kontext des Dekalogs in Dtn 5,15 (dtr) haben und durchgängig dtr sind; cf. Verf., Pentateuchkomposition (*ThR 60*), 171f.; ders., Pentateuchredaktion (*BEThL 126*), 70-75. Man wird also die Ägypten-עֶבֶד-Formeln in Dtn 15,15 und Dtn 24,18 nicht als spätdtn/dtr Paränesen literarkritisch eskamotieren dürfen (so S. Kreuzer, Exodustradition [*SESJ 62*], 92-94), ohne die redaktionellen Verknüpfungen im dtn Gesetz zu berücksichtigen.

das Verbot, den Fremdling zu bedrücken (Dtn 24,17a), wird die „*Waise*" (יָתוֹם) als „*vaterloser Fremdling*"[404] asyndetisch angefügt. Daran schließt sich in Dtn 24,17b das Verbot an, das Kleid der „*Witwe*" (אַלְמָנָה) zu verpfänden. Damit ist die Auflistung der klassischen *personae miserae* von *Fremdling*, *Waise* und *Witwe* im Nachlesegesetz (Dtn 24,19.21) vorbereitet, so daß sich folgenden Struktur ergibt:

Dtn 24,12			עָנִי
Dtn 24,14		גֵּר	עָנִי אֶבְיוֹן
Dtn 24,15			עָנִי
Dtn 24,17a		גֵּר יָתוֹם	
Dtn 24,17b	אַלְמָנָה		
Dtn 24,19	אַלְמָנָה	גֵּר יָתוֹם	
Dtn 24,21	אַלְמָנָה	גֵּר יָתוֹם	

Das Gesetz der Lohnauszahlung am Arbeitstag (Dtn 24,14f.) zitiert aus dem voranstehenden Pfandgesetz das Motiv des Sonnenuntergangs als Stichdatum (תָבוֹא עָלָיו הַשֶּׁמֶשׁ/כְּבֹא הַשֶּׁמֶשׁ). Die abgehobene Position des letzten Gebots in Dtn 25,4 ergibt sich aus der Gesamtstruktur der Gebotsreihe[405].

Die Strafrechtssätze in Dtn 24,7.16; 25,1-3 sind ebenfalls mit den Sozialgeboten in Dtn 24,6.10-15.17-22; 25,5 verzahnt. Das Gebot der Lohnauszahlung wird mit dem Strafrechtssatz individueller Bestrafung in Dtn 24,16 durch das gemeinsame Lexem חֵטְה verbunden. Während es aber in Dtn 24,15 um ein Vergehen gegen Gott geht, hat Dtn 24,16 die Gerichtsstrafe im Blick[406].

---

404 M hat hier den ursprünglichen Text bewahrt. Die Nennung von יָתוֹם als Apposition zu גֵּר bedeutet aber nicht, wie G. Braulik (Gesetze [*SBS 145*], 103 Anm. 4) meint, „der erwachsene *ger* braucht, wenn er voll rechtsfähig ist, keine besonderen Schutzbestimmungen". Die Auflistung der *personae miserae* in Dtn 24,19.21, die den גֵּר neben dem יָתוֹם nennt, widerspricht dem. Auch läßt sich aus dem Zusammenhang nicht erschließen, daß es in den עָנִי- und אֶבְיוֹן-Geboten in Dtn 24,12.14.15 um Paränese, in Dtn 24,17 dagegen um gerichtlich einzuklagende Rechte gehe. Diese Differenzierung innerhalb des Pfandrechts wird nur notwendig, wenn Dtn 24,17 im Horizont von Dtn 24,16 interpretiert und die Struktur der Themenverschränkung von Sozial- und Strafrechtsgesetzen nicht berücksichtigt wird.

405 S. dazu i.f.

406 Im hethitischen Erlaß des Telepinus (vs) II § 31:55-56 (cf. I. Hoffmann, Telepinus [*Texte der Hethiter 11*], 34f.) wird eine Individualisierung der Strafe für das Königshaus stipuliert. J.S. Kaminski (Responsibility [*JSOT.S 196*], 127) will auch Dtn 24,16 auf das Verbot der Ausrottung von rivalisierenden Familien um den Königsthron deuten. Doch ist die Rezeption von Dtn 24,16 in 2Kön 14,5f. kein stichhaltiges Argument, da der rezipierende Text keine hinreichende Aussage über die Intention des rezipierten Textes machen kann. M. Greenberg (Postulates [*FS Y. Kaufmann*], 29-34) hat richtig gesehen, daß es in Dtn 24,16 um die Formulierung eines Prinzips des judäischen Strafrechts geht, das bereits das Bundesbuch von den Keilschriftrechten abhebt. Nach CH §§ 116; 210; 230 können Kinder talionisch für Delikte des Vaters mit dem Tode bestraft werden. Im Ansatz wird in MAG.A § 2 (s.o. III. 2.1) eine Kollektivhaftung von Familienmitgliedern eingeschränkt. Im Bundesbuch ist insofern eine auf Dtn 24,16 zulau-

Die Rechtssätze der Begrenzung der Körperstrafe in Dtn 25,1-3[407] und das Verbot, dem Ochsen beim Dreschen das Maul zu verbinden, sind nicht nur dadurch miteinander verzahnt, daß jeweils Gewalt gegen einen „Bruder" des Menschen, sei es Mensch oder Tier, begrenzt wird[408], sondern auch dadurch, daß wie bereits in Dtn 24,20 (חבט)[409] auch in Dtn 25,1-3 (נכה) und Dtn 25,4 (דוש)[410] Begriffe des Schlagens die Thematik der Gebote bestimmen[411]. Vor allem aber bindet eine komplexe Systematik von Prohibitiven und kasuistischen Gesetzen die Sozialgebote und Strafrechtsgesetze zusammen. Dtn 24,6 wird als Prohibitiv, Dtn 24,7 kasuistisch formuliert, Dtn 24,10 verbindet beides. Strafrechtsgebot in Dtn 24,16 und Sozialgebot in Dtn 24,17 werden jeweils aus zwei syndetisch zusammengesetzten Prohibitiven, das Sozialgebot in Dtn 24,19-21 und das Strafrechtsgesetz in Dtn 25,1-3 jeweils mit einer kasuistischen Protasis mit folgendem Prohibitiv formuliert. Dtn 24,6 und 25,4 sind mit jeweils einem Prohibitiv Rahmen um die gesamte Reihe, deren Struktur von prohibitivischer und kasuistischer Einleitung sich folgendermaßen darstellt[412]:

---

fende Tendenz erkennbar, als gemäß Ex 21,31 für die Tötung eines Kindes durch einen stößigen Ochsen der Besitzer des Ochsen als der Verantwortliche und nicht sein Kind zur Rechenschaft gezogen wird; cf. auch J.H. Tigay, Deuteronomy (*JPSTC*), 227. Zum rechtsreformerischen Charakter von Ex 21,31 cf. Verf., Wandel (*StB 3*), 27.39f.; ders., Körperverletzungen (*AOAT 226*), 157f. Dtn 24,16 geht in dieser Tendenz konsequent weiter. Eine Kollektivhaftung der Eltern für die Kinder ist dem keilschriftlichen wie dem biblischen Recht fremd; cf. G. Ries, Art. Kollektivhaftung (*RLA VI*), 185. Die Nennung der Väter als für Taten der Söhne zu Sanktionierende in Dtn 24,16 geht auf die pleophore Formulierung des dtn Autors ebenso zurück wie die des קָדֵשׁ in Dtn 23,18; cf. o. Anm. 386. Die feste Einbindung von Dtn 24,16 in den Kontext von Dtn 24,6-25,4* schließt die These, Dtn 24,16 sei sekundärer, von Jer 31,29f. abhängiger Eintrag (so C. Levin, Verheißung [*FRLANT 137*], 41) aus. Zum Problem der Kollektivhaftung cf. jetzt auch K. Schmid, Kollektivschuld (*ZAR 5*).

407 Zur Körperstrafe in MAG.A §§ 18; 19; 21; 40 s.o. III. 2.2 und 3.2. Zu CH § 202 (60 Schläge) cf. Verf., Körperverletzungen (*AOAT 226*), 60. Zum Zusammenhang cf. auch R. Haase, Strafen (*RIDA III/10*), 55-75.

408 Cf. S. Kaufman, Structure (*Maarav 1/2*), 141.

409 Cf. Gesenius[18] II, 317: „schlagen/klopfen".

410 Cf. ug. *dṯ* „niederschlagen", akk. *dâšu*(*m*) „dreschen"; s. Gesenius[18] II, 247.

411 Cf. A. Rofé, Arrangement (*EThL 64*), 275f. J.H. Tigay (Archaeological Notes [*FS J. Milgrom*], 377) hat noch als verbindendes Glied das Schlagen des Ochsen mit dem Stock während der Drescharbeit in Anschlag gebracht. Eine Rückführung von Dtn 25,4 auf Erzählungen der Genesis, so C.M. Carmichael (Laws [*Ithaca 1974*], 239f.) und J.T. Noonan (Ox [*JQR 70*], 172-175), hilft der Interpretation nicht weiter. Den ethischen Aspekt von Dtn 25,4 hat G. Lisowsky (Dtn 25,4 [*BZAW 105*], 144-151) im Spiegel der rabbinischen Rezeption sehr schön herausgearbeitet. Zum Zusammenhang mit Dtn 22,6 im Rahmen der Tierethik des dtn Reformprogramms cf. auch H.J. Boecker, Ochsen (*FS F. Lang*), 72-89.

412 Die Sozialgebote sind kursiv gesetzt.

A:	*Dtn 24,6*	*לא + PK*
B:	Dtn 24,7	כי + PK
A:	*Dtn 24,10*	*כי + PK + לא + PK*
B:	Dtn 24,16	לא + PK+ לא + PK
	Dtn 24,17	*לא + PK+ לא + PK*
A:	*Dtn 24,19-21*	*כי + PK + לא + PK*
B:	Dtn 25,1-3	כי + PK + לא + PK
A:	*Dtn 15,4*	*לא + PK*

Der dtn Autor hat die Gebotsreihe (Dtn 24,6-25,4*) mit dem gesamten dtn Gesetz verzahnt. Die Fachwerksstruktur beginnt in Dtn 22,1-4 und endet in Dtn 25,4 mit jeweils einem vom Rind (שׁוֹר) handelnden Gebot: Die Übertragung des Bruderethos auf die Tierwelt eröffnet (Dtn 22,6f.) und schließt die Fachwerksstruktur (Dtn 25,4). Auch besteht ein inhaltlicher Bezug zur mittleren Gebotsreihe der Fachwerksstruktur, dem Verbot, Ochsen und Esel gemeinsam vor den Pflug zu spannen (Dtn 22,10). Die Segensformel (Dtn 24,13.19) verknüpft die Gebote zur Einschränkung des Pfandrechts (Dtn 24,6.10-13.17) mit dem Zinsverbot (Dtn 23,21) sowie dem Schuldenerlaß und der Sklavenfreilassung (Dtn 15,10.14.18). Damit werden alle die Gesetze, die die Verarmung durch das Kreditwesen betreffen, miteinander vernetzt. Schließlich stellt Dtn 14,29 einen Zusammenhang mit dem Gebot der Versorgung der Armen durch den Drittjahreszehnt her. Die Sündenformel in Dtn 24,15 stellt darüber hinaus einen Zusammenhang zwischen dem Gebot der Lohnauszahlung an die Tagelöhner in Dtn 24,14f. und dem Gesetz des Schuldenerlasses (Dtn 15,9) her.

Wie bereits durchgängig im dtn Gesetz zu beobachten, werden die Gebote, die nicht Teil des Geschwisterethos sind, auch hier auf die Reinheit und Integrität von Land und Volk gedeutet. Die *biʾartā*-Formel in Dtn 24,7 verbindet das Strafrecht (Dtn 24,6-25,4*) mit dem Blutrecht (Dtn 19,13; 21,9), dem Prozeßrecht (Dtn 19,19) und dem Familienrecht (Dtn 21,21; 22,22.24), der Gerichtsordnung (Dtn 17,7.12) und schließlich der Loyalitätsforderung für JHWH (Dtn 13,6): Der Verkauf eines Bruders verstößt gegen die Loyalität, die JHWH geschuldet wird.

Das Pfandrecht des Deuteronomiums (Dtn 24,6.10-13a.[15bα].17) legt das des Bundesbuches (Ex 22,24a.25-26) aus[413]:

413 Die wörtlichen Übereinstimmungen sind doppelt, die sachlichen Übereinstimmungen einfach unterstrichen

Ex 22,24a:	אם־כסף תלוה את־עמי את־העני עמך לא־תהיה לו כנשה
Ex 22,25:	אם־חבל תחבל שלמת רעך עד־בא השמש תשיבנו לו
Ex 22,26:	כי הוא כסותה לבדה הוא שמלתו לערו במה ישכב והיה כי־יצעק אלי ושמעתי כי־חנון אני
Dtn 24,6:	לא־יחבל רחים ורכב כי־נפש הוא חבל
Dtn 24,10:	כי־תשה ברעך משאת מאומה לא־תבא אל־ביתו לעבט עבטו
Dtn 24,11:	בחוץ תעמד והאיש אשר אתה נשה בו יוציא אליך את־העבוט החוצה
Dtn 24,12:	ואם־איש עני הוא לא תשכב בעבטו
Dtn 24,13a:	השב תשיב לו את־העבוט כבא השמש ושכב בשלמתו
Dtn 24,15bα:	ולא־יקרא עליך אל־יהוה
Dtn 24,17:	לא תטה משפט גר יתום ולא תחבל בגד אלמנה

Das Deuteronomium erweitert den Wirkungsbereich der Gesetze zur Einschränkung der Pfändung im Bundesbuch. Die Protasis von Ex 22,25 (אִם־חָבֹל תַּחְבֹּל) zitierend untersagt Dtn 24,6, die für den Schuldner lebensnotwendige Handmühle und den oberen Malstein zu pfänden[414]. Dtn 24,10f. ist dazu der Gegenfall: Der Gläubiger muß als Pfand nehmen, was er vom Schuldner angeboten bekommt, darf also nicht das Haus des Schuldners betreten, um nach eigener Wahl zu pfänden[415]. Diese beiden Gesetze finden für jedermann als Schuldner Anwendung, während das Pfandrecht des Bundesbuches durch die Protasis in Ex 22,24a „wenn du leihst (einem aus) meinem Volk, einem Armen …“ und durch das voranstehende Verbot, den Fremdling zu bedrükken, nur als Armenrecht gilt. Auch wird im Bundesbuch das Pfandrecht ausdrücklich nur für Finanzkredite eingeschränkt, nicht aber für konsumptive

---

414 J.H. Tigay (Archaeological Notes [*FS J. Milgrom*], 374-376) hat gute Gründe beigebracht, daß mit רֶכֶב der obere Malstein einer Mühle gemeint ist, da er sich angesichts des großen Gewichts des unteren Steins zur Pfändung anbot, was ein Hinweis auch darauf ist, daß es sich um ein Sicherungspfand, nicht aber um ein Verfallspfand handelte. Der eine Malstein war für den Gläubiger wertlos, nicht aber für den Schuldner. Es handelt sich also um ein Sicherungspfand oder Lösungspfand, d.h. der Gläubiger ist verpflichtet, es bei Zahlung einer vereinbarten Summe an den Schuldner zurückzugeben; zum Lösungspfand cf. P. Koschaker, Rechtsurkunden (*ASAW.PH 39/5*), 102-108. Nicht aber der Wert der gepfändeten Sachen begründet diese Funktion des Pfandes, sondern die Tatsache, daß ihr Verlust dem Schuldner die Lebensmöglichkeit raubt. Derartiges wird auch in CH §§ 113; 241 verboten; cf. G. Driver/J.C. Miles, Babylonian Laws (*Oxford ²1956*), 215. Zum neuassyrischen Pfandrecht cf. J.N. Postgate, Documents (*Warminster 1976*), 47-54; K. Radner, Privatrechtsurkunden (*SAA.S 6*), 368-390. Zum neubabylonischen Sicherungspfand cf. H. Petschow, Pfandrecht (*ASAW.PH 48/1*), 120. Zum altbabylonischen Pfandrecht insgesamt cf. zuletzt A.J. Skaist, Loan Contract (*Ramat Gan 1994*), 202-230.

415 Zu HG §§ 164; 165, die R. Haase (Deuteronomium [*WO 25*], 73f.) als Parallele zu Dtn 24,10-13 heranzieht, cf. H.A. Hoffner, Laws (*DMOA 23*), 213-215, sowie bereits ders., Laws (*Ph.D. Diss. Brandeis 1963*), 103f.

Naturalkredite[416]. In Dtn 24,10f. aber gilt die Einschränkung für alle Arten von Krediten (מַשַּׁאת מְאוּמָה). Der dtn Autor expliziert damit das Gebot des Bundesbuches (Ex 22,24aβ), kein Pfandwucherer (נֹשֶׁה) zu sein[417]. Mit dem Prädikat נשה/א anstelle von לוה in Ex 22,24a wird aber auch eine terminologische Brücke zum Schuldenerlaß im *š^e^miṭṭa*-Gesetz in Dtn 15 hergestellt, der ebenfalls für alle Arten von Krediten gilt (כָּל־בַּעַל מַשֵּׁה; Dtn 15,2) und nicht nur dem Armen zugute kommen soll[418]. Erst mit dem Gebot, das Pfand vor Sonnenuntergang zurückzugeben (Dtn 24,12), wird die Pfandgesetzgebung des Deuteronomiums unter Aufnahme des Stichworts עָנִי aus Ex 22,24a armentheologisch zugespitzt. Dtn 24,13 konkretisiert dieses Gebot durch wörtliches Zitat von Ex 22,25, macht aber das Motiv des Mantels zu einem Paradigma des umfassenderen Gebots, jede Art von Pfand vor Sonnenuntergang zurückzugeben.

Das Gebot, den Lohn noch am Arbeitstag (Dtn 24,14f.) auszuzahlen, knüpft mit בא השמש an das entsprechende Ex 22,25 zitierende Motiv in Dtn 24,13 (כְּבֹא הַשֶּׁמֶשׁ) an und zitiert mit der Begründung in Dtn 24,15bα „er wird JHWH nicht gegen dich anrufen" (לֹא־יִקְרָא עָלֶיךָ אֶל־יְהוָה) Ex 22,26bβ „denn er ruft mich an" (כִּי־יִצְעַק אֵלַי). Mit dem Verbot, das Gewand der Witwe zu verpfänden (Dtn 24,17b), zitiert וְלֹא תַחֲבֹל בֶּגֶד Ex 22,25a (אִם־חָבֹל תַּחְבֹּל שַׂלְמַת), und die Gebote bilden mit dem Lexem חבל (Dtn 24,6.17) einen Rahmen um die Rechtssätze mit dem Lexem נשה (Dtn 24,10-13).

G. Braulik[419] vertritt dagegen die These, daß Dtn 24,10-17 von Ez 18,5-20 literarisch abhängig sei:

„Im einzelnen lassen sich folgende Elemente in Ez 18,5-20 und Dtn 24,10-17 miteinander vergleichen: die Pfandbehandlung eines Schuldners in Ez 18,7.12.16 mit Dtn 24,10-13, speziell die Feststellung der Gerechtigkeit in Ez 18,20 mit Dtn 24,13; die Unterdrückung des *ʿānî w^e^ʾæbyôn* in Ex 18,12 mit Dtn 24,14-15, wobei *ʿšq* ‚unterdrücken' in Ez 18,18 und Dtn 24,14 verwendet wird. Das Verbot der ‚Sippenhaft', das Ez 18,10-20 (s. V.18-19) breit theologisch reflektiert und aktualisiert, wird in Dtn 24,16 kurz gesatzt, gehört also hier trotz

416 Erst die postdtn Ergänzung in Ex 22,24b integriert mit dem Zinsverbot auch die Notdarlehen in das Pfandrecht; cf. M. Fishbane, Interpretation (*Oxford 1985*), 175.

417 Cf. M. Fishbane, Interpretation (*Oxford 1985*), 175.

418 S. dazu i.f. Während לוה neutral „den Empfang eines Darlehens gegen das Versprechen des Schuldners auf Rückgewähr" bezeichnet (cf. D. Kellermann, Art. *lāwāh* II [*ThWAT IV*], 492), akzentuiert das Lexem נשה/א die Rechte des Gläubigers gegenüber dem Schuldner (cf. F. Horst, Privilegrecht [*ThB 12*], 84f.). Wenn der dtn Autor gerade diesen Begriff verwendet, um im *Š^e^ miṭṭā*- und Pfandgesetz die Rechte des Gläubigers zugunsten des Schuldners einzuschränken, zeigt das erneut seine subversiv-dialektische Arbeitsweise. Wenn nun F.-L. Hoßfeld/E. Reuter (Art. *nāšāʾ* II [*ThWAT V*], 658-663) die Bedeutung „Wucher treiben" für *nšʾ* durchgängig nachweisen wollen, sind sie dieser Dialektik aufgesessen.

419 Cf. Gesetze (*SBS 145*), 104f.

seiner thematischen Digression in Dtn 24,10-17 fest zum Kontext. Schließlich findet sich *ḥbl* ‚pfänden' innerhalb der beiden Bücher nur in Ez 18,16 und Dtn 24,6.17"[420].

Bereits den älteren Kommentatoren war der literarische Zusammenhang zwischen Dtn 24 und Ez 18 aufgefallen[421] – die Frage war nur, in welcher Richtung rezipiert wurde. Die überwiegende Mehrzahl der Exegeten rechnet damit, daß Ez 18 von Dtn 24 abhängig ist[422]. Die Pfandrechtsbestimmung in Ez 18,16, die generellen Pfandverzicht vorsieht, hat nichts mit den Einschränkungen der Pfändung in Dtn 24,10-13, dem Verbot, das Haus des Schuldners zu betreten und bei einem Armen das Pfand über Nacht zu behalten, zu tun. Geht es in den Pfandrechtsbestimmungen in Ez 18,16 um ein grundsätzliches Verbot der Pfändung, nicht aber um seine Einschränkung, so ist Ez 18,16 als der erheblich über das Deuteronomium hinausgehende Text eher eine Weiterführung des dtn Pfandrechts, als daß es Ez 18 sekundär einschränkt. Das bestätigt sich, wenn man die Reformulierung des Pfandrechts des Bundesbuches durch das des Deuteronomiums berücksichtigt. Der dtn Autor generalisiert die kasuistische Einschränkung des Pfandrechts als Armenrecht im Bundesbuch zu einer generell gültigen Einschränkung der Rechte des Gläubigers dem Schuldner gegenüber. Ez 18,16 ist die konsequente Fortsetzung der bereits in der dtn Reformulierung des Bundesbuches wirksamen Tendenz[423], in der Kombination von Pfandrecht und Zinsverbot in Ez 18,12f.16f. ist Dtn 23,20 mit Dtn 24,10-13.17 unter dem Einfluß von Ex 22,24-26 zusammengezogen worden[424]. Schließlich wird der Grundsatz der individuellen Retribution in Ez 18,5-20 gegenüber der knappen Strafrechtsbestimmung in Dtn 24,16 breit ent-

420 Cf. Gesetze (*SBS 145*), 105.

421 Cf. nur C. Steuernagel, Deuteronomium (*HAT I. 3.1*), 141.

422 Cf. den ausführlichen Nachweis von M. Fishbane, Interpretation (*Oxford 1985*), 337-341; ferner M. Greenberg, Ezechiel (*AncB 22*), 333; M. Rose, 5. Mose I (*ZBK 5.1*), 274f.; E. Nielsen, Deuteronomium (*HAT I. 6*), 227; J.S. Kaminski, Responsibility (*JSOT.S 196*), 164-168.

423 Wenn G. Braulik auf dem IOSOT-Kongreß 1998 in Oslo auf mein entsprechendes Argument (s. Programmschrift [*HBS 4*], 94) repliziert, „ob Ez 18,16 tatsächlich ein ‚grundsätzliches Verbot der Pfandnahme' darstellt oder nur 18,7 und 12 abgekürzt wiedergibt, muß offenbleiben", so ist der Zusammenhang zwischen Ez 18,16 und Ez 18,7.12 m.E. genau umgekehrt zu verstehen: Ez 18,16 ist nicht die abgekürzte Fassung dieser beiden Verse, sondern Grundlage der Forderung, bereits gepfändetes Pfand zurückzugeben. Daß Ez 18,16 eine Generalisierung des dtn Pfandrechts ist, ist so nicht widerlegt. Ich danke dem Kollegen und Freund G. Braulik für die Zusendung seines Manuskriptes noch vor der Veröffentlichung.

424 Daß Ez 18,12b die Stellung eines Zwischengliedes habe, ist kein Gegenargument. Die Stellung ist kompositorisch bedingt, da in dem gesamten Abschnitt Ez 18,5-20 profane und sakrale Vergehen miteinander durch Themenverschränkung verzahnt sind. Daß in Ez 18 die kunstvolle dtn Strukturierung des Pfandrechts durch die Lexeme הבל und עבט nicht übernommen wurde, ist angesichts der Themenverschränkung mit kultischen Vergehen in Ez 18 nicht zu erwarten.

faltet, so daß auch hier eher mit der Weiterführung von Dtn 24,16 in Ez 18,5-20 zu rechnen ist, als daß umgekehrt Ez 18,5-20 dtr gekürzt und aus der göttlichen Retribution eine Strafrechtsbestimmung für die öffentliche Strafverfolgung formuliert wurde. Der Grundsatz der persönlichen Strafverantwortung wurde dtn im Zuge der Reformulierung des Prozeßrechts des Bundesbuches gewonnen und in Ez 18,5-20 auf die göttliche Vergeltung übertragen[425].

Das Verbot der Nachlese in Feld, Weinberg und Ölgarten (Dtn 24,19-22) reformuliert das ursprünglich nur für das Getreidefeld formulierte, dann aber durch den Nachtrag „so sollst du es auch halten mit deinem Weinberg, deinem Ölgarten" ausgeweitete *šemiṭṭā*-Gesetz des Bundesbuches (Ex 23,10f.)[426]. Wird mit der Freigabe des „Mundraubes" (Dtn 23,25f.)[427] ein Ersatz für das *šemiṭṭā*-Gesetz des Bundesbuches geschaffen, das der dtn Autor in Dtn 15* zu einem Programm des Schuldenerlasses umformt, so wird durch das Nachleseverbot Fürsorge für die Armen noch über die Ernte hinaus ausgedehnt.

Auch in Strafrechtssätzen wird das Bundesbuch zitiert und reformuliert. Dtn 24,7abα zitiert Ex 21,16[428]:

Ex 21,16:	וגנב איש ומכרו ונמצא בידו מות יומת
Dtn 24,7abα:	כי־ימצא איש גנב נפש מאחיו מבני ישראל והתעמר־בו
	ומכרו ומת הגנב ההוא

Die Abweichungen der dtn Reformulierung resultieren aus der Transponierung des Rechtssatzes von der Gattung des *môt-jûmat*-Rechts in die des kasuistischen Rechts. Das in Ex 21,16 in zweiter Position im Unterfall eingeführte Lexem מצא („finden")[429] wird an die erste Stelle gerückt[430]. Wie in Ex 21,16 zeigt das Verb מצא die Aufdeckung des Verbrechens *in flagranti delicto* an[431].

425 Wenn G. Braulik Dtn 24,16 als Quelle für Ez 18,20 abhanden kommt, soll Ex 22,23 in die Lücke treten, ein Vers, der sicher nicht vordtn ist, wie er im Anschluß an N. Lohfink meint, sondern als nachdtn (cf. Verf., Pentateuchredaktion [*BEThL 126*], 73) Teil einer späten Schicht im Pentateuch ist, die Ezechielüberlieferungen rezipiert; cf. Verf., Innerbiblische Exegese (*BBB 119*},*176-182*, zu Lev 26.

426 Cf. auch M. Fishbane, Interpretation (*Oxford 1985*), 340.

427 Cf. dazu o. in diesem Kapitel.

428 Wörtliche Übereinstimmungen sind doppelt, die sachlichen Übereinstimmungen sind einfach unterstrichen.

429 Zur Überlieferungsgeschichte von Ex 21,16 cf. Verf., Wandel (*StB 3*), 33.

430 Analog wird auch der ursprünglich als Rechtssatz des *môt-jûmat*-Rechts formulierte Kasus des Ehebruchs in Dtn 22,22a umformuliert.

431 Cf. Verf., Wandel (*StB 3*), 33. G. Brin (Studies [*JSOT.S 176*], 25-28; cf. dazu die Rezension des Verf. in ThLZ 120 [*1995*], 324-327) interpretiert Ex 21,16 auf zwei voneinander unterschiedene Fälle, den Verkauf eines geraubten Menschen und die Absicht, ihn für sich selbst zu behalten. Zum überlieferungsgeschichtlichen Zusammenhang zwischen Ex 21,16; Dtn 24,7 und dem Menschendiebstahlsverbot des Dekalogs cf. Verf., Dekalog (*OBC 8*), 295-299; ders., Ethik (*ThW 3/2*), 38f., sowie A. Alt, Verbot (*KlSchr I*), 333-340.

Das in Ex 21,16 das Objekt des Verbrechens bezeichnende Lexem אִישׁ wird zum Subjekt und damit wird Raum geschaffen, um das dtn Bruderethos mit מֵאֶחָיו מִבְּנֵי יִשְׂרָאֵל als weiteres Motiv der dtn Reformulierung neu einzuführen. Der dtn Autor verbessert die Justitiabilität des Verbots gegenüber der Formulierung des Bundesbuches. Ist in Ex 21,16 zunächst der abgeschlossene Verkauf des gestohlenen Menschen Voraussetzung für die Todesstrafe, so genügt es mit der Einfügung von וְנִמְצָא בְיָדוֹ („und er wird in seiner Hand gefunden"), daß das Opfer in der Gewalt des Täters angetroffen wird. Die dtn Reformulierung setzt dagegen die Kennzeichnung als Sklave (הִתְעַמֵּר)[432] oder[433] den vollendeten Verkauf voraus. Da das Verbot des Menschendiebstahls jeden „Israeliten" schützt, nicht nur den Armen, ordnet der dtn Autor es mittels der *biʿartā*-Formel unter die Gebote der Reinheit und Heiligkeit von Land und Volk ein.

In der materialen Rechtsordnung (Dtn 19,2-25,12), in der Blut-, Prozeß- und Familienrechtsgesetze miteinander verzahnt worden sind, hängt der dtn Autor die durch die Themenverschränkung verbundenen Rechtssätze in eine Fachwerksstruktur ein, die er aus den Gebotsreihen in Dtn 22,1-12*; 23,16-16 und Dtn 24,6-25,4* formt. In diesen Reihen verzahnt er jeweils Gebote des Geschwisterethos mit Verboten unerlaubter Mischungen (Dtn 22,1-12*), kultischen Geboten (Dtn 23,16-26) und des Strafrechts (Dtn 24,6-25,4*) in einer Struktur der Anordnung im A-B-Schema. Dtn 25,1-3 verzahnt diese Fachwerksstruktur mit der in sie eingehängten materialen Rechtsordnung von Blut-, Prozeß- und Familienrecht. Dtn 25,1-3 ist Teil der materialen Rechtsordnung, die durch die „fan-concatenation" strukturiert ist, und gleichzeitig der Gebotsreihe der Fachwerksstruktur in Dtn 24,6-25,4*, so daß sich folgender Aufbau des dtn Gesetzes in Dtn 16,18-25,12* ergibt:*

---

432 עמר II (Hitp.) ist am besten nach der mittelhebr. Wortbedeutung „als Sklaven benutzen" zu verstehen; cf. G. Dalman, Wörterbuch (*Frankfurt/Main 1901*), 302. Dazu paßt es, daß עמר II ein der Geschäftssprache entlehntes Verb ist, das ursprünglich aus dem Getreidehandel kommt; s. HAL 803; ferner M. David, *HITʿĀMĒR* (*VT 1*), 219-221.

433 Zur Funktion der Konjunktion *waw* im Sinne von „oder" in Rechtssätzen cf. G. Brin, Studies (*JSOT.S 176*), 101-103.

Themenverschränkung von Prozeß-, Blut-, Familienrecht		Fachwerksstruktur Bruderethos	
A: Gerichtsordnung/Prozeßrecht	Dtn 16,18-18,5*		
B: Blutrecht	Dtn 19,2-13*		
A: Prozeß-/Strafrecht	Dtn 19,15-21		
B: Blutrecht	Dtn 21,1-9*		
C: Familienrecht	Dtn 21,15-21		
B: Blutrecht	Dtn 21,22f		
		A: Sozialgebote	Dtn 22,1-4
		B: verbotene Misch.	Dtn 22,5
		A: Sozialgebot	Dtn 22,6-7a
		C: Verknüpfung	Dtn 22,8
		B: verbotene Misch.	Dtn 22,9-11
		C: Verknüpfung	Dtn 22,12
C: Familienrecht	Dtn 22,13-29		
		A: Sozialgebot	Dtn 23,16f.
		B: kult. Gebot	Dtn 23,18f.
		A: Sozialgebot	Dtn 23,20-21
		B: kult. Gebot	Dtn 23,22-24
		A: Sozialgebot	Dtn 23,25f.
C: Familienrecht	Dtn 24,1-4		
		A: Sozialgebot	Dtn 24,6
		B: Strafgesetz	Dtn 24,7
		A: Sozialgebot	Dtn 24,10-15
		B: Strafgesetz	Dtn 24,16
		A: Sozialgebot	Dtn 24,17-22
A: Prozeß-/Strafrecht	Dtn 25,1-3	B: Strafgesetz	Dtn 25,1-3
		A: Sozialgebot	Dtn 25,4
C: Familienrecht	Dtn 25,5-10		
B: Körperverletzungsrecht	Dtn 25,11f.		

Die nächste Parallele zur Redaktionsstruktur dieses dtn Reformprogramms ist die der Mittelassyrischen Gesetze der Tafel A. Wie in den Mittelassyrischen Gesetzen wird auch in das dtn Gesetz eine ursprünglich selbständige Rechtssatzsammlung des Familienrechts integriert[434]. Durch die Rechtssätze MAG.A §§ 39-48(49) verzahnt der Redaktor den Rahmen der Reformgesetze (MAG.A §§ 1-24; 50-59) mit der Eherechtssammlung (MAG.A §§ 25-38) und kommentiert sie. Dazu formt er ein Fachwerk aus Rechtssätzen des Pfand-, Straf- und Eherechts (MAG.A §§ 39-48[49]) zur Themenverschränkung mit MAG.A § 44 als Zentrum. In dieses Fachwerk wird die Eherechtssammlung (MAG.A §§ 25-38) eingehängt. Schränkt der Rahmen (MAG.A §§ 1-24; 50-59) die Privatstrafe zugunsten öffentlicher Strafe ein, so wird in MAG.A § 44 dieser Skopos der Einschränkung der Gewalt des Ehemannes über die Ehefrau auf die des Gläubigers gegenüber einer verpfändeten Person übertragen. Die

434 S. dazu o. III.

Rechtssätze MAG.A §§ 40; 47 nehmen diese Intention auf und weisen die Verletzung der ehelichen Verhüllungsregel wie die Zauberei der öffentlichen Gerichtsbarkeit zu. Der Rahmen der MAG.A unterstellt die Eherechtssätze MAG.A §§ 41-43; 45-46 insgesamt der öffentlichen Gerichtsbarkeit. Die Fachwerksstruktur aus Pfandrecht (MAG.A §§ 39; 44; 48 [49]), Strafrecht (MAG.A §§ 40; 47) und Eherecht (MAG.A §§ 41-43; 45-46) verzahnt also unterschiedliche Rechtsthemen und verklammert die Eherechtssammlung mit dem Rahmen des Strafrechts in MAG.A §§ 1-24; 50-59:

A: Pfandrecht	MAG.A § 39
B: Strafrecht	MAG.A § 40
C: Eherecht	MAG.A §§ 41-43
A: Pfandrecht	MAG.A § 44
C: Eherecht	MAG.A § 45-46
B: Strafrecht	MAG.A § 47
A: Pfandrecht	MAG.A § 48(49)

Im Rahmen der Mittelassyrischen Gesetze (MAG.A §§ 1-24; 50-59) sind alternierend Rechtssätze zu Körperverletzungs- und Sexualdelikte zusammengeordnet worden, um an ihnen die Einschränkung der gentilen Privatstrafe mit der Dispositionsverfügung zugunsten der öffentlichen Gerichtsbarkeit zu exemplifizieren und so das Programm einer Rechtsreform zu entwickeln. Im dtn Reformprogramm rahmen die Privilegrechtssätze (Dtn 14,22-15,23; 26,2-13*) die materiale Rechtsordnung[435] und werden innerhalb der materialen Rechtsordnung Rechtssätze unterschiedlicher Themenbereiche im Dienste eines Reformprogramms miteinander verzahnt. Dieses Programm ist von zwei Ideen geleitet, der durch die Kultzentralisation ausgelösten Reform der Rechtsinstitutionen und der damit verbundenen Reformulierung des Prozeß-, Blut- und Familienrechts einerseits sowie dem dtn Sozialprogramm des Geschwisterethos andererseits. Diese beiden Ideen verteilen sich mit Schwerpunkt jeweils auf die Blöcke von Prozeß-, Blut- und Familienrecht einerseits, die Reihen der sozialen Gebote andererseits, die aber jeweils thematisch übergreifend miteinander verzahnt sind. Zur Verklammerung dient in erster Linie das Formelmaterial, allen voran die *biʿartā*-Formel. Sowohl in den Gebotsreihen als auch im Prozeß-, Blut- und Familienrecht werden durch die Formeln Gesetze und Gebote, die nicht Teil des Programms des Geschwisterethos sind, auf die Reinheit und Integrität von Volk und Land interpretiert. Umgekehrt können insbesondere im Familienrecht eine Reihe von Gesetzen auf den Schutz der Schwachen gedeutet werden und konvergieren damit dem Programm des Geschwisterethos als *cantus firmus* in den Gebotsreihen. Die Gesetze werden mit der Fachwerksstruktur in den Gebotsreihen, in die sie eingehängt sind, auch da-

435 S. dazu u. IV. 3.3.3.

durch verzahnt, daß in Dtn 24,6-25,4* mit den Geboten des Geschwisterethos solche des Strafrechts zusammengeordnet sind.

Im Vergleich zu den Mittelassyrischen Gesetzen der Tafel A ist die Redaktionsstruktur des dtn Gesetzes komplexer. Die Fachwerksstruktur ist weiter ausgebaut zu drei Gebotsreihen. Die Eherechtssammlung wird in den Mittelassyrischen Gesetzen weitgehend unverändert in das Gesetzeskorpus eingebunden. Der dtn Autor dagegen verzahnt das Familienrecht mit Prozeß- und Blutrecht in einer komplexen Themenverschränkung. Mit der privilegrechtlichen Rahmung von Fest-, Gerichts- und materialer Rechtsordnung geht das Deuteronomium gegenüber den Mittelassyrischen Gesetzen der Tafel A ganz eigene Wege, die sich aus der Rezeption des Bundesbuches erklären[436]. In die Redaktion der materialen Rechtsordnung in Dtn 19-25 sind aber Verfahren eingeflossen, die bereits in den Keilschriftrechten beheimatet waren, so die Themenverschränkung durch eine „fan-concatenation", die bereits in der Rechtssammlung des Hammurapi in altbabylonischer Zeit Anwendung fand.

Die engsten Parallelen zu den Redaktionsverfahren des Deuteronomiums finden sich aber in den Mittelassyrischen Gesetzen der Tafel A. Daß das dtn Reformprogramm komplexer redigiert ist als die Mittelassyrischen Gesetze, hängt nicht zuletzt damit zusammen, daß im dtn Reformprogramm nicht nur eine größere Anzahl von Themenbereichen miteinander verzahnt wurden, sondern vor allem damit, daß im Gegensatz zu den Mittelassyrischen Gesetzen, denen es um den einen Aspekt der Einschränkung gentiler Gerichtsbarkeit, ging, das dtn Reformprogramm mit der Verbindung von Kultreform, Rechtsreform und Entwicklung eines Sozialprogramms eine Vielzahl von Gesichtspunkten, die sich alle wechselseitig bedingen[437], miteinander vernetzt und auch in der materialen Rechtsordnung zur Geltung bringt, dies aber als Reformulierung des Bundesbuches. Die dtn Redaktion ist eingespannt zwischen die judäische Tradition in Gestalt des Bundesbuches und das zeitgenössische Keilschriftrecht. Zur Modernisierung des traditionellen judäischen Rechts als Akt der Zurückweisung von neuassyrischen Ansprüchen auf Modernität bedient sich der dtn Autor assyrischer Redaktionsverfahren. Die Traditionsbindung aber des Reformprogramms wird durch den privilegrechtlichen Rahmen (Dtn 14,22-15,23; 26,2-13) noch unterstrichen.*

---

436 S. dazu u. IV. 3.3.6.

437 S. dazu u. IV. 4.

3.3.3 Die Rezeption des Bundesbuches in dem Rahmen des sozialen Privilegrechts in Dtn 14,22-15,23*; 26,2-13*

Als „Privilegrecht" werden im folgenden Gebote der Aussonderungen für JHWH – in der Regel im 6/7-Schema[438] – mit dem Ziel, die Herrschaft Gottes über den Bereich der Aussonderung zum Ausdruck zu bringen, bezeichnet. Von ihren Anfängen im Bundesbuch in der Sklavengesetzgebung (Ex 21,2-6.[7-11]), den *šᵉmiṭṭā-* und Ruhetagsgeboten (Ex 23,10-12) an, wird die privilegrechtliche Unterstellung von Fruchtbarkeit und menschlicher Arbeit unter die Herrschaft Gottes mit einer Herrschaftsbegrenzung für den Menschen zugunsten der Ärmsten verbunden[439]. Von einem am mittelalterlichen Lehen als Analogie orientierten „Privilegrecht"[440], wie es sich insbesondere als Bezeichung für Ex 34 eingebürgert hat[441], sollte man nicht mehr sprechen, da es „Israel" als vorstaatlichen Personalverband und damit die Frühdatierung des gesamten Kapitels Ex 34 zur Voraussetzung hat, ein am Lehensrecht[442] orientiertes „Privilegrecht" aber für staatliche Verhältnisse einer rechts- und sozialhistorischen Logik entbehrt[443].

Bereits das Bundesbuch ist in der dem dtn Redaktor vorgegebenen Gestalt[444] durch die im 6/7-Zeitschema strukturierten Gebote der Sklavenfreilassung in Ex 21,2-6.(7-11)[445] sowie des Ruhejahres und Ruhetags in Ex 23,10-12[446] privilegrechtlich gerahmt. Die Gesetze der Freilassung der Sklaven und der *šᵉmiṭṭā* (Ex 21,2-6.[7-11]; 23,10f.) hat der dtn Autor in umgekehrter Reihenfolge in Dtn 15,1-18* als Zentrum des von ihm verfaßten privilegrechtlichen Rahmen des dtn Reformprogramms (Dtn 14,22-15,23; 26,2-13*) rezipiert. Dieses Zentrum (Dtn 15,1-18*) wiederum rahmen zusammen mit dem Gebot des Drittjahreszehnts (Dtn 14,28f.) die Gebote des Jahreszehnts (Dtn 14,22-27) und des Erstgeburtsopfers (Dtn 15,19-23) als Bestimmungen „Jahr

---

438 Cf. dazu Verf., Art. *šæbaᶜ* (*ThWAT VII*), 1018f.

439 Cf. Verf., Aspekte (*OBC 8*), 94-111.

440 Cf. M. Weber, Rechtssoziologie (*Tübingen* ^{5}*1980*), 417ff.

441 Cf. u.a. J. Halbe, Privilegrecht (*FRLANT 114*), 226ff.

442 Daß die Lehensrechtsanalogie auch für das hethitische Recht problematisch ist, hat erneut R. Haase (Lehensrecht [*ZAR 2*], 135-139) gezeigt.

443 E. Zenger (Tora [*BEThL 126*], 277 Anm. 39) behält diese am Lehensrecht orientierte Bezeichnung „Privilegrecht" nur „aus praktischen Gründen bei; sie gilt streng genommen nur, wenn der Landgabebezug der Gebote/Verbote in Ex 34* mitgegeben ist. Da dies m.E. in der ältesten Sinai-Erzählung nicht der Fall ist … , ist die Bezeichnung für die urprüngliche Gebotssammlung … so nicht zutreffend; man könnte sie Kult- oder Sakralrecht nennen". Dann aber stiftet der Begriff des Privilegrechts in dem von M. Weber entlehnten Sinne nur mehr Verwirrung als Klarheit und ist aufzugeben.

444 Cf. dazu Verf., Wandel (*StB 3*), 52f.; ders., Art. Bundesbuch (*RGG⁴ I*).

445 Cf. dazu Verf., Wandel (*StB 3*), 34-37; ders., Ethik (*ThW 3/2*), 83f.101f.; G.C. Chirichigno, Debt-Slavery (*JSOT.S 141*), 186-255.

446 Cf. dazu Verf., Wandel (*StB 3*), 45f.; N. Lohfink, Fortschreibung (*SESJ 62*), 151.

für Jahr“ (שָׁנָה [וּ] שָׁנָה; Dtn 14,22; 15,20). Durch die wörtliche Anknüpfung von Dtn 14,22f. in Dtn 15,19f. wird der Rahmen fest gefügt.

Dtn 14,22f.* שָׁנָה שָׁנָה וְאָכַלְתָּ לִפְנֵי יְהוָה אֱלֹהֶיךָ בַּמָּקוֹם אֲשֶׁר־יִבְחַר

Dtn 15,20 לִפְנֵי יְהוָה אֱלֹהֶיךָ תֹאכְלֶנּוּ שָׁנָה בְשָׁנָה בַּמָּקוֹם אֲשֶׁר־יִבְחַר

בְּכֹרֹת בְּקָרְךָ וְצֹאנֶךָ ist nur in Dtn 14,23 und Dtn 15,19 belegt[447]. In beiden Geboten wird eine Grundsatzregelung durch eine mit כִּי eingeleitete Ausnahmeregelung (Dtn 14,24-26; 15,21-23) ergänzt[448]. Das so gerahmte Zentrum des Privilegrechts reformuliert in Dtn 15,1-18* die privilegrechtlichen Rahmengesetze des Bundesbuches (Ex 21,2-6.[7-11]; 23,10f.). Dtn 15,12-18 zitiert Ex 21,2-6[449]:

Ex 21,2: כי תקנה עבד עברי שש שנים יעבד ובשבעת יצא לחפשי חנם

Ex 21,3: (1. Unterfall) אם־בגפו יבא בגפו יצא

(2. Unterfall) אם־בעל אשה הוא ויצאה אשתו עמו

Ex 21,4: (3. Unterfall) אם־אדניו יתן־לו אשה וילדה־לו בנים או בנות האשה
וילדיה תהיה לאדניה והוא יצא בגפו

Ex 21,5: (4. Unterfall) ואם־אמר יאמר העבד אהבתי את־אדני את־אשתי ואת־בני
לא אצא חפשי

Ex 21,6: והגישו אדניו אל־האלהים והגישו אל־הדלת או אל־המזוזה ורצע אדניו
את־אזנו במרצע ועבדו לעלם

Dtn 15,12: כי־ימכר לך אחיך העברי או העבריה ועבדך שש שנים ובשנה השביעת
תשלחנו חפשי מעמך

Dtn 15,13: וכי־תשלחנו חפשי מעמך לא תשלחנו ריקם

Dtn 15,14: העניק תעניק לו מצאנך ומגרנך ומיקבך אשר ברכך יהוה אלהיך

---

447 Die redaktionelle Intention, aus Dtn 14,22-27 und Dtn 15,19-23 einen Rahmen zu formen, ist so vorherrschend, daß mit der Einführung der Erstgeburten (Dtn 14,23) zunächst die Meinung entstehen kann, es sollte nur jede zehnte Erstgeburt geopfert werden, was erst durch Dtn 15,19-23 korrigiert wird.

448 Dtn 14,22-27; 15,19-23 ist auch in der gemeinsamen Explikation von Dtn 12,17f. aufeinander bezogen; s.i.f. Zu Recht hat E. Reuter (Kultzentralisation [*BBB 87*], 158) die Nennung der Erstgeburten in Dtn 14,23 „als redaktionelle Auffüllung“ verstanden, da es ein eigenes Erstlingsgesetz gibt, allerdings keinen Anlaß, um Dtn 14,23 literarkritisch auszuscheiden und einen Widerspruch zwischen Freude und Gottesfurcht zu konstruieren. Ehe das literarkritische Skalpell angesetzt wird, sollte nach der kompositorischen Funktion der Anknüpfung zwischen Jahreszehntgebot und Kultzentralisation gefragt werden. Die von E. Reuter rekonstruierte Grundschicht (Dtn 14,22.25b.26.27*) funktioniert nicht, da unklar ist, um was für Geld es sich in Dtn 14,25b.26 handeln soll, wenn Dtn 14,24.25a ausgeschieden wird; cf. auch N. Lohfink, Kultzentralisation (*ZAR 1*), 132. Dtn 14,22-27 ist literarisch einheitlich vom dtn Autor verfaßt worden.

449 Die wörtlichen Übereinstimmungen sind doppelt, die sachlichen Übereinstimmungen einfach unterstrichen.

Dtn 15,15: על־כן אנכי מצוך את־הדבר הזה היום

Dtn 15,16: והיה כי־יאמר אליך לא אצא מעמך כי אהבך ואת־ביתך
כי־טוב לו עמך

Dtn 15,17: ולקחת את־המרצע ונתתה באזנו ובדלת והיה לך עבד עולם
ואף לאמתך תעשה־כן

Dtn 15,18: לא־יקשה בעינך בשלחך אתו חפשי מעמך כי משנה שכר שכיר עבדך
שש שנים וברכך יהוה אלהיך בכל אשר תעשה

Das Sklavengesetz des Bundesbuches (Ex 21,2-11) arbeitet an der Vermittlung von Sklavenfreilassung und Eherecht. Ex 21,2-6 und Ex 21,7-11 sind als Fall und Gegenfall unter diesem Gesichtspunkt zusammengestellt worden. Ex 21,2-6 behandelt den Fall des Mannes, der als Arbeitskraft gekauft wird und im siebten Jahr freigelassen werden soll, Ex 21,7-11 dagegen den Fall einer Frau, die für eine Ehe erworben wurde und die nur im Falle, daß ihr die Rechte einer Ehefrau vorenthalten werden, unabhängig vom 6/7-Jahresrhythmus gehen kann, ansonsten aber keiner Freilassungsregelung unterliegt. Dieses Gesetz wird in Dtn 15,12-18 ebenso wie die eherechtlich relevanten Regelungen in Ex 21,3f. nicht rezipiert. Nur die Freilassungsregelung in Ex 21,5f. und ihr Gegenfall, daß der Sklave freiwillig in ein dauerhaftes Sklavenverhältnis übergeht, werden als letzter von vier Unterfällen (s.o.) reformuliert. Über das Bundesbuch hinaus wird in Dtn 15 konsequent die paränetisch-rhetorische Situation der Anrede des Sklavenherrn zur Geltung gebracht. Damit verbunden ist ein Perspektivenwechsel. Geht es Ex 21,2-11 um die Rechte des Sklaven und der Sklavin, so rückt der dtn Autor die Pflichten des Herrn diesen gegenüber in den Vordergrund[450]. Formuliert Ex 21,2aα bedingt durch die redaktionelle Anbindung an Ex 20,24-26 den Herrn anredend in der 2. Pers.[451], so wechselt die Apodosis in Ex 21,2aβb bereits mit dem Sklaven als

450 Cf. N. Lohfink, Fortscheibung (*SESJ 62*), 160.

451 Cf. Verf., Wandel (*StB 3*), 9.35.40-45. Dagegen hält J. Van Seters (Slave [*ZAW 108*], 534-546) die Formulierung in der 2. Pers. für ursprünglich in einem bereits Deuteronomium und Heiligkeitsgesetz voraussetzenden Bundesbuch und leitet daraus dessen nachexilische Situierung ab: Ex 21,2-6 handle nicht wie Dtn 15,12-18 von der Schuldsklaverei, sondern vom Kauf eines hebräischen Sklaven von einem Ausländer. Die Begründung, die J. Van Seters für diese These gibt, ist so einfach wie falsch: „Ex 21,2a begins with the statement: ‚When you buy a Hebrew slave …‘ The most obvious and direct meaning of this statement is that the person is already a slave for whatever reason and has been purchased from another owner. The terms of the law, however, are such that the seller could not belong to the Israelite community because that would make void the law. The seller, therefore, must be a foreigner“ (a.a.O., 540). Daß der gekaufte Sklave schon Sklave gewesen sein muß, weil er nach Ex 21,2 als Sklave und nicht als freier Mann gekauft wurde, geht an der umgangssprachlichen Bedeutung des Satzes damals wie heute vorbei. Wird gesagt, ein Präsident sei gewählt, so wird damit gerade nicht zum Ausdruck gebracht, daß er schon vor der Wahl Präsident gewesen ist, vielmehr der Akt der Wahl ihn zum Präsidenten gemacht hat. Das gilt nun auch für den

Subjekt in die 3. Pers., was sich im weiteren durchhält. Im Deuteronomium wird genau umgekehrt formuliert: Die Protasis setzt den Sklaven als Subjekt ein und wechselt mit der Apodosis zur Anrede des Herrn in der 2. Pers. bis Dtn 15,15, wobei durch die Suffixe auch in Dtn 15,12a die rhetorische Situation der Anrede an den Herrn gewahrt bleibt. Die Dienstpflicht des Sklaven von sechs Jahren zieht der dtn Autor im Gegensatz zur Exodusfassung in die Protasis und bringt damit zum Ausdruck, daß die Freilassung im siebten Jahr die Stipulation des Gesetzes ist. Entsprechend ergänzt er das Bundesbuch durch die Ausstattung des Freizulassenden als Legalinterpretation (Dtn 15,13f.) und unterstreicht sie paränetisch durch die Ägypten-עֶבֶד-Formel (Dtn 15,5a) und die Gebotsformel (Dtn 15,5b) als Abschluß dieses Kasus, ehe mit וְהָיָה כִּי (Dtn 15,16) der Gegenfall folgt. Das dtn Geschwisterethos diktiert hier die Reformulierung des Bundesbuches. So vermeidet der dtn Autor auch zunächst die Begriffe von Herrn und Sklaven. Statt vom „hebräischen Sklaven" (עֶבֶד עִבְרִי) spricht er von „deinem Bruder, dem Hebräer" (אָחִיךָ הָעִבְרִי). Erst in Dtn 15,17, nach der freiwilligen lebenslangen Verpflichtung, im Sklavenstand zu bleiben, benutzt er den Begriff עֶבֶד עִבְרִי aus dem Bundesbuch. Das Geschwisterethos ließ ihn auch die eherechtlichen Bestimmungen in Ex 21,3f. nicht rezipieren. Ex 21,4 stipuliert implizit, daß die im Haus

hebräischen Sklaven: Der Akt des Kaufens macht ihn zu einem Sklaven und das heißt auch für Ex 21,2-6 zu einem Schuldsklaven. Der These, daß der hebräische Sklave schon vor seinem Kauf Sklave gewesen sein soll, wird auch durch Ex 21,3 widersprochen. Dazu meint J. Van Seters: „This is in no way contradicted by the discussion about ‚entering' single or married, because slaves could be bought as individuals or family units" (a.a.O., 540f.). Wenn aber die Frau des Sklaven zusammen mit dem Sklaven gekauft wurde, dann unterscheidet sich ihr Status als Besitz des Herrn nicht von dem der Frau, die dieser dem Sklaven zuführt, nachdem er gekauft wurde. Die Differenzierung eines Auszugs mit und ohne Ehefrau in Ex 21,3f. ist nur unter der Voraussetzung sinnvoll, daß der Sklave die Frau, die er mitbringt, als freier Mann geheiratet hat, sie also ihrem Mann in die Schuldsklaverei folgt und nicht Besitz des Herrn im Gegensatz zu einer Sklavin ist, die der Herr dem Sklaven während seiner Schuldknechtschaft zuführt. Daß J. Van Seters' Interpretation von Ex 21,2ff. voraussetzen muß, daß der Verkäufer des Sklaven ein Ausländer sei, ist konsequent, doch steht davon nichts im Text. Wollte Ex 21,2ff in einem so wichtigen Zug von Dtn 15,12ff. als Vorlage abweichen, wie J. Van Seters meint, so wäre zu erwarten gewesen, daß das auch vermerkt wird. Die Umkehrung des überlieferungsgeschichtlichen Verhältnisses zwischen Bundesbuch und Deuteronomium ist Konsequenz einer Pentateuchhypothese, die bei der Genesis ansetzend sich zunächst nicht um die Rechtskorpora von Bundesbuch, Deuteronomium und Heiligkeitsgesetz kümmert, um dann im nachherein, wenn die These an den erzählenden Partien des Tetrateuch entwickelt ist, das literarische Abhängigkeitsverhältnis zwischen den Rechtskorpora zu klären. Das Ergebnis ist die These, daß das Bundesbuch niemals eigenständig war, sondern von einem „Jahwisten" verfaßt wurde. Der genau umgekehrte Weg sollte eingeschlagen werden und die Rechtskorpora das Gerüst für eine Bestimmung der diachronen Relationen im übrigen Penta- und Hexateuch abgeben ; cf. Verf., Gesetzesfortschreibung (*ZAW 107*), 373-392; ders., Libro (*EstB 52*), 195-217, sowie o. Anm. 377.

des Herrn geborenen Sklaven im Gegensatz zu den als Schuldsklaven verkauften freien Israeliten Vollsklaven sind und weder einer Freilassungsregelung noch als Frauen der Schutzregelung (Ex 21,7-11) unterliegen[452]. Das dtn Reformprogramm hat den Judäer als אָח im Blick, der er auch bleibt, wenn er seine Arbeitskraft als Sklave verkauft. Wird er aber freiwillig Vollsklave, steht er nicht mehr unter dem Schutz des dtn Programms und genießt erst wieder dessen Schutz, wenn er die freiwillige Versklavung aufkündigt und flieht (Dtn 23,16f.). Die eherechtliche Regelung Ex 21,4 wird nicht rezipiert, da sie den Verlust des geschwisterlichen Status ohne Zustimmung des Betroffenen bedeutet und nicht an den Pflichten, sondern den Rechten des Herrn orientiert ist. Auch wenn sich ein „Israelit verkauft", ist er nach Meinung des dtn Autors kein Sklave, sondern „Bruder", der Lohnarbeiter ist, woran Dtn 15,18, einen Bogen zurück zu Dtn 15,12 schlagend, keinen Zweifel läßt. Der Freizulassende hat in den sechs Jahren das Doppelte oder zumindest soviel[453] erarbeitet, wie für einen Tagelöhner zu zahlen gewesen wäre[454]. Der dtn Autor dehnt die Freilassungsstipulation auf die Frau aus, die sich als Arbeitskraft verdingt hat. Programmatisch formuliert er, wenn er in Dtn 15,12 den „Bruder" als „Hebräer" oder „Hebräerin" definiert[455].

Der dtn Autor rezipiert das Sklavengesetz des Bundesbuches nicht nur, weil es in sein Programm des Geschwisterethos paßt, sondern auch weil von der Kultzentralisation als hermeneutischem Schlüssel seine Reformulierung des Bundesbuches betroffen ist. Der Sklave, der freiwillig in die Dauerknechtschaft eintreten will, soll an das Lokalheiligtum[456] gebracht werden (Ex 21,6),

452 Wie keilschriftrechtliche und nachbiblische Stipulationen zum Sklavenverkauf aussehen, hat S. Greengus (Slaves [*ZAR 3*], 1-11) aufgezeigt.

453 Zum Lexem מִשְׁנֶה in der Bedeutung „Äquivalent/Ersatz" cf. M. Tsevat, Alalakhiana (*HUCA 29*), 109-126, sowie HAL 614; anders (*duplum*) und wohl zutreffend zuletzt J.M. Lindenberger, Meaning (*JBL 110*), 479-482.

454 Das Sozialprogramm des Heiligkeitsgesetzes zieht die Konsequenz daraus und hebt die Sklaverei ganz zugunsten der Idee der befristeten Lohnabhängigkeit auf; cf. Verf., Ethik (*ThW 3/2*), 249-253.

455 Zur der Rolle der Frau im dtn Reformprogramm cf. Verf., Scales (*JSOT.S 262*), 128-146; C. Pressler, View (*BZAW 216*), passim, und einseitig negativ urteilend H.C. Washington, Battle (*JSOT.S 262*), 185-213.

456 Der Interpretation von הָאֱלֹהִים auf die Gottheit des Lokalheiligtums ist der Vorzug vor der Deutung auf die Hausgötter (so u.a. S.M. Paul, Studies [*VT.S 18*], 50f.; A. Phillips, Criminal Law [*Oxford 1970*], 60f.74f.; A.E. Draffkorn, Ilāni [*JBL 76*], 216-224) oder die Richter lokaler Gerichte (so A.B. Ehrlich, Randglossen I [*Leipzig 1908*], 348.350; HAL 51f.) zu geben; cf. zur Dokumentation der Diskussion auch G.C. Chirichigno, Debt-Slavery (*JSOT.S 141*), 232-242. Zu מְזוּזָה als Kultsäule cf. 2Kön 11,14; 23,3. Eine semantische Verbindung zwischen מְזוּזָה und akk. *izuzzu(m)* „stehen" ist durchaus wahrscheinlich; gegen J. Milgrom, Art. *m^e zûzāh* (*ThWAT IV*), 802. Zu einer archäologischen Dokumentation einer derartigen Säule cf. M. Metzger, Heiligtum (*Saarbrücker Beiträge zur Altertumskunde 32*), 34f. Sie ist ebenso wenig wie das doppelte וְהִגִּישׁוֹ Anlaß zu einer literarkritischen Aussonderung als dtr Einschub unter dem

um dort die Sklavenmarkierung (מַרְצֵעַ) zu erhalten. Dtn 15,17 verlegt diesen Vorgang an die Tür des Hauses. Ein Ortswechsel erübrigt sich nunmehr, so daß das betonte וְהִגִּישׁוֹ (Ex 21,6) zugunsten eines direkten Anschlusses der Markierung an die Erklärung des Sklaven gestrichen werden kann. Aus dem Unterfall im Bundesbuch (וְאִם; Ex 21,5) wird ein Gegenfall zur Freilassung, der durch וְהָיָה כִּי eingeleitet wird[457]. Auch wird die Abfolge von Grund und Folge umgekehrt[458], um so einen direkten Anschluß des Motivs der Sklavenmarkierung[459] an das des Hauses als Ort des Geschehens herzustellen.

Als Teil des dtn Geschwisterethos will das Sklavenfreilassungsgesetz durch Paränese der direkten Anrede des Herrn, durch die Erinnerung an den Auszug (Dtn 15,16) und durch Argumente ökonomischer Rationalität (Dtn 15,18) überzeugen.[460]. Hinzu kommt die durch die Kultzentralisation notwendig gewordene Umformulierung von Ex 21,6. Im Horizont der dtn Zentralisationsformel gelesen bezieht sich Ex 21,6 auf das Zentralheiligtum und ist die notwendige Ergänzung von Dtn 15,16. Die Gebote des dtn Gesetzes und des Bundesbuches, das in der Perspektive des Deuteronomiums gelesen werden will, ergänzen sich so, daß das Gesetz des Bundesbuches sich auf das Zentralheiligtum und das dtn Gesetz auf das Land bezieht[461]: Wie das Zentralheiligtum Asylfunktion für seine unmittelbare Umgebung hat, draußen im Land aber die Asylstädteregelung gilt, so kann in unmittelbarer Nähe des Zentralheiligtums der Sklave auch „zu Gott gebracht werden". Das Verhältnis nicht der Ablösung, sondern der Ergänzung des Bundesbuches durch das dtn Gesetz, das den hermeneutischen Schlüssel zur Interpretation des Bundesbuches abgibt, wird noch durch Ex 21,7-11 verdeutlicht. Ex 21,2-6 regelt die Versklavung eines Mannes als Arbeitskraft[462] und Ex 21,7-11 einer Frau als Ehe-

---

Einfluß von Dtn 6,9 (so L. Schwienhorst-Schönberger, Bundesbuch [*BZAW 188*], 308); s. dagegen C. Houtman, Bundesbuch (*DMOA 24*), 81.93.

457 Die für die dtn Rechtsüberlieferung einmalige Formulierung וְהָיָה כִּי soll den Kasus in Dtn 15,16-18 von dem in Dtn 15,12-15 einschließlich der mit וְכִי eingeleiteten Legalinterpretation in Dtn 15,13f. abgrenzen. Man wird also weniger mit N. Lohfink (Fortschreibung [*SESJ 62*], 160) in Dtn 15,13a eine „scheinkasuistische rhetorische Verdoppelung" sehen, oder mit G.C. Chirichigno (Debt-Slavery [*JSOT.S 141*], 262) mit drei „main cases" in Dtn 15,12-18 rechnen.

458 Die Begründung wird zu einer indirekten Rede umformuliert, da das subjektive Empfinden des Sklaven nunmehr eine rechtlich objektive Voraussetzung für die freiwillige Dauerversklavung ist; cf. N. Lohfink, Fortschreibung (*SESJ 62*), 160; J.M. Hamilton, Justice (*SBL.DS 136*), 21.

459 Zur Sklavenmarkierung cf. V.A. Hurowitz, Master (*AAJR 58*), 47-77.

460 Zur rhetorischen Funktion der Ägypten-עֶבֶד-Motivik cf. C. Hardmeier, Erinnerung (*FS H.W. Wolff*), 141-151; H.P. Nasuti, Identity (*JLR 4/1*), 18. Zur rhetorischen Strategie in Dtn 15,18 cf. J.M. Hamilton, Justice (*SBL.DS 136*), 19-23; M. Oosthuizen, Deuteronomy 15:1-18 (*ZAR 3*), 76f.

461 Cf. o. IV. 3.3.1.

462 G.C. Chirichigno (Debt-Slavery [*JSOT.S 141*], 200ff.) sieht einen direkt oder indirekt über eine „amoritische" Rechtstradition vermittelten Zusammenhang zwischen Ex 21,2-

frau[463]. Nur implizit ist in Ex 21,2-6 der Fall der nur als Arbeitskraft, nicht aber als Ehefrau versklavten Frau im Analogieschluß geregelt. Dtn 15,18-20 macht die implizite Regelung des Bundesbuches explizit[464]. Wie aber soll nach dem Deuteronomium im Falle, daß eine Frau in die Ehe verkauft wird, verfahren werden? Die Antwort kann nur das Bundesbuch geben, und zwar so, daß in diesem Fall nach Ex 21,7-11 zu verfahren ist. Das Bundesbuch ergänzt das dtn Reformprogramm, das nicht auf den Schutz der Frau durch die Rechte einer Ehefrau verzichtet, sondern in diesem Fall die Regelung des Bundesbuches voraussetzt, die im Gegensatz zu Ex 21,2-6 nicht reformuliert werden muß.

Wie prekär aber das Verhältnis zwischen reformulierendem und reformuliertem Text auch dann ist, wenn der reformulierende Text den reformulierten nicht ablöst, sondern hermeneutischer Schlüssel zu seiner Interpretation ist[465], zeigt die Rezeption von Ex 21,5f. und der Verzicht auf Ex 21,3f. Der dtn Autor setzt alles daran, in der Umklammerung von Dtn 15,16f. durch Dtn 15,12-15.18 die lebenslange Vollsklaverei zurückzudrängen: Dtn 15,16f. soll unter der Generalklausel gelesen werden, daß alle Sklaven das Recht haben,

---

6 und CH § 117. Doch ist im Gegensatz zu CH §§ 117-119 die Differenzierung der Stipulation nicht durch die Zugehörigkeit zu einer sozialen Schicht, sondern durch die Volkszugehörigkeit begründet. Die Strukturierung durch das aus dem Mazzotfest stammende 6/7-Schema deutet auf einen judäischen Ursprung des Gesetzes Ex 21,2-6, das den permanenten Verlust der Freiheit eines Menschen als Verfallspfand unterbinden will. Die Einschränkung in Ex 21,5f. macht nur Sinn, wenn auch die freiwillige Selbstversklavung, die G.C. Chirichigno mit dem Hinweis auf CH § 117 ausschließen will, durch dieses Gesetz erfaßt wird. Schlägt der Sklave die Freilassung aus, geht er nicht in ein undefiniertes Dienstverhältnis, sondern in das eines Vollsklaven über. So räumt G.C. Chirichigno ein, daß die Eheregelung in Ex 21,4 aus dem Vollsklavenrecht stammt. Um der vermeintlichen Abhängigkeit von CH § 117 willen lehnt er die Analogie der *tīdennūtu*-Verträge aus Nuzi und ähnlicher Verträge des Selbstverkaufs seit der Ur III-Zeit kategorisch ab, obwohl Ex 21,7-11 durchaus eine Nähe zu Adoptions- und Eheverträgen (*ṭuppi mārtūti u kallatūti*) hat.

463 Daß eine Frau nur aufgrund von Schulden in die Ehe verkauft wird, ist aus Ex 21,7-11 gegen G.C. Chirichigno nicht herauszulesen. Die Gründe für die Versklavung können vielfältig sein. Auch wird in Ex 21,7-11 die Frau gerade nicht in ein Schuldknechtschaftsverhältnis verkauft, sondern in die lebenslange Abhängigkeit einer Ehe. Der Redaktor will sie als verheiratete Frau vor dem Schicksal einer Vollsklavin bewahren, indem er ihr den Rechtsstatus einer freien Ehefrau zuerkennt. Das Bemühen, die Frau vor dem Status einer Vollsklavin zu bewahren, verbindet Ex 21,7-11 mit der Freilassungsregelung in Ex 21,2-6.

464 Cf. auch J.H. Tigay, Deuteronomy (*JPSTC*), 148f.

465 N. Lohfink (Fortschreibung [*SESJ 62*], 151) faßt den Begriff der Fortschreibung zu eng, wenn er meint, eine Umstellung dürfte „beim wasserklaren Fortschreibungsmodell“ nicht vorkommen, gilt es doch zu berücksichtigen, daß Umstellungen selbst bei Übersetzungen in Bilinguen und Trilinguen üblich und Reversionen für Rezeptionen charakteristisch sind; cf. H.U. Steymans, Deuteronomium 28 (*OBO 145*), 152-154 u.ö. Die Fortschreibung kann auch durchaus subversiven Charakter annehmen.

als Freie zu gehen[466]. Warum übernahm er Ex 21,5f., wenn die lebenslange Vollsklaverei seinem Bild von der geschwisterlichen Gesellschaft, in der kein Bruder und keine Schwester Sklave sein sollte, widersprach? Und warum rezipierte er Ex 21,5f., ließ aber Ex 21,3f. aus? Das Kriterium, nach dem der dtn Autor über Rezeption und Nichtrezeption entschied, liegt auf der Hand: Es ist der erklärte freie Wille des „Bruders". Wenn er sich freiwillig lebenslang in die Hand des Herrn begibt, weil es ihm dort gut geht, und der ihn liebt, so soll das möglich bleiben. Aber keine anderen Gesichtspunkte, die den Sklaven in seiner Entscheidung drängen könnten, sollen dabei eine Rolle spielen, etwa die Liebe zu Frau und Kindern, die er verlassen müßte, wenn er sein Freiheitsrecht wahrnimmt – einzig die Güte des Herrn darf den Ausschlag für die Entscheidung, zu bleiben, geben[467]. Ist nun aber Exodus 21,4 weiterhin gültig? Hier liegt eine Form von Revision des vorgegebenen Rechts vor, ohne es ausdrücklich zu zitieren. Wird Ex 21,7-11 auch auf die dem Schuldsklaven gemäß Ex 21,4 zur Frau gegebene Sklavin angewandt, so darf sie mit ihrem Mann gehen. Im Analogieschluß wird dieses Recht auch durch die Einführung der „Hebräerin" in Dtn 15,12-18 gestützt. Die Kinder aus einer derartigen Beziehung bleiben automatisch bei ihren Eltern, wenn die Ehefrau gehen darf. Damit aber ist der Kreislauf, der nach Ex 21,3f. zu judäischen Vollsklaven in der Hand des Herrn führt, unterbrochen. Er hat keine judäische Sklavin, die ihm Kinder als Vollsklaven gebären könnte, und damit auch keine Frauen, die er den Schuldsklaven als Ehefrauen geben könnte. Es könnte sich allenfalls um Ausländerinnen handeln, die nicht Thema des dtn Reformprogramms

---

466 Cf. J.M. Hamilton, Justice (*SBL.DS 136*), 22.

467 C. Steuernagel (Deuteronomium [*HAT I. 3.1*], 110) hat einen Zusammenhang zwischen Bundesbuch und Deuteronomium mit dem Argument zurückgewiesen, es sei „zweifelhaft, ob unser Gesetz (sc. Dtn 15,12-18) auf Ex 21,2ff. beruht, da die speziellen Bestimmungen von Ex 21,3ff. in Dtn 15 keine Parallele haben". Diese These erweist sich bei genauerem Hinsehen als haltlos. Da auch C. Steuernagel nicht Übereinstimmungen zwischen Bundesbuch und Deuteronomium in Abrede stellen kann, muß er zu der Hypothese „parallele(r) Bearbeitungen einer gemeinsamen älteren Grundlage oder parallele(r) Kodifikationen alten Gewohnheitsrechtes" (a.a.O.) greifen. Die direkte literarische Abhängigkeit des dtn Gesetzes vom Bundesbuch stand dem sich mit J. Hempel (Schichten [*Leipzig 1914*]) Bahn brechenden Forschungstrend, die diachrone Tiefendimension der Überlieferungs- und Literaturgeschichte des Deuteronomiums bis in eine israelitische Frühzeit hinein literarkritisch zu konstruieren, im Wege; cf. o. I. Die Position C. Steuernagels ist jüngst wieder von W.S. Morrow (Center [*SBL.MS 49*], 116) ohne neue Argumente, aber auch ohne C. Steuernagel zu nennen, erneuert worden: „In view of the fact that many of the clauses in Exod 21:2-6 have no parallel in Deut 15:12-18, it probably cannot be proven that 15:12-18 is dependent precisely on the law in Exod 21:2-6. It can be reliably supposed, however, that the law in 15:12-18 is an adaption of a law which contained clauses parallel to Exod 21:2.5.6". Diese These ist gründlich falsifiziert worden; cf. auch N. Lohfink, Fortschreibung (*SESJ 62*), 149-165, sowie Verf., Rezension von W.S. Morrow, Center, in BiOr 55 (*1998*), 487-491 und in ZAR 2 (*1996*), 208-211; U. Rüterswörden Rezension in ThLZ 122 (*1997*), 135-137.

sind[468]. So ist Ex 21,3f faktisch abrogiert, indem der dtn Autor ein Gefüge der wechselseitigen Interpretation der Gebote von Bundesbuch und Deuteronomium erstellt, das die zu abrogierende Regelung langfristig überflüssig macht und dadurch aus den Angeln hebt. Ein solches Verfahren indirekt-subversiver Fortschreibung setzt voraus, daß der reformierte Text weiterhin Autorität beansprucht und nicht direkt für ungültig erklärt oder durch eine direkt widersprechende Regelung außer Kraft gesetzt werden soll.

Der dtn Autor verzahnt des Erlaßjahrprogramm (Dtn 15,1-3.7-10[469]) durch die Zeitformel in Dtn 15,1 mit dem voranstehenden Gebot des Drittjahreszehnts (Dtn 14,28f.) und mit dem folgenden Sklavenfreilassungsgebot (Dtn 15,12-18) durch den Siebenjahreszyklus. Er formuliert das *š^{e}miṭṭā*-Gebot im Injunktiv (Dtn 15,1) mit anschließenden, jeweils palindromischen Legalinterpretationen (Dtn 15,2-3.7-10). Dtn 15,2aβb.3 ist folgendermaßen palindromisch aufgebaut[470]:

468 Erst durch die späte Redaktion DtrH werden in Dtn 21,10-14 die kriegsgefangenen Sklavinnen dem Schutz des Eherechts unterstellt und damit den judäischen Sklavinnen gleichgestellt; cf. Verf., Ethik (*ThW 3/2*), 200f.

469 Dtn 15,4-6 unterbricht den Zusammenhang zwischen Dtn 15,1-3 und Dtn 15,7-10 und widerspricht dem Kerntext. Soll es nach Dtn 15,4-6 keine Armen mehr geben, so sind diese gerade der Grund für das Programm des Erlaßjahres in Dtn 15,1-3.7-10. In der Exilszeit entwirft Dtn 15,4-6 das Bild einer armutsfreien Gesellschaft als Teil der dtr-exilischen Bearbeitung des Deuteronomiums als Verfassungsentwurf für das „Neue Israel" nach dem Exil. Die Anknüpfung an die Dekalograhmung in Dtn 5,32f. mit der Verbindung von Gebotsgehorsam und Segen weist diese Einfügung dem Dekalogredaktor (DtrD) zu; cf. o. IV. 3.2. Zur dtr Provenienz von Dtn 15,4-6 cf. auch R.P. Merendino, Gesetz (*BBB 31*), 110f.; G. Seitz, Studien (*BWANT 93*), 169, sowie jüngst E. Nielsen, Deuteronomium (*HAT I. 6*), 158f. Dtn 15,11 setzt Dtn 15,4-6 voraus, wie nicht nur Dtn 15,11a inhaltlich zeigt, sondern auch die Aufnahme von אָנֹכִי מְצַוְּךָ „ich befehle dir" in Dtn 15,11b als Anknüpfung an Dtn 15,5. Schließlich fällt Dtn 15,11 aus der konzentrischen Struktur von Dtn 15,7-10 (cf. W.S. Morrow, Center [*SBL.MS 49*], 108) heraus. Durch die Wiederaufnahme (cf. dazu als literarkritisches Kriterium C. Kuhl, Wiederaufnahme [*ZAW 64*], 1-11) von Elementen aus Dtn 15,8f. in Dtn 15,11b (cf. G. Seitz, a.a.O., 169f.) wird der literarisch sekundär an Dtn 15,7-10 angefügte Vers Dtn 15,11a in die Gesamtstruktur eingebunden. Dtn 15,11 korrigiert Dtn 15,4-6 und paßt die Utopie des dtr Redaktors den nachexilischen Gegebenheiten an. Das utopische Programm der Exilszeit hat sich nicht erfüllt, so daß das dtn-vorexilische Programm des Geschwisterethos in Dtn 15,1-3.7-10 weiterhin gültig bleibt. Versuche, den Widerspruch zwischen Dtn 15,1-3.7-11 und Dtn 15,4-6 dadurch aufzulösen, daß man die Differenzierung von Binnen- und Außenmoral mit der Deutung von הָאָרֶץ (Dtn 15,11) auf das Ausland einträgt, hat J.M. Hamilton, (Shemitta Law [*VT 42*], 214-222) zurückgewiesen.

470 Cf. G. Seitz, Studien (*BWANT 93*), 168; J.M. Hamilton, Justice (*SBL.DS 136*), 17; M. Oosthuizen, Deuteronomy 15:1-8 (*ZAR 3*), 67.

A: Dtn 15,2aβ שמוט כל־בעל משה
B: Dtn 15,2aγ אשר ישה ברעהו
C: Dtn 15,2bα לא־יגש את־רעהו ואת־אחיו[471]
D: Dtn 15,2bβ כי־קרא שמטה ליהוה
C: Dtn 15,3a את־הנכרי תגש
B: Dtn 15,3bα ואשר יהיה לך את־אחיך
A: Dtn 15,3bβ תשמט ידך

Das gilt auch für Dtn 15,7-10[472]:

A: Dtn 15,7a (*kî*-Satz) כי־יהיה
B: Dtn 15,7b (Prohibitiv) לא תאמץ ... ולא תקפץ
C: Dtn 15,8 (emph.Injunktiv) פתח תפתח ... והעבט תעביטנו
D: Dtn 15,9 (Prohibitiv) השמר לך
C: Dtn 15,10aα (emph.Injunktiv) נתון תתן
B: Dtn 15,10aβ (Prohibitiv) לא־ירע
A: Dtn 15,10b (*kî*-Satz)[473] כי ... יברכך

Diese wohlgeformten Legalinterpretationen hat der dtn Autor nicht nur mit dem unmittelbaren Kontext der Gebote des Drittjahreszehnts und der Sklavenfreilassung (Dtn 14,28f.; 15,12-18) verzahnt, sondern über den privilegrechtlichen Rahmen des dtn Gesetzes (Dtn 14,22-15,23; 26,2-13*) hinaus auch mit

471 H.-J. Fabry (Deuteronomium 15 [*ZAR 3*], 103f.) will die „Bruder-Notiz", mit der schon LXX und Samaritanus Schwierigkeiten gehabt hätten, als „auffallend nachklappend" literarkritisch ausscheiden. Da aber der „Bruder" in V.3 fest verankert ist, müßte eher der רֵעַ ausgeschieden werden. Doch spricht hier die pleophore Sprache der Paränese. Auch ist Dtn 15,2 mit dem Pfandrecht in Dtn 24,10 (dtn) verklammert. Schließlich ist Dtn 15,2f. palindromisch strukturiert, was für eine literarische Einheit spricht und gegen die literarkritische Abtrennung von V.3 durch T. Veijola (Redaktion [*SESJ 62*], 254), der sich auf C. Steuernagel (Deuteronomium [*HAT I. 3.1*], 108f.) beruft. Für die Abgrenzung des Verhaltens den Ausländern gegenüber kommt gar keine andere Position im Kontext in Frage als die, die sie jetzt im Text hat.

472 Cf. W.S. Morrow, Center (*SBL.MS 49*), 108.

473 Die feste Einbindung von Dtn 15,10 in die palindromische Struktur widerspricht der literarkritischen Aussonderung dieses Verses durch T. Veijola, Redaktion (*SESJ 62*), 254f. W.S. Morrow (Center [*SBL.MS 49*], 91ff.) will neben Dtn 15,4-6 auch Dtn 15,7-18 als Zusatz zu Dtn 15,1-3 ausscheiden, Versen, die er der *mqwm*-Schicht zuweist. Im Gegensatz zur dtn *mqwm*-Schicht, die an Themen der Kultzentralisation interessiert sei, wollen s.E. die Zusätze die Gesellschaft um das Heiligtum beschreiben. Doch verkennt er bei dieser literarkritischen Trennung, daß diese beiden Aspekte in der dtn Theologie gerade auf das engste zusammengehören. Schon innerhalb der von W.S. Morrow rekonstruierten *mqwm*-Schicht ist diese Trennung nicht aufrechtzuerhalten, da auch Dtn 15,1-3 an der durch das Bruderethos geprägten Gestalt der Gesellschaft interessiert ist. Wenn W.S. Morrow sich die Argumente für die literarkritische Trennung von der masoretischen Abgrenzung durch Petuchot und Setumot vorgeben läßt, unterschätzt er den Zeitsprung von mehr als einem halben Jahrtausend, der zwischen der schriftgelehrten Textgliederung durch dieMasoreten und der literarischen Formierung des Deuteronomiums liegt.

den Geboten des Bruderethos in der materialen Rechtsordnung[474]. Dtn 15,9b „er ruft gegen dich JHWH an, und du lädst Schuld auf dich" (קָרָא עָלֶיךָ אֶל־יְהוָה וְהָיָה בְךָ חֵטְא), verbindet als Zentrum der Paränese in Dtn 15,7-10 den Schuldenerlaß in Dtn 15,1-10* mit den Sozialgeboten in Dtn 24,6-25,4*. Dtn 24,15 nimmt diese Begründung auf und verzahnt den Schuldenerlaß mit der Einschränkung des Pfandrechts eines Gläubigers. Dem dient auch das Zitat der Segensformel (Dtn 15,10.14.18) in Dtn 24,13.19[475]. Die Differenzierung zwischen Binnen- und Außenmoral in Dtn 15,1-3 und Dtn 23,20f. verbindet Schuldenerlaß und Zinsverbot[476].

Der dtn Autor faßt also alle das Kreditwesen betreffenden Gebote, das Zinsverbot, die Beschränkung des Pfandrechts des Gläubigers, Schuldenerlaß und Freilassung der Schuldsklaven, zusammen.

Das apodiktisch formulierte Gebot in Dtn 15,1 hat die Funktion einer Grundsatzregelung:

„Nach Ablauf von sieben Jahren sollst du einen Erlaß (שְׁמִטָּה) veranstalten."

Der dtn Autor verknüpft das *š^emiṭṭā*-Gesetz des Deuteronomiums mit dem des Bundesbuches (Ex 23,10f.). Die Formulierung in Dtn 15,1 läßt die Stipulation eines Brachejahrs wie in Ex 23,10f. erwarten. Stattdessen folgt aber mit der Legalinterpretation in Dtn 15,2-3 die Stipulation eines Schuldenerlasses:

„Dies ist die Bestimmung des Erlasses: Jeder Gläubiger (בַּעַל מַשֵּׁה)[477] lasse seine Hand erlassen (שָׁמוֹט יָדוֹ)[478], was er seinem Nachbarn geliehen hat[479]. Er soll es bei seinem Nach-

474 Cf. dazu o. IV. 3.3.2.

475 Cf. dazu o. IV. 3.3.2.

476 Cf. dazu o. IV. 3.3.2.

477 Der Ausdruck בַּעַל מַשֵּׁה entspricht dem akk. *bēl ḫubulli(m)* („Gläubiger"); cf. CH §§ 48:11; 151:29.41.50; D.J. Wiseman, Alalakh Tablets (*London 1953*), 30:4. Eine Deutung von מַשֵּׁה auf ein Pfand ist dagegen unwahrscheinlich. Gegen die Interpretation auf den Schuldner, der sich selbst verpfändet hat, – so F. Horst (Privilegrecht [*ThB 12*], 79-87) – spricht, daß sich der Schuldner in der Regel nur als *ultima ratio* selbst verpfändet (cf. G.C. Chirichigno, Debt-Slavery [*JSOT. S 141*], 268). Gegen eine Interpretation auf ein Sachpfand (so u.a. C.J.H. Wright, Years [*EvQ 56*], 136.171f.) spricht, daß das dtn Reformprogramm die Begrenzung der Pfandrechte des Gläubigers in Dtn 24,6.10-13.17f. verhandelt.

478 Daß יָדוֹ Objekt zu שָׁמוֹט ist, wird durch Dtn 15,3 תַּשְׁמֵט יָדֶךָ bestätigt. Der akk. Ausdruck *aḫa(m) nadû(m)/nadā'u* kann als Analogie dienen; cf. M. Weinfeld, Year (*SESJ 51*), 48. Weniger überzeugend ist der Vorschlag von M. Weinfeld (Justice [*BBVO 1*], 497), יָדוֹ als „Anspruch" zu interpretieren und den mit אֲשֶׁר beginnenden Satz nicht als Relativsatz, sondern den akk. *ša*-Sätzen entsprechend als Protasis zu Dtn 15,2b zu ziehen. Ist eine Interpretation von יָד dem akk. *qātu(m)* „Leistung, Verfügung, Anteil" (cf. AHw 908ff.) entsprechend möglich (cf. P. Ackroyd, Art. *jād* [*ThWAT III*], 428), so macht es doch Schwierigkeiten, daß in Dtn 15,8.10 nun eindeutig die Hand als Körperteil mit יָד bezeichnet ist, man also zwei unterschiedliche Konnotationen des Lexems in ein und demselben auf Eindeutigkeit bedachten Text annehmen müßte. Das gilt entsprechend für die These, daß die Protasis mit einer Relativpartikel eröffnet werde, die nicht

barn und seinem Bruder nicht eintreiben, denn man hat den Erlaß JHWHs ausgerufen. Beim Ausländer darfst du eintreiben. Was aber dir gehört, bei deinem Bruder lasse dein Hand erlassen“ (Dtn 15,2-3).

Die Legalinterpretation in Dtn 15,2f. nimmt mit וְזֶה דְּבַר הַשְּׁמִטָּה („dies sind die Bestimmungen der *š^e^miṭṭā*“) nicht, wie von der älteren Forschung wiederholt vertreten, auf Dtn 15,1 als vordtn Gesetz bezug[480], sondern ist mit Dtn 15,1 Teil eines literarisch einheitlich dtn Textes und bezieht sich auf Ex 23,10f.[481]. Dtn 15,1 läßt ein Ex 23,10f. entsprechendes Gesetz erwarten, während die Legalinterpretation in Dtn 15,2f. nicht ein agrarisches Brachejahr mit sozialer Abzweckung, sondern einen Schuldenerlaß für den Judäer als „Bruder“ zum Inhalt hat. Das aber bedeutet nun keineswegs, daß das *š^e^miṭṭā*-Gesetz des Bundesbuches mit dieser dtn Neuinterpretation des *š^e^miṭṭā*-Jahres abgetan und durch den Schuldenerlaß ersetzt wäre[482]. Vielmehr ergänzt das dtn Gesetz auch hier das Bundesbuch. In dem Jahr, in dem die Ackerbrache der *š^e^miṭṭā* gefeiert wird, soll der Schuldenerlaß durchgeführt werden. Der dtn Autor bringt diesen Zusammenhang dadurch zum Ausdruck, daß er das Lexem שׁמט/שְׁמִטָּה verwendet, das die Ackerbrache bezeichnet, aber im Gegensatz zu dem für die Sache zur Verfügung stehende Begriff דְּרוֹר[483] nicht für den Schuldenerlaß passend ist[484]. Wird das Brachejahrgebot (Ex 23,10f.)

zuletzt die masoretische Verseinteilung gegen sich hat. Ist das noch kein durchschlagendes Gegenargument, so ist doch an Dtn 15,3 ablesbar, wie eine solche Eröffnung aussieht, nämlich durch ein *w*-copulativum vom Vorhergehenden abgegrenzt und so auch von den Masoreten verstanden. Zur Verwendung somatischer Begriffe als rhetorisches Stilmittel in Dtn 15,1ff. cf. auch J.M. Hamilton, Justice (*SBL.DS 136*), 31ff. Die von der BHS vorgeschlagene Ergänzung des masoretischen Textes durch מַשֵּׁה את, der zahlreiche Exegeten, so zuletzt E. Nielsen (Deuteronomium [*HAT I. 6*], 158), gefolgt sind, ist überflüssig.

479 Wie in § 3 des Ammi-ṣaduqa-Edikts geht es in Dtn 15,2 um den vollständigen Erlaß von Schulden; cf. dazu F.R. Kraus, Verfügungen (*SDIO 11*), 195-198; J.P.J. Olivier, Restitution (*ZAR 3*), 18f.; Verf., Programme (*ZAR 3*), 33ff.; M. Weinfeld, Justice (*BBVO 1*), 497ff.

480 Cf. u.a. F. Horst, Privilegrecht (*ThB 12*), 79; G. Seitz, Studien (*BWANT 93*), 167f.

481 Dtn 15,1 kann nicht selbständig ohne V.2 tradiert worden sein, da selbst bei Annahme einer elliptischen Formulierung eine Stipulation, die nicht sagt, worin der Erlaß besteht und zu wessen Gunsten er durchgeführt werden soll, wenig sinnvoll ist.

482 So für viele S.R. Driver, Deuteronomy (*ICC*), 177f.

483 Zum sprachgeschichtlichen Zusammenhang mit dem akk. auf den Schuldenerlaß bezeichnenden Lexem *(an-)durāru(m)* s.u. IV. 4.

484 Nur im Deuteronomium wird das Nomen שְׁמִטָּה zur Bezeichnung eines Schuldenerlasses verwendet (Dtn 15,1f.9), wobei Dtn 31,10 auf Ex 23,10f. und Dtn 15,1-11 anspielt; cf. auch M.J. Mulder, Art. *šāmaṭ* (*ThWAT VIII*), 201f., dessen Beschreibung des Sprachgebrauchs das Problem deutlich benennt, wenn er שְׁמִטָּה in Dtn 15,1 neutral mit „Erlaß“ übersetzt und sich dazu auf Dtn 31,10 beruft. Daß die Verwendung des judäischen Traditionsbegriffs auch eine antiassyrische Spitze hat, wird noch deutlich werden; cf. dazu u. IV. 4.

im Horizont von Dtn 15,1-10* interpretiert, so muß spätestens zu dieser Zeit in ganz Juda ein einheitliches Brachejahr durchgeführt worden sein[485]. Der dtn Autor entwickelt aus dem Brachejahrgebot des Bundesbuches die Institution eines Schuldenerlasses, die keine Konkurrenz zu der des Brachejahrs im Bundesbuch ist, sondern sie ergänzt[486]. Unter sozialem Aspekt ist das Brachejahrprogramm des Bundesbuches unbefriedigend, da der Wildwuchs, alle sieben Jahre den Armen zur Verfügung gestellt, kaum spürbare Hilfe bringt[487]. Der dtn Autor ergänzt es deshalb an anderer Stelle durch eine den Ernteaspekt aus Ex 23,10f. aufnehmende Erlaubnis des „Mundraubes“ zur Erntezeit (Dtn 23,25f.) und ein Nachleseverbot (Dtn 24,19-22)[488], die nicht nur für das siebte Jahr gelten. Vor allem aber wird der soziale Aspekt des Brachejahrgebotes (Ex 23,10f.) durch das Programm eines Schuldenerlasses zu einer für die Armen spürbaren Entlastung weiterentwickelt[489].

Der dtn Autor verbindet die am 6/7-Schema orientierten privilegrechtlichen Gesetze des Schuldenerlasses und der Sklavenfreilassung (Dtn 15,1-18*), die in umgekehrter Reihenfolge den privilegrechtlichen Rahmen des Bundesbuches im 6/7-Schema (Ex 21,2-6; Ex 23,10f.) reformulieren[490], mit dem Gesetz des Drittjahreszehnt (Dtn 14,28f.), das den Leviten und den *personae miserae*, den Fremdlingen, Witwen und Waisen, zugute kommt. Er ordnet die Sozialgebote dem Ablauf des Verarmungsprozesses folgend an, um ihn aufzuhalten und umzukehren. In jedem dritten Jahr soll der Zehnte aller Erträge der Landwirtschaft den Armen zur Verfügung gestellt werden. Wenn sie dennoch verarmen und auf Notdarlehen angewiesen sind, soll ihnen das Darlehen im *šemiṭṭā*-Jahr erlassen werden. Wenn sie dennoch als Schuldsklave oder Schuldsklavin sich verdingen müssen, sollen sie im siebten Jahr freigelassen

485 Cf. dazu bereits J. Wellhausen, Prolegomena (*Berlin* *⁶1905*), 111f.

486 Daß Ex 23,10-12 weiterhin als gültig anzusehen ist, erklärt auch, warum das dtn Reformprogramm kein Ruhetagsgebot enthält und dieses erst mit dem Dekalog in Dtn 5,12-15 dtr nachgetragen wird. Der dtn Autor sah keinen Anlaß zur Reformulierung des bereits sozial interpretierten Ruhetagsgebots in Ex 23,12, so daß Bundesbuch und Deuteronomium sich auch an dieser Stelle ergänzen. Fallen Schuldenerlaß und Brachejahr gemäß Ex 23,10f. und Dtn 15,1-10* zusammen, so fragt es sich, ob das auch für die Sklavenfreilassung gelten sollte. Dem widerspricht, daß gemäß Dtn 15,12 der Sklave oder die Sklavin sechs Jahre arbeiten sollen, was mit einer Freilassung im *še miṭṭā*-Jahr in der Regel nicht zusammenfällt. So ist zu erwägen, daß die Regelung „er soll sechs Jahre dienen, und im siebten Jahr sollst du ihn freilassen“ eine maximale Dienstpflicht bezeichnet. Doch das ist keineswegs eindeutig zu erweisen. Auch wäre eine Dtn 15,9 entsprechende Paränese zu erwarten.

487 Cf. dazu o. IV. 3.3.2.

488 Cf. dazu o. IV. 3.3.2.

489 Das gilt für die Programmkonzeption. Daß sie sich erst spätnachexilisch durchsetzen konnte, steht auf einem anderen Blatt; cf. dazu o. Anm. 400 sowie Verf., Programme (*ZAR 3*), 61ff.

490 Cf. zur spiegelbildlichen Rezeption („Seidel's law“) P. Beentjes, Quotations (*Bib 63*), 506-523.

werden. Das Sozialprogramm der materialen Rechtsordnung mit Zinsverbot, Einschränkung des Pfandrechts des Gläubigers, Freigabe des Mundraubs, Nachleseverbot und täglicher Lohnauszahlung unterstützt die Wirksamkeit der im privilegrechtlichen Rahmen (Dtn 14,28-15,18*) zusammengestellten Sozialgebote. In zeitlicher Perspektive ergibt sich folgender Zusammenhang der Sozialgebote: Im dritten und sechsten Jahr des in Dtn 15,1-10* vorausgesetzten Siebenjahreszyklus wird der Drittjahreszehnt für die Armen gegeben. Im siebten Jahr, dem Brachejahr gemäß Ex 23,10f. entfällt der Zehnte, dafür wird ein Schuldenerlaß gewährt:

1. Jahr:	Jahreszehnt	Dtn 14,22-27
2. Jahr:	Jahreszehnt	Dtn 14,22-27
3. Jahr:	*Drittjahreszehnt*	*Dtn 14,28-29*
4. Jahr:	Jahreszehnt	Dtn 14,22-27
5. Jahr:	Jahreszehnt	Dtn 14,22-27
6. Jahr:	*Drittjahreszehnt*	*Dtn 14,28-29*
7. Jahr:	*š^e^miṭṭā*	*Dtn 15,1-10**

In drei von sieben Jahren werden also gesonderte Maßnahmen des Armenschutzes durchgeführt, wobei auch jährlich die Armen am festlichen Verzehr des Jahreszehnts am Zentralheiligtum Anteil haben (Dtn 12,18)[491]. Die Gebote sind so angeordnet, daß sie mit dem *š^e^miṭṭā*-Gebot des Schuldenerlasses in Dtn 15,1-10* ihren Höhepunkt finden.

Das Gebot des *Drittjahreszehnts* (Dtn 14,28f.) ist eine Neuschöpfung des dtn Autors ohne Vorlage im Bundesbuch. Es verklammert die das Bundesbuch auslegenden Gebote in Dtn 15,1-18* mit dem ebenfalls vom dtn Autor ohne Vorlage im Bundesbuch neu geschaffenen *Jahreszehnt* (Dtn 14,22-27). Jahreszehnt und Drittjahreszehnt sind nicht nur dadurch miteinander vernetzt, daß der Drittjahreszehnt eine Aussonderung aus dem Jahreszehnt zugunsten der *personae miserae* ist, sondern auch durch das Jahreszehnt und Drittjahreszehnt gemeinsame Motiv der Leviten. Das Gebot des Jahreszehnts bringt als Privilegrecht JHWHs dessen Herrschaft über das Land und sein Erträge zum Ausdruck:

> „Du sollst vor JHWH, deinem Gott, essen an dem Ort, den er erwählt, um dort seinen Namen wohnen zu lassen, den Zehnten deines Korns, deines Weins, deines Öls und die Erstgeburten deiner Rinder und deines Kleinviehs, damit du lernst, JHWH, deinen Gott, alle Tage zu fürchten" (Dtn 14,23).

Die Gebote des Jahreszehnts (Dtn 14,22-27) und der Erstgeburten (Dtn 15,19-23) rahmen die Sozialgebote (Dtn 14,28-15,18*) und verzahnen sie mit den Gesetzen der Kultzentralisation (Dtn 12,13-27*) und der Festordnung (Dtn 16,1-17)[492]. Das Programm des Geschwisterethos in Dtn 15,1-18* wird so

---

491 Dtn 26,12a kann in der Logik der oben angeführten Abfolge das Jahr des Drittjahreszehnts (שָׁנָה הַשְּׁלִישִׁת) als „Zehntjahr" (שְׁנַת הַמַּעֲשֵׂר) bezeichnen.

492 Cf. dazu u. IV. 3.3.4 und IV. 3.3.5.

theologisch auf die gemeinsame Kultfeier am Zentralheiligtum, die Israel ohne soziale Unterschiede konstituiert, bezogen[493].

Die Anbindung des Sozialprogramms an die Kultgemeinde des Zentralheiligtums durch das Privilegrecht wird durch den *zweiten Pfeiler des privilegrechtlichen Rahmens* in *Dtn 26,2-13** unterstrichen. Dtn 26,2-13* knüpft mit der Wiederaufnahme des Gebots des Drittjahreszehnts (Dtn 26,12f.) und wörtlichen Zitaten aus Dtn 14,28 an den privilegrechtlichen Rahmen in Dtn 14,22-15,23 an. כָּל־מַעְשַׂר תְּבוּאָתְךָ in Dtn 26,12a zitiert Dtn 14,28, setzt mit כִּי תְכַלֶּה לַעְשֵׂר[494] Dtn 14,28 תּוֹצִיא ... וְהִנַּחְתָּ בִּשְׁעָרֶיךָ abschließend fort und schlägt einen Bogen zu Dtn 14,22 עַשֵּׂר תְּעַשֵּׂר אֵת כָּל־תְּבוּאַת זַרְעֶךָ. Das Gebot der Darbringung der Erstlinge faßt mit כָּל־פְּרִי הָאֲדָמָה (Dtn 26,2a) die Aufzählung der Früchte (Dtn 14,23) zusammen. Mit dem Lexem רֵאשִׁית wird das aus der Verklammerung von Dtn 14,22-27 mit Dtn 15,19-23 stammende Motiv der בְּכֹרֹת (Dtn 14,23) assoziiert. Dtn 26,2b zitiert mit הלך in Verbindung mit der מָקוֹם-Formel Dtn 14,25bβ. Dtn 26,11 faßt das Motiv der Freude und der Fürsorge für die Leviten (Dtn 14,26bβ.27a) zusammen:

Dtn 14,26bβ.27a וְשָׂמַחְתָּ אַתָּה וּבֵיתֶךָ וְהַלֵּוִי אֲשֶׁר־בִּשְׁעָרֶיךָ לֹא תַעַזְבֶנּוּ

Dtn 26,11 וְשָׂמַחְתָּ בְכָל־הַטּוֹב אֲשֶׁר נָתַן־לְךָ יְהוָה אֱלֹהֶיךָ וּלְבֵיתֶךָ
אַתָּה וְהַלֵּוִי וְהַגֵּר אֲשֶׁר בְּקִרְבֶּךָ

Dtn 26,12b faßt das Gebot der Speisung der *personae miserae* in Dtn 14,29 zusammen. Dtn 26,13 verweist mit הַקֹּדֶשׁ zurück auf das Gebot des Erstgeburtsopfers, das in Dtn 15,19 mit dem Lexem קדשׁ eröffnet wird. Die theologische Mitte von Dtn 26,2-13* in den Bekenntnissen Dtn 26,5aβ.10a und Dtn

---

493 Das vom dtn Autor neu geschaffene Gebot des Jahreszehnts hat seinen Ursprung im *ʿšrt*-Opfer; s. dazu J.-M. de Tarragon, Culte (*CRB 19*), 23; N. Airoldi, Decima (*Bib 55*), 179-210. Nicht die Abschaffung des Zehnten wird, wie F. Crüsemann (Zehnte [*WuD 1985*], 41) meint, im Deuteronomium vorausgesetzt, sondern der Zehnte als Festmahl am Zentralheiligtum überhaupt erst im Deuteronomium konzipiert. Alle Spekulationen über die Ohnmacht der königlichen Administration zur Zeit eines „Kindkönigs Josia", sich den Zehnten anzueignen, sind ebenso wie die über eine „Bauernmacht" (so F. Crüsemann, Tora [*München 1992*], 248ff.) verfehlt; cf. dagegen auch N. Lohfink, Fortschreibung (*SESJ 62*), 138 Anm. 48, sowie Verf., Tora (*ThLZ* 118), 903-910. Angesichts der Schließung der Lokalheiligtümer bestand keine Notwendigkeit zum Unterhalt ihrer Priesterschaft mehr, während für die Priester des Zentralheiligtums die Erstlingsgaben gemäß Dtn 18,4 ausreichend waren, die Erstgeburtsopfer wie der neugeschaffene Zehnte also der am Zentralheiligtum versammelten Kultgemeinde zugute kommen konnten. Auch sollte nicht übersehen werden, daß das Deuteronomium ein Programmtext war, der überhaupt nichts über die tatsächlichen Machtverhältnisse in Juda aussagt und sich, wie für die Schuldenerlaß- und Sklavenfreilassungsgebote zweifelsfrei erkennbar, erst spätnachexilisch realisieren ließ.

494 Cf. dazu N. Airoldi, Decima (*Bib 55*), 207 Anm. 3.

26,13aβ hat ihren Ausgangspunkt in Dtn 14,23[495]. Erst in Dtn 26,2*.6a.10-13 wird deutlich, inwiefern die Darbringung von Zehntem und Drittjahreszehntem JHWH-Furcht lernen läßt.

Wie mit Dtn 14,22-15,23* wird auch mit Dtn 26,2-13* das theologische Fundament für die materiale Rechtsordnung einschließlich des Sozialprogramms gelegt: Der Segen Gottes, der sich in den Erträgen des Landes ausdrückt, ermöglicht überhaupt erst das Leben der Gemeinschaft, die sich kultisch am Zentralheiligtum[496] konstituiert[497]. Dem Urheber des Segens wird durch die Aussonderung von Jahreszehnt, Drittjahreszehnt, Erstgeburten und Erstlingen die Ehre gegeben, und diese Anerkennung der Gottesherrschaft als Begrenzung der Verfügung über die Erträge des Landes soll den Schwachen, d.h. den Landlosen und insbesondere den verarmenden Landlosen, zugute kommen.

Die beiden, die Innenseite des Rahmens bildenden Gebote des *Erstgeburtsopfers* und der *Darbringung der Erstlinge* (Dtn 15,19-23; 26,2-11*) reformulieren das Erstlings- und Erstgeburtsopfergebot des Bundesbuches (Ex 22,28f.):

---

495 E. Reuter (Kultzentralisation [*BBB 87*], 158f.) hat zu Recht die Formel „damit du lernst, Gott zu fürchten" als literarisch ursprünglicher von Dtn 17,19 sowie von den Parallelen mit der Abfolge למד, ירא und כָּל־הַיָּמִים in Dtn 4,10; 31,12f. abgesetzt, da es in Dtn 14,23 nicht um die Befolgung eines verschrifteten Gesetzes geht. G. Braulik (Gedächtniskultur [*SBAB 24*], 137) hält eine vorexilische Abfassung von Dtn 14,23 für möglich, erwägt aber auch eine exilische Abfassung für V.23b. Doch geht es hier nicht um Gesetzesgehorsam. Die ältere Forschung hat in Dtn 26,1-22 wiederholt einen „liturgisch agendarischen" Anhang zum dtn Gesetzeskorpus sehen wollen; so u.a. A. Dillmann, Deuteronomium (*KEH XIII*), 359; C. Steuernagel, Deuteronomium (*HAT I. 3.1*), 144, sowie jüngst noch G. Braulik, Gesetze (*SBS 165*),113; E. Reuter, Kultzentralisation (*BBB 87*), 163; E. Nielsen, Deuteronomium (*HAT I. 6*), 2.235; U. Dahmen, Leviten (*BBB 110*), 353. Die engen Verflechtungen zwischen Dtn 14,22-15,23 und Dtn 26,2-13* widersprechen dem. U. Dahmen (a.a.O., 353) sucht nach einer „palindromischen Struktur" in Dtn 14,22-15,23; 26,1-13, die er nur für die Abfolge vom Gesetz des Drittjahreszehnts (Dtn 14,28f.) – Erstlingsgesetz (Dtn 15,19-23) – Erstlingsgesetz (Dtn 26,1-11) – Gesetz des Drittjahreszehnt (Dtn 26,12f.) findet. Da dann aber der Jahreszehnt in seiner Stellung unerklärt bleibt, lehnt er eine Rahmung des dtn Gesetzes durch das Privilegrecht ab, um dann freie Bahn zu haben, Dtn 26 als mehrschichtig dtr zu deklarieren. Es geht in der Rahmung des dtn Gesetzes nicht darum, eine palindromische Struktur zu finden, – obwohl die von U. Dahmen aufgezeigte Struktur schon zu kompositions- und redaktionskritischen Überlegungen Anlaß geben sollte, die der These eines „Anhangs" in Dtn 26 zuwiderliefen, – sondern zu sehen, daß der dtn Autor mit der Kompositionstechnik der Inklusion gearbeitet hat. Dtn 26,12a stellt mit שְׁנַת הַמַּעֲשֵׂר darüber hinaus eine Assoziation mit dem Gesetz des Schuldenerlasses in Dtn 15,9 her.

496 Cf. dazu u. IV. 3.3.4 und IV. 3.3.5.

497 Cf. dazu J.H. Tigay, Deuteronomy (*JPSTC*), 142f.: „The festive celebration of God's bounty will teach people reverence by keeping them aware of their dependence on God and prevent them from taking their prosperity for granted".

„Deinen Reichtum der Weinernte und Ölernte[498] hältst du nicht zurück. Den Erstgeborenen deiner Söhne gibst du mir. So sollst du mit deinem Rind und deinem Kleinvieh verfahren. Sieben Tage bleibt es bei seiner Mutter. Am achten Tag übergibst du es mir“ (Ex 22,28f.).

Ex 22,28f. ist redaktionell eng verzahnt mit dem *š^{e}miṭṭā*-Gebot (Ex 23,10f.). Diese privilegrechtlichen Aussonderungsgebote rahmen das Prozeßrecht (Ex 23,1-3.6-8). Die Rahmenfunktion wird durch die Parallelität der Formulierungen in Ex 22,29a und Ex 23,11b mit jeweils asyndetischem Anschluß von לְצֹאנֶךָ und לְזֵיתֶךָ unterstrichen:

Ex 22,29a: כֵּן־תַּעֲשֶׂה לְשֹׁרְךָ לְצֹאנֶךָ
Ex 23,11b: כֵּן־תַּעֲשֶׂה לְכַרְמְךָ לְזֵיתֶךָ

Das Motiv von Wein- und Ölgarten (Ex 23,11b[499]) bestimmt in in dieser Kombination auch die Eröffnung von Ex 22,28f.[500]. Der Zusammenschluß von Ex 22,28f. mit Ex 23,10f. im Bundesbuch wird vom dtn Autor bei der Reformulierung dieser Gebote in Dtn 15,1-23* vorausgesetzt und festgehalten. Bei der Reformulierung in Dtn 14,28f. steht für ihn die Verzahnung mit dem Zentralisierungsgesetz in Dtn 12* im Vordergrund:

„Jede Erstgeburt, die bei deinen Rindern oder bei deinem Kleinvieh geboren wird, sollst du, wenn sie männlich ist, JHWH, deinem Gott, heiligen. Du sollst mit der Erstgeburt deines Rindes keine Arbeit verrichten und die Erstgeburt deines Kleinviehs nicht scheren. Vor JHWH, deinem Gott, sollst du sie verzehren, alljährlich, an dem Ort, den JHWH erwählt, du und deine Familie. Wenn aber ein Mangel an ihr ist, sei sie verletzt[501] oder blind, sie also mit einem schweren Makel behaftet ist, so darfst du sie JHWH, deinem Gott, nicht opfern. In deinen Ortschaften sollst du sie essen, der Reine und der Unreine zusammen, wie Hirsch und Gazelle. Nur ihr Blut darfst du nicht essen. Auf die Erde sollst du es gießen wie Wasser“ (Dtn 15,19-23).

Die Reformulierung von Ex 22,28f. in Dtn 15,19-23 trägt der Kultzentralisation als hermeneutischem Schlüssel der Reformulierung Rechnung. Die Forderung, die Erstgeburt sieben Tage bei seiner Mutter zu belassen, am achten Tag aber JHWH zu opfern, setzt das nahe gelegene Ortsheiligtum, das innerhalb des achten Tages erreicht werden kann, voraus. Die dtn Reformulierung streicht diese Forderung zugunsten des Gebots, alljährlich die Erstgeburten als Opfer am Zentralheiligtum darzubringen. Statt der 7/8-Tage-Regelung in Ex

---

498 מְלֵאָה bezieht sich in Ex 22,28f. und Dtn 22,9 (cf. dazu o. IV. 3.3.2) auf die Weinernte, דִּמְעֲךָ auf die Ölernte; cf. bereits A. Jepsen, Bundesbuch (*BWANT 41*), 50.

499 Daran knüpft Dtn 14,23 an.

500 Zur Differenzierung von Tradition und Redaktion in Ex 22,28f.; 23,10f. cf. Verf., Wandel (*StB 3*), 45f.

501 Die auf akk. *pessû(m)* (cf. AHw 856f.) gestützte Übersetzung von פִּסֵּחַ als „lahm“ (so noch wieder R.E. Clements, Art. *pisse^{a}ḥ* [*ThWAT VI*], 684f.) beruht auf einem Zirkelschluß, der auf F. Delitzsch zurückgeht. Beide sprachhistorisch miteinander verwandten Lexeme bezeichnen allgemein die Verletzung eines Tieres; cf. Verf., Semantik (*BN 41*), 31-35.

22,28f. wird stipuliert, die Tiere für JHWH zu heiligen, was bedeutet, sie bis zu ihrer Opferung am Zentralheiligtum im Rahmen eines Wallfahrtsfestes nicht Zwecken ökonomischer Verwertung zuzuführen. Dieses Gebot wird überhaupt erst notwendig, wenn die Erstgeburten nicht schon nach sieben Tagen, sondern erst nach Monaten geopfert werden. Ja, man wird vermuten dürfen, daß auch einer Überlegung, die Wallfahrt zum Zentralheiligtum an einem der drei großen Wallfahrtsfeste hinauszuzögern, um noch Nutzen von den Tieren zu haben, ein Riegel vorgeschoben werden soll. So in den Horizont der Kultzentralisation gerückt, wird Dtn 15,19-23 über Ex 22,28f. hinaus zu einer Ausführungsbestimmung von Dtn 12,17[502]. Die Erstgeburten, die zum Zentralheiligtum gebracht werden, unterliegen den Bestimmungen der Unversehrtheit für Opfertiere. Der Dialektik von Opferzentralisierung und Freigabe der Profanschlachtung in Dtn 12,13-27* folgend wird die profane Schlachtung der versehrten Tiere in den Ortschaften freigegeben[503], wobei nur Dtn 12,16.23 entsprechend die Schächtungsregeln zu beachten sind. In die Formulierung von Dtn 15,19 geht mit Ex 34,19 eine zweite Vorlage ein:

Ex 34,19	כָּל־פֶּטֶר רֶחֶם לִי וְכָל־מִקְנְךָ תִּזָּכָר[504] פֶּטֶר שׁוֹר וָשֶׂה
Dtn 15,19*	כָּל־הַבְּכוֹר אֲשֶׁר יִוָּלֵד בִּבְקָרְךָ וּבְצֹאנְךָ הַזָּכָר תַּקְדִּישׁ לַיהוָה

Der dtn Autor formuliert den Rechtsanspruch mit JHWH als Subjekt (Ex 34,19) zu einem Gebot um, das die Verpflichtung des angeredeten „Du“ als Subjekt in den Mittelpunkt stellt. Dtn 12,17 zitierend wird die umständliche Formulierung כָּל־פֶּטֶר רֶחֶם zu כָּל־הַבְּכוֹר אֲשֶׁר יִוָּלֵד und also insgesamt aus כָּל־פֶּטֶר רֶחֶם לִי der Refomulierung mit JHWH als Objekt entsprechend כָּל־הַבְּכוֹר אֲשֶׁר יִוָּלֵד ... תַּקְדִּישׁ. Die umständliche Formulierung in Ex 34,19 וְכָל־מִקְנְךָ תִּזָּכָר פֶּטֶר שׁוֹר וָשֶׂה, mit der sowohl die Masoreten wie auch die Übersetzer der Septuaginta ihre Schwierigkeiten hatten, wird vom dtn Autor glatter zu בִּבְקָרְךָ וּבְצֹאנְךָ הַזָּכָר umformuliert.

Die Rezeption von Ex 34,19 in Dtn 15,19-23 ist von großer Bedeutung für die Frage, ob der dtn Autor neben dem Bundesbuch noch eine zweite Vorlage zur Verfügung hatte. Das Gebot des Erstgeburtsopfers Ex 34,19f. hat keine Entsprechung in der zu Ex 34,18-26 in vielem parallelen Festordnung in Ex*

---

502 Cf. dazu u. IV. 3.3.5.

503 Derartige Differenzierungen, die die Kultzentralisierung voraussetzen, fehlen naturgemäß im Bundesbuch. Umgekehrt fehlt in Dtn 15,19-23 als Ausführungsbestimmung zu Dtn 12,13-27* das Gebot einer Opferung des erstgeborenen Sohnes (Ex 22,28), das im übrigen im Bundesbuch nur kontextbedingte theologische Funktion hat und nie praktiziert wurde; cf. O. Kaiser, Söhne (*Göttingen 1984*), 142-166.

504 Cf. B. Baentsch, Exodus (*HK I. 2.1*), 284.

23,14-19[505]*, so daß nur eine Rezeption aus dem Kontext in Ex 34 infrage kommt*[506].

Die Gebote zur Darbringung der Erstlingsfrüchte und des Drittjahreszehnts (Dtn 26,2aαb.5aα.10-13[507]) knüpfen an die Thematik des privilegrechtlichen Abschnitts in Dtn 14,22-25,23* an. Die beiden, die Innenseite des Rahmens (Dtn 14,22-15,23; 26,2-13*) bildenden Gebote zu Erstgeburt und Erstlingen in Dtn 15,19-23 und Dtn 26,2aαb.5aα.10-11 legen das Erstlings- und Erstgeburtsgebot des Bundesbuches (Ex 22,28f.) aus. Der dtn Autor formuliert aus dem kurzen Gebot des Bundesbuches „deinen Reichtum der Weinernte und Ölernte hältst du nicht zurück" ein ausführliches Gebot der Darbringung der Erstlinge am Zentralheiligtum:

„Du sollst von den Erstlingen aller Früchte des Landes nehmen und sie in einen Korb legen und zu dem Ort gehen, den JHWH erwählt, um seinen Namen dort wohnen zu lassen. Du sollst vor JHWH, deinem Gott, bekennen und sprechen: ‚Ein umherirrender Aramäer war mein Vater, und siehe, hiermit bringe ich die Erstlinge des Landes dar, die JHWH mir gege-

505 Das Erstgeburtsgebot Ex 34,19f. ist nicht in die an das Bundesbuch angefügte Festordnung in Ex 23,14-19 übernommen worden, da das Bundesbuch bereits in Ex 22,28f. ein entsprechendes Gebot enthält.

506 Das entspricht der in II. 2.3 begründeten Tatsache, daß Ex 23,14-19 erst nachdtn mit dem Bundesbuch verbunden wurde. Wenn B.M. Levinson (Deuteronomy [*New York/ Oxford 1997*], 66 Anm. 42) meint, „this claim that the festival calendar of the Covenant Code represents a late addition jeopardizes Otto's compelling arguments elsewhere that Deuteronomy owes its redactional structure to the Covenant Code", so ist dem insofern zuzustimmen, daß ich es auch gern gesehen hätte, wenn das dtn Gesetz restlos in der Reformulierung des Bundesbuches als einziger Quelle aufgeht. Doch ist die Rezeption von Ex 34,19 einer unter vielen Hinweisen darauf, daß neben dem Bundesbuch auch Ex 34 dem dtn Autor bekannt war; s. dazu auch i.f. sowie IV. 3.3.4.

507 Dtn 26,3f. erweist sich gegenüber der priesterlosen Fassung in Dtn 26,10 als sekundär und gehört zusammen mit Dtn 26,1.2aβ einer dtr Bearbeitungsschicht an. Das gilt auch für den Einschub des sog. „kleinen Credo" in Dtn 26,5aβ-9. Vom bekennenden Familienvater (Dtn 26,5aα.10) zu einem bekennenden „Wir" (Dtn 26,5aβ-9) in einem Abschnitt, dessen Vokabular durchgängig dtr ist, ist ein weiter Weg; cf. N. Lohfink, Credo (*SBAB 8*), 263-290; ders., Geschichtstheologie (*SBAB 8*), 291-303; S. Kreuzer, Frühgeschichte (*BZAW 178*), 149-182, gegen D.R. Daniels (Creed [*VT.S 42*], 231-242), der Dtn 26,5-10 pauschal für die vorstaatliche Zeit „Israels" reklamiert hat, einerseits und T. Römer (Väter [*OBO 99*], 56-71) andererseits, der Dtn 26,1-11 pauschal für dtr hält; s. dagegen N. Lohfink, Väter [*OBO 111*], 103f. Ebensowenig kann die durchgehend mehrschichtig-dtr Einordnung von Dtn 26,1-11 mit dem Argument einer „rhythmischen" Unausgeglichenheit zwischen Dtn 26,5aα und Dtn 26,10a durch U. Dahmen (Leviten [*BBB 110*], 354) überzeugen. Daß das „Credo" ausschließlich heilsgeschichtlich orientiert sei und nicht einer agrarischen Fortsetzung bedürfe, macht nur unter der Voraussetzung Sinn, daß das „Credo" fester Bestandteil eines insgesamt dtr Textes sei. Das Argument ist also Teil eines klassischen Zirkelschlusses, der auch nicht durch den Hinweis, daß auch andere späte Geschichtssummarien wie Neh 9,6-31 keine derartige Zuspitzung haben, geheilt werden kann. Zur älteren Forschungsgeschichte cf. S. Kreuzer, Frühgeschichte (*BZAW 178*), 3-82.

ben hat!' Und du sollst sie niederlegen vor JHWH, deinem Gott, und dich vor JHWH, deinem Gott, niederwerfen. Du sollst dich an all dem Guten freuen, das JHWH, dein Gott, dir und deiner Familie, dem Leviten und dem Fremden, der in deiner Mitte wohnt, gegeben hat" (Dtn 26,2-5a*.10-11).

In die Reformulierung des kurzen Erstlingsgebots des Bundesbuches in Ex 22,28a gehen auch Formulierungen des Erstlingsgebots in Ex 34,26a ein[508]:

Ex 34,26a	ראשית בכורי אדמתך תביא בית יהוה אלהיך
Dtn 26,2aαb	לקחת מראשית כל־פרי האדמה ושמת בטנא
	והלכת אל־המקום אשר יבחר יהוה אלהיך לשכן שמו שם

Die Bezeichnung für das Heiligtum als „Haus JHWHs, deines Gottes" in Ex 34 wird durch die Zentralisationsformel „der Ort, den JHWH, dein Gott, erwählt, um seinen Namen dort wohnen zu lassen" ersetzt. Die Umformulierung von רֵאשִׁית בִּכּוּרֵי אַדְמָתְךָ zu רֵאשִׁית כָּל־פְּרִי הָאֲדָמָה zitiert den in der Bekenntnisformel in Dtn 26,10a vorgegebene Begriff פְּרִי („Frucht") und entwickelt das Bild des Korbes, in den die Früchte zu legen sind, um sie zum Zentralheiligtum zu bringen. Das Lexem בוא (Hi.) wird in die zwei Vorgänge von לקה und הלך zerlegt, um mit dem Lexem הלך eine Brücke zu dem Jahreszehntgesetz (Dtn 14,25) zu schlagen. Als Abgabe für die Priester (Dtn 18,4) ist die Erstlingsgabe aber von der Darbringung der Erstgeburten und des Jahreszehnt, die von der Kultgemeinde verzehrt werden, abgehoben. Jahreszehnt und Erstgeburtsopfer umfassen den privilegrechtlichen Rahmen in Dtn 14,22-15,23*, der alle der Kultgemeinde zukommenden privilegrechtlichen Leistungen enthält. Dtn 14,22-15,23* hat sein Widerlager in der privilegrechtlichen Gesetzgebung der Erstlingsgabe in Dtn 26,2-11*, die mit der Priestergesetzgebung der Ämterordnung in Dtn 18,1-5*[509] verzahnt ist.

Dtn 26,12-13 nimmt das der Armenversorgung dienende Gebot des Drittjahreszehnts wieder auf:

„Wenn du im dritten Jahr, dem Zehntjahr, es abgeschlossen hast, den vollen Zehnten deines Ertrages zu entrichten, und ihn dem Leviten, dem Fremden, der Waise und der Witwe gegeben hast, so daß sie sich in deinen Ortschaften satt essen, sollst du vor JHWH, deinem Gott, sprechen: Ich habe das Geheiligte aus dem Haus geschafft und habe auch dem Leviten, dem Fremden, der Waise und der Witwe gegeben entsprechend dem ganzen Gebot, das du mir geboten hast. Ich habe keines deiner Gebote übertreten und keines vergessen" (Dtn 26,12-13).

Dtn 26,11-13 setzt mit dem Bekenntnis nach der Ablieferung des Drittjahreszehnts („wenn du es abgeschlossen hast, den vollen Zehnten deines Ertrages zu entrichten") dort ein, wo das Drittjahreszehntgebot in Dtn 14,28f. endet und ist dessen direkte Fortsetzung. Das Bekenntnis „ich habe das Geheiligte aus dem Haus fortgeschafft" (בִּעַרְתִּי הַקֹּדֶשׁ) faßt die *biʿartā*-Formeln des dtn Ge-

508 Die wörtlichen Übereinstimmungen sind doppelt, die sachliche Übereinstimmung einfach unterstrichen.

509 Cf. o. IV. 3.3.1.

setzes, die die Reinheit des Volkes und des Landes durch das Fortschaffen des Bösen zum Inhalt haben, positiv zusammen. Der Bekennende hat das, was dem Armen zukommt „aus dem Haus geschafft“ und also das Gebot Gottes erfüllt.

Das dtn Gesetz endet mit den zwei wichtigen Bekenntnissen zu JHWH als demjenigen, dem der Ertrag des Landes zu verdanken ist und dem also die kultische Verehrung am Zentralheiligtum zukommt, sowie zur daraus sich ableitenden Verpflichtung zum Geschwisterethos, der Hilfe für die Armen, wie es im Gebot des Drittjahreszehnt zum Ausdruck kommt. Damit schlägt der dtn Autor einen Bogen zurück zur Eröffnung seines Programms mit dem ungeteilten Gehorsam fordernden Bekenntnis zur Einzigkeit JHWHs in Dtn 6,4f.[510].

Die Herrschaft Gottes begrenzt die Verfügung des Menschen über die Natur und die Arbeitskraft, eine Einschränkung, die den Armen zugute kommen soll. Der von Gott gewährte Überfluß an Früchten des Feldes und an Tieren, der für Gott ausgesondert werden soll, wird am Zentralheiligtum in sakraler Gemeinschaft unter Einschluß der Armen verzehrt. Der für Gott ausgesonderte und von Gott dem Menschen wieder zurückgegebene Überfluß konstituiert eine Gemeinschaft, die die Landlosen und Armen einschließt. Die Gemeinschaft des Volkes „Israel“ im dtn Reformprogramm wird also weder durch eine gentile Sippenstruktur noch durch eine staatlich-hierarchische Organisation, sondern durch das gemeinsame sakrale Mahl konstituiert. Damit reagiert das dtn Reformprogramm auf den Zerfall von Sippen und Großfamilien in Juda während der neuassyrischen Krise im 8. und 7. Jh. v. Chr. Das dtn Reformprogramm entwickelt aus dem lokalen ʿšrt-Opfer die Jahreszehntgesetzgebung und läßt sie zusammen mit den zentralisierten Erstlingsgaben ihren Zielpunkt in der Konstituierung von Gemeinschaft im sakralen Mahl und der damit verbundenen Festfreude finden. Einer Entsakralisierung des Landes durch die Abschaffung der Ortsheiligtümer als Orte des JHWH-Opfers wird konsequent entgegengesteuert[511]*, indem der ganze Ertrag des Landes durch den Jahreszehnt mit dem Zentralheiligtum in Verbindung gebracht wird. Den sozialhistorischen Umschichtungsprozessen der judäischen Gesellschaft*[512] *wird so ein ideales Programm der konsequenten Unterstellung von Land und Volk unter die Herrschaft JHWHs entgegengesetzt. Das Reformprogramm des dtn Autors hat seinen Angelpunkt in der Kultreform.*

---

510 Cf. u. IV. 3.3.6.

511 Cf. auch N. Lohfink, Opferzentralisation (*SBAB 20*), 219-260; Verf., Rechtsbruch (*JBTh 9*), 33-46.

512 Cf. dazu B. Halpern, Jerusalem (*JSOT.S 124*), 13-107; ders., Sybil (*Winona Lake 1996*), 291-337.

3.3.4 Die Rezeption von Ex 34,18-26* (23,14-19) in der Festordnung Dtn 16,1-17

Die Festordnung in Dtn 16,1-17 ist mit dem privilegrechtlichen Rahmen (Dtn 14,22-15,23) und darüber hinausgreifend mit dem dtn Zentralisationsgesetz (Dtn 12,13-27*) vernetzt. Der dtn Autor rahmt durch das Erstgeburtsopfergebot (Dtn 15,19-23) als Wallfahrtsgebot zusammen mit Dtn 16,16f. die Festordnung. Auf der Sprachebene sind Dtn 15,19-25 und Dtn 16,16f. durch die Lexeme שָׁנָה (Dtn 15,20; Dtn 16,16) und זכר (Dtn 15,19; Dtn 16,16) sowie die Zentralisationsformel miteinander verknüpft und bilden so eine privilegrechtlichen Rahmen und Festordung verklammernde Inklusion. Dtn 15,19-23 ist mit Dtn 16,1-8 durch die Lexeme צֹאן und בָּקָר, die in Dtn 15,19; 16,2 jeweils invertiert angeordnet sind, sowie das Lexem אכל (Dtn 15,20.22.23; 16,3.7.8) verbunden. Die Zentralisationsformel mit der Dialektik von מָקוֹם und שְׁעָרִים[513] ist der *cantus firmus* in den Zentralisationsgesetzen, dem privilegrechtlichen Rahmen und der Festordnung in Dtn 16[514], die in einem dtn Redaktionshorizont steht.

Die Wallfahrtsfeste in Dtn 16,1-15 sind chronologisch angeordnet. Auf das Passafest im Frühjahr (Dtn 16,1-8) folgen im Sommer das Wochenfest (Dtn 16,9-12) und im Herbst das Laubhüttenfest (Dtn 16,13-15), die durch das Wallfahrtsgebot (Dtn 16,16f.) zusammengefaßt werden. Der dtn Autor hat den Festkalender als literarisch geschlossene Einheit verfaßt und durch die siebenmal gebrauchte Zahl „sieben" in Dtn 16,3aβ.4a.8b.9a.b.13a.15 sowie durch die parallelen Formulierungen der Gebotseinleitungen in Dtn 16,1 (וְעָשִׂיתָ פֶּסַח לַיהוָה אֱלֹהֶיךָ), Dtn 16,10 (וְעָשִׂיתָ חַג שָׁבֻעוֹת לַיהוָה אֱלֹהֶיךָ) und Dtn 16,13 (חַג הַסֻּכֹּת תַּעֲשֶׂה לְךָ) strukturiert[515]. Die Siebener-Struktur ist auch für die Binnenstruktur der Gebote der drei Jahresfeste von Bedeutung. In Dtn 16,3aβ.4a umschließen die שִׁבְעַת יָמִים den ersten Mazzotabschnitt. In Dtn 16,9a und Dtn 16,9b sind die שִׁבְעָה שָׁבֻע(וֹ)ת äußerer Rahmen der palindromisch formulierten Bestimmung des Festtermins[516]. In Dtn 16,15 leitet שִׁבְעַת יָמִים die chiastische Aufnahme von Dtn 16,13 ein. Bereits in Ex 34,18-21 sind die Feste chronologisch angeordnet, beginnend mit dem Mazzotfest in Ex 34,18f. (par. Ex 23,15a), dem Wochenfest in Ex 34,22a (par. Ex 23,16a), dem Lesefest in Ex 34,22b (par. Ex 23,16b), die zusammengefaßt werden durch das Gebot, dreimal im Jahr am Heiligtum zu erscheinen (Ex 34,23 (par. Ex 23,17). Der Aufbau des Festkalenders in Dtn 16 ist von dem in Ex 34,18-26* (par. Ex 23,14-19) abhängig.

---

513 Cf. dazu Verf., Art. *šaʿar* (*ThWAT VIII*), 376f.

514 Zur Verzahnung von Dtn 16,1-7 mit Dtn 12 cf. auch G. Braulik, Gesetze (*SBS 145*), 39ff.

515 Cf. zur Siebenerstruktur G. Braulik, Funktion (*SBAB 24*) 68f.; Verf., Art. *šæbaʿ* (*ThWAT VII*), 1017.1023.

516 Cf. Verf., Art. *šæbaʿ* (*ThWAT VII*), 1023.

In der bisherigen Forschung wird die Frage kontrovers beantwortet, welcher der Festkalender der nichtpriesterschriftlichen Sinaiperikope in Ex 34 oder Ex 23 Vorlage für Dtn 16 war. B.M. Levinson[517] hat sich jüngst erneut dafür ausgesprochen, daß Ex 23,14-19 als der gegenüber Ex 34,18-26* ursprüngliche Text Grundlage der Revision in Dtn 16,1-17 gewesen sei[518]. Es ist zu prüfen, ob es Hinweise darauf gibt, welcher Text in Dtn 16 zugrunde gelegt wurde, und ob Ex 23,14-19; 34,18-26* die Richtung der Rezeption innerhalb des Exodusbuches zu erkennen geben[519]:

Der dtn Autor legt der Formulierung des Gebots des Erstgeburtsopfers (Dtn 15,19) neben Ex 22,28b.29 vor allem Ex 34,19 zugrunde. Ein entsprechendes Erstgeburtsopfergebot fehlt in Ex 23,14-19, da es bei der Verbindung der Festregelung in Ex 34,18-26* mit dem Bundesbuch gestrichen wurde, um eine Doppelung in Ex 22,28f. zu vermeiden. Aus eben diesem Grunde wurde auch das Ruhetagsgebot Ex 34,21 in Ex 23,14-19 gestrichen, um eine Dublette zu Ex 23,12 zu vermeiden[520]. In Ex 23,15 wird die Begründung für das Mazzotfestgebot Ex 34,18 „denn am Neumond des Abib bist du ausgezogen" (כִּי בְּחֹדֶשׁ הָאָבִיב יָצָאתָ מִמִּצְרָיִם) aus stilistischen Gründen, um eine Doppelung mit voranstehendem לְמוֹעֵד חֹדֶשׁ הָאָבִיב zu vermeiden, zu כִּי־בוֹ יָצָאתָ מִמִּצְרָיִם gekürzt. In Dtn 16,1 wird mit כִּי בְּחֹדֶשׁ הָאָבִיב הוֹצִיאֲךָ Ex 34,18, nicht aber Ex 23,15 zitiert. Das Wochenfestgebot Dtn 16,10 zitiert Ex 34,22a, nicht aber Ex 23,16:

Ex 34,22	וחג שבעת תעשה לך
Ex 23,16	וחג הקציר
Dtn 16,10	ועשית חג שבעות ליהוה

Die Verbindung des „Wochenfestes" (חַג שָׁבֻעֹת) mit dem Lexem עשׂה und proklitischer Präposition לְ ist in Ex 23,16 nicht, wohl aber in Ex 34,22 und Dtn 16,10 belegt. Vielmehr wird das Erntefestgebot (Ex 23,16) durch das

517 Cf. Deuteronomy (*New York/Oxford 1997*), 65f.

518 Er setzt dabei voraus, daß die pluralische Erweiterungsschicht des Bundesbuches bereits vordtn sei, eine Annahme, die nur unter der Voraussetzung funktioniert, daß in nichtpriesterschriftlichem Kontext alles, was nicht dtr ist, vordtr sein muß; s. dagegen Verf., Pentateuchredaktion (*BEThL 126*), 70-75. B.M. Levinson begründet die Präferenz für Ex 23,14-19 damit, daß ein nachdtn Redaktor, der den Festkalender an das Bundesbuch anfügte, es im Sinne von Dtn 16,1-7 aktualisierte. Genau das aber ist nicht zu erwarten, wenn es einem nachdtn Redaktor bei der Anfügung von Ex 23,14-19 an das Bundesbuch um den Nachweis der Identität der Tafeln gegangen ist.

519 Cf. dazu auch o. II. 2.3.

520 B.M. Levinson (Deuteronomy [*New York/Oxford 1997*], 66 Anm. 42) mißversteht das Argument, wenn er meint, „this insertion of an ‚original' Sabbath law into Exod 23:14-19 merely on the basis of the parallel with Exod 34, begs the question of the priority of Exodus 34 to the Covenant Code, which is precisely the question". Allerdings kann es nicht darum gehen, zuerst mittels Ex 34 ein Ruhetagsgebot in Ex 23,14-19 hineinzuinterpretieren, um es dann wieder zu entfernen.

Lexem שׁמר (Ex 23,14) eingeleitet[521]. Auch weicht die Festbezeichnung in Ex 23,16 von denen in Ex 34,22 und Dtn 16,10 ab, und es ist sehr wohl zu begründen, warum sie in Ex 23,16 gegenüber Ex 34,22 geändert wurde, während der umgekehrte Vorgang unerklärlich bliebe. Mit der Streichung des Ruhetagsgebots in Ex 23,14-19 zugunsten von Ex 23,12 wird auch der im Namen des Festes enthaltene Hinweis auf die Siebentageperioden in Ex 34,18-22 gestrichen[522]. In der Zusammenfassung der Festordnung (Dtn 16,16f.) knüpft der dtn Autor ebenfalls an Ex 34,23, nicht aber an Ex 23,17 an. Ex 34,23 und Dtn 16,16 verbinden jeweils אֶת־פְּנֵי mit אֱלֹהִים, was in Ex 23,17 fehlt. Ex 34,25 drückt das Verbot, die Opfermaterie übernachten zu lassen, mit לַבֹּקֶר aus. Dtn 16,4 folgt darin Ex 34,25 gegen Ex 23,18 mit der Formulierung לַבֹּקֶר[523]. In Ex 34,21 ist wie in Dtn 16,8 ein Ruhetagsgebot mit dem Mazzotfest verbunden. In Ex 23,14-19 fehlt dagegen ein solches Gebot, um eine Doppelung mit Ex 23,12 zu vermeiden. Dtn 16,8 zitiert direkt Ex 34,21:

Ex 34,21	וביום השביעי	תעבד	ששת ימים
Dtn 16,8	וביום השביעי	תאכל מצות	ששת ימים

---

521 Im Gegensatz zu der durch die Siebener-Zählung strukturierten Festordnung in Ex 34,18-23, die sieben Anordnungen enthält (V.18: תִּשְׁמֹר, תֹּאכַל; V.21: תַּעֲבֹד, תִּשְׁבֹּת [2x]; V.22: תַּעֲשֶׂה; V.23: יֵרָאֶה), dreimal das Numerale „sieben" (שֶׁבַע) verwendet und so eine geschlossene Redaktionsstruktur erhält, wird Ex 23,14-10 im Horizont von Dtn 16,1-17 nachdtn durch die Wallfahrtsgebote in Ex 23,14.15b.17 strukturiert.

522 Die Festbestimmungen in Ex 34,18.22 rahmen das Ruhetagsgebot, das die privilegrechtliche 6/7-Struktur auf die Zeit des Pflügens und Erntens ausdehnt und damit die Fruchtbarkeit des Feldes der Gottesherrschaft unterstellt; cf. auch G. Robinson, Sabbath (*BET 21*), 126ff. Mit diesen Siebentageperioden der Zeit des Erntens ist חַג שָׁבֻעֹת („Fest der Siebentageperioden") verbunden. Die dem eintägigen Fest den Namen gebenden Siebentageperioden strukturieren die Zeit der Gersten- und Weizenernte zwischen Mazzot- und Wochenfest und verbinden beide Feste miteinander. Diesem Zusammenhang verdankt das Ruhetagsgebot seine Position im Rahmen der Festordnung Ex 34,18-26*. Wird es gestrichen, entfällt der durch Siebentageperioden gekennzeichnete Zusammenhang zwischen Mazzot- und Wochenfest. Der Redaktor von Ex 23,24-19 trägt dem mit der Umbenennung des Festes zu einem „Erntefest" (חַג הַקָּצִיר) Rechnung; cf. Verf., Art. *šæbaᶜ* (*ThWAT VII*), 1021-1023.

523 Die Eintragung des Passamotivs in Ex 34,25b ist nach einhelligem Urteil der Exegeten nachdtn; cf. nur J. Wellhausen, Composition (*Berlin* [4]*1963*), 85 Anm. 1. Die Bezeichnung des Passa als חַג setzt die Erhebung zu einem Wallfahrtsfest und also Dtn 16,1-8 voraus. Wäre das Passafestgesetz in Ex 34,25b literarisch ursprünglich, so hätte es im Kontext von Ex 34,18-23 stehen müssen. Mit dem Passamotiv ist in Ex 34,25b auch das Lexem שׁחט eingeführt worden, da שׁחט im Gegensatz zu זבח in *späten* Überlieferungen *terminus technicus* für das Passaopfer ist (s. Ex 12,6.21; 2Chr 30,15). שׁחט paßt aber schlecht zu דָּם als Objekt, was den literarisch sekundären Charakter von שׁחט unterstreicht. Daraus ist zu schließen, daß in Ex 34,25 eine späte Überarbeitung vorliegt (cf. Verf., Art. *pāsaḥ/pæsaḥ* [*ThWAT VI*], 676), die noch nach der Anfügung von Ex 23,14-19 an das Bundesbuch durchgeführt wurde; cf. auch u. Anm. 537 und 538.

Der dtn Autor hat in die Formulierung von Ex 34,21 die von Ex 34,18 תֹּאכַל מַצּוֹת geschoben. Das aber ist nur möglich, wenn ihm eine Festordnung vorgegeben war, die Ex 34,21 neben Ex 34,18 enthielt. Ein Ex 34,21 entsprechendes Ruhetagsgebot aber fehlt in Ex 23,14-19, so daß dieser Text als Vorlage für Dtn 16,1-8 nicht in Frage kommt. Auch lassen sich die Abweichungen zwischen Ex 23,14-19 und Ex 34,18-26* aus der Rezeption von Ex 34,18-26* in Ex 23 erklären, während bei umgekehrter Rezeptionsrichtung die Abweichungen unerklärlich blieben.

Es besteht also kein Zweifel, daß der dtn Autor in Dtn 16,1-17 auf Ex 34,18-26 zurückgreift, eine Festordnung, die von genau den antiassyrisch orientierten Gelehrtenkreisen mit der Sinaiperikope verschriftet wurde, denen auch der dtn Autor entstammt*[524].

Die Verbindung von *Passa und Mazzotfest* prägt die Struktur von Dtn 16,1-8[525]. *W^eqaṭal*-Sätze bilden den Rahmen (Dtn 16,1aβb-2.7). Sie umfassen eine Reihe von gegliederten *jiqṭol*-Sätzen (Dtn 16,3-6). Dtn 16,3.5.6 ist jeweils als Verbot mit folgender Negation, die das gebotene Positivum untertreichen, formuliert. Die korrespondierende Opposition von לֹא־תֹאכַל חָמֵץ („du sollst kein Gesäuertes essen") mit תֹּאכַל מַצּוֹת („du sollst Mazzot essen"), die sich auch in der syntaktischen Entgegenstellung von *jiqṭol*-x und x-*jiqṭol*-Sätzen ausdrückt, bedarf im Gegensatz zu dem nicht korrespondierenden Gefüge in Dtn 16,5 keiner Entgegensetzungspartikel[526]. Die Gemeinsamkeiten der Struktur in Dtn 16,3 und Dtn 16,5 beziehen Mazzotfest und Passa aufeinander und umfassen so den Vers Dtn 16,4, der beide Begehungen miteinander verschmilzt[527]. Einen äußeren chronologischen Rahmen bilden als Auftakt des Festkalenders Dtn 16,1aα im Inf. abs. formuliert[528] zusammen mit Dtn 16,8, einem Vers, der gleichzeitig die Funktion der verknüpfenden Überleitung zu Dtn 16,9 hat, so daß sich insgesamt folgender Aufbau ergibt[529]:

524 Cf. dazu o. II. 2.3 sowie u. IV. 4.

525 Cf. zur Forschungsgeschichte P. Laaf, Pascha-Feier (*BBB 36*), 69-73; Verf., Mazzotfest (*BWANT 107*), 178-180; J. Halbe, Passa-Massot (*ZAW 87*), 147f.; A. Cholewiński, Heiligkeitsgesetz (*AnBib 66*), 179f.; H.D. Preuß, Deuteronomium (*EdF 164*), 135f.

526 Cf. Y. Thorion, Syntax (*Berlin 1984*), 22-27.

527 Zur Redaktionsstruktur von Dtn 16,1aβb.7 cf. Verf., Art. *pāsaḥ/pæsaḥ* (*ThWAT VI*), 674f.

528 Cf. dazu GKa § 113.4.

529 Cf. Verf., *pāsaḥ/pæsaḥ* (*ThWAT VI*), 674; im Anschluß daran J.C. Gertz, Passa-Massot-Ordnung (*SESJ 62*), 60-62.

Dtn 16,1aα	Inf.abs.	Eröffnung, chronologischer Rahmen	
Dtn 16,1aβb.2	w-*qaṭal*	Passarahmen	
Dtn 16,3aα	לא-*jiqṭol*	Verbot	Mazzot
Dtn 16,3aβ	x-*jiqṭol*	Gebot	
Dtn 16,4a	ולא-*jiqṭol*	Verbot	
Dtn 16,4b	ולא-*jiqṭol*	Verbot	Passa
Dtn 16,5	לא-*jiqṭol*-x	Verbot	
	x-*jiqṭol*	Gebot	
Dtn 16,7	w-*qaṭal*	Passarahmen	
Dtn 16,8	x-*jiqṭol*	chronologischer Rahmen	
		Verklammerung mit V.9	

Der Rahmen (Dtn 16,1aβb.2.7) enthält die entscheidenden Neuerungen des dtn Passafestgesetzes mit der Verlegung des Termins auf den חֹדֶשׁ הָאָבִיב („Neumond des Abib")[530], d.h. den Festtermin des Mazzotfestes, der Umdeutung des Passa zu einem זֶבַח, für den auch Großvieh (בָּקָר) geschlachtet und dessen Fleisch gekocht werden kann, sowie schließlich der Zentralisierung des ursprünglichen Familienritus am Zentralheiligtum[531]. In dem vom dtn Autor verfaßten Text Dtn 16,1-8 bilden die Passaanweisungen den Rahmen für die Mazzotfestanweisungen[532]. Der Text zeigt aber noch deutlich, daß

530 Zur Deutung von חֹדֶשׁ auf den „Neumond" in Ex 34,18 (par. Ex 23,15) cf. Verf., Mazzotfest (*BWANT 107*), 182.241f.; im Anschluß daran J.C. Gertz, Passa-Massot-Ordnung (*SESJ 62*), 64 Anm. 28. Zum Neumond s. auch R. North, Art. *ḥādāš*/*ḥodæš* (*ThWAT II*), 770f.

531 Zur kulthistorischen Einordnung cf. Verf., Art. Feste II (*TRE XI*), 96-106 (Lit.); ders., Art. Pascha I (*NBL III*), 77-80; H. Rösel, Art. Pesach I (*TRE XXVI*), 231-236.

532 Gegen die These der literarisch einheitlich dtn Abfassung von Dtn 16,1-8 hat jüngst T. Veijola (Passover [*ZAR 2*], 53-75; cf. auch P. Weimar, Art. Passah II [*LThK*^{3} *VI*], 1415f.) eine komplexe Diachronie vertreten. In Dtn 16,3aβ*bα.4ab*.8 sieht er eine nachpriesterschriftliche Redaktion am Werk, deren Einträge noch einmal durch Dtn 16,3aβ^{fin}bβ erweitert worden seien. Der Schlüssel der Analyse ist die Einordnung des wiederholt als nachdtn-priesterlich interpretierten Verses Dtn 16,8; cf. C. Steuernagel, Deuteronomium (*HAT I. 3.1*), 112; J. Halbe, Passa-Massot (*ZAW 87*), 167f.; A.D.H. Mayes, Deuteronomy (*NCBC*), 254.259; F.-L. Hoßfeld, Dekalog (*OBO 45*), 251f. Daß aber Dtn 16,8 weder aus der Chronologie der dtn Passafestgesetzgebung herausfällt noch aus dtn Terminologie, hat zuletzt J.C. Gertz (Passa-Massot-Ordnung [*SESJ 62*], 64-66) aufgezeigt. Bei den in Dtn 16,8a genannten sechs Tagen handelt es sich um die nach Abzug des Passaabends verbleibenden Tage des Mazzotfestes, an die sich nach Dtn 16,8b der siebente Tag als Feiertag anschließt. Eine Anwesenheitspflicht am Zentralheiligtum ist aus dem Begriff עֲצֶרֶת nicht herauszulesen; cf. auch D.P. Wright/J. Milgrom, Art. *ʿāṣar* (*ThWAT VI*), 337. T. Veijola weist die Vereinigung von Passa und Mazzotfest einem nachpriesterschriftlichen Redaktor zu und nimmt damit eine ältere, bereits u.a. von F. Horst (Privilegrecht [*ThB 12*], 106ff.), E. Auerbach (Feste [*VT 8*],1ff.), E. Kutsch (Passafeier [*ZThK 55*], 10ff.) vertretene These auf; cf. dagegen Verf., Mazzotfest (*BWANT 107*), 178-184. Daß der dtr Verfasser von 2Kön 23,21-23

der dtn Autor die Passafestgesetzgebung in Dtn 16,1-8 aus einer Mazzotfestgesetzgebung heraus entwickelt hat[533]. Die Unterbrechung des Zusammenhanges zwischen Dtn 16,4 und Dtn 16,8 deutet zusammen mit dem privilegrechtlichen 6/7-Schema des Mazzotfestes in Dtn 16,8 darauf, daß der dtn Autor sich in diachroner Perspektive einer Mazzotfestüberlieferung als Grundlage für seine Passa-Mazzotfestgesetzgebung bediente. Darauf deutet auch die nachklappende Position von לָיְלָה in Dtn 16,1fin. In dieselbe Richtung weist עָלָיו als Rückbezug von Dtn 16,3 auf Dtn 16,2, wodurch der spannungsreiche Zusammenhang entsteht, daß man sieben Tage ungesäuertes Brot zu פֶּסַח essen soll, obwohl das Passa nicht übernachten darf. Die dem dtn Autor vorgegebene Mazzotfestgesetzgebung ist noch in Dtn 16,1aαb*.3*.4a.(8) erkennbar, in die der dtn Autor Dtn 16,1aβ.bfin.3(עָלָיו).4b.5-7 eingearbeitet hat. Die dem dtn Autor vorgegebene Mazzotfestgesetzgebung ist keine andere als die in Ex 34,18.(21).25[534]. Daß die Rekonstruktionen der Literaturgeschichte von Dtn 16,1-8 so stark divergieren[535], zeigt, daß der dtn Autor sein Ziel, Passa und Mazzotfest zu vereinigen, erreicht hat. Nur dadurch, daß wir mit Ex 34,18.21.25 seine Vorlage kennen, können wir seine Vorgehensweise rekonstruieren[536]:

---

den Mazzotfestritus nicht erwähnt, besagt in diesem Zusammenhang nicht, daß er die Verbindung von Passa- und Mazzotfest noch nicht kannte. Der Einwand von J.C. Gertz (Passa-Massot-Ordnung [*SESJ 62*], 68 Anm. 40) gegen derartige Thesen ist schlüssig: „Zum einen liegt im Kontext der Reinigung und Zentralisation des Kultes – voran geht die Abschaffung der Höhen (V.19f.) – das Interesse auf der ausdrücklich genannten Zentralisierung des Passa (II Reg 23,23). Sodann bezieht sich der Befehl des Königs in II Reg 23,21, ein Passa für Jahwe nach den Bestimmungen des Gesetzbuches zu halten, nicht auf Einzelbestimmungen. Vielmehr führt er ebenso wie der dt Gesetzgeber die ganze Begehung *einschließlich* des Massotessens als Passa für Jahwe bezeichnet (V.1), den einschlägigen ‚Paragraphen' 16,1-8 an". In der synchron gelesenen Struktur von Dtn 16,1-8 hat der Vers Dtn 16,8 die Funktion der Überleitung von der Passagesetzgebung in Dtn 16,1-8 zu der des Wochenfestes (s.i.f.); cf. Verf. Art. *pāsaḥ/pæsaḥ* (*ThWAT VI*), 674.

533 Cf. Verf., *pāsaḥ/pæsaḥ* (*ThWAT VI*),674f.; ders., Mazzotfest (*BWANT 107*), 180-182.

534 Die Frage, ob der Mazzotfest- oder der Passagesetzgebung in Dtn 16,1-8 Priorität zukommt (s. dazu A. Cholewiński, Heiligkeitsgesetz [*AnBib 66*], 179-189; J. Halbe, Passa-Massot [*ZAW 87*], 147-168), löst sich in der Differenzierung zwischen synchroner und diachroner Betrachtungsweise. Überlieferungsgeschichtlich ist die Mazzotfestgesetzgebung der ursprüngliche Rahmen, der durch die Passagesetzgebung vom dtn Autor ergänzt wurde. In der so entstandenen Endgestalt der dtn Festordnung bilden, wie oben in der Strukturbeschreibung aufgezeigt, die Passaanweisungen in Dtn 16,1f.*.7 den Rahmen; cf. Verf., *pāsaḥ/pæsaḥ* (*ThWAT VI*), 675.

535 Cf. nur die Übersicht von H.D. Preuß, Deuteronomium (*EdF 164*), 135f. (Lit.), sowie die o. Anm. 525 angegebene Literatur.

536 Die wörtlichen Übereinstimmungen sind doppelt unterstrichen, die sachlichen Übereinstimmungen einfach.

Ex 34,18:	את־חג המצות תשמר שבעת ימים תאכל מצות[537] למועד חדש האביב
	כי בחדש האביב יצאת ממצרים
Ex 34,21:	ששת ימים תעבד וביום השביעי תשבת בחריש ובקציר תשבת
Ex 34,25:	לא־'תזבח' על־חמץ דם־זבחי ולא־ילין לבקר[538]'חלב־חגי'
Dtn 16,1:	שמור את־חדש האביב ועשית פסח ליהוה אלהיך
	כי בחדש האביב הוציאך יהוה אלהיך ממצרים לילה
Dtn 16,2:	וזבחת פסח ליהוה אלהיך צאן ובקר במקום אשר־יבחר יהוה
	לשכן שמו שם
Dtn 16,3:	לא־תאכל עליו חמץ שבעת ימים תאכל־עליו מצות לחם עני כי בחפזון
	יצאת מארץ מצרים למען תזכר את־יום צאתך מארץ מצרים כל ימי חייך
Dtn 16,4:	ולא־יראה לך שאר בכל־גבלך שבעת ימים ולא־ילין מן־הבשר
	אשר תזבח בערב ביום הראשון לבקר
Dtn 16,5:	לא תוכל לזבח את־הפסח באחד שעריך אשר־יהוה אלהיך נתן לך
Dtn 16,6:	כי אם 'במקום' אשר־יבחר יהוה אלהיך לשכן שמו שם תזבח את־הפסח
	בערב כבוא השמש מועד צאתך ממצרים
Dtn 16,7:	ובשלת ואכלת במקום אשר יבחר יהוה אלהיך בו ופנית
	בבקר והלכת לאהליך
Dtn 16,8:	ששת ימים תאכל מצות וביום השביעי עצרת ליהוה אלהיך
	לא תעשה מלאכה

In Dtn 16,1 übernimmt der dtn Autor die mit שמר formulierte Aufforderung mit der Festbezeichnung und der Terminangabe aus Ex 34,18. Ist in Ex 34,18 aber die Terminangabe dem Festinhalt nachgeordnet, so wird sie nun als wesentliches Element der Reformulierung in die Eröffnungsposition gerückt, da sie Neuerung für das Passa ist und das Datierungssystem für die dtn Festord-

537 (כַּ)אֲשֶׁר צִוִּיתִךָ (Ex 34,18; 23,15) verweist zurück auf Ex 13,6, einen nachpriesterschriftlichen Text, der der Pentateuchredaktion zuzuweisen ist; cf. Verf., Priesterschrift (*ThR 62*), 12 Anm. 49, 39 Anm. 120. Daß Ex 13,6 bereits Dtn 16,1-8 voraussetzt, hat F. Ahuis (Exodus 11,1-13,16 [*FRLANT 168*], 72f.) erneut aufgezeigt. Zu der Monographie von F. Ahuis cf. auch die Rezension von J.C. Gertz in ZAR 2 (*1996*), 183-189. Wie die Ergänzungen in Ex 34,24.25* ist auch dieser Relativsatz in Ex 34,18 auf die nachpriesterschriftliche Pentateuch-/Hexateuchredaktion zurückzuführen; cf. Verf. Pentateuchredaktion (*BEThL 126*), 94f. Auf keinen Fall kann der Relativsatz in Ex 34,18 Beweis dafür sein, daß Dtn 13,1-16* ebenfalls unter die Quellentexte von Dtn 16,1-8 zu rechnen ist, wie B.M. Levinson (Deuteronomy [*New York/Oxford 1997*], 68f.) meint.

538 Zur sekundären Eintragung der Passamotivik in Ex 34,25 cf. o. Anm. 523. Mit חֵלֶב־חַגִּי hat Ex 23,18 den ursprünglichen Text von Ex 34,25 bewahrt. Dafür spricht auch, daß der Redaktor, dem es im Zuge der nachpriesterschriftlichen Einfügung des Bundesbuches in die Sinaiperikope um die Identität der Tafeln ging, um Übereinstimmung im Wortlaut bemüht war, wo keine Konkurrenz zum Bundesbuch bestand.

nung darauf aufbaut[539]. Durch den Inf. abs. שָׁמוֹר, an den sich mit *w-qaṭal* des Ritualstils[540] Einzelbestimmungen des Passafestes anschließen, wird der Festtermin noch herausgehoben. Das anschließende, mit עשׂה + Festbezeichnung + לְ formulierte Gebot, das Passa zu feiern, zitiert Ex 34,22. Durch die Eintragung des Passa in die Mazzotfestgesetzgebung wird der Familienritus des in der Vollmondnacht des Frühjahrmonats gefeierten Passa auf den durch Ex 34,18 vorgegebenen traditionellen Termin des Mazzotfestes verlegt, während der Charakter des Passa als einer in der Nacht zu feiernden Begehung noch erhalten bleibt. Die nachklappende Position von לָיְלָה in Dtn 16,1fin. hinter dem in Ex 34,18 mit dem Festtermin fest verbundenen Begründungssatz erklärt sich aus der Umgestaltung der Vorlage Ex 34,18 in Dtn 16,1. In Dtn 16,2 transformiert der dtn Autor den Passaritus von einem apotropäischen Ritus zu einem זֶבַח, der, wie die Zentralisationsformel in der Passafestgesetzgebung in Dtn 16,2 unterstreicht, am Zentralheiligtum darzubringen ist. Legt der dtn Autor das Passa auf den Termin des traditionell an den Lokalheiligtümern gefeierten Mazzotfestes[541], so verlagert er damit in der Konsequenz auch das mit dem Passafest verbundene siebentägige Mazzotfest an das Zentralheiligtum. In Ex 34,18 ist mit dem eintägigen, am „Neumond des Abib" zu feiernde Mazzotfest der siebentägige Mazzenritus verbunden, der dem Mazzotfest die charakteristische, privilegrechtliche 6/7-Struktur verleiht. Mit der Zentralisierung und der Identifizierung des Mazzotfestes mit dem Passa am Zentralheiligtum mußte der siebentägige Ritus des Mazzenessens differenziert werden. Auch dazu bedient sich der dtn Autor in Dtn 16,3f. der ihm in Ex 34 vorgegebenen Überlieferung. In Dtn 16,3 zitiert er das Opfergesetz Ex 34,25*, es solle kein Opferblut (דַּם־זִבְחִי) über „Gesäuertem" (עַל־חָמֵץ) geopfert werden

539 B.M. Levinson (Deuteronomy [*New York/Oxford 1997*], 75) meint, „the authors of Deuteronomy thereby avoid emphasizing the object of the verb". Ob allerdings ein solcher Trick der Verschleierung im Dienste einer subversiven Reformulierung sehr weit trägt, ist angesichts der vom dtn Autor auch bei seinen Lesern vorausgesetzten Kenntnis von Ex 34,18 zu bezweifeln. Der Anstoß, daß aus חַג הַמַּצּוֹת als Objekt in Dtn 16,1 פֶּסַח wird, ist so kaum zu verschleiern; zu den grundsätzlichen Methodenproblemen der Reformulierung von Rechtstexten cf. Verf., Fortschreibungsgeschichte (*BiOr 56*), 5-14; ders., Rechtshermeneutik (*ZAR 5*). Diese Untersuchung zeigt gerade das Bemühen des dtn Autors, trotz der einschneidenden Reformulierungen der traditionellen Kultordnung ein Maximum an Kontinuität zu bewahren. Das allerdings macht auch Sinn, wenn der dtn Autor durchgängig die Wertschätzung für die eigene judäische Tradition, die der der Assyrer überlegen sei, zum Audruck bringen will. Nichts wäre inkonsequenter, als durch die Reformulierung die eigene Tradition zu abrogieren. Das bedeutet in keiner Weise, die „Radikalität" der dtn Kultreform zu unterschätzen.

540 Cf. dazu R. Rendtorff, Leviticus (*BK III/1*), 18f., sowie den Einwand von R. Knierim, Text (*FAT 22*), 91ff.; zum Zusammenhang cf. ferner K. Koch, Rituale (*FS R. Rendtorff*), 75-85. Zur Dokumentation der Forschungslage in bezug auf die These eines Ritualstils im Alten Testament cf. Verf., Priesterschrift (*ThR 62*), 28f.

541 Ex 34,20bβ.23 sowie die Bezeichnung des Mazzotfestes als חַג lassen keinen Zweifel daran, daß es sich um eine an einem Heiligtum zu feiernde Begehung handelt.

(זבח; s. Anm. 523) und das Opferfett nicht bis zum Morgen (לַבֹּקֶר) übernachten (לִין). Er reformuliert dies Gesetz so, daß „darüber" (עָלָיו), bezogen auf das vorher genannte Passa, nicht „Gesäuertes" (חָמֵץ) gegessen werden solle, um direkt das aus Ex 34,18 übernommene Gebot, sieben Tage Mazzot zu essen, einzuschließen. Aus Ex 34,25 wird die Präposition עַל eingeführt und das Mazzenessen mit dem Passa verbunden. In Dtn 16,4 nimmt der dtn Autor Ex 34,25b auf mit der Aufforderung, von dem Opferfleisch, das geopfert wurde (זבח), nicht bis zum Morgen (לַבֹּקֶר) übernachten zu lassen (לִין). Abgesehen von דַּם־זְבָחִי und חֵלֶב־חַגִּי (s. Anm. 538), Begriffe, die in der Passa-Mazzotfestgesetzgebung keine Funktion haben, ist damit der gesamte Vers Ex 34,25 Wort für Wort in den Kontext von Ex 34,18 integriert, in seinem Wortsinn aber völlig umgebaut worden. Aus der adverbialen Bestimmung עַל־חָמֵץ (Ex 34,25) wird das Objekt חָמֵץ (Dtn 16,4). Die herrenlos gewordene Präposition עַל wird zu עָלָיו, bezogen auf das Passa, über dem das Gesäuerte nicht gegessen werden soll[542], umformuliert. Das Verb זבח wird durch אכל aus Ex 34,18 ersetzt, während זֶבַח aus Ex 34,25 in Dtn 16,4 für die Umformulierung von Ex 34,25b zur Näherbezeichnung des חֵלֶב־חַגִּי ersetzenden הַבָּשָׂר, der nicht bis zum Morgen übernachten soll, genutzt wird. Die enge Anlehnung an Ex 34,18.(21).25 hat zur Konsequenz, daß nach Dtn 16,3 Mazzen sieben Tage über dem Passa gegessen werden sollen, nach Dtn 16,4 aber das Passa bis zum Morgen des ersten Tages nicht übernachten darf. Der dtn Autor nahm diese Inkonsequenz in Kauf, um den in Ex 34,18 zentralen Mazzotritus durch das zweimalige עָלָיו mit dem Passaopfer zu verzahnen. Um die Unebenheit abzufedern, fügt er in Dtn 16,4 vor das Verbot des Übernachtens von Opferfleisch einen Prohibitiv ein, der es untersagt, daß sieben Tage im gesamten Gebiet Sauerteig vorhanden sei. Unter Aufnahme von Ex 34,21 differenziert der dtn Autor in Dtn 16,8 den Mazzotritus: Sechs Tage über den „Neumond des Abib", genauer über die Passanacht hinaus, soll Mazzot gegessen werden. Aus der das vordtn Mazzotfest kennzeichnenden privilegrechtlichen 6/7-Struktur wird unter Zuhilfenahme des in Ex 34,21 mit dem Mazzotfest verbundenen Ruhetagsgebots die Theorie einer עֲצֶרֶת an den Wohnorten als Abschluß des Passa-Mazzotfestes am siebten Tag entwickelt. Der dtn Autor will bei aller durch die Kultzentralisationsgesetzgebung notwendig gewordenen Umdeutung des Mazzotfestes den subversiven Charakter seiner Reformulierung von Ex 34,18.(21).25 abfedern. Das zeigt sich nicht nur daran, daß er in Dtn 16,16 für das Passafest wieder den klassischen Terminus חַג הַמַּצּוֹת („Mazzotfest") verwendet, sondern auch daran, daß er bei der Reformulierung

542 Cf. auch B.M. Levinson (Deuteronomy [*New York/Oxford 1997*], 82-86) zu alternativen Interpretationen von Dtn 16,3f. Seiner eigenen Analyse nimmt B.M. Levinson die Durchschlagskraft, wenn er Ex 13,6f. mit unter die Dtn 16,3f. zugrunde gelegten Texte rechnet. Die dtn Formulierung erklärt sich aus dem konsequenten Umbau nur von Ex 34,18.21.25.

auch gegen die Intention von Ex 34,18 soviel wie möglich aus diesem Gebot wie auch aus Ex 34,21.25 zitiert. Das Bemühen des dtn Autors, möglichst viel der Substanz des Mazzotfestgebotes in Ex 34 zu bewahren, erklärt auch die komplexe Struktur des Festes mit der lokalen עֲצֶרֶת als Gegengewicht zu der am Zentralheiligtum gefeierten Passanacht. Dadurch wird die für die Mazzotfestgesetzgebung charakteristische privilegrechtliche 6/7-Struktur bewahrt und ein Bezug zwischen Zentralheiligtum und Wohnorten auch in der Feier dieses Festes hergestellt. Der in den Ortschaften herausgehobene Feiertag ist aber nun nicht mehr der erste Tag der sieben Tage des Mazzotessens, sondern der letzte, und der ist nicht mehr mit Opfern am Lokalheiligtum verbunden, die nun auf die Passanacht am Zentralheiligtum konzentriert sind, sondern wird durch Versammlung und Arbeitsruhe in den Ortschaften an den übrigen Tagen des Festes herausgehoben[543].

Bei allem Bemühen um Kontinuität mit Ex 34 rückt aber der dtn Autor die Kultzentralisation als Reformidee in den Mittelpunkt der Passa-Mazzotfestgesetzgebung, indem er wörtlich Dtn 12,17f. in Dtn 16,5f. zitiert[544]:

Dtn 12,17	לא־תוכל לאכל בשעריך
Dtn 12,18	כי אם־לפני יהוה אלהיך תאכלנו במקום אשר יבחר יהוה אלהיך
Dtn 16,5	לא תוכל לזבח את־הפסח באחד שעריך
Dtn 16,6	כי אם 'במקום' אשר־יבחר יהוה אלהיך

Die für den dtn Autor charakteristische Dialektik von Zentralheiligtum (מָקוֹם) und Ortschaften bzw. Sippen des Landes (שְׁעָרֶיךָ) bestimmt auch seine Formulierung des Zentrums der Passa-Mazzotfestgesetzgebung (Dtn 16,1-8) in Dtn 16,5f.[545]. Um dem Verbot des Passa als Familienritus in den Ortschaften und Sippen Nachdruck zu verleihen, fügt er noch ein distributives אֶחָד in Dtn 16,5 in das Zitat von Dtn 12,17f. ein[546]. Aber noch in der erneuten Aufnahme

543 Es greift zu kurz, wenn B.M. Levinson (Deuteronomy [*New York/Oxford 1997*], 79f.) meint, das Mazzotfest solle säkularisiert werden. Die Opfer des Mazzotfestes werden zentralisiert, so daß die kultische Bindung des Mazzotritus gewahrt bleibt. Gründlich widerlegt ist die These von J. Van Seters (Place [*ZAW 95*], 167-182; ders., Life [*Kampen/Louisville 1994*], 113-127), Dtn 16,1-8 sei die älteste Passaüberlieferung; s. dagegen auch B.M. Levinson, a.a.O., 66 Anm. 43. Der Versuch, die nachdtn Provenienz eines „Jahwisten" zu erweisen, scheitert nicht nur an den Details der Rechtsüberlieferungen in Bundesbuch, Deuteronomium und Heiligkeitsgesetz, sondern auch an sämtlichen Kultüberlieferungen des Alten Testaments.

544 Die wörtlichen Übereinstimmungen sind doppelt unterstrichen.

545 Cf. Verf., Art. *šaʿar* (*ThWAT VIII*), 376f.

546 S. Dtn 23,17; cf. dazu o. IV. 3.3.2. Wenn E. Reuter (Kultzentralisation [*BBB 87*], 168f.) daraus einen Gegensatz zwischen Dtn 16,5 und Dtn 12,13f. rekonstruiert, so führt das zu der Inkonsequenz einer Grundschicht in Dtn 16,1-8, die dtn sein soll, aber keine Zentralisierungsaussage enthält, obwohl E. Reuter von der Grundthese ausgeht, daß es in den von ihr untersuchten Gesetzen des Deuteronomiums keine Gesetze, die dem Zentralisationsgebot vorausgehen, gibt. Zu E. Reuters sehr weitreichenden Schluß-

des Festtermins in Dtn 16,6 knüpft der dtn Autor wieder an Ex 34,18 an. Während aber mit מוֹעֵד in Ex 34,18 der Tag des Festtermins bezeichnet wird, dient das Lexem in Dtn 16,6 dazu, die Tageszeit, zu der das Passaopfer dargebracht werden soll, festzulegen. Mit dem Lexem מוֹעֵד ist in Ex 34,18 die Datierung des Auszugs auf den Neumond des Monats Abib verbunden. Dtn 16,6 hält diesen Zusammenhang fest, datiert aber der Reformulierung von מוֹעֵד entsprechend den Auszug auf den Sonnenuntergang dieses Tages. Reformuliert der dtn Autor Ex 34,18 unter Zuhilfenahme weiterer Texte aus Ex 34,18-26 und zitiert in diesem Zusammenhang auch Dtn 12,13-27*, so zeigt es, daß die Reform von Passa-und Mazzotfest ein programmatisch schriftgelehrtes Unterfangen war und nicht der literarische Niederschlag einer langen kulturhistorischen Entwicklung. Als historischer Ort dieses Programms kommt nur die Zeit des Königs Josia in Frage, da es keine Hinweise auf eine Abschaffung von Familienritus des Passa und Lokalkult des Mazzotfestes vor dem ausgehenden siebten Jh. v. Chr. gibt. Auch ist eine exilisch-nachexilische Datierung ausgeschlossen, da die vor 515 v. Chr. verfaßte Grundschrift der Priesterschrift (P^G) in Ex 12,1-14aα bereits Dtn 16,1-8 zitiert[547].

---

folgerungen aus ihrer Analyse von Dtn 16,1-8 und Ex 34,15; 23,18, daß das Bundesbuch der in 2Kön 23,21 genannte סֵפֶר הַבְּרִית sei, cf. N. Lohfink, Kultzentralisation (*ZAR 2*), 146f.

547 Die priesterschriftliche Grundschicht (P^G), nimmt mit Ex 12,3b*.6b*.7.8a.11bβ eine ihr vorgegebene Passaüberlieferung im Ritualstil auf; cf. Verf., *pāsaḥ/pæsaḥ* (*ThWAT VI*), 669f.676ff.; P. Laaf, Pascha-Feier (*BBB 36*), 10ff.; M. Köckert, Leben (*JBTh 4*), 46; zur Bestreitung durch K. Grünwaldt, Exil (*BBB 85*), 71ff. (cf. dazu die Rezension von J.C. Gertz in ZAR 1 [*1995*], 155-159) und P. Weimar, Entstehungsgeschichte (*ZAW 107*), 1-17; ders., Geschichtsdarstellung (*ZAW 107*), 196-214, cf. Verf., Priesterschrift (*ThR 62*), 38ff. P^G überarbeitet diese Überlieferung, wobei sie als extreme Gegenposition zu Dtn 16,1-8 jede Verbindung mit dem Mazzotfest eliminiert und das Ägypten-Passa wieder als Familienritus etabliert. Daß P^G sich direkt mit Dtn 16,1-8 auseinandersetzt und das dtn Passa-Mazzotfestprogramm korrigiert, wird daran erkennbar, daß Ex 12,8b „zusammen mit Ungesäuertem und Bitterkräutern dazu (עַל) sollen sie es essen" und Ex 12,10 „und ihr sollt davon bis zum Morgen nichts übrig lassen, und wenn davon etwas übrig geblieben ist, sollt ihr es bis zum Morgen im Feuer verbrennen" an Dtn 16,4b „und von dem Fleisch, das du am Abend des ersten Tages geschlachtet hast, darf bis zum Morgen nichts übrig bleiben" anknüpft. Ex 12,11bα „und ihr sollt es in Eile (בְּחִפָּזוֹן) esse" zitiert Dtn 16,3aβbα „Brot des Elends, denn in Eile (בְּחִפָּזוֹן) bist du aus dem Land Ägypten ausgezogen". Mit dem Zitat sind Korrekturen verbunden, die im Dienste der Rückverwandlung des Passa in einen Familienritus stehen. Ex 12,8b-9 korrigiert die dtn Anweisung in Dtn 16,7a, das Opferfleisch zu kochen, und Ex 12,5 die dtn Anweisung (Dtn 16,2), auch Großvieh als Passa zu schlachten. Die dtn Zentralisationformel in Dtn 16,2b.5f. wird konsequent übergangen und durch die Anweisung in Ex 12,3f., das Passa in den Familien zu feiern, ersetzt; cf. auch Verf., Innerbiblische Exegese (*BBB 119*), 153-161.

Für das *Wochenfestgebot* in Dtn 16,9-12 stand dem dtn Autor nur das kurze Gebot Ex 34,22a zur Verfügung, das er in der Eröffnung des Wochenfestgebots in Dtn 16,10 zitiert[548]:

Ex 34,22a	וחג שבעת תעשה לך בכורי קציר חטים
Dtn 16,10	ועשית חג שבעות ליהוה אלהיך 'כמסת'[549] נדבת ידך אשר תתן כאשר יברכך יהוה אלהיך

Das Wochenfestgebot hat Anteil an dem komplexen Datierungssystem der dtn Festordnung in Dtn 16,1-17, das die Zentralisierung der Feste notwendig macht. Dtn 16,1 datiert den Beginn des Passa-Mazzotfestes auf den Neumond des Abib. Der die dtn Passa-Mazzotfestordnung abschließende Vers Dtn 16,8 differenziert die zeitliche Struktur des Festes im 6/7-Schema und leitet zur anschließenden Wochenfestordnung in Dtn 16,9f. über. Der chiastisch strukturierte, durch שִׁבְעָה שָׁבֻעוֹת gerahmte Vers Dtn 16,9 knüpft an Dtn 16,8 an. Nach der עֲצֶרֶת am siebten Tag des Passa-Mazzotfestes beginnt die Gerstenernte im Monat Abib[550] und damit die Zählung der sieben שָׁבֻעוֹת[551], an deren Ende am 56. Tag und achten Ruhetag nach dem Neumond des Abib der חַג שָׁבֻעוֹת gefeiert wird. Die Zentralisierung des Wallfahrtsfestes läßt eine Abhängigkeit des Festtermins vom jeweiligen Stand des Getreides nicht mehr zu. Mit der Fixierung wird der Festtermin vom Beginn der Weizenernte gelöst[552] und rückt an deren Ende[553]. Es bedarf bei richtiger Interpretation des Zusammenhanges zwischen Dtn 16,1.8.9.10 nicht der Annahme, das Wochenfest sei im Gegensatz zum Passa-Mazzotfest nur von je einzelnen Familien am Zentralheiligtum zu unterschiedlichen Zeiten gefeiert worden[554]. Das in Dtn 16,10 angeredete „Du" ist das kollektive „Du" der Adressaten des Reformprogramms. Es bedarf also auch nicht der These, daß die Adressaten des Wochenfestgebotes von denen des Passa-Mazzotfestes zu unterscheiden seien. Der dtn Redaktor paßt Ex 34,22a zitierend den Injunktiv an den von ihm verwendeten „Ritualstil" der *w-qaṭal*-Sätze an und reformuliert den *w*-x-*jiqṭol*-Satz in Ex 34,22a zu einem *w-qaṭal*-Satz. Die entscheidende Änderung aber besteht in der Festgabe. Die Erstlinge der Weizenernte werden mit der Verschiebung des Festtermins an das Ende der Weizenernte durch eine freiwillige Gabe je nach Ertrag der Ernte ersetzt. Im Gegensatz zur Festordnung des

548 Die wörtlichen Übereinstimmungen sind doppelt unterstrichen.

549 Cf. BHS App. und E. Nielsen, Deuteronomium (*HAT I. 6*), 167.

550 Cf. O. Borowski, Agriculture (*Winona Lake 1987*), 36f.

551 Cf. J. Morgenstern, Studies (*HUCA 10*), 13.35.47; E. Auerbach, Feste (*VT 8*), 11.

552 Zum Festtermin in der Festordnung Ex 34,18-26* cf. Verf., *šæbaᶜ* (*ThWAT VII*), 1021f.

553 Passa-Mazzotfest und Wochenfest umfassen den im Gezer-Kalender *jrḥ.qṣr.šᶜrm* „Monat der Gerstenernte" und *jrḥ.qṣr.w*[*kl*] „Monat des Erntens und [Messens]" genannten Zeitraum; s. H. Donner/W. Röllig, KAI Nr. 182:4.5.

554 So G. Braulik, Leidensgedächtnisfeier (*SBAB 2*), 110.

Passa-Mazzotfestes nennt der dtn Autor für das Wochenfest keine spezifischen Kulthandlungen von Opfer und Kultmahl. G. Braulik[555] wollte darin eine Abwehr kanaanäischer Festinterpretation sehen. Doch ist der Grund schlichter: Da in Ex 34,22a keine derartigen Kulthandlungen genannt werden, bestand auch für den dtn Autor kein Grund zu ihrer Reformulierung. Schon für die vordtn Festordnung (Ex 34,18-26*) war das theologische Proprium des Wochenfestes die dem Fest den Namen gebende privilegrechtliche Aussonderungstheologie[556], die das Fest in einen Zusammenhang mit dem Mazzotfest stellt, nicht aber eine spezifische Kulthandlung. Den privilegrechtlichen Charakter dieses Festes unterstreicht der dtn Autor noch über Ex 34,22a hinaus, wenn er לְךָ durch לַיהוָה אֱלֹהֶיךָ ersetzt: Für JHWH soll das Wochenfest gefeiert werden.

Der dtn Autor verklammert durch die Integration der *personae miserae* von Sklave, Sklavin, Waisen und Witwen in die Festgemeinde (Dtn 16,11) und durch die Ägpyten-עֶבֶד-Formel (Dtn 16,18) das Wochenfestgebot mit dem des Laubhüttenfestes (Dtn 16,13-15) und die Festordnung in Dtn 16,1-17 insgesamt mit dem Geschwisterethos des dtn Reformprogramms. Gleichzeitig stellt er durch die Aufzählung der Festteilnehmer eine Verbindung mit dem Zentralisationsgesetz (Dtn 12,18) her. In Dtn 16,10b.11 wird die Festfreude als Proprium dtn Festverständnisses in den Mittelpunkt gerückt und auch dadurch die Festordnung mit den Zentralisationsgesetzen (Dtn 12,12.18) sowie dem Gesetz des Jahreszehnts (Dtn 14,26) vernetzt. Mit der Einbringung der Zentralisationsformel (Dtn 16,11b) werden die Grenzen familiarer und regional beschränkter Festgemeinde aufhoben. Das Motiv der gemeinsamen Festfreude unter Einschluß der Armen, der Kinder und der Rechtsgeminderten hebt die Beschränkung der Festgemeinde auf die männlichen Vollbürger auf und korrigiert Ex 34,23[557]. Daß die Ehefrauen in Dtn 16,11b nicht unter den Festteilnehmern aufgelistet werden, wohl aber die Töchter und die Sklavinnen, läßt keine andere Erklärung zu als die, daß das angeredete „Du" inklusiv unter Einschluß der Ehefrauen zu verstehen ist[558]. Die integrative Konstituierung der Festgemeinde ist Grundlage auch des Geschwisterethos: „In jeder der fröhlichen Mahlgemeinschaften im Zentralheiligtum ist Israel gewissermaßen in seinem Wesen dargestellt. Alle Glieder Israels sind beisammen, ohne daß es einen sozialen Unterschied gäbe. Alle sind voller Freude. Genau in diesem Augenblick sind sie ‚vor Jahwe, deinem Gott'. Nirgendwann und nirgendwo kann Israel dichter es selbst sein"[559]. Soziale und rechtliche Statusdifferenzen

555 Cf. G. Braulik, Leidensgedächtnisfeier (*SBAB 2*), 114f.; ähnlich auch P. Laaf, Wochenfest (*BBB 50*), 181.

556 Cf. Verf., *šæba'* (*ThWAT VII*),1022.

557 Cf. Verf., *šæba'* (*ThWAT VII*), 1024.

558 Cf. Verf., Scales (*JSOT.S 262*), 142f.; G. Braulik, Frauen (*FS G. Sauer*), 23f.; ders., Ablehnung (*SBAB 24*), 114f.; ders., Freude (*SBAB 2*), 199f.

559 Cf. N. Lohfink, Opferzentralisation (*SBAB 20*), 243.

innerhalb des als Festgemeinde konstituierten „Israel“ werden kultisch aufgebrochen.

Der sozialen Integration der Festgemeinde korrespondiert eine Verinnerlichung und Individualisierung im Festgeschehen, die den je einzelnen zum Angesprochenen macht. Durch die Gehorsamsformel in Dtn 16,12b וְשָׁמַרְתָּ וְעָשִׂיתָ אֶת־הַחֻקִּים, die sich auf die soziale Integration der Rechtsgeminderten bezieht, wird dem göttlichen Segenswunsch (Dtn 16,10b) die Forderung der Gebotsgehorsam als theologisches Widerlager an die Seite gestellt[560]. Das dem Gottesgebot entsprechend gefeierte Wochenfest ist als חַג לַיהוָה gehorsame Antwort auf Gottes lebensspendenden Segen in der Natur.

Das *Gebot des Laubhüttenfestes* (Dtn 16,13-15) ist vom dtn Autor unter Nutzung dtn Versatzstücke formuliert worden. Das knappe Lesefestgebot in Ex 34,22b וְחַג הָאָסִיף תְּקוּפַת הַשָּׁנָה hat ihm aber, das zeigt das Zitat des Lexems אסף in Dtn 16,13b בְּאָסְפְּךָ מִגָּרְנְךָ וּמִיִּקְבֶךָ vorgelegen. Daß der dtn Autor das Fest dem Passa-Mazzotfest anpaßt, zeigt nicht nur die siebentägige Festdauer, sondern auch die Transformierung der traditionellen Bezeichnung des Festes. Wie der dtn Autor in Dtn 16,1 die traditionelle Bezeichnung „Mazzotfest“ zugunsten des Passa aufgibt, so ersetzt er in Dtn 16,13 „Lesefest“ (Ex 34,22b) durch die ursprünglich für traditionelle Familienriten[561] verwendeten Bezeichnung „Laubhüttenfest“[562], was den theoretischen Charakter des dtn Reformprogramms verdeutlicht[563]. Die Einleitung des Gebots durch den Fest-

560 Cf. Verf., Art. Feste II (*TRE XI*), 100, zur Individualisierung und Verinnerlichung in der alttestamentlichen Kultgeschichte.

561 Cf. Ri 21,19-21. Zur Geschichte des Laubhüttenfestes cf. Verf., Art. Feste II (*TRE XI*), 100f.; A. Angerstorfer, Art. Laubhüttenfest (*NBL II*), 591-593; H. Ulfgard, *Sukkot* (*BGBE 34*), 76ff.

562 H.L. Ginsberg (Heritage [*New York 1982*], 60) leitet den Wechsel der Festbenennung aus der Notwendigkeit ab, während der sieben Festtage für Unterkunft am Zentralheiligtum zu sorgen. Das ist keineswegs ein Widerspruch zu der kompositorischen Funktion der Namensänderung, die wie mit dem Passa einen Familienritus zur Bezeichnung des zentralisierten Festes macht, doch sollte es zu denken geben, daß in Dtn 16,13-15 im Gegensatz zur Gesetzgebung in Lev 23,39-41 (cf. dazu Verf., Innerbiblische Exegese [*BBB 119*], 156f. Anm. 140) jede Anweisung zum Hüttenbau fehlt. So ist die These von H.L. Ginsberg eher eine Interpretation von Dtn 16,13-15 im Horizont des postdtn Textes Lev 23,39-41, der wie Neh 8,13-18 nachexilisch ist, also doch wohl eine Eintragung nachexilischer Festgeschichte in den vorexilischen Text des Deuteronomiums.

563 Es zeigt sich in der Laubhüttenfestgesetzgebung, wie wenig eine „antikanaanäische“ Frontstellung dem Reformprogramm zu unterstellen ist. Ob der Verzicht auf die Terminierung des Festes auf den „Jahreswechsel“ damit begründet ist, daß der agrarische Jahreszyklus mit dem Jahresbeginn im Herbst zugunsten des kultischen Jahreszyklus mit einem Jahresanfang im Frühjahr (cf.Verf., Art. Neujahr [*NBL II*], 922), der in spätvorexilischer Zeit auch der politische Jahresbeginn war (cf. E. Kutsch, Daten [*OBO 62*], 10ff.), an Bedeutung verlor, mag man fragen. Daß mit dem Wechsel der Festbezeichnung zugunsten einer lokalen Erntebräuchen entnommenen Bezeichnung auch eine Abkehr vom traditionellen Jerusalemer Herbstfest (cf. dazu Verf., Fest [*Bibl. Konfronta-*

namen + עשׂה + לְ nimmt die des Passa-Mazzotfest- und des Wochenfestgebots auf, knüpft aber mit der Präposition לְ + Suffix der 2. Pers. m. sing. anstelle von לַיהוָה in Dtn 16,1.10 an die Einleitung von Wochen- und Lesefestgebot in Ex 34,22 an. Diese Abweichung von den Einleitungen des Passa-Mazzotfestes und Wochenfestes in Dtn 16,1.10 ist nicht zufällig, sondern will an einem entscheidenden Punkt eine Verbindung mit dem zugrundeliegenden Text in Ex 34,22 herstellen. Das dtn Laubhüttenfest soll bei aller Neuheit als Reformulierung von Ex 34,22 erkennbar bleiben. Dem dient auch die Anknüpfung an die Festbezeichnung חַג הָאָסִיף („Lesefest") in Ex 34,22 durch das Lexem אסף in Dtn 16,13bα. In Dtn 16,14 zitiert der dtn Autor wörtlich das Wochenfestgebot in Dtn 16,11, formuliert aber וְשָׂמַחְתָּ לִפְנֵי יְהוָה zu וְשָׂמַחְתָּ בְּחַגֶּךָ um[564]. Damit wird eine Brücke zum Lexem חגג in Dtn 16,15 hergestellt, das im Deuteronomium nur hier verwendet wird: שִׁבְעַת יָמִים תָּחֹג לַיהוָה ist die für die Ordnung des Festes zentrale Aussage. Das im Deuteronomium einmalige Lexem חגג spielt auf das traditionelle Verständnis des Herbstfestes als „das Fest" (הֶחָג)[565] an. Soll das Laubhüttenfest sieben Tage gefeiert werden, so wird ein Motiv des Passa-Mazzotfestes aufgenommen und mit der Zentralisationsformel verbunden: Das Laubhüttenfest ist sieben Tage lang am Zentralheiligtum zu feiern und übertrifft darin das Passa-Mazzotfest, das die Anwesenheit am Zentralheiligtum nur in der Passanacht vorsieht. Die Integration der *personae miserae* in die Festfreude der Kultgemeinde verbindet das Laubhütten- mit dem Wochenfest. Das gilt auch für die Segensformel, die darüber hinaus die Festordnung mit dem Zinsverbot (Dtn 23,20f.), der Begrenzung des Pfandrechts (Dtn 24,13) und dem Verbot der Nachlese (Dtn 24,19), also mit dem Sozialprogramm des dtn Gesetzes (Dtn 23,16-26; Dtn 24,6-25,4) verbindet. Die Lexeme תְּבוּאָה („Ertrag") und מַעֲשֶׂה („Werk/Arbeit") in Verbindung mit יָד („Hand") vernetzten das Laubhüttenfestgebot mit dem Gesetz des Drittjahreszehnts (Dtn 14,28f.). Die beiden letzteren Lexeme sind nur in Dtn 16,15 und Dtn 14,28f. in dieser Kombination belegt[566]. מַעֲשֶׂה verknüpft

---

tionen], 39-65; ders., Art. Feste II [*TRE XI*], 100f.; ders. Art. Neujahrsfest [*NBL II*], 922f.) zugunsten einer Verlagerung der Gewichte auf das Passa-Mazzotfest verbunden ist, kann man nicht ausschließen. Die im Passa-Mazzotfest im Mittelpunkt stehende Erinnerung an die Not des Exodus, die dem Fest den Charakter einer Leidensgedächtnisfeier (G. Braulik) gibt, setzt es stärker als das traditionelle Jerusalemer Herbstfest als Thronbesteigungsfest von dem neuassyrischen *akītu*-Fest und seinen politischen Ansprüchen (cf. dazu B. Pongratz-Leiden, *INA ŠULMI ĪRUB* [*BaghForsch 16*], 93ff.) ab; s. dazu auch u. IV. 4.

564 Die Umstellung von בִּשְׁעָרֶיךָ erklärt sich daraus, daß in Dtn 16,11b die Zentralisationsformel anschließt.

565 S. Ez 45,25; cf. 1Kön 8,65f.; 12,32f.; Neh 8,14 sowie Lev 23,39; cf. Verf., Art. Feste II (*TRE XI*), 101. Die Belege sind Hinweis darauf, daß sich in Jerusalem die Bedeutung des Herbstfestes auch nachexilisch durchhalten konnte.

566 Das Lexem תְּבוּאָה allein ist im dtn Gesetz abgesehen von Dtn 22,9 nur in Dtn 16,15 und in den Drittjahreszehntgesetzen (Dtn 14,28; 26,12) belegt.

darüber hinaus das Laubhüttenfestgebot mit der *šᵉmiṭṭā*-Gesetzgebung (Dtn 15,10) und der Reihe der Sozialgebote (Dtn 24,6-25,4*) in Dtn 24,19[567]. Diese Vernetzung von Laubhüttenfestgesetz, *šᵉmiṭṭā*-Gesetz und Verbot der Nachlese in Dtn 24,19f. ist durch das Bundesbuch gesteuert. Der Zusammenhang zwischen Laubhüttenfestgebot und dem Nachleseverbot ist sachlich gegeben, wird doch im Laubhüttenfest die Ernte von Wein und Öl gefeiert, auf die sich das Verbot der Nachlese in Dtn 24,20 bezieht. Das Nachleseverbot reformuliert die agrarischen Aspekte des *šᵉmiṭṭā*-Gesetzes (Ex 23,10f.), das in Dtn 15,1-10* dtn zu einem Gesetz des Schuldenerlasses im *šᵉmiṭṭā*-Jahr ausgebaut wird. Der dtn Autor hält diesen durch das Bundesbuch hergestellten Zusammenhang fest und integriert das von ihm als Säule des Sozialprogramms neu geschaffene Gesetz des Drittjahreszehnts (Dtn 14,28f.). Die Integration der Armen in die Festgemeinde und ihre unterschiedslose Teilnahme an der Festfreude ist die eine Seite des Fundaments für das dtn Sozialprogramm des Geschwisterethos. In allen diesen Gesetzen, so des *šᵉmiṭṭā*-Jahres, Drittjahreszehnts und des Nachleseverbots, wird auf den Segen JHWHs als die andere Seite des Fundaments hingewiesen, auf den die Festfreude, die die Armen integriert, antwortet:

„Wenn JHWH, dein Gott, dich mit all deinem Ertrag und aller Arbeit deiner Hände segnet, dann sollst du wirklich fröhlich sein“.

In der abschließenden *Zusammenfassung der dtn Festordnung* in Dtn 16,16-17 schließt sich der dtn Autor wieder eng an die Vorlage in Ex 34,20bβ.23 an, die in Dtn 16,16 in umgekehrter Reihenfolge („Seidel's law“) rezipiert wird[568]:

Ex 34,20bβ: ולא־יראו פני ריקם :A
Ex 34,23: שלש פעמים בשנה יראה כל־זכורך את־פני האדן יהוה אלהי ישראל :B

Dtn 16,16: שלוש פעמים בשנה יראה כל־זכורך את־פני יהוה אלהיך :B
במקום אשר יבחר בחג המצות ובחג השבעות ובחג הסכות
ולא יראה את־פני יהוה ריקם :A

Der dtn Autor rahmt durch die Ex 34,10bβ.23 zitierenden Wallfahrtsgebote die als hermeneutischer Schlüssel für die gesamte Reformulierung des Festordnung dienende Zentralisationsformel mit der Aufzählung der drei Wallfahrtsfeste[569]. Das Gebot (Ex 34,20bβ), nicht mit leeren Händen vor JHWH zu erscheinen, wird durch das dtn Programm des Geschwisterethos eingeschränkt:

567 Cf. dazu o. IV. 3.3.2.
568 Die wörtlichen Übereinstimmungen sind doppelt unterstrichen.
569 B.M. Levinson (Deuteronomy [*New York/Oxford 1997*], 90) will unter Einbeziehung von Dtn 16,17 und Ex 23,15f. eine palindromische Rezeptionsstruktur erkennen, die aber den Zusammenhang zwischen Ex 34,20bβ.23 und Dtn 16,16 eher verdunkelt.

Jeder solle seine Gaben dem Segen Gottes entsprechend bringen können. Ex 34,20bβ ist also nicht länger ein Hindernis für den Armen, an den Wallfahrtsfesten gleichberechtigt teilzunehmen[570]. So vereinigt der dtn Autor in der abschließenden Rekapitulation der Festordnung in Dtn 16,16f. die beiden hermeneutischen Gesichtspunkte für die Rezeption des Bundesbuches, die auch für die Redaktion des dtn Reformprogramms insgesamt prägend sind, die Zentralisation des Kultes und das Geschwisterethos der Hilfe für die Schwachen.

Einer radikalen Reformulierung durch eine geradezu subversive Textrezeption der Festordnung in Ex 34 wird mit dem Bemühen um Kontinuität zwischen ausgelegtem und auslegendem Text in der Zusammenfassung der dtn Festordnung in Dtn 16,16f. entgegengesteuert. Dieses Bemühen zeigt nicht nur das wörtliche Zitat von Ex 34,10bβ.23 im Kolophon der Festordnung, sondern vor allem die Rezeption der traditionellen Festbezeichnung חַג הַמַּצּוֹת *aus Ex 34,18. Damit bringt der dtn Autor zum Ausdruck, daß die Mazzotfestgesetzgebung in Ex 34,18 keineswegs durch die dtn Reformulierung abgetan ist, sondern im Horizont von Dtn 16,1-8 interpretiert werden soll*[571].

---

570 Dagegen will B.M. Levinson (Deuteronomy [*New York/Oxford 1997*], 91f.) darin den Versuch des dtn Redaktors sehen, eine Lösung für das in Ex 23,15 ungelöste Problem zu finden, daß zu einem Zeitpunkt, da noch kein Getreide reif sei, der Kultteilnehmer mit gefüllten Händen am Heiligtum erscheinen soll: „Of necessity, then, in the case of Unleavened Bread, the legislator could only lamely require that the celebrant not appear before God empty-handed; he could not suggest what produce the celebrant might offer" (a.a.O., 92). Dem ist entgegenzuhalten, daß sich in Ex 34,18-20 das Problem gar nicht stellt, da sich Ex 34,20bβ auf das voranstehende Gesetz des Erstgeburtsopfers bezieht. Auch hat T. Veijola (Passover [*ZAR 2*], 59-62) zu überprüfende Gründe beigebracht, mit einer Verbindung von Mazzot und Gerstenernte zu rechnen. Vor allem aber wird durch das Segensmotiv nicht eine „lahme" Forderung begründet, sondern eine Vermittlung mit der Sozialgesetzgebung hergestellt, in der das Segensmotiv fest verankert ist.

571 B.M. Levinson (Deuteronomy [*New York/Oxford 1997*], 53-97) betont die Diskontinuität und damit den subversiven Charakter der Rezeption der vorgegebenen Festordnungen von Ex 13,1-16* und Ex 23,14-19. Daß er sich damit bereits die falschen Vergleichstexte gesucht hat, sei nur am Rande erwähnt, da es für die prinzipiellen Methodenprobleme seines Vorgehens irrelevant ist. עשׂה פֶּסַח in Dtn 16,1 sei mit „das Passa halten/feiern" fehlübersetzt. Vielmehr sei der in Dtn 12,27 belegte technische Ausdruck für das Opfer am Zentralheiligtum gemeint. Doch Dtn 12,27 gehört für B.M. Levinson an anderer Stelle (S. 40) in die dtr Nachinterpretation des Zentralisationsgebotes. Wie also kann der dtr Sprachgebrauch in Dtn 12,27 den in Dtn 16,1 (dtn-vordtr) erklären? Auch wird im weiteren Passa-Mazzotfestgesetz das Lexem זבח verwendet, das, wie B.M. Levinson selbst gesehen hat, für die Opfer am Zentralheiligtum in Dtn 12* gerade vermieden wird. Zu der Bezeichnung des Passa in Dtn 16,16 als חַג הַמַּצּוֹת bemerkt B.M. Levinson (a.a.O., 92) lapidar: „The Unleavened Bread festival of Deut 16:16 contextually can only mean that union of Passover and Unleavened Bread prescribed in Deut 16:1-8". Die entscheidende Frage bleibt unbeantwortet, warum der dtn Autor so konsequent die vorgegebene Mazzotfestgesetzgebung einschließlich der Namensgebung umgestaltete, um in Dtn 16,16 die traditionelle Festbezeichnung חַג הַמַּצּוֹת wieder zu

3.3.5 Die Rezeption des Altargesetzes des Bundesbuches Ex 20,24-26 in den Zentralisierungsgesetzen in Dtn 12,13-27*

Die in dtn und dtr Redaktion vor den Loyalitätseid in Dtn 13 als Kernüberlieferung des Deuteronomiums plazierten sechs Zentralisationsgesetze (Dtn 12,2-31)[572] haben synchron gelesen einen schlüssigen Aufbau, wobei die Gesetze, die von fremden Kulten handeln (Dtn 12,2-3.29-31), einen Rahmen für die vier eingeschlossenen Gesetze bilden, die unter dem Spatial- (Dtn 12,4-7) und Temporalaspekt (Dtn 12,8-12), den Aspekten der Differenzierung zwischen Opfer und profaner Schlachtung (Dtn 12,13-19) sowie der Festlegung der Grenzen der Neuregelung (Dtn 12,20-28) den Opferkult an einem Heiligtum zentralisieren[573]. Doch quer zu diesem Aufbau ist Dtn 12,2-12 pluralisch, Dtn 12,13-31 singularisch formuliert. Eine pluralische Anrede ist für das dtn Gesetz untypisch[574], wohl aber für die dtr und postdtr Rahmung des dtn Gesetzes[575], was dafür spricht, daß Dtn 12,2-12 nachdtn Ergänzung zu Dtn

---

verwenden. Die ältere Forschung hat darin einen Ansatzpunkt gesehen, um die Eintragung des Passa in Dtn 16,1-8 für literarisch sekundär zu halten – ein, wie sich zeigt, nicht notwendiger Gewaltstreich. B.M. Levinson hat zu Recht allen derartigen diachronen Lösungsversuchen eine Absage erteilt. Und tatsächlich wären sie auch nur eine Verschiebung des Problems, denn es müßte dann eine Antwort auf die Frage gefunden werden, warum ein postdtn Redaktor, der das Passathema in Dtn 16,1-8 so tiefgreifend umformulierend eingebracht hat, nicht auch Dtn 16,16 durch den Austausch eines einzigen Wortes harmonisiert haben sollte. Die Antwort ist synchron zu suchen, und sie ist zu finden. Dem dtn Autor geht es bei aller Diskontinuität in der Fortschreibung von Ex 34,18-26* auch um ein Maximum an Kontinuität zwischen dem reformulierenden und dem reformulierten Text, und das aus gutem Grund. Die judäische Tradition soll nicht in der Auseinandersetzung mit der neuassyrischen Hegemonialmacht geschwächt, sondern in ihrer überlegenen Aktualität gezeigt werden. Es reicht nicht, den Prozeß der Reformulierung zu rekonstruieren. Vielmehr muß auch Antwort auf die Frage nach dem Warum der Reformulierung gesucht und damit die Frage nach dem historischen Kontext gestellt werden. Es geht um den Streit unterschiedlicher Konzeptionen politischer Theologie, in dem dem Erweis der Stärke der judäischen Rechtstradition eine zentrale Stellung zukommt; cf. auch u. IV. 4.

572 Dtn 12,1 legt in der dtr Dekalogredaktion (DtrD) als Überschrift für das ganze Gesetz des Deuteronomiums dessen Geltungsbereich im Kulturland fest; cf. N. Lohfink, Neubegrenzung (*SBAB 12*), 229-256; ders., Geltungsbereich (*SBAB 12*), 257-285; ders., Verständnis (*SBAB 12*), 287-292.

573 Cf. N. Lohfink, Fortschreibung (*SESJ 62*), 130f.

574 Abgesehen von Dtn 19,19; 22,24 wird nur in den dtr Ergänzungen (Dtn 13,4.5.6.8; 14,1.4-21; 18,15) die Pluralanrede verwendet. In Dtn 19,19; 22,24 ergibt sich der Plural aus der Natur der Sache, werden dort doch die Richter in ihrer Mehrzahl und die Männer, die die Hinrichtung vornehmen, angesprochen. Die Pluralanrede ist in Dtn 22,24 schon in der Familienrechtssammlung verankert und geht nicht auf den dtn Autor zurück.

575 Für Dtn 5-11 cf. die Tabelle in N. Lohfink, Hauptgebot (*AnBib 20*), 242.

12.13ff. ist[576]. Mit Dtn 12,2-4 ist darüber hinaus Dtn 12,29-31 verbunden. Die Forschung hat daraus weithin einhellig die Schlußfolgerung gezogen, daß der älteste Kern der Zentralisationsgesetze in Dtn 12,13-27 zu suchen sei[577]. Gegen Versuche, in Dtn 12,13-19 noch das originär dtn Zentralisationsgesetz, ja noch vordtn Überlieferungssplitter zu rekonstruieren, hat N. Lohfink[578] eingewandt, es sei allenfalls eine von vier denkbaren Möglichkeiten und wohl die unwahrscheinlichste, daß in Dtn 12,13-19 noch „die ursprüngliche Fassung des Jerusalemer Zentralisationsgesetzes" erhalten sei. Vielmehr sei mit folgenden vier Möglichkeiten zu rechnen:

„1. Das Urgesetz ist bei einer Neufassung dieses Bereiches des Deuteronomiums gestrichen und durch andere Texte ersetzt worden, für uns daher unwiederbringlich verloren.

2. Das Urgesetz liegt einem der beiden ersten Zentralisationsgesetze des jetzigen Kapitels 12 zugrunde, doch hat die Überarbeitung so frei geschaltet, daß es analytisch nicht mehr rekonstruiert werden kann.

3. Das Urgesetz liegt in 12,13-19 in überarbeiteter Gestalt vor, doch erlaubt das Maß der Überarbeitung ebenfalls nicht mehr, es zu rekonstruieren.

4. Das Urgesetz ist im wesentlichen mit dem jetzigen Text von 12,13-19 identisch".

Die letzte dieser vier Möglichkeiten sei die unwahrscheinlichste, da Dtn 12,13-19 für ein Zentralisationsgesetz einen merkwürdigen Aufbau habe[579]. In einem zweiten, dritten oder vierten Gesetz innerhalb einer Gesetzesreihe, in der vorher schon von der Opferzentralisation gehandelt worden sei, sei die Abfolge der Behandlung des Brandopfers getrennt von den übrigen Opfern durch die Regelung der Schlachtungen am Wohnort denkbar[580]. „In einem ersten und möglicherweise einzigen Zentralisationsgesetz wäre diese Themenabfolge

---

576 Cf. zuletzt mit ausführlichem Forschungsbericht E. Reuter, Kultzentralisation (*BBB 87*), 48-63. Dtn 12,28 bildet zusammen mit Dtn 13,19 einen dtr Rahmen um die beiden Hauptgesetze in Dtn 12 und Dtn 13.

577 G. Hölscher (Komposition [*ZAW 40*], 180f.191) sieht in Dtn 12,13-14.17-19.21-22.26-27a den dtn Grundtext, F. Horst (Privilegrecht [*ThB 12*], 21-35) in Dtn 12,26-27 einen alten Rechtssatz, der in Dtn 12,13-14 dtn bearbeitet worden sei. R.P. Merendino (Gesetz [*BBB 31*], 12-60) differenziert gar vier verschiedene Schichten in Dtn 12,13-27, wobei der älteste Kern in Dtn 12,14a.17aα.18a*b* zu suchen sei. Für M. Rose (Ausschließlichkeitsanspruch [*BWANT 106*], 59-76) ist Dtn 12,13-19 der dtn Sammlung, Dtn 12,20-27 einer dtn Schule zuzuweisen, während E. Nielsen (Deuteronomium [*HAT I. 6*], 134) die dtn Kernüberlieferung in Dtn 12,13-19.21-25.28 sieht, die in Dtn 12,20.26-27 dtr ergänzt worden sei. E. Reuter (Kultzentralisation [*BBB 87*], 97-114) schließlich rechnet Dtn 12,13-14.15-18 zum dtn Grundtext, der in Dtn 12,19.21-24.26-27 eine erste vorexilische Ergänzung erhalten habe und in Dtn 12,25 durch DtrH sowie in Dtn 12,20.28 durch DtrN erweitert worden sei.

578 Cf. Fortschreibung (*SESJ 62*), 142.

579 Cf. Fortschreibung (*SESJ 62*), 140f.

580 Eine andere als die oben genannten Alternativen deutet N. Lohfink, (Fortschreibung [*SESJ 62*], 141 Anm. 58) an, wenn er meint, diese Abfolge sei diachron nur so zu erklären, daß in Dtn 12,13-19 ein älteres Gesetz, das nur das Brandopfer zu Inhalt gehabt habe, sekundär auf andere Opferarten ausgedehnt worden sei; s. dazu i.f.

dagegen überraschend. Dort würde man erwarten, daß alles, was nur noch am zentralen Kultort geschehen sollte, sofort gemeinsam genannt würde. Dann hätten die Regelungen für die Ortschaften folgen können"[581]. N. Lohfink wäre Recht zu geben, daß wir in bezug auf den dtn-vordtr Überlieferungskern in Dtn 12,13-27 nicht über ein *ignoramus et ignorabimus* hinauskommen[582], wenn nicht mit dem Altargesetz im Bundesbuch (Ex 20,24-26) die literarische Vorlage für die dtn Zentralisationsgesetzgebung erhalten wäre. Erkennt man, daß die dtn Zentralisationsgesetzgebung in Dtn 12 eine Reformulierung des Altargesetzes des Bundesbuches ist[583], beantworten sich auch zwei, mit der Suche nach der dtn Gestalt der Zentralisationsgesetze eng verbundene Fragen, ob es einen vordtn Kern in Dtn 12 gab, der noch nicht mit der Zentralisationsforderung verbunden war, und in welchem literarischen Verhältnis Dtn 12,13-19 zu Dtn 12,(20).21-27.(28)[584] stehen[585]:

Ex 20,24:	מזבח אדמה תעשה־לי וזבחת עליו את־עלתיך ואת־שלמיך את־צאנך
	ואת־בקרך בכל־המקום אשר אזכיר את־שמי אבוא אליך וברכתיך
Dtn 12,13:	השמר לך פן־תעלה עלתיך בכל־מקום אשר תראה
Dtn 12,14a:	כי אם־במקום אשר־יבחר יהוה באחד שבטיך שם תעלה עלתיך
Dtn 12,15:	רק בכל־אות נפשך תזבח ואכלת בשר כברכת יהוה אלהיך
	אשר נתן־לך בכל־שעריך הטמא והטהור יאכלנו כצבי וכאיל
Dtn 12,16:	רק הדם לא תאכלו[586] על־הארץ תשפכנו כמים
Dtn 12,17:	לא־תוכל לאכל בשעריך מעשר דגנך ותירשך ויצהרך ובכרת
	בקרך וצאנך וכל־נדריך אשר תדר ונדבתיך ותרומת ידך
Dtn 12,18:	כי אם־לפני יהוה אלהיך תאכלנו במקום אשר יבחר יהוה אלהיך בו
	אתה ובנך ובתך ועבדך ואמתך והלוי אשר בשעריך
	ושמחת לפני יהוה אלהיך בכל משלח ידך
Dtn 12,19:	השמר לך פן־תעזב את־הלוי כל־ימיך על־אדמתך
Dtn 12,21:	כי־ירחק ממך המקום אשר יבחר יהוה אלהיך לשום

581 Cf. N. Lohfink, Fortschreibung (*SESJ 62*),141.

582 Er beruft sich dabei auf G.A. Smith (Deuteronomy [*Cambridge 1918*], 161), der es für unbeantwortbar hielt, welche der Gesetzesfassungen in Dtn 12 die ursprüngliche sei, und C. Steuernagel (Deuteronomium [*HAT I. 3.1*], 10f.), der in Dtn 12 wie im gesamten dtn Gesetz keinen Anteil des „Urdeuteronomiums" (D1) sah und aus der Tatsache dreier Ausgaben des Grundgesetzes über die Kultzentralisation auf eine freie Gestaltung des Wortlauts durch den jeweiligen Herausgeber schloß.

583 Cf. dazu auch B.M. Levinson, Deuteronomy (*New York/Oxford 1997*), 23-52; s. dazu Verf. Fortschreibungsgeschichte (*BiOr 56*), 5-14.

584 Dtr Einschübe sind Dtn 12,14b (Rückbezug auf Dtn 12,2-12).20 (cf. Dtn 19,8 [dtr]).25 (cf. Dtn 5,16.29[dtr]).28 (cf. Dtn 13,19[dtr]).

585 Die wörtlichen Übereinstimmungen sind doppelt unterstrichen.

586 Wie in Dtn 15,23a ist die Sing.-Form unter Fortfall des nun-energicum zu lesen; cf. auch Samaritanus תֹּאכַל.

שמו שם וזבחת מבקרך ומצאנך אשר נתן יהוה לך כאשר צויתך
ואכלת בשעריך בכל אות נפשך

Dtn 12,22: אך כאשר יאכל את־הצבי ואת־האיל כן תאכלנו הטמא
והטהור יחדו יאכלנו

Dtn 12,23: רק חזק לבלתי אכל הדם כי הדם הוא הנפש ולא־תאכל
הנפש עם־הבשר

Dtn 12,24: לא תאכלנו על־הארץ תשפכנו כמים

Dtn 12,26: רק קדשיך אשר־יהיו לך ונדריך תשא ובאת אל־המקום אשר־יבחר יהוה

Dtn 12,27: ועשית עלתיך הבשר והדם על־מזבח יהוה אלהיך ודם־זבחיך ישפך
על־מזבח יהוה אלהיך והבשר תאכל

Schlüssel zum Verständnis der Reformulierung des Altargesetzes des Bundesbuches ist die Rezeption von Ex 20,24[587] in Dtn 12,13 als Eröffnung des dtn Zentralisationsgesetzes. In Dtn 12,13 zitiert der dtn Autor die Wortfolge בְּכָל־מָקוֹם אֲשֶׁר. Steht sie in Ex 20,24 in einem positiven Kontext, der Opfer „an jedem Ort" gestattet, so wird in Dtn 12,13 dieses gerade untersagt. Ex 20,24 legitimiert die Kultorte durch den Relativsatz אֲשֶׁר אַזְכִּיר אֶת־שְׁמִי אָבוֹא אֵלֶיךָ וּבֵרַכְתִּיךָ („an dem ich meinem Namen ein Gedächtnis stifte, will ich zu dir kommen und dich segnen"), d.h. durch Erwählung und Theophanie. Genau diese Legitimation verkehrt der dtn Autor in Dtn 12,13 durch den an diese Stelle gerückten Relativsatz אֲשֶׁר תִּרְאֶה in ihr Gegenteil, der nun für menschliche Willkür steht. B.M. Levinson[588] hat davon gesprochen, hier werde eine „Strohpuppe" geschlagen, denn auch vor der dtn Zentralisierung der Opfer hat niemand behauptet, man könne an jedem beliebigen Ort Opfer darbringen. Das Altargesetz sagt mit der Legitimation der Kultorte durch JHWHs Erwählung genau das Gegenteil. Formulierung und Position von Dtn 12,13 als Eröffnung der Zentralisationsgesetze erklären sich aus der Intention, die göttliche Erwählung vieler Orte in Ex 20,24 durch Diskreditierung aus den Angeln zu heben, was eine Reformulierung des Altargesetzes in den Zentralisationsgesetzen überhaupt erst ermöglicht[589]. Wird einer Vielzahl von Heiligtümern (בְּכָל־הַמָּקוֹם) die göttliche Legitimation entzogen, muß sich die Frage stellen, welchem Ort sie gilt, und eben diese Frage beantwortet der dtn Autor in Dtn 12,14: Es ist das eine Zentralheiligtum des dtn Reformprogramms. Den die Heiligtümer im Altargesetz des Bundesbuches qualifizierenden Relativsatz

587 Zur Analyse des Altargesetzes des Bundesbuches cf. D. Conrad, Altargesetz (*Diss. theol. Marburg 1968*), 8ff.; J. Halbe, Privilegrecht (*FRLANT 114*), 369ff.413ff.440ff.; Verf. Wandel (*StB 3*), 4f.54ff.; L. Schwienhorst-Schönberger, Bundesbuch (*BZAW 188*), 287ff.

588 Cf. Deuteronomy (*New York /Oxford1997*), 30.

589 Man wird also kaum mit B.M. Levinson annehmen wollen, Dtn 12,13 „conceals the actual object of concern as something self-evidently to be rejected" (a.a.O., 30). Der Leser kennt Ex 20,24 genau und versteht sehr wohl das Anliegen des dtn Autors.

בְּכָל־הַמָּקוֹם אֲשֶׁר אַזְכִּיר אֶת־שְׁמִי zitiert der dtn Autor in der Zentralisationsformel und reformuliert ihn auf neuassyrischem Hintergrund mithilfe der akk. Phrase *šuma šakānu*[590] zu הַמָּקוֹם אֲשֶׁר יִבְחַר יְהוָה אֱלֹהֶיךָ לָשׂוּם שְׁמוֹ שָׁם (Dtn 12,21)[591]. Auch ersetzt er das Lexem זבח in Verbindung mit dem Brandopfer (עֹלָה) durch die Verben עלה (Dtn 12,13f.) und עשׂה (Dtn 12,27) und entsakralisiert das Lexem זבח (Dtn 12,15.21) zur Bezeichnung der unkultischen Schlachtung in den Wohnorten. Dieser Vorgang ist um so auffälliger, als der dtn Autor in Dtn 15,21; 16,2-6; 18,3 זבח durchaus traditionell in kultischem Sinne verwendet. Die Art der Rezeption von Ex 20,24 zeigt, daß der dtn Autor neben der Zentralisierung des Opferkultes die profane Schlachtung in den Wohnorten legitimieren will. Er führt als Gegenbegriff zu הַמָּקוֹם, der wiederum Gegenbegriff zu כָּל־הַמָּקוֹם des Altargesetzes ist und in Dtn 12,13 mit negativer Konnotation zitiert wird, den Begriff שְׁעָרִים zur Bezeichnung der Wohnorte und ihrer Sippen ein und entwickelt daraus eine komplexe Dialektik in der Reformulierung von Ex 20,24: In Dtn 12,13 grenzt er die unerlaubten Opfer בְּכָל־מָקוֹם von den gebotenen Opfern בַּמָּקוֹם + Zentralisationsformel ab. Die legitime Alternative zum Opfer בְּכָל־מָקוֹם des Altargesetzes des Bundesbuches ist die unkultische Schlachtung בְּכָל־שְׁעָרֶיךָ in Dtn 12,15, so daß sich folgende Abfolge ergibt[592]:

Dtn 12,13	בכל מקום
Dtn 12,14	במקום
Dtn 12,15	בכל שעריך

בְּכָל־שְׁעָרֶיךָ formuliert der dtn Autor als Gegenbegriff zu בְּכָל־הַמָּקוֹם des Altargesetzes. Nur in Dtn 12,15 und der durch die Aufhebung der lokalen Heiligtümer ausgelösten Reformulierung der Gerichtsordnung in Dtn 16,18 verwendet er den Ausdruck בְּכָל־שְׁעָרֶיךָ. Das Lexem שַׁעַר, das für den Wohnort im Gegensatz zum Zentralheiligtum steht, bezeichnet in der Grundbedeutung „Tor" als ein poliorketisch oder repräsentativ abgezwecktes Bauwerk[593] und bringt in synekdochischer Verwendung den unkultischen Charakter der

590 Für Beleg s. CAD Š/I, 143f.; cf. auch F.R. Kraus, Lebensgefühl (*JNES 19*), 128-131. Diese Phrase aus dem 3. Jt. (cf. sum.mu.ni.ba.gá.gá) hat in neuassyrischer Zeit eine Renaissance erfahren; s. nur *šumīma liškun/wsmjm lsm bh* der Bilingue von Tell Feḫerīje Z. 19.

591 Die Zitation des Altargesetzes des Bundesbuches in der Langform der Zentralisationsformel läßt keinen Zweifel daran, daß sie bereits Teil der dtn Redaktion und keineswegs gegenüber der sog. Kurzform literarisch sekundär ist; cf. N. Lohfink, Zentralisationsformel (*SBAB 12*), 147-177. Gegen die erneut gegenteilig lautende These von E. Reuter (Kultzentralisation [*BBB 87*], 134ff.) cf. N. Lohfink, Kultzentralisation (*ZAR 1*), 127f.

592 Cf. Verf., Art. *šaʿar* (*ThWAT VIII*), 376; B.M. Levinson, Deuteronomy (*New York/ Oxford 1997*), 30.

593 Cf. Verf., Art. *šaʿar* (*ThWAT VIII*), 364ff.382ff.; ders., Stadttor (*ÄAT 30*), 188-197.

Wohnorte zum Ausdruck[594]. Das aber bedeutet nicht, daß sie nicht unter dem Segen Gottes stehen. Vielmehr überträgt der dtn Autor das Segensmotiv des Altargesetzes des Bundesbuches (Ex 20,24), das dort mit dem lokalen Kultort (אָבוֹא אֵלֶיךָ וּבֵרַכְתִּיךָ) verbunden ist, auf die Wohnorte (Dtn 12,15). Der Schächtungsritus in den Wohnorten (Dtn 12,16) profaniert das kultische Ausgießen des Blutes über dem Altar (שָׁפַךְ עַל), was noch unterstrichen wird durch das Motiv, daß das Blut wie Wasser auszugießen sei. Die über Ex 20,24 hinausgehenden Opferanweisungen (Dtn 12,17) und die Liste der Kultteilnehmer (Dtn 12,18) fügt der dtn Autor konsequent im Sinne der Reformulierung von Ex 20,24 an Dtn 12,13-16 an. Mit בְּקָרְךָ und צֹאנְךָ werden zwei Begriffe aus Ex 20,24 zitiert, hier aber nicht mit עֹלָה und שְׁלָמִים, sondern mit dem Erstgeburtsopfer verbunden, das im Altargesetz des Bundesbuches keine Entsprechung hat. Man kann also aus der Position von Dtn 12,17 keinerlei Schlußfolgerungen derart ziehen, daß Dtn 12,13-19 ein vorangehendes Zentralisationsgesetz voraussetze oder zweistufig entstanden sei, wobei die ältere Überlieferungsstufe nur die Brandopfer behandelt habe, während die übrigen Opferarten sekundär angefügt seien. Dtn 12,13-19*[595] ist ein literarisch einheitlicher Text, dessen Geschlossenheit auch der palindromische Aufbau erweist[596]:

Dtn 12,13 השמר לך פן
  Dtn 12,14 כי אם + Zentralisationsformel
    Dtn 12,15 רק
    Dtn 12,16 רק
  Dtn 12,18 כי אם + Zentralisationsformel
Dtn 12,19 השמר לך פן

Dtn 12,21-24 ist Legalinterpretation[597] von Dtn 12,15f., die mit זָבַחְתָּ מִבְּקָרְךָ וּמִצֹּאנְךָ wieder drei zentrale Termini aus Ex 20,24 zitiert und dekontextualisiert. בָּקָר und צֹאן bezeichnen nicht wie in Ex 20,24 Opfertiere, sondern werden wie das Verb זבח mit der profanen Schlachtung in den Wohnorten

---

594 Das Lexem עִיר kommt für diese Funktion nicht infrage, da es so interpretiert werden könnte, daß in den nicht durch eine Mauer geschützten Dörfern (חֲצֵרִים; cf. dazu Verf., Art. *ʿîr* [*ThWAT VI*], 61) die Freigabe der Schlachtung nicht gültig sei. Dem Bemühen, durch das Lexem שַׁעַר die Gültigkeit des entsprechenden Gesetzes im ganzen Land zum Ausdruck zu bringen, kommt auch die diesem Lexem eignende semantische Konnotation „Sippe" im Sinne des akk. *bābtu(m)* (cf. Verf., Art. *šaʿar* [*ThWAT VIII*], 366f.376-382) entgegen.

595 Zur These von E. Reuter (Kultzentralisation [*BBB 87*], 77f.), Dtn 12,19 stehe in Spannung zur Nennung der Leviten in der Liste der *personae miserae* in Dtn 12,18, cf. N. Lohfink, Kultzentralisation (*ZAR 1*), 122.

596 Cf. nur G. Seitz, Studien (*BWANT 93*), 211, sowie B.M. Levinson, Deuteronomy (*New York/Oxford1997*), 29.

597 כַּאֲשֶׁר צִוִּיתִךָ in Dtn 12,21 stellt formal den Zusammenhang zwischen der Legalinterpretation und Dtn 12,15f. her, den die zahlreichen wörtlichen Wiederaufnahmen inhaltlich füllen.

verbunden. Die Legalinterpretation (Dtn 12,21-24) begründet Dtn 12,15f.: Die Schlachtung in den Wohnorten (Dtn 12,15) wird freigegeben, weil der Weg zum Zentralheiligtum zu lang sein kann[598]. Die Begründung für den Blutritus in Dtn 12,16 liefert Dtn 12,23. Das Motiv in Ex 20,24, daß auf dem Altar – עָלָיו ist bezogen auf vorangehendes מִזְבֵּחַ – geopfert werden solle, wird in Dtn 12,26-27 als Legalinterpretation von Dtn 12,13f. zitiert und auf das Ausgießen des Blutes ausgedehnt. Die für die Schlachtung in den Wohnorten charakteristische Dialektik von אכל bezogen auf das Fleisch und שפך bezogen auf das Blut übernimmt der dtn Autor in Dtn 12,26f. auch für das Brandopfer. Das aber ist auf den ersten Blick erstaunlich, denn das Brandopfer wurde im Gegensatz zu זֶבַח und שְׁלָמִים nicht von den Kultteilnehmern verzehrt[599]. Der dtn Autor rezipiert mit וְהַבָּשָׂר תֹּאכֵל einen Aspekt des שְׁלָמִים-Opfers aus Ex 20,24 und ordnet ihn in die durch das gemeinsame Kultmahl geprägte Darbringung des Zehnten und der Erstgeburt ein[600]. Dtn 12,21-24.26f. rezipiert als Legalinterpretation von Dtn 12,13-19* also ebenfalls Ex 20,24, wobei die Reformulierung von Ex 20,24 in Dtn 12,21-24.26f. auf die in Dtn 12,13-19* bezug nimmt. Dtn 12,13-19*.21-24.26f. gehören zu nur einer dtn Schicht.

Wenn der dtn Autor in Dtn 12,13-19*.21-24.26f. das Altargesetz Ex 20,24 reformuliert, so gibt es auch keine von Ex 20,24 unabhängige vordtn Kernüberlieferung in Dtn 12,13-27*[601]. Erweist sich die Zentralisationsgesetzge-

---

598 Dtn 12,21f. ist keine Einschränkung von Dtn 12,15f. unter der Überschrift „genug der Säkularisation", wie E. Reuter (Kultzentralisation [*BBB 87*], 81f.106) meint. Die pseudokasuistische Formulierung könnte als ein Hinweis darauf gewertet werden, doch verdeckt sie nicht, daß es sich wie in Dtn 14,24, wo ebenfalls nichts für eine literarkritische Aussonderung spricht, um eine Erlaubnis handelt, die Dtn 12,15 begründen will.

599 Cf. R. Rendtorff, Studien (*WMANT 24*), 109-111; D. Kellermann, Art. *ʿolāh* (*ThWAT VI*), 108.

600 Daß die שְׁלָמִים-Opfer in Ex 20,24 dtn nicht rezipiert sein sollen, ist mit B.M. Levinson (Deuteronomy [*New York /Oxford 1997*], 38) nicht damit erklärt, daß שְׁלָמִים im Wortschatz des Deuteronomiums mit Ausnahme in Dtn 27,7 nicht enthalten sei. Das gerade ist ja erklärungsbedürftig, wenn der Begriff an so prominenter Stelle des Bundesbuches verwendet wird. Auch wenn unser Wissen um die שְׁלָמִים-Opfer begrenzt ist (cf. T. Seidl, Art. *šᵉlāmîm* [*ThWAT VIII*], 101-111), so wäre es doch der Antwort bedürftig, warum die שְׁלָמִים-Opfer, die zusammen mit den עֹלָה-Opfern „Teil einer feierlichen Doppelopferhandlung bei öffentlichen Anlässen" (a.a.O., 110) sind, im Gegensatz zu den עֹלָה-Opfern nicht rezipiert sein sollten.

601 Auch E. Reuter (Kultzentralisation [*BBB 86*], 189ff.) kommt mit literarkritischen Mitteln zu dem Ergebnis, daß es kein „vorzentralistisches Deuteronomium" gegeben habe. Damit entfallen gleichermaßen Lösungsversuche zur Literaturgeschichte des Deuteronomiums, die ein vordtn „Privilegrecht" als Grundlage des dtn Gesetzes rekonstruieren (so F. Horst, Privilegrecht [*ThB 12*], 17-154) oder eine distributive Frühgestalt von Zentralisationsgesetzen und -formeln annehmen; so nach Th. Oestreicher (Dtn 12,13f. [*ZAW 43*], 246-249; cf. auch o. I.) jüngst noch wieder A. Rofé (Centralization [*VT.S 22*], 221-226) und B. Halpern (Centralization Formula [*VT 31*], 20-38); cf. dagegen B.M. Levinson, Deuteronomy (*New York /Oxford 1997*), 23 Anm. 1.

bung in Dtn 12,13-27* durchgängig als Reformulierung des Altargesetzes des Bundesbuches, so ist aber zu fragen, ob für den dtn Autor damit das Altargesetz des Bundesbuches ungültig geworden sei. B.M. Levinson ist dieser Meinung, wenn er Ex 20,24 im Lichte von Dtn 12 gelesen „a planned obsolence"[602] zuschreibt. Dem widerspricht aber nicht nur die Unlogik, daß ein Text Autorität hat, so daß man ihn reformuliert, nach der Reformulierung er diese aber verloren haben soll. Eben das nimmt B.M. Levinson an, wenn er feststellt: „The older texts are silenced, and there is only the voice of the authors of Deuteronomy"[603]. Das ist keineswegs so, denn das Bundesbuch wird noch postdtr im Rahmen der Sinaiperikope tradiert, ja vieles spricht dafür, daß es überhaupt erst postdtn in die Sinaiperikope eingefügt wurde[604]. Auch postdtn reklamiert das Bundesbuch und damit das Altargesetz weiterhin die Autorität göttlicher Offenbarung am Sinai[605]. Wie also konnte Ex 20,24 neben Dtn 12,13-27* als weiterhin autoritativer Text verstanden worden sein? Einen ersten Lösungsweg deutet die postdtn Ergänzung des Zentralisationsgesetzes in Dtn 12,8-12 an, die durch intertextuelle Querverweise auf 2Sam 7 und 1Kön 8[606] den Zeitpunkt, an dem das dtn Zentralisationsgesetz in Kraft tritt, auf die Errichtung des Tempels in Jerusalem zur Zeit Salomos datiert und also

602 Cf. B.M. Levinson, a.a.O., 46.

603 Cf. B.M. Levinson, a.a.O., 94.

604 Cf. Verf., Pentateuchredaktion (*BEThL 126*), 70-75. Das erklärt auch, warum D.E. Skweres (Rückverweise [*AnBib* 79]) keine Rückverweise im dtn Gesetz auf das Bundesbuch gefunden hat, was „nicht gegen deuteronomische Abhängigkeit vom Bundesbuch, wohl aber für dessen relativ späten Eintritt in den Pentateuchzusammenhang" spricht; so N. Lohfink, Fortschreibung (*SESJ 62*), 139 Anm. 49.

605 Unbeantwortet bleibt bei B.M. Levinson auch die Frage, wie sich die Autorität des Bundesbuches zu dem verhält, was er als „literary recycling" (Deuteronomy [*New York/ Oxford 1997*], 33) bezeichnet, wenn auch er davon ausgeht, daß es der Autorität des Bundesbuches bedurfte, um das Zentralisierungsprogramm zu legitimieren. Bei B.M. Levinson liest sich das dtn Verfahren der „Pseudzitation" wie ein als Verwirrspiel angelegtes Täuschungsmanöver, das aber doch für jeden, der Ex 20,24 kannte, durchschaubar sein mußte – nur solche Leser konnten im Blick sein, wenn die Autorität des Bundesbuches für das dtn Anliegen in Anspruch genommen werden sollte. Konnte der dtn Autor gemeint haben, durch derartige Pseudzitate dem in Ex 20,24 zum Ausdruck gebrachten Gotteswillen gerecht geworden zu sein? – wohl kaum. Die Frage, was den ausgelegten Text zur Autorität für den auslegenden Text macht über die Tatsache hinaus, daß er ausgelegt wird, hängt auf das engste mit der Frage zusammen, wie ausgelegter und auslegender Text nebeneinander stehend interpretiert wurden – in diesem Falle das Bundesbuch als Gotteswillen in der Sinaiperikope neben dem Deuteronomium als Gotteswillen, der im Land Moab proklamiert wird. In der Auseinandersetzung mit der neuassyrischen Hegemonialmacht hat man nicht der eigenen Tradition durch Pseudzitation als „recycling" den Boden entzogen, sondern durch die Interpretation ihre Aktualität und Überlegenheit erwiesen. Das Verfahren der „Pseudzitation" in subversiver Absicht hat man vielmehr auf die Kernüberlieferungen der assyrischen Königsideologie angewandt; cf. o. II.

606 Cf. G. Braulik, Konzeption (*SBAB 2*), 220-225.

Ex 20,24 historisiert. Vor der salomonischen Tempelgründung werde es noch eine Vielzahl von Heiligtümern gemäß Ex 20,24 geben und erst danach nur das eine Zentralheiligtum gemäß Dtn 12. Doch das setzt voraus, daß bereits ein literarischer Zusammenhang zwischen Bundesbuch und Deuteronomium in einem Tora und Geschichtserzählung umfassenden Werk vom Buch Exodus bis zu den Königsbüchern bestand. Stehen das Bundesbuch und das Deuteronomium als ausgelegtes und auslegendes Werk unmittelbar ohne Vermittlung in einem derartigen Großwerk nebeneinander, kann eine historisierende Interpretation, von der auch das dtn Zentralisationsgesetz selbst nichts zu erkennen gibt, noch keine Lösung sein. Ex 20,24b begründet die Legitimität eines Kultortes damit, daß an diesem Heiligtum JHWH selbst zu Wort komme und sich selbst „Zeugnis gebend verkündet" (אַזְכִּיר)[607]. Das Altargesetz rückt das Bundesbuch in den Horizont des Jerusalemer Tempels. Die Legitimität des Altars wird nicht nur durch seine Bauart begründet, sondern auch durch die Selbstkundgabe Gottes. Die Wortverkündigung ist die Voraussetzung der Segenskraft des Opfers, und die Wortverkündigung hat keinen anderen Inhalt als das Bundesbuch, das den Gotteswillen ausdrückt[608]. Jedes Heiligtum, an dem der Inhalt des Bundesbuches als Gotteswillen verkündet wird, sei ein legitimes Heiligtum, das in der Theophanie gesegnet sein werde[609]. Das einzige Verb in Ex 20,24, das der dtn Autor in Dtn 12,13-27* nicht rezipiert, ist זכר, das für das Altargesetz in Ex 20,24 zentral ist. Die Gründe dafür liegen auf der Hand, und sie klären die Relation zwischen Altargesetz des Bundesbuches als ausgelegtem und dem Zentralisationsgesetz des Deuteronomiums als auslegendem Text. Ex 20,24 stellt fest, daß Heiligtümer nur dann legitime Heiligtümer sind, wenn JHWH selbst seinen Namen dort verkünden läßt. Das Deuteronomium verwendet statt des Lexems זכר in der Zentralisationsformel das Lexem בחר („erwählen"). Damit wird die Relation geklärt: Ex 20,24 definiert prinzipiell die Legitimität eines JHWH-Heiligtums, die in der Dialektik von בְּכָל־הַמָּקוֹם אֲשֶׁר אַזְכִּיר in Ex 20,24 und בְּכָל־מָקוֹם אֲשֶׁר תִּרְאֶה in Dtn 12,13 zu lesen ist. Nur JHWH selbst kann einen Kultort legitimieren. Das gilt für jeden Kultort. Aus den vielen möglichen Kultorten aber hat er einen „erwählt" (בחר), das Zentralheiligtum, הַמָּקוֹם im Sinne der Zentralisationsformel der Zentralisationsgesetze des Deuteronomiums.

In der Perspektive der dtn Zentralisationsgesetze gelesen, definiert das Bundesbuch grundsätzlich die Legitimität eines JHWH-Heiligtums. Im Deute-

607 Cf. J. Halbe, Privilegrecht (*FRLANT 114*), 371; ferner W. Schottroff, Gedenken (*WMANT 15*), 251f.

608 Cf. Verf., Wandel (*StB 3*), 55f.

609 Ex 20,24b bringt also nicht „nur programmatisch, was die alten Heiligtumssagen erzählend berichten" zum Ausdruck – so J.J. Stamm (Altargesetz [*ThZ 1*], 304-306) mit Hinweis auf Gen 28,10ff. (cf. dazu Verf., Jakob [*ZAW 88*], 165-190) –, sondern repräsentiert mit der Voranstellung der Selbstoffenbarung Gottes als Rechtsverkündigung eine erhebliche theologische Weiterentwicklung durch die Theologisierung des Rechts.

ronomium wird diese Definition auf die Erwählung des Zentralheiligtums appliziert. In späterer heilsgeschichtlicher Perspektive eines sich formierenden Pentateuch bedeutet das, daß am Sinai der Grundsatz offenbart wurde und im Land Moab die Konkretion für das Leben im Kulturland. In dieser Perspektive gelesen gilt das Altargesetz des Bundesbuches uneingeschränkt auch für das Zentralheiligtum des Deuteronomiums. Die Reformulierung durch das Deuteronomium nimmt dem Bundesbuch, das nun im Horizont des Deuteronomiums interpretiert werden will, nichts an Autorität. Es ist also keineswegs eine Ironie der Literaturgeschichte, wie B.M. Levinson[610] *meint, „that the very texts that the authors of Deuteronomy sought to replace were nonetheless redacted with it in the Pentateuch", sondern eine rezeptionshistorisch notwendige Konsequenz der Tatsache, daß das Bundesbuch für den dtn Autor autoritativer Text war. Andernfalls hätte er ihn nicht reformuliert.*

Nachdem wir die Hermeneutik der Auslegung des Altargesetzes des Bundesbuches in den Zentralisationsgesetzen des dtn Programms nachgezeichnet haben, stellt sich noch eine Frage, die bislang keine Antwort gefunden hat: Was hat den dtn Autor bewogen, das Zentralheiligtum zum einzig legitimen Ort der JHWH-Opfer zu erklären? In altassyrischer Zeit überträgt der König Samšī-Adad den Anspruch Nippurs, „heiliger Hügel" im Zentrum der Achsen der Welt zu sein, auf die Stadt Aššur, ein Vorgang, der parallel sich auch in Babylon vollzogen hat und seit der Mitte des 2. Jt. v. Chr. ein wesentliches Element der Konkurrenz zwischen Babylonien und Assyrien war[611]. Nicht nur der Name Nippurs URU.SÀ.URU (akk. *libbi-āli*) wurde auf Aššur übertragen, sondern der Aššur-Tempel erhielt mit É.ŠÁR.RA den Namen des Enlil-Tempels von Nippur, was angesichts der Verehrung des Lokalgottes Aššur als Enlil seit der altassyrischen Zeit naheliegend war: Der Königsgott der Welt hatte seinen Sitz in Aššur. Das Besondere der Aššur-Rezeption war, daß der Gott Aššur an keinem anderen Ort des assyrischen Reiches in einem Tempel kultisch verehrt wurde[612]. Da Stadt und Gott identisch waren, war der Gott nicht von ihr abzulösen und nahm immer mehr den Charakter der Bevölkerung der Stadt an. Der Versuch Tukulti-Ninurtas I., den Aššur-Tempel in die von ihm gegründete Residenz Kar-Tukulti-Ninurta zu verlegen, scheiterte kläglich. Nach seinem Tode wurde mit der Residenz auch der Aššur-Tempel wieder aufgegeben[613]. Aššur als Gott der Stadt und die assyrischen Weltenachsen waren so sehr an die Stadt Aššur gebunden, daß eine Verlegung des Kultortes

---

610 Cf. Deuteronomy (*New York/Oxford 1997*), 94; s. dagegen Verf., Fortschreibungsgeschichte (*BiOr 56*), 5-14.

611 Cf. S. Maul, Hauptstadt (*CDOG 1*), 109-124; s. ferner auch A.R. George, Marduk (*Or [N.S.] 66*). 65-70, zu Babylon.

612 Cf. W. Mayer, Kriegskunst (*Münster 1995*), 63; ders., Assur (*AOAT 248*), 15f.

613 Cf. T. Eickhoff, Kār Tukulti Ninurta (*ADOG 21*), 34f.

Unrecht zu sein schien[614], so daß auch als in neuassyrischer Zeit die Königsresidenz nach Kalaḫu und Ninive verlegt wurde, die Stadt Aššur stets einziger Ort des Aššurkultes blieb.

Wollte der dtn Autor sein Reformprogramm dem neuassyrischen Religions- und Rechtssystem entgegenstellen und die Überlegenheit der judäischen JHWH-Konzeption über die assyrische Konzeption des Gottes Aššur, dessen Stellvertreter der assyrische Großkönig sein wollte, erweisen[615], *so konnte die JHWH-Verehrung nicht hinter der Rationalität der assyrischen Kultzentralisation zurückbleiben: Wie der assyrische Gott Aššur an nur einem Ort kultisch verehrt wird, so auch der judäische Gott JHWH: Jerusalem steht nicht Aššur nach, und kein Lokalheiligtum in Juda unterminiert die Alternative zwischen dem Gott Aššur und JHWH. Der Demonstration der Weltherrrschaft des Gottes Aššur und seines Stellvertreters, des Königs, durch die assyrische Staatsmacht wird die Versammlung der Kultgemeinde zum gemeinsamen Opfermahl vor JHWH entgegengesetzt als Ausdruck dessen, was bereits der Loyalitätseid in Dtn 13*; 28* auf die Fahnen schrieb, daß JHWH, nicht aber dem assyrischen Großkönig ungeteilte Loyalität zukommt. In dieser Auseinandersetzung mit der assyrischen Hegemonialmacht soll die den dtn Autoren in Gestalt von Bundesbuch und vordtn Sinaiperikope der Quelle Q (Ex 34*) vorgegebene Tradition nicht durch subversive Pseudzitation geschwächt werden – so geht man mit der assyrischen Staatstradition um –, sondern es soll ihre überlegene Aktualität aufgezeigt werden. Dem dient die Reformulierung des Bundesbuches, das als ausgelegter Text nun im Horizont des Deuteronomiums als auslegender Text gelesen werden soll.*

3.3.6 Die Rezeption der Gesetzesanordnung des Bundesbuches in der Redaktion des deuteronomischen Reformprogramms in Dtn 12-26*

Das Bundesbuch hat in der dem dtn Autor vorgegebenen Gestalt einen stringenten Aufbau, der dem des dtn Gesetzes nahekommt. Das Altargesetz (Ex 20,24-26) leitet das Bundesbuch ein, worauf ein privilegrechtlicher Rahmen mit Gesetzen im 6/7-Schema (Ex 21,2-6.[7-11]; 23,10-12) folgt. Dieser Rahmen aus Sklavengesetzen sowie den *šᵉmiṭṭā*- und Ruhetagsgeboten umfaßt die Rechtsordnung der apodiktisch formulierten Gebote (Ex 21,12-17; 22,17-19), die das kasuistische Körperverletzungsrecht (Ex 21,18-32), das Sachenrecht

614 Cf. S. Maul, Hauptstadt (*CDOG 1*), 122. Das bedeutet aber nicht, daß sich nicht schon in altassyrischer Zeit das Einflußgebiet des Gottes Aššur bis nach Kleinasien erstrecken konnte; s. die Belege bei H. Hirsch, Untersuchungen (*AfO Beih 13/14*), 6.13ff.

615 Nur in der Stadt Aššur steht der Gott Aššur im Mittelpunkt der *akītu*-Prozession, während in den übrigen assyrischen Städten die Prozessionen dazu dienten, die Präsenz des Königs im Reich bis an die Peripherie zu demonstrieren; cf. B. Pongratz-Leisten, *INA ŠULMI ĪRUB* (*BaghForsch 16*), 113ff.; dies., Interplay (*Helsinki 1997*), 245-252.

der *j*^{e}*šallem*-Rechtssätze (Ex 21,33-22,14), das Familienrecht (Ex 22,15f.) und den Abschluß aus Sozial- und Erstlingsgeboten (Ex 22,20-29*) einfassen. Die Gerichtsordnung in Ex 23,1-3.6-8 ist ein zweiter Block, der die Gebote der Feindessolidarität in Ex 23,4f. einrahmt, so daß sich ingesamt folgender Aufbau ergibt:

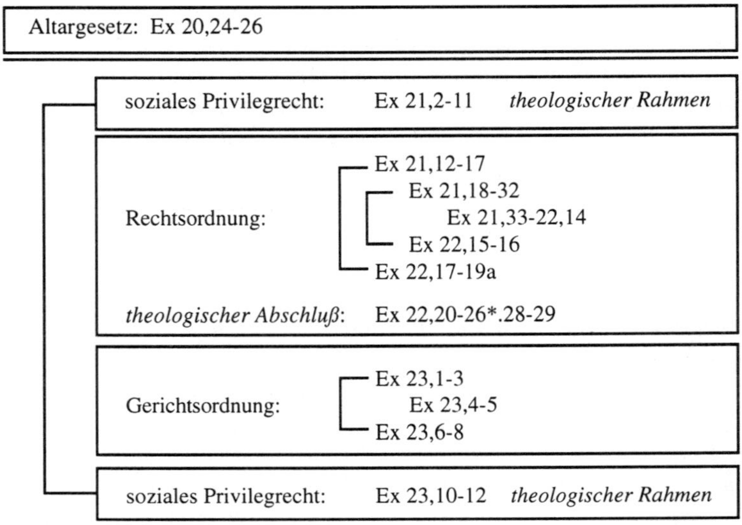

Das vordtn Bundesbuch enthält einen Block materialer Rechtsordnung (Ex 21,12-22,19a) und einer Gerichtsordnung (Ex 23,1-8), die durch das soziale Privilegrecht (Ex 21,2-11; 23,10-12) gerahmt werden. Die Abfolge von sozialer Schutzbestimmung und Aussonderungsgebot in diesem Rahmen wird im Zentrum des Bundesbuches in Ex 22,20-29* als Abschluß der materialen Rechtsordnung wiederholt.

Der Aufbau des dtn Reformprogramms kommt dem des Bundesbuches sehr nahe. Die Zentralisationsgesetze (Dtn 12,13-27*), die das Altargesetz des Bundesbuches auslegen, leiten das dtn Gesetz ein. Auf die Loyalitätsforderung (Dtn 13,2-12*) folgen Gebote des sozialen Privilegrechts (Dtn 14,22-15,23), die zusammen mit den Geboten der Erstlingsdarbringung und des Drittjahreszehnts (Dtn 26,2-13*) die dtn Festordnung (Dtn 16,1-17), die Gerichtsordnung (Dtn 16,18-18,5*) und die materiale Rechtsordnung (Dtn 19,2-25,12*) rahmen. Das Reformprogramm der materialen Rechtsordnung ist in ein Fachwerk aus Sozialgeboten und solchen des Kult- und Strafrechts (Dtn 22,1-12*; 23,16-26; 24,6-25,4*) eingehängt. Die Voranstellung der Gesetze der Kultzentralisation mit folgender privilegrechtlicher Rahmung entspricht dem Aufbau des Bundesbuches. Mit der Abfolge von Gerichts- vor Rechtsordnung kehrt der dtn Autor die Reihenfolge im Bundesbuch um. Der Grund dafür liegt auf der Hand, ist doch die Kultzentralisation hermeneutischer Schlüssel der

Rezeption und Reformulierung des Bundesbuches. So tritt die Institutionenreform in Gestalt der Fest- und Gerichtsordnung an die erste Stelle, wobei die aus Ex 34* übernommene Festordnung an die Spitze tritt und dann die Gerichtsordnung folgt. An die dritte Stelle tritt dann die materiale Rechtsordnung, die im Bundesbuch an erster Stelle steht. Keine Entsprechung hat im Bundesbuch der Loyalitätseid (Dtn 13,2-12*; 28,15.20-44*), der, wie die Rezeption in Dtn 17,2-7* zeigt, dem dtn Autor bereits vorgegeben war. Der Formzwang des Bundesbuches aber war doch so groß, daß der Anfangsstellung des Altargesetzes im Bundesbuch entsprechend die Gesetzgebung der Kultzentralisierung in Dtn 12,13-27* als Reformulierung des Altargesetzes noch vor die Loyalitätsforderung in Dtn 13,2-12* als literaturhistorische Kernüberlieferung des Deuteronomiums treten mußte. Diese Abfolge läßt sich nur so erklären, daß der dtn Autor durch diese Korrespondenz den Bezug des Deuteronomiums als Reformulierung auf das Bundesbuch als reformulierten Text unterstreichen will. Von vornherein soll das dtn Gesetz als Reformulierung des Bundesbuches erkennbar sein. Insgesamt also hat das dtn Programm folgenden Aufbau:

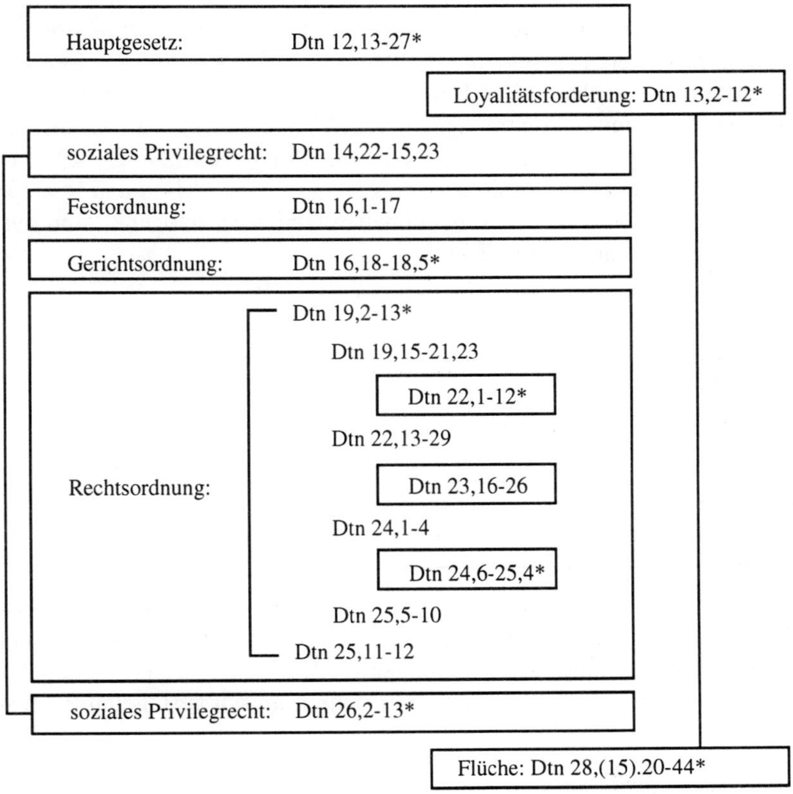

Aus einem religionspolitisch brisanten Loyalitätseid für JHWH, der dem neuassyrischen Großkönig die Loyalität entzieht und sie für JHWH fordert, ist das Programm einer Rechtsreform als Reformulierung des Bundesbuches und der Kultordnung in Ex 34,18-26* geworden, die in der Quelle Q ebenfalls in antiassyrischer Frontstellung verschriftet worden war. Zwischen der Theologie des Bundesbuches, des dtn Reformprogramms, der Quelle Q und des Loyalitätseids für JHWH in Dtn 13*; 28*, die allesamt im Horizont neuassyrischen Kulturdrucks verfaßt worden sind, besteht also eine Wahlverwandtschaft, die sich daraus erklärt, daß sie aus ein und demselben Kreis von Autoren stammen. An die Loyalitätsforderungen (Dtn 13, 2-12*) schließt sich der Privilegrechtsrahmen (Dtn 14,22-15,23) an. Die Aussonderungen für JHWH sind Erfüllung der Loyalitätsforderung, die sich nicht nur auf die Darbringung des Zehnten, der Erstlinge und der Erstgeburtsopfer beschränken, sondern als Aussonderungen für JHWH als Schuldenerlaß und Drittjahreszehnt insbesondere den Armen zugute kommen. Dieser privilegrechtliche Rahmen schließt das Reformprogramm der Reformulierung von Bundesbuch und Kultordnung ein.

Die das dtn Reformprogramm tragende Privilegrechtstheologie, die aus dem Bundesbuch stammt, und die die Loyalitätsforderungen noch unterstreicht, läßt sich in der Literaturgeschichte des Bundesbuches noch bis zu ihren Ursprüngen zurückverfolgen. Das Bundesbuch wurde aus zwei ursprünglich selbständig überlieferten Sammlungen in Ex (20,24-26); 21,2-27,-26* und Ex 22,28-23,12* redigiert. Bereits die Rechtssammlung Ex 22,28-23,12* wird privilegrechtlich gerahmt. Die Gesetze zu Erstlingsopfer, *š*^{e}*miṭṭā* und Ruhetag in Ex 22,28f.; 23,10-12 wurden redaktionell aufeinander bezogen[616] und rahmen die Gerichtsordnung in Ex 23,1-8:

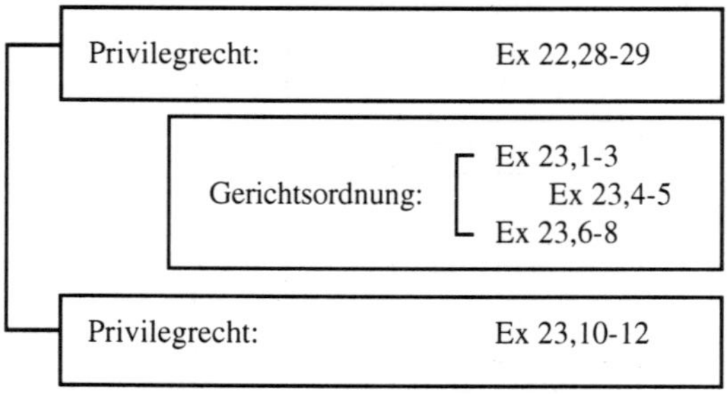

Schon diese ursprünglich selbständige Rechtssammlung interpretiert die Aussonderungsgesetze von *š*^{e}*miṭṭā* und Ruhetag sozial. Sie setzen der Nutznießung der Natur durch die Aussonderungen für JHWH Grenzen, was den Armen zugute kommen soll. Zentrum dieser palindromisch gestalteten Rechts-

616 Cf. Verf., Wandel (*StB 3*), 45f.

sammlung ist das Gebot der Feindesliebe (Ex 23,4f.)[617], das die Möglichkeiten der Gerichtsordnung (Ex 23,1-3.6-8) zur Konfliktregelung weit hinter sich läßt. Wie später im Deuteronomium begründet bereits diese Rechtssammlung in Ex 22,28-23,12* die Gerichtsordnung theologisch durch das rahmende Privilegrecht. Die weisheitlich ausgestaltete Gerichtsordnung in Ex 23,1-3.6-8 reagiert auf die Störungen der lokalen Gerichtsbarkeit durch wirtschaftliche Asymmetrie, die sich auch in prophetischer Sozialkritik niedergeschlagen hat[618], so daß die zweite Hälfte des 8. Jh. v. Chr. *terminus a quo* der Redaktion dieser Rechtssatzsammlung (Ex 22,28-23,12*) ist. Die sie prägende Privilegrechtstheologie einschließlich des daraus resultierenden sozialen Ethos setzt sich in der Redaktion des Bundesbuches fort, das dem dtn Autor vorgelegen hat. Mit der Vereinigung der Rechtssatzsammlungen Ex (20,24-26); 21,2-22,26* mit der in Ex 22,28-23,12* rahmen die privilegrechtlichen Freilassungsbestimmungen des Sklavenrechts im 6/7-Schema in Ex 21,2-6.(7-11) und die sozial zugespitzten *š^emiṭṭā*- und Ruhetagsgebote im privilegrechtlichen 6/7-Schema in Ex 23,10-12 das Bundesbuch, dessen „Vorhalle" nun das Altargesetz ist[619]. Der große Block der materialen Rechtsordnung in Ex

617 Cf. dazu o. IV. 3.3.2.

618 Cf. dazu R. Kessler, Staat (*VT.S 47*), 22ff.; ferner s. auch Verf., Art. Micha (*TRE XXII*), 695-704. Für die Sozialkritik im späten 7. Jh. v. Chr. cf. Verf., Stellung (*ZAW 89*), 73-107; ders., Habakuk (*VT 35*), 274-295; ders., Art. Habakuk (*TRE XIV*), 300-306.

619 Nicht weiterführend ist der Versuch von L. Schwienhorst-Schönberger, eine „profane" Rechtssammlung in Ex 21,18-22,16* als literarische Grundlage des Bundesbuches zu rekonstruieren mit der Konsequenz, daß Ex 21,15-17 und Ex 22,17-19 als sekundäre Zusätze ausgeschieden werden müssen. Da ein Zusammenhang zwischen Ex 21,12 und Ex 21,18f. unübersehbar ist, trennt L. Schwienhorst-Schönberger (Bundesbuch [*BZAW 188*], 213ff.316ff.) Ex 21,12 von den ebenfalls partizipial formulierten Rechtssätzen in Ex 21,15-17, deren kunstvolle Strukturierung unter Einschluß von Ex 21,12 zerschlagen wird, da Ex 21,15-17 nicht recht in den jetzigen Kontext passe. Diese Beobachtung erklärt sich besser durch die Verknüpfung von Ex 21,12 und Ex 21,15-17 zu einer Reihe von Rechtssätzen des *môt-jûmat*-Rechts vor Aufnahme in das Bundesbuch. Das kasuistische Rechtsbuch soll nach L. Schwienhorst-Schönberger in einer früheisenzeitlichen Schreiberschule entstanden sein und die Kenntnis keilschriftlicher Rechtssammlungen voraussetzen. Juristisch geschulte Schreiber sind für die EI-Zeit in Juda kaum wahrscheinlich zu machen, sondern setzen die Staatsbildung voraus. Das von L. Schwienhorst-Schönberger rekonstruierte „kasuistische Rechtsbuch" in Ex 21,12.18f. 22aαbα.28f.32.33aβ*b.34aβb.37; 22,3.9f.*13abβ mit sek. Zusätzen in Ex 21,31. 33aαβ*γ.34aβb.35f. entbehrt darüber hinaus jeder redaktionellen Logik. Das gilt auch für die von ihm rekonstruierte „protodeuteronomische" Bearbeitungsschicht. In ihr seien Altar- und Schuldsklavengesetz vorangestellt, Ex 21,13-17.20f.22aβb.23f.26f.30; 22,1f.9*.10*.15f. in das „kasuistische" Rechtsbuch eingefügt und mit Ex 22,17-23,33* (sic!) ein Abschluß geschaffen worden. Die Zusammenfügung dieser disparaten Stoffe zu einer Bearbeitungsschicht ist Konsequenz der Ausgliederung des kasuistischen Rechtsbuches und zerschlägt literarkritisch die Redaktionsstrukturen des Bundesbuches. Die alternierende Anordnung von Rechtssätzen der Freien (Ex 21,18f.22-25.28-31) und

21,12-22,29* tritt vor die Gerichtsordnung in Ex 23,1-8. *Die Wurzeln der Theologie des dtn Reformprogramms sind im Bundesbuch zu finden.* Die Rechtssammlungen Ex (20,24-26); 21,2-22,26* schließen Gebote zur Armenhilfe in Ex 22,20-26* ab. Sie zeichnen JHWH in der Funktion eines göttlichen Königs, der für die Rechtspflege der Armen, die zu ihm schreien, verantwortlich ist[620]. Die enge Beziehung zwischen Ps 15; 24 und Ex 22,20-26* bestätigt den Hintergrund von Ex 22,20-26* in einer JHWH-Königstheologie[621]. Die Sammlung wird in Ex 22,26bγ mit der aus einer Kultformel (Ex 34,6; Ps 86,15)[622] stammenden Begründung „denn barmherzig bin ich" (כִּי חַנּוּן אָנִי)[623] als Höhepunkt abgeschlossen. Sie interpretiert JHWH als gnädigen König, der die Rechte der Armen schützt. Die Verbindung von Königsgottheit und Barmherzigkeit den Schwachen gegenüber hat zahlreiche Parallelen im Alten Orient, u.a. in dem Hymnus Muršilis II. an die Sonnengöttin von Arinna in KUB XXIV 3 I 29'-II 2'[624]. Die Sonnengöttin von Arinna war als Königsgöttin im Pantheon des hethitischen Großreichs[625] verantwortlich für die Rechtswahrung. Sonnengott und Sonnengöttin von Arinna werden in

---

der Sklaven (Ex 21,20f.26f.32) in der Behandlung des Körperverletzungsrechts zeigt z. B., daß Ex 21,20f.26f. ein fester Bestandteil des Körperverletzungsrechts ist, so daß die von L. Schwienhorst-Schönberger literarkritische Eskamotierung und in der Konsequenz postulierte Verbindung zwischen Ex 21,2-11.20f.26f. die Zuweisung von Ex 21,2-11 zu einer „protodeuteronomischen" Bearbeitungsschicht ausschließt. Diesen Ergänzungen fehlt ein gemeinsames Profil, das sie mit dem als „protodtn" interpretierten „Anhang" in Ex 22,17-23,30 verbinden könnte. Daß in Ex 23,20-33 ein sehr später, auf jeden Fall nachdtn, keinesfalls aber „protodtn" Text vorliegt, bedarf keines erneuten Nachweises. Die in der älteren Forschung gerade zur Ausgrenzung eines kasuistischen Rechtsbuches in Ex 21,2-22,16 führende Beobachtung, eine Ex 22,17-23,19 entsprechende paränetische Bearbeitung fehle in Ex 21,2-22,16, ist in der von L. Schwienhorst-Schönberger vorgelegten Form nicht zugunsten der These einer durchgängigen vordtn Beabeitungsschicht widerlegt worden. Dann aber gilt es weiterhin, die Aporie der älteren Forschung, das literarische Verhältnis zwischen kasuistischem Rechtsbuch und theologischem Rahmen zu bestimmen, zu lösen; zur Auseinandersetzung mit der Dissertation von L. Schwienhorst-Schönberger cf. Verf., Gottesrecht (*ThR 56*), 421-427.

620 Cf. R.N. Boyce, Cry (*SBL.DS 103*), 27-42.

621 Dabei kann hier die Frage der Rezeptionsrichtungen zwischen Bundesbuch und Ps 15; 24 auf sich beruhen; cf. dazu Verf., Kultus (*ZAW 98*), 161-179; ders., Ethik (*ThW 3/2*), 94ff.

622 Zum vorexilischen Hintergrund von Ex 34,6 cf. C. Dohmen, Dekaloganfang (*Bib 74*), 181. Literarisch ist Ex 34,6 nachexilisch.

623 Cf. auch das ugaritische Gottesepitheton *ḥnn.il* in KTU 1.65 6 (cf. J.-M. de Tarragon, Culte [*CRB 19*], 160-162) und das judäische JHWH-Epitheton *ʾl ḥnn* in der Inschrift B von Ḫirbet Bēt Lay; cf. J. Renz/W. Röllig, Handbuch I (*Darmstadt 1995*), 248. Zu El als barmherzigem Gott im Gegensatz zum Sonnengott als richtendem Gott in den Aḫiqar-Sprüchen cf. I. Kottsieper, El (*AOAT 248*), 25-73. Zum El-Epitheton cf. auch Verf., Art. El (*NBL I*), 507-508.

624 Zum hethitischen Text cf. R. Lebrun, Hymnes (*Louvain la-Neuve 1980*), 155-166.

625 Cf. W. Fauth, Sonnengottheit (*VuF 11*), 238-245.

KUB XXXI 127 1f.; XXIV 3 I 34f.' als „Herrn des gerechten (*ḫantant-*)[626] Urteils“ bezeichnet[627]. Als solche ist die Sonnengöttin „barmherzig“ (*ginzuu̯alaš*). Die mit der hurritischen Göttin Ḫebat identifizierte Sonnengöttin war, wie der Königsname Abdi-Ḫepa der Amarna-Korrespondenz zeigt, in Jerusalem bekannt[628]. Zahlreiche Texte wie Ps 72,1f.5.17 und 2 Sam 12,11f. zeigen, daß das Sonnengottmotiv eines für die Gerechtigkeit verantwortlichen Königsgottes auch spätvorexilisch in Jerusalem bekannt war[629]. Die theologische Rechtsinterpretation der Sammlung Ex 20,24-26; 21,2-22,26* hat ihren theologischen Horizont in dieser solarisierten JHWH-Königstheologie, die JHWH als den barmherzigen Rechtshelfer der Armen zeichnet[630].

Die Rechtssammlung Ex 22,28-23,12* hat einen anderen theologischen Horizont. Die privilegrechtliche Rahmung in Ex 22,28f.; 23,10-12 interpretiert sie theologisch. Aussonderungen von Erstlingen und Erstgeburten, *šᵉmiṭṭā-*

---

626 *ḫantant-* ist Partizip des Verbs *ḫantæ* „ordnen/festsetzen“ und entspricht dem akk. *kānu*(*m*) im Kausativ; cf. KBo I 35'.

627 Cf. Verf., Art. Recht (*TRE XXVIII*). 201.

628 Cf. dazu Verf., Jerusalem (*Urban 308*), 33-37, sowie O, Keel, Jerusalem (*BBB 90*), 449-451. Es kann hier auf sich beruhen, ob die Solarisierung des Jerusalemer Gottes bereits auf das 2. Jt. zurückgeht, oder sich seit dem 9. Jh. aramäische Einflüsse Geltung verschafften. Möglicherweise handelt es sich gar nicht um eine Alternative.

629 Cf. B. Janowski, Sonnengott (*Gütersloh 1995*), 214-247; H. Niehr, Gott (*BZAW 190*), 150-163. Daß in der Grundschicht von Ps 72,1*-7.12-14.16.17aαβ, die sekundär durch V. 8-11.15.17aγb ergänzt wurde, eine Auseinandersetzung mit neuassyrischen Krönungshymnen stattfindet, ist unübersehbar; cf. zur literarischen Analyse von Ps 72 und zur Rezeption des „Krönungshymnus Assurbanipals“ (A. Livingstone, Poetry [*SAA 3*], 26f.) M. Arneth, Sonne (*Diss. theol. München 1999*). Anstelle der Begabung mit der Weltherrschaft und entsprechenden Insignien wie im *tākultu*-Gebet Assurbanipals (VAT 13831:rs 5; cf. A. Livingstone, Poetry [*SAA 3*], 27; zur Interpretation cf. Verf., Friedensordnung [*Stuttgart 1999*]), ist die Grundschicht von Ps 72 strikt innenpolitisch orientiert: Man bittet für den judäischen König um die Übergabe von „Rechtsentscheiden“ (מִשְׁפָּטִים) und „Gerechtigkeit“ (צְדָקָה); M. Arneth, Sonne, a.a.O. Zum schöpfungstheologischen Hintergrund des Motivs der Begabung des Königs in der assyrischen Königsideologie cf. auch den Mythos VAT 17019 von der Erschaffung des *lullû-amēlu* und des *māliku-amēlu* (s. dazu W.R. Mayer, Mythos [*Or (N.S.) 56*], 55-68) im Gegensatz zur alttestamentlichen Menschenschöpfungsvorstellung; cf. dazu H.P. Müller, Menschenschöpfungserzählung (*Or [N.S.] 58*), 61-85 (= ders., Mythos [*BZAW 200*], 43-67; cf. dazu die Rezension des Verf. in OLZ 91 [*1996*], 182-187). Zur Interpretation von VAT 13831 cf. auch Verf., Friedensordnung (*Stuttgart 1999*).

630 Cf. Verf., Wandel (*StB 3*), 38ff.; ders., Ethik (*ThW 3/2*), 81ff. Die Rekonstruktion der Fortschreibungsgeschichte darf sich nicht auf die atomistische Perspektive der De- und Rekontextualisierung einzelner Lemmata beschränken, wie es bei B.M. Levinson der Fall ist. Die in der Perspektive der Fortschreibungsgeschichte arbeitende Exegese kann für die lemmatischen Tranformationsprozesse von der rabbinischen Exegese lernen, sollte aber auf die zur Kompositionsgeschichte textlinguistisch weiterentwickelte Form- und Redaktionsgeschichte ebenso wenig verzichten wie auf die Rekonstruktion des historischen und religionshistorischen Kontextes der Fortschreibung.

Jahr und Ruhetag unterstellen den jeweiligen Bereich der Aussonderung, die Natur und die menschliche Arbeit, der Herrschaft Gottes. Die Begrenzung menschlicher Verfügung über Natur und Arbeit soll in den privilegrechtlichen Geboten des 6/7-Schemas von *š^{e}miṭṭā* und Ruhetag den Armen zugute kommen. Die theologischen Privilegrechtsgebote umfassen die Gerichtsordnung in Ex 23,1-3.6-8 und unterstellen mit ihr das Rechtswesen der Gottesherrschaft. Ex 23,7bβ („denn ich spreche den Übeltäter nicht frei") macht die Herrschaftsunterstellung explizit[631]. Die Theologisierung der Gerichtsordnung soll dem Menschen zugute kommen, und so fügt der Redaktor in die Gerichtsordnung das Gebot der Feindessolidarität ein: Unter der Herrschaft Gottes kann der Mensch noch die Möglichkeiten des Rechtes zur Konfliktregelung hinter sich lassen. Die Privilegrechtstheologie hat ihre Wurzeln in der Tradition des Mazzotfestes, das an die heilsgeschichtlichen Grunddaten von Exodus und Landnahme erinnert[632]. In dieser Theologie wird die Herrschaft Gottes, der das Land gibt, durch die Aussonderung von Erstlingen, Erstgeburten, *š^{e}miṭṭā*-Jahr und Ruhetag, die den 6/7-Rhythmus des Mazzotfestes wiederholen[633], anerkannt. Nicht also das Motiv des barmherzigen Königsgottes begründet in dieser Theologie das Recht, sondern eine Landtheologie, die im Mazzotfest ihren Ursprung hat. Sie prägt nicht nur die Redaktion der Rechtssammlung Ex 22,28-23,12*, sondern auch die des Bundesbuches, wie es dem dtn Autor vorlag, das die privilegrechtlichen Gebote im 6/7-Schema in Ex 21,2-6.(7-11) und Ex 23,10-12 rahmen. Die JHWH-Königstheologie in Ex 22,20-26* wird eingeklammert und durch die Verbindung mit einem privilegrechtlichen Erstlingsgebot (Ex 22,28f.) in den Horizont der Privilegrechtstheologie überführt. Die Theologie des dtn Autors hat ihre Wurzeln also sowohl in dem Loyalitätseid für JHWH in Dtn 13*; 28* als auch in der Privilegrechtstheologie des Bundesbuches. Die Landtheologie der Rechtssammlung Ex 22,28-23,12 setzt sich über die Redaktion des Bundesbuches lückenlos in der Redaktion des dtn Reformprogramms in Dtn 12-26* fort.

Warum aber war diese im Mazzotfest wurzelnde Landtheologie gegenüber der Jerusalemer JHWH-Königstheologie in Bundesbuch und Deuteronomium so erfolgreich? Während der neuassyrischen Zeit nahmen die solaren Elemente der JHWH-Religion einen erheblichen Aufschwung. Darauf weisen nicht nur die Zunahme solarer Elemente in der Prosopographie der judäischen Epigraphik[634], sondern auch die למלך-Krughenkel mit den geflügelten Skarabäen oder Sonnenscheiben[635] sowie die Terracottaequiden mit der Sonnenscheibe

631 Cf. Verf., Wandel (*StB 3*), 47f.

632 Cf. Verf., Mazzotfest (*BWANT 107*), 186-191.

633 Cf. dazu o. IV. 3.3.4.

634 Cf. J.G. Taylor, Sun (*JSOT.S 111*), 92-95.282f. Exemplarisch sei auf das Siegel des Jehozarach, eines hohen Beamten Hiskias, dessen Namen solaren Einfluß in der JHWH-Religion zeigt, verwiesen; cf. R. Hestrin/M. Dayagi, Seal Impression (*IEJ 24*), 27-29.

635 Zur Interpretation cf. J.G. Taylor, Sun (*JSOT.S 111*), 42-58.

aus Hazor, Lachiš und Jerusalem[636]. Der Erfolg des Wechsel der theologischen Rechtsbegründung von der solaren Sonnengottmotivik zur privilegrechtlichen Landtheologie war in einer antiassyrischen Reaktion begründet, konnte doch die Solarisierung und Astralisierung der JHWH-Religion als Modernisierung und Anpassung an die Religionsgestalt der neuassyrischen Oberherrn verstanden werden. Und tatsächlich wurden in der Josia-Reform solare Kultelemente, die Pferde und Wagen des Sonnengottes (2Kön 23,11)[637], die Priesterklasse der כְּמָרִים, deren Tätigkeit sich auf astrale Aspekte der Gottheit richtete (2Kön 23,5)[638], und die Dachaltäre des Tempels (2Kön 23,12*), die als solare Elemente der JHWH-Religion galten, entfernt[639]. Schon der Redaktor des Bundesbuches wies die Theologie von Ex 22,20-26* zugunsten der genuin judäischen Landtheologie zurück. Die Redaktion des Bundesbuches in der dem dtn Autor vorgegebenen Gestalt ist bereits in die Zeit judäischer Abwehr des neuassyrischen Kulturdrucks zu datieren. Dem korrespondiert, daß bereits die dem Bundesbuch vorgegebenen Rechtssammlungen Ex 20,24-26; 21,2-22,26* und Ex 22,28-23,12* auf die sozialen Verwerfungen des 8. Jh. v. Chr., die sich auch in der Schriftprophetie niedergeschlagen haben, reagieren.

Die Redaktion des Bundesbuches ist also in das 7. Jh. v. Chr. zu datieren und wohl nur wenige Jahrzehnte älter als das in josianischer Zeit abgefaßte dtn Reformprogramm. Die zeitliche Nähe der aus dem gleichen Kreis judäischer Intellektueller stammenden Redaktoren bzw. Autoren von Bundesbuch und Deuteronomium erklärt die theologische Kontinuität zwischen der Redaktion des Bundesbuches und dem dtn Reformprogramm, ihre antiassyrische Wendung den Sieg der Bundesbuch und Deuteronomium gemeinsamen Privilegrechtstheologie.

Die Ablehnung der Rechtsfunktionen des Königs verbindet ebenfalls Bundesbuch und Deuteronomium. Zur Durchsetzung von Recht und Gerechtigkeit bedarf es nicht des Königs. In der subversiv-antiassyrischen Rezeption des Loyalitätseides Asarhaddons war mit der Übertragung der politischen Loyalitätsforderung des assyrischen Eides genau dieser Schritt im Grundsätzlichen

636 Cf. M.S. Smith, Background (*JBL 109*), 31f.; J.G. Taylor, Sun (*JSOT.S 111*), 37-40.58-66.

637 Die Verbindung von Pferd und Sonnengott ist charakteristisch für das sargonidische Assyrien, untypisch aber für Palästina. Das Pferd wurde in Assyrien im 8. und 7. Jh. v. Chr. zum Symbol des Sonnengottes (cf. U. Seidl, Kudurru [*OBO 87*], 234f.), der in der Sargonidenzeit neben Adad auch Hauptgott der Divination war; cf. I. Starr, Queries (*SAA 4*), passim, sowie C. Uehlinger Kultreform (*BBB 98*), 77f.; Verf., Art. Josia (*RGG⁴ IV*).

638 Cf. dazu K. Koch, Gefüge (*FS H.D. Preuß*), 84 Anm. 11; sowie H. Donner/ W. Röllig, KAI Nr. 225; 226 (Grabstelen von Priestern des Mondgottes [*kmr šḥr*]).

639 Cf. dazu M. Weigl, Zefanja (*ÖSB 13*), 38-41 (s. dazu die Rezension des Verf. in ThLZ 121 [*1996*], 934-936).

vollzogen und damit die Grundlage geschaffen, für eine Rechtskonzeption, die ohne König Recht und Gerechtigkeit in der Gesellschaft durchsetzen will. Die neuassyrische Königsideologie wird also anders als in judäischen Königshymnen wie Ps 72* nicht so abgewehrt, daß sie reformuliert auf den judäischen König übertragen wird, sondern die Rechtsdurchsetzung von den Königsfunktionen gelöst auf den judäischen Gott JHWH übertragen wird. Damit wird das Verhältnis von Recht zur Macht völlig neu definiert.

Wie aber wurde das dtn Programm in Dtn 12-26 eingeleitet? Dtn 12,13 kommt als Auftakt nicht in Frage. Für die ältere wie für die jüngste Deuteronomiumsforschung stand und steht fest, daß Dtn 6,4 das dtn Gesetz vordtr eröffnete[640]. A. Alt konnte 1953 formulieren: „Daß das Deuteronomium in seiner ursprünglichen Fassung mit diesen Sätzen (sc. Dtn 6,4f.) begann, ist heute wohl allgemein anerkannt“[641]. Noch jüngst hat T. Veijola in Dtn (4,4f.; 5,1aα); 6,4 den Buchtitel des dtn Deuteronomiums gefunden[642]. Zwei miteinander verknüpfte Probleme bedürfen in diesem Zusammenhang der Lösung, nämlich wie Dtn 6,4b zu interpretieren ist und in welchem Umfang Dtn 6,4-9 nachdtn überarbeitet wurde.

Zur Interpretation von Dtn 6,4b יְהוָה אֱלֹהֵינוּ יְהוָה אֶחָד scheiden Lösungsversuche aus, die mit einer Apposition innerhalb eines Nominalsatzes rechnen, sei es, daß אֱלֹהֵינוּ als Apposition interpretiert wird[643] oder יְהוָה אלהינו als casus pendens[644], weil die Doppelung von יְהוָה in einem Satz nicht erklärt wird. Dtn 6,4 ist vielmehr als zweigliedrige Formel zweier Nominalsätze zu interpretieren, die durch einen Imperativ eingeleitet werden[645]:

<u>שמע ישראל</u>
יהוה אלהינו
יהוה אחד

640 Cf. A.F. Puukko, Deuteronomium (*BWAT 5*), 150-156.173; J. Hempel, Schichten (*Leipzig 1914*), 120-125; G. Hölscher, Komposition (*ZAW 40*), 179; s. auch den forschungsgeschichtlichen Überblick von H.D. Preuß, Deuteronomium (*EdF 164*), 100f. Zur isolierten Stellung von Dtn 6,4b.5 cf. N. Lohfink, Hauptgebot (*AnBib 20*), 154.163f.: „Ist Dtn 6 ein ‚Kommentar‘, dann gehört der kurze alte Kulttext 6,4b.5 eher zum kommentierten als zum kommentierenden“.

641 Cf. Heimat (*KlSch II*), 253 Anm. 3.

642 Cf. T. Veijola, Bekenntnis (*ThZ 48*), 370 Anm. 5.

643 So u.a. N. Lohfink, Art. *ʾḥd* (*ThWAT I*), 213f.; G.Braulik, Monotheismus (*SBAB 2*), 261.

644 So u.a. M. Weippert, Synkretismus (*Frankfurt/Main 1990*), 143; cf. auch den neuesten Überblick über die Deutungsmöglichkeiten von O. Loretz, Einzigkeit (*Darmstadt 1997*), 62-67.

645 Cf. zuletzt T. Veijola, Deuteronomium VI 4-9 (*VT 42*), 531; O. Loretz, Einzigkeit (*Darmstadt 1997*), 67.

Weiterhin scheiden monojahwistische Interpretationen[646] des zweiten Stichos יְהוָה אֶחָד aus, wenn beide Stichoi als vollständige Nominalsätze zu interpretieren sind. Eine adverbiale Bedeutung des Numerale אֶחָד ist im Alten Testament nicht belegt[647], so daß also zu übersetzen ist:

„Höre Israel
JHWH ist unser Gott
JHWH ist einzig“

Dtn 6,4b ist eine Bekenntnisformel, die ausdrückt, daß JHWH der Gott der bekennenden Gemeinschaft „Israel“ ist und kein anderer, der einzig also ist in dem Sinne, daß er es ist, der seinem Volk alles gibt, was ein Volk von seinem Gott erwartet. In diesem Sinn kann KTU 1.4 VII 49-52a[648] als gute Illustration dessen dienen, was mit Dtn 6,4b gemeint ist:

aḥdy dymlk. ʿl.ilm.
lymru. ilm. wnšm.
dyšb[ʿ]. *hmlt. arṣ*

„Einzig ich bin es, der herrscht über die Götter,
der fett macht Götter und Menschen,
der sättigt die Mengen der Erde“[649].

Das umstürzend Neue an Dtn 6,4b ist die Lösung dieses Bekenntnisses aus seiner Bindung an einen polytheistischen Pantheon und die Überführung in die Konzeption der unmittelbaren Bindung des einen Gottes an seine bekennende Kultgemeinde „Israel“.

Die Fortsetzung in Dtn 6,5 verbindet das Bekenntnis zur Einzigkeit JHWHs als Gott Israels mit einem zentralen Motiv der neuassyrischen Loyalitätseide:

„Du sollst JHWH, deinen Gott, mit deinem ganzen Herzen lieben und deinem ganzen Begehren und mit deiner ganzen Kraft“[650].

---

646 So W.F. Bade, Monojahwismus (*ZAW 30*), 81-90, sowie auf dem Hintergrund der Inschriften von Kuntillet Ağrud P. Höffken, Bemerkung (*BZ* [*N.F.*] 28), 88-93.

647 Dafür steht das Lexem לְבַדּוֹ zur Verfügung. Für weitere Literatur cf. T. Veijola, Deuteronomium VI 4-9 (*VT 42*), 533.

648 Cf. M. Dietrich u.a., KTU² (*Münster 1995*), 21.

649 Cf. O. Loretz, Einzigkeit (*Darmstadt 1997*), 57; mit einem direkten traditionsgeschichtlichen Zusammenhang zwischen diesem ugaritischen Text des 2. Jt. v. Chr. und Dtn 6,4b sollte man aber nicht rechnen; cf. die Rezension der Monographie von O. Loretz durch T. Veijola in Bib 79 (*1998*), 285f.

650 T. Veijola (Bekenntnis [*ThZ 48*], 373) will Dtn 6,5 als Zusatz literarkritisch aussondern, trotz einer, wie er einräumt, „unbestreitbaren Verbindung, die auf der *gedanklichen* Ebene besteht“. Die Abfolge Nominalsatz – *w* -ak-Verb drücke sonst einen futurischen Zusammenhang aus, während V.5 an den Imperativ in V.4a anknüpfe. Die daraus resultierende Konsequenz, V.4b als Zusatz auszuscheiden, weist T. Veijola mit Recht zurück. Die von T. Veijola beobachtete Besonderheit in der Anknüpfung an V.5 erklärt sich ausreichend damit, daß V.4b eine vorgeformte Bekenntnisformel ist, grammatisch

Dtn 6,6-9 dagegen hebt sich von Dtn 6,4f. ab. Während Dtn 6,4f. „Israel" als Gottesvolk anredet und eine ganzheitliche Wendung zu Gott fordert, spricht Dtn 6,6-9 den Einzelnen an und fordert von ihm eine Zuwendung zum Gesetz:

> „Durch Dtn. 6,6-9 wird das Deuteronomium zum Lehrbuch einer neuen, vom Gesetz lebenden Frömmigkeit im familiären Bereich. Die Entthronung der Hausgottheiten durch den Hinweis auf den Ausschließlichkeitsanspruch der Moselehre auf die gesamte (private) Existenz fügt sich sachlich an den generellen Ausschließlichkeitsanspruch auf Israel (v.4f.) am Beginn der Verkündigung der vom Horeb hergeleiteten Gesetze an. Literarisch ist Dtn. 6,6-9 einer Spätphase der Entstehung von Dtn. 5-11 zuzuordnen, in welcher die dtn. Rahmung des Dt. (6,4f.) ebenso wie die von Dtn. 5 herkommende (plurale) Paränese (6,1) vorausgesetzt und das Gesetz zum Lehrbuch wird (6,2f., singularisch)"[651].

Dtn 6,4-5 ist als Eröffnung des dtn Reformprogramms[652] eng mit dem Hauptgesetz der Kultzentralisation (Dtn 12,13-27*) und der Loyalitätsforderung (Dtn 13,2-12*) verzahnt. Die Einzigkeit JHWHs, dem die ungeteilte Loyalität gilt und von dem alles, wie von einem Gott zu erwarten ist, kommt, ist das gemeinsame Thema des *Schᵉma* in Dtn 6,4f. und der Loyalitätsforderung in Dtn 13,2-12*, die das Hauptgesetz der Kultzentralisation in Dtn 12,13-27* umklammern. Zwischen Dtn 6,4f. und Dtn 13,2-12* gibt es auch ein klares Argumentationsgefälle. Dtn 6,4 fordert im *Schᵉma* das Bekenntnis, daß JHWH der einzige Gott ist, von dem das komme, was von einem Gott zu erwarten sei und dem daher die ungeteilte Loyalität, wie in Dtn 6,5 entwickelt wird, „mit ganzem Herzen und ganzem Begehren und ganzer Kraft" zukomme. Mit dieser Forderung wird ein zentrales Motiv der neuassyrischen Königsideologie aufgenommen und auf JHWH übertragen. Das Motiv der Liebe

---

sich V.5 durchaus auf V.4a bezieht und ein Sollen ausdrückt, inhaltlich aber V.5 direkt an V.4b anknüpft. Das Liebesgebot entspricht dem Ausschließlichkeitsanspruch JHWHs als Anspruch ausschließlicher Loyalität. R. Achenbach (Israel [*EHS XXIII/422*], 88-104) hat darüber hinaus aufgewiesen, daß in Dtn 6,4f. mit der Proklamation der Einzigkeit JHWHs und der Forderung ungeteilter Loyalität Dtn 5 noch nicht vorausgesetzt wird, sondern Dtn 6,4f. auf eine eigene programmatische Einfassung des dtn Gesetzes zielt.

651 So R. Achenbach, Israel (*EHS XXIII/422*), 114f. Zu Dtn 6,6 ist Dtn 32,45ff. heranzuziehen. Dtn 6,6 blickt auf das „heute" zu Verkündigende voraus, Dtn 32,45ff. zurück. Wenn T. Veijola (Bekenntnis [*ThZ 48*], 381f.) Dtn 6,6 als Zusatz ausscheiden will, so ist dem entgegenzuhalten, daß es der paränetische Grundton von Dtn 6,6-9 ausschließt, daß ausgerechnet dieser Vers, der unbestreitbar nachdtn ist, literarisch in seinem unmittelbaren Kontext sekundär sein soll; cf. R. Achenbach, a.a.O., 107. In Dtn 6,7 wird der Familienvater als Haupttradent des Gesetzes eingeführt. Der Vers hat Dtn 5,29 und Dtn 6,2f. im Rücken und ist wie Dtn 6,6-9 insgesamt spätnachexilischer Zusatz.

652 Der Rekonstruktion einer Buchüberschrift aus den dtr Versen Dtn 4,45; 5,1aα* bedarf es nicht. Das *Schᵉma* ist vielmehr die Einleitung; so mit F. García-López, Deut., VI (*RB 85*), 163.

bezeichnet im altorientalischen Vertragsrecht die politische Loyalität[653] und wird auch im Loyalitätseid Asarhaddons in diesem Sinne verwendet:

„einer, der seinen Herrn (Asarhaddon) liebt (*ira''amūni*)" (VTE § 18:207)
„wenn ihr Assurbanipal ... nicht wie euch selbst liebt (*ki napšātekunu lā tara''amani*)" (VTE § 24:266-268*)[654]

Gerade dieses letzte Textbeispiel ist mit der Verbindung von *napšātekunu* und *tara''amani* eng mit der Verbindung von וְאָהַבְתָּ mit נַפְשְׁךָ in Dtn 6,5 verwandt. Nicht aber dem assyrischen Großkönig soll die Loyalität gelten, sondern יְהוָה אֱלֹהֵינוּ, von dem das Bekenntnis in Dtn 6,4b sagt, daß sie ihm als einzigem zukomme. Dtn 13,2-12* zieht aus dieser Forderung ungeteilter Loyalität die Konsequenz, alle, und seien es Propheten oder engste Familienangehörige, die diese Loyalität in Frage stellen, indem sie auffordern, anderen Götter zu folgen, seien zu eliminieren. Auch in Dtn 13,2-12* steht hinter der Liebes- und Eheterminologie das neuassyrische Motiv der Loyalität als Liebe[655]. Dtn 6,4f. und Dtn 13,2-12* gehören thematisch eng zusammen.

Durch die Verbindung von Dtn 6,5 mit Dtn 13,2-12 erhält Dtn 6,4 zu der religionshistorischen Spitze auch eine polemische. JHWH ist einzig – nur von ihm, nicht aber von dem Gott Aššur und seinem Großkönig ist das zu erwarten, was in KTU 1.4 VII 51f. als „Sättigung der Mengen der Erde" bezeichnet wird. Eine Verwandtschaft zwischen der in Dtn 6,4b zugrunde gelegten JHWH-Konzeption und der des Gottes Aššur besteht darin, daß auch der Gott Aššur keine genuinen Familienbande hatte[656] und auch nach der Assimilation südmesopotamischer Motive stets das Bewußtsein ursprungshafter Bindungslosigkeit lebendig blieb. Die JHWH-Konzeption steigert diesen Zug, indem sie JHWH aus einem Pantheon herauslöst und zum einzigen Gott für Juda macht. Auch damit versuchen die judäischen Intellektuellen die assyrische Religionskonzeption zu übertrumpfen und so die aus ihr resultierenden politischen Ansprüche aus den Angeln zu heben.*

Welcher Zusammenhang aber besteht zwischen der Loyalitätsforderung in Dtn 6,4f.; 13,2-12* und den dtn Hauptgesetzen der Kultzentralisation in Dtn 12,13-27*, die sie umklammert? Zunächst sind terminologische Verbindungslinien zu notieren. Das dreimalige בְּכָל־ in Dtn 6,5 präludiert das mehrfache בְּכָל־ in den Zentralisationsgesetzen (Dtn 12,13.15[2x].18.20.21). בְּכָל־נַפְשְׁךָ in Dtn 6,5 wird durch בְּכָל־אַוַּת נַפְשְׁךָ in Dtn 12,15.20 wieder aufgenommen.

653 Cf. W.L. Moran, Love (*CBQ 25*), 77-87; N. Lohfink, Hauptgebot (*AnBib 20*), 78; M. Weinfeld, Covenantal Tradition (*Saggi di Storia Antica 2*), 181f.; S.M. Olyan, Honor (*JBL 115*), 201-218.

654 Cf. dazu o. II. 2.2.

655 Cf. o. II. 2.2.

656 Zur Geschichte des Gottes Aššur cf. K. Tallqvist, Der assyrische Gott (*StOr V/4*), passim; B. Menzel, Tempel I (*StP.S.M. 10/1*), 34ff.; A. Livingstone, Religion (*Helsinki 1997*), 165-177.

Vor allem aber sind Dtn 6,4f. und Dtn 12,13-27* durch das gemeinsame Thema des einen Gottes und des einen Kultortes miteinander verbunden:

JHWH, so sagt es das Bekenntnis, ist einzig, und, so sagen die Zentralisierungsgesetze, einen einzigen Kultort hat er erwählt. Die aus dem Bekenntnis der Einzigkeit JHWHs resultierende Loyalitätsforderung hat einen antiassyrischen Horizont: Nur JHWH kommt Loyalität zu, nicht dem assyrischen Großkönig als Stellvertreter und Werkzeug des Gottes Aššur. Und auch die Forderung der Kultzentralisation hat eine antiassyrische Spitze. Der Stadt Aššur als Sitz des Gottes Aššur, der nur dort seinen Tempel hat, wird Jerusalem, der Ort, den JHWH erwählt hat, als einzig legitimer Kultort des JHWH-Opfers entgegengesetzt[657].

4. Das deuteronomische Reformprogramm als Antwort auf die neuassyrische Herausforderung

Das dtn Reformprogramm reformuliert und aktualisiert das im Bundesbuch überlieferte traditionelle Recht und bedient sich dazu zahlreicher Motive der neuassyrischen Herrenmacht. Das beginnt mit der Nutzung von Redaktionstechniken des assyrischen Rechts, setzt sich fort in der Zugrundelegung eines Loyalitätseides in Dtn 13*; 28*, der durch subversive Rezeption des Loyalitätseides Asarhaddons dem assyrischen Großkönig zugunsten des judäischen Gottes die Loyalität entzieht[658], und zielt auf die Loyalitätsforderung im Bekenntnis zu JHWH als einzigem Gott im *Schᵉma* und die Konzentration des JHWH-Kultes auf Jerusalem, die der Kultzentralisierung des Aššur-Kultes auf die Stadt Aššur entgegengesetzt werden soll[659]. Aber nicht nur einzelne Elemente, sondern das gesamte dtn Reformprogramm will Alternative zur damals modernen assyrischen Weltinterpretation und den daraus resultierenden politischen Ansprüchen sein. Dem Weltherrschaftsanspruch des assyrischen Großkönigs und seiner Forderung nach uneingeschränkter Loyalität der Vasallen setzt der dtn Autor die Forderung der JHWH-Loyalität entgegen. Damit eröff-

---

657 Cf. IV. 3.3.5.

658 Cf. o. II. 2; III. 1-4; IV. 2 und IV. 3.3.2.

659 Cf. o. IV. 3.3.5. Es ist immerhin zu erwägen, ob die im dtn Reformprogramm propagierte anikonische Gestalt der JHWH-Verehrung auch insofern eine Modernisierung der JHWH-Religion in Frontstellung gegen den Aššur-Kult war, als auch der Gott Aššur ohne anthropomorphes Kultbild im Aššur-Tempel verehrt wurde; cf. W. Mayer, Politik (*Münster 1995*), 62 mit Anm. 3; ders., Assur (*AOAT 248*), 167. Zum Diskussionsstand der Frage der Bildlosigkeit der JHWH-Verehrung cf. T.N.D. Mettinger, Aniconism (*VT.S 66*), 219-234; C. Uehlinger, Aniconism (*Bib 77*), 540-549; ders., Cult-Statuary (*Leuven 1997*), 97-156; H. Niehr, Cult Statue (*Leuven 1997*), 73-96; B. Becking, Assyrian Evidence (*Leuven 1997*), 157-172.

net er das Reformprogramm und verbindet mit der Aufforderung zum Bekenntnis der Einzigkeit JHWHs als Gott „Israels“ (Dtn 6,4b) die Forderung ungeteilter Loyalität (Dtn 6,5), die zu dem Gebot überleitet, alle diejenigen zu beseitigen, die zum religiösen Hochverrat auffordern (Dtn 13,2-12*). Die Loyalitätsforderungen umklammern die Forderung der Opferzentralisierung als hermeneutischer Schlüssel der Reformulierung des Bundesbuches und der Kultüberlieferungen Ex 34 als Zentrum der vorpriesterschriftlichen Sinaiperikope. Die Kultzentralisierung will den Nachweis führen, daß Jerusalem nicht hinter Aššur zurücksteht und die JHWH-Religion an Rationalität und Modernität nicht hinter der Aššur-Religion. Die Reformulierung von Bundesbuch und Geboten der vorpriesterschriftlichen Sinaiperikope unter der Perspektive der Kultzentralisierung als hermeneutischer Schlüssel soll erweisen, daß damit kein Bruch der judäischen Tradition verbunden ist, sie vielmehr schon immer der assyrischen überlegen war. Doch nicht nur auf die neuassyrische Herausforderung will die Reformulierung der Tradition antworten, sondern auch auf die sozialhistorischen Umbrüche in Juda im 8. und 7. Jh. v. Chr. Durch die Einbindung Judas in die neuassyrische Großreichspolitik[660] treffen die judäische Gesellschaft im 9. und 7. Jh. v. Chr. tiefgreifende Umbrüche. Die schon die Königszeit begleitenden Prozesse der Konzentration der im Ursprung bäuerlichen Bevölkerung in städtischen Zentren werden in der Regierungszeit Hiskias dramatisch beschleunigt[661]. Zur Abwehr der neuassyrischen Armeen setzt Hiskia auf die Einigelung des judäischen Militärs in Festungen, um eine offene Feldschlacht zu vermeiden[662]. Er läßt deshalb größere Teile der bäuerlichen Bevölkerung in die befestigten Städte umsiedeln. Sanheribs Deportation der Bevölkerung der in seinem 3. Feldzug 702/1 v. Chr. überrannten judäischen Landstriche[663], der nur die Einwohner Jerusalems entgingen[664], ließ

660 Cf. Verf., Strafvernichtung (*Göttingen 1998*), 9-44; ders., Besiegte Sieger (*BZ* [*N.F.*] *42*).

661 Cf. B. Halpern, Jerusalem (*JSOT.S 124*), 11-107; ders., Sybil (*Winona Lake 1996*), 291-338. Zu den sozialhistorischen Prozessen cf. auch R. Kessler, Staat (*VT.S 47*), 117ff.

662 Es ist zu erwägen, ob Hiskia damit eine urartäische Taktik übernommen hat, die sich bereits 735 v. Chr. beim Feldzug Tiglatpileser III. in das Zentrum Urartus bewährt hat. Im Gegensatz zu Juda kommt die Gebirgslandschaft Zentralurartus, die das Mitführen schweren Belagerungsgeräts erschwert, dieser Taktik entgegen; cf. Verf., Art. Hiskia (*RGG⁴ III*)

663 Nach den Annalen Sanheribs werden 201500 Judäer deportiert; cf. D.D. Luckenbill, Annals (*OIP 2*), 32:18-33:27. Die Zahl sollte man keineswegs als reine Propaganda abtun; cf. dazu S. Stohlmann, Exile (*Winona Lake 1983*), 147-175; B. Oded, Deportations (*Wiesbaden 1979*), 19 Anm. 2; kritisch dagegen erneut M. De Odorico, Numbers (*SAA.S 3*), 113-116 (cf. auch D.M. Fouts, Numbers [*JNES 53*], 205-211), doch räumt auch E. Frahm (Sanherib-Inschriften [*AfO Beih. 26*], 264f.) ein, „daß während der Regentschaft Sanheribs das Ausmaß der Deportation einen Höhepunkt erreichte“. Zurecht

unter Manasse und Josia die Jerusalemer Stadtbevölkerung zum Quell der Neubesiedlung Judas werden. Wurde es unter Berücksichtigung Jerusalemer Handelsinteressen neu besiedelt, so förderte auch das die Urbanisierung der judäischen Provinz. Die Konsequenz der Umsiedlungs-, Deportations- und Neubesiedlungsaktionen war eine Auflösung der Bindung der bäuerlichen Familien an ihren Grund und Boden. Mit dem Boden verloren sie aber auch ihre Gräber und mit ihnen den Ahnenkult. Die Familienreligion aber war neben der Genealogie und dem Boden wichtigstes Integrat der Großfamilien und mit ihrer Zerstörung ging auch die Auflösung der traditionellen gentilen Solidarbeziehungen einher, die das Leben in den Großfamilien und Sippen geregelt hatten[665]. Die assyrische Krise zerstörte die traditionelle Grundlage des Solidarethos in der Genealogie der Großfamilien und Sippen[666]. Wie aber ist Solidarität zu fordern, wenn sie nicht mehr durch die Genealogie begründet ist, man nicht mehr solidarisch handelt, weil man miteinander verwandt ist? Zu diesem Auflösungsprozeß durch die Verstädterung kommen die sozialen Differenzierungsprozesse der Bevölkerung in arme und reiche Schichten[667]. Das dtn Reformprogramm antwortet auf diese Herausforderung der assyrischen Krise. Auf Loyalitätsforderung und Zentralisierungsgesetz folgt der Rahmen des sozialen Privilegrechts (Dtn 14,22-15,23; 26,2-13*), der die Institutions- und Rechtsordnung (Dtn 16-25*) einschließt und unter die Gottesherrschaft stellt. Die Begrenzung der Verfügung über die Natur und die Arbeitskraft durch die privilegrechtlichen Aussonderungsgebote soll den Armen und Schwachen zugute kommen. Das schlägt sich auch in der Redaktion der materialen Rechtsordnung in Dtn 19-25 nieder. Sie wird unter den miteinander verzahnten Aspekten der Reinheit von Volk und Land sowie der sozialen Verantwortung für die Schwachen in der Gesellschaft strukturiert. Die im A-B-Schema themenverschränkt redigierten Reihen (Dtn 22,1-12*; 23,16-26; 24,6-25,4*) bilden ein Fachwerk, in das die mit dem Prozeßrecht verzahnten Gesetze des Prozeß-, Blut- und Familienrechts eingehängt sind. In diese Fachwerk bilden die Gebote des sozialen Ethos den *cantus firmus*. Die Gottesherr-

---

hat A.R. Millard (Numbers [*ScrHie 33*], 213-222) die je gesonderte Prüfung jeder Zahlenangabe der assyrischen Königsinschriften angemahnt. Pauschalurteile helfen wenig.

664 Zu den Annalen Sanheribs cf. D.D. Luckenbill, Annals (*OIP 2*), 11-13; E. Frahm, Sanherib-Inschriften (*AfO Beih. 26*), 10f. (Lit.); zum historischen Geschehen in Jerusalem im Spiegel der Archäologie cf. Verf., Jerusalem (*Urban 308*), 64-75.

665 Cf. dazu Verf., Ethik (*ThW 3/2*), 64ff.

666 Der Zerfall der Großfamilien zugunsten der Kleinfamilien im 7. Jh. v. Chr. konnte sich auch in einem Wechsel der Grabarchitektur vom Mehrkammer- zum Einkammergrab niederschlagen; cf. die Auflistung der Belege bei B. Halpern, Jerusalem (*JSOT.S 124*), 71f. Doch ehe dazu fundierte Aussagen zu machen sind, wird man die Veröffentlichung der einschlägigen Habilitationsschrift von R. Wenning abwarten müssen; cf. vorläufig R. Wennings Rezension der Monographie von E. Bloch-Smith, Practices, in ZDPV 109 (*1993*), 177-181, sowie ders., Art. Bestattung II.1 (*RGG^4 I*), 1363f.

667 Cf. dazu Verf., Art. *ʿîr* (*ThWAT VI*), 65f. (Lit.).

schaft wird im Gesetz des Deuteronomiums gleichermaßen durch die Wahrung der kultischen Etikette[668] wie des Rechts und der sozialen Solidarität zum Ausdruck gebracht. Reinheit von Volk und Land sowie soziale Verantwortung als Konsequenz des göttlichen Privilegs an der Gemeinschaft derer, die sich zu JHWH als ihrem einzigen Gott bekennen, prägen die dtn Redaktion. Die Gesetze des Blut-, Prozeß- und Familienrechts, die nicht mit dem privilegrechtlichen Rahmen und der Fachwerksstruktur den Schutz der Schwachen thematisieren, werden auf die Reinheit des Landes gedeutet. Der Block der Blutrechtssätze (Dtn 19,2-13*; 21,1-9*.22f.) wird durch Dtn 19,10 („und Blutschuld liegt auf dir").13 („du sollst das Blut des Unschuldigen aus Israel fortschaffen"); 21,8b („lasse kein unschuldig vergossenes Blut inmitten deines Volkes Israel bleiben"); 21,9a („du sollst das unschuldig vergossenes Blut aus deiner Mitte fortschaffen").23 („du sollst das Land nicht verunreinigen") auf die Reinheit des Landes und des Volkes bezogen. Fügt der dtn Autor an das Asylgesetz (Dtn 19,2-13*), das den aufgeklärten Tötungsfall behandelt, als Gegenfall das der Reinigung einer Stadt von der Blutschuld im unaufgeklärten Tötungsfall (Dtn 21,1-9*) an, so zeigt sich seine Sorge um Reinheit und Heiligkeit des ganzen Landes. Die an die Lokalheiligtümer gebundene Opfersakralität wird ersetzt durch einen neuen Typ dtn Sakralität des Landes[669]. Die *biʿartā*-Formel in Dtn 19,19 holt das Prozeßrecht (Dtn 19,15-21), das mit der Gerichtsordnung (Dtn 16,18-18,5*) verzahnt ist, in den Horizont des Reinheitsgebotes. Entsprechend verfährt der dtn Autor im Famillienrecht. Die Übertretung des Verbots der Wiederverheiratung verunreinigt als „Greuel" für JHWH das Land und läßt es der Sünde verfallen (Dtn 24,4).

Das Reformprogramm des dtn Autors entläßt das der lokalen Opferkulte verlustig gegangene Land gerade nicht in die Profanität, sondern unterstellt es, wie auch durch den privilegrechtlichen Rahmen zum Ausdruck gebracht, insgesamt der Gottesherrschaft. Das Land ist nicht mehr aufgespalten in die Heiligkeit zahlreicher Lokalheiligtümer und davon geschiedener Profanität der Landstriche, sondern Land und Volk als ganze sind auf das eine Zentralheiligtum bezogen der Herrschaft des einen Gottes unterstellt[670]. *Der dtn Autor entschränkt eine priesterliche Heiligkeitskonzeption, die sich ursprünglich auf die Lokalheiligtümer bezieht, und strukturiert sie neu, ein Vorgang, der besonders deutlich an Dtn 21,1-9 ablesbar ist. Die Reinigung von der Blutschuld kann*

---

668 Zum Begriff der Etikette in diesem Zusammenhang cf. K. van der Toorn, Sin (*SSN 22*), 21ff.; ders., Pureté (*RHR 206*), 339-356.

669 Cf. auch N. Lohfink, Opfer (*FAT 3*), 21.

670 Es greift also zu kurz, wenn M. Weinfeld (Demythologization [*IEJ 23*], 230-233; cf. auch bereits A. Alt, Heimat [*KlSchr II*], 254) im dtn Gesetz einen Prozeß der Säkularisierung als Entsakralisierung des Landes und Demythologisierung der Religion am Werk sieht; s. dagegen auch N. Lohfink, Opferzentralisation (*SBAB 20*), 219-260; Verf., Rechtsbruch (*JBTh 9*), 25-52, sowie J. Milgrom, Demythologization (*IEJ 23*), 156-161.

durch Reinigungseid und -ritus sowie Bittgebet, losgelöst von einem Heiligtum, vollzogen werden. Die Unterstellung von Land und Volk unter die Herrschaft JHWHs realisiert sich im Gehorsam gegen seine Gesetze, durch aktives Tun seines Willens. Das Land als reines ist auf das Zentralheiligtum als kultisches Zentrum der JHWH-Opfer bezogen.

Diese Dialektik von Zentralheiligtum (מָקוֹם) und Wohnorten bzw. Sippen (שְׁעָרִים) strukturiert auch die Institutionsreform von Gerichts- und Festordnung. Die Gerichtsordnung (Dtn 16,18-18,5*) ist durch die Kompetenzabgrenzung zwischen dem Zentralgericht, das durch priesterliche Beteiligung mit dem Zentralheiligtum verbunden ist, und den Lokalgerichten strukturiert. Schlüssel zum Verständnis der dtn Gerichtsordnung ist die Abfolge von Dtn 17,2-7* und Dtn 17,8-13*. Die durch zwei Zeugen eindeutig aufklärbaren Fälle werden, wie der Modellprozeß in Dtn 17,2-7* verdeutlicht, von der professionalisierten Ortsgerichtsbarkeit abgeurteilt. Die nicht eindeutig durch zwei Zeugen aufgeklärten Fälle, die traditionell an den Lokalheiligtümern im kultischen Rechtsentscheid entschieden wurden (Ex 22,7f.10), werden nun unter Aufsicht der Priester am Zentralheiligtum verhandelt. Der Richterspiegel (Dtn 16,19) verpflichtet Richter und Schreiber der Ortsgerichte auf das reformulierte Prozeßrecht des Bundesbuches als Gottesrecht. Der dtn Autor unterwirft sie den Prinzipien gerechten Gerichts als Gottesrecht und damit das gesamte Gerichtswesen einschließlich der Ortsgerichte der Gottesherrschaft. Blickt der dtn Autor in der Gerichtsordnung von den lokalen Gerichten der Wohnorte auf den erwählten Ort des Zentralheiligtums als Ort des Zentralgerichts, so ist seine Blickrichtung in der Festordnung genau umgekehrt. In den drei großen Wallfahrtsfesten versammelt sich die Festgemeinde aus den Wohnorten und konstituiert „Israel" als Gemeinschaft unter gleichberechtigter Einbeziehung der Landlosen und aller derjenigen, die ohne Schutz einer Familie sind. Dadurch, daß die großen Jahrfeste nicht mehr an den Lokalheiligtümern gefeiert werden, ist das Land nicht entsakralisiert. Im Passa-Mazzotfest (Dtn 16,1-8) soll nach der Passanacht am Zentralheiligtum draußen im Lande sechs Tage lang Mazzot gegessen werden und am siebten Tag als Ruhetag eine Versammlung stattfinden. Die kultische Integration „Israels" als festliche Mahlgemeinschaft unter Einschluß der Landlosen, Armen und Schutzlosen begründet das Ethos geschwisterlicher Solidarität, das seinen Ermöglichungsgrund in der Gabe des Landes und seines Reichtums durch JHWH hat. Die Privilegrechtsgaben von Zehntem und Erstgeburten als Ausdruck des Gottessegens ermöglichen die Mahlgemeinschaft, die alle, auch die Armen, einschließt. Die so kultisch konstituierte Gemeinschaft, die alle Judäer unabhängig von Geschlecht und sozialem Status zusammenführt, wird draußen in den Wohnorten im Ethos geschwisterlicher Solidarität real.

Während mit dem Aspekt der Reinheit des Landes als einem zentralen Redaktionsgesichtspunkt der dtn Autor in der Gestaltung der Rechtsordnung vom Land, den שְׁעָרִים, auf das Zentralheiligtum blickt, schaut er mit dem Programm geschwisterlicher Solidarität von der kultischen Konstituierung „Israels“ am Zentralheiligtum auf das Leben in den Wohnorten. Wurden in den neuassyrischen Wirren des 8. und 7. Jh. v. Chr. mit dem Zerschlagen der bäuerlichen Großfamilien und Sippen das genealogisch begründetet Solidarethos geschwächt, ja zerstört, so setzt das dtn Reformprogramm dem ein Solidarethos entgegen, das sich von den Fesseln der Genealogie und der staatlichen Hierarchie löst und jeden Judäer zu Bruder oder Schwester werden läßt[671]. Nicht nur durch Drittjahreszehnt, sondern vor allem durch die Umstrukturierung des Kreditwesens als Ursache von Verarmung durch Schuldenerlaß, Zinsverbot und Beschränkung des Pfandrechts der Gläubiger soll ein Zerbrechen der Gesellschaft in den sozialen Konflikten verhindert werden. Der umstürzende Charakter dieses Reformprogramms wird auf dem Hintergrund zeitgenössischer Maßnahmen im neuassyrischen Reich, insbesondere der *(an-)durāru*-Institution, deutlich[672].

Die engen Berührungspunkte zwischen dem Gesetz des Schuldenerlasses im *š^emiṭṭā*-Jahr (Dtn 15,2-10*) und der assyrischen *(an-)durāru*-Institution sind unübersehbar. Neuassyrische Texte von *(an-)durāru*-Edikten wie die der *mīšarum*-Edikte im 2. Jt. v. Chr.[673] fehlen zwar, aber für die Ediktpraxis in Kaniš, Mari, Ḫana und Alalaḫ im 2. Jt. v. Chr. und Assyrien im 1. Jt. können private Vertragsurkunden Quellen sein[674].

Mit J.N. Postgate[675] ist zu erwägen, daß *andurār-šunu* in der Asarhaddon-Inschrift Ass. A III:12[676] sich nicht auf eine zukünftige Privilegierung[677],

671 Die kulturhistorische Bedeutung der Lösung des Ethos von Gentilbeziehungen in Juda zur Zeit Josias im ausgehenden 7. Jh. v. Chr. ist nicht geringer zu veranschlagen als die der kleisthenischen Reform in Griechenland, die ebenfalls die Logik politischen Handelns von den Familienbindungen löste; cf. dazu G. Glotz, Solidarité (*Paris 1904*), 399ff.; C. Meier, Entstehung (*Frankfurt ³1995*), 103ff.

672 Der Begriff *(an-)durāru(m)* bezeichnet nicht nur die Sklavenfreilassung, sondern hat wie *mīšaru(m)* die Konnotation der Wiederherstellung eines gerechten Zustandes. *(an-)durāru(m)* leitet sich als deverbales Nomen von dem Verb *darāru(m)* „freien Lauf bekommen/in die (ursprüngliche) Ordnung zurückkehren“ ab; cf. M. Dietrich, Freiheit (*AOAT 232*), 58 (anders D. Charpin, Décrets [*AfO 34*], 40, der *andurāru(m)* von einer Wurzel *dār>dūrum* „Zustand“ abgeleitet). In dieser Bedeutung kann *(an-)durāru(m)* wie der hebr. Begriff דְּרוֹר zum *term. techn.* königlicher Restitutionsakte der Schulden- und Sklavenbefreiung sowie der Restitution von Immobilienbesitz werden.

673 Cf. dazu J.P.J. Olivier, MĒSHARUM-Edict (*Litt. D. Thesis Stellenbosch 1977*), 1ff.; ders., Restitution (*ZAR 3*), 12-25; F.R. Kraus, Verfügungen (*SDIO 11*), 3ff.

674 Cf. dazu Verf., Programme (*ZAR 3*), 25-63; ders., Restitution (*RA 93*).

675 Cf. Taxation (*StP.S.M. 3*), 132.

676 Cf. R. Borger, Inschriften (*AfO Beih. 9*), § 2; cf. ferner E.F. Weidner, Ilušumas Zug (*ZA 43*), 121.

677 Zu den Edikten des *kidinnūtu*-Typs in neuassyrischer Zeit cf. Verf., Programme (*ZAR 3*), 44ff.

sondern einen Erlaß von vertraglichen Obligationen bezieht[678]. Diese Annahme wird verstärkt, wenn die Urkunde K. 438[679] in die Regierungszeit Asarhaddons zu datieren ist[680]. Eindeutiger Hinweis auf eine neuassyrische Praxis von *(an-)durāru*-Edikten des Königs ist einem Brief des Gouverneurs der Provinz Mazamur namens Šarru-emurrani an Sargon II.[681] zu entnehmen. Wohlhabende Bürger beschweren sich beim König über die für sie nachteiligen Folgen eines Schuldenerlasses aufgrund eines königlichen *(an-)durāru*-Ediktes:

a-na ma-ḫi-ir ki-i dur-ra-ru[682] LUGAL *be-lí iš-kun-u-ni* UN.MEŠ TA *pa-ni šu-nu ma-a-a'-du ú-še-ṣi-a*

„Früher als der König, mein Herr, eine Schuldenbefreiung[683] proklamierte, brachte es (er) viele Menschen um ihren Besitz"[684].

Der Brief ABL 1442:4-8[685] zeigt, daß Sargon II. ein Schuldenmoratorium bis zur Beendigung der Arbeit an Dur-Šarruki verfügte:

LUGAL EN *iq-ṭí-[bi-a] ma-a a-di dul-lu ša* URU.BÀ[D-ᴵMAN-GIN] *ú-gam-ma-ru-u-[ni] ma-a me-me-ni ḫa-bul-li-k[a] la ú-šal-[lam]*

„Der König sagte mir: Niemand zahlt deine Kredite zurück, bis die Arbeit an Dur-Šarrukin beendet ist".

Neuassyrische Vertragsurkunden lassen aber keinen Zweifel daran, daß es möglich war, durch eine Abwehrklausel in den Privatverträgen die Wirksamkeit eines königlichen *(an-)durāru* kontraktuell zu unterlaufen. Derartige Klauseln stipulieren, daß der Kaufpreis eines Grundstücks oder eines Sklaven dem Käufer im Falle eines *(an-)durāru* zu ersetzen sei[686]. In der Regel unter wirtschaftlichem Druck, unter dem der Verkäufer steht, in die Verträge aufgenommen, treffen derartige Klauseln also gerade denjenigen, für den ein *(an-)*

---

678 Darauf kann die vom Kontext der Privilegierungsmaßnahmen abgehobene Stellung von *andurār-šunu aškun* in Ass. A III:12-13 weisen.

679 Cf. J. Kohler/A. Ungnad, Assyrische Rechtsurkunden (*Leipzig 1913*), Nr. 146.

680 Cf. N.P. Lemche, ANDURĀRUM (*JNES 39*), 21 Anm. 69.

681 Cf. R.F. Harper, Letters IV (*London 1896*), Nr. 387; G.B. Lanfranchi/S. Parpola, Correspondence II (*SAA 5*), Nr. 203.

682 Zu dieser Lesung cf. R. Borger, Inschriften (*AfO Beih. 9*), 91f. Anm. zu KAR 360:11; CAD A/II, 117; G.B. Lanfranchi/S. Parpola, Correspondence II (*SAA 5*), 147.

683 Cf. CAD A/II, 117; G.B. Lanfranchi/S. Parpola, Correspondence II (*SAA 5*),147.

684 Cf. J.N. Postgate, Palace Archive (*London 1973*), 231. Die Übersetzung mit „he released many people from their position" durch G.B. Lanfranchi/S. Parpola (Correspondence II [*SAA 5*], 147) ist unscharf, da „to release" in Verbindung mit einem *(an-)durāru* eine positive Konnotation hat.

685 Cf. S. Parpola, Correspondence I (*SAA 1*), Nr. 159.

686 Cf. J.N. Postgate, Documents (*Warminster 1976*), 21f.

durāru gedacht ist. In der Urkunde ND 487:13-6 (rs) eines Sklavenkaufs aus Nimrud[687] wird stipuliert:

šú-mu U[N]-MEŠ *ša-tu-nu i-na dur-ra-ri ú-ṣu-ú* ᴵEN.URU *kás-pu a-na* EN.MEŠ-*šú ú-ta-a-ra*

„Wenn diese Menschen aufgrund eines *durāru* freigelassen werden, gibt Bēl-ali das Geld seinem Besitzer zurück".

Eine Parallele dieser Klausel ist in dem Sklavenkaufvertrag ND 243:8-10 (vs)[688] belegt:

[*šun-mu*] LUGAL *an-du-ra-ru* [*i*]*ša-an* ᴵ*la-mar-ia-nu* [...] [L]Ú.ÌR *ša* [L]Ú

„Wenn (?) der König ein *andurāru* ausruft, wird ... der Sklave des ...".

Die Urkunde IM 76899[689] eines Sklavenkaufvertrags aus Ninive wird durch folgende Klausel abgeschlossen:

EGIR *du-ra-ri dan-nu-t*[*u šaṭ-ra*]*t*

„Nach einem *durāru* bleibt die Urkunde gültig".

In diesen Sklavenkaufverträgen ersetzt die Abwehrklausel eines (*an-*)*durāru* die sonst übliche einer Vindikation, die demjenigen, der den Vertrag anficht, das Zehnfache des Kaufpreise auferlegt[690]. Neben den Sklavenkaufverträgen kann auch in Grundstückerwerbsverträgen die Nichtanwendung eines (*an-*) *durāru* stipuliert werden, so in der Urkunde K. 438:29-30 (vs)[691]:

šum-ma dur-ra-ru šá-kín ᴵ*Si-lim-ašur i-da-gal*

„Wenn ein *durāru* verkündet wird, wird Silim-Aššur ausgezahlt werden"[692].

Das neuassyrische Vertragsrecht setzt mit der Möglichkeit der Abwehr eines *andurāru* in rechtshistorischer Kontinuität das Vertragsrecht von Kaniš, Mari, Terqa und Alalaḫ im 2. Jt. v. Chr. fort[693], ohne daß ein direktes Rezeptionsverhältnis anzunehmen ist. Die Abwehrklauseln weichen in der Formulierung erheblich voneinander ab. In Kaniš wird die Abwehrklausel mit dem *term. technicus* für die soziale Restitution „Schulden fortwaschen" (*ḫubullam masā'um*) formuliert[694] (*šu-ma ru-ba-um ḫu-bu-lam i-ma-sí ... ḫu-bu-lá-šu-*

687 Cf. J.N. Postgate, Palace Archive (*London 1973*), Nr. 248.
688 Cf. J.N. Postgate, Palace Archive (*London 1973*), Nr. 10.
689 Cf. J.N. Postgate, Documents (*Warminster 1976*), 22.
690 Cf. J. Lewy, Institution (*EI 5*), 31*; J.N. Postgate, Palace Archive (*London 1973*), 231.
691 Cf. J. Kohler/A. Ungnad, Assyrische Rechtsurkunden (*Leipzig 1913*), Nr. 146; J. Lewy, Institution (*EI 5*), 30*.
692 Cf. J. Lewy, Institution (*EI 5*), 30* Anm. 87; AHw 150.
693 Cf. dazu Verf., Restitution (*RA 93*).
694 Für die Belegstellen cf. CAD M/II, 33.

nu lá i-ma-sí-ú u.ä.)[695], in Mari mit „nicht restituieren“ (A.ŠÀ *la ú-da-ra-ri-im* u.ä.)[696], in Terqa mit *lā andurārum* in Verbindung mit *lā baqārum* (A.ŠÀ *ša la ba-aq-ri-im ù la an/ud-du-ra-ri-im*)[697] sowie in Alalaḫ (Schicht VII) mit „keinen Zins erbringen und nicht erlassen werden“ (*ú-ul uṣ-ṣa-ap ú-ul i-tar*)[698]. Im Gegensatz zu diesen Urkunden aus Kaniš, Mari, Terqa und Alalaḫ lassen altbabylonische Urkunden keinen Zeifel daran, daß die *mīšarum*-Dekrete des Königs durchgeführt wurden und nicht vertragsrechtlich konterkariert werden konnten[699]. Ein sehr eindrückliches Beispiel der altbabylonischen Urkundenliteratur zum Erweis der Wirksamkeit der *mīšarum*-Akte zur Zeit der Hammurapi-Dynastie ist der komplexe Fall der Weiterverleihung von geliehenem Getreide in der Prozeßurkunde BE 6/1:103[700]. Der Rechtskonflikt besteht darin, daß die Gläubiger die Rückzahlung eines Naturalkredits fordern, den der Schuldner nicht als konsumptives Darlehen selbst verwendete, sondern als kommerzielles Darlehen weiter verliehen hat. Da es aber für den zweiten Schuldner ein konsumptives Darlehen war, und nur auf konsumptive, nicht aber kommerzielle Darlehen bezog sich der *mīšarum*-Akt[701], war das Darlehen für den zweiten Gläubiger verloren, während der erste Gläubiger seinen Anspruch exekutierte. Der Ausgang dieses Rechtsstreits ist hier nicht von Bedeutung. Wichtig ist vielmehr, daß wir sehr deutlich sehen, daß ein *mīšarum*-Edikt in altbabylonischer Zeit auch durchgeführt und das Vertragsrecht teilweise außer Kraft gesetzt wurde. § 3 des Ammi-ṣaduqa-Edikts bestätigt das[702]:

---

695 Cf. K. Balkan, Cancellation (*FS H. Güterbock*), 29-41.

696 Cf. ARM VIII 33:13-14 (rs); s. G. Boyer, Textes juridiques (*ARM VIII*), 56f.; zu den einschlägigen Texten ARM VIII 6 und 8 sowie dem Kreditvertrag A. 2654 cf. J.-M. Durand, Relecture (*M.A.R.I 1*), 91-126; D. Charpin, L'*andurârum* (*M.A.R.I 6*), 254-266; Verf., Restitution (*RA 93*).

697 Cf. die Urkunden AO 2673, AO 4656, M 1, VAT 6685, TFR 1 1; 3; 4; 6; 8; 9; s. dazu O. Rouault, L'archive (*Bibl.Mesop. 16*), 1ff.; ferner zu den älteren Texten M. Schorr, Urkunden (*VAB 5*), 302f.; J. Lewy, Institution (*EI 5*), 23*f.; F.R. Kraus, Verfügungen (*SDIO 11*), 100; J.P.J. Olivier, MĒŠARUM-Edict (*Litt. D. Stellenbosch 1977*), 191f.; Zu *baqāru(m)* als Rechtsterminus cf. E. Dombradi, Prozeßurkunden I (*FAOS 20/1*), 287ff.

698 Cf. AT 29; 30; 31; 38; 42; s. dazu D.J. Wiseman, Alalakh Tablets (*London 1953*), 42-45; J.P.J. Olivier, MĒŠARUM-Edict (*Litt. D. Stellenbosch 1977*), 193f.

699 Cf. Verf., Restitution (*RA 93*).

700 Cf. dazu J.P.J. Olivier, Effectiviness (*JNSL 12*), 107-113; s. ferner die ältere Behandlung der Urkunde durch M. Schorr, Urkunden (*VAB 5*), Nr. 273, sowie durch P. Koschaker, Bürgschaftsrecht (*Leipzig 1911*), 7-15; A. Walther, Gerichtswesen (*LSSt VI 4-6*), 83f.

701 Cf. Ammi-ṣaduqa-Edikt § 8; s. Verf., Restitution (*RA 93*).

702 Cf. F.R. Kraus, Verfügungen (*SDIO 11*), 170.

Ni 632 rs 1'- 2' + BM 78259 I 8'- 17'

ša še-am ù KÙ.BABBAR-*am a-na* LÚ *ak-ka-di-i ù* LÚ *a-mu-ur-ri-i* [... M]ÁŠ *ú-lu a-na me-el-qé-tim* [...]*a id-di-nu-ma* DUB-*pa-am ú-še-zi-bu aš-šum šar-rum mi-ša-ra-am a-na ma-tim iš-ku-nu* DUB-*pa-šu ḫe-pí še-am ù* KÙ.BABBAR *a-na pí-i* DUB-*pi-ma ú-ul ú-ša-ad-da-an*

„Wer Gerste oder Geld einem Akkader oder einem Amurräer als Darlehen, auf Zins oder als *melqētum* geliehen hat und eine Urkunde hat errichten lassen – weil der König Gerechtigkeit für das Land aufgerichtet hat, ist seine Urkunde zerbrochen; Gerste oder Geld kann er nach dem Wortlaut der Urkunde nicht eintreiben".

Der Schuldenerlaß soll Schaden von Staat und Gesellschaft durch Verarmung von Teilen der Bevölkerung abwenden. Doch unterminiert die Außerkraftsetzung eines Teils der Darlehensurkunden einen wichtigen Pfeiler des altbabylonischen Vertragsrechts[703].

Das syrische und mesopotamische Rechtssystem stand vor der Alternative, Recht und Gerechtigkeit entweder durch die soziale Restitution als Ausdruck sozialer Gerechtigkeit (*kittu*[*m*] *u mīšaru*[*m*]) über das Recht in Gestalt des Vertragsrechts zu stellen und Teile des Vertragsrechts zeitweise für ungültig zu erklären oder das Vertragsrecht über die Restitutionsedikte und diese damit unwirksam zu machen, indem entsprechende Abwehrklauseln in die Verträge aufgenommen werden konnten. Die strikte Überordnung der *mīšaru(m)/andurāru*(*m*)-Edikte über das Vertragsrecht im altbaylonischen Königreich der Hammurapi-Dynastie ist eine zeitliche und geographische Sonderentwicklung in der Geschichte der Restitutionsakte in Syrien und Mesopotamien, während in den kleinasiatischen[704] und syrischen Randgebieten im 2. Jt. sowie in Assyrien im 1. Jt. dem Vertragsrecht der Vorrang eingeräumt wurde. Jede der beiden Lösungen ist mit erheblichen Problemen belastet. Das Vertragsrecht ist die wichtigste Säule des keilschriftlichen Rechtswesens[705], dessen wiederholte Infragestellung auch nur in Teilbereichen zu einer Rechtsunsicherheit führen und Schaden für die Ökonomie zu Lasten der Schwachen nach sich ziehen mußte. Sind gerade konsumptive Darlehen betroffen, wird die Bereitschaft, in Not Geratenen derartige Darlehen zu gewähren, drastisch abnehmen.

703 In dem Archiv eines Awilija wurden Dutzende von Schuldscheine aus dem 7. Jahr des Königs Samsu-Iluna gefunden; cf. D. Charpin, Babylonie (*BiOr 38*), 535f. Wurden die Tafeln bei Begleichung der Schuld üblicherweise vernichtet, so ist ihre Unversehrtheit in so großer Zahl Hinweis darauf, daß die Schulden durch ein *mīšarum*-Edikt hinfällig wurden; cf. D.Charpin, Édits (*HEMGR 16*), 17f.

704 Entgegen der These von E. Neu ist das hurritisch-hethitische „Epos der Freilassung" KBo XXXII (s. E. Neu, Epos [*StBoT 32*]) nicht mit der *andurāru/d^{e}rôr*-Institution zu verbinden; cf. Verf., Restitution (*RA 93*), sowie die Rezension in ZAR 4 (*1998*), 290-295.

705 Cf. bereits M. San Nicolò, Beiträge (*Oslo 1931*), 114ff., sowie jüngst A.J. Skaist, Loan Contract (*Ramat Gan 1994*).

Räumt man dagegen, wie im neuassyrischen Reich, im Vertragsrecht die Möglichkeit ein, Restitutionsakte des Königs für unwirksam zu erklären, so wird damit die religiös begründete Funktion des Königs, für sozialen Ausgleich zu sorgen, erheblich geschwächt, ja zu einem propagandistischen Motiv verdünnt. Und tatsächlich deckt sich diese Konsequenz genau mit der Rolle, die der neuassyrische König auch sonst entgegen allen anders lautenden Aussagen der Königsideologie im Rechtswesen einzunehmen scheint: „The image of the king as supreme judge seems to me, on the whole, to belong more in the sphere of royal propaganda instead of actually forming an active part of the Neo-Assyrian judicial system“[706]. Das Keilschriftrecht war mit dieser Alternative in der Vermittlung von Recht und Gerechtigkeit konfrontiert und hat eine der beiden Möglichkeiten gewählt. Welcher der beiden Wege beschritten wurde, hing im 2. Jt. v. Chr. von der Stärke der Königsdynastie ab und davon, wie weit sie gerechte Ordnung als Ausdruck ihrer Legitimität auf ihre Fahnen geschrieben hatte. Beides ist für die Hammurapi-Dynastie vorauszusetzen, wie nicht zuletzt durch Prolog und Epilog der „Rechtsproklamation“ des Hammurapi, des sog. „Kodex Hammurapi“, deutlich wird. In den syrischen und kleinasiatischen Randgebieten ist im 2. Jt. v. Chr. eine derartige, Recht zeitweilig außer Kraft setzende Stärke der jeweiligen Königsdynastie nicht vorauszusetzen. Entsprechend wurde auf die Stabilität des Vertragsrechts und die dadurch geschützten Privatinteressen gesetzt. Im 1. Jt. v. Chr. ist die Institution der Restitutionsdekrete bereits so sehr zu einem Motiv der Königsideologie verdünnt worden, daß auch im neuassyrischen Reich *(an-) durāru*-Akte proklamiert wurden, denen vertragsrechtlich die Wirksamkeit genommen werden konnte.

Das dtn Reformprogramm des geschwisterlichen Solidarethos nimmt die Auseinandersetzung nicht nur mit der neuassyrischen Weltdeutung und den daraus resultierenden Loyalitätsforderungen des assyrischen Großkönigs auf, sondern konkurriert auch mit der neuassyrischen Sozialideologie als Teil der Königsideologie. Dem dtn Autor mußte das Programm von Zinsverbot, Beschränkung des Pfandrechts und Schuldenerlaß im *š^{e}miṭṭā*-Jahr als bei weitem wirksamer erscheinen, um das Auseinanderdriften der Gesellschaft in arme und reiche Schichten zu verhindern, als die neuassyrische *(an-)durāru*-Institution, der noch vertragsrechtlich die Wirksamkeit genommen werden konnte. Und dort, wo Schuldsklaverei nicht zu vermeiden war, sollen Sklave und Sklavin nach dtn Vorstellung im siebten Jahr wohl ausgestattet freigelassen werden. Ja, in der Erntezeit wird noch der „Mundraub“ freigegeben und die Nachlese der Felder untersagt. Können durch die syrisch-mesopotami-

---

706 So R. Jas, Procedures (*SAA.S 5*), 5. (cf. dazu Verf., Prozeßrecht [*ZAR 4*], 277-283). Die in zahlreichen Briefen an den König vorgebrachte Bitte, einen Fall zu überprüfen oder einen Gerichtsentscheid aufzuheben, bezieht sich jeweils auf die königliche Sondergerichtsbarkeit; cf. J.N. Postgate, Justice (*CRRA 19*), 417-426.

schen Gerechtigkeitsakte Recht und Gerechtigkeit nur im Widerspruch und in den Konsequenzen aporetisch zueinander in Beziehung gesetzt werden, so gelingt gerade dem dtn Reformprogramm die Vermittlung stringent so, daß das Recht durch ein geschwisterliches Solidarethos, das durch Glaube, Einsicht und Gewissensentscheidung begründet ist, überwölbt wird. Die königlichen Restitutionsakte werden in ein Programm geschwisterlicher Ethik überführt. Während die mesopotamischen Restitutionsakte des Schuldenerlasses nur für konsumptive, nicht aber kommerziell-investive Darlehen gelten, die vielmehr ausdrücklich ausgenommen werden, kennt Dtn 15,1-10* keine derartige Unterscheidung. Vielmehr ist der wirtschaftliche Status des Schuldners entscheidend. Zwar werden mit dem Schuldner als „Armen" (אֶבְיוֹן) primär konsumptive Darlehen vom Schuldenerlaß betroffen gewesen sein, doch gilt der Schuldenerlaß im Gegensatz zu denen des mesopotamischen Raumes auch für den in Not geratenen Schuldner eines kommerziellen Darlehens. § 9 des Ammiṣaduqa-Edikts[707] geht ansatzweise mit der Subsumierung von Verzugszinsen kommerzieller Darlehen unter das Edikt in die Richtung, die in Dtn 15,1-10* zu Ende gedacht wird. In der Generalklausel Dtn 15,1 und ihrer Legalinterpretation in Dtn 15,2f. werden grundsätzlich alle Kredite ohne Unterschied dem Schuldenerlaß unterworfen. Erst in der Paränese in Dtn 15,7-10 wird das Thema der Armut eingeführt, so daß nicht die Kreditart, sondern die wirtschaftliche Lage des Schuldners für die Anwendung des Schuldenerlasses entscheidend ist. Analogielos ist schließlich das Zinsverbot in Dtn 23,20f.: Wo immer Not herrscht, dient das gesamte Kreditwesen der geschwisterlichen Nothilfe ohne Gewinnabsicht.

Einem zerbrechenden gentilen Ethos setzt das dtn Reformprogramm ein geschwisterliches Solidarethos entgegen, für das jeder Judäer und jede Judäerin Bruder und Schwester sind. Ihnen gilt die uneingeschränkte Solidarität des jeweils wirtschaftlich Stärkeren. So wie gemeinsam am Zentralheiligtum ohne soziale Unterschiede im Angesicht Gottes die Mahlgemeinschaft gefeiert und ein geschwisterliches Israel kultisch konstituiert wird, so soll es sich auch draußen in den Wohnorten im Alltag als Gemeinschaft geschwisterlicher Solidarität bewähren und in der Achtung des Rechts die Reinheit von Land und Volk bewahren[708].

Das dtn Reformprogramm begegnet der neuassyrischen Krise Judas, die die Grundlage des bis dahin tragenden gentilen Ethos zerrüttet hat, durch den Rückgriff auf die Tradition, die im Bundesbuch verkörpert ist. Aber nicht eine schlichte Wiederholung der Tradition, sondern ihre durchgängige Reformulierung, die zum hermeneutischen Schlüssel für die Interpretation der gültigen Tradition wird, ist die Antwort auf die assyrische Krise. Nicht so sehr um die aktualisierende Anpassung des Rechts an eine neue Herausforderung im aus-

707 Cf. F.R. Kraus, Verfügungen (*SDIO 11*), 174.

708 Cf. o. den Zusammenhang von IV. 3.3.2 und IV. 3.3.3.

gehenden 7. Jh. v. Chr. geht es dem dtn Autor, sondern ihn treibt das Bewußtsein der Überlegenheit nicht nur seines eigenen Programms über die Königsideologie der assyrischen Hegemonialmacht, sondern vor allem der judäischen Tradition und ihres Gottes über den Gott Aššur. So entwickelt er aus dem Bundesbuch ein Programm der Kultzentralisation als Grundlage eines geschwisterlichen Ethos. Für den Schuldenerlaß benutzt er nicht den einschlägigen Begriff דְּרוֹר, der mit dem neuassyrischen *term. techn.* (*an-*)*durāru* in Verbindung gebracht werden könnte, sondern den aus dem Bundesbuch genommenen religiösen Traditionsbegriff *šᵉmiṭṭā*, der der Sache eigentlich fremd ist[709]. Der dtn Autor traut der judäischen Tradition mehr zu als den Ideen der assyrischen Hegemonialmacht. Die Reformulierung der Tradition in Gestalt des Bundesbuches setzt diese keineswegs außer Kraft. Vielmehr sollen die Gebote des Bundesbuches im Horizont des dtn Programms gelesen durchgängig weiter gelten, ja müssen weiterhin gültig sein, wenn die Überlegenheit der judäischen Tradition über die neuassyrische Königsideologie aufgezeigt werden soll. Nichts ist den dtn Autoren ferner als ein „recycling“ (B.M. Levinson) der eigenen Tradition. Subversiv gehen sie mit den assyrischen Staatstexten wie dem Loyalitätseid Asarhaddons um, nicht aber mit der eigenen Überlieferung. Alle Kunst der Reformulierung steht im Dienste des Aufweises der Traditionskontinuität, ja -identität – aller Modernisierung zum Trotz. Wie die dtn Autoren gearbeitet haben, war besonders eindrücklich an ihrer Reformulierung von Ex 21,12-14 in Dtn 19,2-13 zu beobachten. Es gelingt ihnen nicht nur, reformuliertes und reformulierendes Gesetz widerspruchsfrei zusammenzuhalten, sondern dadurch, daß in der Perspektive der dtn Zentralisationsformel gelesen Dtn 21,13f. die Asylfunktion des Zentralheiligtums regelt, dem Asylgesetz des Bundesbuches höhere Dignität zukommen zu lassen als dem Asylgesetz des Deuteronomiums, das nur das Asyl für die Asylstädte auf dem Lande regelt. Aktualisierung und Bewahrung der Tradition sind für die dtn Autoren zwei Seiten der Medaille der Antwort auf die neuassyrische Herausforderung. Bundesbuch und dtn Reformprogramm ergänzen sich nicht nur im Familien-, Sachen- und Körperverletzungsrecht, sondern auch im sozialen Privilegrecht und im Kultrecht. Das dtn Reformprogramm enthält kein Ruhetagsgebot, weil das des Bundesbuches in Ex 23,12 zur Reformulierung keinen Anlaß bot und also unverändert auch für das dtn Reformprogramm gültig ist. Das die bisherige Forschung umtreibende Rätselraten, warum es im Deuteronomium vordtr kein Ruhetagsgebot gibt, ist damit beendet.

---

709 Erst als die neuassyrische Großmacht keine Rolle mehr spielt und *durāru*-Akte im syrisch-mesopotamischen Raum in spätbabylonischer Zeit bedeutungslos werden, wird der *term. techn.* דְּרוֹר wieder genutzt; cf. Jer 34,8.15.17 (dtr); Jes 61,1; Ez 46,17; Lev 25,10.

Das dtn Reformprogramm des geschwisterlichen Ethos ist vom Recht geschieden. Es ist vor keiner Rechtsinstitution einklagbar. Wie besonders an Dtn 15,1-18* ablesbar, bedienen sich die dtn Autoren einer paränetisch eindringlichen Sprache und Argumentation, um Einsicht in die Vernünftigkeit des Programms zu wecken. Wer also steht für die Durchsetzung ein? Das dtn Reformprogramm beginnt mit dem Sch^{e}ma Israel in Dtn 6,4f.: JHWH fordert das Bekenntnis der Einzigkeit (Dtn 6,4b) – von ihm allein kommt alles das, was von einem Gott zu erwarten ist, und von keinem anderen. Daraus folgt die Forderung ungeteilter Loyalität (Dtn 6,5; 13,2-12*). Die Wahrung der Reinheit von Land und Volk im Recht und die Wahrung der Einheit des Volkes im geschwisterlichen Solidarethos ist die Einlösung der Loyalitätsforderung gegenüber JHWH. Wird dem dtn Reformprogramm ein Loyalitätseid zugrunde gelegt, in den die Reformulierung des Bundesbuches eingearbeitet wird, so gilt das gesamte dtn Reformprogramm als Einlösung der Loyalitätsforderung. Die das Programm abschließenden Flüche aus dem Loyalitätseid unterstellen es insgesamt der Durchsetzung durch JHWH. Dtn 15,1-18* arbeitet in der Paränese die Verheißung des Segens heraus für denjenigen, der auf seinen Vorteil zugunsten der Bedürftigen verzichtet. Die Flüche (Dtn 28,20-44*) dagegen lassen keinen Zweifel daran, daß die Einhaltung des dtn Reformprogramms eine Entscheidung auf Leben und Tod ist. Das Programm endet mit den Worten:

„Der Fremde, der in deiner Mitte lebt, erhebt sich über dich, hoch und höher; du aber steigst ab, tiefer und tiefer. Er leiht dir aus, aber du leihst ihm nicht. Er wird zum Haupt, und du wirst zum Schwanz“ (Dtn 24,43f.).

Das dtn Reformprogramm konnte so zu einem Schlüsseltext für die Erklärung des Leidens der Exilszeit werden. Doch weit noch darüber hinaus strahlt das Programm des geschwisterlichen Ethos bis in unsere Zeit und wurde zur Wiege der Moderne. Auf der anderen Seite steht das Deuteronomium in einer traditionsgeschichtlichen Kontinuität der politischen Loyalitätseide und der Gesetzessammlungen, die weit in das 2. bzw. 3. Jt. v. Chr. zurückreicht. Es teilt mit der assyrischen Hegemonialmacht die Entwicklung einer Bundestheologie. Doch erstmals in dieser Geschichte wird mit dem Deuteronomium die Loyalität nicht mehr für einen König als Stellvertreter der Gottheit eingefordert, sondern unmittelbar für JHWH, den Gott Judas. Zum ersten Mal wird die Gestaltung einer gerechten Gesellschaft nicht als staatliche Aufgabe formuliert, sondern als Forderung an jeden einzelnen, der sich zu JHWH als den einzigen Gott bekennt. Ohne das Deuteronomium hätte es kein exilisches und nachexilisches „Israel“ gegeben. Es ist auch Hinweis darauf, daß Völker gut beraten sind, ihr Marschgepäck vor den Katastrophen zu packen, denn wenn sie erst hereingebrochen sind, ist es meist zu spät. Setzt das Deuteronomium nicht mehr wie auch die assyrische Hegemonialmacht und alle großen Mächte des Alten Orients, die ausnahmslos untergegangen sind, auf staatliche Macht zur Durchsetzung von Recht und Gerechtigkeit, sondern auf „Bürgersinn“, der sich Gott verantwortlich weiß, so leben wir vom Geist des dtn Reformprogramms des 7. Jh. v. Chr. noch heute. Die Wiege der modernen Demokratie steht nicht nur in Athen, sondern auch in Jerusalem. Von der Bereitschaft und Fähigkeit, sich dieser Ursprünge zu erinnern, hängt auch die Zukunft unserer Freiheit ab.

Literaturverzeichnis

Abou-Assaf, A./Bordreuil, P./Millard, A.R., La statue de Tell Fekheryé et son inscription bilingue assyro-araméenne, Études Assyriologiques, Paris 1982

Abusch, T., „He Should Continue to Bear the Penalty of that Case": Some Observations on *Codex Ḫammurabi* §§ 3-4 and § 13, in: J. Neusner u.a. (Hg.), From Ancient Israel to Modern Judaism. FS M. Fox, Bd. I, BJSL 159, 1989, 77-96

Achenbach, R., Israel zwischen Verheißung und Gebot. Literarkritische Untersuchungen zu Deuteronomium 5-11, EHS XXIII/422, Frankfurt/Main 1991

–, Rezension von J.G. McConville/J.G. Millar, Time and Place in Deuteronomy (1994) ZAR 1, 1995, 149-155

–, Zwei neue Kommentare zum Deuteronomium, ZAR 2, 1996, 86-113

Ackermann, D., August Klostermann und der Pentateuch. Ein forschungsgeschichtlicher Beitrag zum Pentateuchproblem, Neukirchener Theologische Dissertationen und Habilitationen 14, Neukirchen-Vluyn 1997

Ackroyd, P., Art. *jād* etc., ThWAT III, 1982, 425-455

Aejmelaeus, A., Die Septuaginta des Deuteronomiums, in: T. Veijola (Hg.), Das Deuteronomium und seine Querbeziehungen, SESJ 62, Göttingen/Helsinki 1996, 1-22

Ahlström, G.W., Royal Administration and National Religion in Ancient Palestine, SHANE 1, Leiden/New York 1982

Ahuis, F., Exodus 11,1-13,16 und die Bedeutung der Trägergruppen für das Verständnis des Passa, FRLANT 168, Göttingen 1996

Airoldi, N., La cosiddetta „decima" israelitica antica, Bib 55, 1974, 179-210

Albertz, R., Jer 2-6 und die Frühzeitverkündigung Jeremias, ZAW 94, 1982, 20-47

Aline de Sion, S.M., La forteresse Antonia à Jérusalem et la question du Prétoire, Jerusalem 1956

Alt, A., Das Verbot des Menschendiebstahls im Dekalog, in: ders., Kleine Schriften zur Geschichte des Volkes Israel I, München 1953, 333-340

–, Die Heimat des Deuteronomiums, in: ders., Kleine Schriften zur Geschichte des Volkes Israel II, München 1953, 250-275

–, Die Ursprünge des israelitischen Rechts, in: ders., Kleine Schriften zur Geschichte des Volkes Israel I, München 1953, 278-332

–, Zur Talionsformel, in: ders., Kleine Schriften zur Geschichte des Volkes Israel I, München 1953, 341-344

Amiet, P., Observations sur les „Tablettes magiques" d'Arslan Tash, Aula Orientalis 1, 1983, 109

Anbar, M., La „reprise", VT 38, 1988, 385-398

Andrae, W., Der Anu-Adad Tempel in Assur, WVDOG 10, Leipzig 1909 (Nachdruck Osnabrück 1984)

Angerstorfer, A., Art. Laubhüttenfest, NBL II, 1994, 591-593

Arneth, M., Rezension von V.A. Hurowitz, *Inu Anum ṣīrum*. Literary Structures in the Non-Juridical Sections of Codex Hammurabi (1994), ZAR 2, 1996, 196-201

–, „Sonne der Gerechtigkeit". Studien zur Solarisierung der Jahwe-Religion, Diss. theol. München, 1999

Auerbach, E., Die Feste im Alten Testament, VT 8, 1958, 1-18

Ausloo, H., Deuteronomic and Deuteronomistic: What Do These Terms Mean? Some Methodological Remarks Based on the Study of Ex. 23,20-33, in: M. Vervenne (Hg.), Studies in the Book of Exodus. Redaction – Reception – Interpretation, BEThL 126, Leuven 1996, 481-500
Aynard, M.-J./Durand, J.-M., Documents d'Époque Médio-Assyrienne, Assur 3, 1980, 1-54

Bachmann, W., Aus den Berichten aus Assur. Berichte über die Grabung am altassyrischen Palast in f 5, MDOG 54, 1914, 56-59
Bade, W.F., Der Monojahwismus des Deuteronomiums, ZAW 30, 1910, 81-90
Baentsch, B., Exodus – Leviticus – Numeri, HK I. 2.1, Göttingen 1903
Balkan, K., Cancellation of Debts in Cappadocian Tablets from Kültepe, in: Anatolian Studies. FS H. Güterbock, Istanbul 1974, 29-41
Barbiero, G., L'asino del nemico. Renuncia alla vendetta e amore del nemico nella legislazione dell'Antico Testamento (Es 23,4-5; Dt 22,1-4; Lv 19,17-18), AnBib 128, Rom 1991
Barkay, G., The Iron Age II-III, in: A. Ben-Tor (Hg.), The Archaeology of Ancient Israel, New Haven 1992, 302-373
–, The Redefining of Archaeological Periods: Does the Date 588-586 B.C.E. Indeed Mark the End of the Iron Age Culture?, in: Biblical Archaeology Today 1990. Proceedings of the Second International Congress on Biblical Archaeology, Jerusalem 1993, 106-109
Barnett, R.D., Sculptures from the North Palace of Ashurbanipal at Niniveh, 668-627 B.C., London 1976
Bar-On, S., The Festival Calendars in Exodus XXIII 14-19 and Exodus XXXIV 18-26, VT 48, 1998, 161-195
Barr, J., Some Semantic Notes on the Covenant, in: H. Donner u.a. (Hg.), Beiträge zur Alttestamentlichen Theologie. FS W. Zimmerli, Göttingen 1977, 23-38
Baumgartner, W., Der Kampf um das Deuteronomium, ThR (N.F.) 1, 1929, 7-25
Becking, B., A Judge in History. Notes on Nahum 3,7 and Esarhaddon's Succession Treaty §47:452, ZAR 1, 1995, 111-116
–, Assyrian Evidence for Iconic Polytheism in Ancient Israel?, in: K. van der Toorn (Hg.), The Image and the Book. Iconic Cults, Aniconism, and the Rise of Book Religion in Israel and the Ancient Near East, Leuven 1997, 157-172
Beckman, G.M., Inheritance and Royal Succession Among the Hittites, in: ders./H. Hoffner (Hg.), *kaniššuwar*. FS H.G. Güterbock, Chicago 1986, 13-31
Beentjes, P., Inverted Quotations in the Bible: A Neglected Stylistic Pattern, Bib 63, 1982, 506-523
Begg, C., Contributions to the Elucidation of the Composition of Deuteronomy with Special Attention to the Significance of the *Numeruswechsel*, Diss. theol. Leuven 1978
–, The Literary Criticism of Deut 4,1-40. Contributions to a Continuing Discussion, EThL 56, 1980, 10-55
–, The Significance of the *Numeruswechsel* in Deuteronomy. The „Pre-History" of the Question, EThL 55, 1979, 116-124
Bellefontaine, E., Deuteronomy 21:18-21. Reviewing the Case of the Rebellious Son, JSOT 13, 1979, 13-31
Ben-Barak, Z., Trials for Treason against the Kings in Israel and Ancient Near East, RIDA 38, 1991, 11-37
Berges, U., Art. *tāʿāh*, ThWAT VIII, 1995, 720-725
Berlinerblau, J., The Vow and the „Popular Religious Groups" of Ancient Israel. A Philological and Sociological Inquiry, JSOT.S 210, Sheffield 1996
Berry, G.R., The Code Found in the Temple, JBL 39, 1921, 44-51

–, The Date of Deuteronomy, JBL 59, 1940, 133-139

Bertholet, A., Das Deuteronomium, KHC 5, Freiburg/Br. 1899

Bewer, J.A., The Problem of Deuteronomy. A Symposium: The Case for the Early Date of Deuteronomy, JBL 47, 1928, 305-321

Beyer, D., Les sceaux apposés sur les traités de l'Ancien Orient. Étude de cas, in: É. Frézouls/A. Jacquemin (Hg.), Les Relations Internationales, Université des sciences humaines de Strasbourg. Travaux du Centre de Recherche sur le Proche-Orient et la Grèce antiques 15, Paris 1995, 27-40

Beyer, K., Die aramäischen Texte vom Toten Meer, Göttingen 1984 (ATTM)

Bieberstein, K., Josua – Jordan – Jericho. Archäologie, Geschichte und Theologie der Landnahmeerzählungen Josua 1-6, OBO 143, Fribourg/Göttingen 1995

Bird, Ph.A., The end of the male cult prostitute: A literary-historical and sociological analysis of Hebrew *qādeš – qĕdešîm*, in: J.A. Emerton (Hg.), Congress Volume Cambridge 1995, VT.S 66, Leiden/New York 1997, 37-80

Blenkinsopp, J., The Pentateuch. An Introduction to the First Five Books of the Bible, ABRL, New York 1992

Bloch-Smith, E., Judahite Burial Practices and Beliefs about the Dead, JSOT.S 123, Sheffield 1992

Blum, E., Das sog. „Privilegrecht" in Exodus 34,11-26. Ein Fixpunkt der Komposition des Exodusbuches?, in: M. Vervenne (Hg.),. Studies in the Book of Exodus. Redaction – Reception – Interpretation, BEThL 126, Leuven 1996, 347-366

–, Der kompositionelle Knoten am Übergang von Josua zu Richter. Ein Entflechtungsvorschlag, in: M. Vervenne/J. Lust (Hg.), Deuteronomy and Deuteronomic Literature, BEThL 133, 181-212

–, Studien zur Komposition des Pentateuch, BZAW 189, Berlin/New York 1990

Boecker, H.J., „Du sollst dem Ochsen, der da drischt, das Maul nicht verbinden". Überlegungen zur Wertung der Natur im Alten Testament, in: O. Bayer u.a. (Hg.), Festgabe für Friedrich Lang zum 65. Geburtstag, Tübingen 1978, 72-89

Bons, E., Konnte eine Witwe die *naḫ^{a}lāh* ihres verstorbenen Mannes erben? Überlegungen zum Ostrakon 2 der Sammlung Moussaïeff, ZAR 4, 1998, 197-208

Bordreuil, P./Israel, F./Pardee, D., Deux ostraca paléo-hébreux de la collection Sh. Moussaïeff. I) Contribution financière obligatoire pour le temple de YHWH. II) Réclamation d'une veuve auprès d'un fonctionnaire, Semitica 46, 1996, 49-76; pl. 7-8

– /Israel, F./Pardee, D., King's Command and Widow's Plea: Two Hebrew Ostraca of the Biblical Period, NEA (BA) 61, 1998, 2-13

Borger, R., Akkadische Rechtsbücher, TUAT I/1, Gütersloh 1982, 32-95

–, Assyrische Staatsverträge, TUAT I/2, Gütersloh 1983, 155-177

–, Babylonisch-assyrische Lesestücke, AnOr 54, Rom ^{2}1979 (BAL)

–, Beiträge zum Inschriftenwerk Assurbanipals. Die Prismenklassen A, B, C = K, D, E, F, G, H, J und T sowie andere Inschriften. Mit einem Beitrag von A. Fuchs, Wiesbaden 1996

–, Die Inschriften Asarhaddons, Königs von Assyrien, AfO Beih. 9, Osnabrück ^{2}1967

–, Handbuch der Keilschriftliteratur I, Wiesbaden 1967

–, Rezension von CAD Ṣ und CAD Z, BiOr 22, 1965, 164-167

–, Zu den Asarhaddon-Verträgen aus Nimrud, ZA 54, 1961, 173-196

Börker-Klähn, J., Altvorderasiatische Bildstelen und vergleichbare Felsreliefs, Mainz 1982

Borowski, O., Agriculture in Iron Age Israel, Winona Lake 1987

Bottéro, J./Petschow, H., Art. Homosexualität, RLA IV, 1975, 459-468

–, Antiquités assyro-babyloniennes, AEPHE.HP 99, Paris 1966/67, 81-106

Botterweck, G.J., Art. *kaelaeb*, ThWAT IV, 1984, 156-166

Bouzon, E., Recht und Wissenschaft in der Redaktionsgeschichte der keilschriftlichen Rechtssammlungen, in: M. Dietrich/O. Loretz (Hg.), *dubsar anta-men*. Studien zur Altorientalistik. FS W.H.Ph. Römer, AOAT 253, Münster 1998, 39-61
Bovati, P., Re-Establishing Justice. Legal Terms, Concepts and Procedures in the Hebrew Bible, JSOT.S 105, Sheffield 1994
Boyce, R.N., The Cry to God in the Old Testament, SBL.DS 103, Atlanta 1988
Boyer, G., De la science juridique et de sa méthode dans l'ancienne Mésopotamie (1952), in: ders., Mélanges d'histoire du droit oriental, Receuil de l'Académie de Législation 12, Toulouse 1965, 45-51
–, Textes juridiques, ARM VIII, Paris 1958
Braulik, G., Das Buch Deuteronomium, in: E. Zenger u.a., Einleitung in das Alte Testament, StTh 1/1, Stuttgart ^{3}1998, 125-141
–, Das Deuteronomium und die Geburt des Monotheismus, in: ders., Studien zur Theologie des Deuteronomiums, SBAB 2, Stuttgart 1988, 257-300
–, Das Deuteronomium und die Gedächtniskultur Israels. Redaktionsgeschichtliche Beobachtungen zur Verwendung von *lmd*, in: ders., Studien zum Buch Deuteronomium, SBAB 24, Stuttgart 1997, 119-146
–, Deuteronomium I, NEB 15, Würzburg 1986
–, Deuteronomium II, NEB 28, Würzburg 1992
–, Die Abfolge der Gesetze in Deuteronomium 12-26 und der Dekalog, in: N. Lohfink (Hg.), Das Deuteronomium. Entstehung, Gestalt und Botschaft, BEThL 68, Leuven 1985, 252-272 = ders., Studien zur Theologie des Deuteronomiums, SBAB 2, Stuttgart 1988, 231-255
–, Die Ablehnung der Göttin Aschera in Israel. War sie erst deuteronomistisch, diente sie der Unterdrückung der Frauen?, in: ders., Studien zum Buch Deuteronomium, SBAB 24, Stuttgart 1997, 81-118
–, Die dekalogische Redaktion der deuteronomischen Gesetze. Ihre Abhängigkeit von Leviticus 19 am Beispiel von Deuteronomium 22,1-12; 24,10-22 und 25,13-16, in: ders. (Hg.), Bundesdokument und Gesetz. Studien zum Deuteronomium, HBS 4, Freiburg/Br., 1995, 1-25 = ders., Studien zum Buch Deuteronomium, SBAB 24, Stuttgart 1997, 147-182
–, Die deuteronomischen Gesetze und der Dekalog. Studien zum Aufbau von Deuteronomium 12-26, SBS 145, Stuttgart 1991
–, Die Freude des Festes. Das Kultverständnis des Deuteronomiums - die älteste biblische Festtheorie, in: ders., Studien zur Theologie des Deuteronomiums, SBAB 2, 1988, 161-218
–, Die Funktion von Siebenergruppierungen im Endtext des Deuteronomiums, in: ders., Studien zum Buch Deuteronomium, SBAB 24, Stuttgart 1997, 63-79
–, Haben in Israel auch Frauen geopfert? Beobachtungen am Deuteronomium, in: S. Kreuzer/K. Lüthi (Hg.), Zur Aktualität des Alten Testaments. FS G. Sauer, Frankfurt/Main 1991, 19-28
–, Leidensgedächtnisfeier und Freudenfest. „Volksliturgie" nach dem deuteronomischen Festkalender (Dtn 16,1-17), in: ders., Studien zur Theologie des Deuteronomiums, SBAB 2, Stuttgart 1988, 95-121
–, „Weisheit" im Buch Deuteronomium, in: B. Janowski (Hg.), Weisheit außerhalb der kanonischen Weisheitsschriften, Gütersloh 1996, 39-69 = ders., Studien zum Buch Deuteronomium, SBAB 24, Stuttgart 1997, 225-271
–, Weitere Beobachtungen zur Beziehung zwischen dem Heiligkeitsgesetz und Deuteronomium 19-25, in: T. Veijola (Hg.), Das Deuteronomium und seine Querbeziehungen,

SESJ 62, Göttingen/Helsinki 1996, 23-55 = ders., Studien zum Buch Deuteronomium, SBAB 24, Stuttgart 1997, 183-223
–, Zur Abfolge der Gesetze in Deuteronomium 16,18-21,23. Weitere Beobachtungen, Bib 69, 1988, 63-92
–, Zur deuteronomischen Konzeption von Freiheit und Frieden, in: ders., Studien zur Theologie des Deuteronomiums, SBAB 2, Stuttgart 1988, 219-230
Brin, G., Studies in Biblical Law. From the Hebrew Bible to the Dead Sea Scrolls, JSOT.S 176, Sheffield 1994
Brinkman, J.A., Political Covenants, Treaties, and Loyalty Oaths in Babylonia and between Assyria and Babylonia, in: L. Canfora/M. Liverani/C. Zaccagnini (Hg.), I trattati nel mondo antico. Forma – ideologia – funzione, Saggi di Storia Antica 2, Rom 1990, 81-111
Brunner, H., Rezension von L. Günther, Die Idee der Wiedervergeltung I (1899), ZSRG.G 11, 1890, 235-236
Buchholz, J., Die Ältesten Israels im Deuteronomium, GTA 36, Göttingen 1988
Budde, K., Das Deuteronomium und die Reform König Josias, ZAW 44, 1926, 177-224
–, Dtn 13,10, und was daran hängt, ZAW 36, 1916, 187-197
Bultmann, C., Der Fremde im antiken Juda. Eine Untersuchung zum sozialen Typenbegriff „*ger*" und seinem Bedeutungswandel in der alttestamentlichen Gesetzgebung, FRLANT 153, Göttingen 1992
Burrows, M., The Ancient Oriental Background of Hebrew Levirate Marriage, BASOR 77, 1940, 2-15
Butterweck, Chr., Eine phönizische Beschwörung. Arslan-Tasch-Beschwörung, TUAT II/3, Gütersloh 1988, 435-437

Camp, L., Hiskija und Hiskijabild. Analyse und Interpretation von 2 Kön 18-20, MThA 9, Altenberge 1990
Caneday, A., „Redeemed From the Curse of the Law": The Use of Deut 21,22-23 in Gal 3,13, Trinity Journal 10, 1989, 185-209
Cardascia, G., Art. Gesetze B. Assyrien, RLA III, 1971, 279-287
–, L'ordalie par le fleuve dans les „Lois assyriennes", in: Festschrift für Wilhelm Eilers. Ein Dokument der internationalen Forschung zum 27. September 1966, Wiesbaden 1967, 19-36
–, L'ordalie fluviale dans la Mésopotamie ancienne, RHD 71, 1993, 169-184 = ders., Hommage à Guillaume Cardascia, Méditerranées 3, Nanterre 1995, 269-288
–, La codification en Assyrie, RIDA III/4, 1957, 53-71
–, La formazione del diritto in Assiria, in: ders./A. Théodorides/C. Zaccagnini/A. Archi/R. Yaron, La formazione del diritto nel Vicino Oriente Antico. Seminario svoltosi presso la Scuola di Perfezionamento in Diritto Romano e Diritti dell'Oriente Mediterraneo, Università di Roma „La Sapienza". Pubblicazioni dell'Istituto di Diritto Romano e dei Diritti dell'Oriente Mediterraneo 65, Neapel/Rom, 1988, 51-60
–, La place du talion dans l'histoire du droit pénal à la lumière des droits du Proche-Orient ancien, in: Mélanges offerts à Jean Dauvillier, Toulouse 1979, 169-183 = ders., Hommage à Guillaume Cardascia, Méditerranées 3, Nanterre 1995, 181-195
–, Lois assyriennes. Introduction, traduction, commentaire, Paris 1969
–, Une justice infaillible. Reflexion sur le § 47 des „Lois assyriennes", in: Studi in onore di E. Volterra, Bd. VI, Mailand 1970, 419-431 = ders., Hommage à Guillaume Cardascia, Méditerranées 3, Nanterre 1995, 149-160

Cardellini, I., Die biblischen "Sklaven"-Gesetze im Lichte des keilschriftlichen Sklavenrechts. Ein Beitrag zur Tradition, Überlieferung und Redaktion der alttestamentlichen Rechtstexte, BBB 55, Bonn 1981

Carmichael, C.M., Law and Narrative in the Bible. The Evidence of the Deuteronomic Laws and the Decalogue, Ithaca/London 1985

–, Forbidden Mixtures in Deuteronomy XXII 9-11 and Leviticus XIX 19, VT 45, 1995, 433-438

–, Forbidden Mixtures, VT 32, 1982, 394-415

–, Law, Legend, and Incest in the Bible. Leviticus 18-20, Ithaca/London 1997

–, The Laws of Deuteronomy, Ithaca/London 1974

–, The Origins of Biblical Law. The Decalogues and the Book of the Covenant, Ithaca/London 1992

Carr, D.M., Reading the Fractures. Historical and Literary Approaches, Louisville 1996

Carrière, J.-M., L'organisation des lois en *Dt 19-26*: Les lois sur le mariage, NRTh 114, 1992, 519-532

Cazelles, H., Droit public dans le Deutéronome, in: N. Lohfink (Hg.), Das Deuteronomium. Entstehung, Gestalt und Botschaft, BEThL 68, Leuven 1985, 99-106

–, Études sur le Code de l'Alliance, Paris 1946

–, *šmᶜ qôl* et *šmᶜ b qôl*, GLECS 10, 1966, 148-150

Ceresko, A.R., The Function of Antanaclasis (*mṣ'* „to find" // *mṣ'* „to reach, overtake, grasp") in Hebrew Poetry, Especially in the Book of Qoheleth, CBQ 44, 1982, 551-569

Charpin, D., L'*andurârum* à Mari, M.A.R.I. 6, 1990, 253-270

–, La Babylonie de Samsuiluna à la lumière de nouveaux documents, BiOr 38, 1981, 517-547

–, Les décrets royaux à l'époque Paléo-Babylonienne. À propos d'un ouvrage récent, AfO 34, 1987, 36-44

–, Les édits de „restauration" des rois babyloniens et leur application, in: C. Nicolet (Hg.), Du pouvoir dans l'antiquité. Mots et réalités, HEMGR 16, Genf 1990, 13-24

–, Un traité entre Zimri-Lim de Mari et Ibâl-pî-El II d'Ešnunna, in: ders./F. Joannès (Hg.), Marchands, Diplomates et Empereurs. Études sur la civilisation mésoptamienne. FS P. Garelli, Paris 1991, 139-166

–, Une alliance contre l'Elam et le rituel du *lipit napištim*, in: F. Vallat (Hg.), Contribution a l'histoire de l'Iran. FS J. Perrot, Paris 1990, 109-118

Chirichigno, G.C., Debt-Slavery in Israel and the Ancient Near East, JSOT.S 141, Sheffield 1993

Cholewiński, A., Heiligkeitsgesetz und Deuteronomium. Eine vergleichende Studie, AnBib 66, Rom 1976

Clements, R.E., Art. *pisseᵃḥ*, ThWAT VI, 1989, 683-688

Cogan, M., Imperialism and Religion: Assyria, Judah and Israel in the Eighth and Seventh Centuries B.C.E., SBL MS 19, Missoula/Mont. 1974

–, Judah under Assyrian Hegemony: A Reexamination of *Imperialism and Religion*, JBL 112, 1993, 403-414

Coggins, R., What does „Deuteronomistic" Mean?, in: J. Davies u.a. (Hg.), Words Remembered, Texts Renewed. FS J.F.A. Sawyer, JSOT.S 195, Sheffield 1995, 135-148

Conrad, D., Studien zum Altargesetz Ex 20,24-26, Diss theol. Marburg 1968

Conroy, C., Reflections on the Exegetical Task. Apropos of Recent Studies on 2 Kg 22-23, in: C. Brekelmans/J. Lust (Hg.), Pentateuchal and Deuteronomistic Studies, BEThL 94, Leuven 1990, 255-268

Cooper, A., The Plain Sense of Exodus 23,5, HUCA 59, 1988, 1-22

Craig, J.A., Assyrian and Babylonian Religious Texts I, Leipzig 1895

Craigie, P.C., The Book of Deuteronomy, NICOT, Grand Rapids 1976
Cross, F.M., Canaanite Myth and Hebrew Epic. Essays in the History of the Religion of Israel, Cambridge 1973
Crüsemann, F., Der Zehnte in der israelitischen Königszeit, WuD 1985, 21-47
–, Die Tora. Theologie und Sozialgeschichte des alttestamentlichen Gesetzes, München 1992
Cruveilhier, P., Le droit de la femme dans la Genèse et dans le Recueil de Lois assyriennes, RB 36, 1927, 350-376
–, Le lévirat chez les Hébreux et chez les Assyriens, RB 34, 1925, 524-546
–, Recueil de lois assyriennes, Le Muséon 38, 1925, 189-242; 39, 1926, 326-344; 40, 1927, 1-30; 41, 1928, 1-48; 42, 1929, 1-156
Cryer, F.H., Divination in Ancient Israel and its Near Eastern Environment, JSOT.S 142, Sheffield 1994

Dahl, G., The Problem of Deuteronomy. A Symposium: The Case for the Currently Accepted Date of Deuteronomy, JBL 47, 1928, 358-379
Dahmen, U., Leviten und Priester im Deuteronomium. Literarkritische und redaktionsgeschichtliche Studien, BBB 110, Bodenheim 1996
Dalley, S.D., Niniveh after 612 B.C., AoF 20, 1993, 134-147
–, The God Ṣalmu and the Winged Disk, Iraq 48, 1986, 85-101
Dalman, G., Aramäisch-neuhebräisches Wörterbuch zu Targum, Talmud und Midrasch. Mit Lexikon der Abbreviaturen von G.H. Händler, Frankfurt/Main 1901
–, Arbeit und Sitte in Palästina I: Der Ackerbau, Gütersloh 1932
Dandamaev, M.A., Slavery in Babylonia from Nabopolassar to Alexander the Great (626 - 331 B.C.), DeKalb/Ill. ^{2}1984
Daniels, D.R., The Creed of Deuteronomy XXVI Revisited, in: J.A. Emerton (Hg.), Studies in the Pentateuch, VT.S 41, Leiden/New York 1990, 231-242
Daube, D., Biblical Landmarks in the Struggle of Women's Rights, Juridical Review 90, 1978, 177-197
–, *Consortium* in Roman and Hebrew Law, Juridical Review 62, 1950, 71-91
–, Direct and Indirect Causation in Biblical Law, VT 11, 1961, 246-269
–, Studies in Biblical Law, Cambridge 1947
David, M., Die Adoption im altbabylonischen Recht, LRWS 23, Leipzig 1927
–, Ein Beitrag zum mittelassyrischen Erbrecht, in: ders. u.a (Hg.), Essays on Oriental Laws of Succession, SDIO 9, Leiden 1969, 78-81
–, HITʿĀMĒR (Deut. XXI 14; XXIV 7), VT 1, 1951, 219-221
–, Overspel volgens Deuteronomium 22:22 v.v., JEOL 8, 1942, 650-654
–, Zur Verfügung eines Nichtberechtigten nach den mittelassyrischen „Gesetzesfragmenten", in: J. Friedrich/J.G. Lautner/J. Miles (Hg.), Symbolae ad iura Orientis Antiqui pertinentes. FS. P. Koschaker, Bd. II, Leiden 1939, 121-140
– /Ebeling, E., Assyrische Rechtsurkunden, ZvR 44, 1929, 305-381
Davidson, R., Covenant ideology in ancient Israel, in: R.E. Clements (Hg.), The World of Ancient Israel. Sociological, Anthropological and Political Perspectives, Cambridge 1989, 323-347
Davies, E.W., The Inheritance of the Firstborn in Israel and the Ancient Near East, JSS 38, 1993, 175-191
–, The Meaning of *pî šᵉnayim* in Deuteronomy XXI 17, VT 36, 1986, 341-347
Deimel, A., Codex Ḫammurabi. Textus Primigenius, Rom, 1930
Deller, K., Die Rolle des Richters im neuassyrischen Prozeßrecht, Studi in Onore di Edoardo Volterra, Bd. VI, Mailand 1971, 639-653

Dempster, S., The Deuteronomic Formula KÎ YIMMĀṢĒʾ in the Light of Biblical and Near Eastern Law. An Evaluation of David Daube's Theory, RB 91, 1984, 188-211

De Odorico, M., The Use of Numbers and Quantifications in the Assyrian Royal Inscriptions, SAA.S 3, Helsinki 1995

Dietrich, M., Die Frage nach der persönlichen Freiheit im Alten Orient, in: ders./O. Loretz (Hg.), Mesopotamica – Ugaritica – Biblica. FS K. Bergerhof, AOAT 232, Kevelaer/Neukirchen-Vluyn 1993, 45-58

– /Loretz, O./Sanmartin, J., The Cuneiform Alphabetic Texts from Ugarit, Ras Ibn Hani and Other Places, Abh. zur Literatur Alt-Syrien-Palästinas und Mesopotamiens 8, Münster 1995 (KTU[2])

Dietrich, W., David, Saul und die Propheten. Das Verhältnis von Religion und Politik nach den prophetischen Überlieferungen vom frühesten Königtum in Israel, BWANT 122, Stuttgart [2]1992

Dijk, J. van, The Authenticity of the Arslan Tash Amulets, Iraq 54, 1992, 65-68

Dillmann, A., Die Bücher Numeri, Deuteronomium und Josua, KEH XIII, Leipzig [2]1886

Dion, P.E., Deuteronomy 13: The Suppression of Alien Religious Propaganda in Israel during the Late Monarchical Era, in: B. Halpern/D.W. Hobson (Hg.), Law and Ideology in Monarchic Israel, JSOT.S 124, Sheffield 1991, 147-216

–, La procédure d'élimination du fils rebelle (Deut. 21,18-21), in: G. Braulik/W. Groß/S. McEvenue (Hg.), Biblische Theologie und gesellschaftlicher Wandel. FS N. Lohfink, Freiburg/Br. 1993, 73-82

–, Les Araméens à l'âge du fer: Histoire politique et structures sociales, EtB (N.S.) 34, Paris 1997

–, „Tu feras disparaître le Mal du milieu de toi", RB 87, 1980, 321-349

–, Quelques aspects de l'interaction entre religion et politique dans le Deutéronome, ScEs 30, 1978, 39-55

Dohmen, C., Das Bilderverbot. Seine Entstehung und seine Entwicklung im Alten Testament, BBB 62, Bonn 1985

–, Der Dekaloganfang und sein Ursprung, Bib 74, 1993, 175-195

Dombradi, E., Die Darstellung des Rechtsaustrags in den altbabylonischen Prozeßurkunden I: Die Gestalt der altbabylonischen Prozeßurkunden. Der altbabylonische Zivilprozeß. II: Appendix. Die Organe der Rechtssprechung. Anmerkungen – Exkurse – Indices, FAOS 20/1.2, Stuttgart 1996

Donner, H./Röllig, W., Kanaanäische und aramäische Inschriften (KAI) I-III, Wiesbaden [3]1971-76

Draffkorn, A.E., *Ilāni/Elohim,* JBL 76, 1957, 216-224

Driver, G.R./Miles J.C., The Babylonian Laws, Bd. I, Oxford [2]1956; Bd. II, Oxford 1955

– /Miles, J.C., The Assyrian Laws (1935), Nachdruck Aalen 1975 (with supplementary additions and corrections by G.R. Driver)

Driver, S.R., Deuteronomy, ICC, Edinburgh [2]1902

Düll, R., Das Zwölftafelgesetz. Texte, Übersetzungen und Erläuterungen, München [6]1989

Durand, J.-M., An Old Assyrian Treaty from Tell Leilan, in: D. Charpin/F. Joannès (Hg.), Marchands, Diplomates et Empereurs. Études sur la civilisation mésopotamienne. FS P. Garelli, Paris 1991, 185-207

–, Fragments rejoints par une histoire élamite, in: L. de Meyer u.a. (Hg.), Fragmenta Historiae Elamicae. FS M.J. Stève, Paris 1986, 111-128

–, Relecture d'ARM VIII, M.A.R.I. 1, 1982, 91-126

Ebeling, E., Altassyrische Gesetze, AOT, Berlin [2]1926, 412-422

Edel, E., Der ägyptisch-hethitische Friedensvertrag zwischen Ramses II. und Hattusili III., TUAT I/2: Staatsverträge, Gütersloh 1983, 135-153

–, Der Vertrag zwischen Ramses von Ägypten und Ḫattušili III. von Ḫatti, WVDOG 95, Berlin 1997

Edzard, D.O., Amarna und die Archive seiner Korrespondenten zwischen Ugarit und Gaza, in: J. Amitai (Hg.), Biblical Archaeology Today. Proceedings of the International Congress of Biblical Archaeology Jerusalem April 1984, Jerusalem 1985, 248-259

–, Die Modi beim älteren akkadischen Verbum, Or (N.S.) 42, 1973, 121-141

–, Rezension von R. Borger, Beiträge zum Inschriftenwerk Assurbanipals, 1996, ZA 87, 1997, 148-154

Ehelolf, H., Ein altassyrisches Rechtsbuch. Mit einer rechtsgeschichtlichen Einleitung von P. Koschaker, Mitteilungen aus der Vorderasiatischen Abt. der Staatl. Museen zu Berlin 1, Berlin 1922

Ehrlich, A.B., Randglossen zur Hebräischen Bibel I: Genesis und Exodus, Leipzig 1908

Eichler, B.L., Literary Structure in the Laws of Eshnunna, in: F. Rochberg-Halton (Hg.), Language, Literature and History. FS E. Reiner, AOS 67, New Haven 1987, 71-84

Eickhoff, T., Kār Tukulti Ninurta. Eine mittelassyrische Kult- und Residenzstadt, ADOG 21, Berlin 1985

Elliger, K., Leviticus, HAT I/4,Tübingen 1966

Ellis, M. de J., Observations on Mesopotamian Oracles and Prophetic Texts. Literary and Historiographic Considerations, JCS 41, 1989, 127-186

Engelken, K., Frauen im Alten Israel. Eine begriffsgeschichtliche und sozialrechtliche Studie zur Stellung der Frau im Alten Testament, BWANT 130, Stuttgart 1990

Evans, C.D., Cult Images, Royal Policies and the Origin of Aniconism, in: S.W. Holloway/L.K. Handy (Hg.), The Pitcher is Broken. Memorial Essays for Gösta W. Ahlström, JSOT.S 190, Sheffield 1995, 192-212

Eynikel, E., The Reform of King Josiah and the Composition of the Deuteronomistic History, OTS 33, Leiden/New York 1996

Fabry, H.-J. u.a., Art. *dal*, ThWAT II, 1977, 221-244

–, Art. *qāhāl*, ThWAT VI, 1989, 1204-1222

–, Deuteronomium 15. Gedanken zur Geschwister-Ethik im Alten Testament, ZAR 3, 1997, 92-111

–, Noch ein Dekalog! Die Thora des lebendigen Gottes in ihrer Wirkungsgeschichte. Ein Versuch zu Deuteronomium 27, in: M. Böhnke/H. Heinz (Hg.), „Im Gespräch mit dem dreieinen Gott“: Elemente einer trinitarischen Theologie. FS W. Breuning, Düsseldorf 1985, 75-96

Fales, F.M./Lanfranchi, G.B., The Impact of Oracular Material on the Political Utterances and Political Action in the Royal Inscriptions of the Sargonid Dynasty, in: J.-G. Heintz (Hg.), Oracles et prophéties dans l'antiquité, Université des sciences humaines de Strasbourg. Travaux du Centre de Recherche sur le Proche-Orient et la Grèce Antiques 15, Paris 1997, 99-114

Falk, Z.W., Introduction to Jewish Law of the Second Commonwealth, AGJU 11, Leiden/New York 1978

Fauth, W., Sonnengottheit (^{D}UTU) und „Königliche Sonne“ (^{D}UTU^{ŠI}) bei den Hethitern, UF 11 (FS C.F.A. Schaeffer), 1979, 227-263

Fensham, F.C., Common Trends in Curses of the Near Eastern Treaties and *kudurru*-Inscriptions Compared with Maledictions of Amos and Isaiah, ZAW 75, 1963, 155-175

Fenz A.K., Auf Jahwes Stimme hören. Eine biblische Begriffsuntersuchung, WBTh 6, Wien 1964

Finkelstein, J.J., *ana bīt emim šasū*, RA 61, 1967, 127-136
–, Sex Offenses in Sumerian Laws, JAOS 86, 1966, 355-372
Fishbane, M., Accusations of Adultery. A Study of Law and Scribal Practice in Numbers 5,11-31, HUCA 45, 1974, 25-45
–, Biblical Interpretation in Ancient Israel, Oxford 1985
Floss, J.P., Jahwe dienen – Göttern dienen. Terminologische, literarische und semantische Untersuchung einer theologischen Aussage zum Gottesverhältnis im Alten Testament, BBB 45, Bonn 1975
Foresti, F., Storia della redazione di Dtn. 16,18-18,22 e le sue connessioni con l'opera storica deuteronomistica, Teresianum 39, 1988, 1-199
Forrer, E., Die Provinzeinteilung des assyrischen Reiches, Leipzig 1920
Fouts, D.M., Another Look at Large Numbers in Assyrian Royal Inscriptions, JNES 53, 1994, 205-211
Frahm, E., Einleitung in die Sanherib-Inschriften, AfO Beih. 26, Horn 1997
Frankena, R., The Vassal-Treaties of Esarhaddon and the Dating of Deuteronomy, OTS 14, 1965, 122-154
Frankfort, H., Cylinder Seals. A Documentary Essay on the Art and Religion of the Ancient Near East, London 1939 (Nachdr. 1965)
–, Kingship and the Gods. A Study of Ancient Near Eastern Religion as the Integration of Society and Nature, Chicago ^{2}1972
Frei, P., Die persische Reichsautorisation. Ein Überblick, ZAR 1, 1995, 1-35
–, Zentralgewalt und Lokalautonomie im Achämenidenreich, in: ders./K. Koch, Reichsidee und Reichsorganisation im Perserreich, OBO 55, Fribourg/Göttingen ^{2}1996, 8-131
Frevel, C., Kein Ende in Sicht? Zur Priestergrundschrift im Buch Levitikus, in: H.-J. Fabry/H.-W. Jüngling (Hg.), Levitikus als Buch, BBB 119, Berlin 1999, 85-123
–, Mit Blick auf das Land die Schöpfung erinnern. Eine These zum Ende der Priestergrundschrift, Habil.Schrift Bonn 1998
Freydank, H., Beiträge zur mittelassyrischen Chronologie und Geschichte, SGKAO 21, Berlin 1991
–, Zu den Grundeigentumsverhältnissen in mittelassyrischer Zeit, in: B. Brentjes (Hg.), Das Grundeigentum in Mesopotamien, JWG. Sonderbd. 1987, Berlin 1988, 79-88
Friedman, R.E., The Exile and Biblical Narrative. The Formation of the Deuteronomistic and Priestly Works, HSM 22, Chico/Calif. 1981
Friedrich, J., Die hethitischen Gesetze. Transkription, Übersetzung, sprachliche Erläuterungen und vollständiges Wörterverzeichnis, DMOA 7, Leiden ^{2}1971
–, Hethitisches Wörterbuch. Kurzgefaßte kritische Sammlung der Deutungen hethitischer Wörter, Heidelberg 1952 (mit 3 Ergänzungsheften 1957-1966)
Fritz, V., Das Buch Josua, HAT I.7, Tübingen 1994
Frymer-Kensky, T., The Judicial Ordeal in the Ancient Near East, Ph.D. Diss. Yale University 1977
Furlani, G., Il diritto penale in Assiria, Arch. giuridico 93, 1925, 114-132
–, Leggi dell'Asia anteriore antica, Rom, 1929

Gadd, C.J., Tablets form Kirkuk, RA 23, 1926, 49-161
Garbini, G., Gli incantesimi fenici di Arslan Tas, OrAnt 20, 1981, 277-294
García Lopez, F., Deut., VI et la tradition-rédaction du Deutéronome, RB 85, 1978, 161-200; RB 86, 1979, 59-91
Garelli, P., Le problème de la „féodalité" assyrienne du XVe au XIIe siècle av. J.-C., Semitica 17, 1967, 5-21

Gelb, I.J., Rezension von D.J. Wiseman, The Vassal Treaties of Esarhaddon (1958), BiOr 19, 1962, 159-162

George, A.R., Marduk and the Cult of the Gods of Nippur at Babylon, Or (N.S.) 66, 1997, 65-70

–, Sennacherib and the Tablet of Destinies, Iraq 48, 1986, 133-146

Gerner, E., Zur Unterscheidbarkeit von Zivil- und Straftatbeständen im attischen Recht, Diss. iur. München 1934

Gerstenberger, E., Art. *ʿāzab*, ThWAT V, 1986, 1200-1208

Gertz, J.C., Art. Bund II. Altes Testament, RGG^4 I, 1998, 1862-1865

–, Die Gerichtsorganisation Israels im deuteronomischen Gesetz, FRLANT 165, Göttingen 1994

–, Die Passa-Massot-Ordnung im deuteronomischen Festkalender, in: T. Veijola (Hg.), Das Deuteronomium und seine Querbeziehungen, SESJ 62, Helsinki/Göttingen 1996, 56-80

–, Rezension von F. Ahuis, Exodus 11,1-13,16 und die Bedeutung der Trägergruppen für das Verständnis des Passa (1996), ZAR 2, 1996, 183-189

–, Rezension von K. Grünwaldt, Exil und Identität. Beschneidung, Passa und Sabbat in der Priesterschrift (1992), ZAR 1, 1995, 155-159

Geus, C.H.J. de, The city of women: women's places in ancient Israelite cities, in: J.A. Emerton (Hg.), Congress Volume Paris 1992, VT.S 61, Leiden/New York 1995, 75-86

Gilmer, H.W., The If-You-Form in Israelite Law, SBL.DS 15, Missoula/Mont. 1975

Ginsberg, H.L., The Israelian Heritage of Judaism, New York 1982

Glotz, G., La solidarité de la famille dans le droit criminel en Grèce, Paris 1904

Goetze, A., The Laws of Eshnunna, AASOR 31, New Haven 1956

Goodfriend, E.A., Could *keleb* in Deuteronomy 23,19 Actually Refer to a Canine?, in: D.P. Wright u.a. (Hg.), Pomegranates and Golden Bells. Studies in Biblical, Jewish, and Near Eastern Ritual, Law, and Literature. FS J. Milgrom, Winona Lake 1995, 381-397

Gordon, C.H., A New Akkadian Parallel to Deuteronomy 25,11-12, JPOS 15, 1935, 29-34

Grätz, S., Der strafende Wettergott. Erwägungen zur Traditionsgeschichte des Adad-Fluchs im Alten Orient und im Alten Testament, BBB 114, Bodenheim 1998

Grayson, A.K., Akkadian Treaties of the Seventh Century B.C., JCS 39, 1987, 127-160

–, Assyrian and Babylonian Chronicles, TCS 5, Locust Valley/N.Y. 1975

–, Assyrian Royal Inscriptions II. From Tiglat-pileser I. to Ashur-nasir-apli II. Records of the Ancient Near East I.2, Wiesbaden 1976

Greenberg, M., Ezechiel 1-20. A New Translation with Introduction and Commentary, AB 22, New York 1983

–, More Reflections on Biblical Law, in: S. Japhet (Hg.), Studies in Bible, ScrHie 31, Jerusalem 1986, 1-17

–, Some Postulates of Biblical Criminal Law, in: M. Haran (Hg.), Yehezkel Kaufmann Jubilee Volume, Jerusalem 1960, 5-28 (= J. Goldin [Hg.], The Jewish Expression, New Haven 1976, 18-37)

Greenfield, J.C./Shaffer, A., Notes on the Akkadian-Aramaic Bilingual Statue from Tell Fekherye, Iraq 45, 1983, 109-116

Greengus, S., A Textbook Case of Adultery in Ancient Mesopotamia, HUCA 40, 1969, 33-44

–, Old Babylonian Marriage Ceremonies and Rites, JCS 20, 1966, 55-72

–, Some Issues Relating to the Comparability of Laws and the Coherence of the Legal Tradition, in: B.M. Levinson (Hg.), Theory and Method in Biblical and Cuneiform Law. Revision, Interpolation, and Development, JSOT.S 181, Sheffield 1994, 60-87

–, The Old Babylonian Marriage Contract, JAOS 89, 1969, 505-532

–, The Selling of Slaves: Laws Missing from the Hebrew Bible?, ZAR 3, 1997, 1-11

Greßmann, H., Josia und das Deuteronomium. Ein kritisches Referat vom Herausgeber, ZAW 42, 1924, 313-337
Grünwaldt, K., Exil und Identität. Beschneidung, Passa und Sabbat in der Priesterschrift, BBB 85, Frankfurt/Main 1992
Guilding, A.E., Notes on the Hebrew Law Codes, JThS 49, 1948, 43-52
Guillemette, Y., Pour vivre heureux dans le pays: A propos de deux lois du Deutéronome, in: J.-C. Petit (Hg.), „Où demeures tu?" (Jn 1,38). La maison depuis le monde biblique. FS G. Couturier, Québec 1994, 123-137
Gurney, O.R./Kramer, S.N., Two Fragments of Sumerian Laws, in: H.G. Güterbock/T. Jacobsen (Hg.), Studies in Honor of Benno Landsberger, AS 16, Chicago 1965, 13-19

Ha, J., Genesis 15. A Theological Compendium of Pentateuchal History, BZAW 181, Berlin/New York 1989
Haase, R., Anmerkungen zum sogenannten Lehensrecht der Hethiter, ZAR 2, 1996, 135-139
–, Deuteronomium und hethitisches Recht. Über einige Ähnlichkeiten in rechtshistorischer Sicht, WO 25, 1994, 71-77
–, Die Kollektivhaftung bei den Hethitern. Ein Überblick, in: Studi in onore di Cesare Sanfilippo, Bd. I, Pubblicazioni della Facolta di Giurisprudenza. Universitá di Catania 96, Mailand 1982, 219-230
–, Einführung in das Studium keilschriftlicher Rechtsquellen, Wiesbaden 1965
–, Keilschriftliche Marginalien nebst einem bibliographischen Anhang, Leonberg 1996
–, Körperliche Strafen in den altorientalischen Rechtssammlungen. Ein Beitrag zum altorientalischen Strafrecht, RIDA III/10, 1963, 55-75
–, Rezension von H.A. Hoffner, The Laws of the Hittites. A Critical Edition (1997), ZAR 4, 1998, 287-290
–, Talion und spiegelnde Strafe in den keilschriftlichen Rechtscorpora, ZAR 3, 1997, 195-201
–, Über allgemeine Rechtsregeln in den keilschriftlichen Rechtscorpora, ZAR 2, 1996, 131-134
–, Überlegungen zur Anzeigepflicht des Finders nach hethitischem Recht, WO 2, 1957, 378-381
Halbe, J., Das Privilegrecht Jahwes Ex 34,10-26. Gestalt und Wesen, Herkunft und Wirken in vordeuteronomischer Zeit, FRLANT 114, Göttingen 1975
–, „Gemeinschaft, die Welt unterbricht". Grundfragen und -inhalte deuteronomischer Theologie und Überlieferungsbildung im Lichte der Ursprungsbedingungen alttestamentlichen Rechts, in: N. Lohfink (Hg.), Das Deuteronomium. Entstehung, Gestalt und Botschaft, BEThL 68, Leuven 1985, 55-75
–, Passa-Massot im deuteronomischen Festkalender, ZAW 87, 1975, 147-168
Haller, A./Andrae, W., Die Heiligtümer des Gottes Assur und der Sin-Šamaš-Tempel in Assur, WVDOG 67, Berlin 1955
Halpern, B., Jerusalem and the Lineages in the Seventh Century B.C.E.: Kinship and the Rise of Individual Moral Liability, in: ders./D.W. Hobson (Hg.), Law and Ideology in Monarchic Israel, JSOT.S 124, Sheffield 1991, 11-107
–, Sybil, or the Two Nations? Archaism, Kinship, Alienation, and the Elite Redefinition of Traditional Culture in Judah in the 8th-7th Centuries B.C.E., in: J.S. Cooper/G.M. Schwartz (Hg.), The Study of the Ancient Near East in the Twenty-First Century. The William Foxwell Albright Centennial Conference, Winona Lake 1996, 291-338
–, The Centralization Formula in Deuteronomy, VT 31, 1981, 20-38
– /Vanderhooft, D.S., The Editions of Kings in the 7th-6th Centuries B.C.E., HUCA 62, 1991, 179-244

Hamilton, J.M., *hā'āreṣ* in the Shemitta-Law, VT 42, 1992, 214-222
–, Social Justice and Deuteronomy. The Case of Deuteronomy 15, SBL.DS 136, Atlanta 1992
Hardmeier, C., Die Erinnerung an die Knechtschaft in Ägypten. Sozialanthropologische Aspekte des Erinnerns in der hebräischen Bibel, in: ders. u.a. (Hg.), „Was ist der Mensch?" Beiträge zur Anthropologie des Alten Testaments. FS H.W. Wolff, München 1992, 133-152
Harper, R.F., Assyrian and Babylonian Letters Belonging to the Kouyunjik Collections of the British Museum, Bd. IV, London 1896
Hawkins, J.D., The „Autobiography" of Ariyahina's Son. An Edition of the Hieroglyphic Luwian Stelae *Tell Ahmar* 1 and *Aleppo* 2, AnSt 30, 1980, 139-156
Hecker, K., Zukunftsdeutungen in akkadischen Texten, TUAT II/1, Gütersloh 1986, 56-82
Heintz, J.-G., Alliance humaine – Alliance divine: documents d'époque babylonienne ancienne et Bible hébreux – une esquisse, BN 86, 1997, 66-76
–, Nouveau traités d'époque babylonienne ancienne et formules d'alliance de la bible hébraïque. Remarques préliminaires, in: E. Frézouls/A. Jacquemin (Hg.), Les Relations Internationales, Actes du Colloque de Strasbourg 15.-17. juin 1993, Université de sciences humaines de Strasbourg. Travaux du Centre de recherche sur le Proche-Orient et la Grèce antiques 13, Leiden 1995, 69-94
Hejcl, J., Das alttestamentliche Zinsverbot im Lichte der ethnologischen Jurisprudenz sowie des altorientalischen Zinswesens, BSt(F) 12/4, Freiburg/Br. 1907
Helfmeyer, F.J., Die Nachfolge Gottes im Alten Testament, BBB 29, Bonn 1968
Hempel, J., Die Schichten des Deuteronomiums. Ein Beitrag zur israelitischen Literatur- und Rechtsgeschichte, Leipzig 1914
Herrmann, S., Weisheit im Bundesbuch. Eine Miszelle zu Ex 23,1-9, in: J. Hausmann/H.-J. Zobel (Hg.), Alttestamentlicher Glaube und Biblische Theologie. FS H.D. Preuß, Stuttgart 1992, 56-58
Hestrin, R./Dayagi, M., A Seal Impression of a Servant of King Hezekiah, IEJ 24, 1974, 27-29
Hiebert, R.J.V., Deuteronomy 22:28-29 and Its Premishnaic Interpretations, CBQ 56, 1994, 203-220
Hirsch, H., Untersuchungen zur altassyrischen Religion, AfO Beih. 13/14, Graz 1961 (Nachdruck Osnabrück 1972)
–, Zur Frage der *t*-Formen in den keilschriftlichen Gesetztestexten, in: W. Röllig (Hg.), *lišan mitḫurti*. FS W. von Soden, AOAT 1, Kevelaer/Neukirchen-Vluyn 1971, 119-131
Höffken, P., Eine Bemerkung zum religionsgeschichtlichen Hintergrund von Dtn 6,4, BZ (N.F.) 28, 1984, 88-93
Hoffmann, I., Der Erlaß Telepinus, Texte der Hethiter 11, Heidelberg 1984
Hoffner, H.A., The Laws of the Hittites, Ph.D. Diss. Brandeis University 1963
–, The Laws of the Hittites. A Critical Edition, DMOA 23, Leiden/New York 1997
Hölscher, G., Komposition und Ursprung des Deuteronomiums, ZAW 40, 1922, 161-255
Hopkins, D.C., The Highlands of Canaan. Agricultural Life in the Early Iron Age, SWBAS 3, Sheffield 1985
Horst, F., Das Privilegrecht Jahwes. Rechtsgeschichtliche Untersuchungen zum Deuteronomium, in: ders., Gottes Recht. Gesammelte Studien zum Recht im Alten Testament, ThB 12, München 1961, 17-154
–, Die Kultusreform des Königs Josia, ZDMG 77, 220-238
Hoßfeld, F.-L., Der Dekalog. Seine späten Fassungen, die originale Komposition und seine Vorstufen, OBO 45, Fribourg/Göttingen 1982
– /Reuter, E., Art. *nāšā'* II, ThWAT V, 1986, 658-663

Houston, W., Purity and Monotheism. Clean and Unclean Animals in Biblical Law, JSOT.S 140, Sheffield 1993
Houtman, C., Another Look at Forbidden Mixtures, VT 34, 1984, 226-228
–, Das Bundesbuch. Ein Kommentar, DMOA 24, Leiden/New York 1997
–, Der Pentateuch. Die Geschichte seiner Erforschung neben einer Auswertung, CBET 9, Kampen 1994
–, Eine schwangere Frau als Opfer eines Handgemenges (Exodus 21,22-25): Ein Fall von stellvertretender Talion im Bundesbuch?, in: M. Vervenne (Hg.), Studies in the Book of Exodus. Redaction – Reception – Interpretation, BEThL 126, Leuven 1996, 381-397
Hulin, P., Another Esarhaddon Cylinder from Nimrud, Iraq 24, 1962, 116-118. Pl. XXXV
Humbert, P., Le substantif *toʿēbā* et le verbe *tʿb* dans l'Ancien Testament, ZAW 72, 1960, 217-237
Hurowitz, V.A., „His Master Shall Pierce His Ear with an Awl" (Exodus 21.6): Making Slaves in the Bible in the Light of Akkadian Sources, AAJR 58, 1992, 47-77
–, *Inu anum ṣīrum*. Literary Structures in the Non-Juridical Sections of Codex Hammurabi, Occasional Publications of the Samuel Noah Cramer Fund 15, Philadelphia 1994
Hutter, M., Religionen der Umwelt des Alten Testaments I. Babylonier, Syrer, Perser, StTh 4/1, Stuttgart 1996

Ishida, T., The Royal Dynasties in Ancient Israel. A Study on the Formation and Development of Royal-Dynastic Ideology, BZAW 142, Berlin/New York 1977

Jackson, B.S., Justice and Righteousness in the Bible: Rule of Law or Royal Paternalism?, ZAR 4, 1998, 218-262
–, The Problem of Exodus 21:22-5 (*Ius Talionis*), in: ders., Essays in Jewish and Comparative Legal History, SJLA 10, Leiden 1975, 75-107
Jacob, E., Die altassyrischen Gesetze und ihr Verhältnis zu den Gesetzen des Pentateuch, ZvR 41, 1925, 319-387
Jacobsen, Th., An Ancient Mesopotamian Trial for Homicide, in: Studia Biblica et Orientalia III, AnBib 12, Rom 1959, 130-150
Jakobson, V.A., Studies in Neo-Assyrian Law, AoF 1, 1974, 115-121
Jamieson-Drake, D.W., Scribes and Schools in Monarchic Judah. A Socio-Archeological Approach, JSOT.S 109, Sheffield 1991
Janowski, B., JHWH und der Sonnengott. Aspekte zur Solarisierung JHWHs in vorexilischer Zeit, in: J. Mehlhausen (Hg.), Pluralismus und Identität, Gütersloh 1995, 214-247
–, Rettungsgewißheit und Epiphanie des Heils. Das Motiv der Hilfe Gottes „am Morgen" im Alten Orient und im Alten Testament I. Alter Orient, WMANT 59, Neukirchen-Vluyn 1989
–, Sühne als Heilsgeschehen. Studien zur Sühnetheologie der Priesterschrift und zur Wurzel KPR im Alten Orient und im Alten Testament, WMANT 55, Neukirchen-Vluyn 1982
Jas, R., Neo-Assyrian Judicial Procedures, SAA.S 5, Helsinki 1996
–, Rezension von K. Watanabe, Die *adê*-Vereidigung anläßlich der Thronfolgeregelung Asarhaddons (1987), BiOr 48, 1991, 576-579
Jastrow, M., An Assyrian Law Code, JAOS 41, 1921, 1-59
–, Die Religion Babyloniens und Assyriens II/1, Gießen 1912
Jenni, E., Die hebräischen Präpositionen I. Die Präposition Beth, Stuttgart 1992
–, Dtn 19,16: *sarā* „Falschheit", in: A. Caquot/M. Delcor (Hg.), Mélanges bibliques et orientaux. FS H. Cazelles, AOAT 212, Kevelaer/Neukirchen-Vluyn 1981, 201-211 = ders., Studien zur Sprachwelt des Alten Testaments, Stuttgart 1997, 106-116

–, Lexikalisch-semantische Strukturunterschiede: hebräisch ḤDL – deutsch „aufhören/unterlassen", ZAH 7, 1994, 124-132 = ders., Studien zur Sprachwelt des Alten Testaments, Stuttgart 1997, 196-205
Jepsen, A., Untersuchungen zum Bundesbuch, BWANT 41, Stuttgart 1927
Jeremias, J., Hoseas Einfluß auf das Jeremiabuch - ein traditionsgeschichtliches Problem, in: A. Tängberg (Hg.), Text and Theology. FS M. Saebø, Oslo 1994, 112-134 = ders., Hosea und Amos. Studien zu den Anfängen des Dodekapropheton, FAT 13, Tübingen 1996, 122-141
Jirku, A., Eine neue altassyrische Parallele zum Mosaischen Gesetz und zum Codex Hammurapi, ThLbl 41, 1920, 401-405
Joannès, F., Le traité de vassalité d'Atamrum d'Andarig envers Zimri-Lim de Mari, in: ders./D. Charpin (Hg.), Marchands, Diplomates et Empereurs. Études sur la civilisation mésoptamienne. FS P. Garelli, Paris 1991, 167-177
Johnson, B., Art. *ʾābāh*, ThWAT I 1973, 25-27
–, Art. *mišpāṭ* etc., ThWAT V, 1986, 93-107
Joosten, J., Covenant Theology in the Holiness Code, ZAR 4, 1998, 145-164
–, People and Land in the Holiness Code. An Exegetical Study of the Ideational Framework of the Law in Leviticus 17-26, VT.S 67, Leiden/New York 1996
Jordan, J., Aus den Grabungsberichten aus Assur. November bis April 1912, MDOG 48, 1912, 25-28
Joseph, J., „Re-Lecturing" of Deuteronomy (Chapter 12-26) in the Post-Exilic Period, Berlin 1997
Jüngling, H.-W., Art. Gelübde, NBL I, 1991, 775-777
–, „Auge für Auge, Zahn für Zahn". Bemerkungen zu Sinn und Geltung der alttestamentlichen Talionsformeln, ThPh 59, 1984, 1-38

Kaiser, O., Art. *nādar/naedaer*, ThWAT V, 1986, 261-274
–, Arzt und Patient: Der Fall des Asarhaddons, Königs von Assyrien, MedGG 14, 1995, 9-36
–, Einleitung in das Alte Testament, Gütersloh ^{5}1984
–, Grundriß der Einleitung in die kanonischen und deuterokanonischen Schriften des Alten Testaments I: Die erzählenden Werke, Gütersloh 1992
–, „Den Erstgeborenen deiner Söhne sollst du mir geben". Erwägungen zum Kinderopfer im Alten Testament, in: ders., Von der Gegenwartsbedeutung des Alten Testaments. Gesammelte Studien, Göttingen 1984, 142-166
Kalluveettil, P., Declaration and Covenant. A Comprehensive Review of Covenant Formulae from the Old Testament and the Ancient Near East, AnBib 88, Rom 1982
Kaminsky, J.S., Corporate Responsibility in the Hebrew Bible, JSOT.S 196, Sheffield 1995
Karavites, P., Promise Giving and Treaty Making. Homer and the Near East, MnS 119, Leiden/New York 1992
Kaufman, S.A., The Akkadian Influences on Aramaic, Chicago 1974
–, The Second Table of the Decalogue and the Implicit Categories of Ancient Near Eastern Law, in: J.H. Marks/R.M. Good (Hg.), Love and Death in the Ancient Near East. FS M.H. Pope, Guilford/Conn. 1987, 111-116
–, The Structure of the Deuteronomic Law, Maarav 1/2, 1978/79, 105-158
Keel, O., Fern von Jerusalem. Frühe Jerusalemer Kulttraditionen und ihre Träger und Trägerinnen, in: F. Hahn u.a. (Hg.), Zion – Ort der Begegnung. FS L. Klein, BBB 90, Bodenheim 1993, 439-502

– /Uehlinger, C., Göttinnen, Götter und Gottessymbole. Neue Erkenntnisse zur Religionsgeschichte Kanaans und Israels aufgrund bislang unerschlossener ikonographischer Quellen, QD 134, Freiburg/Br. 1992
Kellermann, D., Art. *lāwāh* II, ThWAT IV, 1984, 492-493
–, Art. *ʿolāh/ʿôlāh*, ThWAT VI, 1989, 105-124
Kellermann, U., Erwägungen zum deuteronomischen Gemeindegesetz Dt 23,2-9, BN 2, 1977, 33-47
Kempinksi, A./Košak, S., Der Ismeriga-Vertrag, WO 5, 1970, 191-215
Kennett, R.H., Deuteronomy and the Decalogue, Cambridge 1920
–, Old Testament Essays, Cambridge 1928
Kessler, R., Staat und Gesellschaft im vorexilischen Juda vom 8. Jahrhundert bis zum Exil, VT.S 47, Leiden/New York 1992
Kestemont, G., Diplomatique et droit international en Asie occidentale (1600-1200 av. J.C.), PIOL 9, Louvain-La-Neuve 1974
Kienast, B., Die Altorientalischen Codices zwischen Mündlichkeit und Schriftlichkeit, in: H.-J. Gehrke (Hg.), Rechtskodifizierung und soziale Normen im interkulturellen Vergleich, ScriptOralia 15, Tübingen 1994, 13-24
–, Mündlichkeit und Schriftlichkeit im keilschriftlichen Rechtswesen, ZAR 2, 1996, 114-130
Kitchen, K.A., Egypt, Ugarit, Qatna and Covenant, UF 11 (FS C.A.F. Schaeffer), 1979, 453-464
Klauber, E.G., Politisch-religiöse Texte aus der Sargonidenzeit, Leipzig 1913
Klengel, H., Tutḫalija IV. von Ḫatti. Prolegomena zu einer Biographie, AoF 18, 1991, 224-238
Klíma, J., Untersuchungen zum altbabylonischen Erbrecht, MAO 8, Prag 1940
Kline, M.G., The Treaty of the Great King: The Covenant Structure of Deuteronomy, Grand Rapids 1963
Klingenberg, E., Das israelitische Zinsverbot in Torah, Mišnah und Talmud, AAWLM.G 1976/7, Wiesbaden 1977
Klopfenstein, M.A., Art. *šaeqaer*, THAT II, 1976, 1010-1019
Klostermann, A., Der Pentateuch. Beiträge zu seinem Verständnis und seiner Entstehungsgeschichte, Neue Folge, Leipzig 1907
Knierim, R., Die Hauptbegriffe für Sünde im Alten Testament, Gütersloh 1965
–, Text and Concept in Leviticus 1,1-9. A Case in Exegetical Method, FAT 2, Tübingen 1992
Knudtzon, J.A., Die El-Amarna-Tafeln. Mit Einleitung und Erläuterungen. Anmerkungen und Register bearbeitet von O. Weber und E. Ebeling, VB, I: Die Texte; II: Anmerkungen und Register, Leipzig 1915 (Nachdruck Aalen 1964)
Koch, K., Alttestamentliche und altorientalische Rituale, in: E. Blum u.a. (Hg.), Die Hebräische Bibel und ihre zweifache Nachgeschichte. FS R. Rendtorff, Neukirchen-Vluyn 1990, 75-85
–, Die Entstehung der sozialen Kritik bei den Profeten, in: ders., Spuren des hebräischen Denkens. Beiträge zur alttestamentlichen Theologie, Neukirchen-Vluyn 1991, 146-166
–, Gefüge und Herkunft des Berichts über die Kultreformen des Königs Josia. Zugleich ein Beitrag zur Bestimmung hebräischer „Tempora“, in: J. Hausmann/H.-J. Zobel (Hg.), Alttestamentlicher Glaube und Biblische Theologie. FS H.D. Preuß, Stuttgart 1992, 80-92
–, Jahwäs Übersiedlung vom Wüstenberg nach Kanaan. Zur Herkunft von Israels Gottesverständnis, in: M. Dietrich/I. Kottsieper (Hg.), „Und Mose schrieb dieses Lied auf“. Studien zum Alten Testament und zum Alten Orient. FS O. Loretz, Münster 1998, 437-474

–, Weltordnung und Reichsidee im alten Iran und ihre Auswirkungen auf die Provinz Jehud, in: ders./P. Frei, Reichsidee und Reichsorganisation im Perserreich, OBO 55, Fribourg/Göttingen ²1996, 134-337

Köckert, M., Gottesfurcht und Nächstenliebe als Zusammenfassung der Willensoffenbarung Gottes am Sinai. Beobachtungen zu Lev 19, in: ders. (Hg.), Der Wahrheit Gottes verpflichtet. Theologische Beiträge aus dem Sprachenkonvikt Berlin. FS R. Mau, Berlin 1993, 143-156

–, Leben in Gottes Gegenwart. Zum Verständnis des Gesetzes in der priesterschriftlichen Literatur, JBTh 4, 1989, 29-61

Kohler, J./Ungand, A., Assyrische Rechtsurkunden, Leipzig 1913

König, E., Das Deuteronomium, KAT 3, Leipzig 1917

–, Deuteronomische Hauptfragen, ZAW 48, 1930, 43-66

–, Stimmen Ex 20,24 und Dtn12,13f zusammen?, ZAW 42, 1924, 337-346

Kornfeld, W., L'adultère dans l'Orient antique, RB 57, 1950, 92-109

Korošec, V., Hethitische Staatsverträge. Ein Beitrag zu ihrer juristischen Wertung, LRWS 60, Leipzig 1931

–, Keilschriftrecht, HO I/1, Leiden 1964, 49-219.466-478

Koschaker, P., Babylonisch-assyrisches Bürgschaftsrecht, Leipzig 1911

–, Eheschließung und Kauf nach alten Rechten, mit besonderer Berücksichtigung der älteren Keilschriftrechte, ArOr 18, 1950, 210-296

–, Fratriarchat, Hausgemeinschaft und Mutterrecht in Keilschriftrechten, ZA 41, 1933, 1-89

–, Neue keilschriftliche Rechtsurkunden aus der El-Amarna-Zeit, ASAW. PH 39/5, Leipzig 1928

–, Quellenkritische Untersuchungen zu den „altassyrischen Gesetzen", MVÄG 26/3, Leipzig 1921

–, Rechtsgeschichtliche Einleitung zu: H. Ehelolf, Ein altassyrisches Rechtsbuch, Mitteilungen aus der Vorderasiatischen Abt. der Staatl. Museen zu Berlin 1, Berlin 1922, 1-20

–, Rechtsvergleichende Studien zur Gesetzgebung Ḫammurapis, Königs von Babylon, Leipzig 1917

–, Zur Interpretation des Art. 59 des Codex Bilalama, JCS 5, 1951, 104-122

Kottsieper, I., El – ferner oder naher Gott? Zur Bedeutung einer semitischen Gottheit in verschiedenen sozialen Kontexten im 1. Jtsd. v. Chr., in: R. Albertz (Hg.), Religion und Gesellschaft. Studien zu ihrer Wechselbeziehung in den Kulturen des Vorderen Orients, AOAT 248, Münster 1997, 25-73

Kraus, F.R., Altmesopotamisches Lebensgefühl, JNES 19, 1960, 117-132

–, Ein zentrales Problem des altmesopotamischen Rechtes. Was ist der Codex Ḫammurabi?, Genava (N.F.) 8, 1960, 283-296

–, Königliche Verfügungen in altbabylonischer Zeit, SDIO 11, Leiden 1984

–, Von altmesopotamischem Erbrecht, SDIO 9, 1969, 1-17

Krebernik, M., M. Weinfelds Deuteronomiumskommentar aus assyriologischer Sicht, in: G. Braulik (Hg.), Bundesdokument und Gesetz. Studien zum Deuteronomium, HBS 4, Freiburg/Br. 1995, 27-36

Kreuzer, S., Die Exodustradition im Deuteronomium, in: T. Veijola (Hg.), Das Deuteronomium und seine Querbeziehungen, SESJ 62, Göttingen/Helsinki 1996, 81-106

–, Die Frühgeschichte Israels in Bekenntnis und Verkündigung des Alten Testaments, BZAW 178, Berlin/New York 1989

Krinetzki, G., Rechtsprechung und Amt im Deuteronomium. Zur Exegese der Gesetze Dtn 16,18-20; 17,8-18,22, Frankfurt/Main 1994

Kronholm, T., Art. *nādaḥ*, ThWAT V, 1986, 254-260

Krüger, T., Erwägungen zur Redaktion der Meerwundererzählung (Ex 13,17-14,31), ZAW 108, 1996, 519-533
Kugelmass, H.J., Lex Talionis in the Old Testament, Ph.D. Diss. University of Montreal 1985
Kuhl, C., Die „Wiederaufnahme" – ein literarkritisches Prinzip?, ZAW 64, 1952, 1-11
Kühne, H./Postgate, J.N./Röllig, W./Brinkman, J.A./Fales, F.M., Vier spätbabylonische Tafeln aus Tall Šeḫ Ḥamad, Ost-Syrien, SAA.B 7, 1994, 75-150
Kümmel, H.M., Bestechung im Alten Orient, in: W. Schuller (Hg.), Korruption im Altertum. Konstanzer Symposium Oktober 1979, Wien 1982, 55-64
Kutsch, E., Art. *ḥrp* I, ThWAT III, 1982, 217-223
–, Art. Bund I. Altes Testament, TRE VII, 1982, 397-403
–, Die chronologischen Daten des Ezechielbuches, OBO 62, Fribourg/Göttingen 1982
–, Erwägungen zur Geschichte der Passafeier und des Massotfestes, ZThK 55, 1958, 1-35
–, Neues Testament – Neuer Bund? Eine Fehlübersetzung wird korrigiert, Neukirchen-Vluyn 1978
–, Salbung als Rechtsakt im Alten Testament und im Alten Orient, BZAW 87, Berlin 1963
–, Verheißung und Gesetz. Untersuchungen zum sogenannten „Bund" im Alten Testament, BZAW 131, Berlin 1973
Kwasman, T., Neo-Assyrian Legal Documents in the Kouyunjik Collection of the British Museum, StP. S.M. 14, Rom 1988

L'Hour, J., Une législation criminelle dans le Deutéronome, Bib 44, 1963, 1-28
Laaf, P., Die Pascha-Feier Israels. Eine literarkritische und überlieferungsgeschichtliche Studie, BBB 36, Bonn 1970
–, חג שבעות – Das Wochenfest, in: H.-J. Fabry (Hg.), Bausteine Biblischer Theologie. FS J. Botterweck, BBB 50, Bonn 1977, 169-183
Laato, A., Josiah and David Redivivus. The Historical Josiah and the Messianic Expectations of Exilic and Postexilic Times, CB.OT 33, Stockholm 1992
Lacheman, E., Miscellaneous Texts from Nuzi, HSS 13, Cambridge/Mass. 1950
Lambert, W.G., Babylonian Wisdom Literature, Oxford 1960
–, Tukulti-Ninurta I. and the Assyrian King List, Iraq 38, 1976, 85-94
Lamprichs, R., Die Westexpansion des neuassyrischen Reiches. Eine Strukturanalyse, AOAT 239, Kevelaer/Neukirchen-Vluyn 1995
Landsberger, B., Die babylonischen Termini für Gesetz und Recht, in: Symbolae ad iura Orientis Antiqui pertinentes. FS P. Koschaker, Bd. II, SDIO 2, Leiden 1939, 219-234
–, Jungfräulichkeit: Ein Beitrag zum Thema „Beilager und Eheschließung" (mit einem Anhang: Neue Lesungen und Deutungen im Gesetzbuch von Ešnunna), in: J.A. Ankum u.a. (Hg.), Symbolae iuridicae et historicae Martino David dedicatae, Bd. II: Iura Orientis Antiqui, Leiden 1968, 41-105
–, Samʾal. Studien zur Entdeckung der Ruinenstätte Karatepe, Veröff. d. Türk. Hist. Gesellschaft VII/16, Ankara 1948
–, Studien zu den Urkunden aus der Zeit des Ninurtatukkul-Assur, AfO 10, 1935, 144-159
–, Tin and Lead: The Adventure of two Vocables, JNES 24, 1965, 285-296
Lanfranchi, G.B./Parpola, S., The Correspondence of Sargon II, Part II: Letters from the Northern and Northeastern Provinces, SAA 5, Helsinki 1990
Lautner, G., Die richterliche Entscheidung und die Streitbeendigung im altbabylonischen Prozeßrecht, LRWS 3, Leipzig 1922
Lawson, J.N., The Concept of Fate in Ancient Mesopotamia at the First Millenium. Toward an Understanding of *šīmtu*, OBC 7, Wiesbaden 1994
Lebrun, R., Hymnes et prières hittites, Homo Religiosus 4, Louvain la-Neuve 1980

Lemaire, A., Oracles, politique et littérature dans les royaumes araméens et transjordaniens, in: J.-G. Heintz (Hg.), Oracles et prophéties dans l'antiquité, Université des sciences humaines de Strasbourg. Travaux du Centre de Recherches sur le Proche-Orient et la Grèce antiques 15, Paris 1997, 171-193
–, Vers l'histoire de la rédaction des livres des Rois, ZAW 98, 1986, 221-236
–, Veuve sans enfants dans le royaume de Juda, ZAR 5, 1999 (im Druck)
– /Durand, J.-M., Les inscriptions araméennes de Sfiré et l'Assyrie de Shamshi-Ilu, HEO 20, Genf/Paris 1984
Lemche, N.P., ANDURĀRUM and MĪŠARUM. Comments on the Problem of Social Edicts and their Application in the Ancient Near East, JNES 38, 1979, 11-22
–, From Patronage Society to Patronage Society, in: V. Fritz/P.R. Davies (Hg.), The Origins of the Ancient Israelite States, JSOT.S 228, Sheffield 1996, 106-120
–, Justice in Western Asia in Antiquity, or: Why no Laws Were Needed!, Chicago-Kent Law Review 70, 1995, 1695-1716
Levin, C., Der Jahwist, FRLANT 157, Göttingen 1993
–, Die Verheißung des neuen Bundes in ihrem theologiegeschichtlichen Zusammenhang ausgelegt, FRLANT 137, Göttingen 1985
–, Joschija im deuteronomistischen Geschichtswerk, ZAW 96, 1984, 351-371
Levinson, B.M., „But You Shall Surely Kill Him". The Text-Critical and Neo-Assyrian Evidence for MT Deuteronomy 13,10, in: G. Braulik (Hg.), Bundesdokument und Gesetz. Studien zum Deuteronomium, HBS 4, Freiburg/Br. 1995, 37-63
–, Calum M. Carmichael's Approach to the Laws of Deuteronomy, HThR 83, 1990, 227-257
–, Deuteronomy and the Hermeneutics of Legal Innovation, New York/Oxford 1997
–, McConville's *Law and Ideology in Deuteronomy*, JQR 80, 1990, 396-404
–, Recovering the Lost Meaning of## ולא תכסה עליו (Deuteronomy 13:9), JBL 115, 1996, 601-620
–, The Case for Revision and Interpolation within the Biblical Legal Corpora, in: ders. (Hg.), Theory and Method in Biblical and Cuneiform Law. Revision, Interpolation, and Development, JSOT.S 181, Sheffield 1994, 37-59
–, The Hermeneutics of Innovation. The Impact of Centralization upon the Structure, Sequence, and Reformulation of Legal Material in Deuteronomy, Ph. D. Diss. Brandeis University, 1991
Lewis, T.J., The Identity and Function of El/Baal Berith, JBL 115, 1996, 401-423
Lewy, H., *Nitokris-Naqī'a*, JNES 11, 1952, 264-286
Lewy, J., Das Verbum in den „altassyrischen Gesetzen". Untersuchungen zur akkadischen Grammatik I, BBKF I 4, Berlin 1921
–, TC 100, LC 242 und das Eherecht des altassyrischen Rechtsbuches KAV Nr. 1, ZA 36, 1925, 139-161
–, The Biblical Institution of D^{E}RÔR in the Light of Akkadian Documents, EI 5 (FS B. Mazar), 1958, 21*-31*
Liedke, G., Gestalt und Bezeichnung alttestamentlicher Rechtssätze. Eine formgeschichtlich-terminologische Studie, WMANT 39, Neukirchen-Vluyn 1971
Lieu, J.M., Reading in Canon and Community: Deuteronomy 21,22-23, a Test Case for Dialogue, in: M.D.R. Carroll u.a. (Hg.), The Bible in Human Society. FS J. Rogerson, JSOT.S 200, Sheffield 1995, 317-334
Lindenberger, J.M., How Much for a Hebrew Slave? The Meaning of MIŠNEH in Deuteronomy 15,18, JBL 110, 1991, 479-482
Lipiński, E., Art. *śāneʾ* etc., ThWAT VII, 1993, 828-839

Lisowsky, G., Dtn 25,4. לא־תחסם שור בדישו. „Du sollst dem Rind bei seinem Dreschen nicht das Maul verbinden", in religionsgesetzlicher und ethischer Sicht erläutert, in: F. Maas (Hg.), Das ferne und das nahe Wort. FS L. Rost, BZAW 105, Berlin 1967, 144-151

Liverani, M., Memorandum on the Approach to Historiographic Texts, Or (N.S.) 42, 1973, 178-194

–, Terminologia e ideologia del patto nelle iscrizioni reali assire, in: ders./L. Canfora/C. Zaccagnini (Hg.), I trattati nel mondo antico. Forma – Ideologia – Funzione, Saggi di Storia Antica 2, Rom 1990, 113-147

Livingstone, A., Court Poetry and Literary Miscellanea, SAA III, Helsinki 1989

–, New Dimensions in the Study of Assyrian Religion, in: S. Parpola/R.M. Whiting (Hg.), Assyria 1995. Proceedings of the 10th Anniversary Symposium of the Neo-Assyrian Text Corpus Project Helsinki September 7-11, 1995, Helsinki 1997, 165-177

Liwak, R., Art. *tpś*, ThWAT VIII, 1995, 732-741

Locher, C., Die Ehre einer Frau in Israel. Exegetische und rechtsvergleichende Studien zu Deuteronomium 22,13-21, OBO 70, Fribourg/Göttingen 1986

–, Zur Systematik von DTN 21-22, in: ders., Die Ehre einer Frau in Israel, Diss. theol. Frankfurt 1984, 98-178

Loersch, S., Das Deuteronomium und seine Deutungen, SBS 22, Stuttgart 1967

Loewenstamm, S.E., The Phrase x (or) x plus one in Biblical and Old Oriental Laws, in: ders., Comparative Studies in Biblical and Ancient Oriental Literatures, AOAT 204, Kevelaer/Neukirchen-Vluyn 1980, 443-444

–, The Laws of Adultery and Murder in Biblical and Mesopotamian Law, in: ders., Comparative Studies in Biblical and Ancient Oriental Literatures, AOAT 204, Kevelaer/Neukirchen-Vluyn 1980, 146-153.171-172

Lohfink, N., Art. *ʾḥd*, ThWAT I, 1973, 210-218

–, Bund als Vertrag im Deuteronomium, ZAW 107, 1995, 215-239

–, Bundestheologie im Alten Testament. Zum gleichnamigen Buch von Lothar Perlitt, in: ders., Studien zum Deuteronomium und zur deuteronomistischen Literatur I, SBAB 8, Stuttgart 1990, 325-361

–, Das Deuteronomium, in: Studien zum Deuteronomium und zur deuteronomistischen Literatur II, SBAB 12, Stuttgart 1991, 15-24

–, Das Hauptgebot. Eine Untersuchung literarischer Einleitungsfragen zu Dtn 5-11, AnBib 20, Rom 1963

–, Deuteronomium und Pentateuch. Zum Stand der Forschung, in: ders., Studien zum Deuteronomium und zur deuteronomistischen Literatur III, SBAB 20, Stuttgart 1995, 13-38

–, Die Sicherung der Wirksamkeit des Gotteswortes durch das Prinzip der Schriftlichkeit der Tora und durch das Prinzip der Gewaltenteilung nach den Ämtergesetzen des Buches Deuteronomium (Dt 16,18-18,22), in: ders., Studien zum Deuteronomium und zur deuteronomistischen Literatur I, SBAB 8, Stuttgart 1990, 305-323

–, Die Väter Israels im Deuteronomium. Mit einer Stellungnahme von Thomas Römer, OBO 111, Fribourg/Göttingen 1991

–, Die *ḥuqqîm ûmišpāṭîm* und ihre Neubegrenzung durch Dtn 12,1, in: ders., Studien zum Deuteronomium und zur deuteronomistischen Literatur II, SBAB 12, Stuttgart 1991, 229-256

–, Dtn 12,1 und Gen 15,18. Das dem Samen Abrahams geschenkte Land als der Geltungsbereich der deuteronomischen Gesetze, in: ders., Studien zum Deuteronomium und zur deuteronomistischen Literatur II, SBAB 12, Stuttgart 1991, 257-285

–, Dtn 26,5-9: Ein Beispiel altisraelitischer Geschichtstheologie, in: ders., Studien zum Deuteronomium und zur deuteronomistischen Literatur I, SBAB 8, Stuttgart 1990, 291-303
–, Fortschreibung? Zur Technik von Rechtsrevisionen im deuteronomischen Bereich, erörtert an Deuteronomium 12, Ex 21,2-11 und Dtn 15,12-18, in: T. Veijola (Hg.), Das Deuteronomium und seine Querbeziehungen, SESJ 62, Göttingen/Helsinki 1996, 127-171
–, Gab es eine deuteronomistische Bewegung?, in: W. Groß (Hg.), Jeremia und die „deuteronomistische Bewegung", BBB 98, Weinheim 1995, 313-382 = ders., Studien zum Deuteronomium und zur deuteronomistischen Literatur III, SBAB 20, Stuttgart 1995, 65-142
–, Gibt es eine deuteronomistische Bearbeitung im Bundesbuch?, in: C. Brekelmans/J. Lust (Hg.), Pentateuchal and Deuteronomistic Studies, BEThL 94, Leuven 1990, 91-113 = ders., Studien zum Deuteronomium und zur deuteronomistischen Literatur III, SBAB 20, Stuttgart 1995, 39-64
–, Kerygmata des Deuteronomistischen Geschichtswerks, in: ders., Studien zum Deuteronomium und zur deuteronomistischen Literatur II, SBAB 12, Stuttgart 1991, 125-142
–, Kultzentralisation und Deuteronomium. Zu einem Buch von Eleonore Reuter, ZAR 1, 1995, 117-148
–, Opfer und Säkularisierung im Deuteronomium, in: A. Schenker (Hg.), Studien zu Opfer und Kult im Alten Testament, FAT 3, Tübingen 1992, 15-43
–, Opferzentralisation, Säkularisierungsthese und mimetische Theorie, in: ders., Studien zum Deuteronomium und zur deuteronomistischen Literatur III, SBAB 20, Stuttgart 1995, 219-260
–, Pluralismus. Theologie als Antwort auf Plausibilitätskrisen in aufkommenden pluralistischen Situationen, erörtert am Beispiel des deuteronomischen Gesetzes, in: ders., Unsere großen Wörter. Das Alte Testament zu Themen dieser Jahre, Freiburg/Br. 1977, 24-43
–, Rezension von B.M. Levinson (Hg.), Theory and Method in Biblical and Cuneiform Law. Revision, Interpolation, and Development (1994), ZAR 2, 1996, 201-207
–, Rezension von U. Rüterswörden, Von der politischen Gemeinschaft zur Gemeinde (1987), ThLZ 113, 1988, 425-430
–, Rezension von J. Buchholz, Die Ältesten Israels im Deuteronomium (1988), ThRev 89, 1993, 192-195
–, Rezension von J. McConville, Grace in the End (1993), ThLZ 121, 1996, 541-542
–, Zum rabbinischen Verständnis von Dtn 12,1, in: ders., Studien zum Deuteronomium und zur deuteronomistischen Literatur II, SBAB 12, Stuttgart 1991, 287-292
–, Zum „kleinen geschichtlichen Credo" Dtn 26,5-9, in: ders., Studien zum Deuteronomium und zur deuteronomistischen Literatur I, SBAB 8, Stuttgart 1990, 263-290
–, Zur Dekalogfassung von Dt 5, in: ders., Studien zum Deuteronomium und zur deuteronomistischen Literatur I, SBAB 8, Stuttgart 1990, 193-209
–, Zur deuteronomischen Zentralisationsformel, in: ders., Studien zum Deuteronomium und zur deuteronomistischen Literatur II, SBAB 12, Stuttgart 1991, 147-177
–, Zur neueren Diskussion über 2 Kön 22-23, in: ders., Studien zum Deuteronomium und zur deuteronomistischen Literatur II, SBAB 12, Stuttgart 1991, 179-207
Löhr, M., Das Deuteronomium. Untersuchungen zum Hexateuchproblem II, SKG.G 1 H.6, Berlin 1925, 163-209
Long, B.O., Framing Repetitions in Biblical Historiography, JBL 106, 1987, 385-399
Loretz, O., Ex 21,6; 22,8 und angebliche Nuzi-Parallelen, Bib 41, 1960, 167-175
–, Des Gottes Einzigkeit. Ein altorientalisches Argumentationsmodell zum „Schma Jisrael", Wiesbaden 1997

Luckenbill, D.D., The Annals of Sennacherib, OIP 2, Chicago 1924
Luhmann, N., Rechtssoziologie I, Reinbeck 1972
Lurje, I.M., Studien zum altägyptischen Recht des 16. bis 10. Jahrhunderts v.u.Z., FzRR 30, Weimar 1971

Machinist, P., Literature as Politics. The Tukulti-Ninurta Epic and the Bible, CBQ 38, 1976, 455-482
Magen, U., Assyrische Königsdarstellungen – Aspekte der Herrschaft. Eine Typologie, Bagh. Forsch. 9, Mainz 1986
Malamat, A., The Cultural Impact of the West (Syria-Palestine) on Mesopotamia in the Old Babylonian Period, AoF 24, 1997, 310-319
Mallowan, M.E.L., Excavations at Nimrud (Kalḫu) 1955, Iraq 18, 1956, 1-21
–, Nimrud and its Remains I, Aberdeen/New York 1966
Malul, M., The Comparative Method in Ancient Near Eastern and Biblical Legal Studies, AOAT 227, Kevelaer/Neukirchen-Vluyn 1990
Marti, K., Das fünfte Buch Mose oder Deuteronomium, HSAT(K) I, Tübingen [4]1922, 258-327
Mathys, H.-P., „Liebe deinen Nächsten wie dich selbst". Untersuchungen zum alttestamentlichen Gebot der Nächstenliebe (Lev 19,18), OBO 71, Fribourg/Göttingen 1986
Maul, S., Das „dreifache Königtum" – Überlegungen zu einer Sonderform des neuassyrischen Königssiegels, in: U. Finkbeiner u.a. (Hg.), Beiträge zur Kulturgeschichte Vorderasiens. FS M. Boehmer, Mainz 1995, 395-405. Tf. 33a-c
–, Der assyrische König – Hüter der Weltordnung, in: J. Assmann u.a. (Hg.), Gerechtigkeit. Richten und Retten in der abendländischen Tradition und ihren altorientalischen Ursprüngen, München 1998, 65-77
–, Die altorientalische Hauptstadt - Abbild und Nabel der Welt, in: G. Wilhelm (Hg.), Die orientalische Stadt: Kontinuität, Wandel, Bruch. 1. Internationales Colloqium der Deutschen-Orient-Gesellschaft 9.-10. Mai 1996 in Halle/Saale, CDOG 1, Saarbrücken 1997, 109-124
Mayer, W., Der Gott Assur und die Erben Assyriens, in: R. Albertz (Hg.), Religion und Gesellschaft. Studien zu ihrer Wechselbeziehung in den Kulturen des Antiken Vorderen Orients, AOAT 248, Münster 1997, 15-23
–, Politik und Kriegskunst der Assyrer, Abhandlungen zur Literatur Alt-Syrien-Palästinas und Mesopotamiens 9, Münster 1995
–, Untersuchungen zur Grammatik des Mittelassyrischen, AOAT.S 2, Kevelaer/Neukirchen-Vluyn 1971
Mayer, W.R., Ein Mythos von der Erschaffung des Menschen und des Königs, Or (N.S.) 56, 1987, 55-68
Mayes, A.D.H., Deuteronomy, NCBC, Grand Rapids 1981
–, The Story of Israel between Settlement and Exile. A Redactional Study of the Deuteronomistic History, London 1983
McCarthy, D.J., Treaty and Covenant. A Study in Form in the Ancient Oriental Documents and in the Old Testament, AnBib 21a, Rom [2]1978
McConville, J.G., Grace in the End. A Study in Deuteronomic Theology, Carlisle 1993
–, Law and Theology in Deuteronomy, JSOT.S 33, Sheffield 1984
– /Millar, J.G., Time and Place in Deuteronomy, JSOT.S 179, Sheffield 1994
McKay, J.W., Exodus XXIII 1-3.6-8. A Decalogue for the Administration of Justice in the City Gate, VT 21, 1971, 311-325
Meier, C., Die Entstehung des Politischen bei den Griechen, Frankfurt [3]1995
Meinhold, A., Die Sprüche I/II, ZBK 16/1.2, Zürich 1991

Mendelsohn, I., On the Preferential Status of the Eldest Son, BASOR 156, 1959, 38-40
Menzel, B., Assyrische Tempel I: Untersuchungen zu Kult, Administration und Personal; II: Anmerkungen, Textbuch, Tabellen und Indices, StP.S.M. 10/1.2, Rom 1981
Merendino, R.P., Das deuteronomische Gesetz. Eine literarkritische, gattungs- und überlieferungsgeschichtliche Untersuchung zu Dt 12-26, BBB 31, Bonn 1969
Merz, E., Die Blutrache bei den Israeliten, BWAT 20, Leipzig 1916
Mettinger, T.N.D., The Roots of Aniconism: An Israelite Phenomenon in Comparative Perspective, in: J.A. Emerton (Hg.), Congress Volume Cambridge 1995, VT.S 66, Leiden/New York 1997, 219-234
Metzger, M., Arbeiten im Bereich des „spätbronzezeitlichen" Heiligtums, in: R. Hachmann (Hg.), Bericht über die Ergebnisse der Ausgrabungen in Kāmid el-Lōz in den Jahren 1971 bis 1974, Saarbrücker Beiträge zur Altertumskunde 32, Bonn 1982, 17-35
Miglus, P.A., Die Stadttore in Assur - das Problem der Identifizierung, ZA 72, 1982, 266-279
Milgrom, J., Art. *m^{e}zûzāh*, ThWAT IV, 1984, 801-804
–, Law and Narrative and the Exegesis of Leviticus XIX 19, VT 46, 1996, 544-548
–, The Alleged „Demythologization" and „Secularization" in Deuteronomy, IEJ 23, 1973, 156-161
Millard, A.R., Large Numbers in the Assyrian Royal Inscriptions, in: M. Cogan/I. Ephᶜal (Hg.), Ah, Assyria ... Studies in Assyrian History and Ancient Near Eastern Historiography. FS H. Tadmor, ScrHie 33, Jerusalem 1991, 213-222
Miller, P.D., Deuteronomy, Interpretation, Louisville 1990
Moenikes, A., Die grundsätzliche Ablehnung des Königtums in der Hebräischen Bibel, BBB 99, Weinheim 1995
–, Zur Redaktionsgeschichte des sogenannten Deuteronomistischen Geschichtswerks, ZAW 104, 1992, 333-348
Mittmann, S., Deuteronomium 1,1-6,3 literarkritisch und traditionsgeschichtlich untersucht, BZAW 139, Berlin 1975
Moran, W.L., The Amarna-Letters, Baltimore/London 1992
–, The Ancient Near Eastern Background of the Love of God in Deuteronomy, CBQ 25, 1963, 77-87
–, The Conclusion of the Decalogue, CBQ 29, 1967, 543-554
Morgenstern, J., Supplementary Studies in the Calendars of Ancient Israel, HUCA 10, 1935, 1-148
Morrow, W.S., Judges and Journeys in Deuteronomy 12:1-18:22, Paper read at the SBL Meeting Chicago 1994
–, Scribing the Center. Organization and Redaction in Deuteronomy 14:1-17:13, SBL.MS 49, Atlanta 1995
Mørstad, E., Wenn du der Stimme des Herrn, deines Gottes, gehorchen wirst. Die primären Einführungen zu Dtn. 28,3-6 und 19-36, Oslo 1960
Mosis, R., Art. *pth* etc., ThWAT VI, 1989, 820-831
Mühl, M., Untersuchungen zur altorientalischen und althellenischen Gesetzgebung, Klio.B 29, Berlin 1933
Mulder, M.J., Art. *šāmaṭ*, ThWAT VIII, 1995, 198-204
Müller, H.P., Eine neue babylonische Menschenschöpfungserzählung im Licht keilschriftlicher und biblischer Parallelen – Zur Wirklichkeitsauffassung im Mythos, Or (N.S.) 58, 1988, 61-85 = ders., Mythos – Kerygma – Wahrheit. Gesammelte Aufsätze zum Alten Testament in seiner Umwelt und zur Biblischen Theologie, BZAW 200, Berlin/New York 1991, 43-67

Müller, M., Gold, Silber und Blei als Wertmesser in Mesopotamien während der zweiten Hälfte des 2. Jahrtausends v.u.Z., in: J.N. Postgate u.a (Hg.), Societies and Languages of the Ancient Near East. FS I.M. Diakonoff, Warminster 1982, 270-278

Na'aman, N., The Debated Historicity of Hezekiah's Reform in the Light of Historical and Archaeological Research, ZAW 107, 1995, 179-195

Nasuti, H.P., Identity, Identification, and Imitation: The Narrative Hermeneutics of Biblical Law, JLR 4/1, 1986, 9-23

Nebeling, G., Die Schichten des deuteronomischen Gesetzeskorpus. Eine traditions- und redaktionsgeschichtliche Analyse von Dtn 12-26, Diss. theol. Münster 1970

Nelson, B.N., The Idea of Usury. From Tribal Brotherhood to Universal Otherhood, HIS 3, Chicago ²1969

Neu, E., Das hurritische Epos der Freilassung I. Untersuchungen zu einem hurritisch-hethitischen Textensemble aus Ḫattuša, StBoT 32, Wiesbaden 1996

Neudecker, R., Das „Ehescheidungsgesetz" von Dtn 24,1-4 nach altjüdischer Auslegung. Ein Beitrag zum Verständnis der neutestamentlichen Aussagen zur Ehescheidung, Bib 75, 1994, 350-387

Neufeld, E., The Prohibitions against Loans at Interest in Ancient Hebrew Laws, HUCA 26, 1955, 355-412

Nicholson, E.W., Covenant in a Century of Study since Wellhausen, in: Crises and Perspectives. Studies in Ancient Near Eastern Polytheism, Biblical Theology, Palestinian Archaeology, and Intertestamental Literature, OTS 24, Leiden 1986, 54-69

–, God and His People. Covenant Theology in the Old Testament, Oxford 1986

Niehr, H., Der höchste Gott. Alttestamentlicher JHWH-Glaube im Kontext syrisch-kanaanäischer Religion des 1. Jahrtausends v. Chr., BZAW 190, Berlin/New York 1990

–, Die Reform des Joschija. Methodische, historische und religionshistorische Aspekte, in: W. Groß (Hg.), Jeremia und die „deuteronomistische Bewegung", BBB 98, Weinheim 1995, 33-55

–, In Search of YHWH's Cult Statue in the First Temple, in: K. van der Toorn (Hg.), The Image and the Book. Iconic Cults, Aniconism, and the Rise of Book Religion in Israel and the Ancient Near East, Leuven 1997, 73-96

–, Rechtsprechung in Israel. Untersuchungen zur Geschichte der Gerichtsorganisation im Alten Testament, SBS 130, Stuttgart 1987

Nielsen, E., Deuteronomium, HAT I.6, Tübingen 1995

Nissinen, M., Die Relevanz der neuassyrischen Prophetie für die alttestamentliche Forschung, in: M. Dietrich/O. Loretz (Hg.), Mesopotamica – Ugaritica – Biblica. FS K. Bergerhof, AOAT 232, Kevelaer/Neukirchen-Vluyn 1993, 217-258

–, Falsche Prophetie in neuassyrischer und deuteronomistischer Darstellung, in: T. Veijola (Hg.), Das Deuteronomium und seine Querbeziehungen, SESJ 62, Göttingen/Helsinki 1996, 172-195

–, Prophetie, Redaktion und Fortschreibung im Hoseabuch. Studien zum Werdegang eines Prophetenbuches im Lichte von Hos 4 und 11, AOAT 231, Kevelaer/Neukirchen-Vluyn 1991

–, References to Prophecy in Neo-Assyrian Sources, SAA.S 7, Helsinki 1998

Noonan, J.T., The Muzzled Ox, JQR 70, 1980, 172-175

North, R., Art. *ḥādāš/ḥodaeš*, ThWAT II, 1977, 759-780

Noth, M., Das zweite Buch Mose. Exodus, ATD 5, Göttingen ⁴1968

O'Brien, M.A., The Deuteronomistic History Hypothesis. A Reassessment, OBO 92, Fribourg/Göttingen 1989

O'Callaghan, R.T., A New Inheritance Contract from Nippur, JCS 8, 1954, 137-140
Oded, B., Mass Deportations and Deportees in the Neo-Assyrian Empire, Wiesbaden 1979
–, War, Peace, and Empire. Justifications for War in Assyrian Royal Inscriptions, Wiesbaden 1992
Oden, R.A., The Place of Covenant in the Religion of Israel, in: P.D. Miller Jr./P.D. Hanson/S. Dean McBride (Hg.), Ancient Israelite Religion. FS F.M. Cross, Philadelphia 1989, 429-447
Oesch, J.M., Petucha und Setuma. Untersuchungen zu einer überlieferten Gliederung im hebräischen Text des Alten Testaments, OBO 27, Fribourg/Göttingen 1979
Oestreicher, Th., Das Deuteronomische Grundgesetz, BfchTh 27/4, Gütersloh 1923
–, Dtn 12,13f. im Licht von Dtn 23,16f., ZAW 43, 1925, 246-249
–, Reichstempel und Ortsheiligtümer in Israel, BfchTh 33/3, Gütersloh 1930
Olivier, J.P.J., Restitution as Economic Redress: The Fine Print of the Old Babylonian *mēšarum*-Edict of Ammiṣaduqa, ZAR 3, 1997, 12-25
–, The Effectiveness of the Old Babylonian MĒŠARUM-Decree, JNSL 12, 1984, 107-114
–, The Old Babylonian MĒSHARUM-Edict and the Old Testament, Litt. D. Thesis University of Stellenbosch 1977
Olyan, S.M., Honor, Shame, and Covenant Relations in Ancient Israel and its Environment, JBL 115, 1996, 201-218
Onasch, H.-U., Die assyrischen Eroberungen Ägyptens I: Kommentare und Anmerkungen; II: Texte in Umschrift, ÄAT 27/1.2, Wiesbaden 1994
Oosthuizen, M., Deuteronomy 15:1-18 in Socio-Rhetorical Perspective, ZAR 3, 1997, 64-91
Oppenheim, A.L., Die Rolle der *T*-Formen im Codex Ḫammurapi. Versuch einer Quellenscheidung, WZKM 40, 1933, 181-220
–, „Siege-Documents" from Nippur, Iraq 17, 1955, 69-89
–, The Interpretation of Dreams in the Ancient Near East, Philadelphia 1956
–, Zur Quellenfrage des mittelassyrischen Rechtsbuches, WZKM 41, 1934, 221-260
Osumi, Y., Die Kompositionsgeschichte des Bundesbuches Exodus 20,22b-23,33, OBO 105, Fribourg/Göttingen 1991
Otten, H., Die 1986 in Boğazköy gefundene Bronzetafel. Zwei Vorträge, Innsbrucker Beiträge zur Sprachwissenschaft 42, Innsbruck 1989
–, Die Bronzetafel aus Boğazköy. Ein Staatsvertrag Tutḫaljas IV, StBoT Beih. 1, Wiesbaden 1988
Otto, E., Art., Bibelwissenschaft I. Altes Testament, RGG^4 I, 1998, 1517-1528
–, Art. Bundesbuch, RGG^4 I, 1998, 1876-1877
–, Art. Dekalog, BThW^4, 1994, 101-105
–, Art. Dekalog, RGG^4 II, 1999
–, Art. Deuteronomium, RGG^4 II, 1999
–, Art. Ehe II. AT, RGG^4 II, 1999
–, Art. El, NBL I, 1990, 507-508
–, Art. Erstlingsopfer, LThK^3 III, 1995, 835-836
–, Art. Ethik III. Biblisch, 1. AT, RGG^4 II, 1999
–, Art. Ethik/Ethos (AT), NBL I, 1990, 608-610.613
–, Art. Feste und Feiertage II. Altes Testament, TRE XI, 1983, 96-106
–, Art. Feste/Feiern II. Altes Testament, RGG^4 III, 2000
–, Art. Gerechtigkeit (AT), BThW^4, 1994, 220-223
–, Art. Gerechtigkeit I. Biblisch, 1. Altes Testament, RGG^4 III, 2000
–, Art. Gerichtsverfassung in Israel, RGG^4 III, 2000
–, Art. Geschwisterethik, RGG^4 III, 2000

–, Art. Gesetz II. Altes Testament, RGG^4 III, 2000
–, Art. Gesetz (AT), BThW^4, 1994, 231-233
–, Art. Habakuk/Habakukbuch, TRE XIV, 1985, 300-306
–, Art. Heiligkeitsgesetz, RGG^4 III, 2000
–, Art. Hiskia, RGG^4 III, 2000
–, Art. Josia/Josiareform, RGG^4 IV, 2000
–, Art. Jerusalem, EKL^3 II, 1989, 809-813
–, Art. Jerusalem A. Biblisch. Geschichte und Archäologie, LThK^3 V, 1996, 778-779
–, Art. Jerusalem, RLA V, 1978, 278-281
–, Art. Kultreformen, NBL II, 1994, 565-566
–, Art. Micha/Michabuch, TRE XXII, 1992, 695-704
–, Art. *ʿîr*, ThWAT VI, 1989, 55-74
–, Art. Neujahr, NBL II, 1994, 922
–, Art. Neujahrsfest, NBL II, 1994, 922-923
–, Art. Pascha I. AT, NBL III/1, 1997, 77-80
–, Art. *pāsaḥ/pæsaḥ*, ThWAT VI, 1989, 659-682
–, Art. Recht/Rechtstheologie/Rechtsphilosophie I. Recht und Rechtswesen im Alten Orient und im Alten Testament. TRE XXVIII, 1997, 197-209
–, Art. *ṣijjôn*, ThWAT VI, 1989, 994-1028
–, Art. *šaebaʿ/šābûʿôt*, ThWAT VII, 1993, 1000-1027
–, Art. *šaʿar*, ThWAT VIII, 1995, 358-403
–, Art. Sichem, LThK^3 IX, 1999
–, Art. Todesstrafe II. Biblisch, LThK^3 X, 2000
–, Aspects of Legal Reforms and Reformulations in Ancient Cuneiform and Israelite Law, in: B.M. Levinson (Hg.), Theory and Method in Biblical and Cuneiform Law. Revision, Interpolation, and Development, JSOT.S 181, Sheffield 1994, 160-196
–, Auf dem Wege zu einer altorientalischen Rechtsgeschichte, BiOr 48, 1991, 5-13
–, Biblische Altersversorgung im altorientalischen Rechtsvergleich, ZAR 1, 1995, 83-110
–, Biblische Rechtsgeschichte als Fortschreibungsgeschichte, BiOr 56, 1999, 5-14
–, Biblische Rechtsgeschichte. Ergebnisse und Perspektiven der Forschung, ThRev 91, 1995, 283-292
–, Brückenschläge in der Pentateuchforschung, ThR 64, 1999, 84-99
–, Das Bundes-Mazzotfest von Gilgal. Ein Beitrag zur Kultgeschichte Israels und zur Überlieferungsgeschichte des Hexateuch, Diss. theol. Hamburg 1973
–, Das Deuteronomium als archimedischer Punkt der Pentateuchkritik. Auf dem Wege zu einer Neubegründung der de Wette'schen Hypothese in: J. Lust/M. Vervenne (Hg.), Deuteronomy and Deuteronomic Literature. FS C.H.W. Brekelmans, BEThL 133, Leuven 1997, 321-339
–, „Das Deuteronomium krönt die Arbeit der Propheten". Gesetz und Prophetie im Deuteronomium, in: F. Diedrich/B. Willmes (Hg.), „Ich bewirke das Heil und erschaffe das Unheil" (Jesaja 45,7). Studien zur Botschaft der Propheten. FS L. Ruppert, fzb 88, Würzburg, 1998, 277-309
–, Das Eherecht im Mittelassyrischen Kodex und im Deuteronomium. Tradition und Redaktion in den §§ 12-26 der Tafel A des Mittelassyrischen Kodex und in Dtn 22,22-29, in: M. Dietrich/O. Loretz (Hg.), Mesopotamica – Ugaritica – Biblica. FS K. Bergerhof, AOAT 232, Kevelaer/Neukirchen-Vluyn 1993, 259-281 = ders., Kontinuum und Proprium. Studien zur Sozial- und Rechtsgeschichte des Alten Orients und des Alten Testaments, OBC 8, Wiesbaden 1996, 172-191

–, Das Heiligkeitsgesetz Leviticus 17-26 in der Pentateuchredaktion, in: P. Mommer/W. Thiel (Hg.), Altes Testament. Forschung und Wirkung. FS H. Graf Reventlow, Frankfurt/Main 1994, 65-80
–, Das Mazzotfest in Gilgal, BWANT 107, Stuttgart 1975
–, Das Verbot der Wiederherstellung einer geschiedenen Ehe. Deuteronomium 24,1-4 im Kontext des israelitischen und judäischen Eherechts, UF 24, 1992 (ersch. 1993), 301-310
–, Del Libro de la Alianza a la Ley de Santidad. La reformaçión del derecho Israelita y la formulaçión del Pentateuco, EstB 52, 1994, 195-217
–, Der Ackerbau in Juda im Spiegel der alttestamentlichen Rechtsüberlieferungen, in: H. Klengel/J. Renger (Hg.), Landwirtschaft im Alten Orient. Vorträge der XLIe Rencontre Assyriologique Internationale 4.-8. Juli 1994, BBVO 18, Berlin 1999
–, Der Dekalog als Brennspiegel israelitischer Rechtsgeschichte, in: H.-J. Zobel/J. Hausmann (Hg.), Alttestamentlicher Glaube und Biblische Theologie. FS H.D. Preuß, Stuttgart 1992, 59-68 = ders., Kontinuum und Proprium. Studien zur Sozial- und Rechtsgeschichte des Alten Orients und des Alten Testaments, OBC 8, Wiesbaden 1996, 293-303
–, Der reduzierte Brautpreis. Ehe- und Zinsrecht in den Paragraphen 18 und 18a des Kodex Ešnunna, ZSRG.R 109, 1992, 475-481 = ders., Kontinuum und Proprium. Studien zur Sozial- und Rechtsgeschichte des Alten Orients und des Alten Testaments, OBC 8, Wiesbaden 1996, 164-171
– Deuteronomium, Alttestamentlicher Kommentar (ATK) 5, Berlin (in Vorbereitung)
–, Deuteronomium 4: Die Pentateuchredaktion im Deuteronomiumsrahmen, in: T. Veijola (Hg.), Das Deuteronomium und seine Querbeziehungen, SESJ 62, Helsinki/Göttingen 1996, 196-222
–, Diachronie und Synchronie im Depositenrecht des „Bundesbuches". Zur jüngsten literatur- und rechtshistorischen Diskussion von Ex 22,6-14, ZAR 2, 1996, 76-85
–, Die Bedeutung der altorientalischen Rechtsgeschichte für das Verständnis des Alten Testaments, ZThK 88, 1991, 139-168
–, Die besiegten Sieger. Von der Macht und Ohnmacht der Ideen in der Geschichte am Beispiel der neuassyrischen Großreichspolitik, BZ (N.F.) 42, 1999
–, Die Einschränkung des Privatstrafrechts durch öffentliches Strafrecht in der Redaktion der Paragraphen 1-24; 50-59 des Mittelassyrischen Kodex der Tafel A (KAV 1), in: W. Zwickel (Hg.), Biblische Welten. FS M. Metzger, OBO 123, Fribourg/Göttingen 1993, 131-166
–, Die Geschichte der Talion im Alten Orient und Israel, in: D.R. Daniels/U. Gleßmer/M. Rösel (Hg.), „Ernten, was man sät". FS K. Koch, Neukirchen-Vluyn 1991, 101-130 = ders., Kontinuum und Proprium. Studien zur Sozial- und Rechtsgeschichte des Alten Orients und des Alten Testaments, OBC 8, Wiesbaden 1996, 224-245
–, Die keilschriftlichen Parallelen der Vindikationsformel in Dtn 20,10, ZAW 102, 1990, 94-96
–, Die Kompositionsgeschichte des alttestamentlichen „Bundesbuches" Ex 20,22b-23,33, WZKM 83, 1993, 149-165
–, Die nachpriesterschriftliche Pentateuchredaktion im Buch Exodus, in: M. Vervenne (Hg.), Studies in the Book of Exodus. Redaction – Reception – Interpretation, BEThL 126, Leuven 1996, 61-111
–, Die Paradieserzählung Genesis 2-3: Eine nachpriesterschriftliche Lehrerzählung in ihrem religionshistorischen Kontext, in: ders. u.a. (Hg.), „Jedes Ding hat seine Zeit ..." Studien zur israelitischen und altorientalischen Weisheit. FS D. Michel, BZAW 241, Berlin/New York 1996, 167-192
–, Die rechtshistorische Entwicklung des Depositenrechts in altorientalischen und altisraelitischen Rechtskorpora, ZSRG.R 105, 1988, 1-31 = ders., Kontinuum und Proprium.

Studien zur Sozial- und Rechtsgeschichte des Alten Orients und des Alten Testaments, OBC 8, Wiesbaden 1996, 139-163

–, Die Rechtsintentionen des Paragraphen 6 der Tafel A des Mittelassyrischen Kodex in Tradition und Redaktion, UF 23, 1991 (ersch. 1992), 301-314

–, Die Rechtssystematik im altbabylonischen „Codex Ešnunna" und im altisraelitischen „Bundesbuch". Eine redaktionsgeschichtliche und rechtsvergleichende Analyse von CE §§ 17; 18; 22-28 und Ex 21,18-32; 22,6-14; 23,1-3.6-8, UF 19, 1987 (ersch. 1988), 175-197

–, Die Stellung der Wehe-Worte in der Verkündigung des Propheten Habakuk, ZAW 89, 1977, 73-107

–, Die Theologie des Buches Habakuk, VT 35, 1985, 274-295

–, Die Tora in der Rechtsgeschichte Israels, ThLZ 118, 1993, 903-910

–, Die Ursprünge der Bundestheologie im Alten Testament und im Alten Orient, ZAR 4, 1998, 1-84

–, „Er setzt den Kriegen ein Ende". Impulse der Religionen für eine Friedensordnung und ihre Widerstände im Alten Orient und in der Hebräischen Bibel, Beiträge zur Friedensforschung, Stuttgart 1999

–, False Weights in the Scales of Biblical Justice? Different Views of Women from Patriarchal Hierarchy to Religious Equality in the Book of Deuteronomy, in: V.H. Mathews/B.M. Levinson/T. Frymer-Kensky (Hg.), Gender and Law in the Hebrew Bible and the Ancient Near East, JSOT.S 262, Sheffield 1998, 128-146

–, Forschungen zur Priesterschrift, ThR 62, 1997, 1-50

–, Forschungsgeschichte der Entwürfe einer Ethik im Alten Testament, VF 36, 1991, 3-37

–, Gerechtigkeit und Erbarmen im Recht des Alten Testaments und seiner christlichen Rezeption, in: ders., Kontinuum und Proprium. Studien zur Sozial- und Rechtsgeschichte des Alten Orients und des Alten Testaments, OBC 8, Wiesbaden 1996, 342-357 = J. Assmann u.a. (Hg.), Gerechtigkeit. Richten und Retten in der abendländischen Tradition und ihren altorientalischen Ursprüngen, München 1998, 79-95

–, Gesetzesfortschreibung und Pentateuchredaktion, ZAW 107, 1995, 373-392

–, Gewaltvermeidung und -überwindung in Recht und Religion Israels. Rechtshistorische und theologische Anmerkungen eines Alttestamentlers zu R. Schwagers Entwurf einer biblischen Erlösungslehre, in: J. Niewiadomski/W. Palaver (Hg.), Dramatische Erlösungslehre - ein Symposion, IThS 38, Innsbruck 1992, 97-11 = ders., Kontinuum und Proprium. Studien zur Sozial- und Rechtsgeschichte des Alten Orients und des Alten Testaments, OBC 8, Wiesbaden 1996, 246-264

–, Hat Max Webers Religionssoziologie des antiken Judentums Bedeutung für eine Theologie des Alten Testaments?, ZAW 94, 1982, 187-203

–, Homosexualität im Alten Orient und im Alten Testament, in: ders., Kontinuum und Proprium. Studien zur Sozial- und Rechtsgeschichte des Alten Orients und des Alten Testaments, OBC 8, Wiesbaden 1996, 322-330

–, „Human Rights" and the Aftermath of the Hebrew Bible, JNSL 25 (In Memoriam Volume for Hannes Olivier), 1999

–, Innerbiblische Exegese im Heiligkeitsgesetz Leviticus 17-26, in: H.-W. Jüngling, Levitikus als Buch, BBB 119, Berlin 1999, 125-196

–, Interdependenzen zwischen Geschichte und Rechtsgeschichte des antiken Israel, Rechtshistorisches Journal 7, 1988, 347-368 = ders., Kontinuum und Proprium. Studien zur Sozial- und Rechtsgeschichte des Alten Orients und des Alten Testaments, OBC 8, Wiesbaden 1996, 75-93

–, Israels Wurzeln in Kanaan. Auf dem Wege zu einer Kultur- und Sozialgeschichte des antiken Israels, ThRev 85, 1989, 3-10

–, Jakob in Bethel. Ein Beitrag zur Geschichte der Jakobüberlieferung, ZAW 88, 1976, 165-190
–, Jakob in Sichem. Überlieferungsgeschichtliche, archäologische und territorialgeschichtliche Studien zur Entstehungsgeschichte Israels, BWANT 110, Stuttgart 1979
–, Jerusalem – die Geschichte der Heiligen Stadt. Von den Anfängen bis zur Kreuzfahrerzeit, Urban-Reihe 308, Stuttgart 1980
–, Kodifizierung und Kanonisierung von Rechtssätzen in keilschriftlichen und biblischen Rechtssammlungen, in: É. Lévy (Hg.), La codification des lois dans l'antiquité, Université des sciences humaines de Strasbourg. Travaux du Centre de recherche sur le Proche-Orient et la Grèce antiques, Paris 1999
–, Körperverletzung oder Verletzung von Besitzrechten? Zur Redaktion von Ex 22,15f. im Bundesbuch und §§ 55; 56 im Mittelassyrischen Kodex der Tafel A, ZAW 105, 1993, 153-165
–, Körperverletzung im hethitischen und israelitischen Recht. Rechts- und religionshistorische Aspekte, in: B. Janowski/K. Koch/G. Wilhelm (Hg.), Religionsgeschichtliche Beziehungen zwischen Kleinasien, Nordsyrien und dem Alten Testament im 2. und 1. vorchristlichen Jahrtausend. Internationales Symposion Hamburg 17.-21. März 1990, OBO 129, Fribourg/Göttingen 1993, 391-425 = ders., Kontinuum und Proprium. Studien zur Sozial- und Rechtsgeschichte des Alten Orients und des Alten Testaments, OBC 8, Wiesbaden 1996, 192-223
–, Körperverletzungen in den Keilschriftrechten und im Alten Testament. Studien zum Rechtstransfer im Alten Orient, AOAT 226, Kevelaer/Neukirchen-Vluyn 1991
–, Krieg und Religion im Alten Orient und im Alten Israel, in: P. Herrmann (Hg.), Glaubenskriege in Vergangenheit und Gegenwart. Referate gehalten auf dem Symposium der Joachim-Jungius-Gesellschaft der Wissenschaften Hamburg am 28. und 29. Oktober 1994. Veröffentlichungen der Joachim-Jungius-Gesellschaft der Wissenschaften Hamburg 83, Göttingen 1996, 37-47 = ders., Kontinuum und Proprium. Studien zur Sozial- und Rechtsgeschichte des Alten Orients und des Alten Testaments, OBC 8, Wiesbaden 1996, 49-58
–, Kritik der Pentateuchkomposition, ThR 60, 1995, 163-191
–, Kultus und Ethos in Jerusalemer Theologie. Ein Beitrag zur theologischen Begründung der Ethik im Alten Testament, ZAW 98, 1986, 161-179
–, „Menschenrechte" im Alten Orient und im Alten Testament, in: G. Höver (Hg.), Religionen und Menschenrechte, Schriften des Zentrums für Europäische Integrationsforschung, Baden-Baden 1999
–, Neue Aspekte zum keilschriftlichen Prozeßrecht in Babylonien und Assyrien, ZAR 4, 1998, 263-283
–, Neuere Einleitungen in den Pentateuch, ThR 61, 1996, 332-341
–, Programme der sozialen Gerechtigkeit. Die neuassyrische *(an-)durāru*-Institution sozialen Ausgleichs und das deuteronomische Erlaßjahr in Dtn 15, ZAR 3, 1997, 26-63
–, Rechtsgeschichte der Redaktionen im Kodex Ešnunna und im „Bundesbuch". Eine redaktionsgeschichtliche und rechtsvergleichende Studie zu altbabylonischen und altisraelitischen Rechtsüberlieferungen, OBO 85, Fribourg/Göttingen 1989
–, Rechtshermeneutik in der Hebräischen Bibel, ZAR 5, 1999
–, Rechtsreformen in Deuteronomium XII-XXVI und im Mittelassyrischen Kodex der Tafel A (KAV 1), in: J.A. Emerton (Hg.), Congress Volume Paris 1992, VT.S 61, Leiden/New York 1995, 239-273
–, Rezension von J. Joosten, People and Land in the Holiness Code. An Exegetical Study of the Ideational Framework of the Law in Leviticus 17-26 (1996), ThLZ 123, 1998, 129-132

–, Rezension von Å. Viberg, Symbols of Law. A Contextual Analysis of Legal Symbolic Acts in the Old Testament (1992), ThLZ 118, 1993, 506-509

–, Rezension von C.M. Carmichael, The Origins of Biblical Law. The Decalogues and the Book of Covenant (1992), ThLZ 118, 1993, 1024-1026

–, Rezension von C. M. Carmichael, Law, Legend, and Incest in the Bible. Leviticus 18-20 (1997), ZAR 4, 1998, 284-287

–, Rezension von C. Houtman, Das Bundesbuch. Ein Kommentar (1997), Bib 79, 1998, 414-417

–, Rezension von C. Pressler, The View of Women Found in the Deuteronomic Family Laws (1993), ThLZ 119, 1994, 983-986

–, Rezension von C. Locher, Die Ehre einer Frau in Israel. Exegetische und rechtsvergleichende Studien zu Deuteronomium 22,13-21 (1986), WO 20/21, 1989/90, 308-311

–, Rezension von D. Carr, Reading the Fractures of Genesis. Historical and Literary Approaches (1996), BiOr 55, 1998, 856-860

–, Rezension von E. Neu, Das hurritische Epos der Freilassung I. Untersuchungen zu einem hurritisch-hethitischen Textensemble aus Ḫattuša (1996), ZAR 4, 1998, 290-295

–, Rezension von E.C. Stone/D.I. Owen, Adoption in Old Babylonian Nippur and the Archive of Mannum-mešu-liṣṣur (1991), ZA 85, 1995, 163-165

–, Rezension von G. Braulik, Die deuteronomischen Gesetze und der Dekalog. Studien zum Aufbau von Deuteronomium 12-26 (1991), ThLZ 119, 1994, 15-17

–, Rezension von G. Brin, Studies in Biblical Law. From the Hebrew Bible to the Dead Sea Scrolls (1994), ThLZ 120, 1995, 324-327

–, Rezension von G.C. Chirchigno, Debt-Slavery in Israel and the Ancient Near East (1993), Bib 76, 1995, 254-261

–, Rezension von H. Utzschneider, Gottes langer Atem. Die Exoduserzählung (Ex 1-14) in ästhetischer und historischer Sicht (1996), JBL 119, 1999

–, Rezension von H.-J. Gehrke (Hg.), Rechtskodifizierung und soziale Normen im interkulturellen Vergleich (1994), ZAR 2, 1996, 192-196

–, Rezension von H.U. Steymans, Deuteronomium 28 und die *adê* zur Thronfolgeregelung Asarhaddons. Segen und Fluch im Alten Orient und in Israel (1995), ZAR 2, 1996, 214-221

–, Rezension von H.P. Müller, Mythos – Kerygma –Wahrheit. Gesammelte Aufsätze zum Alten Testament und zur Biblischen Theologie (1991), OLZ 91, 1996, 182-187

–, Rezension von J.C. Gertz, Die Gerichtsorganisation Israels im deuteronomischen Gesetz (1994), ThLZ 121, 1996, 1130-1133

–, Rezension von J.M. Sprinkle, „The Book of the Covenant". A Literary Approach (1994), ThLZ 120, 1995, 328-332

–, Rezension von K. Bieberstein, Josua – Jordan – Jericho. Archäologie, Geschichte und Theologie der Landnahmeerzählungen Jos 1-6 (1995). BSOAS 60, 1997, 346-347

–, Rezension von K. Engelken, Frauen im Alten Israel. Eine begriffsgeschichtliche und sozialrechtliche Studie zur Stellung der Frau im Alten Testament (1990), ThRev 88, 1992, 286-288

–, Rezension von M. Weigl, Zefanja und das „Israel der Armen". Eine Untersuchung zur Theologie des Buches Zefanja (1994), ThLZ 121, 1996, 934-936

–, Rezension von M. Weinfeld, Social Justice in Ancient Israel and the Ancient Near East (1995), ZAR 2, 1996, 222-226

–, Rezension von P. Bovati, Re-Establishing Justice. Legal Terms, Concepts, and Procedures in the Hebrew Bible (1994), ZAR 1, 1995, 159-166

–, Rezension von R. Rendtorff, Die Bundesformel. Eine exegetisch-theologische Untersuchung (1995), ZAR 4, 1998, 296-303

–, Rezension von R. Westbrook, Old Babylonian Marriage Law (1988), ZA 81, 1991, 308-314
–, Rezension von R. Westbrook, Studies in Biblical and Cuneiform Law (1988), ThRev 86, 1990, 284-287
–, Rezension von R. Yaron, The Laws of Eshnunna (^{2}1988), VT 40, 1990, 361-369
–, Rezension von W.S. Morrow, Scribing the Center. Organization and Redaction in Deuteronomy 14:1-17:13 (1995), BiOr 55, 1998, 487-491
–, Rezension von W.S. Morrow, Scribing the Centre. Organization and Redaction in Deuteronomy 14:1-17:13 (1995), ZAR 2, 1996, 208-211
–, Rezension von K.H. Singer, Alttestamentliche Blutrachepraxis im Vergleich mit der Ausübung der Blutrache in der Türkei (1994), ZAR 5, 1999
–, Sohnespflichten im antiken Syrien und Palästina, in: ders., Kontinuum und Proprium. Studien zur Sozial- und Rechtsgeschichte des Alten Orients und des Alten Testaments, OBC 8, Wiesbaden 1996, 265-282
–, Sozial- und rechtshistorische Aspekte in der Ausdifferenzierung eines altisraelitischen Ethos aus dem Recht, Schriftenreihe des Fachbereichs 3 der Universität Osnabrück, Bd. 9, Osnabrück 1987, 135-161 = ders. Kontinuum und Proprium. Studien zur Sozial- und Rechtsgeschichte des Alten Orients und des Alten Testaments, OBC 8, Wiesbaden 1996, 94-111
–, Sozialgeschichte Israels. Probleme und Perspektiven, BN 15, 1981, 87-92
–, Soziale Restitution und Vertragsrecht. *Mīšaru(m), (an-)durāru(m), kirenzi, para tarnumar, šᵉ miṭṭā* und *dᵉ rôr* in Mesopotamien, Syrien und der Hebräischen Bibel und die Frage des Rechtstransfers im Alten Orient, RA 93, 1999
–, Soziale Verantwortung und Reinheit des Landes. Zur Redaktion der kasuistischen Rechtssätze in Deuteronomium 19-25, in: R. Liwak/S. Wagner (Hg.), Prophetie und geschichtliche Wirklichkeit im alten Israel. FS S. Herrmann, Stuttgart 1991, 290-306 = ders., Kontinuum und Proprium. Studien zur Sozial- und Rechtsgeschichte des Alten Orients und des Alten Testaments, OBC 8, Wiesbaden 1996, 123-138
–, Techniken der Rechtssatzredaktion israelitischer Rechtsbücher in der Redaktion des Prophetenbuches Micha, SJOT 5, 1991, 119-150
–, The Pre-exilic Deuteronomy as a Revision of the Covenant Code, in: ders., Kontinuum und Proprium. Studien zur Sozial- und Rechtsgeschichte des Alten Orients und des Alten Testaments, OBC 8, Wiesbaden 1996, 112-122
–, Theologische Ethik des Alten Testaments, ThW 3/2, Stuttgart 1994
–, Town and Rural Countryside in Ancient Israelite Law. Reception and Redaction in Cuneiform and Israelite Law, JSOT 57, 1993, 3-22 = J.W. Rogerson (Hg.), The Pentateuch. A Sheffield Reader, BiSe 39, Sheffield 1996, 203-221
–, Treueid und Gesetz. Die Ursprünge des Deuteronomiums im Horizont neuassyrischen Vertragsrechts, ZAR 2, 1996, 1-52
–, „Um Gerechtigkeit im Land sichtbar werden zu lassen …“ Zur Vermittlung von Recht und Gerechtigkeit im Alten Orient, in der Hebräischen Bibel und in der Moderne, in: J. Mehlhausen (Hg.), Recht – Macht – Gerechtigkeit. Veröffentl. der Wiss. Gesellsch. für Theologie 14, Gütersloh 1998, 107-145 = H. Maier (Hg.), Ausblicke, München 1998, 8-18 (Teilabdruck)
–, Vom Bundesbuch zum Deuteronomium. Die deuteronomische Redaktion in Dtn 12-26*, in: G. Braulik/W. Groß/ S. McEvenue (Hg.), Biblische Theologie und gesellschaftlicher Wandel. FS N. Lohfink, Freiburg/Br. 1993, 260-278
–, Vom Profanrecht zum Gottesrecht: Das Bundesbuch, ThR 56, 1991, 412-427
–, Vom Rechtsbruch zur Sünde. Priesterliche Interpretationen des Rechts, JBTh 9, 1994 (ersch. 1995), 25-52

–, Von der Gerichtsordnung zum Verfassungsentwurf. Deuteronomische Gestaltung und deuteronomistische Interpretation im „Ämtergesetz" Dtn 16,18-18,22, in: I. Kottsieper u.a. (Hg.), „Wer ist wie du, Herr, unter den Göttern?" Studien zur Theologie und Religionsgeschichte Israels. FS O. Kaiser, Göttingen 1994, 142-155
–, Von der Programmschrift einer Rechtsreform zum Verfassungsentwurf des Neuen Israel: Die Stellung des Deuteronomiums in der Rechtsgeschichte Israels, in: G. Braulik (Hg.), Bundesdokument und Gesetz. Studien zum Deuteronomium, HBS 4, Freiburg/Br. 1995, 93-104
–, Wandel der Rechtsbegründungen in der Gesellschaftsgeschichte des antiken Israel. Eine Rechtsgeschichte des „Bundesbuches" Ex XX 22 - XXIII 13, StB 3, Leiden/New York 1988
–, Wirtschaftsethik im Alten Testament, Informationes Theologiae Europae. Internationales Oekumenisches Jahrbuch 3, 1994, 279-289 = ders., Kontinuum und Proprium. Studien zur Sozial- und Rechtsgeschichte des Alten Orients und des Alten Testaments, OBC 8, Wiesbaden 1996, 331-341
–, Woher weiß der Mensch von Gut und Böse? Philosophische Annäherungen der ägyptischen und biblischen Weisheit an ein Grundproblem der Ethik, in: G. Mayer u.a. (Hg.), Festschrift für H. Seebaß, 1999
–, Zivile Funktionen des Stadttores in Palästina und Mesopotamien, in: S. Timm/M. Weippert (Hg.), Meilenstein. FS H. Donner, ÄAT 30, Wiesbaden 1995, 188-197
–, Zur Semantik von hebr. *psḥ/pisse^{a}ḥ* und akk. *pessû(m)/pessātu(m)*, BN 41, 1988, 31-35
–, Zur Stellung der Frau in den ältesten Rechtstexten des Alten Testaments (Ex 20,14; 22,15f.) - wider die hermeneutische Naivität im Umgang mit dem Alten Testament, ZEE 26, 1982, 279-305 = ders., Kontinuum und Proprium. Studien zur Sozial- und Rechtsgeschichte des Alten Orients und des Alten Testaments, OBC 8, Wiesbaden 1996, 30-48
–, Zwischen Strafvernichtung und Toleranz. Kulturgeschichtliche Aspekte im Umgang des neu-assyrischen Reiches mit dem besiegten Feind, in: O. Kraus (Hg.), „Vae Victis". Über den Umgang mit Besiegten, Veröffentl. der Joachim-Jungius-Gesellsch. der Wissensch. Hamburg 86, Göttingen 1998, 9-44
– /Schramm, T., Fest und Freude. Biblische Konfrontationen, KTB 1003, Stuttgart 1977

Parpola, S., Assyrian Prophecies, SAA 9, Helsinki 1997 (ersch. 1998)
–, Letters from Assyrian Scholars to the Kings Esarhaddon and Assurbanipal, Bd I: Texts, AOAT 5/1, Kevelaer/Neukirchen-Vluyn 1970; Bd. II: Commentary and Appendices, AOAT 5/2, Kevelaer/Neukirchen-Vluyn 1983
–, Neo-Assyrian Toponyms, AOAT 6, Kevelaer/Neukirchen-Vluyn 1970
–, Neo-Assyrian Treaties from the Royal Archives of Niniveh, JCS 39, 1987, 161-189
–, The Correspondence of Sargon II, Part I: Letters from Assyria and the West, SAA 1, Helsinki 1987
– /Watanabe K., Neo-Assyrian Treaties and Loyalty Oaths, SAA 2, Helsinki 1988
Paton, L.B., The Problem of Deuteronomy. A Symposium: The Case for the Post-Exilic Origin of Deuteronomy, JBL 47, 1928, 322-357
Patrick, D., The Rhetoric of Collective Responsibility in Deuteronomic Law, in: D.P. Wright u.a. (Hg.), Pomegranates and Golden Bells. Studies in Biblical, Jewish, and Near Eastern Ritual, Law, and Literature. FS J. Milgrom, Winona Lake 1995, 420-436
Paul, S.M., Biblical Analogues to Middle Assyrian Law, in: E.B. Firmage u.a. (Hg.), Religion and Law: Biblical-Judaic and Islamic Perspectives, Winona Lake 1990, 333-350
–, Studies in the Book of the Covenant in the Light of Cuneiform and Biblical Law, VT.S 18, Leiden 1970
Peckeruhn, K., Die Handschrift A der Hethitischen Gesetze, Diss. phil. Würzburg 1988

Peckham, B., The Composition of the Deuteronomistic History, HSM 35, Atlanta 1985
Pedersén, O., Archives and Libraries in the City of Assur. A Survey of the Material from the German Excavations I, Uppsala 1985; II, Uppsala 1986
–, Archives and Libraries in the Ancient Near East 1500 - 300 B.C., Bethesda 1998
Perlitt, L., Art. Dekalog, TRE VIII, 1981, 408-413
–, Bundestheologie im Alten Testament, WMANT 36, Neukirchen-Vluyn 1969
–, Der Staatsgedanke im Deuteronomium, in: S.E. Balentine/J. Barton (Hg.), Language, Theology, and the Bible. FS J. Barr, Oxford 1994, 182-198
–, Deuteronomium 1-3 im Streit der exegetischen Methoden, in: N. Lohfink (Hg.), Das Deuteronomium. Entstehung, Gestalt und Botschaft, BEThL 68, Leuven 1983, 149-163 = ders., Deuteronomium-Studien, FAT 8, Tübingen 1994, 109-122
–, Deuteronomium, BK V 1-2, Neukirchen-Vluyn 1990/91
–, „Ein einzig Volk von Brüdern". Zur deuteronomischen Herkunft der biblischen Bezeichnung „Bruder", in: D. Lührmann/G. Strecker (Hg.), Kirche. FS G. Bornkamm, Tübingen 1980, 27-52 = ders., Deuteronomium-Studien, FAT 8, Tübingen 1994, 50-73
–, Motive und Schichten der Landtheologie im Deuteronomium, in: G. Strecker (Hg.), Das Land Israel in biblischer Zeit. Jerusalem-Symposium der Hebräischen Universität und der Georg-August-Universität, GTA 25, Göttingen 1983, 46-58 = ders., Deuteronomium-Studien, FAT 8, Tübingen 1994, 97-108
Perroudon, M.-C., Angry Goddess, SAA.B 6, 1992, 41-43
Petschow, H., Altorientalische Parallelen zur spätrömischen calumnia, ZSRG.R 90, 1973, 14-35
–, Das neubabylonische Gesetzesfragment, ZSRG.R 76, 1959, 37-96
–, Ein Fall von „Talion" bei falscher Anschuldigung in Ur III, AfO 35, 1988, 105-108
–, Neubabylonisches Pfandrecht, ASAW.PH 48/1, Berlin 1956
–, Zur Systematik und Gesetzestechnik im Codex Ḫammurabi, ZA 57, 1965, 146-172
–, Zur „Systematik" in den Gesetzen von Eschnunna, in: J.A. Ankum u.a. (Hg.), Symbolae iuridicae et historicae. FS M. David, Bd. II: Iura Orientis Antiqui, Leiden 1968, 131-143
Pfeiffer, R.H., The Influence of Hammurabi's Code Outside of Babylonia, in: H. Franke (Hg.), Akten des XXIV. Internationalen Orientalisten-Kongresses München 1957, Wiesbaden 1959, 148-149
Phillips, A., Ancient Israel's Criminal Law. A New Approach to the Decalogue, Oxford 1970
Philo von Alexandrien, Die Werke in deutscher Übersetzung I, hg. von L. Cohn u.a., Berlin ^{2}1962
Pola, T., Die ursprüngliche Priesterschrift. Beobachtungen zur Literarkritik und Traditionsgeschichte von P^{G}, WMANT 70, Neukirchen-Vluyn 1995
Pongratz-Leisten, B., *INA ŠULMI ĪRUB*. Die kulttopographische und ideologische Programmatik der *akītu*-Prozession in Babylonien und Assyrien im 1. Jahrtausend v. Chr., BaghForsch 16, Mainz 1994
–, The Interplay of Military Strategy and Cultic Practice in Assyrian Politics, in: S. Parpola/R.M. Whiting (Hg.), Assyria 1995. Proceedings of the 10th Anniversary Symposium of the Neo-Assyrian Text Corpus Project, Helsinki 1997, 245-252
Postgate, J.N., Assyrian Texts and Fragments, Iraq 35, 1973, 13-35
–, Fifty Neo-Assyrian Legal Documents, Warminster 1976
–, *ilku* and Land Tenure in the Middle Assyrian Kingdom. A Second Attempt, in: ders. u.a. (Hg.), Societies and Languages of the Ancient Near East. FS I.M. Diakonoff, Warminster 1982, 304-313
–, Land Tenure in the Middle Assyrian Period: A Reconstruction, BSOAS 34, 1971, 496-520

–, Middle Assyrian Tablets: The Instrument of Bureaucracy, AoF 13, 1986, 10-39
–, Rezension von G. Cardascia, Lois assyriennes (1969), BSOAS 34, 1971, 387-389
–, Royal Exercise of Justice under the Assyrian Empire, in: P. Garelli (Hg.), Le palais et la royauté, CRRA 19, Paris 1974, 417-426
–, Taxation and Conscription in the Assyrian Empire, StP.S.M. 3, Rom 1974
–, The Govenor's Palace Archive, London 1973
Praag, A. van, Droit matrimonial assyro-babylonien, Archaeologisch-Historische Beijdragen. Allard Pierson Stichting 12, Amsterdam 1945
Pressler, C., Sexual Violence and Deuteronomic Law, in: A. Brenner (Hg.), A Feminist Companion from Exodus to Deuteronomy, The Feminist Companion to the Bible 6, Sheffield 1994, 102-112
–, The View of Women Found in the Deuteronomic Family Laws, BZAW 216, Berlin/New York 1993
Preuß, H.D., Art. *tôʿebāh*, ThWAT VIII, 1995, 580-592
–, Deuteronomium, EdF 164, Darmstadt 1982
–, Zum deuteronomistischen Geschichtswerk, ThR 58, 1993, 229-264.341-395
Preusser, C., Die Paläste in Assur, WVDOG 66, Berlin 1955
Puech, E., Les traités araméens de Sfiré, in: ders./J. Briand/R. Lebrun, Traités et Serments, CEv Suppl. 81, Paris 1992, 88-107
Puukko, A.F., Das Deuteronomium. Eine literarkritische Untersuchung, BWAT 5, Leipzig 1910
–, Uudet assyrialaiset ja heetitäiset lakilöydöt ja niiden merkitys Vanhalle Testamentille, TAik 5, 1922, 23-33.65-83

Rad, G. von, Das formgeschichtliche Problem des Hexateuch, BWANT 78, Stuttgart 1938 = ders., Gesammelte Studien zum Alten Testament, ThB 8, München ^{3}1965, 9-86
–, Das fünfte Buch Mose. Deuteronomium, ATD 8, Göttingen ^{2}1968
–, Deuteronomium-Studien, FRLANT 58, Göttingen ^{2}1948 = ders., Gesammelte Studien zum Alten Testament II, ThB 48, München 1973, 109-153
–, Herkunft und Absicht des Deuteronomiums, ThLZ 72, 1947, 151-158
Radner, K., Die neuassyrischen Privatrechtsurkunden als Quelle für Mensch und Umwelt, SAA.S 6, Helsinki 1997
Ramafuthula, L.J., All Cuneiform Materials Excavated in Ancient Palestine to Date: Their Contribution to the Scientific Discussion Regarding Assyrian Imperialism, NGTT 35, 1994, 24-31
Rendtorff, R., Die „Bundesformel". Eine exegetisch-theologische Untersuchung, SBS 160, Stuttgart 1995
–, Leviticus, BK III/1, Neukirchen-Vluyn 1985
–, Studien zur Geschichte des Opfers im Alten Israel, WMANT 24, Neukirchen-Vluyn 1967
Renger, J., Institutional, Communal, and Individual Ownership or Possession of Arable Land in Ancient Mesopotamia from the End of the Fourth to the End of the First Millenium B.C., Chicago-Kent Law Review 71, 1995, 269-319
–, Noch einmal: Was war der „Kodex" Ḫammurapi - ein erlassenes Gesetz oder ein Rechtsbuch?, in: H.J. Gehrke (Hg.), Rechtskodifizierung und soziale Normen im interkulturellen Vergleich, ScriptOralia 15, Tübingen 1994, 27-59
–, Who are all These People?, Or (N.S.) 42, 1973, 259-273
Renz, J./Röllig, W., Handbuch der althebräischen Epigraphik I, Darmstadt 1995
Reuter, E., Kultzentralisation. Entstehung und Theologie von Dtn 12, BBB 87, Frankfurt/Main 1993
Reviv, H., The Elders in Ancient Israel. A Study of a Biblical Institution, Jerusalem 1989

Richter, W., Die Bearbeitung des „Retterbuches" in der deuteronomischen Epoche, BBB 21, Bonn 1964
–, Exegese als Literaturwissenschaft. Entwurf einer alttestamentlichen Literaturtheorie und Methodologie, Göttingen 1971
–, Recht und Ethos. Versuch einer Ortung des weisheitlichen Mahnspruchs, StANT 15, München 1966
Ries, G., Art. Kollektivhaftung, RLA VI, 1982, 182-186
–, Art. Körperverletzung. A. Mesopotamien, RLA VI, 1982, 173-178
Ringgren, H. u.a., Art. *kāsāh* etc., ThWAT IV, 1984, 272-277
–, Art. *ʿābad* etc., ThWAT V, 1986, 982-1012
Roaf, M., Cultural Atlas of Mesopotamia and the Ancient Near East, Oxford 1990
Robinson, G., The Origin and Development of the Old Testament Sabbath. A Comprehensive Exegetical Approach, BET 21, 1988
Rofé, A., Family and Sex Laws in Deuteronomy and the Book of the Covenant, Henoch 9, 1987, 131-159
–, The Arrangement of the Laws in Deuteronomy, EThL 64, 1988, 265-287
–, The Laws of Warfare in the Book of Deuteronomy: Their Origins, Intent, and Positivity, JSOT 32, 1985, 23-44
–, The Strata of the Law about the Centralization of Worship in Deuteronomy and the History of the Deuteronomic Movement, in: P.A.H. de Boer (Hg.), Congress Volume Uppsala 1971, VT.S 22, Leiden/New York 1972, 221-226
Rogerson, J.W., W.M.L. de Wette – Founder of Modern Biblical Criticism. An Intellectual Biography, JSOT.S 126, Sheffield 1992
Röllig, W., Aktion oder Reaktion? Politisches Handeln assyrischer Könige, in: K. Raaflaub (Hg.), Anfänge politischen Denkens in der Antike. Die nahöstlichen Kulturen und die Griechen, Schriften des Hist. Kollegs. Kolloquien 24, München 1993, 105-113
–, Die Amulette von Aslan Taş, Neue Ephemeris für semitische Epigraphik II, Wiesbaden 1974, 17-28
Römer, T., Dt 34 zwischen Pentateuch, Hexateuch und deuteronomistischem Geschichtswerk, ZAR 5, 1999
–, Genèse 15 et les tensions de la communauté juive postexilique dans le cycle d'Abraham, Transeuphratène 7, 1994, 107-121
–, Israels Väter. Untersuchungen zur Väterthematik im Deuteronomium und in der deuteronomistischen Tradition, OBO 99, Fribourg/Göttingen 1990
–, The Book of Deuteronomy, in: S.L. McKenzie/M.P. Graham (Hg.), The History of Israel's Traditions. The Heritage of Martin Noth, JSOT.S 182, Sheffield 1994, 178-212
Römer, W.H.Ph., Randbemerkungen zur Travestie von Deut. 22,5, in: H. van Voss u.a. (Hg.), Travels in the World of the Old Testament. FS M.A. Beek, SSN 16, Assen 1974, 217-222
Rose, M., 5. Mose, ZBK 5, Zürich 1994
–, Der Ausschließlichkeitsanspruch Jahwes. Deuteronomische Schultheologie und die Volksfrömmigkeit in der späten Königszeit, BWANT 106, Stuttgart 1975
Rösel, M., Art. Pesach I. Altes Testament, TRE XXVI, 1996, 231-236
Rössler, O., Aramäische Staatsverträge, TUAT I/2, Gütersloh 1983, 178-189
Roth, M.T., Age at Marriage and the Household: A Study at Marriage of Neo-Babylonian and Neo-Assyrian Forms, Comparative Studies in Society and History 29, 1987, 715-747
–, Babylonian Marriage Agreements 7th-3rd Centuries B.C., AOAT 222, Kevelaer/Neukirchen-Vluyn 1989

–, Gender and Law: A Case Study from Ancient Mesopotamia, in: V.H. Matthews u.a. (Hg.), Gender and Law in the Hebrew Bible and the Ancient Near East, JSOT.S 262, Sheffield 1998, 173-184
–, Law Collections from Mesopotamia and Asia Minor (with a contribution by H.A. Hoffner), WAW.SBL 6, Atlanta 1995
–, Mesopotamian Legal Traditions and the Laws of Hammurabi, Chicago-Kent Law Review 71, 1995, 13-39
–, Scholastic Tradition and Mesopotamian Law. A Study of FLP 1287, a Prism in the Collection of the Free Library of Philadelphia, Ph. D. Diss. University of Pennsylvania, Philadelphia 1979
Rouault, O., L'archive de Puzurum. Terqa Final Reports I, Bibliotheca Mesop. 16, Malibu 1984
Ruppert, L., Art. *srr*, ThWAT V, 1986, 957-963
Russel, J.M., Sennacherib's Palace without Rival at Niniveh, Chicago 1991
Rüterswörden, U., Art. *ṣaemaer*, ThWAT VI, 1989, 1072-1075
–, Art. *šāmaʿ* etc., ThWAT VIII, 1995, 255-279
–, Bundestheologie ohne ברית, ZAR 4, 1998, 85-99
–, Das Böse in der deuteronomischen Schultheologie, in: T. Veijola (Hg.), Das Deuteronomium und seine Querbeziehungen, SESJ 62, Göttingen/Helsinki 1996, 223-241
–, Der Verfassungsentwurf des Deuteronomiums in der neueren Diskussion. Ein Überblick, in: P. Mommer/W. Thiel (Hg.), Altes Testament. Forschung und Wirkung. FS H. Graf Reventlow, Frankfurt/Main 1994, 313-328
–, Die persische Reichsautorisation der Thora: fact or fiction?, ZAR 1, 1995, 47-61
–, Rezension von W.S. Morrow, Scribing the Center. Organization and Redaction in Deuteronomy 14:1-17:13 (1995), ThLZ 122, 1997, 135-137
–, Von der politischen Gemeinschaft zur Gemeinde. Studien zu Dt 16,18-18,22, BBB 65, Frankfurt/Main 1987

Saggs, H.W.F., Historical Texts and Fragments of Sargon II of Assyria I: The „Aššur-Charter", Iraq 37, 1975, 11-20. Tf. IX
San Nicolò, M., Beiträge zur Rechtsgeschichte im Bereiche der keilschriftlichen Rechtsquellen, Instituttet for Sammenlignende Kulturforskning. Ser. A. 13, Oslo u.a. 1931
–, Die Schlußklauseln der altbabylonischen Kauf- und Tauschverträge. Ein Beitrag zur Geschichte des Barkaufs, MBPF 4, München 1922
–, Rezension von G.R. Driver/J.C. Miles, The Assyrian Laws (1935), OLZ 39, 1936, 514-515
Saporetti, C., Le leggi medioassire, Cybernetica Mesopotamica Data Sets: Cuneiform Texts, Bd. II, Malibu 1979
–, Questioni di eredità nel diritto ebraico e medio-assiro, BeO 13, 1971, 65-68
–, The Status of Women in the Middle Assyrian Period, MANE 2/1, Malibu 1979
– /Buccelatti, G., Graphemic Categorization II. The Middle Assyrian Laws, Malibu 1984
Sauren, H., Aufbau und Anordnung der babylonischen Kodices, ZSRG.R 106, 1989, 1-55
–, Der internationale Handel, sein Recht im Kodex Hammurapi, ZSRG.R 100, 1983, 46-79
Schaeffer, C.A.F. (Hg.), Ugaritica V, Paris 1968
Schäfer-Lichtenberger, C., Bedeutung und Funktion von *Ḥerem* in biblisch-hebräischen Texten, BZ (N.F.) 38, 1994, 270-275
Scheil, V., Recueil de lois assyriennes. Texte assyrien en transcription avec traduction française et index, Paris 1921
Schenker, A., Die Analyse der Intentionalität im Bundesbuch (Ex 21-23), ZAR 4, 1998, 209-217

–, Drei Mosaiksteinchen. „Königreich von Priestern", „Und ihre Kinder gehen weg", „Wir tun und wir hören" (Exodus 19,6; 21,22; 24,7), in: M. Vervenne (Hg.), Studies in the Book of Exodus. Redaction – Reception – Interpretation, BEThL 126, Leuven 1996, 367-380
–, Rezension von L. Schwienhorst-Schönberger, Das Bundesbuch (Ex 20,22-23,33) (1990), Bib 72, 1991, 556-559
–, Zeuge, Bürge, Garant des Rechts. Die drei Funktionen des „Zeugen" im Alten Testament, BZ (N.F.) 34, 1990, 87-90
Schmid, K., Buchgestalten des Jeremiabuches. Untersuchungen zur Redaktions- und Rezeptionsgeschichte von Jer 30-33, WMANT 72, Neukirchen-Vluyn 1996
–, Erzväter und Exodus. Untersuchungen zur doppelten Begründung der Ursprünge Israels innerhalb der Geschichtsbücher des Alten Testaments, WMANT 81, Neukirchen-Vluyn 1999
–, Kollektivschuld? Der Gedanke übergreifender Schuldzusammenhänge im Alten Testament und im Alten Orient, ZAR 5, 1999
Schmidt, L., Studien zur Priesterschrift, BZAW 214, Berlin/New York 1993
Schmitt, H., Die Staatsverträge des Altertums III. Die Verräge der griechisch-römischen Welt von 338 bis 200 v. Chr., München 1969
Schmitt, H.-C., Das spätdeuteronomistische Geschichtswerk Genesis I - 2 Regum XXV und seine theologische Intention, in: J.A. Emerton (Hg.), Congress Volume Cambridge 1995, VT.S 66, Leiden/New York 1997, 261-279
Schorr, M., Einige hebräisch-babylonische Redensarten, MGWJ 53, 1909, 428-442
–, Pomnik prawa staroassyryjskiego, Archivum towarzystwa naukowego we Lwowie II 1.6, 1923, 5-44
–, Urkunden des altbabylonischen Zivil- und Prozeßrechts, VB 5, Leipzig 1913
Schottroff, W., Der altisraelitische Fluchspruch, WMANT 30, Neukirchen-Vluyn 1969
–, „Gedenken" im Alten Orient und im Alten Testament. Die Wurzel ZĀKAR im semitischen Sprachkreis, WMANT 15, Neukirchen-Vluyn 1964
Schreiner, J., Jeremia und die joschijanische Reform. Probleme – Fragen – Antworten, in: W. Groß (Hg.), Jeremia und die „deuteronomistische Bewegung", BBB 98, Weinheim 1995, 11-31
Schroeder, O., Keilschrifttexte aus Assur verschiedenen Inhalts (KAV), WVDOG 35, Leipzig 1920
Schuler, E. von, Die Kaskäer, Berlin 1965
–, Hethitische Dienstanweisungen für höhere Hof- und Staatsbeamte. Ein Beitrag zum antiken Recht Kleinasiens, AfO Beih. 10, Graz 1957
Schultz, F.W., Das Deuteronomium, Berlin 1895
Schulz, F., Einführung in das Studium der Digesten, Tübingen 1916
Schulz, H., Das Todesrecht im Alten Testament, Diss. theol. Marburg 1966
–, Das Todesrecht im Alten Testament. Studien zur Rechtsreform der Mot-Jumat-Sätze, BZAW 114, Berlin 1969
Schwienhorst-Schönberger, L., Das Bundesbuch (Ex 20,22-23,33). Studien zu seiner Entstehung und Theologie, BZAW 188, Berlin/New York 1990
–, „Dies sind die Rechtsvorschriften, die du ihnen vorlegen sollst". Zur Struktur und Entstehung des Bundesbuches, in: F.-L. Hoßfeld (Hg.), Vom Sinai zum Horeb. Stationen alttestamentlicher Glaubensgeschichte. FS E. Zenger, Würzburg 1989, 119-143
–, Rezension von Y. Osumi, Die Kompositionsgeschichte des Bundesbuches Ex 20,22b-23,33 (1991), Bib 74, 1993, 275-280
Seebaß, H., Noch einmal zu Dtn 13,10 in Dtn 13,7-12, ZAR 5, 1999
–, Vorschlag zur Vereinfachung literarischer Analysen im dtn Gesetz, BN 58, 1991, 83-98

Seeligmann, I.L., Zur Terminologie für das Gerichtsverfahren im Wortschatz des biblischen Hebräisch, in: B. Hartmann u.a. (Hg.), Hebräische Wortforschung. FS W. Baumgartner, VT.S 16, Leiden 1967, 251-278

Seidel, M., Parallels between Isaiah and Psalms, Sinai 38, 1955/56, 149-172.229-240.272-280.335-355

Seidl, E., Einführung in die ägyptische Rechtsgeschichte bis zum Ende des Neuen Reiches I: Juristischer Teil, ÄF 10, Glückstadt 1939

Seidl, T., Art. *š^e lāmîm*, ThWAT VIII, 1995, 101-111

Seidl, U., Die babylonischen Kudurru-Reliefs. Symbole mesopotamischer Gottheiten, OBO 87, Fribourg/Göttingen 1989

Seitz, G., Redaktionsgeschichtliche Studien zum Deuteronomium, BWANT 93, Stuttgart 1971

Sekine, M., Beobachtungen zu der josianischen Reform, VT 22, 1972, 361-368

Seux, M.J., Épithètes royales akkadiennes et sumériennes, Paris 1967

Singer, K.H., Alttestamentliche Blutrachepraxis im Vergleich mit der Ausübung der Blutrache in der Türkei, EHS XXIII/509, Frankfurt/Main 1994

–, Art. Blutrache, NBL I, 1990, 311

Sjöberg, A., The Old Babylonian Eduba, AS 20 (FS T. Jacobsen), 1974, 159-179

Ska, J.L., Exode 19,3b-6 et l'identité de Israël postexilique, in: M. Vervenne (Hg.), Studies in the Book of Exodus. Redaction – Reception – Interpretation, BEThL 126, Leuven 1996, 289-317

Skaist, A.J., Art. Levirat, RLA VI, 1983, 605-608

–, Studies in Ancient Mesopotamian Family Law Pertaining to Marriage and Divorce, Ph.D. Diss. University of Pennsylvania, Philadelphia 1963

–, The Old Babylonian Loan Contract. Its History and Geography, Bar-Ilan Studies in Near Eastern Languages and Cultures, Ramat Gan 1994

Skweres, D.E., Die Rückverweise im Buch Deuteronomium, AnBib 79, Rom 1979

Smend, R., Wilhelm Martin Leberecht de Wettes Arbeit am Alten und am Neuen Testament, Basel 1958

Smith, G.A., The Book of Deuteronomy, Cambridge 1918

Smith, M.S., The New Eastern Background of Solar Language for Yahweh, JBL 109, 1990, 29-39

Soden, W. von, Grundriß der akkadischen Grammatik, AnOr 33/47, Rom 1969 (GAG)

–, Zum akkadischen Wörterbuch 15-30, Or (N.S.) 16, 1947, 437-458

Spalinger, A., Assurbanipal and Egypt. A Source Study, JAOS 94, 1974, 316-328

Sperling, S.D., Rethinking Covenant in Late Biblical Books, Bib. 70, 1989, 50-73

Spieckermann, H., Juda unter Assur in der Sargonidenzeit, FRLANT 129, Göttingen 1982

Sprinkle, J.M., „The Book of the Covenant". A Literary Approach, JSOT.S 174, Sheffield 1994

Staerk, W., Das Problem des Deuteronomiums. Ein Beitrag zur neuesten Pentateuch-Kritik, BFchTh 29/2, Gütersloh 1924

Stamm, J.J., Zum Altargesetz im Bundesbuch (Ex 20,24), ThZ 1, 1945, 304-306

Starke, F., Die Treueide der *Vorrangigen, Herren* und *Prinzen* auf Tudḫalja IV (in Vorbereitung)

–, Troia im Kontext des historisch-politischen und spachlichen Umfeldes Kleinasiens im 2. Jahrtausend, Studia Troica 7, 1997, 447-487

–, Untersuchung zur Stammbildung des keilschriftlich-luwischen Nomens, StBoT 31, Wiesbaden 1990

– Zur urkundlichen Charakterisierung neuassyrischer Treueide anhand einschlägiger hethitischer Texte des 13. Jh., ZAR 1, 1995, 70-82

–, Zur „Regierung" des hethitischen Staates, ZAR 2, 1996, 140-182
Starr, I., Queries to the Sungod. Divination and Politics in Sargonid Assyria, SAA 4, Helsinki 1990
Steins, G., Die Chronik als kanonisches Abschlußphänomen. Studien zur Entstehung und Theologie von 1/2 Chronik, BBB 93, Weinheim 1995
Steuernagel, C., Das Deuteronomium, HK I. 3.1, Göttingen ²1923
–, Der Rahmen des Deuteronomiums. Literaturcritische Untersuchung über seine Zusammensetzung und Entstehung, Halle 1894
–, Die Entstehung des deuteronomischen Gesetzes, Berlin ²1901
–, Lehrbuch der Einleitung in das Alte Tetament, Tübingen 1912
Steymans, H.U., Der (un-)glaubwürdige Bund von Psalm 89, ZAR 4, 1998, 126-144
–, Deuteronomium 28 und die *adê* zur Thronfolgeregelung Asarhaddons. Segen und Fluch im Alten Orient und in Israel, OBO 145, Fribourg/Göttingen 1995
–, Eine assyrische Vorlage für Deuteronomium 28,20-44, in: G. Braulik (Hg.), Bundesdokument und Gesetz. Studien zum Deuteronomium, HBS 4, Freiburg/Br. 1995, 119-141
Stohlmann, S., The Judean Exile After 701 B.C.E., in: W.W: Hallo u.a. (Hg.), Scripture in Context II: More Essays on the Comparative Method, Winona Lake 1983, 147-175
Stol, M., Biblical Idiom in Akkadian, in: M.E. Cohen u.a. (Hg.), The Tablet and the Scroll. FS W.W. Hallo, Bethesda 1993, 246-249
Stone, E.C./Owen, D.I., Adoption in Old Babylonian Nippur and the Archive of Mannummešu-liṣṣur, Mesopotamian Civilizations 3, Winona Lake 1991
Streck, A., Assurbanipal und die letzten assyrischen Könige bis zum Untergang Niniveh's, Bd. II: Texte. Die Inschriften Assurbanipals und der letzten assyrischen Könige, Vorderasiatische Bibliothek, Leipzig 1916
Streck, M.P., Die Flüche im Sukzessionsvertrag Asarhaddons, ZAR 4, 1998, 165-191
–, Rezension von M.T. Roth, Law Collections from Mesopotamia and Asia Minor (1995), ZAR 4, 1998, 303-309
Strong, S.A., On some Oracles to Esarhaddon and Ašurbanipal, BASS 2, 1893, 627-645
Struwe W.W., Geschichte der Alten Welt. Chrestomatie, Bd. I: Der Alte Orient, Berlin 1959
Suzuki, Y., The Place Which Yahweh Your God Will Choose, in: H.T.C. Sun/K.L. Eades (Hg.), Problems in Biblical Theology. FS R. Knierim, Grand Rapids 1997, 338-352
Szlechter, E., Effets de la captivité en droit assyro-babylonien, RA 57, 1963, 181-192; RA 58, 1964, 23-35
–, Effets de l'absence volontaire en droit assyro-babylonien, Or (N.S.) 34, 1965, 289-311
–, L'interprétation des lois babyloniennes, RIDA III/17, 1970, 81-115

Tadmor, H., Alleanza e dipendenza nell'antica Mesopotamia e en Israele: terminologia e prassi, in: L. Canfora/M. Liverani/C. Zaccagnini (Hg.), I trattati nel mondo antico. Forma – Ideologia – Funzione, Saggi di storia Antica 2, Rom 1990, 17-36
–, Assyria and the West. The Nineth Century and its Aftermath, in: H. Goedicke/J.J.M. Roberts (Hg.), Unity and Diversity, Baltimore 1975, 36-48
–, Autobiographical Apology in the Royal Assyrian Literature, in: ders./M. Weinfeld, History, Historiography and Interpretation. Studies in Biblical and Cuneiform Literatures, Jerusalem/Leiden 1983, 36-57
–, History and Ideology in the Assyrian Royal Inscriptions, in: F.M. Fales (Hg.), Assyrian Royal Inscriptions. New Horizons in Literary, Ideological, and Historical Analysis, OAC 17, Rom 1981, 13-33
–, The Aramaization of Assyria. Aspects of Western Impact, in: H.-J. Nissen/J. Renger (Hg.), Mesopotamien und seine Nachbarn. Politische und kulturelle Wechselbeziehungen im Alten Vorderasien vom 4. bis 1. Jahrtausend v. Chr., BBVO 1, Berlin 1982, 449-470

–, Treaty and Oath in the Ancient Near East. A Historian's Approach, in: G.M. Tucker/D.A. Knight (Hg.), Humanizing America's Iconic Book. Society of Biblical Literature Centennial Address, Chico/Calif. 1982, 127-151

– /Landsberger, B./Parpola, S., The Sin of Sargon and Sennacherib's Last Will, SAA.B 3, 1989, 3-51

Tallqvist, K., Der assyrische Gott, StOr V/4, Helsingfors 1932

Tarragon, J.-M. de, Le culte à Ugarit d'après les textes de la pratique en cunéiformes alphabétiques, CRB 19, Paris 1980

Taylor, J.G., Yahweh and the Sun. Biblical and Archaeological Evidence for Sun Worship in Ancient Israel, JSOT.S 111, Sheffield 1993

Teixidor, J., Les tablettes d'Arslan Tash au Musée d'Alep, Aula Orientalis 1, 1983, 105-108

Thiel, W., Die deuteronomistische Redaktion von Jeremia 1-25, WMANT 41, Neukirchen-Vluyn 1973

–, Die deuteronomistische Redaktion von Jeremia 26-45. Mit einer Gesamtbeurteilung der deuteronomistischen Redaktion des Buches Jeremia, WMANT 52, Neukirchen-Vluyn 1981

Thorion, Y., Studien zur klassischen hebräischen Syntax, Marburger Studien zur Afrika- und Asienkunde Ser. B/6, Berlin 1984

Tigay, J.H., Deuteronomy, JPSTC, Philadelphia/Jerusalem 1996

–, Some Archaeological Notes on Deuteronomy, in: D.P. Wright u.a. (Hg.), Pomegranates and Golden Bells. Studies in Biblical, Jewish, and Near Eastern Ritual, Law, and Literature. FS J. Milgrom, Winona Lake 1995, 373-380

Tosato, A., Il matrimonio israelitico. Una teoria generale, AnBib 100, Rom 1982

Tsevat, M., Alalakhiana, HUCA 29, 1958, 109-134

–, Art. *hāmal* etc., ThWAT II, 1977, 1042-1045

Tucker, G.M., Contracts in the Old Testament, Ph.D. Diss. University of Michigan 1963

Uehlinger, C., Anthropomorphic Cult Statuary in Iron Age Palestine and the Search for Yahweh's Cult Images, in: K. van der Toorn (Hg.), The Image and the Book. Iconic Cults, Aniconism, and the Rise of Book Religion in Israel and the Ancient Near East, Leuven 1997, 97-156

–, *Figurative Policy*, Propaganda und Prophetie, in: J.A. Emerton (Hg.), Congress Volume Cambridge 1995, VT.S 66, Leiden/New York 1997, 297-333

–, Gab es eine joschijanische Kultreform? Plädoyer für ein begründetes Minimum, in: W. Groß (Hg.), Jeremia und die „deuteronomistische Bewegung", BBB 98, Weinheim 1995, 57-89

–, Israelite Aniconism in Context, Bib 77, 1996, 540-549

–, Weltreich und „eine Rede". Eine Deutung der sogenannten Turmbauerzählung (Gen 11,1-9), OBO 101, Fribourg/Göttingen 1990

Ulfgard, H., The Story of *Sukkot*. The Setting, Shaping, and Sequel of the Biblical Feast of Tabernacles, BGBE 34, Tübingen 1998

Unger, E., Art. Aššur. Stadt, RLA I, 1932, 170-195

Utzschneider, H., Das Heiligtum und das Gesetz. Studien zur Bedeutung der sinaitischen Heiligtumstexte (Ex 25-40; Lev 8-9), OBO 77, Fribourg/Göttingen 1988

–, Gottes langer Atem. Die Exoduserzählung (Ex 1-14) in ästhetischer und historischer Sicht, SBS 166, Stuttgart 1996

Van De Mieroop, M., On Writing a History of the Ancient Near East, BiOr 54, 1997, 285-305

–, Why Did They Write on Clay?, Klio 79, 1997, 7-18

Van den Hout, Th.P.J., Hethitische Thronbesteigungsorakel und die Inauguration Tudḫalijas IV., ZA 81, 1991, 274-300

Van Seters, J., Cultic Laws in the Covenant Code (Exodus 20,22-23,33) and their Relationship to Deuteronomy and the Holiness Code, in: M. Vervenne (Hg.), Studies in the Book of Exodus. Redaction – Reception – Interpretation, BEThL 126, Leuven 1996, 319-345

–, Prologue to History. The Yahwist as Historian in Genesis, Louisville/Zürich 1992

–, The Law of the Hebrew Slave, ZAW 108, 1996, 534-546

–, The Life of Moses. The Yahwist as Historian in Exodus-Numbers, Kampen/Louisville 1994

–, The Place of the Yahwist in the History of Passover and Massot, ZAW 95, 1983, 167-182

Van der Toorn, K., L'oracle de victoire comme expression prophètique au Proche-Orient Ancien, RB 94, 1987, 63-97

–, La pureté rituelle au Proche Orient Ancien, RhR 206, 1989, 339-356

–, Sin and Sanction in Israel and Mesopotamia. A Comparative Study, SSN 22, Assen 1985

–, The Significance of the Veil in the Ancient Near East, in: D.P. Wright u.a. (Hg.), Pomegranates and Golden Bells. Studies in Biblical, Jewish, and Near Eastern Ritual, Law, and Literature. FS J. Milgrom, Winona Lake 1995, 327-339

Vater, S., Commentar über den Pentateuch, Bd. III, Halle 1805

Vaux, R. de, Deux fragments de Khorsabad, JPOS 16, 1936, 129-130

Veenhof, K.R., Rezension von O. Pedersén, Archives and Libraries in the City of Assur. A Survey of the Material from the German Excavations I (1985), ZA 77, 1987, 283-287

Veijola, T., Bundestheologische Redaktion im Deuteronomium, in: ders. (Hg.), Das Deuteronomium und seine Querbeziehungen, SESJ 62, Göttingen/Helsinki 1996, 242-276

–, Das Bekenntnis Israels. Beobachtungen zur Geschichte und Theologie von Dtn 6,4-9, ThZ 48, 1992, 369-381

–, Das dritte Gebot (Namensverbot) im Lichte einer ägyptischen Parallele, ZAW 103, 1991, 1-17

–, Das Königtum in der Beurteilung der deuteronomistischen Historiographie, AASF. B 198, Helsinki 1977

–, „Der Mensch lebt nicht vom Brot allein". Zur literarischen Schichtung und theologischen Aussage von Deuteronomium 8, in: G. Braulik (Hg.), Bundesdokument und Gesetz. Studien zum Deuteronomium, HBS 4, Freiburg/Br. 1995, 143-158

–, Höre Israel! Der Sinn und Hintergrund von Deuteronomium VI 4-9, VT 42, 1992, 528-541

–, Rezension von O. Loretz, Des Gottes Einzigkeit. Ein altorientalisches Argumentationsmodell zum „Schma Jisrael" (1997), Bib 79, 1998, 283-288

–, The History of the Passover in the Light of Deuteronomy 16,1-8, ZAR 2, 1996, 53-75

–, Wahrheit und Intoleranz nach Deuteronomium 13, ZThK 92, 1995, 287-314

Vervenne, M., Le récit de la mer (Exode XIII 1 - XIV 31). Reflète-t-il une rédaction de type deutéronomique? Quelques remarques sur le problème de l'identification des éléments deutéronomiques contenus dans le Tétrateuque, in: J.A. Emerton (Hg.), Congress Volume Cambridge 1995, VT.S 66, Leiden/New York 1997, 365-380

–, The Question of „Deuteronomic" Elements in Genesis to Numbers, in: F. García Martinez u.a. (Hg.), Studies in Deuteronomy. FS C.J. Labuschagne, VT.S 53, Leiden/New York 1994, 243-268

Viberg, Å., Symbols of Law. A Contextual Analysis of Legal Symbolic Acts in the Old Testament, CB.OT 34, Stockholm 1992

Vogelstein, H., Die Landwirtschaft Palästinas zur Zeit der Mischnah, Berlin 1894

Völkl, A., Die Verfolgung der Körperverletzung im frühen Römischen Recht, FzRR 35, Wien/Köln 1984

Wagenaar, J.A., „Give in the hand of your maid servant the property ..." Some remarks to the second ostracon from the collection of Sh. Moussaïeff, ZAR 5, 1999
Wagner, S., Art. *māṣāʾ*, ThWAT IV, 1984, 1043-1063
–, Art. *sātar* etc., ThWAT V, 1986, 967-977
Wallis, G., Art. *swt*, ThWAT V, 1986, 810-814
Walther, A., Das altbabylonische Gerichtswesen, LSSt VI 4-6, Leipzig 1917
Warmuth, G., Art. *hādār*, ThWAT II, 1977, 357-363
–, Art. *śābaʿ*, ThWAT VII, 1993, 693-704
Washington, H.C., „Lest He Die in the Battle and Another Man Take Her": Violence and the Construction of Gender in the Laws of Deuteronomy 20-22, in: V.H. Matthews/B.M. Levinson/T. Frymer-Kensky (Hg.), Gender and Law in the Hebrew Bible and the Ancient Near East, JSOT.S 262, Sheffield 1998, 185-213
Watanabe, K., Die *adê*-Vereidigung anläßlich der Thronfolgeregelung Asarhaddons, BaghM Beih. 3, Berlin 1987
–, Die Siegelung der „Vasallenverträge Asarhaddons" durch den Gott Aššur, BaghM 16, 1985, 377-392. Tfl. 33
Weber, M., Agrarverhältnisse im Altertum, in: ders., Gesammelte Aufsätze zur Sozial- und Wirtschaftsgeschichte, Tübingen ^{2}1988, 1-288
–, Die drei reinen Typen der legitimen Herrschaft, in: ders. Gesammelte Aufsätze zur Wissenschaftslehre, Tübingen ^{5}1982, 475-488
–, Gesammelte Aufsätze zur Religionssoziologie III. Das antike Judentum, Tübingen ^{6}1976
–, Rechtssoziologie, in: ders., Wirtschaft und Gesellschaft. Grundriß der verstehenden Soziologie, Tübingen ^{5}1980, 387-513
Weidner, E.F., Amts- und Privatarchive aus mittelassyrischer Zeit, in: K. Schubert/J. Botterweck/J. Knobloch (Hg.), Festschrift für V. Christian, Wien 1956, 111-118
–, Assurbânipal in Assur, AfO 13, 1939/40, 204-218
–, Das Alter der mittelassyrischen Gesetzestexte, AfO 12, 1937-1939, 46-55, Tfl. III-VI
–, Die Bibliothek Tiglatpileser I., AfO 16, 1952/53, 197-215
–, Eine Erbteilung in mittelassyrischer Zeit, AfO 20, 1963, 121-124
–, Hof- und Harems-Erlasse assyrischer Könige aus dem 2. Jahrtausend v. Chr., AfO 17, 1954-1956, 257-293
–, Ilušumas Zug nach Babylonien, ZA 43, 1936, 114-123
Weigl, M., Zefanja und das „Israel der Armen", ÖSB 13, Klosterneuburg 1994
Weimar, P., Art. Passah II. Biblisch-theologisch: 1. Altes Testament, LThK^{3} VII, 1998, 1415-1416
–, Ex 12,1-14 und die priesterschriftliche Geschichtsdarstellung, ZAW 107, 1995, 196-214
–, Zum Problem der Entstehungsgeschichte von Ex 12,1-14, ZAW 107, 1995, 1-17
Weinfeld, M., Deuteronomy 1-11. A New Translation with Introduction and Commentary, AB 5, New York/London 1991
–, Deuteronomy and the Deuteronomic School, Oxford 1972
–, „Justice and Righteousness" in Ancient Israel against the Background of „Social Reforms" in the Ancient Near East, in: H.-J. Nissen/J. Renger (Hg.), Mesopotamien und seine Nachbarn. Politische und kulturelle Wechselbeziehungen im Alten Vorderasien vom 4. bis 1. Jahrtausend v. Chr., BBVO 1, Berlin 1982, 491-519
–, On „Demythologization and Secularization" in Deuteronomy, IEJ 23, 1973, 230-233
–, Sabbatical Year and Jubilee in the Pentateuchal Laws, in: T. Veijola (Hg.), The Law in the Bible and its Environment, SESJ 51, Göttingen/Helsinki 1990, 39-62

–, Social Justice in Ancient Israel and in the Ancient Near East, Publications of the Perry Foundation for Biblical Research in the Hebrew University of Jerusalem, Jerusalem/Minneapolis 1995

–, The Common Heritage of Covenantal Tradition in the Ancient World, in: L. Canfora/M. Liverani/C. Zaccagnini (Hg.), I trattati nel mondo antico. Forma – Ideologia – Funzione, Saggi di Storia Antica 2, Rom 1990, 175-191

–, The Loyalty Oath in the Ancient Near East, UF 8, 1976, 379-414

Weippert, H., Die Ätiologie des Nordreiches und seines Königshauses (I Reg 11,29-40), ZAW 95, 1983, 344-375

–, Die „deuteronomistischen" Beurteilungen der Könige von Israel und Juda und das Problem der Redaktion der Königsbücher, Bib 53, 1972, 301-339

–, Palästina in vorhellenistischer Zeit, HdA II/1, München 1988

–, Zu einer neuen ikonographischen Religionsgeschichte Kanaans und Israels, BZ (N.F.) 38, 1994, 1-28

Weippert, M., Assyrische Prophetien der Zeit Asarhaddons und Assurbanipals, in: F.M. Fales (Hg.), Assyrian Royal Inscriptions. New Horizons in Literary, Ideological, and Historical Analysis, OAC 17, Rom 1981, 71-115

–, „Das Frühere, siehe, ist eingetroffen ..." Über Selbstzitate im altorientalischen Prophetenspruch, in: J.-G. Heintz (Hg.), Oracles et prophéties dans l'antiquité, Université des sciences humaines de Strasbourg. Travaux du Centre de recherche sur le Proche-Orient et la Grèce antiques 15, Paris 1997, 147-169

–, Synkretismus und Monotheismus. Religionsinterne Konfliktbewältigung im alten Israel, in: J. Assmann u.a. (Hg.), Kultur und Konflikt, Edition Suhrkamp 1612, Frankfurt/Main 1990, 143-179

–, The Balaam Text from Deir ʿAllā and the Study of the Old Testament, in: J. Hoftijzer/G. van der Kooij (Hg.), The Balaam Text from Deir ʿAllā Re-evaluated. Proceedings of the International Symposium Held at Leiden 21.-24. August 1989, Leiden/New York 1991, 151-184

Weismann, J., Talion und öffentliche Strafe im Mosaischen Recht, in: Festschrift für Adolf Wach, Bd. I, Leipzig 1913, 1-100 (Wiederabdruck der Seiten 1-12.22-56.64-100 in K. Koch [Hg.], Um das Prinzip der Vergeltung in Religion und Recht des Alten Testaments, WdF 125, Darmstadt 1972, 325-406)

Weissert, E., Royal Hunt and Royal Triumph in a Prism Fragment of Ashurbanipal (82-5-22,2), in: S. Parpola/R.M. Whiting (Hg.), Assyria 1995. Proceedings of the 10th Anniversary Symposium of the Neo-Assyrian Text Corpus Project Helsinki September 7-11, 1995, Helsinki 1997, 339-358

Welch, A., Deuteronomy. The Framework of the Code, London 1932

–, The Code of Deuteronomy. A New Theory of its Origin, London 1924

–, When was the Worship of Israel Centralized at the Temple?, ZAW 43, 1925, 250-255

Wellhausen, J., Die Composition des Hexateuchs und der historischen Bücher des Alten Testaments, Berlin ^{3}1899 (Nachdruck Berlin 1963)

–, Israelitische und Jüdische Geschichte, Berlin ^{7}1907

–, Prolegomena zur Geschichte Israels, Berlin ^{6}1905

Wenham, G.J./McConville, J.G., Drafting Techniques in Some Deuteronomic Laws, VT 30, 1980, 248-252

Wenham, G.J., The Restoration of Marriage Reconsidered, JJS 30, 1979, 37-40

Wenning, R., Art. Bestattung II.1. Bronzezeit bis Eisenzeit, RGG^{4} I, 1998, 1363-1364

–, Rezension von E. Bloch-Smith, Judahite Burial Practices and Beliefs about the Dead (1992), ZDPV 109, 1993, 177-181

Westbrook, R., Adultery in Ancient Near Eastern Law, RB 97, 1990, 542-580

–, Art. Muntehe, RLA VIII, 1995, 425f.
–, Biblical and Cuneiform Law Codes, RB 92, 1985, 247-264
–, Cuneiform Law Codes and the Origin of Legislation, ZA 79, 1989, 201-222
–, Old Babylonian Marriage Law, AfO Beih. 23, Horn 1988
–, Property and the Family in Biblical Law, JSOT.S 113, Sheffield 1991
–, Studies in Biblical and Cuneiform Law, CRB 26, Paris 1988
–, The Deposit Law of Exodus 22,6-12, ZAW 106, 1994, 390-403
–, The Prohibition on Restoration of Marriage in Deuteronomy 24,1-4, in: S. Japhet (Hg.), Studies in Bible, ScrHie 31, Jerusalem 1986, 387-405
–, What is the Covenant Code?, in: B.M. Levinson (Hg.), Theory and Method in Biblical and Cuneiform Law. Revision, Interpolation, and Development, JSOT.S 181, Sheffield 1994, 15-36
Wette, W.M.L. de, Dissertatio critico-exegetica, qua Deuteronomium a prioribus Pentateuchi libris diversum, alius cuiusdam recentioris auctoris opus esse demonstratur (1805), in: ders., Opuscula Theologica, Berlin 1830, 149-168
–, Lehrbuch der historisch-kritischen Einleitung in die kanonischen und apokryphischen Bücher des Alten Testaments (bearb. von E. Schrader), Berlin [8]1869
Wieacker, F., Römische Rechtsgeschichte. Quellenkunde, Rechtsbildung, Jurisprudenz und Rechtsliteratur I: Einleitung, Quellenkunde. Frühzeit und Republik, HAW X.3.I.1, München 1988
Wiener, H.M., The Arrangement of Deuteronomy 12-26, JPOS 6, 1926, 185-195
Wiesehöfer, J., „Reichsgesetz" oder „Einzelfallgerechtigkeit"? Bemerkungen zu Peter Freis These von einer achaimenidischen Reichsautorisation, ZAR 1, 1995, 36-46
Wilanowski, B., Une nouvelle interprétation du § 31 du Recueil des „Lois assyriennes", Journ. of Juristic Papyrology 4, 1950, 267-273
Wilcke, C., Familiengründung im Alten Babylonien, in: E.W. Müller/P. Drechsel (Hg.), Geschlechtsreife und Legitimation zur Zeugung, Veröffentl. des Inst. für Hist. Anthropologie 3, 1985, 213-317
Williamson, H.G.M., A Reconsideration of *ʿzb* II in Biblical Hebrew, ZAW 97, 1985, 74-85
Wiseman, D.J., The Alalakh Tablets, Occasional Publ. of the British Inst. of Archaeology at Ankara 2, London 1953
–, The Vassal-Treaties of Esarhaddon, London 1958
Wright, C.J.H., What Happened Every Seven Years in Israel? Old Testament Sabbatical Institutions for Land, Debts, and Slaves Part I & II, EvQ 56, 1984, 129-138.193-201
Wright, D.P./Milgrom, J., Art. *ʿāṣar* etc., ThWAT VI, 1989, 333-338
Würthwein, E., Die Bücher der Könige 1. Kön 17 - 2. Kön. 25, ATD 11/2, Göttingen 1984
–, Die Josianische Reform und das Deuteronomium, ZThK 73, 1976, 395-423

Yaron, R., A New Translation of Cuneiform Laws, JAOS 118, 1998, 29-35
–, Duabus sororibus coniunctio, RIDA III/10, 1963, 115-136
–, Introduction to the Law of the Aramaic Papyri, Oxford 1961
–, On Divorce in Old Testament Times, RIDA III/4, 1957, 117-128
–, On Section II 57 (= 172) of the Hittite Laws, RIDA III/10, 1963, 137-146
–, Redemption of Persons in the Ancient Near East, RIDA III/6, 1959, 155-176
–, Si adorat furto, TRG 34, 1966, 510-524
–, Stylistic Conceits II: The Absolute Infinitive in Biblical Law, in: D.P. Wright u.a. (Hg.), Pomegranates and Golden Bells. Studies in Biblical, Jewish, and Near Eastern Ritual, Law, and Literature. FS J. Milgrom, Winona Lake 1995, 449-460
–, The Laws of Eshnunna, Jerusalem/Leiden, [2]1988

–, The Middle Assyrian Laws and the Bible, Bib 51, 1970, 549-557
–, The Restoration of Marriage, JJS 17, 1966, 1-11
–, Zu babylonischen Eherechten, ZSRG.R 109, 1992, 51-99

Zaccagnini, C., The Forms of Alliance and Subjugation in the Near East of the Late Bronze Age, in: L. Canfora/M. Liverani/C. Zaccagnini (Hg.), I trattati nel mondo antico. Forma – ideologia – funzione, Saggi di Storia Antica 2, Rom 1990, 37-79
Zenger, E., Art. Priesterschrift, TRE XXVII, 1997, 435-446
–, Die Bundestheologie – ein derzeit vernachlässigtes Thema der Bibelwissenschaft und ein wichtiges Thema für das Verhältnis Israel – Kirche, in: ders. (Hg.), Der Neue Bund im Alten. Zur Bundestheologie der beiden Testamente, QD 146, Freiburg/Br. 1993, 13-49
– /u.a., Einleitung in das Alte Testament, ThSt 1/1, Stuttgart [3]1998
–, Wie und wozu die Tora zum Sinai kam: Literarische und theologische Beobachtungen zu Exodus 19-34, in: M. Vervenne (Hg.), Studies in the Book of Exodus. Redaction – Reception – Interpretation, BEThL 126, Leuven 1996, 265-288
Zevit, Z., A Phoenician Inscription and Biblical Covenant Theology, IEJ 27, 1977, 110-118
Zobel, K., Prophetie und Deuteronomium. Die Rezeption prophetischer Theologie durch das Deuteronomium, BZAW 199, Berlin/New York 1992

Stellenregister

Biblische Belege

Genesis

Exodus

Levitikus

Numeri

Deuteronomium

Keilschriftliche Belege

Keilalphabetische Belege

ägyptische Belege

phönizische/aramäische Belege

Sachregister